2016

# 广西调查年鉴

# GUANGXI SURVEY YEARBOOK

国家统计局广西调查总队 编

Compiled by Survey Office of the National Bureau of Statistics in Guangxi

广西人民出版社

**图书在版编目（CIP）数据**

2016广西调查年鉴/ 国家统计局广西调查总队编. —
南宁：广西人民出版社，2016.11

ISBN 978-7-219-10090-5

Ⅰ. ①2… Ⅱ. ①国… Ⅲ. ①统计资料—广西—
2016—年鉴 Ⅳ. ①C832.67-54

中国版本图书馆CIP数据核字（2016）第273513号

---

责任编辑 寇晓旸
责任校对 张雪芹

# 2016广西调查年鉴

GUANGXI DIAOCHA NIANJIAN

---

出版发行 广西人民出版社
社　　址 广西南宁市桂春路6号
邮　　编 530028
印　　刷 广西民族印刷包装集团有限公司
开　　本 880mm × 1230mm 1/16
字　　数 772千字
印　　张 26 插页印张 7.5
版　　次 2016年11月第1版
印　　次 2016年11月第1次印刷

---

ISBN 978-7-219-10090-5
定　　价 300.00元

# 《2016广西调查年鉴》

# 2016 GUANGXI SURVEY YEARBOOK

## EDITORIAL BOARD AND STAFF

# 编 者 说 明

一、《2016广西调查年鉴》是国家统计局广西调查总队编辑出版的大型资料性年刊。本年鉴收录了2011—2015年广西壮族自治区农村、城市和企业等方面的各项统计调查数据，各市县（区）的主要统计数据，以及全国重要年份的主要社会经济指标、中国与东盟国家及世界主要国家和地区经济、社会统计指标。

二、全书内容分为6个部分，即：第一篇　综合；第二篇　人民生活；第三篇　价格调查；第四篇　农业农村；附录一　全国及各省市区主要统计调查指标；附录二　中国与东盟国家及世界主要国家和地区经济、社会统计指标。为方便读者使用，主要篇章末附有主要统计指标解释。

三、资料中所使用的度量衡单位均采用国际统一标准计量单位。

四、本年鉴总量指标计算所采用的价格均为现行价格。

五、本年鉴部分数据合计数或相对数由于单位取舍不同产生的计算误差均未做机械调整。

六、本年鉴中中国与东盟国家及世界主要国家和地区的相关统计资料由国家统计局国际统计信息中心提供，广西调查总队进行编辑（注：中国数据除国土面积外，均未包括中国台湾省、香港特别行政区和澳门特别行政区）。

七、资料中部分药品、化学、矿产品名称采用中文汉语拼音拼写。

八、符号使用说明：

"…"表示数据不足本表最小计量单位数；

"#"表示其中的主要项；

"—"表示没有、不详或未掌握该项数据；

"①"表示本表下有注解。

九、在本年鉴的编辑过程中，得到了许多单位和同志的大力支持，在此我们深表谢意。限于我们的水平，年鉴中的错误和不足之处在所难免，恳请广大读者给予批评指正。

# Editor's Explanatory Notes

Ⅰ. Guangxi Survey Yearbook-2016 is an annual statistics survey publication Survey Office of the National Bureau of Statistics in Guangxi was founded. The Yearbook has various statistical survey data about agriculture, city and enterprises, the main statistical data of city and county(district), and the Main Social and Economic Indicators of China – ASEAN Countries and the World's Major Countries and Regions.

Ⅱ. The yearbook contains the following five chapters: 1.General Survey; 2. People's Livelihood; 3. Price Survey; 4. Agriculture and Rural Areas; Appendix I. Main Statistical Survey Indicators by Province, Municipality and Autonomous Region; Appendix II. Main Social and Economic Indicators of China - ASEAN and the World's Major Countries and Regions. Main Chapters are Equipped with Explanatory Notes of Main Statistical Indicators at the end.

Ⅲ. The units of measurement used in this yearbook are internationally standard measurement units.

Ⅳ. The computation of all the gross indicators in the Yearbook is equipped with current prices.

Ⅴ. The data about Ili Kazak Autonomous Prefecture in the present Xinjiang Survey Yearbook covers counties (cities) direct under Ili Prefecture, Tacheng Prefecture and Altay Prefecture.

Ⅵ. The Yearbook in China – ASEAN Countries and the World's Major Countries and Regions statistics from the National Bureau of Statistics International Statistical Information Center, Guangxi Survey Organization for editing. (Note: All data of China do not cover Taiwan Province, Hong Kong SAR and Macao SAR except data for the surface area.)

Ⅶ. Some of the materia medica, chemistry, mining product is adopted by Chinese spelling translation.

Ⅷ. Description of signs or symbols in the yearbook:

"…" for data with insufficient decimal place;

"#"stands for interim item;

"—" for absence of data indicators or ignorance of them;

"①"indicates footnotes at the end of the table.

Ⅸ. During the editions of this yearbook, we have won wide support from many departments and comrades, and we deeply thanks for this all. Based on our limited level, perhaps there are some mistakes in the book, we welcome all candid comments and criticism from our readers.

2015年8月17—18日，广西调查总队长邹伟忠（前排左一）陪同广西壮族自治区党委书记彭清华（前排左三）到罗城开展精准扶贫调研

2015年9月16日，广西壮族自治区主席陈武（前排左一）会见国家统计局领导，广西调查总队长邹伟忠（前排右一）参加会见

2015年9月11日，广西壮族自治区党委副书记危朝安（右一）听取广西调查总队工作汇报

2015年9月18—19日，广西调查总队总队长邹伟忠（左一）、副总队长梁开光、杨锡虹参加在南宁举办的中国—东盟统计论坛。总队长邹伟忠与参加论坛代表合影

2015年9月18日晚，广西调查总队领导班子在南宁红林大酒店向国家统计局副局长许宪春（右中）汇报工作

2015年9月18日晚，国家统计局副局长许宪春（前排中）听取广西调查总队工作汇报合影

# 国家统计局广西调查总队

2015年，广西调查队系统以习近平总书记系列重要讲话精神为指导，紧紧围绕国家统计局工作部署，扎实开展“三严三实”专题教育，认真组织实施“服务基层年”主题活动，攻坚克难，锐意进取，各项调查工作取得新进步。

## 一、关注基层，“服务基层年”主题活动成果丰硕

年初确定的164项服务基层和调查对象的任务圆满完成，基层关注、干部关心的一批焦点难点问题有效解决。

### （一）基层导向基本树立

总队领导工作联系点由5个扩大到10个，深入调研，帮助联系点解决突出问题，理思路，促发展。总队层面7项服务基层具体事项得到落实，总队处室围绕服务基层完成服务事项33项，调查业务基础工作进一步夯实。市县队深入基层、调查网点了解基层心声，帮助解决实际困难，现场培训报表填报和记账技能等。广西调查队系统一级服务一级的基层导向基本树立。

### （二）服务基层取得实效

全面落实津贴补贴待遇属地化政策，基层干部待遇差别问题基本解决。扎实开展县级队职务与职级并行改革，43名县队干部职级晋升。积极改善基层办公条件，26个基层队的办公业务用房维护修缮费用妥善解决。严格控制地方委托调查项目，项目数量比上年减少22个。建成总队到市级队硬件版、总队到县级队软件版高清视频会议系统。柳州、防城港、扶绥、鹿寨等9个队为辅助调查员购买人身意外保险，玉林、大新、藤县、博白等11个队给一线工作人员配备水鞋、手套等劳保用品。

2015年8月14日，广西调查总队总队长邹伟忠（右二）到兴安队督导“三严三实”专题教育，同时就调查业务工作进行调研指导

### （三）服务调查对象务实管用

各市县队普遍提高记账户或辅助调查员补贴，梧州、钦州、贵港、河池、忻城、岑溪、田林等11个队帮助调查网点居委会（村委会）、联系点改善工作条件，南宁、百色、贺州、桂平等队整理各类税收、融资等政策信息汇编成册赠送给调查企业，平南、环江、都安等队为调查对象印制资料保存、数据反馈的专用资料袋，北海、百色、来宾、崇左、象州、兴安县、平乐、平南、田阳、靖西、环江、宜州、灵山、浦北等队，结合实际采取多种方式服务调查对象。这些服务工作得到调查网点群众广泛好评，调查工作配合度不断提升。

## 二、创新进取，统计调查改革工作顺利推进

### （一）新增调查业务工作走上正轨

覆盖12个市、24个县（市、区）的月度劳动

2015年8月12日，广西调查总队副总队长梁开光（左四）到田阳、田东县调研劳动力及住户调查工作

力调查工作步入正轨。农民工市民化进程动态监测调查起点高、要求新、标准严，总队主动汇报，争取自治区人民政府办公厅下发《广西壮族自治区人民政府办公厅关于开展我区农民工市民化进程动态监测工作的通知》，确保调查工作顺利开展。CPI人工采集网络价格试点调查在南宁启动，源头数据代表性和数据采集处理效率明显提高。建筑业小微企业试行调查和小微企业非金融资产投资年报试点工作顺利完成。新增粮食大县贵港市港南区粮食产量调查工作纳入正常上报轨道。第三次农业普查遥感测量筹备工作进展顺利，总队成立领导小组及其办公室，组织开展培训，加强部门联系，试点工作顺利完成。各市县队积极主动做好前期准备工作。总队和各市县队及时向地方政府汇报，争取支持，遥感测量经费基本落实到位。

## （二）样本及基期轮换工作扎实完成

主要农产品中间消耗、规模以下服务业、规模以下工业、新一轮主要畜禽监测样本轮换、退耕还林（草）监测调查样本核查等工作顺利完成。开展2016年度分省住户50%样本轮换工作，轮换样本已进入正式记账阶段。采取“总队协调、以市带县、分片指导、互相配合”的工作方法，编制时间进度表和操作手册，完成新一轮广西流通消费价格调查暨基期轮换工作。稳步推进工业生产者价格调查基期轮换，新一轮基期权数测算工作圆满完成。精心组织指导，南宁队、桂林队、北海队房地产价格指数权数编制工作按计划如期推进。

## （三）各项调查圆满完成

严格规范执行国家调查制度方案，突出数据质量，圆满完成收入、价格、农业、畜禽、贫困监测、投资、农民工、采购经理、规下工业、规下服务业、限额以下批零住餐等29项常规调查项目，以及党风廉政建设和国有企业反腐倡廉民意、网购用户、城镇棚户区改造群众满意度等专项调查任务。

## （四）现代信息技术应用拓宽

大力推广使用电子终端采集调查数据。月度劳动力、农民工市民化、CPI、党风廉政建设和国有企业反腐倡廉民意调查均使用PDA现场采集传递调查数据，南宁市住户调查的电子记账户扩大到500户。稳步推进网上直报。万头生猪养殖场（户）、规模以下工业企业联网（网络）直报率分别达74.0%和53.4%；农产品生产者价格调查联网直报测试工作完成，2016年开始启用联网直报平台。工业生产者价格、规下服务业、采购经理、投

2015年9月19日，广西调查总队副总队长杨锡虹（前排右三）视察中国—东盟博览会现场调查工作

资环境、批零住餐一套表联网直报工作流程进一步规范。农作物播种面积调查的样本地块全部使用GPS定位，地块面积数据精度进一步提高。

## 三、狠抓规范，调查数据质量不断提升

### （一）统计调查规范执行到位

紧扣数据质量核心，严格执行《国家统计质量保证框架》《国家调查队统计流程规范》，结合广西调查队系统业务规范化标准，进一步明确每一环节、每一岗位的操作规程，保障调查数据生产过程规范有序，源头数据真实可靠。住户调查制定了数据评估、数据审核和测算分结构数据等三项实施细则。畜禽监测调查全面推行出售台账记账工作。采购经理、工业生产者价格、固定资产投资价格、规下工业、规下服务业、限额以下批零住餐、建筑业小微企业等调查均制定了工作规范操作手册及说明。居民消费价格调查制定了数据审核评估常态化制度。加大数据审核评估力度，确保数据准确性及趋势合理性。

2015年10月14日，广西调查总队副巡视员邱洪刚（左二）到上林检查指导党风廉政建设民意调查工作。图为邱洪刚深入巷贤镇九龙村村民家中进行党风廉政民意问卷调查

### （二）统计法治对数据质量提升的作用进一步体现

开展形式多样的统计法治宣传教育，提高调查对象和群众的统计法治意识。制定《国家统计局广西调查队系统地方调查项目申报审批制度》，减轻基层负担，让基层队把更多精力放在数据质量上。建立广西调查队系统统计上严重失信企业信息公示专栏，促使企业如实填报数据。严肃查处统计违法行为，执法检查356个单位，发现统计违法行为69起，立案查处案件57起，结案46起，其中实施警告处罚44起，罚款6起，处罚金额合计1.2万元。

## 四、积极作为，统计服务能力显著增强

### （一）多领域服务地方发展

开展广西投资环境、农村党员教育培训、第12届中国—东盟博览会参会人士满意度、自治区级文明城市测评等多领域地方委托调查项目，根据调查结果撰写的多篇调查报告获得自治区领导批示。文明城市测评数据作为获得第六轮自治区文明城市标准依据。总队和市县队积极配合地方党委、政府做好农村贫困户精准识别和建档立卡工作。南宁队开展“美丽南宁·整洁畅通有序大行动”市民满意度测评，钦州队、浦北队开展绩效考评调查，柳州、梧州、北海、防城港、钦州、百色、玉林等队也采取多种形式服务地方，均产生积极的决策影响和正面导向作用。

### （二）多角度服务地方决策

围绕居民收入、粮食产量、价格等调查，强化调查数据分析解读；以各级党委政府关注的经济

2015年12月3日，广西调查总队总队长邹伟忠（左二）到靖西调研精准扶贫工作

2015年10月23日，广西调查总队机关党委召开换届选举大会

社会发展焦点和热点为切入点，狠抓约稿工作，较好满足了地方党政领导决策需要。编发各类调查信息报告584篇，获中央领导批示4篇次，国家统计局领导批示9篇次，自治区领导批示6篇次，中央“两办”采用18篇次，自治区党委办公厅、政府办公厅采用192篇次；在国家统计局《每日调查》中采用条数排全国各调查总队第四位，在全区党委系统信息采用分位居同类单位第三位，在政府系统信息采用分位居中区直部门第四位。自治区党委书记彭清华对《第十二届中国—东盟博览会参会人士满意度调查报告》《2015年广西投资环境调查报告》做出重要批示。自治区政府办公厅致函，祝贺和感谢总队上报的《广西采取措施落实国家出口退税政策企业反响良好》及《广西棚改货币化安置调查情况》两篇信息被国务院办公厅采用。各市县队高度重视调查分析工作，向地方党政部门报送了大量高水平的调查信息报告，服务领导决策。南宁、桂林、梧州、防城港、钦州、贵港、平南、灵山等队多篇信息报告得到地方党委政府的肯定和领导批示。

### （三）多方式满足社会需求

制定统计新闻发言人制度，联合自治区统计局召开全区经济运行情况新闻发布会，主动发出调查队的声音。在“中国统计开放日”期间，举办“统计服务民生”走进广西财经学院上公开课，开展“讲故事”“爱统计”“随手拍”活动，加深公众对统计调查工作的了解。协助举办2015中国—东盟统计论坛。编辑出版《广西调查年鉴2015》《中国—东盟国家统计手册2015》等一系列数据资料，满足社会公众需求。建立与新闻媒体机构的良性关系，扩展服务公众的渠道。南宁、桂林、百色、来宾等队召开新闻发布会，及时发布调查数据。防城港、河池、扶绥、忻城等队邀请当地主流媒体参加调查现场体验活动。梧州队在“统计开放日”举办“统计服务民生——第六届中国统计开放日文艺晚会”，得到《中国信息报》刊登。

## 五、从严治队，廉政建设扎实推进

### （一）“三严三实”专题教育取得实效

成立专题教育领导和工作机构，印发实施方案，由总队长邹伟忠带头为干部职工讲党课，全面启动全系统专题教育。扎实开展专题研讨，党员干部认真查摆“不严不实”方面的问题。广泛征求意见，开展批评与自我批评，高质量召开专题民主生活会和组织生活会。总队积极指导市县队专题教

2015年12月3日，广西调查总队长邹伟忠（前排左一）到靖西调研精准扶贫工作

2015年12月12日，广西调查总队副巡视员邱洪刚（左二）到靖西市新甲乡弄那村调研精准扶贫工作

育，加强督导，切实把“严”和“实”的要求落地。通过“三严三实”专题教育，全系统党员干部守纪律、讲规矩的意识明显增强，队伍凝聚力、战斗力有较大提高，工作作风有新的改进，专题教育取得良好效果。

### （二）巡视整改工作高标准严要求完成

密切配合国家统计局党组巡视工作，按照巡视组要求提供材料，做好服务工作，配合完成现场巡视工作。总队通过内部OA系统向全系统公示巡视反馈意见。对巡视意见指出的问题，及时召开党组会议研究整改，成立巡视整改工作领导小组，逐条分解巡视反馈意见，制定整改方案，逐一明确领导责任、具体执行部门的责任，以及整改时限和目标要求。严格督查督办，切实抓好整改落实，各项整改措施顺利推进。

2016年3月8—10日，广西调查总队副总队长杨锡虹（前排中）到桂林、平乐、阳朔、全州等队指导专题民主生活会。期间，深入桂林惠德包装有限公司车间调研企业生产经营状况

### （三）“两个责任”全面落实

制定落实党风廉政建设主体责任和监督责任的实施意见，进一步明确各级领导班子及成员、总队机关各处室负责人的主体责任和监督责任的基本内涵和工作要求。建立健全工作机制，形成一级抓一级、层层抓落实的责任体系。全面推行市级队党组纪检组负责辖区调查队系统的纪检监察工作。总队党组与各市县队、各处室的负责人签订2015年度党风廉政建设承诺书，将党风廉政建设纳入目标管理，与调查工作同部署，同检查，同考核。制定党风廉政建设巡察工作办法、领导干部廉政谈话和函询实施办法。认真监督“三重一大”工作制度的执行。严肃查处问题线索和违纪案件。利用伍永军案件对全系统干部职工进行警示教育，以身边的反面教材，触动干部灵魂，筑牢廉政堤坝。

### （四）队伍管理从严从实

从严要求报告个人事项，从严管理出国出境证件，在职在编干部出国出境证件实行统一集中管理，领导干部出国（境）登记备案工作按时完成。严格工作纪律，总队机关加强考勤登记，对上班纪律、请休假制度执行情况进行抽查，利用技术手段屏蔽与工作无关的网络行为，把严的要求落到实处。

2016年5月15日，广西调查总队纪检组长吴多明（右二）到邕宁检查指导农作物面积遥感测量

## 六、整体推进，调查保障能力切实提高

### （一）队伍建设的薄弱环节得到改善

抓好班子完善。16个市县队新配副队长。钦州调查队、来宾调查队新配党组纪检组组长，市队党组纪检组全部配齐。抓实基层力量补

2016年5月17—20日，广西调查总队副总队长杨锡虹（前排左三）到贺州、鹿寨、柳州等联系点检查指导消费价格调查工作

办会等13个方面工作明确办事流程，进一步规范行政管理。严格执行公文标准，加强审核，提高公文处理效率和质量。继续大力推动全系统档案室上等级建设，有25个市县队成功创建上等级档案室。加强督办，先后对贯彻全区调查工作会议精神、服务基层年事项进展情况、“两个责任”落实、“三严三实”等进行督办，推动工作落实。编发政务（工作）信息2488篇，获得国家统计局采用71篇，较好地发挥了学习交流作用。

充。新招录公务员29人、择优选调干部16人充实到基层队。抓好干部交流培养。制定《干部交流任职工作方案（草案）》，通过系统内横向交流，一对一纵向交流、从系统外单向交流、到国家统计局学习锻炼、到地方政府挂职、担任第一书记等多种形式，全年交流培养干部18人。抓好干部培训。安排439人次参加统计调查干部领导能力、业务知识、十八届四中全会精神暨党风廉政建设主体责任、辅助调查员师资力量等培训班，安排2名总队领导分别参加中央党校、统计局长总队长研究班学习，选派2名领导参加自治区党校主体班培训。

### （二）财务管理的关键环节有效抓实

加强预算管理，密切跟踪和督促预算执行。积极推进财务公开，总队在自治区政府信息公开平台上公开了自治区经费部门预算。修订总队机关财务管理和会计工作规范，有序推进新财务制度的实施。加强审计监督，修订内部审计工作实施细则，建立主要领导干部经济责任审计实施办法，全年对8个基层队进行了内部审计。选取南宁、柳州、桂林、北海4个市队、9个县队开展“县账市管”试点工作，进一步积累了“县账市管”工作经验。

### （三）行政管理的新要求规范执行

按照中央八项规定精神，接待、会议管理、公务用车等多项行政管理都有新的要求，总队及各市县队都能按照新的要求，修订完善各项制度，并严格规范执行。编写《办公室服务指南》，对办文、

### （四）信息化建设基础进一步强化

优化完善内外网结构，提速内外网带宽，保障业务工作正常传输。建成全系统视频会议系统和接收国家统计局视频会议系统，为业务培训和召开会议提供了高效的平台。积极参与国家新版OA试点，完成流程定制、试点业务培训和集中试用等工作，为下一步推进OA的扩容升级打下基础。以“人防”为重点，网络信息安全防御体系初步建立。市县队在信息化基础建设方面加大投入，来宾等市县队新建了机房和视频会议室。

### （五）基建项目建设稳步推进

广西遥感技术统计调查监测基地项目建设稳步推进，双电源建设、智能化管理平台等已进入实施阶段，其他工作正在全力推进。

2016年6月16日，广西调查总队召开表彰优秀党务工作和优秀共产党员会议

## 城镇居民家庭人均可支配收入（元）

Per Capita Disposal Income of Urban Households (RMB)

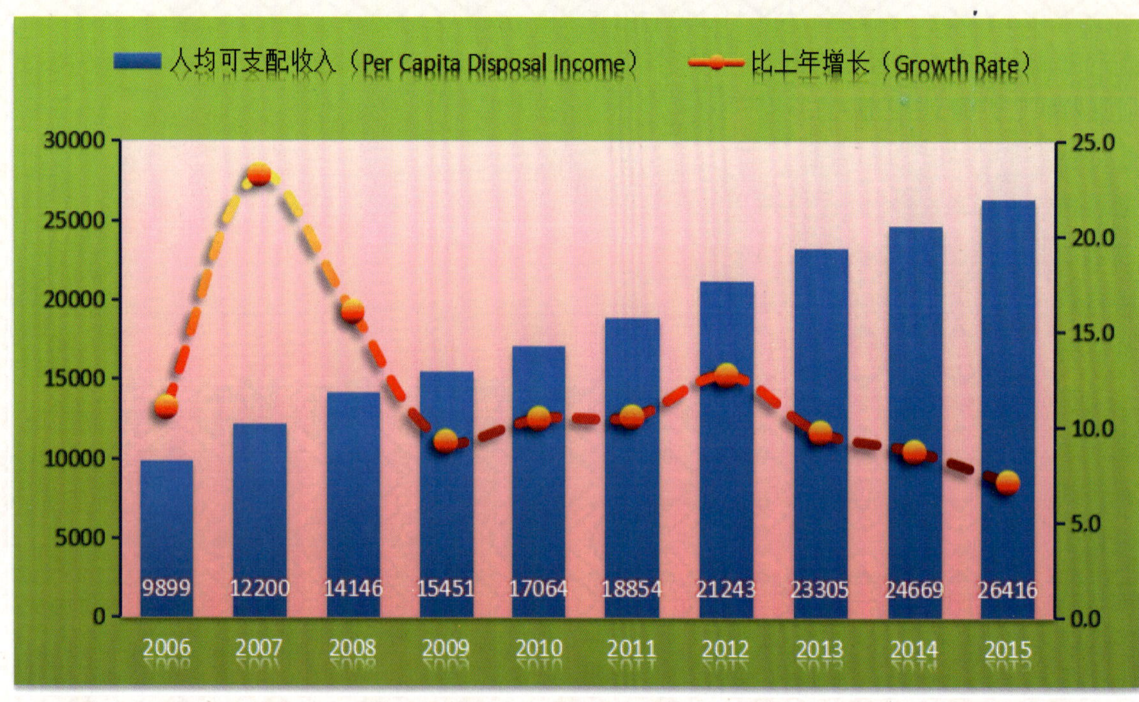


## 城镇居民家庭人均消费支出（元）

Per Capita Consumer Expenditure of Urban Households (RMB)

说明：2014—2015年收支数据为新口径数据，收入数据为常住居民人均可支配收入数据，消费数据为常住居民人均消费支出数据，与2013年及以前的数据不可比。

Note: 2014—2015 revenue and expenditure data for the new caliber data, income data for the resident population per capita disposable income data, consumer data for the resident population per capita consumption expenditure data, Compared with 2013 and previous data.

## 农村居民家庭人均纯收入（元）

Per Capita Net Incom of Rural Households (RMB)

## 农村居民家庭人均生活消费支出（元）

Per Capita Living Expenditure of Rural Households (RMB)

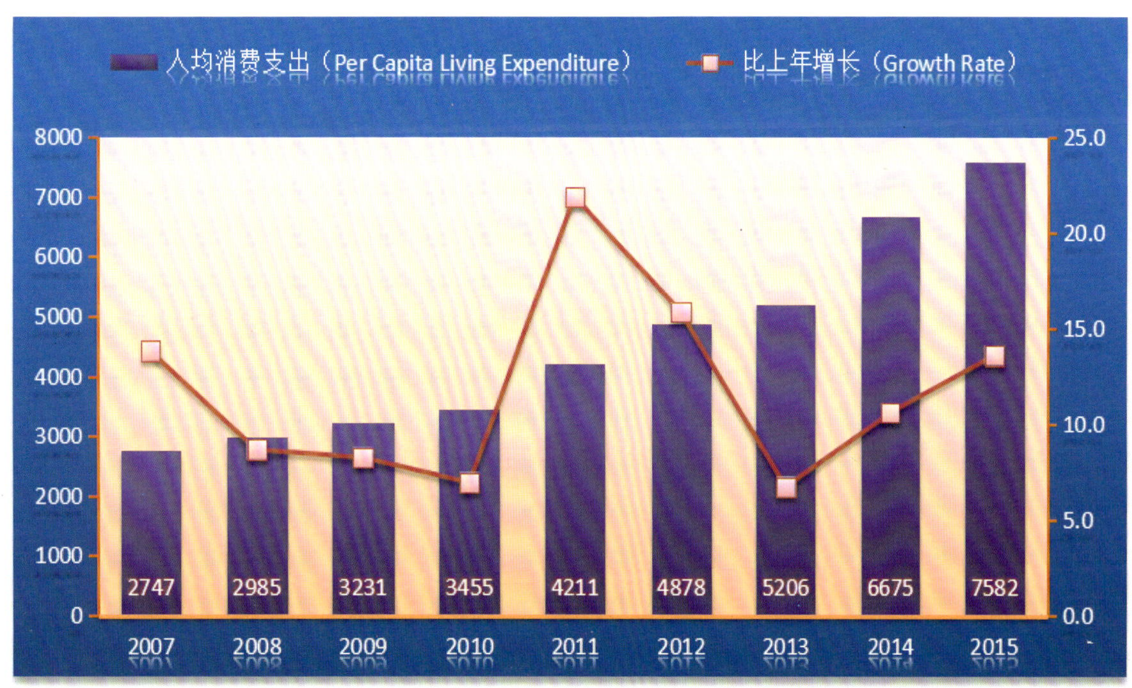


说明：2014—2015年农民收支数据为新口径数据，收入为农村常住居民人均可支配收入，支出为农村常住居民人均消费支出，与2013年及以前的数据不可比。

Note: 2014—2015 farmers' income and expenditure data for the new caliber data, income for rural residents per capita disposable income, expenditure for rural residents per capita consumption, Compared with 2013 and previous data.

物价指数（上年=100）

Price Indices (Preceding Year=100)

居民消费价格指数（上年=100）

Consumer Price Indices of (Preceding Year=100)

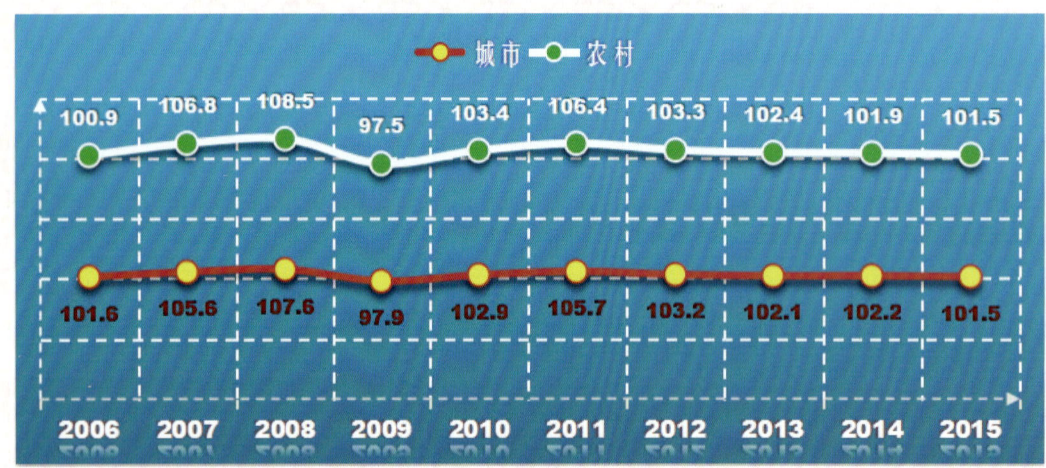


商品零售价格指数（上年=100）

Retail Price Indices (Preceding Year=100)

## 工业生产者出厂价格指数（上年=100）

Producer Price Indices for Industrial Products (Preceding Year=100)

## 工业生产者购进价格指数（上年=100）

Purchasing Price Indices for Industrial Producers (Preceding Year=100)

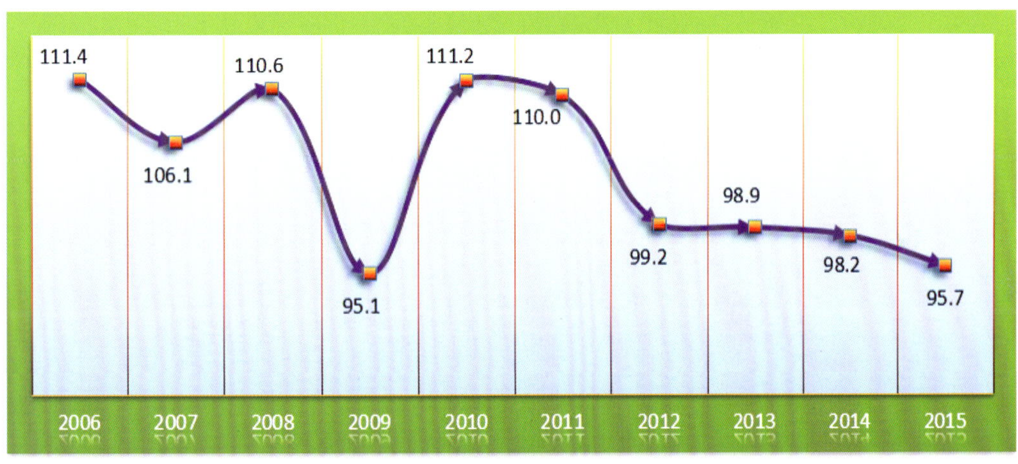


## 固定资产投资价格指数（上年=100）

Price Indices of Investment in Fixed Asset (Preceding Year=100)

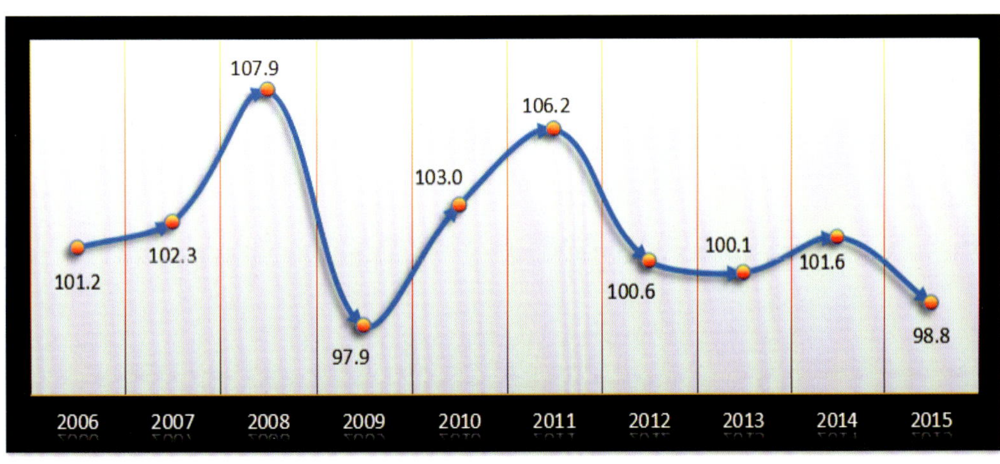

## 农业生产资料价格指数（上年=100）

Price Indices of Farming Production Material (Preceding Year=100)

## 农产品生产价格指数（上年=100）

Indices of Producers' Prices for Farm Products (Preceding Year=100)

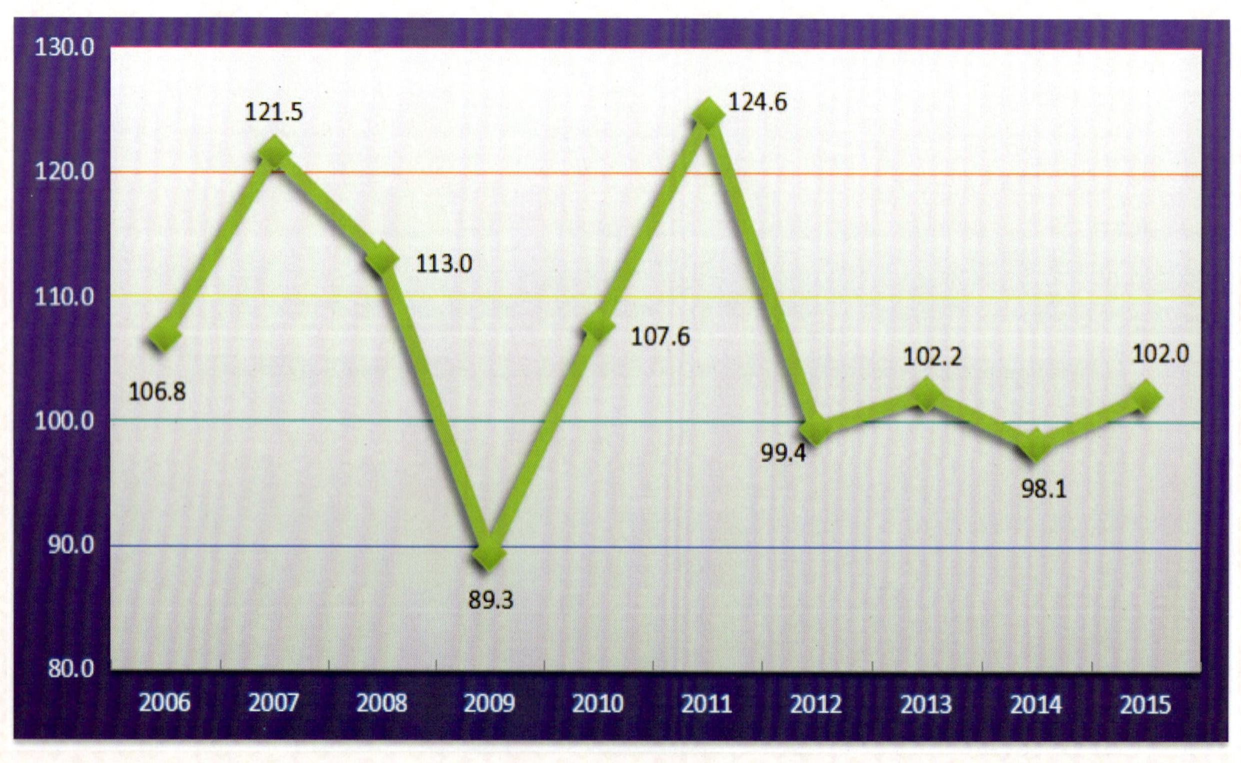

## 2015年广西居民消费价格指数（上年同期=100）

Consumer Price Indices by Each Month (2015) (Preceding Year=100)

## 2015年广西工业生产者出厂价格指数（上年同期=100）

Producer Price Indices for Industrial Products by Each Month (2015) (Preceding Year=100)

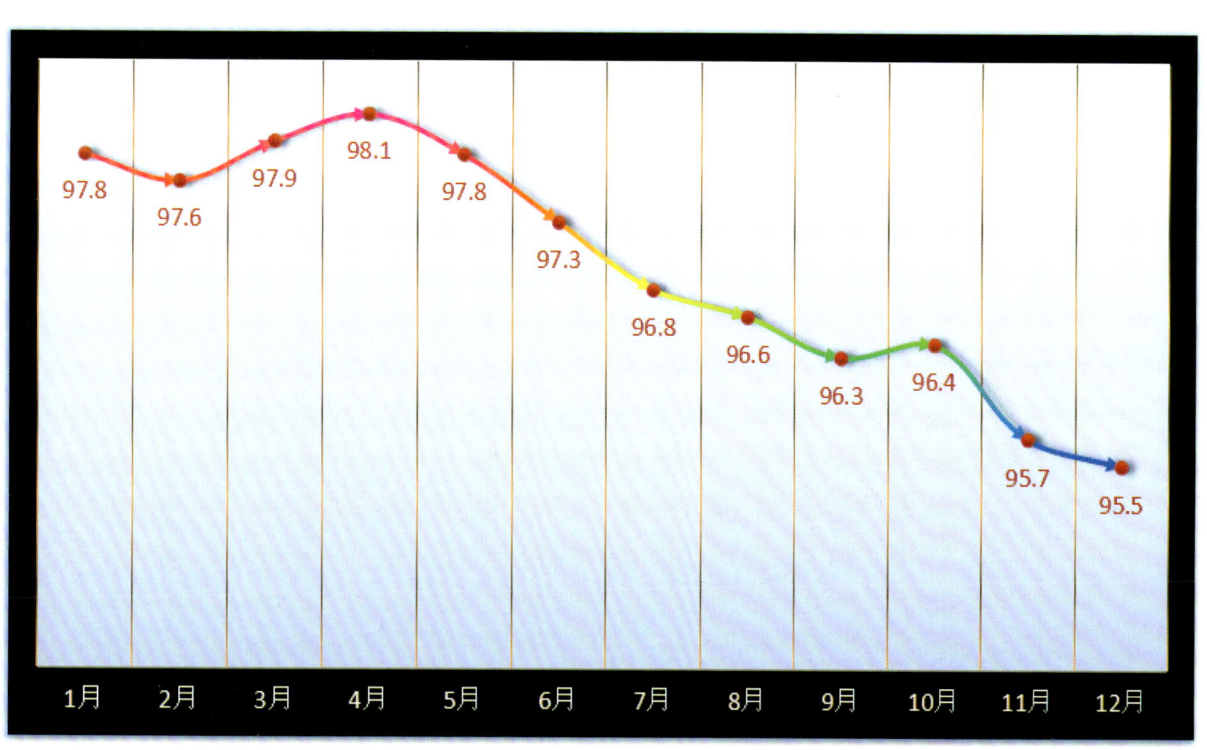

# 目 录

# CONTENTS

## 第一篇 综 合
Chapter 1 General Survey



## 第二篇 人民生活
Chapter 2 People's Livelihood

## 第三篇 价格调查
## Chapter 3 Price Survey

## 第四篇 农村农业
## Chapter 4 Agriculture and Rural Areas

## 附录一 全国及各省市区主要统计调查指标
## APPENDIX I Main Statistical Survey Indicators by Province, Municipality and Autonomous Region

## 附录二 中国与东盟国家及世界主要国家和地区经济、社会统计指标
## APPENDIX II Main Social and Economic Indicators of China - ASEAN Countries and World Major Countries and Regions

# 第一篇　　综　合

Chapter　1　　General　Survey

# 1-1 2015年广西城镇居民生活调查报告

Urban Residents Living Investigation Report in 2015

## 2015年广西城镇居民消费支出全面稳定增长

2015年，广西城镇居民收入水平稳步提高，为扩大消费能力打下了良好的基础。同时，随着就业、医疗、养老等社会保障制度日趋完善，居民消费信心明显增强，消费结构升级加快，消费支出增长较快。据国家统计局广西调查总队调查数据资料显示，2015年，广西城镇居民人均生活消费支出16321元，比上年增加1278元，增长8.5%，扣除价格因素实际增幅为6.9%。

### 一、广西城镇居民消费结构特点

广西城镇居民八大类消费支出呈全面增长态势，其中交通通信和其他用品及服务支出涨幅超过10%，其余类消费增速则较为缓和、均衡。从各类占比来看，食品烟酒、居住、交通通信支出占城镇居民人均生活消费支出的比重分别为34.4%、22.2%和13.8%，吃、住、行在广西城镇居民消费中占据较大比重。具体情况见下表：

**2015年广西城镇居民家庭生活消费支出情况表**

| 指标名称 | 2015年（元） | 2014年（元） | 比上年增减（元） | 增幅（%） | 构成（%） | 拉动消费性支出增减（百分点） |
|---|---|---|---|---|---|---|
| 人均消费支出 | 16321 | 15043 | 1278 | 8.5 | 100 | — |
| 1. 食品烟酒 | 5610 | 5297 | 313 | 5.9 | 34.4 | 2.1 |
| 2. 衣着 | 846 | 795 | 51 | 6.4 | 5.2 | 0.2 |
| 3. 居住 | 3629 | 3387 | 242 | 7.2 | 22.2 | 1.2 |
| 4. 生活用品及服务 | 952 | 905 | 47 | 5.2 | 5.8 | 0.3 |
| 5. 交通通信 | 2250 | 1847 | 403 | 21.8 | 13.8 | 1.7 |
| 6. 教育文化娱乐 | 1845 | 1685 | 160 | 9.5 | 11.3 | 2.7 |
| 7. 医疗保健 | 866 | 845 | 21 | 2.6 | 5.3 | 0.2 |
| 8. 其他用品和服务 | 323 | 282 | 41 | 14.5 | 2 | 0.1 |

#### （一）食品烟酒类消费支出持续稳定增长

2015年，广西城镇居民人均食品烟酒支出5610元，比上年增长5.9%，拉动消费性支出增长2.1个百分点。食品支出占消费支出的比重（恩格尔系数）为34.4%，比上年降低0.8个百分点。随着人们对饮食文化和健康观念的转变，膳食结构不断向营养多样和方便快捷方向发展。一是谷物类主食消费支出下降，比上年减少0.5%。从消费量看，人均小麦、稻谷、玉米消费量分别比上年减少5.0%、3.1%和18.1%。二是烟酒、饮料等消费支出下降，分别比上年减少0.5%和0.3%。三是肉、禽、奶类等营养品消费支出上升，分别比上年增长7.3%、7.2%、16.0%；干鲜瓜果、糖果糕点等副食品消费支出上升，分别比上年增长8.0%和10.4%。从消费量看，人均羊肉和牛肉消费量分别增长20.3%和12.4%，人均酸奶和奶粉消费量分别增长21.0%和29.4%，人均鲜瓜果、瓜果制品和坚果类消费量分别增长3.5%、16.8%和7.4%。四是其他在外饮食消费支出增长迅速，2015年人均其他在外饮食支出745元，比上年增长11.7%，人均其他在外饮食支出占全部食品消费支出的比重为13.3%。

**（二）衣着类消费支出平稳增长**

2015年，广西城镇居民人均衣着支出846元，比上年增长6.4%。其中，人均衣类消费支出667元，增长5.7%，人均鞋类消费支出179元，增长9.4%。居民收入提升，消费观念转变，以及服装市场的日益繁荣，扩展了衣着消费空间。

**（三）居住类消费支出增长较快**

随着城镇建设持续推进、棚户区改造陆续完成和安置房交付使用，城镇居民在居住方面的支出增多，拉动了住房装潢消费、建筑维修管理等支出的增长。2015年，广西城镇居民人均居住支出3629元，比上年增长7.2%。从支出构成上看有升有降，其中人均住房维修及管理支出489元，比上年增长46.6%。

**（四）生活用品及服务类消费支出明显增长**

生活用品及服务类支出增长反映了城镇居民对生活居住条件要求的不断提高。广西城镇居民家用器具的更新频率、室内装饰装修档次等都在提高。抽样调查资料显示：2015年，广西城镇居民人均生活用品及服务支出952元，比上年增长5.2%。其中，人均家具及室内装饰品支出增长12.1%，人均家用器具支出增长9.7%。城镇居民购买家用电器的数量持续增加，截至2015年末，广西城镇居民每百户家庭拥有洗衣机93台、电冰箱95台和空调121台，分别比上年同期增长5.7%、5.1%和28.0%。

**（五）交通通信类消费支出增长迅猛，是拉动生活消费支出增长的重要引擎**

随着油价连续下调带来交通成本降低以及国家对一些小排量轿车实施购置税减半等优惠政策的出台，城镇居民购买家用汽车热潮不减，带动了燃料费、维修费和车辆保险支出等相关费用的快速增长，交通支出也在不断增加。抽样调查资料显示：2015年，广西城镇居民人均交通通信支出2250元，比上年增长21.8%，增幅位于八大类消费支出之首，拉动消费性支出增长1.7个百分点。截至2015年末，广西城镇居民每百户拥有汽车31辆，带动了交通通信支出增长。2015年，城镇居民人均交通支出1513元，比上年增长32.3%，其中交通工具、交通工具用燃料和车辆保险支出分别比上年增长81.6%、15.6%和31.6%。近年来通信工具大大普及，电信行业各大运营商不断推出各类优惠套餐，市场激烈竞争带来通信服务价格的优惠，使百姓得到了实惠，激发了居民信息消费需求，城镇居民通信消费呈持续增长态势。在通信支出中，人均通信支出737元，比上年增长4.7%，其中通信服务支出比上年增长5.2%。

**（六）教育文化娱乐类消费支出快速增长**

2015年，广西城镇居民人均教育文化娱乐支出1845元，比上年增长9.5%，拉动消费性支出增长2.7个百分点。其中人均教育支出1009元，比上年增长5.9%，在各类教育中，小学教育、高中教育、中专职高教育等高速增长是教育支出增长的主要因素，分别比上年增长24.3%、38.4%和38.8%。城镇居民人均文化娱乐支出836元，比上年增长14.2%，其中以旅游、日常休闲为代表的文化娱乐服务支出566元，比上年增长28.0%。主要原因是随着广西“高铁时代”的来临，居民出行更加方便、快捷，活动空间和范围不断扩大，活动内容不断丰富。先进的交通工具改变了人们的生活方式和思想观念，多种小长假的新旅行路线被激活，百姓旅游热情旺盛，成为新一轮消费热潮。

**（七）医疗保健类消费支出增幅较小**

2015年，广西城镇居民人均医疗保健支出866元，比上年增长2.6%，增幅较小。主要原因是城镇居民医疗保障面不断扩大，报销比例逐年提高，居民实际医疗支出不断下降，意味着居民看病负担正在逐步减轻。

**（八）其他用品和服务类消费支出成居民消费新热点**

2015年，广西城镇居民人均其他用品和服务支出323元，比上年增长14.5%，增幅位居八大类消费的第二位。其他用品和服务主要包括首饰饰品消费以及日常服务消费（如美容美发）等方面。随着城镇居民财富的积累，居民对高档金银珠宝饰品及个性时尚奢侈品的需求逐渐增多。相比股票、基金等投资方式，具有保值增值作用的金银饰品更成为百姓投资消费的新热点。

## 二、提高居民消费能力的意见和建议

**（一）提高城镇居民尤其是中低收入居民的收入水平，缩小收入差距**

收入差距在一定程度上会影响消费水平，要通过加大社会扶持力度，调节收入分配，增加中低收入居民的收入。尤其是解决困难群体的基本生活问题，实施更有利于促进就业的各项政策，形成完善的制度环境，对收入水平稳定增长加以保障，以此激发居民消费信心，提高整体消费能力，才能有效促进消费需求增长，增进社会和谐。

**（二）改善消费环境，增强居民消费意愿**

为满足人们日益增长的物质文化需求，拉动消费增长，应该大力培养新的消费热点，包括像文化消费、旅游消费、养老消费、网络消费、绿色节能消费等，让老百姓愿意花钱。同时合理引导消费，倡导健康的消费理念和方式，鼓励居民适度合理的超前信贷消费，促进消费结构升级。改善消费环境还包括让产品质量放心，市场经营规范有序，要加强对市场的监管。

**（三）完善社会保障制度，平稳物价，稳定消费预期**

食品、住房价格的上涨，抑制了城镇居民即期消费欲望，物价上涨带来的存款缩水使人们对财富贬值心存忧虑，同时住房、教育、医疗、养老等一系列基本制度的不完善，诸多“不确定”因素迫使居民“捂紧口袋”。要有效地刺激消费，就应当解除人们的这些心理负担，以完善有力的社会保障制度为居民消费“保驾护航”，控制物价过快上涨，降低生活成本，给居民稳定的消费预期。

# 1-2 2015年广西农村居民生活调查报告

Rural Residents Living Investigation Report in 2015

## 2015年广西农村居民人均可支配收入稳步增长

据国家统计局广西调查总队抽样调查数据显示，2015年广西农村居民人均可支配收入为9467元，比上年增加783元，名义增长9.0%，增幅比全国平均水平高0.1个百分点，在全国排第15位；扣除价格因素实际增长7.4%。

### 一、2015年广西农村居民收入特点

2015年广西农村居民各项收入继续保持全面增长的态势（详见下表），城乡收入相对差距进一步缩小。

**2015年广西农村居民可支配收入情况表**

| 指标名称 | 2015年（元） | 2014年（元） | 增幅（%） | 占比（%） | 贡献率（%） |
|---|---|---|---|---|---|
| 可支配收入 | 9467 | 8683 | 9.0 | — | — |
| 一、工资性收入 | 2549 | 2335 | 9.2 | 26.9 | 27.3 |
| 二、经营净收入 | 4360 | 4048 | 7.7 | 46.1 | 39.8 |
| （一）第一产业经营净收入 | 3510 | 3260 | 7.7 | — | — |
| 1. 农业 | 2300 | 2171 | 5.9 | — | — |
| 2. 林业 | 326 | 325 | 0.5 | — | — |
| 3. 牧业 | 754 | 695 | 8.4 | — | — |
| 4. 渔业 | 130 | 69 | 88.1 | — | — |
| （二）第二产业经营净收入 | 135 | 129 | 4.3 | — | — |
| （三）第三产业经营净收入 | 715 | 659 | 8.6 | | |
| 三、财产净收入 | 116 | 75 | 54.2 | 1.2 | 5.2 |
| 四、转移净收入 | 2442 | 2225 | 9.8 | 25.8 | 27.7 |

#### （一）工资性和经营性收入稳定增长

据调查，2015年广西农村居民工资性收入增长9.2%，连续两年增长速度均超过9%，对可支配收入的贡献率从上年的22.6%上升到27.3%；经营净收入增长7.7%，增幅比上年高1个百分点，对可支配收入的贡献率从上年的28.5%上升到39.6%。

#### （二）财产性收入持续高速增长

农民投资理财的意识进一步提高，2015年广西农村居民人均财产净收入的增长速度达54.2%，连续两年保持40%以上增长，对可支配收入的贡献率从上年的2.7%上升到5.2%。

#### （三）城乡收入相对差距进一步缩小

据调查，2015年广西农民人均可支配收入实际增速高于城镇居民1.9个百分点，增幅连续三年高于城镇居民。城乡居民收入比为2.79：1（以农民人均可支配收入为1），比上年的2.84：1进一步缩小。

### 二、促进广西农村居民增收的主要因素

#### （一）工资性收入增长9.2%

1.广西农村地区非农务工收入增加。据农

民工调查结果，2015年广西农村地区非农务工人数较上年增长6.7%，本地非农务工月工资水平为2457元/天，增长6.6%。比较典型的，如南宁、贵港等地区的农村建房技术工的日工资标准普遍从150—180元/天上涨到200—250元/天。

2.政策性因素促进农村居民工资收入增加。主要表现：一是2015年4月广西提高最低工资标准，广西各类地区最低工资标准调整幅度均在16%上下，月最低工资标准均达到1000元以上，最低工资水平约为全国中等水平；二是2015年7月1日起施行《广西壮族自治区企业工资集体协商条例》，明确工资集体协商是企业法定义务，兼顾劳动关系双方合法利益，促进了广西农村省内务工人员的工资提升；三是各级政府及劳动监察部门积极行动，有力地打击了拖欠农民工工资的行为，保障了农民工的合法权益。

**（二）家庭经营净收入增长7.7%**

1.农业净收入增长5.9%。主要表现在：一是广西柑橘类水果价格上涨、出售量增加，有力促进了农村居民水果种植效益的提升。据调查，2015年广西农村居民人均出售水果现金收入增加了118元，增幅高达38.7%；二是广西积极发展蔬菜基地，建设了稳定的“南菜北运”销售链条，促进广西蔬菜价格和产量快速增长。据调查，2015年广西农村居民人均出售蔬菜及食用菌现金收入比上年增加115元，增幅达54.3%。

2.牧业净收入增长8.5%。从2015年4月起，由于市场需求旺盛，广西生猪价格触底回升，到12月份生猪价格较上年同期增长17.9%，促进了农村居民牧业收入增加。据调查，2015年广西农村居民人均牧业净收入为754元，较上年增加59元。

3.渔业净收入增长88.1%。广西渔业生产在2014年三季度遭受台风灾害后，沿海各地抓紧灾后重建，及时恢复生产，取得了较好的成效。同时，广西也大力发展淡水特色养殖业，如三江融水的稻田渔业成为地方农民增收新亮点。据调查，2015年广西农村居民人均渔业净收入130元，较上年增加61元。

4.第三产业净收入增长8.6%。2015年，广西以高铁游和自驾游为主的旅游业继续得到迅速发展，广西接待游客人数和旅游收入分别增长18.8%和22.4%，带动住宿餐饮和批发零售等三产收入快速增长，特别是高铁沿线的南宁、柳州、桂林、梧州、北海、钦州、贵港和贺州等地的三产收入有较大增长。据调查，2015年广西农村居民人均第三产业净收入为715元，较上年增加56元。

**（三）财产净收入增长54.2%**

1.土地租金收入大幅增长。随着广西土地确权工作的不断深化，农村居民出租土地方式不断规范，土地流转面积不断增加，促进农村居民租金收入不断提高。据调查，2015年广西农村居民转让承包土地经营权租金人均净收入为59元，较上年增长43.5%。比较典型的地区，如桂林、来宾和崇左等地，普通耕地租金从上年的800元/亩提高到2015年的1000元/亩，增幅达25.0%。

2.红利收入增长迅速。2015年，广西农村居民积极参与投资各类型农业合作社，以及休闲农家乐等集体产业，取得了较好的经济收益，成为促进农民增收一大亮点。据调查，2015年广西农村居民人均红利收入21元，较上年增长382.6%。

**（四）转移净收入增长9.8%**

1.广西城乡居民基础养老金标准提高。2015年，广西城乡居民的养老金标准从原来的每月75元提高到90元，增长20%。

2.国家危房改造补贴政策的落实，提高了农村居民政策性生活补贴收入。据统计，2015年中央下达的广西危房改造任务为29.7万户，涉及109个县（区、市），改造量全国第一。

3.各省提高了最低工资标准，广西外出务工人员工资提高，促进寄带回收入增加。据调查，2015年广西外出从业人员寄带回收入比上年增加156元，增长12.6%。

## 三、制约广西农村居民收入增长的不利因素

### （一）部分大宗农产品价格下降

1.据农产品生产者价格调查显示，2015年广西部分大宗农产品价格下降，如蚕茧价格下降14.9%，林业产品价格下跌6.1%，西瓜价格下降21.6%。这部分大宗农产品价格的下降，造成农村居民增产不增收，对广西农村居民第一产业净收入的增加造成了较大影响。

2.2014/2015榨季广西原料蔗收购价格继续下降，跌至每吨400元，比2013/2014榨季下降9%。据调查，因甘蔗价格下跌，2015广西农村居民人均出售甘蔗2561公斤，较上年减少2.2%，人均出售甘蔗现金收入1053元，较上年减少8.3%。甘蔗收入减少直接影响到农村居民第一产业净收入。

### （二）来自二、三产业的收入增速放缓

受宏观经济下行压力的影响，农村居民来自二、三产业的收入增速有所放缓。据调查，2015年广西农村居民来自第三产业人均净收入增长8.6%，增速比上年下降7.8个百分点；来自第二产业人均净收入同比增长4.3%，增速比上年下降11.1个百分点。

### （三）农业生产经营的成本较高

据农业生产资料价格指数调查显示，2015年广西农用种子、农业用工和农用化肥的价格在上年高位运行的情况下，分别继续上涨1.6%、6.5%和2.2%，造成农村居民从事农业生产的经营成本持续提高，获利空间持续受到挤压。

### （四）第一产业收入受自然灾害影响较大

2015年2月至4月降水量与往年相比明显偏少，干旱和种植面积减少等因素导致广西早稻比上年减产14.5万吨，减少2.7%；5月初至6月中旬降雨过多，影响了广西龙眼、荔枝、西瓜、火龙果等特色水果的生长，品质下降，价格降低；10月份台风“彩虹”和寒露风天气，对柑橘类水果的品质、晚稻的开花授粉和灌浆结实等产生一定的不良影响。

## 四、几点建议

### （一）采取多项配套措施，继续提高农村居民工资性收入

据调查，工资性收入已经成为近年农村居民增收的主要动力，但与贵州等农民工输出较多的西部省份相比较，广西农民工资性收入的增速偏慢，且呈现增速逐年下降的趋势。为此，建议做好四项工作：一是加强农村居民职业教育。加大力度扶持农村地区职业教育，不断提高农村居民文化素质和职业技能水平，培养新型职业化农民工；二是继续改善收入分配制度，重点是贯彻落实好企业职工的工资协商制度，加强农民工在工资协商上的话语权；三是建立健全农村职业介绍体系，扶持引进优质的劳动中间服务机构，加强企业用工信息的收集和农村居民外出务工的就业指导，改善目前农民工盲目外出就业的现状；四是加强劳动监管，劳动部门切实解决企业拖欠农民工工资等问题，确保农民工的基本劳动权益。

### （二）继续加强对农业的投入，提高农业生产的保障能力

从调查数据上看，广西农村居民来自第

一产业的收入仍占家庭经营收入的八成，第一产业收入的高低对农村居民收入起着至关重要的作用。为此，建议做好三项工作：一是需要进一步加强农业基础设施建设，做好台风、霜冻等灾害天气预警，提高农村居民防灾抗灾能力；二是要落实好土地流转等强农惠农政策，引进农业龙头企业，转变农业生产形式，提高农村居民抵御市场风险的能力；三是要不断加大农业科技投入，培育新品种、提高田间管理技术和保鲜加工技术，为农村居民增收提供科技保障。

**（三）大力发展二、三产业，优化农村居民收入结构**

广西农村居民来自二、三产业收入的占比逐年提升，但仍处于较低水平，应该成为促农增收的着力点。为此，建议做好两方面工作：一是政府和有关职能部门要发挥规划和引领作用，要依托各地农村地区的自然资源，引进企业、资金深入开发，采用“企业＋农户”的模式，大力发展农村地区休闲旅游和民俗传统工艺等；二是加大力度推进金融制度改革，降低农村小额信贷门槛，改善农村金融投资环境，帮助和扶持有能力的农村居民就地创业，大力发展农村本地的二、三产业。

**（四）提升广西大宗农产品的市场竞争能力**

广西特色水果、甘蔗、蚕茧、水产品、家禽、生猪和部分中药材等大宗农产品的产量和质量在国内均名列前茅，但大部分仅仅是当作初级产品销售，产品附加值不高，市场竞争力较低。为此，建议做好三项工作：一是继续加大宣传力度，通过展销会、博览会和互联网等方式进行宣传推广，进一步提高广西农产品的知晓度；二是发挥农业产业优势，增加农业科技投入，制定科学统一的产品标准，培育更多的广西优质、绿色健康的农产品；三是利用果蔬专列营销、会展营销、互联网营销等成功经验，强化专业合作社协会工作平台，不断扩大市场份额，增强广西大宗农产品市场定价话语权。

# 1-3 2015年广西居民消费价格调查报告

Consumer Prices Investigation Report in 2015

## 2015年广西居民消费价格涨幅为6年来最低

2015年，广西居民消费价格（CPI）比上年上涨1.5%，涨幅为6年来最低，顺利完成全年物价涨幅控制在3.0%左右的调控目标。其中，工业品价格上涨0.1%，服务项目价格上涨2.0%。城乡居民消费价格总水平同步上涨。其中，城市上涨1.5%，农村上涨1.5%。

### 一、CPI变动特点

**（一）涨幅为6年来最低**

2015年居民消费价格持续低位运行，全年上涨1.5%，涨幅创六年以来新低。

2010—2015年CPI趋势图

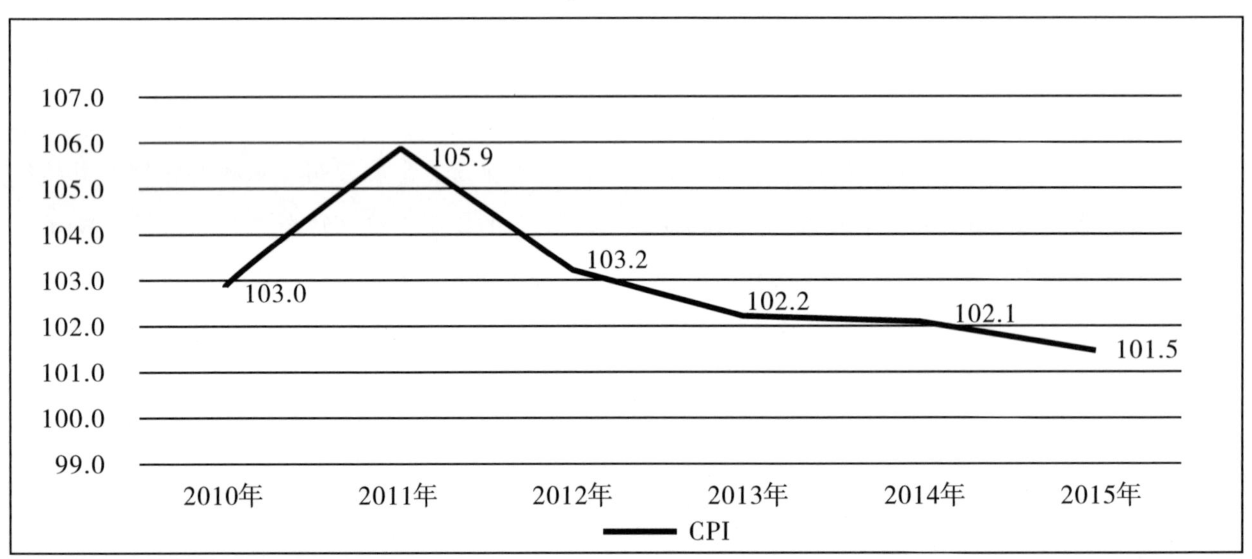


**（二）八大类消费价格呈现六涨二降态势**

其中，食品价格上涨2.6%，烟酒价格上涨1.3%，衣着价格上涨5.0%，家庭设备用品及维修服务类价格上涨0.8%，医疗保健和个人用品价格上涨1.8%，娱乐教育文化用品及服务类价格上涨1.3%；交通和通信类价格下降1.5%，居住类价格下降0.4%。

**（三）各月价格同比走势前低中稳后高**

分月看，各月CPI同比走势前低中稳后高。其中1月份受春节错月影响，同比仅上涨1.0%，是年内低点；2月到7月，CPI同比涨幅在1.2%—1.5%，高低仅相差0.3个百分点，其中2月、3月、6月和7月CPI同比涨幅都相同，均为1.5%；8月份受猪肉供求、暑期经济等因素影响，CPI涨幅有所扩大，上涨1.9%，创年内新高；9—12月，除11月涨幅为1.4%略低外，其他三个月均在1.7%以上。

2015年1—12月CPI同比指数趋势图

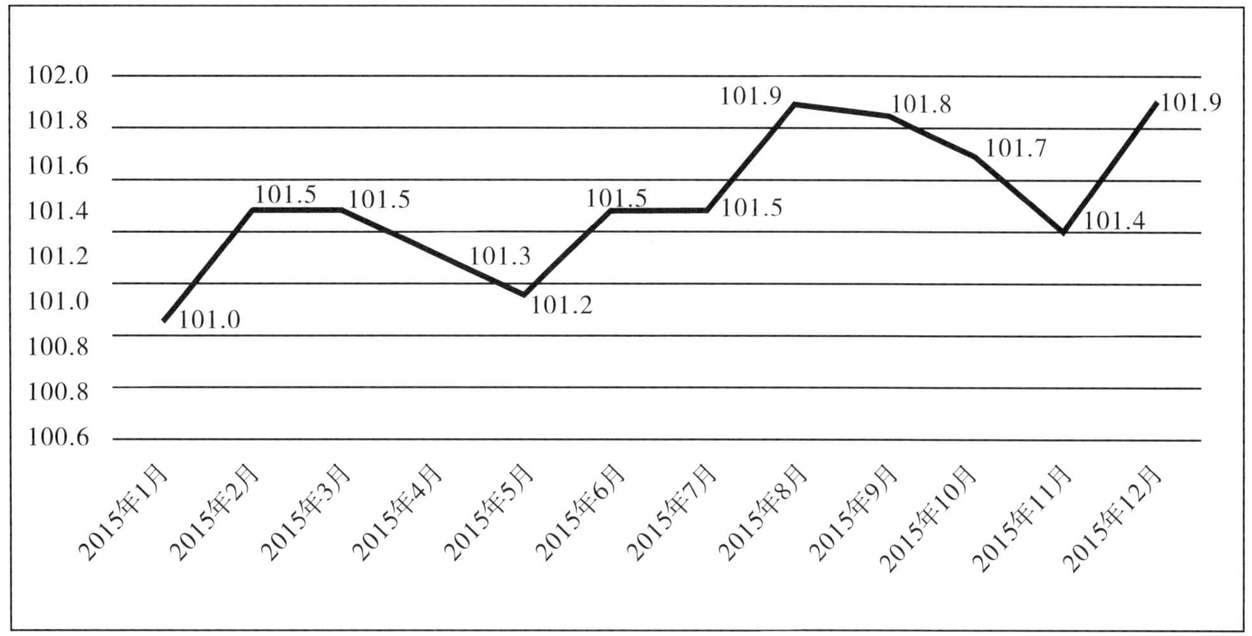


**（四）涨幅略高于全国平均水平**

2015年，广西CPI涨幅比全国平均水平高0.1个百分点，按涨幅由高到低排序，在全国31个省（自治区、直辖市）中排第14位。

**（五）食品价格主导CPI上涨**

2015年，食品类价格上涨2.6%，拉动居民消费价格总水平上涨1.0个百分点，影响程度为66.7%，是拉动CPI上涨的最主要因素。

**（六）服务项目价格涨幅大于消费品价格**

2015年，广西服务项目价格上涨2.0%，较消费品价格涨幅高0.7个百分点，与之前CPI涨幅较高的年份相比两者出现了明显倒挂。服务项目价格上涨拉升广西居民消费价格总水平上涨约0.5个百分点，约占CPI涨幅的33.3%。

## 二、主要商品及服务价格走势特点及原因

**（一）食品价格涨幅为六年来最低**

2015年，广西食品类价格上涨2.6%，涨幅比上年回落1.7个百分点，为6年来最低涨幅。食品类的低涨幅，是居民消费价格总水平保持温和上涨的主要原因。

1.猪肉价格迎来周期性反弹。2011年，广西猪肉价格在大涨31.0%之后，连续三年下降，2012—2014年分别下降4.8%、0.5%和2.7%，3年合计下降8.2%。猪肉价格持续下降，导致生猪养殖亏损扩大，生猪存栏量和能繁母猪存栏量持续下跌，大大挫伤了养殖户和养殖企业的积极性，直接影响到生猪供给。2015年，连续下跌的猪肉价格迎来周期性反弹，加之人工成本以及环保成本提高的推动，全年猪肉价格上涨9.7%，拉动居民消费价格总水平上升0.4个百分点，约占CPI涨幅的26.6%，是对CPI上涨贡献最大的基本分类。

2.鲜菜类价格涨幅温和。2015年鲜菜类价格上涨4.5%，拉动居民消费价格总水平上升0.2个百分点，广西各月蔬菜价格波动较平缓，无大涨大跌。近年来，各地均将保障蔬菜供应作为重点民生工程，相继出台蔬菜生产扶持政策，蔬菜产能供应明显增加，近年一直高涨的蔬菜价格保持稳定，同时受油价下调等因素影响，运输流通成本下降在一定程度上也起到平

抑菜价的作用，再加上2015年全国农业气象灾害较总体偏轻，使得蔬菜价格相对稳定。

3.鲜瓜果价格小幅下降。由于2015年部分常见水果丰收，供应量显著增加，加上2014年部分常见水果主产区气候异常、产量偏低导致价格走高的基期因素影响，在供大于求的影响下，2015年鲜瓜果价格一改上年高位运行走势，下降4.0%，拉动居民消费价格总水平下降0.1个百分点。

4.禽类价格涨势突出。2015年禽类价格上涨5.9%，其中，鸡价格上涨6.1%，鸭价格上涨5.6%，其他禽类价格上涨10.2%。家禽类市场价格不断攀升，一方面是受猪肉价格上涨的影响，另一方面也是由于养殖成本的上涨所致。

### （二）服务项目价格成为CPI上涨的主要推力

2015年广西服务项目价格上涨2.0%，影响CPI上升0.5个百分点，影响程度仅次于食品，是推动CPI上涨的主要动力。其中涨幅较大的有：家庭服务上涨10.7%、旅行社收费上涨3.0%、衣着加工服务费上涨4.9%、挂号诊疗费上涨5.7%、停车费上涨23.4%、教育服务上涨2.5%。

### （三）工业消费品价格小幅上涨

2015年工业生产者出厂价格持续下降，生产领域价格压力减小，加上钢铁、水泥等行业产能严重过剩，技术进步加快产品更新换代的速度，2015年工业消费品价格持续低迷，仅上涨0.1%。

1.国际原油价格低位波动影响油脂品价格大幅下降。2015年以来国家连续19次调整成品油价格，其中七涨十二跌，总体价格明显下降。全年广西汽油、柴油、液化石油气价格比上年分别下降18.3%、19.5%和14.9%，合计拉低居民消费价格总水平0.4个百分点。

2.技术进步及市场供过于求导致部分工业品价格下降。在技术进步及市场供过于求格局的推动下，部分工业消费品价格持续下跌，其中通信工具价格下降4.0%，轿车价格下降2.8%，家庭设备价格下降1.1%，文娱用耐用消费品及服务价格下降1.6%。

3.衣着价格上涨5.0%。衣着类价格上涨主要受人工费、原材料等生产成本上涨、商铺、摊位租金、雇佣费用等销售成本上涨以及居民衣着消费档次升级，时尚和品牌服装销量增加等因素影响。

### （四）居住价格六年来首次由升转降

2015年广西居住价格下降0.4%，为六年来首次下降，拉动CPI下降0.1个百分点。受2015年房价上涨乏力的影响，房屋购买和租房市场需求减弱，住房和租金价格上涨趋势趋缓，建材装修市场不景气。其中，建房及装修材料价格下降1.0个百分点，住房租金上涨2.4%，自有住房价格上涨2.1%，水、电、燃料价格下降4.8%。由于国际国内油价不断下降，液化石油气价格大幅下降14.9%，带动居民消费价格下降0.3个百分点。

## 三、CPI低位运行的主要因素

### （一）宏观经济下行压力大，部分行业产能过剩，需求疲软

当前中国处于“经济增长速度换挡期”“结构调整阵痛期”“前期刺激政策消化期”，经济增速放缓，需求下降，物价上涨支撑力度不足。2011—2014年中国GDP增长率分别为9.3%、7.7%、7.7%和7.4%，经济增速减缓态势明显。2015年中国GDP增长6.9%，创1990年以来年度GDP最低涨幅。截至2015年12月广西PPI（工业生产者出厂价格指数）已连续47个月同比下降，而且这种降势仍在延续，对CPI影响逐

步显现。整体占CPI权重近四成的工业消费品价格低位运行，对拉低CPI涨幅起了重要作用。

**（二）全球主要大宗商品价格的大幅下跌，输入性因素制约了中国商品尤其是非食品价格上涨**

2015年，大宗商品商场受国际油价暴跌、美元走强以及全球商品需求下降影响，全年跌多涨少。美国商品调查局大宗商品CRB价格指数2015年跌到2008年全球金融危机时的水平，据大宗商品数据商生意社价格监测，2015年大宗商品价格超九成下跌，近五成商品跌幅超20%。中国海关总署数据显示，2015年，中国铁矿砂、煤、成品油、铜等大宗商品进口平均价格纷纷下跌，跌幅分别为39%、21.8%、38.3%和17.1%，大宗商品价格震荡下行，“输入性通缩”压力显现。受国际市场原油价格继续走低影响，广西汽油、柴油、液化石油气气价格分别下降18.3%、19.5%和14.9%。

## 四、2016年居民消费价格趋势预测

**（一）推动价格上涨的因素**

1.持续宽松的货币环境。2015年央行出台的降准、降息和稳定金融市场等一系列调控举措的滞后影响将在2016年进一步显现，同时，2016年货币整体有望保持宽松。

2.劳动力成本上升趋势长期存在。“十三五”规划中明确提出了2020年人均收入比2010年翻一番的目标，劳动力成本上升成为常态，将直接或间接地推高了农产品、劳动密集型产品和服务项目价格，对价格总水平的拉动作用将持续存在。

3.价格改革的深入推进。随着价格改革的深入推进，深化电力、天然气、医疗服务等重点领域价格改革，也将在一定程度上拉动物价上涨。

**（二）平抑价格上涨的因素**

1.全球需求低迷，大宗商品价格低位徘徊。目前国际经济环境复苏乏力，外部需求持续低迷，国际金融市场动荡加剧。原油、大宗农产品、大宗矿产品等价格仍然在低位运行，在一定程度上带来输入性通缩压力。

2.国内部分行业产能过剩，传统增长动能减弱。受国内需求结构变化的影响，部分行业产能过剩，工业品价格持续回落，企业利润下降。

**（三）影响物价的不确定性因素**

国际多边投资和贸易协定、世界经济走势、国际事务及自然气候条件亦给中国的物价走势带来了诸多不确定性。

综上所述，受2015年低基数影响，2016年CPI增速或将有所提升，但在经济发展新常态下，国内经济仍有下行压力，中国乃至广西传统产业去产能、去库存的任务艰巨，工业消费品价格仍将延续低位运行，上游领域价格传导动力不足，这会在一定程度上影响CPI的反弹。预计广西CPI仍将平稳运行，大幅上涨的可能性不大，但不排除极端天气、自然灾害等不确定因素的出现，可能对CPI的短期走势带来影响。

# 1-4 2015年广西农业生产资料价格调查报告

Agricultural Production Investigation Report in 2015

## 2015年广西农业生产资料价格止跌回升

2015年，广西农业生产资料价格比上年上涨0.9%，在2013年和2014年分别下降0.1%和1.1%后再次上涨。

### 一、农业生产资料价格运行情况

#### （一）各月价格同比“十升两降”

2015年1月、2月广西农业生产资料价格同比呈下降趋势，从3月开始呈逐步上升趋势，9月涨幅达到全年最大值，然后涨幅开始回落，但仍保持上涨趋势。其中9月同比涨幅最高，上涨2.4%；1月降幅最大，下降1.0%。具体如图1所示：

图1 2015年各月农业生产资料价格指数同比走势图

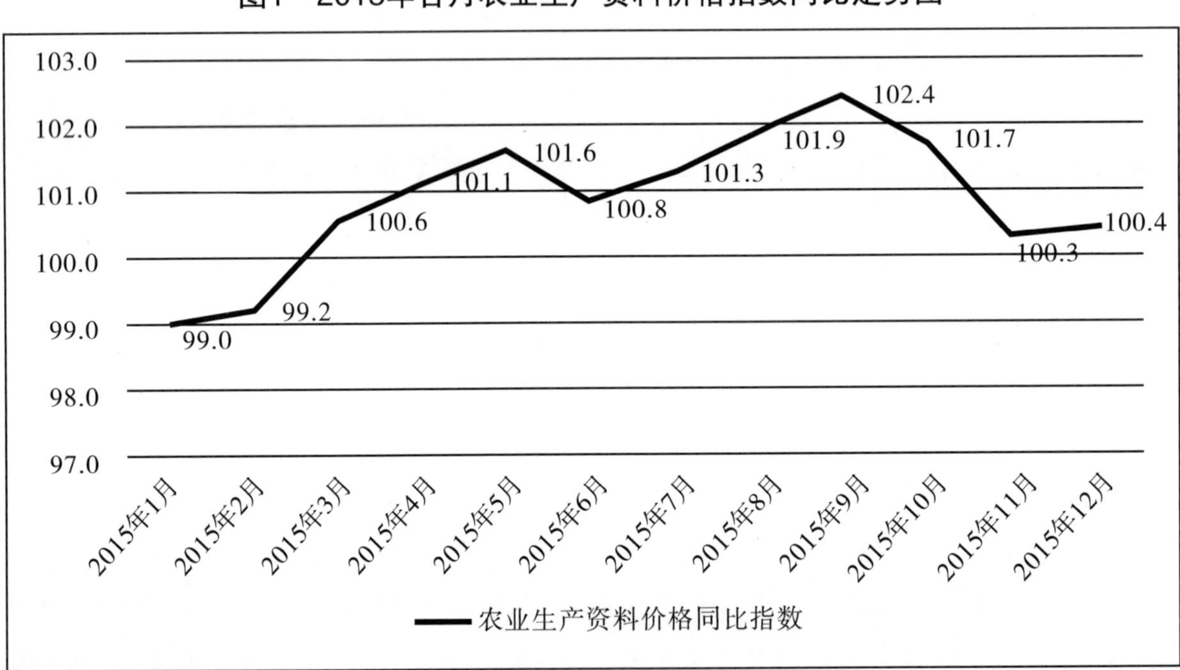


#### （二）各月价格环比“七涨五跌”

2015年各月价格环比呈“七涨五跌”趋势。其中2015年3月涨幅最高，上涨1.0%；11月降幅最大，下降1.4%。各月环比指数如图2所示：

图2 2015年各月农业生产资料价格指数环比走势图

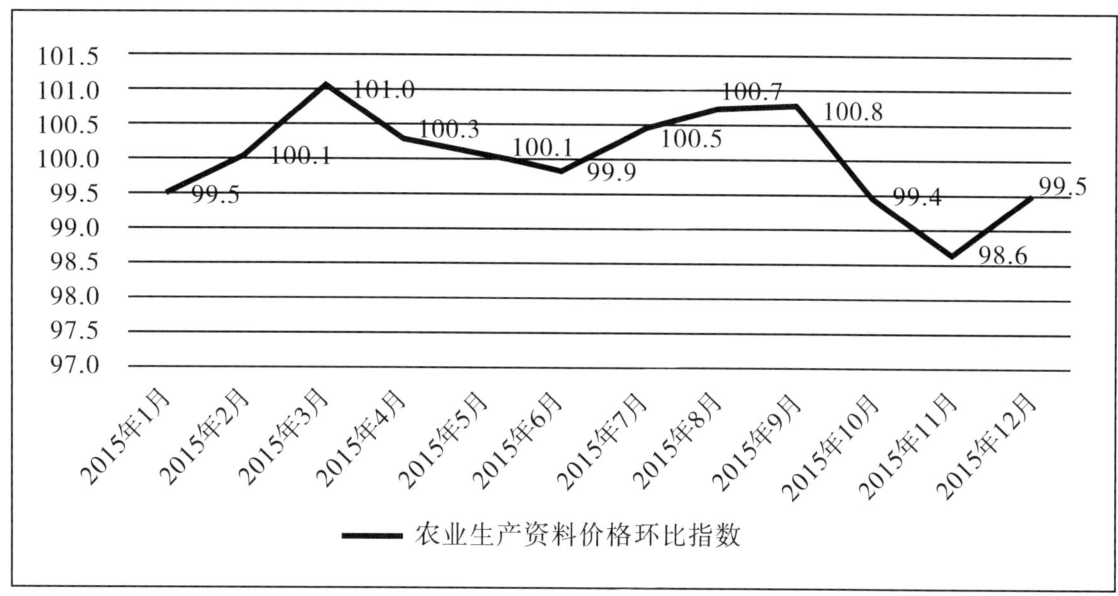


**（三）十大类农业生产资料价格“六涨四跌”**

与上年相比，十大类农业生产资料价格呈“六涨四跌”态势，其中：产品畜价格比上年上涨10.4，农业生产服务价格上涨4.1%，其他农业生产资料价格上涨0.6%，农用手工工具价格上涨1.4%，农药及农药器械价格上涨0.3%，化学肥料价格上涨2.2%；农用机油价格下降10.7%，半机械化农具价格下降0.4%，饲料价格下降3.7%，机械化农具价格下降0.3%。具体情况如图3所示：

图3 十大类农业生产资料价格涨跌情况柱形图

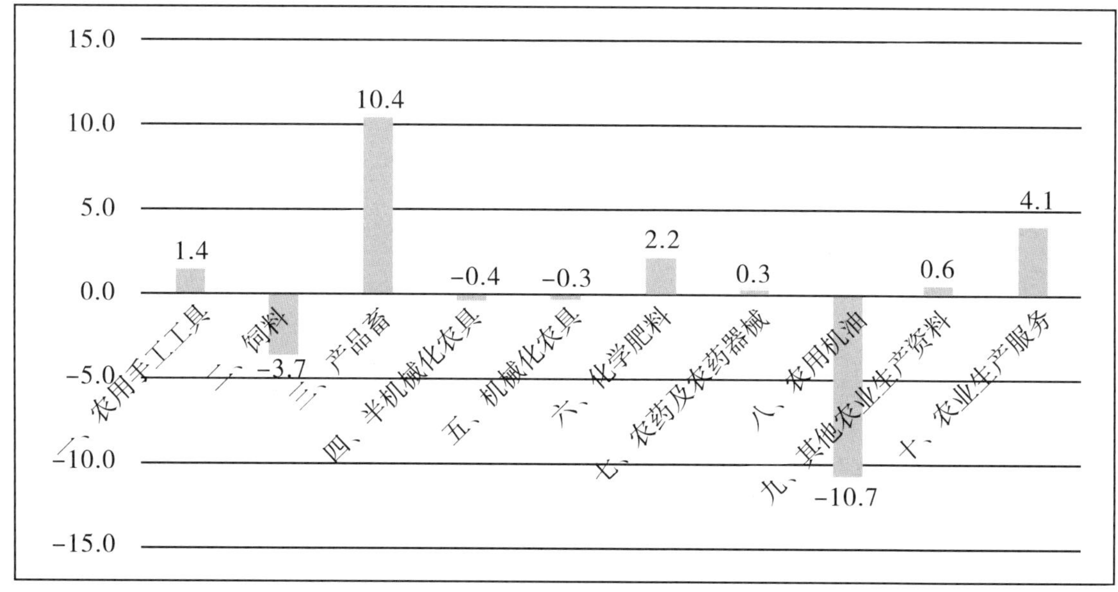


**（四）产品畜价格上涨对农资价格影响程度最大**

影响农业生产资料价格波动的主要类别分别是：产品畜价格上涨10.4%，拉动农资价格总水平上涨1.1个百分点；化学肥料价格上涨2.2%，拉动农资价格总水平上涨0.4个百分点；农业生产服务价格上涨4.1%，拉动农资价格总水平上涨0.4个百分点；其他农业生产资料价格上涨0.6%，拉动农资价格总水平上涨0.1个百分点；农用机油价格下降10.7%，拉动农资价格总水平下降0.7个百分点；饲料价格下降3.7%，拉动农资价格总水平下降0.5个百分点；其他四类价格涨跌对农资价格总水平影响较小，可忽略不计。如表1所示：

**表1　2015年广西农业生产资料价格分类指数及影响程度**

| 分类名称 | 指数 | 涨跌幅（%） | 对总指数影响程度（%） |
|---|---|---|---|
| 农业生产资料价格指数 | 100.9 | 0.9 | |
| 一、农用手工工具 | 101.4 | 1.4 | 0.0 |
| 二、饲料 | 96.3 | -3.7 | -0.5 |
| 三、产品畜 | 110.4 | 10.4 | 1.1 |
| 四、半机械化农具 | 99.6 | -0.4 | 0.0 |
| 五、机械化农具 | 99.7 | -0.3 | 0.0 |
| 六、化学肥料 | 102.2 | 2.2 | 0.4 |
| 七、农药及农药器械 | 100.3 | 0.3 | 0.0 |
| 八、农用机油 | 89.3 | -10.7 | -0.7 |
| 九、其他农业生产资料 | 100.6 | 0.6 | 0.1 |
| 十、农业生产服务 | 104.1 | 4.1 | 0.4 |

## 二、影响农资价格变动的因素

### （一）市场供不应求促使产品畜价格大幅上涨

首先是2014年生猪价格持续在低位徘徊，养殖户纷纷减少能繁母猪数量，使得2015年仔猪市场供应量减少。其次是2015年生猪价格逐步回暖，2015年3—12月生猪价格均呈同比上涨趋势，全年平均涨幅为14.9%。而且2015年猪肉价格上涨9.7%，生猪及猪肉价格高涨使得养殖户纷纷加大补栏力度，市场仔猪供不应求，拉动产品畜价格大幅上涨。

### （二）人工成本提高使得部分农资价格上涨

随着物价逐年上涨，劳动力成本逐年提高。广西农业用工价格从2010年起连续五年上涨，累计涨幅达58.3%。农业用工价格上涨拉动农业生产服务价格提高，同时使得产品畜、化肥等生产成本也不断上涨。如生猪养殖场的工作人员工资水平上涨，影响产品畜价格上涨；化肥仓储工作人员以及搬运、装车工作人员的工资上涨，影响化肥价格上涨等。

### （三）运输成本上涨拉动化肥及农药价格上涨

2015年年初国家发改委下发《关于调整铁路货运价格进一步完善价格形成机制的通知》，要求国家铁路货物统一运价率平均每吨公里提高1分钱，即由0.1451元提高到0.1551元，并作为基准价，允许上浮不超过10%，下浮不限。铁路货运价格提高，导致受铁路货运影响较大的化肥和农药的运输成本上涨，这些提高的运输成本最终转嫁到零售端，拉动了化肥和农药价格上涨。

### （四）政策性调价影响农用机油价格下降

受去年我国多次下调燃油价格影响，农用机油价格持续下降。2015年我国共下调油价12次，上调油价7次，下调频率和幅度均大于上调频率和幅度，使得农用机油价格大幅下降，降幅达到10.7%。

### （五）市场供过于求使得饲料价格下降

由于前几年的饲料价格的快速上涨，吸引了众多企业从事饲料加工工作，大大提高了饲料的产能。而国家玉米收储量巨大，已开始逐渐减少玉米收储，使得饲料原材料玉米大量流入市场，供应量充足。加上2014年生猪价格低迷，养殖生猪积极性不高，使得饲料需求量下降，造成饲料市场供过于求，从2014年开始饲料价格下降。2015年虽然生猪价格开始回暖，产品畜也出现供不应求的情况。但是由于市场上饲料库存仍处于高位，远远高于市场需求，使得2015年饲料价格继续下降。

## 三、2016年广西农资价格走势判断

虽然经济低速增长，而且仍面临诸多不利因素的影响，但2015年农业生产资料价格已出现止跌回升的情况，十大类农业生产资料价格趋于稳定，预计农资价格将保持平稳增长趋势。

## 四、保持农业生产资料价格平稳运行的建议

近几年来，广西农资价格呈大涨大跌的波动情况，既有2011年大涨11.2%，也有2014年下降1.1%。而2015年农资价格才刚刚止跌回升，农资价格过山车般的行情严重影响市场价格的稳定。因此，应当密切关注农资价格动态，进一步加强全区农资市场的监管，拓宽流通渠道建设，鼓励农资经销商建立直销网络等，尽量保持农资价格平稳运行。

### （一）密切关注农资价格动态，保持农资价格平稳运行

各级政府有关部门要一如既往地重视农资价格问题，密切关注农资价格动态，及时了解和掌握农资市场价格行情，创新工作方法，关注农资的价格走势，不断探索监督措施对策、行政措施、经济措施，确保各项惠农政策落实，保持农资价格平稳运行。

### （二）加强农资市场监督管理

加强农资营销市场管理，切实保护广大生产者、消费者合法权益。加强种子、农药经营及种子生产主体资格审核，严把市场准入关，并对其实施有效监督，确保农民购买到满意放心的农资；建立健全农资经营档案，做到进货有发票，销货向农民开具凭证，进货渠道清楚，流向有据可查。一旦出现质量纠纷，便于进行调查处理、质量鉴定，为农民索赔提供可靠依据；因地制宜，加强品种管理，防止一些不适应当地的种子、农药流入市场，给农民造成不必要的经济损失；坚决打击哄抬紧缺农资价格的非法行为，加大打击假冒伪劣农资的力度。

### （三）鼓励农资经销商建立直销网络

2015年仍有部分农资价格上涨过快，提高了农民生产成本。各级地方政府应鼓励大中型农资经销商建立农资直销体系，把销售网点直接延伸到乡镇一级，从而缩短农资销售链，降低农资的流通成本，这样也可以显示农资经销商的管理能力和树立自己品牌。一般来说，这样也有利于生产企业知道自己的产品从源头到农民手中有多少利润空间，把价格自觉控制在农民可以接受的合理范围内。

# 1-5 2015年广西工业生产者出厂价格调查报告

Industrial Producer Prices Investigation Report in 2015

## 2015年广西工业生产者出厂价格持续走低

2015年，国际国内经济不景气，发展速度放缓，市场需求继续疲软，大宗商品价格屡次下滑，制造业经济发展动力不足，致使工业生产者价格持续走低。据调查，2015年广西工业生产者出厂价格（PPI）比上年下降3.0%，购进价格比上年下降4.3%。截至2015年12月，广西工业生产者出厂价格同比已持续下降47个月。

### 一、工业生产者价格全年运行情况

**（一）工业生产者价格同比持续走低**

2015年1—12月各月，广西工业生产者出厂价格同比分别下降2.2%、2.4%、2.1%、1.9%、2.2%、2.7%、3.2%、3.4%、3.7%、3.6%、4.3%和4.5%，购进价格同比分别下降3.1%、3.3%、3.7%、3.7%、4.0%、4.2%、4.3%、4.6%、5.1%、5.1%、5.5%和5.5%，出厂价格和购进价格同比持续走低，下降幅度均呈逐月扩大趋势（见图1）。

图1 2015年1—12月广西工业生产者价格指数走势图

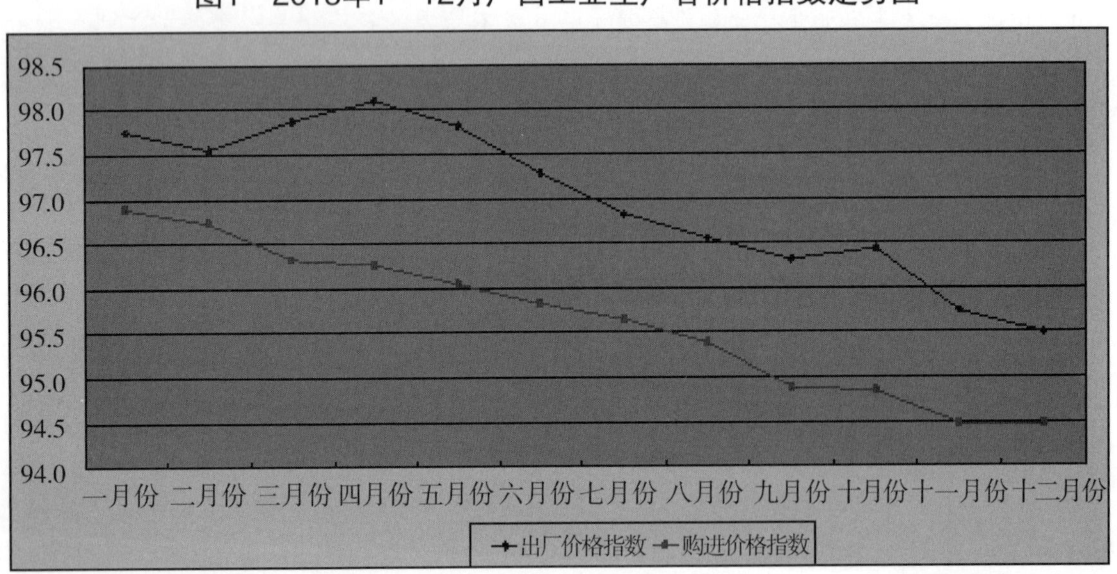


**（二）各月同比降幅小于全国**

2015年广西工业生产者出厂价格指数走势与全国是相同的，各月均同比下降，但广西每个月的降幅均小于全国（见图2）。

图2 2015年广西与全国PPI各月同比走势图

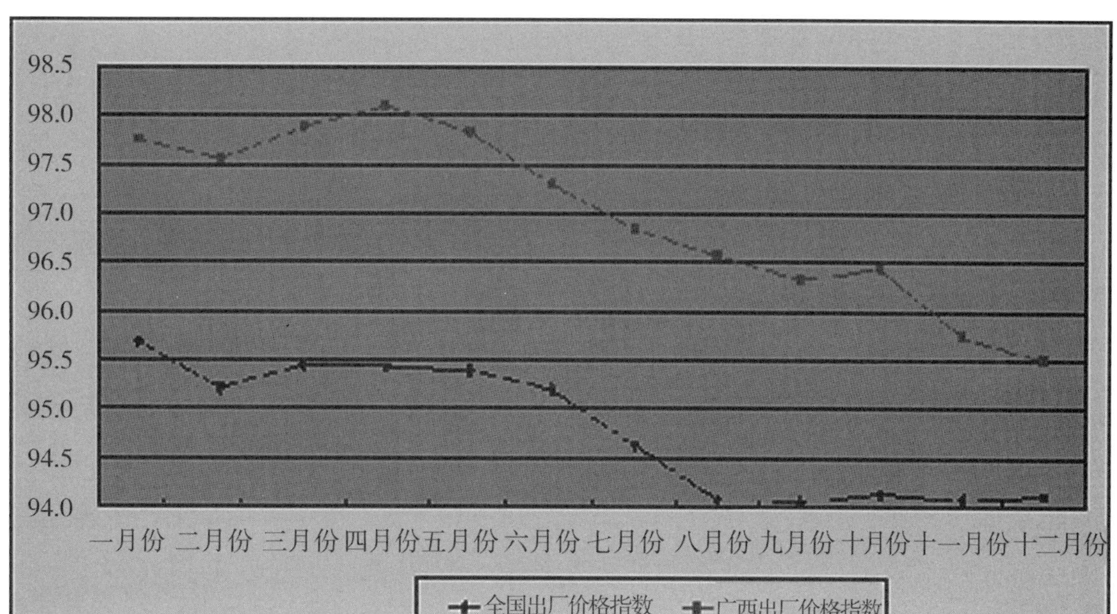


**（三）工业生产者出厂价格变动结构特点**

1.重工业产品出厂价格降幅明显扩大，轻工业产品出厂价格小幅回升。2015年广西重工业产品出厂价格比上年下降了4.3%。从各月降幅来看，呈逐月扩大的趋势，1月份同比下降2.5%，12月份同比下降6.6%。而轻工业产品出厂价格却呈现小幅回升的状态，比上年上涨了0.6%。从各月价格涨跌幅来看，是由最初的下降逐渐转为回升，1月份同比下降1.5%，12月份则同比上涨1.4%（见图3）。

图3 2015年1—12月广西轻、重工业PPI同比走势图

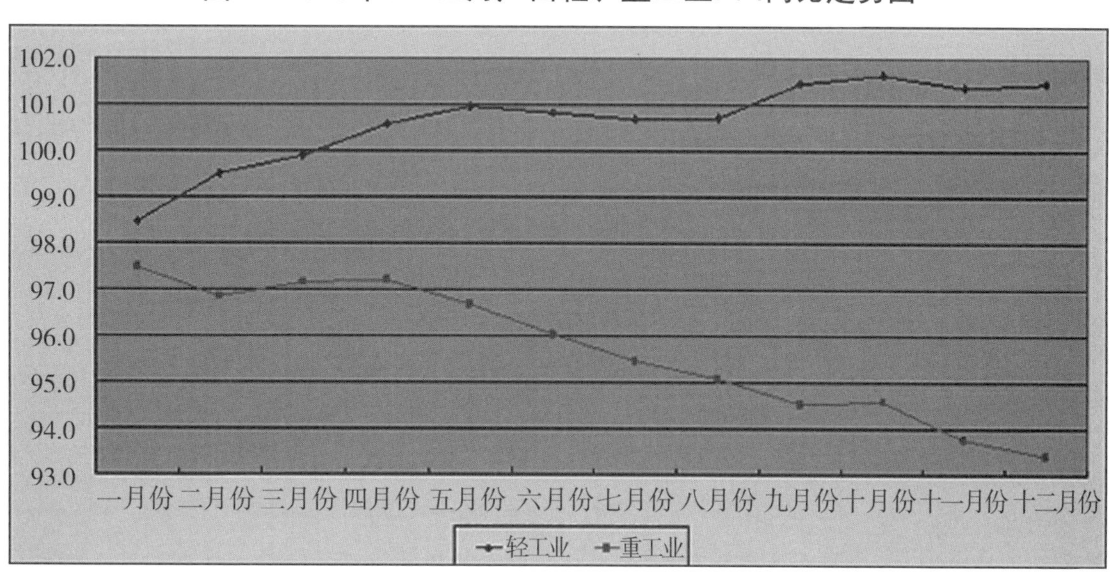


2.中间产品出厂价格降幅大于初级产品和最终产品。2015年，广西初级产品出厂价格下降2.1%，中间产品出厂价格下降3.8%，最终产品出厂价格下降0.3%。中间产品出厂价格降幅比其上游产品——初级产品的出厂价格降幅大1.7个百分点，比其下游产品——最终产品的价

格降幅大3.5个百分点。

3.超六成行业大类出厂价格下降。2015年，广西工业生产者出厂价格调查的36个行业大类中，有22个行业价格下降，2个行业价格与上年持平，12个行业上涨，下降面为61.1%。降幅最大的10个行业分别是：石油加工、炼焦和核燃料加工业下降16.7%，黑色金属冶炼和压延加工业下降14.4%，煤炭开采和洗选业下降7.1%，燃气生产和供应业下降6.8%，有色金属冶炼和压延加工业下降6.4%，有色金属矿采选业下降6.4%，化学原料和化学制品制造业下降3.6%，非金属矿物制品业下降3.6%，纺织业下降3.6%，电气机械和器材制造业下降2.9%。

### （四）九大类原材料购进价格全部下降

2015年九大类原材料购进价格全部下降，而上年还呈现“七降二升”态势。其中，燃料动力类、黑色金属材料类、有色金属材料及电线类、化工原料类、木材及纸浆类、建筑材料及非金属类、其他工业原材料及半成品类、农副产品类和纺织原料类这九大类的购进价格分别下降4.9%、9.1%、4.6%、2.0%、0.4%、4.3%、2.1%、6.2%和0.3%。

## 二、广西重要工业品出厂价格走势情况

### （一）食糖价格上涨

2015年，广西食糖出厂价格上涨7.7%。除了1月、2月份食糖价格是同比下降的以外，其他月份食糖价格同比均是上涨，且涨幅不断扩大。因为食糖价格持续三年下跌，使得其原材料甘蔗的价格一路下挫，蔗农收益减少，种植积极性大减。2014/2015榨季，甘蔗出现减产，食糖随之减产。供应量减少后，食糖价格开始一路上扬。而从2015/2016榨季的情况看，预期甘蔗和食糖减产，且国际糖市供应也正在由宽松向偏紧转变，国际糖价也有所上扬。

### （二）钢材价格降幅达两位数

2012年以来，黑色金属受产能过剩、供过于求的影响，价格持续下降。而2015年黑色金属的价格降幅继续扩大，从2015年2月份开始，黑色金属冶炼和压延加工业产品出厂价格月同比降幅连续11个月达到两位数，全年比上年下降14.4%，降幅较上年扩大了7.6个百分点。

### （三）有色金属价格持续下降

2015年，广西有色金属冶炼和压延加工业产品出厂价格下降6.4%，降幅较上年扩大了2.5个百分点。2015年上半年，有色金属价格月同比虽在下降，但还时有回暖迹象，尤其是铝冶炼产品出厂价格有两个月同比呈回升状态。基础设施、高铁、地铁等项目的开工建设，房地产市场发展日趋利好，有利于有色金属价格的平稳回升，但下半年，经济发展速度一再放缓，房地产市场去库存信息释放，三四线城市房地产市场发展并不理想，有色金属价格又开始大幅下降。9—12月份，广西有色金属冶炼和压延加工业产品出厂价格月同比降幅均达到两位数，且降幅逐月扩大，铝冶炼产品出厂价格也是一降再降。

### （四）水泥价格不断下降

2015年，广西水泥价格下降10.5%，而上年为上涨4.9%。2015年广西房地产市场有所回暖，南宁、北海等地房价持续回温，但桂林等城市房价仍为下降状态，迟迟未能回升，销量也并不理想，金九银十并未让广西房地产市场出现销售火爆的情况。且2015年广西多雨，水泥销售情况不佳，整年只有2个月的销售旺季，价格从3月份开始一路同比下降，且降幅不断扩大。

## 三、PPI持续走低的原因分析

### （一）经济发展速度放缓

2015年全年，中国国内生产总值（GDP）

比上年增长6.9%。从分季度的数据来看，一季度同比增长7.0%，二季度增长7.0%，三季度增长6.9%，四季度增长6.8%。而从广西经济数据来看，2015年前三季度经济增速逐季回升，但进入四季度，工业和投资等主要经济指标增速持续回落，且工业用电量也在持续下降，表明当前广西经济企稳的基础仍不牢固，下行压力仍然较大，经济发展速度在放缓。在经济发展速度放缓的大环境下，工业经济尚未完全恢复元气，工业品价格回升空间不够。

**（二）制造业经济发展动力不足**

2015年，中国制造业经济发展出现动力不足。2015年上半年，制造业采购经理指数（PMI）还在50以上徘徊，生产形势有回升迹象。下半年，制造业PMI基本都是低于50，这表明中国制造业经济在2015年下半年发展动力不足，受到市场需求不振和生产淡季的影响，生产扩张动力有所减弱。制造业经济发展的动力不足，使得工业品价格的回升也缺乏后劲。

**（三）市场需求继续疲软**

2015年，国际国内市场需求都没有回暖，反而呈继续疲软的态势，对黑色金属、有色金属、水泥建材、石油、煤炭等商品需求持续减弱，以致大宗商品价格持续下降。2015年，中国房地产市场发展冷暖不均，一二线城市发展平稳，价格回暖，但大部分三四线城市价格仍在下降，库存高企，因此水泥建材销售旺季短暂，市场需求减弱，而重工业经济发展也并不景气，同时受空气污染等原因影响，石油、煤炭的需求也并不旺盛。因此，在环环相扣的经济产业链下，工业品市场需求继续低迷，价格只能持续走低。

**（四）传统产业和新兴产业“青黄不接”**

当前，中国经济结构处于转型调整期，传统产业的重工业如石油加工、炼焦和核燃料加工业、煤炭开采和洗选业、黑色金属冶炼和压延加工业、有色金属冶炼和压延加工业等占比较大，高技术的新兴产业如电子、信息、生物、新材料、新能源等产业发展还比较迟缓，占比较小，传统产业和新兴产业尚处于“青黄不接”状态。传统产业产能过剩、供过于求，发展动力不足，影响经济持续下行，而新兴产业发展迟缓，发力缓慢，对整体经济的刺激作用还不够显著，导致经济整体发展水平处于持续下行状态。因此，传统产业的产品如石油、煤炭、钢材、铝、铅锌等价格不断下降，拉低了整个工业品价格指数。

## 四、2016年走势判断

结合多项数据和国家政策来看，2016年的广西工业品价格或将缓慢回暖，其主要支撑因素有：

一是轻工业经济持续回暖。广西轻工业经济发展良好，轻工业产品出厂价格持续回升，如食糖等产品从供应宽松到偏紧，价格也不断回升。

二是制造业发展前景较好。2015年下半年，虽然制造业PMI在临界点下方窄幅波动，但并没有偏离50太远，同时其走势也比较平稳，并有缓慢回升的势头，显示出供给侧和需求侧双双回暖，消费需求持续释放，消费品制造业稳定增长，产业结构升级不断推进。随着生产的回升，制造业发展前景看好，工业品价格也有回升的希望。

三是国家政策扶持，经济结构改革步伐加快。当前，中国经济政策围绕着经济结构改革这个主题，提出了2016年中国经济工作的五大任务是“去产能、去库存、去杠杆、降成本、补短板”。这五大任务有利于传统产业的升级和新兴产业的发展，从而促进工业经济的健康发展，工业品价格也有回暖空间。

# 1–6 2015年广西固定资产投资价格调查报告

Fixed Assets Investment Price Investigation Report in 2015

## 2015年广西固定资产投资价格由升转降

2015年广西固定资产投资价格由2014年的比上年上涨1.6%转为下降1.2%。其中，建筑安装、装饰工程价格下降2.0%，设备、工器具购置价格下降0.2%，其他费用价格上涨0.4%。分季度看，一季度同比上涨0.8%，二季度同比下降1.2%，三季度同比下降0.4%，四季度同比下降4.1%。

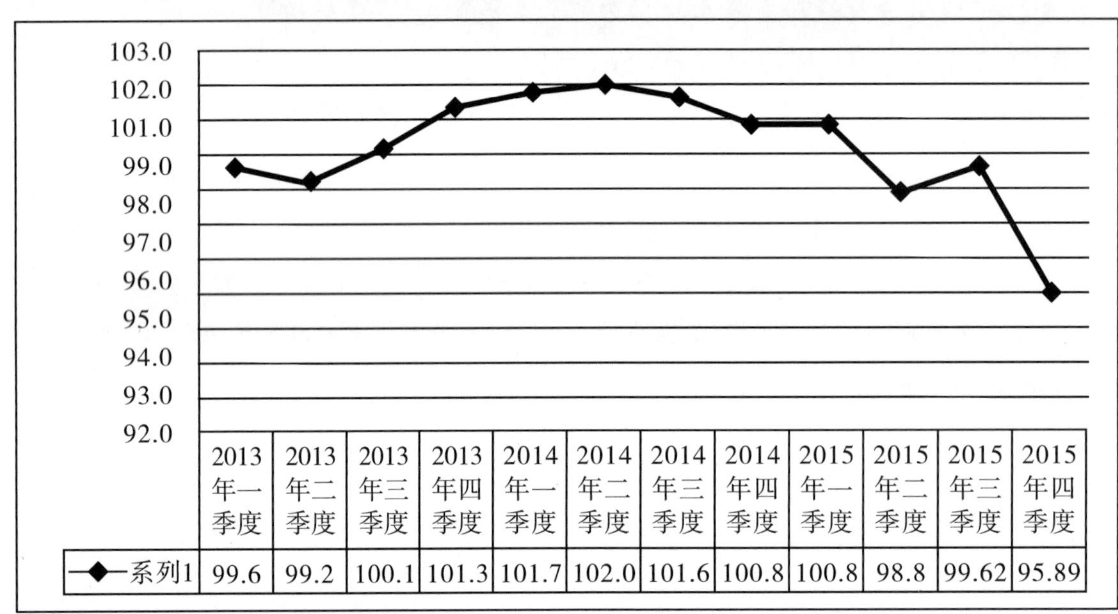


图1 2013年以来广西固定资产投资价格走势

### 一、固定资产投资价格主要变动特点

**（一）建筑安装、装饰工程价格由升转降，降幅较大**

建筑安装、装饰工程费用在固定资产投资完成额中占有很大比重，其价格变动左右着固定资产投资价格走势。2015年广西建筑安装、装饰工程价格由升转降，从2014年的上涨2.2%转为下降2.0%。分季度看，2015年一季度同比上涨1.1%，从二季度开始由升转降，三至四季度同比降幅分别为1.7%、0.4%和6.8%。建筑安装、装饰工程各类费用价格下降是影响固定资产投资价格下降的主要因素，具体情况如下：

1.人工费继续上涨，但涨幅回落。近几年来，建筑施工企业人工费用价格一直保持较快的上涨，但2015年涨幅有所回落。2015年广西建筑施工企业人工费用价格上涨7.6%，涨幅较上年回落0.7个百分点。从人工费的分季走势看，一季度同比上涨5.6%，二季度上涨7.6%，三季度上涨10.4%，四季度上涨6.9%，呈现波动上涨态势。从人工费的分类构成看，2015年工程管理人员人工费上涨9%，工程技术人员人工费上涨7.5%，普通工人人工费上涨7.4%。

2.建筑材料价格大幅下跌。2015年建筑材料价格由升转降，由上年的上涨0.6%转为下降5%。分季度看，一至四季度建筑材料价格同比分别下降0.3%、4.7%、3.3%和11.5%，各季度降幅不断扩大。从材料分类看，七大类材料呈现“三升四降”的格局，钢材、水泥、化工材料等主要建筑材料价格大幅下跌。

一是钢材价格再创新低。受国际大宗商品价格下降和产能过剩的影响，2015年钢材价格在上年下降4.0%的基础上继续大幅下降9.1%。建筑企业用量较大的几种钢材价格全面下降。其中螺纹钢下降8.5%，钢筋下降11.1%，大中小型钢材分别下降8.3%、5.5%和6.2%。

二是水泥价格跌幅逐季扩大。随着固定资产投资增速的放缓，水泥价格由升转降，呈现较大幅度的下降。2015年水泥价格下降2.4%，其中一季度同比上涨1.6%，二季度下降0.2%，三季度下降4.6%，四季度下降6.5%，降幅逐季扩大。

三是化工材料价格大幅下挫。受国际原油价格持续下降影响，化工材料价格大幅下挫。2015年化工材料价格下降11%，降幅比上年扩大10.5个百分点。

四是电料价格由升转降。受铜、铝等有色金属价格下降影响，电料价格一改上年在涨跌线附近小幅波动的走势，由升转降，2015年电料价格比上年下降1.1%。

五是木材、地方建筑材料和其他材料价格继续保持上涨态势，涨幅分别为2.7%、1.3%和0.6%。

3.机械使用费价格继续上涨。2015年机械费价格上涨2.0%，涨幅比上年回落0.9个百分点。分季度看，一季度同比上涨2.5%，二季度同比上涨2.7%，三季度同比上涨1.1%，四季度同比上涨1.8%。从机械类别看，调查的各类机械费用呈现“六涨一跌”的态势，其中起重机械费用涨幅最高，比上年上涨5.6%，加工机械、混凝土及砂浆机械、运输机械、土石方及筑路机械和其他机械费用分别上涨3.8%、2.7%、2.2%、0.8%和2.8%，打桩机械费用下降1%。

**（二）设备、工器具购置价格由升转降，微幅下降**

受工业生产者出厂价格和原材料购进价格总水平下降的影响，设备、工器具产品购置也随之下降。2015年广西设备、工器具购置价格由2014年的上升0.4%转为下降0.2%。分季度看，第一和第二季度与上年同期持平，第三和第四季度同比分别下降0.4%和0.3%。

**（三）其他费用波动上涨**

受土地取得费和建设单位其他费用波动影响，其他费用价格波动上涨，2015年其他费用价格上涨0.4%。分季度看，一季度同比上涨1.0%，二季度同比下降0.6%，三季度同比下降0.3%，四季度同比上涨1.7%。从费用类别看，四大类其他费用呈现“三涨一跌”的态势，其中土地取得费比上年上涨0.8%，前期工程费上涨0.7%，施工工作费下降0.6%，建设单位其他费用上涨0.8%。

## 二、影响固定资产投资价格的主要因素

固定资产投资价格水平的变动会受到多方面的影响，一是受国内和区内经济发展速度和投资规模变化的影响；二是国际市场大宗商品价格波动的影响；三是建筑相关行业产能过剩价格持续低位运行的影响。

**（一）经济增速放缓，投资增幅进一步回落**

2015年世界经济持续复苏乏力，经济形势错综复杂，国际贸易下降，金融风险增加，而中国恰处于经济结构转型升级的阵痛期，经济下行压力不断加大。国家统计局统计数据显

示，2015年全国生产总值（GDP）增长6.9%，增幅创25年新低。全年固定资产投资（不含农户）551590亿元，比上年名义增长10.0%，扣除价格因素实际增长12.0%，实际增速比上年回落2.9个百分点。固定资产投资增速放缓带来投资价格各分类指数走低。

**（二）房地产市场不景气，房地产新开工面积负增长**

2015年，广西房屋销售虽然有所好转，但房地产开发投资继续回落，新开工面积出现负增长。2015年广西商品房销售面积3523.41万平方米，比上年增长11.6%，涨幅比上年扩大6.2个百分点；商品房销售额1747.77亿元，比上年增长14.1%，涨幅比上年扩大2.7个百分点。房地产开发投资1909.09亿元，比上年增长3.8%，涨幅较上年回落10.1个百分点；房地产开发企业房屋新开工面积3850.07万平方米，比上年下降7.0%。房地产投资是固定资产投资的重要组成部分，对建筑材料的需求和价格起着至关重要的作用。受房地产开发投资放缓的影响，建筑材料市场需求不足导致建筑安装、装饰工程价格持续下行。

**（三）世界经济增长乏力，国际大宗商品价格持续下跌**

2015年，世界经济和国际贸易增长放缓，全球投资活动低迷，商品市场需求疲软，而供应却持续增加，国际大宗商品市场持续弱势格局。从2014年下半年开始，大宗商品价格呈逐月下跌态势，2015年商品价格指数已跌至2009年以来最低水平。国际主要大宗商品原油、铁矿石、有色金属等价格全面下跌，造成国内化工材料、钢材、有色金属材料等建筑材料价格持续下降。

**（四）部分行业产能过剩，价格低位运行**

2011年以来，世界经济低速增长，全球市场需求和国际贸易增长疲弱。与此同时，国内经济增速下滑，市场有效需求不足，经济下行压力增大。在外部市场需求持续萎缩、国内经济增速回落和房地产市场低迷的多重影响下，钢材、水泥、平板玻璃等建筑材料行业供求矛盾突出，产能严重过剩。产能过剩导致市场竞争恶化，企业为了争抢有限的市场份额，纷纷打价格战，价格持续下跌。2015年广西钢材出厂价格下降20.4%，水泥出厂价格下降10.5%，平板玻璃出厂价格下降9.9%。

## 三、2016年固定资产投资价格走势预测

2016年国内外发展环境仍然错综复杂，一些领域困难和风险还在加大，经济向好的基础不牢、势头尚弱。

从国际看，世界经济仍将延续温和低速增长态势，同时又面临新的不确定因素，国际经济环境依然复杂多变。据MF秋季报告预计，2016年世界经济将增长3.6%。发达国家保持温和复苏态势，新兴和发展中经济体经济仍存下行压力。全球大宗商品仍将处于供过于求的状态，美元进入升值周期，地缘政治及突发事件将会推动价格剧烈震荡。受供求法则和计价等因素的影响，能源和大宗商品价格仍将处于中低位徘徊状态。

从国内看，中国经济长期向好的基本面没有改变，随着改革的全面推开其红利不断释放，但经济运行中一些深层次矛盾和问题不断显现，下行压力仍然较大，市场需求总体偏弱，工业领域价格和企业效益低迷，新旧增长动力接替尚需时日，经济增速将继续放缓。受国内外市场需求疲软、部分行业产能严重过剩、各类要素成本不断攀升、环保约束压力逐渐加大、工业品价格持续走低等因素影响，中国固定资产投资增速将呈现稳中略降的态势。

经济和投资增速双双放缓，会影响固定资产投资价格的回升。

房地产市场短期难以出现强劲回升。从房地产销售情况看，2015年房地产销售回光返照，量价均有回升，但30个大中城市的高频销售数据9月就已开始回落，全国的商品房销售也在10月首次出现回落，政策宽松带来的短期效应正在逐步消散，2016年的房地产市场将回归现实。从房地产开发投资情况来看，2014年新开工面积负增长，2015年施工面积负增长，2016年房地产开发投资可能出现全年负增长。房地产投资情况与钢铁、建材、装饰材料等多个行业紧密相关，且房地产投资占固定资产投资比重达四分之一，房地产市场低迷将影响固定资产投资价格水平低位徘徊。

综合多种因素，我们认为2016年世界经济温和复苏，国际大宗商品价格低位徘徊，而中国经济将呈现出小幅缓降态势，固定资产投资增速继续放缓，房地产市场不容乐观，固定资产投资价格快速回升动力明显不足，预计2016年广西固定资产投资价格小幅下降的可能性比较大。

# 1-7 2015年广西农产品生产者价格调查报告

Farm Products Producers Prices Investigation Report in 2015

## 2015年广西农产品生产者价格小幅上涨

2015年广西农产品生产者价格呈小幅上涨的态势。大宗农产品中，生猪价格大幅上涨，蔬菜和水果价格大幅波动，糖料和蚕茧价格下跌。

### 一、农产品生产者价格变动特点及原因分析

2015年广西农产品生产者价格比上年上涨2.0%。按类别分，畜牧业产品价格上涨8.0%，种植业、林业和渔业产品价格分别下跌1.2%、2.3%和0.7%。分季度看，一至四季度同比涨跌幅度分别为-2.0%、-0.7%、6.4%和1.9%。各季度价格走势如图1：

图1　2015年各季度广西农产品生产者价格走势图

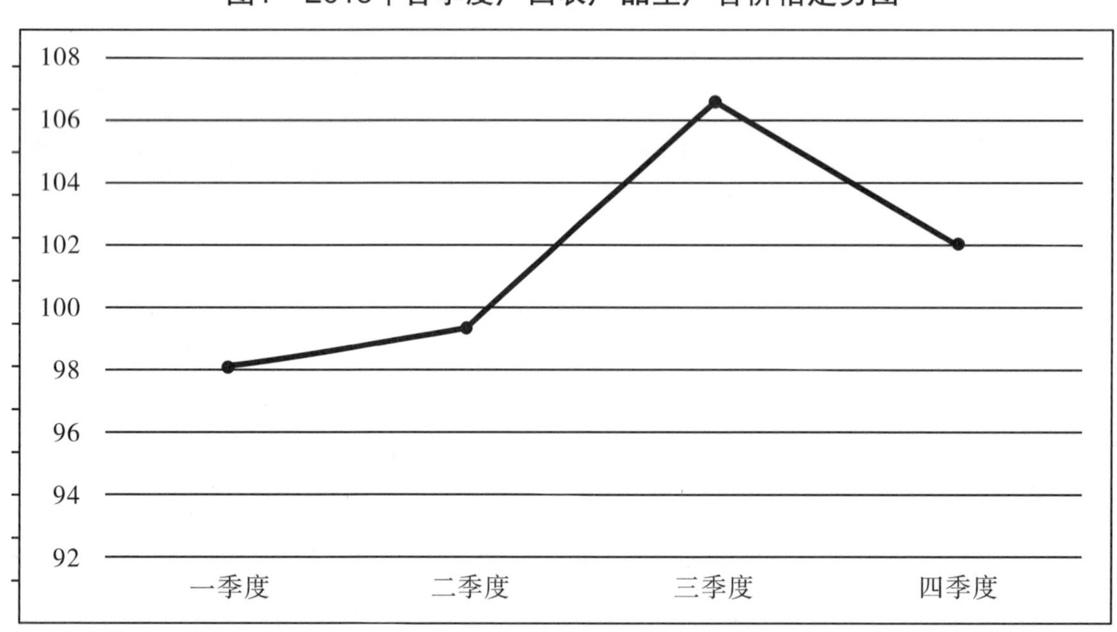


#### （一）种植业产品价格小幅下跌

2015年广西种植业产品生产者价格比上年下跌1.2%，其中：生麻、未加工烟草、蔬菜及食用菌、茶及饮料原料、中草药材价格分别上涨20.0%、4.0%、3.4%、1.7%和1.1%，谷物、薯类、油料、豆类、糖料、水果及坚果价格分别下跌0.4%、0.5%、1.6%、0.2%、2.4%和6.1%。分季度看，一至四季度种植业产品生产者价格同比涨跌幅度分别为-3.8%、-5.1%、2.7%和-1.6%，呈“秋季涨，春夏冬季跌”的态势。

1.谷物价格略跌，玉米价格跌幅较大。2015年一至四季度，广西谷物生产者价格同比涨跌幅度分别为0.5%、1.6%、-1.1%和-1.8%，全年累计下跌0.4%，其中：稻谷价格上涨0.8%，玉米价格下跌4.0%。据了解，广西玉米价格下跌的主要原因：一是2015年广西玉米总

产量比上年增加了5.4%，供应充足；二是2015年广西生猪饲养量下降，作为主要饲料原料的玉米需求量减少。

2.糖料价格先跌后涨，下半年收购价格调高。2014/2015年榨季普通糖料蔗收购价格由上一榨季的440元/吨下调到400元/吨，下降了40元/吨，使得2015年一、二季度广西糖料生产者价格同比分别下跌9.1%和10.6%。2015年下半年，市场糖价有所回暖，广西调高了2015/2016年榨季普通糖料蔗收购价格，由上一榨季的400元/吨提高到440元/吨，上调了10%，一些优良甘蔗品种价格上调幅度更大，致使四季度广西糖料生产价格同比上涨12.1%。由于全年甘蔗收获出售量主要集中在上半年，受上半年价格下跌的影响，全年糖料价格仍比上年下跌2.4%。

3.受气候因素影响，蔬菜和食用菌先跌后涨。2015年一至四季度，广西蔬菜和食用菌生产者价格同比涨跌幅度分别为−8.1%、3.0%、12.5%和8.1%，全年累计上涨3.4%。除根茎类蔬菜价格比上年下跌29.6%外，其他类别的蔬菜价格全面上涨，叶菜类蔬菜、白菜类蔬菜、芥菜类蔬菜、甘蓝类蔬菜、瓜菜类蔬菜、豆类蔬菜、茄果类蔬菜、莴苣及菊苣类蔬菜、葱蒜类蔬菜、水生类蔬菜和食用菌价格分别上涨5.9%、7.1%、2.9%、14.4%、15.7%、7.1%、6.1%、7.8%、3.7%、1.4%和6.0%。据了解，2015年广西蔬菜种植受高温天气和持续降雨的轮番影响，产量不高，导致价格上涨。

4.水果价格“春秋涨，夏冬跌”，全年价格波动较大。2015年一至四季度广西水果生产者价格同比涨跌幅度分别为7.1%、−9.2%、2.2%和−21.8%，全年水果价格累计下跌6.1%，呈“春秋涨，夏冬跌”的态势。其中：柑橘类水果、葡萄水果价格分别比上年上涨4.8%和9.6%，热带水果、瓜类水果和其他水果分别下跌3.0%、18.1%和50.8%；分品种看，柑橘、橙、柚、巨峰葡萄、龙眼、荔枝和芒果分别上涨3.4%、7.2%、6.6%、10.6%、5.3%、9.0%和14.1%，但香蕉、西瓜和柿子价格分别下跌36.3%、21.4%和50.8%。因2014年香蕉价格高位运行，2015年出现了跟风种植现象，香蕉产量大增，加上上市集中，香蕉价格大幅度下跌。2015年广西大面积扩种西瓜，江洲、扶绥等县（区）甘蔗套种西瓜的现象增多，加上在西瓜收获季节下雨较多，西瓜品质受影响，销路不畅，导致价格大幅度下跌。平乐调查队反映，2015年受天气、销路等多种因素的影响，柿子价格大跌。

**（二）林业产品价格持续下跌**

2015年广西林业产品生产者价格比上年下跌2.3%，其中：育种育苗、木材采伐产品、竹材采伐林产品、林产品价格分别下跌13.0%、0.3%、3.3%和6.1%。分季度看，一至四季度林业产品生产者价格同比分别下跌3.0%、1.8%、1.6%和3.5%。据了解，林业产品价格下跌的主要原因是当前房地产市场不景气，建材市场惨淡经营，对木材和竹材的需求大幅减少，致使价格持续下滑。平南、象州调查队反映，当前桉树原木主要用于生产胶合板，因胶合板产业具有高污染、高风险、高占地和加工水平低、产品质量低、生产效益低等“三高三低”弊端，桉树原木需求下降，价格下跌。兴安县调查队反映，2015年兴安县竹制品厂开工不足，原材料需求持续下降，导致毛竹价格下降。梧州调查队反映，2015年由于国内外需求出现较大滑坡，松香市场低迷，松脂的收购价下跌。

**（三）畜牧业产品价格持续反弹**

2015年一至四季度广西畜牧业产品生产者价格同比分别上涨1.7%、6.6%、14.8%和8.8%，全年累计上涨8.0%，畜牧业产品价格持续大幅反弹，成为拉动农产品生产者总体价格上涨的主要原因。

1.猪价强劲反弹。2015年一季度广西猪价同比下跌2.0%，但二至四季度同比分别上涨了10.3%、24.5%和15.9%，全年累计上涨11.1%，猪价出现了强劲反弹的趋势。生猪价格大幅度反弹的主要原因：一是2014年至2015年春季，广西猪价持续低迷，养殖户亏损严重，许多养殖户缩小养殖规模，一些中小养殖户被淘汰出局，生猪饲养量减少，存栏量持续下滑，可供出栏的肉猪减幅较大，致使猪价快速上涨。二是部分养殖户惜售压栏，加剧猪价上涨。2015年二至三季度，生猪价格持续反弹；四季度，随着冬季传统消费旺季的到来，养殖户预期猪价仍将保持高位运行，受“卖跌不卖涨”心理影响，部分养殖户压栏惜售，加剧猪源阶段性偏紧的局面。

2.活家禽价格先涨后跌。2015年一至二季度广西活家禽生产者价格同比分别上涨20.6%和8.6%，三至四季度同比分别下跌3.7%和7.4%，全年累计上涨5.6%。据调查，2014年二季度以来，广西家禽价格持续上涨，养殖效益较好，受此影响，家禽饲养量快速增长，2015年三、四季度供给过剩的问题显现，价格出现下跌。国家统计局南宁调查队反映，2015年四季度南宁肉鸡平均单价为8.0元/公斤，同比下跌25.3%、肉鸭（樱桃谷）平均单价6.4元/公斤，同比下跌24.8%。

3.蚕茧价格大幅下跌。2015年二至四季度广西蚕茧生产者价格同比分别下跌13.0%、18.3%和13.7%，全年累计下跌14.9%，呈大幅度下跌的趋势。环江、鹿寨调查队反映，2015年广西受高温和持续降雨的轮番影响，蚕茧出现脓病较多，质量下降，价格下跌。宜州、忻城调查队反映，茧丝绸企业整体行情不好，蚕丝制品交易额下滑，销售数量下降，蚕丝需求量减少，使得2015年蚕茧收购商不得不下调蚕茧收购价，蚕茧价格下降明显。

**（四）渔业产品价格先涨后跌**

2015年广西渔业产品生产者价格比上年下跌0.7%，其中：海水养殖产品和海水捕捞产品价格分别上涨2.6%和2.3%，淡水养殖产品价格下跌4.5%。分季度看，一至四季度广西渔业生产者价格同比涨跌幅度分别为1.1%、1.9%、-2.0%和-1.3%，呈“春夏涨，秋冬跌”的趋势。国家统计局南宁调查队反映，2015年因气候适宜，本地罗非鱼产量大增，加上广东货源大量进入南宁市场，导致市场供过于求，罗非鱼价格下跌，四季度南宁市罗非鱼平均单价8.9元/公斤，同比下跌36.2%。田东、田阳、钦州、百色等地调查队反映，因供给充足，罗非鱼、草鱼和大头鱼等鱼类价格出现下跌。

## 二、值得关注的一些问题

**（一）农产品供给侧结构性矛盾仍较突出**

当前广西农产品供需面临的结构性矛盾依然存在，中低端供给较为充足，放心安全、绿色环保、深受广大消费者喜欢的农产品品种和数量仍不够多，供给侧结构性矛盾仍较突出，部分农产品因盲目生产、跟风种植引发的供过于求现象时有发生，如近两年来蚕茧、香蕉等出现了阶段性、局部性、结构性供给过剩的状况，优质牛肉、羊肉等供给不足等问题依然突出。

**（二）部分农产品价格“天花板”问题日益突出**

当前国际资源性农产品到岸税后价低于国内农产品批发价或到港价，部分农产品国内外价格倒挂严重，粮食、食糖、大豆等一些大宗农产品国内生产价格明显高于国际市场价格，部分大宗农产品价格“天花板”问题日益突出。近年来，我国原糖、粮食等农产品进口量连年增长，对广西甘蔗、粮食等生产造成很大影响，农民种粮、种蔗积极性下降，种植面积出现萎缩，粮食安全堪忧，蔗糖产业可持续健康发展受影响。

**（三）农产品生产缺乏系统性引导**

2014年至2015年春季广西生猪产能过剩，猪价低迷，因养猪亏损严重，引发养殖户大量调减养猪计划，2015年二季度以后，生猪饲养量锐减，生猪存栏持续下降，肉猪出栏减少，导致生猪价格大幅度上涨，生猪由“卖难”引发成“买难”，致使猪价大幅度波动。造成这种状况的原因，主要是农产品生产缺乏系统性引导，生产环节出现“一哄而上”或“一哄而下”的现象，导致“买难”和“卖难”急转，供需脱节问题突出。

**（四）农业产业结构出现较大调整**

近年来，由于甘蔗、生猪、桑蚕等大宗农产品价格大幅度波动，迫使种养户调整其种养结构。2015年广西种养结构出现了较大的调整，甘蔗种植面积大幅度减少，粮食作物种植面积小幅减少，蔬菜种植面积则比较平稳，经济作物或非农作物与粮食作物争地矛盾越来越突出。从近两年来农作物播种面积调查结果看，沙糖橘、速生桉等非粮作物发展迅猛，稳定粮食面积的压力越来越大。养殖业中，因猪价大幅波动，散养户大量减少，甚至退出养猪行业，部分中小规模户也因养猪风险太大，退出了养殖业。

## 三、几点建议

**（一）认真贯彻中央农村工作会议精神，抓好供给侧改革**

要着重抓好生猪、糖料蔗、蚕茧、水果、蔬菜、食用菌、茶叶等大宗农产品的生产，从供给侧角度出发，推动广西农业发展，围绕需求组织生产，将农业生产由数量为主逐步转向数量质量并重上来，满足消费者质和量的要求。针对广西粮食、糖料蔗等大宗农产品价格“天花板”问题，围绕“去库存、降成本和补短板”，抓好农产品价格改革力度，切实解决农产品价格“天花板”问题。

**（二）着力调整农产品生产结构，主动适应消费需求新常态**

应充分发挥市场信息、协调供需平衡、进行结构调整，主动适应经济趋缓、消费需求下降和消费需求新常态，贯彻“创新、协调、绿色、开放、共享”的发展理念，切实解决当前广西大宗农产品产能过剩或不足的问题，一方面，深入了解市场规律，准确把握农产品市场行情，根据市场变动情况，适时调整和优化种养结构，减少产能过剩农产品的生产，增加市场紧缺农产品的生产，主动适应市场消费新常态，切实解决侧供给结构性问题。

**（三）做好农产品促销工作，促进农民增产增收**

有关部门应该做好农产品的促销流通工作，加大农产品产销对接力度，创新农产品流通方式，发展农产品电子商务等现代交易方式，建立产销对接平台和产品供求信息系统，大力推广订单农业、农超对接、农市对接、农企直销等农产品流通方式，尽量避免农产品“卖难”问题，促进农民增产增收。

# 1–8 2015年广西规模以下工业调查报告

Industry Below Designated Size Investigation Report in 2015

## 2015年广西规模以下工业发展缓中趋稳

2015年，广西规模以下工业总体上保持了平缓发展、缓中趋稳的态势。受宏观经济形势复杂多变以及整体经济下行的影响，广西规模以下工业仍面临着成本上升、市场需求不足、资金紧张融资受限和发展后劲不足等突出问题。

### 一、2015年广西规模以下工业运行情况

**（一）规模以下工业运行呈缓中趋稳态势**

根据2015年规模以下工业调查结果显示，全年规模以下工业增加值现价同比增长8.5%，可比价同比增长6.0%，增速与一季度、上半年和前三季度相比，分别回落0.9、0.3和0.2个百分点，全年波动幅度在1个百分点以内，总体呈现缓中趋稳态势，反映了当前广西规模以下工业经济运行有稳的一面同时也存在着一定的下行压力。

**（二）企业主营业务收入增速逐步回落**

2015年广西规模以下工业企业主营业务收入比上年增长10.3%，与一季度、上半年和前三季度相比，增速分别回落10.0、1.8和0.7个百分点，呈逐步回落态势。

**（三）企业减税效果提升**

2015年，广西规模以下工业企业缴纳税金总额与上年基本持平，稳中略降，减幅较前三季度扩大3.6个百分点。据2015年四季度对541家小微工业企业的问卷调查显示，有35.1%的企业表示享受到减半征收企业所得税政策，比上年同期提高5.8个百分点。表明国家针对小微企业出台的一系列税费优惠政策效果正逐步显现。

**（四）超过五成企业保持正常生产**

调查显示，2015年各个季度的正常生产的样本企业占比分别为54.6%、55.2%、54.6%和54.7%，各个季度均有超过5成的企业能够保持正常生产。其中第四季度目录企业开工率为53.9%，比上季度下降1.0个百分点；非目录企业开工率为70.7%，比上季度提高7.1个百分点。

**（五）招工难情况得到缓解**

据问卷调查显示：四季度仅有18.1%的企业表示“有招工需求招到少部分所需员工”和“有招工需求没能招到所需员工”，较上年同期下降3.8个百分点，较一季度、二季度和三季度分别下降8.3、3.2和1.4个百分点，表明企业招工难情况得到一定程度缓解。

**（六）企业景气指数处于不景气区间**

问卷调查显示：2015年广西小微工业企业景气指数78.8，处于较为不景气区间，分别比一季度、二季度和三季度上升1.7、5.6和3.0。从企业规模来看：小型企业景气指数84.8，企业景气指数持续下滑，分别比一季度、二季度和三季度下降15.5、23.0和7.7，由微景气区跌入相对不景气区间，生产经营呈略差状态；微型企业景气指数77.3，尽管处于较为不景气区间，但比一季度、二季度和三季度分别上升5.9、13.6和5.2，生产经营呈微改善状态。

## 二、2015年广西规模以下工业发展存在的主要问题

通过问卷调查和实地走访调研发现，2015年广西规模以下工业发展仍然存在着生产经营成本上升、市场需求不足、资金紧张融资受限和发展后劲不足等主要问题。

### （一）生产经营成本上升，负担加重

调查发现，企业生产经营成本上升主要体现在两个方面：

1.用工成本上升快。2015年广西规模以下工业企业应付职工薪酬比上年增长5.1%，在各季度的企业问卷调查中，企业在选择面临突出问题时对“用工成本上升快”的认同率一直在50%上下。通过走访企业了解，导致用工成本上升的因素主要有三点：一是最低工资标准提高，如2015年南宁、柳州、桂林等区内一类地区的职工最低工资标准为1400元/月，比2013年（广西上次调整最低工资标准时间）提高了200元；二是随着最低工资标准提高，企业给工人的社保缴费比例也随之提高；三是部分企业不得不提高工资标准来维持雇工的稳定性。如马山县某采石场反映，因采石难度和危险性增大，为留住工人，2015年给工人的月工资平均上涨1000元，涨幅约20%。

2.部分原材料价格上涨。据企业问卷调查显示，“原材料价格上升”为企业面临突出问题中的第3名，各季认同率维持在37.5%左右。据北海市某制药企业反映，该公司生产“三七片”所需的原材料三七，受到云南干旱和部分商家囤货的影响，市场供不应求，导致每公斤价格上涨100元左右。玉林市博白县有些编藤企业反映，2013年藤篾的价格是每公斤18元左右，到2015年上涨到23元左右，涨幅约27.8%。南宁市宾阳县某家具生产企业反映所需的原材料沙松等木材价格普遍上涨100元/立方米。

### （二）市场需求不足，订货情况不理想

当前宏观经济压力依然复杂，工业整体增势放缓，市场需求不足，企业订货情况不理想。据企业问卷调查显示，“市场需求不足”已经上升到企业面临的第二大突出问题，企业的认同率由一季度的33.7%上升到第四季度的46.4%，且四季度有43.4%的企业认为“本季度企业产品订货量低于正常水平”。走访调研也发现，部分企业订货量出现明显下滑。如南宁某冶金企业反映，2015年因为下游整车行业的萎缩，其主营的汽车配件和农机配件等业务订单量下滑了约1/3，下游企业在减少了他们订单的同时还要求降价，严重影响了企业的正常生产。横县某企业生产的手套全部销往欧洲，2015年海外市场订单减少10%。横县某制茶企业2015年出口到俄罗斯的红茶出口量下降20%。防城港市某采矿企业由于市场订单不足，已于2015年7月底停产，恢复生产时间未定。

### （三）资金紧张，融资受限

问卷调查显示，四季度有42.1%的企业流动资金紧张，存在缺口；有27.4%的企业有贷款需求，在这些有贷款需求的企业中12.8%的企业有贷款需求并全部贷到，8.1%的企业有贷款需求大部分贷到，16.1%的企业有借款需求少部分贷到，62.8%的企业有借款需求没能贷到。结果表明超4成企业资金紧张，近3成企业有贷款需求，且有贷款需求的企业中近8成融资相对困难。从走访调研中了解，小微企业融资受限的主要原因是，大部分有融资需求的企业都是没有土地、厂房的小微企业，因为没有抵押物难以在银行等官方金融部门贷到款；此外小微企业需要资金周转时一般比较紧急，普遍额度不大，使用周期不长，而银行贷款手续较为烦琐，办理周期较长，且银行一般优先放贷给贷

款需求量大且贷款周期适中的客户，因此这些企业只好转向民间融资获取借款，一定程度造成企业融资成本增加。如贵港市覃塘区某钢材加工企业民间借款月利息率为3%，年利息率为36%，比区内另一家从银行贷款年利息率为18%的钢材加工企业高出一倍。

**（四）抗风险能力弱，发展后劲不足**

广西规模以下工业多数分布在劳动密集度高，以资源开发型、产品初加工型、服务低层次型为主的传统行业，走的是低价格、低技术、低收益、低附加值的传统发展路径。小微企业和个体单位，因其自身规模小，销售渠道单一，产品附加值较低，自主创新能力不强，对外部经济、政策环境的敏感程度普遍较高，抗风险能力弱。同时，因行业技术要求低、竞争充分、市场趋于饱和、利润微薄，导致他们转型升级意愿不高、难度较大，部分企业即使转型升级的愿望较强，但在资本、技术、人才、管理等转型升级的关键因素方面积累不足，转型升级较为困难。如南宁市宾阳县某牛角梳加工企业，仅生产牛角梳这一种产品，因工艺质量不够高，在北上广等大城市打不开市场，大部分产品只能在广西区内和四川等地景区销售，近年来因国内景区购物风潮减退，企业产品销量下降明显，加之没有出口渠道，企业发展困难，有人建议企业转型生产宠物梳，但企业担心风险转型意愿不高。

## 三、2016年一季度形势预期

据2015年四季度对541家小微工业企业的问卷调查显示，有11.2%的企业预计2016年一季度生产增速与本季度相比会加快，较上季度减少7.7个百分点；51.9%的企业预计增速会持平，较上季度增加0.8个百分点；36.9%的企业预计增速会减缓，较上季度增加6.9个百分点，结果表明企业对2016年一季度生产形势的预期比较谨慎，大部分企业认为后市形势持平甚至下滑，并且持类似观点的企业数量在增加。

## 四、几点建议

近年来，广西规模以下工业得到了长足的发展，成为广西经济发展的一股重要推动力量，扩大社会就业的一条主要渠道和改善民生的一个重要平台。对此，各级政府应积极主动加强扶持，做好服务，同时小微企业和个体单位自身也要苦练内功，提升素质，共同推动广西规模以下工业健康平稳发展。

1.加强监测分析和研判，完善服务体系。工业主管部门应认真研究国家宏观经济调控政策对广西工业发展的影响，对经济运行中热点、难点、重点问题进行重点监测分析，对经济形势进行准确研判，及时发现小微企业和个体单位的困难，努力为他们化解各种制约因素，引导扶持他们发展。同时要协调和统筹各有关经济管理部门，进一步落实简政放权，加快清理不必要的行政审批，主动为符合条件的企业和个体落实国家税费减免优惠政策，加强对科技创新和技改的财政奖补，完善社保补贴等各种财政补贴制度，加大招工服务和劳动技能培训力度，积极运用大数据、云计算等技术提供更有效的信息服务。通过建立完善的服务体系，全方位为小微企业和个体单位除障碍，促发展，进一步提高全区规模以下工业经济运行的质量和效益。

2.促进企业和个体加强管理和技改，降低生产经营成本。一是小微企业和个体单位要建立健全基础管理制度，加强成本管理，挖掘内部潜力，以降低成本为重要举措来抵消一部分涨价因素的不利影响，通过减少人、财、物的浪费等，有效化解部分生产经营成本压力。二是通过更新设备，技术改造等措施降低原材料、能源的消耗，提高资源的利用率，减少成本上升所造成的不利影响。

3.建立健全小微企业信用担保制度，优化融资环境。要尽快建立健全小微企业信用担保制度，适当降低贷款担保收费标准，简化贷款担保手续，缩短贷款担保办理时间等办法提高信用担保质量，有效分散金融机构对小微企业融资的风险，还要加强与银行协商，争取在授信额度内采取“一次授信、分次使用、循环担保”方式，提高审保和放贷效率。银行等金融服务机构要进一步畅通银企信息交流，降低融资门槛，改进贷款授权授信制度，结合小微企业和个体单位实际提供一些针对性强的贷款服务，切实解决企业和个体户融资难问题。

4.推进大众创新万众创业，加快产业转型升级。要加快实施创新驱动发展战略，大力推进“大众创业，万众创新”，积极落实好国家和自治区出台的一系列利好政策，在一些科技园区、产业园区构建一批新型众创空间，提升和新建一批科技企业孵化器，稳步开展商事制度改革，营造创业生态、创新文化和宽容精神，努力形成大众创业、草根创业，小微企业“铺天盖地”的良好格局，同时要充分利用“互联网+”，强化创新驱动、科技支撑，培养创新文化，激发企业敢于创新、敢于突破、敢于担当的活力，依靠创新提升企业核心竞争力和提高市场竞争层次，进而催生出更多充满生机活力的小微企业，实现产业转型升级，做大做强实体工业经济。

# 1-9 2015年广西粮食生产调查报告

Grain Crops Investigation Report in 2015

## 2015年广西粮食产量调查报告

经国家统计局核定，2015年广西粮食播种面积4589.0万亩，比上年减少12.6万亩，减少0.3%；亩产为332.3公斤，比上年减少1.2公斤，减少0.4%；总产量为1524.8万吨，比上年减少9.6万吨，减少0.6%。其中谷物播种面积3948.8万亩，比上年增加2.1万亩，增长0.1%；亩产360.2公斤，比上年减少3.5公斤，减少1.0%；谷物产量1422.4万吨，比上年减少13.2万吨，减少0.9%。粮食播种面积减少，是2015年广西粮食减产的主要原因。

### 一、夏粮产量增长0.3%

2015年广西夏粮（国家口径，下同）播种面积165.9万亩，比上年减少3.9万亩，减幅2.3%；平均亩产223.0公斤，比上年增加5.7公斤，增长2.6%；总产量37.0万吨，比上年增加0.1万吨，增长0.3%。广西夏收粮食占全年粮食的比重较小，主要以秋冬播马铃薯为主。虽然马铃薯播种面积有所下降，但去冬今春气候温暖对春收马铃薯的单产增长较为有利。

### 二、早稻产量减少2.7%

2015年广西早稻播种面积1332.3万亩，比上年减少44.1万亩，减少3.2%；亩产396.9公斤，比上年增加2.2公斤，增长0.6%；总产量528.8万吨，比上年减少14.5万吨，减少2.7%。影响广西早稻生产的主要因素：

一是受春旱及种植结构调整等影响，早稻面积下降。受粮食生产效益低、干旱、农村劳动力不足、土地流转等多种因素的影响，2015年广西早稻播种面积比上年减少44.1万亩，减少3.2%。

二是良种及农技推广得力，早稻单产提高得到保障。各级政府有关部门推广“看禾选种配种”、集中育秧、病虫害专业化统防统治、实施“十大主推技术”等增产措施，种植户田间管理及时、有效，有力地保障了早稻单产的稳定和提高。

三是农业气象条件总体较好，早稻单产恢复性增长。虽然早稻生产期间，局部地区出现了干旱和洪涝等灾害，但总体农业气象条件良好，没有出现大范围的倒春寒、洪涝、台风等灾害性天气过程，对早稻生长、抽穗、灌浆、成熟较为有利。

### 三、秋粮产量增长0.5%

2015年，广西秋粮（国家口径，下同）播种面积3090.8万亩，比上年增加35.4万亩，增长1.2%；亩产310.3公斤，比上年减少2.0公斤，下降0.6%；总产量959.0万吨，比上年增加4.8万吨，增长0.5%。其中：晚稻1421.8万亩，比上年减少17.8万亩，减少1.2%；亩产360.9公斤，比上年减少4.0公斤，下降1.1%；总产量513.1万吨，比上年减少12.2万吨，减少2.3%。玉米播种面积933.9万亩，比上年增加57.9万亩，增6.6%；亩产300.6公斤，比上年减少3.5公斤，下降1.2%；总产量280.7万吨，比上年增加14.3万吨，增长5.4%。

### （一）秋粮生产的有利条件

1.秋粮播种面积有所增长。2015年秋粮播种面积增长1.2%，主要源于玉米、薯类播种面积的增长。其中薯类播种面积284.2万亩，比上年增加6.8万亩，增长2.5%。影响广西秋收粮食面积的主要因素：

一是粮食生产效益低，耕地非粮化比较突出。多年来，国家实行粮食最低收购价格，粮食生产效益虽然有所提高，但与蔬菜、园林种植业生产效益相比，仍有很大差距。据测算，广西双季稻生产每亩纯收益（包括自身投劳）在1000元左右，而蔬菜、桑园等种植业，每亩纯收益一般都会超过2000元，果园收益更高。广西农作物调查村样本数据汇总结果显示，2014年种植双季晚稻的样本地块中，有1.4%的面积2015年改种了果树。如鹿寨县反映，2014年沙糖橘平均价格6.4元/公斤，每亩纯收益在2万元左右，2015年该村将33.6亩的稻田改种沙糖橘。玉林市玉州区罗冲村和成均村2015年的水稻面积减少34.1亩，全部改种果蔗。随着耕地流转快速发展，耕地非粮化现象将更加突出，水果生产对广西水稻种植面积的冲击越来越大。

二是种植结构调整，玉米面积大幅度增长。2013年以来，广西糖料蔗收购价格连续三年出现下滑，2015初糖料蔗收购价格降到每吨400元，比2012年下降了20%，蔗农大规模缩减糖料蔗种植面积，2015年糖料蔗面积大幅度下降，有部分蔗地改种玉米。据2015年广西农作物调查村夏播农作物播种面积调查数据统计，调查村的夏播玉米面积中，14.8%为2014年的甘蔗面积改种。

2.晚稻超级稻面积增加。广西将大面积推广高产优质良种，作为促进粮食增产增效的重要举措。据自治区农业厅统计，2015年晚稻推广超级稻面积632.7万亩，比上年增加31.6万亩，增长5.3%。

3.推进“十大主推技术”。2015年，广西结合粮食高产创建和绿色增产模式攻关示范样板建设，继续抓好增产提质增效“十大主推技术”的应用，以点带面，促进粮食综合生产能力。据农业部门生产进度统计，全年水稻集中育秧技术示范移栽大田面积800多万亩，水稻合理密植技术示范面积1000万亩，玉米“一增三改”技术示范面积300万亩，实施耕地保护与质量提升技术2600万亩，示范推广应用酸化土壤综合改良技术120万亩耕地，粮食作物间套种技术实施面积300万亩，水稻重大病虫综合治理技术全年推广应用面积4000万亩次以上，重大病虫发生预报准确率80%以上，总体损失率控制在5%以下，农区鼠害综合防治技术全年推广应用面积1000万亩次以上，鼠害危害损失率总体控制在5%以下，测土配方技术基本实施全覆盖。

4.田间管理及时到位。据自治区农业厅资料，截至2015年10月9日，广西晚稻露晒田1343.4万亩，攻三类苗137.2万亩，施攻胎肥949.1万亩；喷施叶面肥一次、二次分别为951.1万亩和665.2万亩。病虫发生面积801.7万亩，病虫防治面积1016.4万亩。禾苗长势良好，一、二类禾苗比重达90.5%，与上年基本持平。

5.农业气象总体有利。广西秋粮作物主要有玉米、中稻、晚稻、薯类、大豆等，历年来，对秋收粮食生产有重大影响的灾害性天气，一是出现在上半年的“倒春寒”和台风天气引发的洪涝灾害；二是出现在下半年的秋旱和“寒露风”天气。2015年，广西虽然出现了一些干旱、持续降雨和台风、“寒露风”等不良的灾害天气，但没有出现大范围严重危害秋粮生长的灾害性天气，农业气象总体对秋粮生产有利，秋粮单位面积产量基本保持平稳。

据气象资料，2015年2月下旬，局部地区气温回暖、日照增多，3月下半月—4月，温高光足利于春季玉米播种；5月出现6次降雨过程，旱情解除，且气温偏高，对多数春播玉米生长发育也较有利；6月多数时段光温水匹配较好，对大部地区春播玉米灌浆成熟比较有利；7月上中旬，大部地区以高温少雨天气为主，利于多数春播玉米的灌浆乳熟和成熟收获晾晒，也利于晚稻和秋旱粮作物的播种、出苗及秧苗生长；7月下旬至8月初，广西出现的大范围持续性强降雨天气过程，为晚稻移栽等秋粮生产用水提供了有利条件；8月上旬后期至8月下旬前期大部地区光温水等条件匹配较好，气象条件适宜，利于晚稻移栽返青、分蘖及秋旱粮种植生长；8月下旬后期至9月初广西从北到南出现了暴雨到大暴雨的强降雨天气过程，利于缓解前期持续高温带来的负面影响，也为晚稻后期生产用水提供了保障，旱地土壤墒情趋于富饶，利于夏播玉米、豆类、薯类等秋旱粮作物生长；9月下旬广西以晴到多云天气为主，高温光足，光温条件有利于晚稻孕穗、抽穗扬花以及秋玉米等旱地作物的生长发育；10月上旬广西平均气温大部地区基本正常，降雨量偏多，日照时数偏少。

**（二）影响秋粮生产的主要不利因素**

1.中、晚稻播种面积下降。中稻、晚稻是广西秋粮作物中单产较高的品种，2015年中稻、晚稻播种面积分别比上年减少0.7%和1.2%，中稻及晚稻播种面积占秋粮播种面积的比重下降1.3个百分点。此外，据自治区农业厅资料，2015年“立秋”后插的晚稻，约占晚稻播种面积的18%。

2.中稻受不良天气影响。7月下旬至8月初广西出现较长时间的暴雨天气过程，致使中稻结实率下降，影响单位面积产量的提高。

3.台风“彩虹”的影响。10月4—6日受22号台风“彩虹”影响，沿海及桂东局部地区出现大风和大到暴雨，致使玉林、贵港、钦州、北海等市部分正处于抽穗杨花期晚稻出现“雨打禾花”情况，也造成部分晚稻机械损伤甚至倒伏，不利于产量提高。据自治区农业厅统计，广西水稻受灾面积56.13万亩，主要表现为水淹和倒伏。

4.寒露风天气的影响。10月9—16日广西大部地区自北向南出现日均温≤22℃持续3—8天的寒露风天气过程，桂中、桂东、桂南持续4—6天，大部分晚稻主产区3—4天，对正处于抽穗扬花期至灌浆初期的晚稻开花授粉和灌浆结实产生一定影响。

## 四、对稳定广西粮食生产的几点建议

**（一）加强粮食安全责任制考核，强化基层政府责任**

2014年12月，国务院发布了《关于建立健全粮食安全省长责任制的若干意见》，进一步明确了省级人民政府的粮食安全责任。自治区政府与各市政府、各市政府与辖区内各县（区、市）政府分别签订了粮食安全责任状，以保证责任的层层落实。但由于粮食生产效益低，粮食生产与农民增收之间的矛盾仍较突出，一些基层政府抓粮食生产的积极性不高，粮食作物种植面积保障不力，为此，需强化粮食安全责任制考核，进一步提高各级政府及有关部门的粮食安全理念，营造真抓、抓实粮食生产的氛围。

**（二）严格保护耕地，稳定粮食用地面积**

要实行最严格的耕地保护制度，依法依规做好耕地占补平衡，完善耕地保护监督和惩罚机制，防止耕地占补平衡中出现的占多补少、占优补劣、占水田补旱地的现象。规范有序推进农村耕地流转，明确流转耕地的用途，制止粮食用地向林地、非农用地的快速流失现象。建立粮食用地流转使用年度报告制度，定期对流转耕地进行核查，保证流转后的耕地属性不被改变，确保粮食播种面积的稳定。

**（三）保护和调动农民种粮积极性，大力扶持产粮大户**

完善粮食扶持政策，提高粮食补贴政策的科学性、有效性和合理性，切实提高实际种粮者的收入。鼓励和引导农民进行土地流转，培育种粮专业大户、家庭农场等规模经营主体，提高粮食生产规模效益。推行粮食生产保险制度，确保农民种粮收入的稳定以及在遇到重大灾害情况下的生产恢复能力。

**（四）加强农田基础条件建设，增强粮食生产抗灾能力**

加强对农田水利设施管护，提高现有农田水利设施的使用效率和寿命。抓好病险水库的除险加固、渠道清淤防漏，最大限度地发挥现有设施的作用。加大中低产田改造力度，抓好现代标准农田建设，增加农田有效灌溉面积，不断提高水资源利用率，提高抗旱、防洪、排灌的能力。

**（五）提高粮食生产的公共服务和社会化服务水平**

由于大量农村青壮年劳动力外出务工，从事粮食生产的劳动力整体素质下降，新技术的应用能力不强，对提高粮食综合生产能力带来严重制约。为此，政府要积极扶持粮食作物病虫害防治、农机化服务等专业组织发展，扩大服务范围，提高服务效果。进一步加强基层农技服务队伍建设，建立健全考核激励机制，充分调动基层农技推广机构和人员的积极性，通过政府购买服务等方式，支持经营性服务组织承担粮食领域公共性服务。

# 1-10 2015年广西规模以下服务业监测调查报告

Scale of Following Services Investigation Monitoring Report in 2015

## 2015年广西小微服务业企业用工状况有所改善

据国家统计局广西调查总队对1733家小微服务业企业的监测调查结果显示，2015年，随着企业数量的迅速扩大，小微服务业企业进一步发挥了吸纳城镇就业和农村富余劳动力向非农领域转移就业的主渠道作用，企业在招工用工方面也有了一些改善，但仍存在用工成本上升快、技术工严重缺乏、年轻员工难吃苦、企业缺乏对员工的控制力等诸多问题。具体分析如下：

### 一、2015年小微服务业企业用工情况基本特点

**（一）从业人数普遍增加**

2015年，服务业小微调查企业共解决就业2.98万人，比上年增长3.97%。户均解决就业17.2人。其中，租赁和商务服务业（户均16.3人）、科学和技术研究服务业（18.8人）、交通运输、仓储和邮政业（18.2人）从业人数增长较快，分别比上年增长21.26%、5.67%和4.33%。各行业从业人员数如表1所示：

表1 2015年广西小微服务业调查企业从业人员数表

| 行业名称 | 单位数 | 本期 | | 上年同期 | | 增长速度（%） |
|---|---|---|---|---|---|---|
| | | 从业人员数 | 户均 | 从业人员数 | 户均 | |
| 总计 | 1733 | 29847 | 17.2 | 28708 | 16.6 | 3.97 |
| 交通运输、仓储和邮政业 | 348 | 6336 | 18.2 | 6073 | 17.5 | 4.33 |
| 信息传输、软件和信息技术服务业 | 126 | 1391 | 11.0 | 1388 | 11.0 | 0.22 |
| 物业管理与房地产中介服务业 | 159 | 4166 | 26.2 | 4358 | 27.4 | -4.41 |
| 租赁和商务服务业 | 311 | 5081 | 16.3 | 4190 | 13.5 | 21.26 |
| 科学研究和技术服务业 | 218 | 4102 | 18.8 | 3882 | 17.8 | 5.67 |
| 水利、环境和公共设施管理业 | 87 | 1699 | 19.5 | 1674 | 19.2 | 1.49 |
| 居民服务、修理和其他服务业 | 196 | 2672 | 13.6 | 2719 | 13.9 | -1.73 |
| 教育 | 82 | 1540 | 18.8 | 1523 | 18.6 | 1.12 |
| 卫生和社会工作 | 44 | 1056 | 24.0 | 1024 | 23.3 | 3.13 |
| 文化、体育和娱乐业 | 162 | 1804 | 11.1 | 1877 | 11.6 | -3.89 |

**（二）职工薪酬增长较快**

2015年，服务业小微调查企业共发放职工薪酬9.73亿元，比上年增长8.37%，人均月工资为2716.2元，比上年增长4.24%。其中，文化、体育和娱乐业（月人均工资2693.83元）、物业管理和房地产中介服务业（2705.23元）、卫生和社会工作业（2590.91元）职工薪酬增长较快，分别比上年增长16.97%、11.38%和8.01%。各行业职工薪酬如表2所示：

表2 2015年广西小微服务业调查企业职工薪酬表

| 行业名称 | 应付职工薪酬 | | | 月人均工资 | | |
|---|---|---|---|---|---|---|
| | 本期（千元） | 上年同期（千元） | 增长速度（%） | 本期（元/月） | 上年同期（元/月） | 增长速度（%） |
| 总计 | 972846 | 897682 | 8.37 | 2716.20 | 2605.78 | 4.24 |
| 交通运输、仓储和邮政业 | 228299 | 211648 | 7.87 | 3002.67 | 2904.22 | 3.39 |
| 信息传输、软件和信息技术服务业 | 48212 | 45849 | 5.15 | 2888.33 | 2752.70 | 4.93 |
| 物业管理与房地产中介服务业 | 135240 | 127019 | 6.47 | 2705.23 | 2428.85 | 11.38 |
| 租赁和商务服务业 | 152778 | 134980 | 13.19 | 2505.71 | 2684.57 | -6.66 |
| 科学研究和技术服务业 | 148091 | 135333 | 9.43 | 3008.51 | 2905.14 | 3.56 |
| 水利、环境和公共设施管理业 | 55336 | 51629 | 7.18 | 2714.15 | 2570.14 | 5.60 |
| 居民服务、修理和其他服务业 | 71419 | 69485 | 2.78 | 2227.39 | 2129.61 | 4.59 |
| 教育 | 42323 | 40390 | 4.79 | 2290.21 | 2210.00 | 3.63 |
| 卫生和社会工作 | 32832 | 29476 | 11.39 | 2590.91 | 2398.76 | 8.01 |
| 文化、体育和娱乐业 | 58316 | 51873 | 12.42 | 2693.83 | 2303.01 | 16.97 |

**（三）“招工难”问题得到有效缓解**

2015年，有21.5%的企业反映“招工难”是企业面临的突出问题，认同率比上年同期下降了6.0个百分点，其中，认同率下降幅度较大的城市是梧州市（16.8个百分点）、北海市（15.8个百分点）和柳州市（11.7个百分点）；认同率下降幅度较大的行业是物业管理和房地产中介服务业（17.3个百分点），居民服务、修理和其他服务业（9.4个百分点），文化、体育和娱乐业（9.2个百分点）。

**（四）互联网招聘成为首选招工渠道**

随着互联网普及和应用，招聘信息的传播面更广，2015年，有37.6%的企业选择通过网上招聘，有35.1%的企业选择通过老员工介绍，有25.9%的企业选择通过劳动力市场，有1.4%的企业选择通过劳务派遣。互联网招聘已经成为当前企业的第一招工渠道，如新形象广告装饰工程有限公司反映，公司目前存在人才短缺，最紧缺的是创意型人才，下一步计划去广州等发达地区网站发布招聘信息吸引技术人才。互联网招聘渠道占比较高的城市有北海市（60%）、南宁市（44.6%）和桂林市（41.0%）；占比较高的行业是卫生和社会工作（56.8%），信息传输、软件和技术服务业（56.3%），租赁和商务服务业（42.8%）。

**（五）企业用工需求基本稳定**

2015年，69.7%企业劳动力需求与上期持平，有15.8%的企业劳动力需求增加，有14.4%的企业劳动力需求下降。其中，用工需求持平率较高的城市是贵港市（78.1%）、河池市（75.2%）、梧州市（73.3%）；用工需求持平率较高的行业是卫生和社会工作（77.3%），物业管理和房地产中介服务业（73.6%），文化、体育和娱乐业（71.6%）。

**（六）企业员工离职率维持在可控的范围**

2015年，有76.5%的企业员工离职率在10%以下，有11.9%的企业员工离职率在10%—20%，有5.7%的企业员工离职率在20%—30%，有5.9%的企业员工离职率在30%以上。其中，离职率较高的城市是南宁市（31.5%）、防城港市（28.6%）、梧州市（26.7%）；离职率较高的行业是卫生和社会工作（34.1%）、物业管理和房地产中介服务业（32.7%）、信息传输、软件和技术服务业（32.5%）。

## 二、服务业小微企业在招工用工方面面临的难题

### （一）用工成本上升快

2015年，有48.0%的企业认为用工成本上涨过快是目前企业面临的突出问题。认同率较高的城市是河池市（69.9%）、桂林市（59.8%）、柳州市（51.6%）；认同率最高的行业是卫生和社会工作（61.4%），物业管理和房地产中介服务业（56.0%），居民服务、修理和其他服务业（52.6%）。

### （二）技术工严重缺乏

2015年，有72.7%的企业认为招聘有专业技术水平的员工存在困难，其中，认为较难的占55.9%、认为困难的占16.8%。认为招聘专业技术水平的员工困难比例最高的城市是桂林市（81.7%）、崇左市（78.7%）、来宾市（75.7%）；认为招聘技术水平的员工困难比例最高的行业是卫生和社会工作（81.8%）、物业管理和房地产中介服务业（80.5%）、信息传输、软件和技术服务业（78.5%）。企业普遍反映专业技术人员、熟练的技术工难招、难留，影响了企业经营。如，广西海林地质勘查有限公司反映，企业招聘熟练工有难度，主要是岩土工程师难招，本地有证人太少。公司一般是去高校招聘刚毕业的学生来培养，而且新手都需要经过培训才能上岗。南宁中科医院有限责任公司反映，企业最缺初中级专业护理人才，招聘的人员中初中级专业护理人才较少，只能通过积极参加民政部门组织的专业护理培训和平时自主培训，提高相关人员的护理水平。

### （三）年轻员工难吃苦

企业普遍反映年轻员工吃苦耐劳精神有所欠缺，在应聘岗位中对工资福利待遇要求较高，频频跳槽的情形屡见不鲜。据南宁中科医院有限责任公司反映，企业每年都有相当数量的专业护理人员毕业，但对于年轻的护士来说，都不愿意长期从事护理工作。而愿意从事护理工作的都是些文化程度相对较低、年纪偏大的人员，离职的员工通常在本企业工作只有2个月至1年半左右，这已成为一个社会普遍的问题。

### （四）企业对员工的管理乏力

对于小微服务企业来说，由于职业规划、职工薪酬缺乏吸引力，常处于被解雇的一方，对员工主动离职无法掌控。2015年，企业离职员工中，有84.6%的员工是主动离职，被企业解除劳动合同的仅占7.8%。员工主动离职率最高的城市是玉林市（90.2%）、来宾市（88.3%）、河池市（87.6%），员工主动离职率最高的行业是卫生和社会工作（90.9%）、居民服务，修理和其他服务业（89.8%），信息传输、软件和技术服务业（89.7%）。

## 三、对解决小微服务业企业用工难问题的建议

### （一）要加大服务业高端人才培养和引进力度

建议政府加大财政支持力度，设置服务业专项基金，并在专项基金中安排人才引进经费和企业培训补助，提高项目资金资助比例，对高层次创新创业人才、经营管理人才和专业技术人才等实行工作成果重奖。同时完善人才引进机制，切实提高其待遇，将服务业人才纳入人才住房保障范围，为其在落户、子女教育、职称评定、医疗和出入境等方面提供便利。支持公办的教育、医疗等公共服务机构探索更加灵活的引进人才的收入分配机制，扶持搭建人才素质提升、高端人才交流及人才流动等人才

对接平台，构建良好的人才集聚氛围。

**（二）健全就业服务体系**

就业服务机构要利用就业信息网络平台，及时发布供求职信息，为从业者、用工单位牵线搭桥。要依靠市场对劳动力资源配置作用和发挥各级政府的调控功能，有序引导劳动力的流向，给用工企业和求职者以必要的资讯，使劳动力市场相关各方提前应对和准备，变被动为主动，避免因供需脱节、信息不畅造成招工难。

**（三）加快城镇化建设，鼓励农民工进城**

从小微服务业的招工用工情况看，劳动力处于供小于求的阶段，必须通过大力发展城镇化，放松农民户籍制度，综合考虑他们的需求，譬如子女教育、医疗、住房、就业等，快速实现农民工的市民化，解决用工难题。

**（四）着力扶持和促进企业发展，真正提高企业吸引力**

据调查，有26.4%的企业希望政府能够“加强引导和市场开拓”，引导小微企业更好，更快的发展，提高薪酬支付水平，延伸企业职业规划才能真正吸引住和留住人才。如南宁博大医院认为，企业需要通过改善就业工作环境、提高社会福利、创造良好的用工环境来留住人才。

# 1-11　地区生产总值（1978—2015年）

## Gross Domestic Product（1978—2015）

本表按当年价格计算。
Data in this table are calculated by current prices.
单位：亿元　(100 million yuan)

| 年　份<br>Year | 地　区<br>生产总值<br>Gross Domestic Product | 第一产业<br>Primary Industry | 第二产业<br>Secondary Industry | 工业<br>Industry | 建筑业<br>Construction | 第三产业<br>Tertiary Industry | 人均地区<br>生产总值<br>（元/人）<br>Per Capita GDP（yuan/person） |
|---|---|---|---|---|---|---|---|
| 1978 | 75.85 | 31.01 | 25.81 | 23.29 | 2.52 | 19.03 | 225 |
| 1979 | 84.59 | 37.57 | 27.98 | 25.12 | 2.86 | 19.04 | 246 |
| 1980 | 97.33 | 44.07 | 30.79 | 27.78 | 3.01 | 22.47 | 278 |
| 1981 | 113.46 | 52.58 | 33.01 | 29.71 | 3.30 | 27.87 | 317 |
| 1982 | 129.15 | 63.15 | 34.72 | 30.98 | 3.74 | 31.28 | 354 |
| 1983 | 134.60 | 63.59 | 37.09 | 32.39 | 4.70 | 33.92 | 363 |
| 1984 | 150.27 | 66.26 | 43.26 | 36.97 | 6.29 | 40.75 | 399 |
| 1985 | 180.97 | 77.49 | 54.69 | 45.92 | 8.77 | 48.79 | 471 |
| 1986 | 205.46 | 85.62 | 69.03 | 58.41 | 10.62 | 50.81 | 525 |
| 1987 | 241.56 | 99.94 | 81.79 | 70.96 | 10.83 | 59.83 | 607 |
| 1988 | 313.28 | 118.25 | 100.69 | 86.38 | 14.31 | 94.34 | 770 |
| 1989 | 383.44 | 149.98 | 109.97 | 97.11 | 12.86 | 123.49 | 927 |
| 1990 | 449.06 | 176.77 | 118.45 | 104.79 | 13.66 | 153.84 | 1066 |
| 1991 | 518.59 | 195.17 | 141.02 | 123.66 | 17.36 | 182.40 | 1211 |
| 1992 | 646.60 | 233.03 | 187.48 | 161.44 | 26.04 | 226.09 | 1490 |
| 1993 | 871.70 | 250.11 | 321.10 | 273.03 | 48.07 | 300.49 | 1982 |
| 1994 | 1198.29 | 333.79 | 469.81 | 404.59 | 65.22 | 394.69 | 2675 |
| 1995 | 1497.56 | 453.15 | 535.86 | 461.25 | 74.61 | 508.55 | 3304 |
| 1996 | 1697.90 | 534.88 | 587.37 | 503.32 | 84.05 | 575.65 | 3706 |
| 1997 | 1817.25 | 582.74 | 614.07 | 524.49 | 89.58 | 620.44 | 3928 |
| 1998 | 1911.30 | 586.70 | 667.29 | 561.34 | 105.95 | 657.31 | 4346 |
| 1999 | 1971.41 | 567.72 | 682.34 | 570.76 | 111.58 | 721.35 | 4444 |
| 2000 | 2080.04 | 557.38 | 732.76 | 612.33 | 120.43 | 789.90 | 4652 |
| 2001 | 2279.34 | 576.34 | 771.18 | 639.55 | 131.64 | 931.82 | 5058 |
| 2002 | 2523.73 | 601.99 | 846.89 | 699.15 | 147.74 | 1074.85 | 5558 |
| 2003 | 2821.11 | 658.78 | 984.08 | 813.79 | 170.29 | 1178.25 | 6169 |
| 2004 | 3433.50 | 817.88 | 1253.70 | 1044.80 | 208.90 | 1361.92 | 7461 |
| 2005 | 3984.10 | 912.50 | 1510.68 | 1264.84 | 245.84 | 1560.92 | 8590 |
| 2006 | 4746.16 | 1032.47 | 1878.56 | 1592.33 | 286.23 | 1835.12 | 10121 |
| 2007 | 5823.41 | 1241.35 | 2425.29 | 2090.10 | 335.19 | 2156.76 | 12277 |
| 2008 | 7021.00 | 1453.75 | 3037.74 | 2627.39 | 410.35 | 2529.51 | 14652 |
| 2009 | 7759.16 | 1458.49 | 3381.54 | 2863.84 | 517.70 | 2919.13 | 16045 |
| 2010 | 9569.85 | 1675.06 | 4511.68 | 3860.46 | 651.22 | 3383.11 | 20219 |
| 2011 | 11720.87 | 2047.23 | 5675.32 | 4851.37 | 823.95 | 3998.33 | 25326 |
| 2012 | 13035.10 | 2172.37 | 6247.43 | 5279.26 | 968.17 | 4615.30 | 27952 |
| 2013 | 14449.90 | 2290.64 | 6731.32 | 5600.50 | 1134.24 | 5427.94 | 30741 |
| 2014 | 15672.89 | 2413.44 | 7324.96 | 6065.34 | 1263.87 | 5934.49 | 33090 |
| 2015 | 16803.12 | 2565.45 | 7717.52 | 6359.82 | 1358.56 | 6520.15 | 35190 |

# 1-12 财政、金融（1978—2015年）

## Government Finance & Financial Intermediation（1978—2015）

单位：亿元 （100 million yuan）

| 年 份 Year | 财 政 Finance | | | 金 融 Banking | | |
|---|---|---|---|---|---|---|
| | 总收入 Total Revenue | 总支出 Total Expenditure | 收支差额 Income & Expenditure Balance | 各项存款年底余额 Total Saving Deposit Balance | 各项贷款年底余额 Total Loan Balance | 城乡居民储蓄存款年底余额 Urban and Rural Savings Deposits |
| 1978 | 14.32 | 20.78 | -6.46 | | | |
| 1979 | 12.05 | 20.60 | -8.54 | | | |
| 1980 | 12.58 | 17.44 | -4.86 | | | |
| 1981 | 12.73 | 16.04 | -3.32 | | | |
| 1982 | 13.03 | 17.44 | -4.41 | | | |
| 1983 | 13.58 | 18.84 | -5.26 | | | |
| 1984 | 13.47 | 23.06 | -9.59 | | | |
| 1985 | 20.18 | 29.75 | -9.57 | 94.96 | 118.38 | 34.23 |
| 1986 | 25.23 | 42.22 | -16.99 | 124.85 | 152.47 | 48.40 |
| 1987 | 30.54 | 47.70 | -17.16 | 160.54 | 186.26 | 67.64 |
| 1988 | 33.89 | 53.27 | -19.39 | 165.67 | 210.61 | 81.73 |
| 1989 | 41.41 | 57.74 | -16.33 | 211.22 | 277.75 | 107.35 |
| 1990 | 46.83 | 65.00 | -18.17 | 271.17 | 326.29 | 152.29 |
| 1991 | 55.92 | 71.61 | -15.69 | 351.85 | 389.76 | 201.39 |
| 1992 | 61.20 | 78.48 | -17.28 | 501.66 | 499.20 | 277.02 |
| 1993 | 95.93 | 107.49 | -11.56 | 662.74 | 664.72 | 406.04 |
| 1994 | 62.26 | 124.93 | -62.67 | 915.24 | 835.52 | 572.34 |
| 1995 | 79.44 | 140.59 | -61.15 | 1152.32 | 1055.67 | 735.50 |
| 1996 | 90.51 | 157.01 | -66.50 | 1361.17 | 1203.41 | 884.55 |
| 1997 | 99.16 | 170.83 | -71.68 | 1568.83 | 1423.48 | 1013.14 |
| 1998 | 119.67 | 198.36 | -78.69 | 1792.10 | 1516.49 | 1150.08 |
| 1999 | 133.56 | 224.98 | -91.41 | 2010.14 | 1719.19 | 1257.26 |
| 2000 | 147.05 | 258.49 | -111.43 | 2269.06 | 1613.25 | 1374.42 |
| 2001 | 178.67 | 351.65 | -172.98 | 2518.94 | 1764.05 | 1538.95 |
| 2002 | 186.73 | 419.86 | -233.13 | 2784.14 | 1941.07 | 1736.60 |
| 2003 | 203.66 | 443.60 | -239.94 | 3175.34 | 2320.66 | 1971.66 |
| 2004 | 237.77 | 507.47 | -269.70 | 3673.19 | 2759.65 | 2240.11 |
| 2005 | 283.04 | 611.48 | -328.44 | 4202.84 | 3056.86 | 2561.34 |
| 2006 | 342.58 | 729.52 | -386.94 | 4971.86 | 3595.25 | 2946.22 |
| 2007 | 418.83 | 985.94 | -567.12 | 5749.94 | 4287.79 | 3185.28 |
| 2008 | 518.42 | 1297.11 | -778.69 | 7024.10 | 5066.68 | 3851.95 |
| 2009 | 620.99 | 1621.82 | -1000.83 | 9583.13 | 7268.41 | 4686.20 |
| 2010 | 771.99 | 2007.59 | -1235.60 | 11746.77 | 8867.52 | 5702.43 |
| 2011 | 947.72 | 2545.28 | -1597.56 | 13527.97 | 10646.43 | 6682.21 |
| 2012 | 1166.06 | 2985.23 | -1819.16 | 15966.65 | 12355.52 | 8042.23 |
| 2013 | 1317.60 | 3208.67 | -1891.06 | 18400.48 | 14081.01 | 9532.48 |
| 2014 | 1422.28 | 3479.79 | -2057.51 | 20298.54 | 16070.95 | 10532.76 |
| 2015 | 1515.16 | 4065.51 | -2550.36 | 22793.54 | 18119.30 | 11434.29 |

注：根据中国人民银行报表调整，2015年起城乡居民储蓄存款改为住户存款。
Note:According to the people' s Bank of China to adjust the report, from urban and rural residents in 2015 to household savings deposits.

# 1-13 人口（1978—2015年）

## Population（1978—2015）

单位：万人 （10 000 persons）

| 年份 Year | 总户数（万户） Total Households （10 000 households） | 总人口（年末） Total Population （year-end） | 按性别分 By Sex 男性 Male | 女性 Female | 按城乡分 By Residence 城镇人口 Urban Population | 乡村人口 Rural Population | 人口密度（人/平方公里） Population Density （person/sq.km） |
|---|---|---|---|---|---|---|---|
| 1978 | 661 | 3402 | 1753 | 1649 | | | 144 |
| 1979 | 666 | 3470 | 1786 | 1684 | | | |
| 1980 | 676 | 3538 | 1822 | 1716 | | | 149 |
| 1981 | 694 | 3613 | 1862 | 1751 | | | |
| 1982 | 706 | 3684 | 1902 | 1782 | | | |
| 1983 | 718 | 3733 | 1930 | 1803 | | | |
| 1984 | 734 | 3806 | 1970 | 1836 | | | |
| 1985 | 757 | 3873 | 2005 | 1868 | | | 164 |
| 1986 | 783 | 3946 | 2044 | 1902 | | | |
| 1987 | 808 | 4016 | 2082 | 1934 | | | |
| 1988 | 831 | 4088 | 2119 | 1969 | | | |
| 1989 | 867 | 4150 | 2152 | 1998 | | | |
| 1990 | 896 | 4242 | 2205 | 2037 | 641 | 3601 | 179 |
| 1991 | 918 | 4324 | 2250 | 2074 | | | 183 |
| 1992 | 950 | 4380 | 2285 | 2095 | | | 185 |
| 1993 | 973 | 4438 | 2317 | 2121 | | | 187 |
| 1994 | 997 | 4493 | 2346 | 2147 | | | 190 |
| 1995 | 1020 | 4543 | 2377 | 2166 | 838 | 3705 | 192 |
| 1996 | 1040 | 4589 | 2398 | 2191 | | | 194 |
| 1997 | 1069 | 4633 | 2421 | 2212 | | | 196 |
| 1998 | 1092 | 4675 | 2442 | 2233 | | | 198 |
| 1999 | 1110 | 4713 | 2463 | 2250 | | | 199 |
| 2000 | 1140 | 4751 | 2484 | 2267 | 1337 | 3414 | 201 |
| 2001 | 1178 | 4788 | 2506 | 2282 | 1350 | 3438 | 202 |
| 2002 | 1197 | 4822 | 2521 | 2301 | 1365 | 3457 | 204 |
| 2003 | 1235 | 4857 | 2542 | 2315 | 1411 | 3446 | 205 |
| 2004 | 1285 | 4889 | 2559 | 2330 | 1550 | 3339 | 206 |
| 2005 | 1329 | 4925 | 2587 | 2338 | 1567 | 3093 | 208 |
| 2006 | 1374 | 4961 | 2612 | 2349 | 1635 | 3084 | 209 |
| 2007 | 1416 | 5002 | 2634 | 2368 | 1728 | 3040 | 201 |
| 2008 | 1459 | 5049 | 2659 | 2390 | 1838 | 2978 | 203 |
| 2009 | 1499 | 5092 | 2681 | 2411 | 1904 | 2952 | 205 |
| 2010 | 1347 | 5159 | 2708 | 2451 | 1849 | 2761 | 195 |
| 2011 | 1359 | 5199 | 2730 | 2469 | 1942 | 2703 | 196 |
| 2012 | 1361 | 5240 | 2759 | 2481 | 2038 | 2644 | 197 |
| 2013 | 1383 | 5282 | 2772 | 2510 | 2115 | 2604 | 199 |
| 2014 | 1567 | 5475 | 2891 | 2584 | 2187 | 2567 | 201 |
| 2015 | 1575 | 5518 | 2913 | 2605 | 2257 | 2539 | 202 |

# 1–14 就业和劳动报酬基本情况

## Basic Statistics on Employment and Labor Remuneration

| 指 标 | Item | 2011 | 2012 | 2013 | 2014 | 2015 |
|---|---|---|---|---|---|---|
| **劳动力资源总数（万人）** | **Total Resource of Labor Force（10 000 persons）** | **3777** | **3349** | **3373** | **3399** | **3438** |
| 占人口总数比重（%） | Proportion in Total Population（%） | 72.65 | 71.53 | 71.48 | 71.49 | 71.69 |
| 劳动力资源利用率（%） | Utilization Ratio of Resource of Labor Force（%） | 77.73 | 82.65 | 82.49 | 82.30 | 82.03 |
| **就业人员合计（万人）** | **Total Number of Employed Persons（10 000 persons）** | **2936** | **2768** | **2782** | **2795** | **2820** |
| 第一产业 | Primary Industry | 1565 | 1481 | 1478 | 1450 | 1427 |
| 第二产业 | Secondary Industry | 562 | 520 | 529 | 540 | 513 |
| 第三产业 | Tertiary Industry | 809 | 767 | 775 | 805 | 880 |
| **就业人员构成（%）** | **Composition of Employed Persons（%）** | | | | | |
| 第一产业 | Primary Industry | 53.30 | 53.50 | 53.14 | 51.90 | 50.60 |
| 第二产业 | Secondary Industry | 19.10 | 18.80 | 19.01 | 19.30 | 18.20 |
| 第三产业 | Tertiary Industry | 27.60 | 27.70 | 27.85 | 28.80 | 31.20 |
| **按城乡分就业人员（万人）** | **Number of Employed Persons by Urban and Rural Areas（10 000 persons）** | | | | | |
| 城镇从业人员 | Urban Employed Persons | 1035 | 1113 | 1120 | 1145 | 1198 |
| 国有单位 | State-owned Units | 209.49 | 214.03 | 210.93 | 206.48 | 202.37 |
| 城镇集体单位 | Urban Collective-owned Units | 18.76 | 16.25 | 14.39 | 15.09 | 13.27 |
| 股份合作单位 | Cooperative Units | 2.78 | 3.29 | 2.18 | 2.04 | 2.06 |
| 联营单位 | Joint Ownership Units | 0.79 | 0.99 | 0.21 | 0.15 | 0.14 |
| 有限责任公司 | Limited Liability Corporations | 58.11 | 68.55 | 108.38 | 113.59 | 125.21 |
| 股份有限公司 | Share-holding Corporations Ltd. | 19.69 | 19.81 | 27.73 | 27.66 | 27.55 |
| 港澳台投资单位 | Units with Funds from Hong Kong, Macao & Taiwan | 9.53 | 11.18 | 17.41 | 17.20 | 16.36 |
| 外商投资单位 | Foreign Funded Units | 11.06 | 10.53 | 14.42 | 13.43 | 12.92 |
| 私营企业 | Private Enterprises | 123.00 | 137.00 | 130.00 | | 168.00 |
| 个体 | Self-employed Individuals | 157.00 | 139.00 | 168.00 | | 212.00 |
| 在岗职工人数 | Number of Staff & Workers at Post | 293.60 | 303.45 | 330.23 | 326.50 | 329.60 |
| 国有单位 | State-owned Units | 187.90 | 190.45 | 186.35 | 184.15 | 178.80 |
| 城镇集体单位 | Urban Collective-owned Units | 15.41 | 12.12 | 11.15 | 10.82 | 10.08 |
| 其他类型单位 | Others | 90.27 | 100.88 | 132.73 | 131.54 | 140.72 |
| 乡村就业人员 | Rural Employed Persons | 2407 | 1655 | 1662 | 1635 | 1622 |
| **城镇单位就业劳动报酬（元）** | **Remu ner ation of Staff & Workers in Urban Units（yuan）** | | | | | |
| 单位就业人员平均劳动报酬 | Average Remuneration of Staff & Workers | 33032 | 36386 | 41391 | 45424 | 52982 |
| 国有单位 | State-owned Units | 34886 | 37706 | 42552 | 46065 | 57247 |
| 城镇集体单位 | Urban Collective-owned Units | 22123 | 28819 | 32197 | 36874 | 40510 |
| **城镇登记失业人数（万人）** | **Number of Registered Unemployed Persons in Urban Areas（10 000 persons）** | **18.81** | **18.94** | **18.09** | **18.66** | **18.13** |
| **城镇登记失业率（%）** | **Registered Unemployment Rate in Urban Areas（%）** | **3.46** | **3.41** | **3.30** | **3.15** | **2.92** |

# 主要统计指标解释

**地区生产总值（原国内生产总值）** 是指一个地区所有常住单位在一定时期内生产活动的最终成果。地区生产总值有三种表现形态,即价值形态、收入形态和产品形态。从价值形态看,它是所有常住单位在一定时期内所生产的全部货物和服务价值超过同期投入的全部非固定资产货物和服务价值的差额,即所有常住单位的增加值之和；从收入形态看,它是所有常住单位在一定时期内所创造并分配给常住单位和非常住单位的初次分配收入之和；从产品形态看,它是最终使用的货物和服务减去进口货物和服务。在核算中, 地区生产总值的三种表现形态表现为三种计算方法,即生产法、收入法和支出法。三种方法分别从不同的方面反映地区生产总值及其构成。根据国家统计局有关我国GDP核算和数据发布制度的规定，广西国内生产总值自2004年起更名为“广西生产总值”，简称“广西GDP”。

**三次产业** 是根据社会生产活动历史发展的顺序对产业结构的划分,产品直接取自然界的部门称为第一产业,对初级产品进行再加工的部门称为第二产业,为生产和消费提供各种服务的部门称为第三产业。

我国的三次产业划分是:

第一产业：农业(包括种植业、林业、牧业和渔业)。

第二产业：工业(包括采掘业,制造业,电力、煤气及水的生产和供应业)和建筑业。

第三产业：除第一、第二产业以外的其他各业。由于第三产业包括的行业多,范围广,根据我国的实际情况,第三产业又分为两大部分：一是流通部门,二是服务部门。

**财政收入** 是指国家财政参与社会产品分配所取得的收入，是实现国家职能的财力保证。财政收入所包括的内容几经变化，目前主要包括：（1）各项税收，包括增值税、营业税、消费税、土地增值税、城市维护建设税、资源税、城市土地使用税、印花税、房产税、车船使用税、屠宰税、个人所得税、企业所得税、关税、契税、农牧业税和耕地占用税等。（2）专项收入：包括征收排污费收入、城市水资源费收入、教育费附加收入、矿产资源补偿费收入。（3）其他收入，包括国有资产经营收益、国有企业计划亏损补贴、基本建设贷款归还收入、基本建设收入、罚没收入、行政性收费收入、其他收入等。

**财政支出** 是指国家为行使其职能，对筹集的财政资金进行有计划的分配使用的总称。国家财政支出，体现政府的活动范围和方向，反映财政资金的分配关系。财政支出主要包括：（1）基本建设支出。（2）企业挖潜改造资金。（3）地质勘探费。（4）科技三项费用。（5）流动资金。（6）支援农村生产支出。（7）农林水利气象等部门的事业费。（8）工业交通等部门事业费。（9）商业部门事业费。（10）城市维护费。（11）文教卫生事业费。（12）科学事业费。（13）其他部门事业费。（14）抚恤和社会福利救济费。（15）国防支出类。（16）行政管理费。（17）公检法支出。（18）价格补贴支出。（19）支援不发达地区支出。（20）专项支出。（21）农业综合开发支出。（22）行政事业单位离退休经费。（23）其他支出等。

**存款** 指企业、机关、团体或居民根据资金必须收回的原则，把货币资金存入银行或其他信用机构保管并取得一定利息的一种信用活动形式。根据存款对象的不同可划分为企业存款、财政存款、机关团体存款、基本建设存款、城镇储蓄存款、农村存款等科目。它是银行信贷资金的主要来源。

**贷款** 指银行或其他信用机构根据资金必须归还的原则，按一定利率，为企业、个人等提供资金的一种信用活动形式。我国银行贷款分为流动资金贷款、固定资产贷款、城乡个体工商户贷款以及农业贷款等科目。

**户数** 包括家庭户(含单身独居)和集体户。

**人口数** 指一定时点、一定地区范围内有生命的个人的总和。

**市镇人口** 指市人口和县辖镇人口。

**乡村人口** 指县辖乡的全部人口。

# Explanatory Notes on Main Statistical Indicators

**Gross Domestic Product(GDP)** refers to the final products of all resident units in a region during a certain period of time. Gross domestic product is expressed in three different forms, i.e. value added, income, and products respectively. The form of value added refers to the total value of all products and services produced by all resident units during a certain period of time minus total value of input of materials and services of the nature of non-fixed assets of the summation of the value added of all resident units; the form of income includes all the income created by all resident units and distributed primarily to all resident and non-resident units; the form of products refers to all final goods and services minus imports of goods and services. In the practice of national accounting, gross domestic product is calculated with three approaches, i.e. product approach, income approach, and expenditure approach respectively to reflect gross domestic product and its composition from different aspects.

**Three Industries** Industry structure has been classified according to the historical sequence of development. Primary industry refers to extraction of natural resources; secondary industry involves processing of primary products; and tertiary industry provides services of various kinds for production and consumption. Industry in China comprises:

Primary industry: agriculture (including farming, forestry, animal husbandry and fishery).

Secondary industry: industry (including mining and quarrying, manufacturing, and electricity, gas and water production and supply).

Tertiary industry: all other industries not included in primary or secondary industry. Since tertiary industry includes various trades and is with extensive coverage, it is divided into 2 parts according to our country's actual situation: circulation department and service department.

**Government Revenue** refers to the revenue of the government finance by means of participating in the distribution of the social products, which are the financial resources for ensuring the government to function. The contents of government revenue have been changed several times. Now it includes the following main items: (1) Various tax revenues, including value added taxes, business tax, consumption tax, land value added tax, tax on city maintenance and construction, resources tax, tax on use of urban land, stamp tax, tax on real estate, tax on the use of vehicles and ships, slaughter tax, personal income tax, enterprise income tax, tariff, contract tax, tax on agriculture and animal husbandry and tax on occupancy of cultivated land, etc. (2) Special income: including revenue collected from imposing fee on sewage treatment, revenue collected from imposing fee on urban water resources, extra-charges for education, and revenue collected from imposing fee on mine resources. (3) Other revenues, including profits from management of state-owned assets, subsidies to loss-making state-owned enterprise, revenue from the repayment of capital construction loan, revenue from capital construction, penalty, administration income and other incomes.

**Government Expenditure** refers to the (1) Expenditure for capital construction. (2) Innovation funds of the enterprises. (3) Geological prospecting expenses. (4) Expenditures for science and technology promotion. (5) Circulating funds. (6) Expenditure for supporting rural production. (7) Operating expenses of the departments of farming, forestry, water conservancy and meteorology etc. (8) Operating expenses of the departments of industry, transport. (9) Operating expenses of the department of commerce.

(10) Expenditure for city maintenance. (11) Operating expenses of the departments of culture, education and public health. (12) Operating expenses of the department of science. (13) Operating expenses of the other departments. (14) Pension for the disabled or for the families of the bereaved and relief funds for social welfare. (15) Expenditures for national defense. (16) Administrative expenses. (17) Expenditure for public security agency, procurator agency and court of justice. (18) Expenditure for price subsidies. (19) Expenditure for supporting under-developed areas. (20) Special expenditure. (21) Expenditure for comprehensive development of agriculture. (22) Expenditure for retired persons in administrative department. (23) Other expenditures.

**Deposit** is a form of credit by which enterprises, institutions, organizations or residents can put money into banks and other credit institutions for safekeeping and interest earning under the principle of free withdrawal. According to different depositors, deposits are divided into enterprise deposits, treasury deposits, deposits of government agencies and organizations, capital construction deposits, urban savings deposits, rural deposits and other deposits. Deposits are major sources of the credit funds of banks.

**Loan** is a form of credit by which banks and other credit institutions provide funds at certain interest rate to enterprises and individuals in the light of the principle of unconditional repayment. Loans from Chinese banks include circulating capital loans, fixed assets loans, loans to urban and rural individuals engaged in industrial and commercial business and agricultural loans.

**Households** include family household (including single household) and collective households.

**Total Population** refers to the total number of people alive at a certain point of time within a given area.

**Urban Population** refers to city population and town population.

**Country Population** refers to the total population under the jurisdiction of country.

# 第二篇 人民生活

## Chapter 2 People's Livelihood

# 2-1 城镇居民人均收支及恩格尔系数（1980—2015年）

## Per Capita Income and Expenditure & Engle's Coefficient of Urban Households(1980—2015)

| 年 份<br>Year | 城镇居民人均可支配收入<br>Per Capita Disposable Income of Urban Households | | 城镇居民人均消费支出<br>Per Capita Consumption Expenditure of Urban Households | | 城镇居民恩格尔系数（%）<br>Engel's Coefficient of Urban Households（%） |
|---|---|---|---|---|---|
| | 绝对数（元）<br>Value（yuan） | 比上年±%<br>Growth Rate Over Preceding Year（%） | 绝对数（元）<br>Value（yuan） | 比上年±%<br>Growth Rate Over Preceding Year（%） | |
| 1980 | 114 | | 103 | | 57.4 |
| 1981 | 429 | | 423 | | 58.7 |
| 1982 | 427 | -0.6 | 442 | 4.5 | 60.4 |
| 1983 | 444 | 4.1 | 466 | 5.3 | 61.4 |
| 1984 | 563 | 26.8 | 542 | 16.4 | 57.9 |
| 1985 | 683 | 21.4 | 664 | 22.5 | 56.6 |
| 1986 | 784 | 14.7 | 740 | 11.4 | 58.0 |
| 1987 | 899 | 14.7 | 861 | 16.4 | 59.1 |
| 1988 | 1159 | 28.9 | 1198 | 39.2 | 54.6 |
| 1989 | 1304 | 12.5 | 1296 | 8.2 | 59.3 |
| 1990 | 1448 | 11.0 | 1338 | 3.2 | 58.6 |
| 1991 | 1614 | 11.4 | 1584 | 18.4 | 55.3 |
| 1992 | 2104 | 30.4 | 1740 | 9.9 | 55.9 |
| 1993 | 2895 | 37.6 | 2303 | 32.4 | 53.7 |
| 1994 | 3981 | 37.5 | 3327 | 44.5 | 50.4 |
| 1995 | 4792 | 20.4 | 4046 | 21.6 | 51.0 |
| 1996 | 5033 | 5.0 | 4339 | 7.3 | 50.4 |
| 1997 | 5110 | 1.5 | 4453 | 2.6 | 47.5 |
| 1998 | 5412 | 5.9 | 4381 | -1.6 | 46.3 |
| 1999 | 5620 | 3.8 | 4587 | 4.7 | 44.3 |
| 2000 | 5834 | 3.8 | 4852 | 5.8 | 39.9 |
| 2001 | 6666 | 14.3 | 5225 | 7.7 | 37.7 |
| 2002 | 7315 | 9.8 | 5413 | 3.6 | 40.7 |
| 2003 | 7785 | 6.4 | 5763 | 6.5 | 40.0 |
| 2004 | 8177 | 5.0 | 5862 | 1.7 | 44.0 |
| 2005 | 8917 | 9.0 | 6424 | 9.6 | 42.5 |
| 2006 | 9899 | 11.0 | 6792 | 5.7 | 42.1 |
| 2007 | 12200 | 23.2 | 8151 | 20.0 | 41.7 |
| 2008 | 14146 | 16.0 | 9627 | 18.1 | 42.4 |
| 2009 | 15451 | 9.2 | 10352 | 7.5 | 39.9 |
| 2010 | 17064 | 10.4 | 11490 | 11.0 | 38.1 |
| 2011 | 18854 | 10.5 | 12848 | 11.8 | 39.5 |
| 2012 | 21243 | 12.7 | 14244 | 10.9 | 39.0 |
| 2013 | 23305 | 9.7 | 15418 | 8.2 | 37.9 |
| 2014 | 24669 | 8.7 | 15046 | 4.0 | 35.2 |
| 2015 | 26416 | 7.1 | 16321 | 8.5 | 34.4 |

注：1. 1980年度数据仅为第四季度。2. 1992年前可支配收入为生活费收入。3. 2014年收支数据为新口径数据，收入数据为常住居民人均可支配收入数据，消费数据为常住居民人均消费支出数据，与2013年及以前的数据不可比。

Note:1.The fourth quarter of the year 1980 only a few degrees. 2.1992 disposable income beforeDisposable Income for Living Expenses Income.3.2014 revenue and expenditure data for the new caliber data, income data for the resident population per capita disposable income data, consumer data for the resident population per capita consumption expenditure data, Compared with 2013 and previous data.

# 2-2 城镇居民家庭基本情况

## Basic Conditions of Urban Households

单位：人 (person)

| 指 标 | Item | 2014 | 2015 |
|---|---|---|---|
| **年末住户常住成员数（人）** | **Number of Permanent Residents Per Households (person)** | **8794.1** | **9217.7** |
| **调查样本住户数（户）** | **Number of Households Surveyed Sample (household)** | **2611.1** | **2700.8** |
| **年末人均自有现住房面积（平方米）** | **Per Capita Floor Space of Houses (sq.m)** | **37.7** | **38.6** |
| **常住成员从业人数** | **Number of Employed by Permanent Residents** | **4983.1** | **5036.3** |
| **户主文化程度** | **Degree of Education of Householder** | | |
| 未上过学 | Not in School | 32.0 | 31.0 |
| 小学 | Primary School | 339.3 | 318.8 |
| 初中 | Junior Secondary Schools | 931.5 | 1001.3 |
| 高中 | Senior Secondary School | 681.7 | 695.6 |
| 大学专科 | Junior College | 366.6 | 386.1 |
| 大学本科 | Undergraduate College | 237.2 | 241.3 |
| 研究生 | Graduate Student | 22.8 | 26.8 |
| **常住从业人员就业类型** | **Employed Types of Permanent Residents** | | |
| 雇主 | Employer | 86.0 | 85.8 |
| 公职人员 | Public Officers | 259.2 | 256.3 |
| 事业单位人员 | Business Unit Personnel | 529.0 | 500.7 |
| 国有企业雇员 | State-owned Enterprises Employee | 259.9 | 244.2 |
| 其他雇员 | Other Employees | 1801.0 | 2181.8 |
| 农业自营 | Agricultural Own Business | 1054.8 | 903.3 |
| 非农自营 | Non Agricultural Own Business | 993.3 | 864.1 |
| **常住从业人员从事主要行业** | **Engaged in Major Industries of Permanent Residents** | | |
| 第一产业 | Primary Industry | 1138.4 | 968.8 |
| 第二产业 | Secondary Industry | 862.1 | 953.7 |
| 第三产业 | Tertiary Industry | 2982.6 | 3113.8 |

# 2-3　城镇居民人均收入与支出

## Per Capita Disposable Income and Consumption Expenditure of Urban Households

单位：元　　　　(yuan)

| 指　标 | Item | 2014 | 2015 |
|---|---|---|---|
| **可支配收入** | **Disposable Income** | **24669.0** | **26415.9** |
| 工资性收入 | Income from Wages and Salaries | 13892.7 | 15163.1 |
| 工资 | Wages | 12730.1 | 14050.6 |
| 实物福利 | Benefit in Kind | 53.5 | 62.8 |
| 其他 | Other | 1109.1 | 1049.7 |
| 经营净收入 | Net Business Income | 3431.3 | 3665.1 |
| 第一产业经营净收入 | Net Business Income of Primary Industry | 551.5 | 563.0 |
| 农业 | Agriculture | 376.8 | 397.3 |
| 林业 | Forestry | 6.5 | 19.3 |
| 牧业 | Animal Husbandry | 90.7 | 82.2 |
| 渔业 | Fishery | 77.5 | 64.2 |
| 第二产业经营净收入 | Net Business Income of Secondary Industry | 461.1 | 370.6 |
| 第三产业经营净收入 | Net Business Income of Tertiary Industry | 2418.7 | 2731.5 |
| 财产净收入 | Property Net Income | 2235.0 | 2307.9 |
| 转移净收入 | Transfer Net Income | 5110.0 | 5279.9 |
| 转移性收入 | Income form Transfer | 6132.3 | 6630.5 |
| # 养老金或离退休金 | # Pensions and Retirement Pay | 5184.7 | 5490.2 |
| 转移性支出 | Transfer Expenditure | 1022.3 | 1350.6 |
| # 社会保障支出 | # Social Secuity Expenditure | 732.3 | 1005.7 |
| **按收入五等份分组的城镇居民人均可支配收入** | **Per Capita Disposable Income of Urban Households by Income Quintile** | | |
| 低收入户（20%） | Low Income Households | 10339.2 | 10400.0 |
| 中等偏下户（20%） | Lower Middle Income Households | 16958.5 | 18488.7 |
| 中等收入户（20%） | Middle Income Households | 23204.8 | 25791.8 |
| 中等偏上户（20%） | Upper Middle Income Households | 30723.4 | 33950.5 |
| 高收入户（20%） | High Income Households | 51949.9 | 54482.9 |
| **消费支出** | **Consumption Expenditure** | **15045.7** | **16321.2** |
| 食品烟酒 | Food, Tobacco and Liquor | 5292.8 | 5610.2 |
| 衣着 | Clothing | 794.4 | 845.8 |
| 居住 | Residence | 3390.1 | 3629.3 |
| 生活用品及服务 | Household Facilities, Articles and Services | 905.7 | 952.0 |
| 交通通信 | Transport and Communications | 1845.8 | 2249.5 |
| 教育文化娱乐 | Education, Cultural and Recreation | 1689.0 | 1845.0 |
| 医疗保健 | Health Care and Medical Services | 845.7 | 866.2 |
| 其他用品和服务 | Other Goods and Services | 282.1 | 323.1 |

# 2-4 城镇居民人均现金收入与支出

## Per Capita Cash Income and Expenditure of Urban Households

单位：元 （yuan）

| 指 标 | Item | 2014 | 2015 |
|---|---|---|---|
| **现金可支配收入** | **Cash Disposable Income** | **23434.6** | **25146.2** |
| 现金工资性收入 | Cash Income from Wages and Salaries | 13839.2 | 15100.3 |
| 工资 | Wages | 12730.1 | 14050.6 |
| 其他 | Other | 1109.1 | 1049.7 |
| 现金经营净收入 | Cash Net Business Income | 3594.7 | 3894.5 |
| 第一产业现金经营净收入 | Cash Net Business Income of Primary Industry | 443.5 | 469.4 |
| 农业 | Agriculture | 281.2 | 262.9 |
| 林业 | Forestry | -10.2 | 1.1 |
| 牧业 | Animal Husbandry | 74.6 | 73.7 |
| 渔业 | Fishery | 97.8 | 131.7 |
| 第二产业现金经营净收入 | Cash Net Business Income of Secondary Industry | 554.5 | 451.1 |
| 第三产业现金经营净收入 | Cash Net Business Income of Tertiary Industry | 2596.7 | 2974.1 |
| 现金财产净收入 | Cash Property Net Income | 1065.3 | 1097.9 |
| 现金转移净收入 | Cash Transfer Net Income | 4935.4 | 5053.4 |
| 现金转移性收入 | Cash Income form Transfer | 5957.8 | 6417.3 |
| # 养老金或离退休金 | # Pensions and Retirement Pay | 5184.7 | 5490.2 |
| 现金转移性支出 | Cash Transfer Expenditure | 1022.3 | 1363.9 |
| # 社会保障支出 | # Social Secuity Expenditure | 732.3 | 1005.7 |
| **现金消费支出** | **Cash Consumption Expenditure** | **12697.9** | **13807.8** |
| 食品烟酒 | Food, Tobacco and Liquor | 5143.4 | 5461.4 |
| 衣着 | Clothing | 794.0 | 845.7 |
| 居住 | Residence | 1367.5 | 1485.1 |
| 生活用品及服务 | Household Facilities, Articles and Services | 900.9 | 942.3 |
| 交通通信 | Transport and Communications | 1844.1 | 2243.4 |
| 教育文化娱乐 | Education, Cultural and Recreation | 1688.5 | 1843.3 |
| 医疗保健 | Health Care and Medical Services | 683.0 | 668.1 |
| 其他用品和服务 | Other Goods and Services | 276.5 | 318.6 |

# 2-5 城镇居民人均消费支出

## Per Capita Consumption Expenditure of Urban Households

单位：元 （yuan）

| 指 标 | Item | 2014 | 2015 |
|---|---|---|---|
| **消费支出** | **Consumption Expenditure** | **15045.7** | **16321.2** |
| 食品烟酒 | Food, Tobacco and Liquor | 5292.8 | 5610.2 |
| 食品 | Food | 4230.6 | 4470.2 |
| 烟酒 | Tobacco and Liquor | 272.9 | 271.9 |
| 饮料 | Beverages | 84.1 | 83.8 |
| 饮食服务 | Catering Services | 705.2 | 784.3 |
| 衣着 | Clothing | 794.4 | 845.8 |
| 衣类 | Clothes | 630.5 | 666.4 |
| 鞋类 | Footwear | 164.0 | 179.4 |
| 居住 | Residence | 3390.1 | 3629.3 |
| 租赁房房租 | Rental Housing Accommodation | 149.2 | 138.6 |
| 住房维修及管理 | Housing Maintenance and Management | 337.6 | 489.3 |
| 水电燃料及其他 | Water, Electricity and Other Fuels | 908.8 | 883.9 |
| 自有住房折算租金 | Owned Housing of Convert Rent | 1994.5 | 2117.5 |
| 生活用品及服务 | Household Facilities, Articles and Services | 905.7 | 952.0 |
| 家具及室内装饰品 | Furniture and Interior Decorations | 144.9 | 162.4 |
| 家用器具 | Household Appliances | 254.2 | 278.9 |
| 家用纺织品 | Home Textiles | 71.7 | 71.9 |
| 家庭日用杂品 | The Family Daily Sundry Goods | 255.0 | 262.7 |
| 个人用品 | Personal Products | 124.6 | 130.7 |
| 家庭服务 | Household Service | 55.4 | 45.4 |
| 交通通信 | Transport and Communications | 1845.8 | 2249.5 |
| 交通 | Transport | 1143.2 | 1512.7 |
| 通信 | Communications | 702.6 | 736.8 |
| 教育文化娱乐 | Education, Cultural and Recreation | 1689.0 | 1845.0 |
| 教育 | Education | 954.7 | 1008.9 |
| 文化娱乐 | Cultural and Recreation | 734.4 | 836.1 |
| 医疗保健 | Health Care and Medical Services | 845.7 | 866.2 |
| 医疗器具及药品 | Medical Apparatus and Drugs | 282.1 | 307.9 |
| 医疗服务 | Medical Services | 563.6 | 558.4 |
| 其他用品和服务 | Other Goods and Services | 282.1 | 323.1 |
| 其他用品 | Other Goods | 150.3 | 172.0 |
| 其他服务 | Other Services | 131.8 | 151.1 |

# 2-6 城镇居民人均现金消费支出

## Per Capita Cash Consumption Expenditure of Urban Households

单位：元 （yuan）

| 指 标 | Item | 2014 | 2015 |
|---|---|---|---|
| **现金消费支出** | **Cash Consumption Expenditure** | **12697.9** | **13807.8** |
| 食品烟酒 | Food, Tobacco and Liquor | 5143.4 | 5461.4 |
| 食品 | Food | 4102.0 | 4345.2 |
| 烟酒 | Tobacco and Liquor | 272.9 | 271.9 |
| 饮料 | Beverages | 84.1 | 83.8 |
| 饮食服务 | Catering Services | 684.5 | 760.5 |
| 衣着 | Clothing | 794.0 | 845.7 |
| 衣类 | Clothes | 630.1 | 666.3 |
| 鞋类 | Footwear | 164.0 | 179.4 |
| 居住 | Residence | 1367.5 | 1485.1 |
| 租赁房房租 | Rental Housing Accommodation | 149.2 | 138.6 |
| 住房维修及管理 | Housing Maintenance and Management | 337.6 | 489.3 |
| 水电燃料及其他 | Water, Electricity and Other Fuels | 880.7 | 857.2 |
| 生活用品及服务 | Household Facilities, Articles and Services | 900.9 | 942.3 |
| 家具及室内装饰品 | Furniture and Interior Decorations | 144.5 | 162.2 |
| 家用器具 | Household Appliances | 254.2 | 278.9 |
| 家用纺织品 | Home Textiles | 71.7 | 71.9 |
| 家庭日用杂品 | The Family Daily Sundry Goods | 250.6 | 253.0 |
| 个人用品 | Personal Products | 124.6 | 130.7 |
| 家庭服务 | Household Service | 55.4 | 45.4 |
| 交通通信 | Transport and Communications | 1844.1 | 2243.4 |
| 交通 | Transport | 1141.5 | 1506.6 |
| 通信 | Communications | 702.6 | 736.8 |
| 教育文化娱乐 | Education, Cultural and Recreation | 1688.5 | 1843.3 |
| 教育 | Education | 954.7 | 1008.9 |
| 文化娱乐 | Cultural and Recreation | 733.9 | 834.4 |
| 医疗保健 | Health Care and Medical Services | 683.0 | 668.1 |
| 医疗器具及药品 | Medical Apparatus and Drugs | 282.1 | 307.7 |
| 医疗服务 | Medical Services | 400.9 | 360.4 |
| 其他用品和服务 | Other Goods and Services | 276.5 | 318.6 |
| 其他用品 | Other Goods | 149.9 | 171.4 |
| 其他服务 | Other Services | 126.5 | 147.2 |

## 2-7　城镇居民人均主要食品消费量

### Per Capita Consumption of Major Foods of Urban Households

| 指　标 | Item | 单位 | Unit | 2014 | 2015 |
|---|---|---|---|---|---|
| 粮食 | Grain | 千克 | kg | 110.3 | 106.3 |
| 谷物 | Cereal | 千克 | kg | 101.7 | 97.8 |
| 薯类 | Tuber | 千克 | kg | 1.1 | 1.2 |
| 豆类 | Beans and the Products | 千克 | kg | 7.5 | 7.2 |
| 大豆 | Soybean | 千克 | kg | 0.6 | 0.6 |
| 油脂类 | Grease | 千克 | kg | 9.2 | 9.3 |
| 植物油 | Vegetable Oil | 千克 | kg | 8.7 | 8.7 |
| 蔬菜及菜制品 | Vegetable and Vegetable Products | 千克 | kg | 101.8 | 100.1 |
| 鲜菜 | Fresh Vegetables | 千克 | kg | 96.9 | 95.3 |
| 肉类 | Meat | 千克 | kg | 36.7 | 36.7 |
| 猪肉 | Pork | 千克 | kg | 30.4 | 30.3 |
| 牛肉 | Beef | 千克 | kg | 2.3 | 2.6 |
| 羊肉 | Mutton | 千克 | kg | 0.6 | 0.8 |
| 禽类 | Poultry | 千克 | kg | 19.7 | 20.0 |
| 水产品 | Aquatic Products | 千克 | kg | 14.3 | 14.2 |
| 蛋类及蛋制品 | Eggs and Egg Products | 千克 | kg | 6.2 | 6.5 |
| 奶和奶制品 | Milk and Milk Products | 千克 | kg | 10.6 | 10.4 |
| 干鲜瓜果类 | Dried and Fresh Melons and Fruits | 千克 | kg | 47.4 | 49.4 |
| 鲜瓜果 | Fresh Melons and Fruits | 千克 | kg | 44.3 | 45.8 |
| 坚果类 | Nuts and Processed Products | 千克 | kg | 2.5 | 2.7 |
| 糖果糕点类 | Sweets and Cakes | 千克 | kg | 5.6 | 5.9 |
| # 食糖 | # Suger | 千克 | kg | 1.8 | 1.7 |

## 2-8　城镇居民平均每百户年末主要耐用消费品拥有量

### Ownerhip of Major Durable Consumer Goods Per 100 Urban Households at Year-end

| 指　标 | Item | 单位 | Unit | 2014 | 2015 |
|---|---|---|---|---|---|
| 家用汽车 | Automobile | 辆 | unit | 24.0 | 30.9 |
| 摩托车 | Motorcycle | 辆 | unit | 58.3 | 46.3 |
| 助力车 | Electric Bicycle | 辆 | unit | 63.6 | 70.5 |
| 洗衣机 | Washing Machine | 台 | set | 87.6 | 92.6 |
| 电冰箱（柜） | Refrigerator | 台 | set | 90.1 | 94.7 |
| 微波炉 | Microwave Oven | 台 | set | 52.9 | 64.9 |
| 彩色电视机 | Color Television Set | 台 | set | 120.4 | 115.9 |
| 空调 | Air Conditioner | 台 | set | 94.8 | 121.1 |
| 热水器 | Water Heater | 台 | set | 90.9 | 95.5 |
| 排油烟机 | Vacuum Cleaner | 台 | set | 51.3 | 61.2 |
| 固定电话 | Telephone | 部 | set | 44.1 | 38.9 |
| 移动电话 | Mobile Telephone | 部 | set | 250.5 | 249.9 |
| 计算机 | Computer | 台 | set | 75.9 | 88.1 |
| 照相机 | Camera | 架 | set | 26.3 | 33.4 |

# 2-9 各市城镇居民恩格尔系数（1980—2015年）

单位：%

| 年 份<br>Year | 南宁市<br>Nanning | 柳州市<br>Liuzhou | 桂林市<br>Guilin | 梧州市<br>Wuzhou | 北海市<br>Beihai | 防城港市<br>Fangchenggang | 钦州市<br>Qinzhou |
|---|---|---|---|---|---|---|---|
| 1980 | 57.09 | 58.60 | 56.09 | 57.59 | 57.36 | | |
| 1981 | 57.70 | 57.35 | 58.20 | 62.38 | 60.48 | | |
| 1982 | 59.63 | 60.44 | 61.40 | 60.29 | 60.67 | | |
| 1983 | 58.34 | 60.86 | 62.23 | 63.23 | 64.70 | | |
| 1984 | 56.57 | 57.99 | 55.38 | 62.52 | 64.04 | | |
| 1985 | 54.52 | 59.26 | 54.41 | 63.76 | 59.40 | | |
| 1986 | 58.55 | 61.12 | 57.58 | 67.74 | 59.07 | | |
| 1987 | 59.25 | 63.81 | 57.70 | 65.72 | 64.13 | | |
| 1988 | 58.91 | 51.14 | 55.75 | 56.43 | 58.86 | | |
| 1989 | 63.65 | 64.06 | 60.54 | 64.38 | 65.83 | | |
| 1990 | 62.05 | 61.01 | 57.50 | 61.96 | 60.41 | | |
| 1991 | 56.09 | 57.86 | 56.62 | 53.87 | 56.83 | | |
| 1992 | 56.98 | 54.83 | 52.73 | 56.88 | 58.75 | | |
| 1993 | 52.88 | 48.26 | 53.96 | 56.59 | 50.07 | | |
| 1994 | 49.18 | 48.39 | 48.82 | 50.43 | 51.83 | | |
| 1995 | 49.86 | 53.26 | 52.29 | 54.57 | 55.93 | | |
| 1996 | 49.71 | 51.04 | 49.81 | 53.72 | 57.02 | | |
| 1997 | 46.49 | 46.42 | 48.01 | 53.22 | 55.16 | | |
| 1998 | 42.36 | 48.54 | 43.46 | 50.18 | 51.97 | | |
| 1999 | 37.50 | 45.90 | 41.63 | 49.47 | 48.94 | | |
| 2000 | 36.50 | 43.76 | 38.66 | 44.44 | 47.12 | | |
| 2001 | 34.67 | 35.30 | 37.24 | 43.33 | 46.91 | | |
| 2002 | 37.46 | 38.84 | 40.25 | 47.62 | 45.33 | | |
| 2003 | 37.52 | 40.76 | 40.35 | 46.53 | 46.31 | | |
| 2004 | 40.09 | 43.96 | 42.06 | 45.51 | 48.00 | | |
| 2005 | 40.49 | 39.08 | 39.08 | 48.01 | 42.73 | | |
| 2006 | 38.95 | 39.27 | 39.73 | 46.77 | 41.32 | | |
| 2007 | 39.55 | 40.27 | 45.16 | 50.44 | 44.13 | | |
| 2008 | 41.03 | 39.66 | 50.80 | 51.86 | 44.94 | | |
| 2009 | 38.82 | 37.41 | 49.38 | 47.51 | 37.52 | | |
| 2010 | 35.07 | 37.55 | 46.00 | 48.44 | 43.25 | | |
| 2011 | 36.02 | 37.86 | 43.25 | 47.18 | 45.07 | | |
| 2012 | 39.20 | 41.45 | 41.02 | 45.09 | 46.86 | | |
| 2013 | 39.03 | 40.80 | 41.13 | 43.84 | 46.25 | 40.41 | 45.80 |
| 2014 | 38.81 | 40.46 | 40.58 | 42.78 | 46.08 | 40.85 | 45.72 |
| 2015 | 37.90 | 40.60 | 40.20 | 42.30 | 44.90 | 40.90 | 45.60 |

# Engle's Coefficient of Urban Households by City（1980—2015）

（%）

| 贵港市<br>Guigang | 玉林市<br>Yulin | 百色市<br>Baise | 贺州市<br>Hezhou | 河池市<br>Hechi | 来宾市<br>Laibin | 崇左市<br>Chongzuo |
|---|---|---|---|---|---|---|
| 61.86 | | 56.14 | 56.65 | | | |
| 58.61 | | 55.47 | 55.73 | | | |
| 49.93 | | 57.79 | 59.22 | | | |
| 53.95 | | 55.49 | 55.95 | | | |
| 53.42 | | 59.51 | 57.05 | | | |
| 49.29 | | 52.91 | 49.84 | | | |
| 53.17 | | 59.72 | 46.42 | | | |
| 57.05 | | 59.43 | 59.11 | | | |
| 53.43 | | 59.49 | 54.12 | | | |
| 55.28 | | 57.92 | 57.39 | | | |
| 58.01 | | 56.99 | 58.58 | | | |
| 48.30 | | 49.92 | 51.10 | | | |
| 48.34 | | 47.52 | 50.89 | | | |
| 50.22 | | 45.78 | 55.09 | | | |
| 47.17 | | 45.81 | 49.33 | | | |
| 48.00 | | 45.83 | 47.89 | | | |
| 41.05 | | 44.90 | 49.86 | | | |
| 41.98 | | 36.44 | 46.78 | | | |
| 36.50 | | 35.79 | 39.58 | | | |
| 40.84 | | 39.24 | 41.26 | | | |
| 35.88 | | 39.02 | 41.95 | | | |
| 42.29 | | 38.99 | 40.14 | | | |
| 40.29 | | 40.25 | 42.10 | | | |
| 40.43 | | 38.07 | 39.88 | | | |
| 47.94 | | 42.17 | 38.71 | | | |
| 43.82 | | 42.37 | 46.29 | | | |
| 46.05 | | 37.26 | 41.85 | | | |
| 39.86 | | 35.03 | 36.18 | | | |
| 38.75 | | 40.63 | 40.23 | | | |
| 42.33 | | 40.02 | 39.84 | | | |
| 41.84 | 39.50 | 39.60 | 39.45 | 40.01 | 37.79 | 41.07 |
| 41.69 | 40.00 | 39.12 | 38.90 | 33.82 | 37.58 | 39.21 |
| 41.60 | 40.00 | 38.40 | 38.70 | 33.30 | 37.10 | 40.30 |

# 2-10 各市城镇居民人均可支配收入（1980—2015年）

单位：元

| 年份 Year | 南宁市 Nanning | 柳州市 Liuzhou | 桂林市 Guilin | 梧州市 Wuzhou | 北海市 Beihai | 防城港市 Fangchenggang | 钦州市 Qinzhou |
|---|---|---|---|---|---|---|---|
| 1980① | 123.7 | 97.0 | 111.3 | 115.4 | 119.9 | | |
| 1981 | 445.2 | 385.3 | 442.0 | 437.6 | 432.5 | | |
| 1982 | 477.7 | 419.6 | 498.5 | 458.5 | 485.5 | | |
| 1983 | 512.6 | 447.2 | 505.1 | 436.2 | 490.9 | | |
| 1984 | 623.6 | 540.0 | 621.2 | 545.0 | 701.0 | | |
| 1985 | 715.6 | 668.3 | 757.4 | 708.1 | 751.4 | | |
| 1986 | 850.6 | 760.9 | 884.3 | 849.1 | 895.0 | | |
| 1987 | 949.1 | 871.2 | 1033.0 | 990.6 | 990.2 | | |
| 1988 | 1165.9 | 1225.6 | 1228.2 | 1188.6 | 1296.3 | | |
| 1989 | 1273.6 | 1307.5 | 1334.6 | 1327.3 | 1376.5 | | |
| 1990 | 1454.3 | 1515.4 | 1500.7 | 1545.5 | 1591.5 | | |
| 1991 | 1658.4 | 1794.3 | 1828.9 | 1789.6 | 1910.3 | | |
| 1992 | 2105.5 | 2305.8 | 2452.7 | 2314.8 | 2726.8 | | |
| 1993 | 3081.2 | 3544.3 | 3167.6 | 3246.3 | 4515.6 | | |
| 1994 | 4543.6 | 4242.7 | 4672.0 | 4309.4 | 5649.2 | | |
| 1995 | 5544.1 | 4884.1 | 5506.0 | 4909.0 | 6365.1 | | |
| 1996 | 5973.4 | 5242.7 | 5976.9 | 4945.3 | 6395.5 | | |
| 1997 | 5930.8 | 5457.1 | 6025.0 | 4933.9 | 6558.2 | | |
| 1998 | 6570.0 | 5552.4 | 6230.0 | 4838.2 | 6306.0 | | |
| 1999 | 6946.5 | 5327.6 | 6493.7 | 5414.8 | 6483.3 | | |
| 2000 | 7447.8 | 5740.1 | 6996.9 | 5221.1 | 6167.3 | | |
| 2001 | 7906.4 | 7546.5 | 7547.5 | 5837.5 | 7013.1 | | |
| 2002 | 8796.2 | 7927.7 | 7852.3 | 6282.1 | 7692.4 | | |
| 2003 | 9162.0 | 8369.3 | 8246.2 | 7062.1 | 8007.5 | | |
| 2004 | 9531.4 | 9154.7 | 8802.8 | 7325.2 | 8773.4 | | |
| 2005 | 10078.2 | 9986.2 | 9501.9 | 8190.3 | 9520.3 | | |
| 2006 | 10905.4 | 10592.4 | 10243.9 | 8854.6 | 11070.9 | | |
| 2007 | 12955.2 | 11919.1 | 11514.1 | 10123.3 | 13090.1 | | |
| 2008 | 14983.5 | 14536.1 | 13664.5 | 13350.8 | 14624.8 | | |
| 2009 | 16530.6 | 15395.2 | 15001.0 | 14617.4 | 15535.6 | | |
| 2010 | 17740.7 | 17531.7 | 16565.8 | 16578.2 | 16611.6 | | |
| 2011 | 19971.9 | 18630.6 | 17914.8 | 18531.2 | 18347.3 | | |
| 2012 | 22024.5 | 22260.7 | 19449.6 | 21416.1 | 20296.1 | | |
| 2013 | 24817.1 | 24355.0 | 24552.0 | 22537.1 | 23407.4 | 24423.2 | 23695.0 |
| 2014 | 27075.0 | 26693.0 | 26811.0 | 24272.0 | 25818.0 | 26523.0 | 25424.7 |
| 2015 | 29106 | 28722 | 28768 | 25898 | 27729 | 28433 | 27281 |

注：①1980年度数据仅为第四季度，1992年前可支配收入为生活费收入。
Note:①The fourth quarter of the year 1980 only a few degrees,1992 disposable income before income for living expenses.

# Per Capita Disposable Income of Urban Households by City（1980—2015）

（yuan）

| 贵港市 Guigang | 玉林市 Yulin | 百色市 Baise | 贺州市 Hezhou | 河池市 Hechi | 来宾市 Laibin | 崇左市 Chongzuo |
|---|---|---|---|---|---|---|
| 416.0 | | 442.2 | 400.7 | | | |
| 525.2 | | 548.9 | 519.7 | | | |
| 694.9 | | 663.5 | 653.2 | | | |
| 787.2 | | 784.2 | 776.3 | | | |
| 981.1 | | 947.2 | 926.2 | | | |
| 1178.6 | | 1162.7 | 1251.4 | | | |
| 1304.3 | | 1288.4 | 1521.4 | | | |
| 1410.3 | | 1421.5 | 1589.9 | | | |
| 1522.9 | | 1426.7 | 1615.4 | | | |
| 1876.1 | | 2002.3 | 2059.6 | | | |
| 2417.4 | | 2703.2 | 2535.8 | | | |
| 4240.6 | | 4017.1 | 3493.8 | | | |
| 5258.1 | | 5035.2 | 4354.8 | | | |
| 4986.7 | | 5180.1 | 4542.3 | | | |
| 4927.2 | | 5048.8 | 4520.3 | | | |
| 5234.8 | | 5495.1 | 4939.9 | | | |
| 5590.3 | | 5607.1 | 5199.5 | | | |
| 5468.4 | | 5747.2 | 5549.4 | | | |
| 6117.6 | | 6807.4 | 5996.6 | | | |
| 6926.9 | | 7215.4 | 7029.6 | | | |
| 7607.0 | | 7361.6 | 7868.6 | | | |
| 7906.2 | | 8532.4 | 10530.0 | | | |
| 8252.8 | | 9510.0 | 10105.0 | | | |
| 8964.5 | | 10116.4 | 10612.3 | | | |
| 9880.0 | | 11684.6 | 12019.7 | | | |
| 11413.9 | | 12984.1 | 13642.9 | | | |
| 12455.1 | | 14219.4 | 15013.2 | | | |
| 14447.5 | | 15553.7 | 16760.8 | | | |
| 16276.4 | | 16928.6 | 18611.8 | | | |
| 18594.7 | | 19241.8 | 21442.1 | | | |
| 21361.4 | 24365.7 | 21458.1 | 21681.6 | 19653.0 | 23563.0 | 21288.2 |
| 23262.1 | 26681.0 | 23282.0 | 23590.0 | 21363.0 | 25401.0 | 23184.4 |
| 24890 | 28842 | 24958 | 25194 | 22752 | 27077 | 24668 |

# 2-11 各市城镇居民人均消费支出（1980—2015年）

单位：元

| 年 份 Year | 南宁市 Nanning | 柳州市 Liuzhou | 桂林市 Guilin | 梧州市 Wuzhou | 北海市 Beihai | 防城港市 Fangchenggang | 钦州市 Qinzhou |
|---|---|---|---|---|---|---|---|
| 1980 | 110.7 | 91.2 | 102.0 | 104.4 | 106.4 | | |
| 1981 | 440.3 | 397.8 | 423.5 | 413.8 | 428.2 | | |
| 1982 | 455.6 | 394.3 | 458.3 | 461.2 | 447.0 | | |
| 1983 | 499.0 | 435.3 | 479.9 | 440.1 | 449.6 | | |
| 1984 | 565.6 | 503.0 | 568.3 | 512.3 | 507.8 | | |
| 1985 | 723.5 | 645.4 | 813.5 | 691.1 | 712.6 | | |
| 1986 | 824.8 | 718.3 | 883.4 | 793.8 | 855.2 | | |
| 1987 | 943.8 | 861.9 | 1031.2 | 955.7 | 932.6 | | |
| 1988 | 1229.1 | 1367.2 | 1366.0 | 1223.6 | 1257.3 | | |
| 1989 | 1293.4 | 1357.1 | 1320.0 | 1332.8 | 1326.5 | | |
| 1990 | 1360.0 | 1462.0 | 1444.9 | 1417.9 | 1448.6 | | |
| 1991 | 1667.1 | 1755.0 | 1806.6 | 1780.3 | 1859.7 | | |
| 1992 | 1852.5 | 1936.4 | 2178.6 | 1915.6 | 2091.4 | | |
| 1993 | 2624.2 | 2915.8 | 2594.9 | 2509.9 | 3482.7 | | |
| 1994 | 4287.7 | 3707.6 | 3935.0 | 3794.3 | 4481.9 | | |
| 1995 | 5055.3 | 4385.1 | 4531.4 | 4404.6 | 5014.4 | | |
| 1996 | 5424.6 | 4577.0 | 5081.8 | 4580.4 | 5302.3 | | |
| 1997 | 5456.2 | 4732.4 | 5221.5 | 4454.7 | 5393.8 | | |
| 1998 | 5800.0 | 4273.4 | 5358.0 | 4423.7 | 5213.8 | | |
| 1999 | 6320.6 | 4351.3 | 5786.1 | 4474.8 | 5692.8 | | |
| 2000 | 6705.3 | 4457.6 | 5893.5 | 4604.4 | 5092.2 | | |
| 2001 | 7107.4 | 6010.0 | 6111.3 | 5116.2 | 5406.7 | | |
| 2002 | 6969.7 | 5992.0 | 6123.5 | 5128.6 | 5898.2 | | |
| 2003 | 7216.9 | 6033.5 | 6326.0 | 6136.2 | 5865.0 | | |
| 2004 | 7329.4 | 7116.9 | 6754.7 | 6417.2 | 6680.5 | | |
| 2005 | 7881.8 | 7850.2 | 7186.5 | 6669.8 | 7127.9 | | |
| 2006 | 8160.4 | 7244.9 | 7915.1 | 7099.7 | 8446.7 | | |
| 2007 | 9459.1 | 8722.5 | 8252.0 | 7914.4 | 9289.0 | | |
| 2008 | 10268.0 | 11350.8 | 8991.9 | 9551.6 | 9916.6 | | |
| 2009 | 11120.1 | 11276.0 | 9880.4 | 9964.9 | 12414.0 | | |
| 2010 | 12866.7 | 11978.3 | 10934.4 | 11125.9 | 11745.5 | | |
| 2011 | 14834.0 | 13720.3 | 11890.2 | 12994.9 | 13176.1 | | |
| 2012 | 15291.6 | 14115.2 | 14470.0 | 13629.9 | 14224.0 | | |
| 2013 | 17127.5 | 15398.0 | 15555.0 | 14747.5 | 15191.0 | 14792.3 | 14361.1 |
| 2014 | 19032.0 | 16970.0 | 16930.0 | 15899.0 | 16461.0 | 16057.7 | 15315.6 |
| 2015 | 20897.0 | 18314.0 | 17998.0 | 17007.6 | 17959.0 | 17452.0 | 16445.9 |

# Per Capita Consumption Expenditure of Urban Households by City（1980—2015）

（yuan）

| 贵港市 Guigang | 玉林市 Yulin | 百色市 Baise | 贺州市 Hezhou | 河池市 Hechi | 来宾市 Laibin | 崇左市 Chongzuo |
|---|---|---|---|---|---|---|
| 374.9 | | 431.5 | 377.3 | | | |
| 416.7 | | 485.3 | 447.0 | | | |
| 607.9 | | 632.2 | 634.3 | | | |
| 667.5 | | 775.5 | 762.0 | | | |
| 839.9 | | 885.9 | 903.9 | | | |
| 1215.4 | | 1152.6 | 1258.4 | | | |
| 1337.1 | | 1259.5 | 1671.6 | | | |
| 1344.3 | | 1333.7 | 1335.7 | | | |
| 1478.9 | | 1354.6 | 1557.9 | | | |
| 1470.3 | | 1622.2 | 1632.9 | | | |
| 1844.5 | | 2093.5 | 1879.0 | | | |
| 3256.5 | | 3212.7 | 2785.9 | | | |
| 4091.6 | | 4396.2 | 3562.3 | | | |
| 3922.8 | | 4647.1 | 3515.0 | | | |
| 4198.3 | | 4638.6 | 3902.5 | | | |
| 4119.7 | | 4661.0 | 3813.1 | | | |
| 4739.0 | | 4785.1 | 3791.2 | | | |
| 4133.5 | | 5408.9 | 4075.7 | | | |
| 4676.9 | | 5700.8 | 4610.2 | | | |
| 4563.1 | | 5635.1 | 5075.4 | | | |
| 5660.6 | | 5765.9 | 5286.6 | | | |
| 5143.5 | | 6404.7 | 6229.7 | | | |
| 5996.8 | | 7245.4 | 6791.7 | | | |
| 6312.9 | | 7614.6 | 7545.3 | | | |
| 6691.8 | | 8176.4 | 8528.6 | | | |
| 8188.9 | | 9079.5 | 8062.7 | | | |
| 7979.0 | | 10268.3 | 9129.0 | | | |
| 9686.2 | | 11528.1 | 11084.4 | | | |
| 11505.0 | | 12344.2 | 11492.9 | | | |
| 13123.5 | | 12327.3 | 11705.9 | | | |
| 14645.8 | 14938.0 | 13448.0 | 12634.8 | 12020.8 | 14676.0 | 12377.5 |
| 15778.9 | 15996.0 | 14474.0 | 13493.3 | 14203.0 | 15654.0 | 13219.4 |
| 16649.9 | 17299.0 | 15531.2 | 14322.4 | 14866.9 | 16757.0 | 14025.8 |

# 2-12 各市城镇居民人均收入情况（2015年）

单位：元

| 项 目 | Item | 南宁市 Nanning | 柳州市 Liuzhou | 桂林市 Guilin | 梧州市 Wuzhou |
|---|---|---|---|---|---|
| **家庭总收入** | **Total Income** | **32432.0** | **31630.0** | **30685.0** | **27363.0** |
| # 可支配收入 | # Disposable Income | 29106.0 | 28722.0 | 28768.0 | 25898.0 |
| 工资性收入 | Income from Wages and Salaries | 22177.0 | 17941.0 | 16633.0 | 17097.5 |
| 工资及补贴收入 | Wage & Subsidy | 20332.0 | 17503.0 | 15725.0 | 14973.5 |
| 其他劳动收入 | Other Working Income | 1845.0 | 438.0 | 907.0 | 2124.0 |
| 经营净收入 | Net Business Income | 2030.0 | 3188.0 | 4160.0 | 2948.5 |
| 财产性收入 | Income from Properties | 632.0 | 1081.0 | 1387.0 | 814.0 |
| 转移性收入 | Income from Transfers | 7593.0 | 9420.0 | 8505.0 | 6503.0 |
| 养老金或离退休金 | Pensions and Retirement Pay | 6065.0 | 8095.0 | 7281.0 | 4721.3 |
| 社会救济收入 | Social Relief Income | 59.0 | 57.0 | 65.0 | 182.6 |
| 辞退金 | Dismiss Pensions | 65.0 |  | 3.0 | 11.6 |
| 赔偿收入 | Indemnity Income | 3.0 |  | 1.0 | 0.3 |
| 保险收入 | Insurance Income | 15.0 | 12.0 | 23.0 | 18.3 |
| 赡养收入 | Supporting Income | 857.0 | 413.0 | 310.0 | 826.5 |
| 捐赠收入 | Donation Income | 162.0 | 236.0 | 317.0 | 305.9 |
| 提取住房公积金 | Withdraw House Accumulation Fund | 100.0 | 149.0 | 123.0 | 21.0 |
| 记账补贴 | Billing Allowance | 135.0 | 231.0 | 182.0 | 166.3 |
| 其他转移性收入 | Other Transferred Income | 132.0 | 227.0 | 200.0 | 249.3 |

# Per Capita Income of Urban Households by City（2015）

（yuan）

| 北海市 Beihai | 防城港市 Fangchenggang | 钦州市 Qinzhou | 贵港市 Guigang | 玉林市 Yulin | 百色市 Baise | 贺州市 Hezhou | 河池市 Hechi | 来宾市 Laibin | 崇左市 Chongzuo |
|---|---|---|---|---|---|---|---|---|---|
| **28917.0** | **28433.0** | **28467.4** | **27389.6** | **29770.0** | **26977.9** | **27331.8** | **25057.5** | **29471.0** | **26214.3** |
| 27729.0 | 28433.0 | 27281.0 | 24890.5 | 28842.2 | 24958.3 | 25194.0 | 22752.0 | 27077.0 | 24688.2 |
| 16227.0 | 12988.0 | 17380.8 | 19262.2 | 16999.0 | 17153.4 | 15330.4 | 16020.0 | 17896.0 | 16581.2 |
| 14678.0 | 11894.0 | 17329.4 | 17884.5 | 14727.0 | 15871.1 | 15160.0 | 14137.0 | 17044.6 | 15627.0 |
| 1549.0 | 1094.0 | 51.4 | 1377.7 | 2272.0 | 1282.4 | 170.4 | 1883.0 | 851.4 | 954.2 |
| 3904.0 | 9615.0 | 4586.4 | 3206.2 | 4997.0 | 3669.2 | 2090.6 | 2918.2 | 4664.0 | 4119.4 |
| 1355.0 | 1703.0 | 760.4 | 992.2 | 1743.0 | 1011.3 | 2832.9 | 1522.5 | 1198.0 | 586.4 |
| 7431.0 | 4127.0 | 5739.8 | 3929.1 | 6031.0 | 5144.0 | 7078.0 | 4597.2 | 5713.0 | 4927.3 |
| 4225.0 | 1792.0 | 4699.4 | 2783.8 | 4428.0 | 3664.5 | 5021.5 | 3205.2 | 4165.3 | 3731.2 |
| 8.1 | 108.0 | 14.0 | 42.4 | 271.3 | 83.4 | 81.2 | 145.3 | 115.2 | 63.7 |
| 1.2 | 7.0 | | | | 24.5 | 0.2 | 9.0 | | |
| 1.3 | | | | | 52.8 | | 4.2 | | 3.2 |
| 140.0 | | | | 16.2 | 23.2 | 48.2 | | | 3.4 |
| 626.0 | 205.0 | 594.5 | 430.8 | 517.0 | 367.7 | 839.5 | 221.2 | 273.1 | 183.2 |
| 247.0 | 420.0 | 77.8 | | 341.6 | 285.0 | 690.3 | 426.5 | 277.3 | 292.4 |
| 18.4 | | 51.3 | | 21.6 | 154.5 | 81.0 | 193.8 | 80.0 | 256.0 |
| 187.0 | 145.0 | 145.2 | | 290.0 | 282.3 | 237.7 | 205.7 | 309.3 | 248.9 |
| 1977.0 | 1450.0 | 157.5 | 672.1 | 145.0 | 206.0 | 78.3 | 186.3 | 492.8 | 145.3 |

# 2-13 各市城镇居民人均支出情况（2015年）

单位：元

| 项　目 | Item | 南宁市 Nanning | 柳州市 Liuzhou | 桂林市 Guilin | 梧州市 Wuzhou |
|---|---|---|---|---|---|
| **家庭总支出** | **Total Expenditures** | **26571.0** | **24428.0** | **22653.0** | **22799.7** |
| 消费性支出 | Consumption Expenditure | 20897.0 | 18314.0 | 17998.0 | 17007.6 |
| 食品烟酒 | Food, Tobacco and Liquor | 7918.0 | 7428.0 | 7242.0 | 7198.2 |
| 衣着 | Clothing | 1613.0 | 1308.0 | 1482.0 | 1215.2 |
| 居住 | Residence | 1658.0 | 1915.0 | 1995.0 | 1961.3 |
| 生活用品及服务 | Household Facilities, Articles and Services | 1596.0 | 1264.0 | 1020.0 | 905.6 |
| 交通和通信 | Transport and Communications | 3719.0 | 2671.0 | 980.0 | 2170.4 |
| 教育文化娱乐 | Education, Culture and Recreation | 2706.0 | 2158.0 | 2522.0 | 1999.4 |
| 医疗保健 | Health Care and Medical Services | 1242.0 | 1040.0 | 2283.0 | 1273.0 |
| 其他用品和服务 | Other Goods and Services | 445.0 | 530.0 | 474.0 | 284.6 |
| 财产性支出 | Expenses on Properties | 172.0 | 80.0 | 22.0 | 73.8 |
| 转移性支出 | Expenses on Transfers | 2024.0 | 2777.0 | 2638.0 | 2556.0 |
| 社会保障支出 | Social Security Expenditure | 2769.0 | 2736.0 | 1639.0 | 1864.0 |
| 个人交纳的养老基金 | Personal Paid Pension Fund | 1246.0 | 1292.0 | 682.0 | 872.5 |
| 个人交纳的医疗基金 | Personal Paid Medical Care Fund | 492.0 | 393.0 | 190.0 | 298.9 |
| 购房与建房支出 | Expenditure on House-purchase and Building | 709.0 | 521.0 | 356.0 | 1298.3 |

# Per Capita Expenditure of Urban Households by City（2015）

（yuan）

| 北海市 Beihai | 防城港市 Fangchenggang | 钦州市 Qinzhou | 贵港市 Guigang | 玉林市 Yulin | 百色市 Baise | 贺州市 Hezhou | 河池市 Hechi | 来宾市 Laibin | 崇左市 Chongzuo |
|---|---|---|---|---|---|---|---|---|---|
| **20873.0** | **19190.0** | **19140.0** | **20604.3** | **19647.0** | **20981.9** | **18467.6** | **18506.1** | **22253.0** | **17996.2** |
| 17959.0 | 17452.0 | 16445.9 | 16649.9 | 17299.0 | 15531.2 | 14322.4 | 14866.9 | 16757.0 | 14025.8 |
| 8055.0 | 7145.0 | 7499.5 | 6919.8 | 6920.0 | 5965.4 | 5546.0 | 4949.8 | 6214.0 | 5437.6 |
| 858.0 | 849.0 | 1465.2 | 1261.0 | 1132.0 | 1464.2 | 1009.9 | 1313.6 | 1499.0 | 914.1 |
| 2142.0 | 4056.0 | 1751.5 | 1533.6 | 1833.0 | 1698.9 | 1481.2 | 1219.6 | 1715.0 | 1621.7 |
| 980.0 | 1105.0 | 1463.7 | 1008.7 | 1252.0 | 1134.0 | 822.1 | 866.7 | 978.0 | 966.1 |
| 3518.0 | 606.0 | 1496.4 | 2911.6 | 2550.0 | 2602.7 | 2837.7 | 2827.5 | 2618.0 | 2675.5 |
| 1312.0 | 2158.0 | 1696.1 | 1882.0 | 2272.0 | 1540.9 | 1655.3 | 1815.9 | 2200.0 | 1316.6 |
| 704.0 | 1093.0 | 709.1 | 768.8 | 890.2 | 697.3 | 744.0 | 1159.2 | 1146.0 | 704.8 |
| 390.0 | 440.0 | 364.5 | 364.4 | 450.0 | 427.7 | 226.2 | 714.6 | 387.0 | 389.4 |
| 63.0 | 20.0 | 77.7 | 31.2 | 13.0 | 130.0 | 63.4 | 22.5 | 56.5 | 73.9 |
| 1542.0 | 1157.0 | 1102.0 | 2015.4 | 1299.0 | 2800.9 | 2031.6 | 2196.2 | 2824.7 | 1487.7 |
| 1109.0 | 482.0 | 830.1 | 1907.8 | 795.0 | 1967.1 | 1430.5 | 1119.4 | 2058.3 | 1431.7 |
| 659.0 | 91.0 | 340.8 | 793.3 | 166.0 | 765.6 | 478.2 | 228.0 | 497.3 | 511.8 |
| 152.0 | 56.0 | 88.3 | 492.8 | 79.0 | 293.5 | 195.5 | 155.6 | 188.2 | 169.2 |
| 200.0 | 79.0 | 684.2 |  | 241.0 | 552.7 | 619.8 | 300.9 | 556.6 | 977.1 |

# 2-14 各市城镇居民家庭基本情况（2015年）

## Basic Statistics of Urban Households by City（2015）

| 地区 | Region | 平均每户家庭人口（人）<br>Average Households Size（person） | 平均每户就业人口（人）<br>Average Number of Employed Persons per Households（person） | 平均每一就业者负担人数（人）<br>Average Number of Persons Supported by a Laborer（person） | 平均每人年末拥有房屋面积（平方米）<br>Per Capita Have House Space at Year-end（sq.m） | 平均每百户拥有家用汽车（辆）<br>Average per 100 Households of Ownership of Automobile（unit） |
|---|---|---|---|---|---|---|
| 南宁市 | Nanning | 3.29 | 1.90 | 1.73 | 37.07 | 25.01 |
| 柳州市 | Liuzhou | 3.08 | 1.69 | 1.82 | 39.04 | 32.21 |
| 桂林市 | Guilin | 2.97 | 1.57 | 1.89 | 43.07 | 24.19 |
| 梧州市 | Wuzhou | 3.90 | 2.13 | 1.83 | 43.78 | 18.37 |
| 北海市 | Beihai | 3.35 | 1.75 | 1.91 | 51.51 | 27.05 |
| 防城港市 | Fangchenggang | 3.79 | 2.19 | 1.73 | 62.83 | 33.94 |
| 钦州市 | Qinzhou | 3.63 | 2.05 | 1.77 | 49.51 | 31.15 |
| 贵港市 | Guigang | 3.53 | 2.03 | 1.74 | 51.26 | 13.86 |
| 玉林市 | Yulin | 3.75 | 2.27 | 1.65 | 62.04 | 27.90 |
| 百色市 | Baise | 3.37 | 2.05 | 1.65 | 44.51 | 28.11 |
| 贺州市 | Hezhou | 3.67 | 1.98 | 1.85 | 54.24 | 29.18 |
| 河池市 | Hechi | 3.31 | 1.75 | 1.89 | 48.51 | 23.91 |
| 来宾市 | Laibin | 3.56 | 2.07 | 1.72 | 50.22 | 22.48 |
| 崇左市 | Chongzuo | 3.47 | 2.08 | 1.66 | 44.38 | 20.42 |

# 2-15　农村居民人均收支及恩格尔系数（1980—2015年）

# Per Capita Income and Expenditure & Engle's Coefficient of Rural Households（1980—2015）

| 年　份<br>Year | 农村居民人均纯收入（元）<br>Per Capita Net Income of Rural Households（yuan） | 比上年±%<br>Growth Rate Over Preceding Year（%） | 农村居民人均消费支出（元）<br>Per Capita Consumption Expenditure of Rural Households（yuan） | 比上年±%<br>Growth Rate Over Preceding Year（%） | # 食品消费支出（元）<br># Food Expenditure（yuan） | 比上年±%<br>Growth Rate Over Preceding Year（%） | 农村居民恩格尔系数（%）<br>Engel's Coefficient of Rural Households（%） |
|---|---|---|---|---|---|---|---|
| 1980 | 173 | | 151 | | 96 | | 63.52 |
| 1981 | 204 | 17.56 | 171 | 13.60 | 116 | 20.92 | 67.62 |
| 1982 | 235 | 15.40 | 210 | 22.57 | 139 | 19.97 | 66.18 |
| 1983 | 262 | 11.22 | 224 | 6.61 | 148 | 6.64 | 66.20 |
| 1984 | 267 | 2.10 | 238 | 6.06 | 154 | 3.56 | 64.64 |
| 1985 | 303 | 13.39 | 268 | 12.92 | 167 | 8.63 | 62.19 |
| 1986 | 316 | 4.34 | 284 | 5.80 | 176 | 5.29 | 61.89 |
| 1987 | 354 | 11.97 | 309 | 8.95 | 192 | 9.24 | 62.05 |
| 1988 | 424 | 19.86 | 362 | 17.01 | 216 | 12.36 | 59.58 |
| 1989 | 483 | 13.86 | 419 | 15.79 | 244 | 13.24 | 58.28 |
| 1990 | 639 | 32.38 | 537 | 28.14 | 346 | 41.63 | 64.41 |
| 1991 | 658 | 2.86 | 581 | 8.15 | 360 | 4.11 | 62.00 |
| 1992 | 732 | 11.24 | 616 | 6.13 | 381 | 5.83 | 61.83 |
| 1993 | 885 | 20.95 | 705 | 14.38 | 448 | 17.60 | 63.56 |
| 1994 | 1107 | 25.09 | 926 | 31.37 | 552 | 23.18 | 59.60 |
| 1995 | 1446 | 30.63 | 1143 | 23.42 | 700 | 26.89 | 61.28 |
| 1996 | 1703 | 17.77 | 1399 | 22.40 | 795 | 14.63 | 56.84 |
| 1997 | 1875 | 10.11 | 1376 | -1.67 | 800 | 0.58 | 58.15 |
| 1998 | 1972 | 5.15 | 1415 | 2.84 | 809 | 1.12 | 57.17 |
| 1999 | 2048 | 3.88 | 1457 | 3.02 | 849 | 5.01 | 58.28 |
| 2000 | 1865 | -8.97 | 1488 | 2.09 | 825 | -2.87 | 55.44 |
| 2001 | 1944 | 4.28 | 1551 | 4.21 | 811 | -1.70 | 52.30 |
| 2002 | 2013 | 3.51 | 1686 | 8.74 | 875 | 7.91 | 51.90 |
| 2003 | 2095 | 4.07 | 1751 | 3.86 | 899 | 2.74 | 51.34 |
| 2004 | 2305 | 10.06 | 1929 | 10.13 | 1048 | 16.52 | 54.32 |
| 2005 | 2495 | 8.22 | 2350 | 21.83 | 1187 | 13.28 | 50.51 |
| 2006 | 2771 | 11.06 | 2414 | 2.74 | 1196 | 0.79 | 49.55 |
| 2007 | 3224 | 16.37 | 2747 | 13.82 | 1379 | 15.28 | 50.18 |
| 2008 | 3690 | 14.46 | 2985 | 8.65 | 1595 | 15.66 | 53.42 |
| 2009 | 3980 | 7.86 | 3231 | 8.24 | 1573 | -1.37 | 48.68 |
| 2010 | 4543 | 14.14 | 3455 | 6.94 | 1675 | 6.52 | 48.49 |
| 2011 | 5231 | 15.14 | 4211 | 21.87 | 1845 | 10.12 | 43.81 |
| 2012 | 6008 | 14.84 | 4878 | 15.83 | 2086 | 13.05 | 42.76 |
| 2013 | 6791 | 13.04 | 5206 | 6.72 | 2085 | -0.05 | 40.05 |
| 2014 | 8683 | 11.42 | 6675 | 10.60 | 2463 | 11.19 | 36.90 |
| 2015 | 9467 | 9.00 | 7582 | 13.59 | 2681 | 8.84 | 35.40 |

注：2014年农民收支数据为新口径数据，收入为农村常住居民人均可支配收入，支出为农村常住居民人均消费支出，与2013年及以前的数据不可比。

Note:2014 farmers' income and expenditure data for the new caliber data, income for rural residents per capita disposable income, expenditure for rural residents per capita consumption, Compared with 2013 and previous data.

# 2-16　农村居民家庭基本情况

## Basic Conditions of Rural Households

单位：人　　　　(person)

| 指　标 | Item | 2014 | 2015 |
|---|---|---|---|
| **年末住户常住成员数（人）** | **Number of Permanent Residents Per Households（person）** | **8201.9** | **8361.0** |
| **调查样本住户数（户）** | **Number of Households Surveyed Sample（household）** | **2307.3** | **2345.0** |
| **年末人均自有现住房面积（平方米）** | **Per Capita Floor Space of Houses（sq.m）** | **43.3** | **45.2** |
| **常住成员从业人数** | **Number of Employed by Permanent Residents** | **4810.0** | **4907.0** |
| **户主文化程度** | **Degree of Education of Householder** | | |
| 未上过学 | Not in School | 46.0 | 29.0 |
| 小学 | Primary School | 716.0 | 712.0 |
| 初中 | Junior Secondary Schools | 1173.8 | 1246.3 |
| 高中 | Senior Secondary School | 349.5 | 342.5 |
| 大学专科 | Junior College | 22.0 | 15.0 |
| 大学本科 | Undergraduate College | | |
| 研究生 | Graduate Student | | |
| **常住从业人员就业类型** | **Employed Types of Permanent Residents** | | |
| 雇主 | Employer | 31.0 | 32.0 |
| 公职人员 | Public Officers | 15.0 | 8.0 |
| 事业单位人员 | Business Unit Personnel | 35.0 | 31.0 |
| 国有企业雇员 | State-owned Enterprises Employee | 3.0 | 5.0 |
| 其他雇员 | Other Employees | 722.8 | 910.0 |
| 农业自营 | Agricultural Own Business | 3600.3 | 3565.5 |
| 非农自营 | Non Agricultural Own Business | 403.0 | 355.0 |
| **常住从业人员从事主要行业** | **Engaged in Major Industries of Permanent Residents** | | |
| 第一产业 | Primary Industry | 3647.8 | 3577.5 |
| 第二产业 | Secondary Industry | 476.3 | 604.0 |
| 第三产业 | Tertiary Industry | 686.0 | 725.0 |

# 2-17　农村居民人均收入与支出

## Per Capita Disposable Income and Consumption Expenditure of Rural Households

单位：元　　　　(yuan)

| 指　标 | Item | 2014 | 2015 |
|---|---|---|---|
| **可支配收入** | **Disposable Income** | **8683.2** | **9466.6** |
| 工资性收入 | Income from Wages and Salaries | 2335.4 | 2549.1 |
| 工资 | Wages | 1933.7 | 2057.4 |
| 实物福利 | Benefit in Kind | 4.8 | 10.3 |
| 其他 | Other | 396.9 | 481.4 |
| 经营净收入 | Net Business Income | 4047.8 | 4359.4 |
| 第一产业经营净收入 | Net Business Income of Primary Industry | 3259.7 | 3509.2 |
| 农业 | Agriculture | 2170.6 | 2299.1 |
| 林业 | Forestry | 324.7 | 326.2 |
| 牧业 | Animal Husbandry | 695.1 | 753.6 |
| 渔业 | Fishery | 69.2 | 130.3 |
| 第二产业经营净收入 | Net Business Income of Secondary Industry | 129.5 | 135.0 |
| 第三产业经营净收入 | Net Business Income of Tertiary Industry | 658.6 | 715.1 |
| 财产净收入 | Property Net Income | 75.2 | 116.0 |
| 转移净收入 | Transfer Net Income | 2224.9 | 2442.1 |
| 转移性收入 | Income form Transfer | 2342.8 | 2593.8 |
| # 养老金或离退休金 | # Pensions and Retirement Pay | 387.3 | 424.3 |
| 转移性支出 | Transfer Expenditure | 117.9 | 151.7 |
| # 社会保障支出 | # Social Secuity Expenditure | 90.5 | 125.2 |
| **按收入五等份分组的城镇居民人均可支配收入** | **Per Capita Disposable Income of Urban Households by Income Quintile** | | |
| 低收入户（20%） | Low Income Households | 3251.7 | 4016.3 |
| 中等偏下户（20%） | Lower Middle Income Households | 5834.9 | 6566.0 |
| 中等收入户（20%） | Middle Income Households | 7911.3 | 8921.7 |
| 中等偏上户（20%） | Upper Middle Income Households | 10647.1 | 12183.5 |
| 高收入户（20%） | High Income Households | 18306.6 | 21395.6 |
| **消费支出** | **Consumption Expenditure** | **6675.1** | **7582.0** |
| 食品烟酒 | Food, Tobacco and Liquor | 2462.9 | 2680.6 |
| 衣着 | Clothing | 208.6 | 237.1 |
| 居住 | Residence | 1550.8 | 1729.9 |
| 生活用品及服务 | Household Facilities, Articles and Services | 394.8 | 455.5 |
| 交通通信 | Transport and Communications | 709.8 | 821.8 |
| 教育文化娱乐 | Education, Cultural and Recreation | 682.5 | 841.7 |
| 医疗保健 | Health Care and Medical Services | 525.9 | 553.5 |
| 其他用品和服务 | Other Goods and Services | 98.8 | 112.4 |

# 2-18 农村居民人均现金收入与支出

## Per Capita Cash Income and Expenditure of Rural Households

单位：元 （yuan）

| 指 标 | Item | 2014 | 2015 |
|---|---|---|---|
| **现金可支配收入** | **Cash Disposable Income** | **7364.6** | **8329.7** |
| 现金工资性收入 | Cash Income from Wages and Salaries | 2330.6 | 2538.8 |
| 工资 | Wages | 1933.7 | 2057.4 |
| 其他 | Other | 396.9 | 481.4 |
| 现金经营净收入 | Cash Net Business Income | 2930.5 | 3438.6 |
| 第一产业现金经营净收入 | Cash Net Business Income of Primary Industry | 2046.3 | 2498.4 |
| 农业 | Agriculture | 1206.3 | 1446.7 |
| 林业 | Forestry | 152.8 | 250.5 |
| 牧业 | Animal Husbandry | 620.2 | 677.6 |
| 渔业 | Fishery | 67.0 | 123.7 |
| 第二产业现金经营净收入 | Cash Net Business Income of Secondary Industry | 141.0 | 149.1 |
| 第三产业现金经营净收入 | Cash Net Business Income of Tertiary Industry | 743.2 | 791.0 |
| 现金财产净收入 | Cash Property Net Income | 76.2 | 116.0 |
| 现金转移净收入 | Cash Transfer Net Income | 2027.4 | 2236.3 |
| 现金转移性收入 | Cash Income form Transfer | 2145.3 | 2388.0 |
| # 养老金或离退休金 | # Pensions and Retirement Pay | 387.3 | 424.3 |
| 现金转移性支出 | Cash Transfer Expenditure | 117.9 | 151.7 |
| # 社会保障支出 | # Social Secuity Expenditure | 90.5 | 125.2 |
| **现金消费支出** | **Cash Consumption Expenditure** | **4715.1** | **5577.4** |
| 食品烟酒 | Food, Tobacco and Liquor | 1645.7 | 1931.5 |
| 衣着 | Clothing | 208.4 | 236.9 |
| 居住 | Residence | 566.0 | 634.5 |
| 生活用品及服务 | Household Facilities, Articles and Services | 385.4 | 445.9 |
| 交通通信 | Transport and Communications | 709.8 | 819.0 |
| 教育文化娱乐 | Education, Cultural and Recreation | 682.5 | 841.7 |
| 医疗保健 | Health Care and Medical Services | 407.6 | 563.4 |
| 其他用品和服务 | Other Goods and Services | 109.7 | 104.5 |

# 2-19 农村居民人均消费支出

## Per Capita Consumption Expenditure of Rural Households

单位：元 (yuan)

| 指 标 | Item | 2014 | 2015 |
|---|---|---|---|
| **消费支出** | **Consumption Expenditure** | **6675.1** | **7582.0** |
| 食品烟酒 | Food, Tobacco and Liquor | 2462.9 | 2680.6 |
| 食品 | Food | 2153.6 | 2326.6 |
| 烟酒 | Tobacco and Liquor | 187.2 | 210.6 |
| 饮料 | Beverages | 39.5 | 43.8 |
| 饮食服务 | Catering Services | 82.5 | 99.6 |
| 衣着 | Clothing | 208.6 | 237.1 |
| 衣类 | Clothes | 156.9 | 180.4 |
| 鞋类 | Footwear | 51.7 | 56.7 |
| 居住 | Residence | 1550.8 | 1729.9 |
| 租赁房房租 | Rental Housing Accommodation | 6.9 | 12.1 |
| 住房维修及管理 | Housing Maintenance and Management | 306.0 | 321.1 |
| 水电燃料及其他 | Water, Electricity and Other Fuels | 409.2 | 375.2 |
| 自有住房折算租金 | Owned Housing of Convert Rent | 828.6 | 1021.5 |
| 生活用品及服务 | Household Facilities, Articles and Services | 394.8 | 455.5 |
| 家具及室内装饰品 | Furniture and Interior Decorations | 74.5 | 83.8 |
| 家用器具 | Household Appliances | 111.3 | 131.3 |
| 家用纺织品 | Home Textiles | 27.1 | 35.8 |
| 家庭日用杂品 | The Family Daily Sundry Goods | 133.7 | 140.1 |
| 个人用品 | Personal Products | 40.7 | 55.7 |
| 家庭服务 | Household Service | 7.6 | 8.9 |
| 交通通信 | Transport and Communications | 709.8 | 821.8 |
| 交通 | Transport | 496.0 | 560.2 |
| 通信 | Communications | 213.7 | 261.6 |
| 教育文化娱乐 | Education, Cultural and Recreation | 682.5 | 841.7 |
| 教育 | Education | 563.4 | 693.1 |
| 文化娱乐 | Cultural and Recreation | 119.1 | 148.5 |
| 医疗保健 | Health Care and Medical Services | 553.5 | 709.7 |
| 医疗器具及药品 | Medical Apparatus and Drugs | 128.8 | 133.9 |
| 医疗服务 | Medical Services | 424.7 | 575.7 |
| 其他用品和服务 | Other Goods and Services | 112.4 | 105.7 |
| 其他用品 | Other Goods | 71.8 | 72.4 |
| 其他服务 | Other Services | 40.5 | 33.3 |

# 2-20 农村居民人均现金消费支出

## Per Capita Cash Consumption Expenditure of Rural Households

单位：元 (yuan)

| 指 标 | Item | 2014 | 2015 |
|---|---|---|---|
| **现金消费支出** | **Cash Consumption Expenditure** | **4715.1** | **5577.4** |
| 食品烟酒 | Food, Tobacco and Liquor | 1645.7 | 1931.5 |
| 食品 | Food | 1340.7 | 1585.5 |
| 烟酒 | Tobacco and Liquor | 186.0 | 210.3 |
| 饮料 | Beverages | 39.4 | 43.6 |
| 饮食服务 | Catering Services | 79.6 | 92.1 |
| 衣着 | Clothing | 208.4 | 236.9 |
| 衣类 | Clothes | 156.7 | 180.2 |
| 鞋类 | Footwear | 51.7 | 56.7 |
| 居住 | Residence | 566.0 | 634.5 |
| 租赁房房租 | Rental Housing Accommodation | 6.9 | 12.1 |
| 住房维修及管理 | Housing Maintenance and Management | 306.0 | 321.1 |
| 水电燃料及其他 | Water, Electricity and Other Fuels | 253.1 | 301.3 |
| 生活用品及服务 | Household Facilities, Articles and Services | 385.4 | 445.9 |
| 家具及室内装饰品 | Furniture and Interior Decorations | 70.2 | 81.9 |
| 家用器具 | Household Appliances | 111.3 | 131.3 |
| 家用纺织品 | Home Textiles | 27.1 | 35.8 |
| 家庭日用杂品 | The Family Daily Sundry Goods | 128.6 | 132.3 |
| 个人用品 | Personal Products | 40.7 | 55.7 |
| 家庭服务 | Household Service | 7.6 | 8.9 |
| 交通通信 | Transport and Communications | 709.8 | 819.0 |
| 交通 | Transport | 496.0 | 557.4 |
| 通信 | Communications | 213.7 | 261.6 |
| 教育文化娱乐 | Education, Cultural and Recreation | 682.5 | 841.7 |
| 教育 | Education | 563.4 | 693.1 |
| 文化娱乐 | Cultural and Recreation | 119.1 | 148.5 |
| 医疗保健 | Health Care and Medical Services | 407.6 | 563.4 |
| 医疗器具及药品 | Medical Apparatus and Drugs | 128.8 | 133.9 |
| 医疗服务 | Medical Services | 278.8 | 429.5 |
| 其他用品和服务 | Other Goods and Services | 109.7 | 104.5 |
| 其他用品 | Other Goods | 69.5 | 71.5 |
| 其他服务 | Other Services | 40.2 | 33.0 |

## 2-21 农村居民人均主要食品消费量

### Per Capita Consumption of Major Foods of Rural Households

| 指 标 | Item | 单位 | Unit | 2014 | 2015 |
|---|---|---|---|---|---|
| 粮食 | Grain | 千克 | kg | 183.6 | 172.2 |
| 谷物 | Cereal | 千克 | kg | 178.5 | 167.0 |
| 薯类 | Tuber | 千克 | kg | 0.7 | 0.6 |
| 豆类 | Beans and the Products | 千克 | kg | 4.4 | 4.5 |
| 大豆 | Soybean | 千克 | kg | 0.9 | 0.7 |
| 油脂类 | Grease | 千克 | kg | 10.2 | 7.4 |
| 植物油 | Vegetable Oil | 千克 | kg | 8.1 | 5.3 |
| 蔬菜及菜制品 | Vegetable and Vegetable Products | 千克 | kg | 95.4 | 87.4 |
| 鲜菜 | Fresh Vegetables | 千克 | kg | 94.3 | 86.4 |
| 肉类 | Meat | 千克 | kg | 27.4 | 27.7 |
| 猪肉 | Pork | 千克 | kg | 25.7 | 26.1 |
| 牛肉 | Beef | 千克 | kg | 0.3 | 0.4 |
| 羊肉 | Mutton | 千克 | kg | 0.1 | 0.2 |
| 禽类 | Poultry | 千克 | kg | 16.8 | 17.6 |
| 水产品 | Aquatic Products | 千克 | kg | 6.6 | 7.0 |
| 蛋类及蛋制品 | Eggs and Egg Products | 千克 | kg | 4.4 | 5.2 |
| 奶和奶制品 | Milk and Milk Products | 千克 | kg | 2.2 | 2.0 |
| 干鲜瓜果类 | Dried and Fresh Melons and Fruits | 千克 | kg | 25.1 | 27.9 |
| 鲜瓜果 | Fresh Melons and Fruits | 千克 | kg | 24.3 | 26.8 |
| 坚果类 | Nuts and Processed Products | 千克 | kg | 0.8 | 0.9 |
| 糖果糕点类 | Sweets and Cakes | 千克 | kg | 3.5 | 3.4 |
| # 食糖 | # Suger | 千克 | kg | 1.2 | 1.2 |

## 2-22 农村居民平均每百户年末主要耐用消费品拥有量

### Ownerhip of Major Durable Consumer Goods Per 100 Rural Households at Year-end

| 指 标 | Item | 单位 | Unit | 2014 | 2015 |
|---|---|---|---|---|---|
| 家用汽车 | Automobile | 辆 | unit | 7.2 | 6.8 |
| 摩托车 | Motorcycle | 辆 | unit | 100.9 | 100.5 |
| 助力车 | Electric Bicycle | 辆 | unit | 29.7 | 31.3 |
| 洗衣机 | Washing Machine | 台 | set | 51.9 | 54.5 |
| 电冰箱（柜） | Refrigerator | 台 | set | 75.9 | 79.6 |
| 微波炉 | Microwave Oven | 台 | set | 16.3 | 14.9 |
| 彩色电视机 | Color Television Set | 台 | set | 114.5 | 110.7 |
| 空调 | Air Conditioner | 台 | set | 15.3 | 16.9 |
| 热水器 | Water Heater | 台 | set | 47.5 | 50.3 |
| 排油烟机 | Vacuum Cleaner | 台 | set | 6.7 | 6.3 |
| 固定电话 | Telephone | 部 | set | 25.5 | 18.6 |
| 移动电话 | Mobile Telephone | 部 | set | 252.3 | 262.0 |
| 计算机 | Computer | 台 | set | 17.4 | 17.1 |
| 照相机 | Camera | 架 | set | 3.0 | 1.8 |

# 2-23 农村居民家庭固定资产投资情况

## Fixed Assets Investment of Rural Households

单位：亿元 (100 million yuan)

| 项 目 | Item | 2012 | 2013 | 2014 | 2015 |
|---|---|---|---|---|---|
| **新增固定资产原值** | **New Original Value of Fixed Assets** | **451.48** | **510.12** | **541.24** | **558.02** |
| **固定资产投资完成额** | **Finished Value of Investment of the Fixed Assets** | **463.43** | **523.74** | **555.61** | **572.83** |
| 按投资来源分 | Investment by Source | | | | |
| 国内贷款 | Domestic Loans | 11.89 | 14.01 | 15.05 | 15.66 |
| 自筹资金 | Self-raising Funds | 441.08 | 497.85 | 532.06 | 548.93 |
| 其他资金 | Others | 10.46 | 11.88 | 8.50 | 8.24 |
| 按投资构成分 | According to Constitute Sub-investment | | | | |
| 建筑工程 | Construction | 341.49 | 387.30 | 403.33 | 417.12 |
| 设备工、器具购置 | For Equipment, the Purchase of Equipment | 72.73 | 81.12 | 88.84 | 81.66 |
| 其他 | Others | 49.21 | 55.32 | 63.44 | 74.05 |
| 按投资方向分 | According to the Investment Direction Pm | | | | |
| 农业 | Agriculture | 95.49 | 101.03 | 110.69 | 112.83 |
| 采矿业 | Mining | … | 1.38 | 1.50 | … |
| 制造业 | Manufacturing | 2.61 | 2.89 | 3.17 | 3.18 |
| 建筑业 | Construction | … | 0.59 | 0.50 | 0.59 |
| 交通运输、仓储和邮政业 | Transport, Storage and Post | 21.40 | 23.39 | 25.92 | 23.82 |
| 批发和零售业 | Wholesale and Retail Trades | … | 1.99 | 2.43 | 3.00 |
| 住宿和餐饮业 | Hotels and Catering Services | … | 0.44 | 0.32 | 0.34 |
| 房地产业 | Real Estate | 325.00 | 371.32 | 388.18 | 399.48 |
| 租赁和商务服务业 | Leasing and Business Services | … | 0.37 | 0.43 | 0.42 |
| 居民服务和其他服务业 | Serices to Households and Other Services | 18.93 | 20.33 | 22.45 | 29.18 |
| 按具体投资项目分 | Based on specific investment projects pm | | | | |
| 房屋 | Housing | 328.35 | 370.75 | 391.11 | 401.05 |
| 设备 | Equipment | 46.33 | 81.12 | 88.84 | 81.66 |
| 水利 | Water | … | 0.52 | 0.45 | 0.57 |
| 其他 | Others | 88.75 | 71.35 | 75.21 | 89.55 |
| **施工房屋面积（万平方米）** | **Acreage of House Construction（10 000 sq.m）** | **5569.23** | **5668.59** | **5995.10** | **6164.16** |
| **竣工房屋面积（万平方米）** | **Acreage of House Completion（10 000 sq.m）** | **5081.00** | **5160.12** | **5460.80** | **5631.18** |
| **竣工房屋投资完成额** | **Completion Amount of Investment in House** | **298.28** | **317.78** | **329.99** | **339.03** |

## 2-24　各市农村居民人均总收入（2015年）

## Per Capita Annual Income of Rural Households by City（2015）

单位：元　　　　(yuan)

| 地　区 | Region | 总收入 Total Income | 工资性收入 Income from Wages and Salaries | 经营净收入 Net Business Income | 第一产业 Primary Industry | 第二产业 Secondary Industry | 第三产业 Tertiary Industry | 财产性收入 Income from Properties | 转移性收入 Income from Transfers |
|---|---|---|---|---|---|---|---|---|---|
| 南宁市 | Nanning | 14754.0 | 3451.0 | 10386.0 | 8064.0 | 1084.0 | 1238.0 | 348.0 | 569.0 |
| 柳州市 | Liuzhou | 15247.0 | 2805.0 | 11509.0 | 10173.0 | 521.0 | 815.0 | 269.0 | 664.0 |
| 桂林市 | Guilin | 14823.0 | 3779.0 | 10167.0 | 8080.0 | 518.0 | 1569.0 | 258.0 | 619.0 |
| 梧州市 | Wuzhou | 10889.3 | 4318.0 | 5536.3 | 4168.0 | 309.3 | 1059.0 | 168.0 | 867.0 |
| 北海市 | Beihai | 16062.0 | 2944.0 | 12223.0 | 10055.6 | 396.0 | 1771.4 | 266.0 | 629.0 |
| 防城港市 | Fangchenggang | 16400.0 | 2857.0 | 12458.0 | 9343.0 | 196.0 | 2919.0 | 195.0 | 890.0 |
| 钦州市 | Qinzhou | 12110.3 | 4274.7 | 7124.2 | 6137.6 | 292.6 | 693.9 | 144.9 | 566.5 |
| 贵港市 | Guigang | 14463.1 | 4285.2 | 9136.7 | 7019.7 | 1111.2 | 1005.8 | 227.4 | 813.8 |
| 玉林市 | Yulin | 15288.0 | 4783.0 | 9272.0 | 7164.0 | 501.0 | 1607.0 | 173.0 | 1060.0 |
| 百色市 | Baise | 10119.2 | 2201.8 | 6978.7 | 5888.6 | 230.3 | 859.8 | 30.0 | 908.7 |
| 贺州市 | Hezhou | 10858.5 | 3593.3 | 6415.4 | 5027.4 | 355.7 | 1032.3 | 125.8 | 723.9 |
| 河池市 | Hechi | 8594.9 | 2875.0 | 4775.9 | 3860.2 | 295.8 | 619.9 | 80.0 | 864.0 |
| 来宾市 | Laibin | 12422.0 | 2452.0 | 9122.3 | 7747.6 | 328.0 | 1046.7 | 123.0 | 724.7 |
| 崇左市 | Chongzuo | 12153.5 | 2250.3 | 9032.4 | 8195.7 | 118.4 | 718.3 | 102.5 | 768.3 |

## 2-25　各市农村居民人均纯收入（2015年）

## Per Capita Annual Net Income of Rural Households by City（2015）

单位：元　　　　(yuan)

| 地　区 | Region | 纯收入 Net Income | 工资性收入 Income from Wages and Salaries | 经营净收入 Net Business Income | 第一产业 Primary Industry | 第二产业 Secondary Industry | 第三产业 Tertiary Industry | 财产性收入 Income from Properties | 转移性收入 Income from Transfers |
|---|---|---|---|---|---|---|---|---|---|
| 南宁市 | Nanning | 9408.0 | 3451.0 | 5136.0 | 4171.0 | 337.0 | 628.0 | 348.0 | 473.0 |
| 柳州市 | Liuzhou | 9449.0 | 2805.0 | 5735.0 | 5025.0 | 226.0 | 484.0 | 269.0 | 640.0 |
| 桂林市 | Guilin | 10365.0 | 3779.0 | 5835.0 | 4489.0 | 344.0 | 1002.0 | 258.0 | 493.0 |
| 梧州市 | Wuzhou | 9051.0 | 4318.0 | 3666.0 | 2617.0 | 256.0 | 793.0 | 168.0 | 899.0 |
| 北海市 | Beihai | 9923.0 | 2944.0 | 6233.0 | 4847.0 | 221.0 | 1165.0 | 266.0 | 480.0 |
| 防城港市 | Fangchenggang | 10429.0 | 2925.0 | 6705.0 | 5597.0 | 52.0 | 1056.0 | 188.0 | 612.0 |
| 钦州市 | Qinzhou | 9710.0 | 4274.7 | 4810.3 | 4085.3 | 208.1 | 516.9 | 144.9 | 480.1 |
| 贵港市 | Guigang | 10017.5 | 4285.2 | 4901.5 | 3846.9 | 412.5 | 642.1 | 227.4 | 603.4 |
| 玉林市 | Yulin | 10292.2 | 4783.0 | 4745.0 | 3537.0 | 276.0 | 932.1 | 172.8 | 590.7 |
| 百色市 | Baise | 6765.6 | 2201.8 | 3713.2 | 3134.3 | 105.9 | 473.0 | 30.0 | 820.6 |
| 贺州市 | Hezhou | 8056.0 | 3593.3 | 3756.5 | 2843.8 | 192.7 | 720.1 | 125.8 | 580.3 |
| 河池市 | Hechi | 6164.0 | 2875.0 | 2569.0 | 1931.0 | 264.0 | 374.0 | 80.0 | 640.0 |
| 来宾市 | Laibin | 8379.0 | 2452.0 | 5262.0 | 4417.0 | 192.0 | 653.0 | 123.0 | 542.0 |
| 崇左市 | Chongzuo | 8308.2 | 2250.3 | 5479.9 | 5075.0 | 101.2 | 303.7 | 102.5 | 475.5 |

# 2-26 各市农村居民人均支出情况（2015年）

单位：元

| 项目 | Item | 南宁市 Nanning | 柳州市 Liuzhou | 桂林市 Guilin | 梧州市 Wuzhou |
|---|---|---|---|---|---|
| **总支出** | **Total Expenditure** | **12981.0** | **14144.0** | **12134.0** | **8645.4** |
| 家庭经营费用支出 | Expenditure for Household Operations | 4736.0 | 5126.0 | 3820.0 | 1768.8 |
| 第一产业 | Primary Industry | 4053.0 | 4576.0 | 3261.0 | 1525.1 |
| 第二产业 | Secondary Industry | 391.0 | 251.0 | 147.0 | 55.0 |
| 第三产业 | Tertiary Industry | 292.0 | 299.0 | 412.0 | 188.7 |
| 购置生产性固定资产支出 | Purchase of Productive Fixed Assets | 228.0 | 500.0 | 281.0 | 267.0 |
| 税费支出 | Taxes and Fees | | | 1.0 | |
| 生活消费 | Expenditure for Live Consumption | 7560.0 | 7872.0 | 7471.0 | 6190.9 |
| 食品烟酒 | Food, Tobacco and Liquor | 3234.0 | 3409.0 | 3302.0 | 2482.7 |
| 衣着 | Clothing | 229.0 | 359.0 | 268.0 | 161.0 |
| 居住 | Residence | 1315.0 | 1712.0 | 1475.0 | 1548.0 |
| 生活用品及服务 | Household Facilities, Articles and Services | 649.0 | 455.0 | 407.0 | 315.0 |
| 交通和通信 | Transport and Communications | 868.0 | 414.0 | 756.0 | 586.8 |
| 教育文化和娱乐 | Education, Cultural and Recreation | 494.0 | 546.0 | 526.0 | 418.0 |
| 医疗保健 | Health Care and Medical Services | 606.0 | 833.0 | 496.0 | 586.6 |
| 其他用品和服务 | Other Goods and Services | 165.0 | 144.0 | 241.0 | 92.9 |
| 财产性支出 | Expenses on Properties | 18.0 | | 4.0 | 3.7 |
| 转移性支出 | Expenses on Transfers | 439.0 | 646.0 | 557.0 | 415.0 |

# Per Capita Expenditure of Rural Households by City（2015）

（yuan）

| 北海市 Beihai | 防城港市 Fangchenggang | 钦州市 Qinzhou | 贵港市 Guigang | 玉林市 Yulin | 百色市 Baise | 贺州市 Hezhou | 河池市 Hechi | 来宾市 Laibin | 崇左市 Chongzuo |
|---|---|---|---|---|---|---|---|---|---|
| **13187.0** | **11999.0** | **8223.7** | **10965.6** | **10211.0** | **10106.1** | **8927.5** | **7621.8** | **11188.3** | **12118.9** |
| 5634.0 | 4266.0 | 1955.2 | 3774.1 | 3758.0 | 2760.0 | 2316.8 | 1427.1 | 3204.0 | 3467.0 |
| 4924.0 | 3347.0 | 1927.6 | 2888.6 | 3310.0 | 2305.5 | 1981.5 | 1257.8 | 2722.0 | 3035.4 |
| 125.0 | 130.0 | 7.7 | 618.5 | 112.6 | 82.8 | 129.6 | 86.0 | 107.0 | 17.3 |
| 585.0 | 789.0 | 14.4 | 267.0 | 335.0 | 371.8 | 205.7 | 83.3 | 375.0 | 414.3 |
| 216.0 | 519.0 | 76.1 | 219.5 | 94.0 | 590.4 | 288.8 | 116.7 | 205.0 | 231.8 |
| | | | | 8.0 | | 2.0 | | | |
| 6909.0 | 6886.0 | 5738.1 | 6550.2 | 6106.0 | 6401.8 | 6020.2 | 5455.2 | 7169.3 | 8108.9 |
| 2712.0 | 3500.0 | 2651.7 | 2959.7 | 2635.0 | 2635.9 | 2413.6 | 2201.6 | 2721.5 | 2997.0 |
| 255.0 | 249.0 | 117.7 | 201.1 | 197.0 | 271.7 | 212.1 | 302.5 | 194.4 | 241.2 |
| 1888.0 | 1102.0 | 1120.5 | 1228.6 | 1295.0 | 1296.3 | 1565.8 | 1477.1 | 1817.3 | 2312.0 |
| 447.0 | 364.0 | 399.3 | 391.4 | 348.0 | 369.2 | 357.1 | 241.0 | 465.7 | 447.1 |
| 509.0 | 600.0 | 488.1 | 741.8 | 601.0 | 728.7 | 481.7 | 489.2 | 840.8 | 888.8 |
| 474.0 | 403.0 | 335.5 | 404.9 | 413.0 | 402.5 | 443.7 | 223.4 | 494.5 | 520.7 |
| 496.0 | 441.0 | 429.8 | 471.8 | 497.0 | 562.6 | 440.7 | 325.9 | 542.0 | 544.7 |
| 128.0 | 227.0 | 195.5 | 150.9 | 120.3 | 134.8 | 105.4 | 194.5 | 93.1 | 157.4 |
| 2.0 | 7.0 | 15.0 | 0.6 | 5.0 | 5.6 | 0.2 | 17.5 | 41.0 | 18.7 |
| 374.0 | 321.0 | 439.3 | 416.3 | 240.0 | 334.7 | 299.4 | 572.1 | 546.0 | 292.5 |

# 2-27 各市农村居民家庭基本情况（2015年）

## Basic Statistics of Rural Households by City（2015）

| 地 区 | Region | 平均每户家庭人口（人）Average Households Size（person） | 平均每户整半劳动力（人）Average Number of Full/Semi Labour Force Per Household（person） | 平均每一劳动力负担人数（人）Average Number of Dependents per Labour Force（person） | 平均每人年末拥有房屋面积（平方米）Per Capita Have House Space at Year-end（sq.m） | 平均每百户拥有生活用汽车（辆）Average per 100 Households of Life for Automobile（unit） | 恩格尔系数（%）Engel's Coefficient（%） |
|---|---|---|---|---|---|---|---|
| 南 宁 市 | Nanning | 3.50 | 2.42 | 1.45 | 46.87 | 9.12 | 45.1 |
| 柳 州 市 | Liuzhou | 3.44 | 2.28 | 1.51 | 37.90 | 11.59 | 43.3 |
| 桂 林 市 | Guilin | 3.36 | 2.38 | 1.41 | 47.79 | 9.63 | 46.7 |
| 梧 州 市 | Wuzhou | 3.83 | 2.08 | 1.84 | 39.29 | 6.16 | 40.1 |
| 北 海 市 | Beihai | 3.72 | 2.36 | 1.58 | 39.35 | 3.73 | 39.3 |
| 防城港市 | Fangchenggang | 3.72 | 2.74 | 1.36 | 42.74 | 12.85 | 50.8 |
| 钦 州 市 | Qinzhou | 3.90 | 2.28 | 1.72 | 39.45 | 2.53 | 46.2 |
| 贵 港 市 | Guigang | 3.29 | 2.02 | 1.62 | 53.61 | 9.52 | 45.2 |
| 玉 林 市 | Yulin | 3.70 | 2.12 | 1.75 | 39.11 | 11.47 | 43.2 |
| 百 色 市 | Baise | 3.85 | 2.40 | 1.60 | 37.60 | 8.33 | 41.2 |
| 贺 州 市 | Hezhou | 3.98 | 2.36 | 1.68 | 43.00 | 10.77 | 40.1 |
| 河 池 市 | Hechi | 3.47 | 2.18 | 1.59 | 43.66 | 6.50 | 40.5 |
| 来 宾 市 | Laibin | 3.48 | 2.23 | 1.56 | 44.28 | 11.03 | 38.0 |
| 崇 左 市 | Chongzuo | 3.61 | 2.44 | 1.48 | 43.28 | 7.55 | 37.0 |

# 2-28 各市县（区）城乡居民人均收入

## Per Capita Income of Urban and Rural Households by City & County（District）

| 地 区 | Region | 城镇居民人均可支配收入（元）Per Capita Disposable Income of Urban Households（yuan） | | 农村居民人均纯收入（元）Per Capita Net Income of Rural Households（yuan） | |
|---|---|---|---|---|---|
| | | 2014 | 2015 | 2014 | 2015 |
| **南宁市** | **Nanning** | **27075** | **29106** | **8576** | **9408** |
| 兴宁区 | Xingning District | 29939 | 31945 | 9939 | 10843 |
| 青秀区 | Qingxiu District | 34421 | 36830 | 10075 | 11012 |
| 江南区 | Jiangnan District | 25332 | 27181 | 9903 | 10923 |
| 西乡塘区 | Xixiangtang District | 24507 | 26198 | 9171 | 10079 |
| 良庆区 | Liangqing District | 23393 | 25054 | 9398 | 10244 |
| 邕宁区 | Yongning District | 23958 | 25827 | 8873 | 9805 |
| 武鸣区 | Wuming District | 25831 | 27872 | 10154 | 11210 |
| 隆安县 | Long'an | 20840 | 22445 | 6615 | 7277 |
| 马山县 | Mashan | 20720 | 22295 | 6058 | 6664 |
| 上林县 | Shanglin | 20174 | 21788 | 6334 | 6980 |
| 宾阳县 | Binyang | 24321 | 26145 | 9047 | 9916 |
| 横 县 | Hengxian | 25152 | 27189 | 8883 | 9727 |
| **柳州市** | **Liuzhou** | **26693** | **28722** | **8606** | **9449** |
| 城中区 | Chengzhong District | 28949 | 31091 | 15901 | 17380 |
| 鱼峰区 | Yufeng District | 28246 | 30477 | 16343 | 17896 |
| 柳南区 | Liunan District | 28356 | 30908 | 14454 | 15870 |
| 柳北区 | Liubei District | 28598 | 30714 | 12144 | 13261 |
| 柳江县 | Liujiang | 25146 | 26906 | 10258 | 11253 |
| 柳城县 | Liucheng | 22371 | 24071 | 9904 | 10954 |
| 鹿寨县 | Luzhai | 24941 | 27111 | 9415 | 10394 |
| 融安县 | Rong' an | 22407 | 24110 | 8336 | 9245 |
| 融水苗族自治县 | Rongshui | 23242 | 24939 | 5966 | 6586 |
| 三江侗族自治县 | Sanjiang | 21994 | 23776 | 6060 | 6672 |
| **桂林市** | **Guilin** | **26811** | **28768** | **9431** | **10365** |
| 秀峰区 | Xiufeng District | 27217 | 29013 | 11356 | 12548 |
| 叠彩区 | Diecai District | 26650 | 28489 | 9525 | 10525 |
| 象山区 | Xiangshan District | 27222 | 29155 | 9748 | 10723 |
| 七星区 | Qixing District | 28128 | 30209 | 12247 | 13374 |
| 雁山区 | Yanshan District | 23103 | 24720 | 9038 | 9996 |
| 临桂区 | Lingui District | 32106 | 34610 | 10868 | 11977 |
| 阳朔区 | Yangshuo | 32018 | 34547 | 11330 | 12542 |

2-28 续表 1 continued

| 地　区 | Region | 城镇居民人均可支配收入（元）Per Capita Disposable Income of Urban Households（yuan） | | 农村居民人均纯收入（元）Per Capita Net Income of Rural Households（yuan） | |
|---|---|---|---|---|---|
| | | 2014 | 2015 | 2014 | 2015 |
| 灵川县 | Lingchuan | 28266 | 30442 | 10023 | 11045 |
| 全州县 | Quanzhou | 22868 | 24400 | 9594 | 10553 |
| 兴安县 | Xing'an | 27146 | 29318 | 11726 | 12852 |
| 永福县 | Yongfu | 27457 | 29516 | 8775 | 9591 |
| 灌阳县 | Guanyang | 22905 | 24692 | 6278 | 6849 |
| 龙胜各族自治县 | Longsheng | 25690 | 27642 | 6017 | 6637 |
| 资源县 | Ziyuan | 23546 | 25076 | 7373 | 8140 |
| 平乐县 | Pingle | 23459 | 25430 | 8934 | 9810 |
| 荔浦县 | Lipu | 27142 | 29368 | 9648 | 10622 |
| 恭城瑶族自治县 | Gongcheng | 23686 | 25391 | 8156 | 8890 |
| **梧州市** | **Wuzhou** | **24272** | **25898** | **8342** | **9051** |
| 万秀区 | Wanxiu District | 24582 | 26475 | 10477 | 11525 |
| 长洲区 | Changzhou District | 25594 | 27386 | 10189 | 10984 |
| 龙圩区 | Longxu District | 21307 | 22735 | 7547 | 8113 |
| 苍梧县 | Cangwu | 17040 | 18148 | 6050 | 6534 |
| 藤　县 | Tengxian | 22527 | 23879 | 8045 | 8729 |
| 蒙山县 | Mengshan | 22154 | 23550 | 6716 | 7354 |
| 岑溪市 | Cenxi | 25079 | 26960 | 8527 | 9294 |
| **北海市** | **Beihai** | **25818** | **27729** | **9079** | **9923** |
| 海城区 | Haicheng District | 26239 | 28233 | 9885 | 10794 |
| 银海区 | Yinhai District | 25822 | 27630 | 9959 | 10905 |
| 铁山港区 | Tieshangang District | 25338 | 27238 | 9524 | 10400 |
| 合浦县 | Hepu | 25178 | 27041 | 8873 | 9698 |
| **防城港市** | **Fangchengang** | **26523** | **28433** | **9524** | **10429** |
| 港口区 | Gangkou District | 27937 | 30172 | 10063 | 11069 |
| 防城区 | Fangcheng District | 27847 | 29685 | 9906 | 10946 |
| 上思县 | Shangsi | 17115 | 18347 | 7785 | 8486 |
| 东兴市 | Dongxing | 31363 | 33558 | 11860 | 12904 |
| **钦州市** | **Qinzhou** | **25425** | **27281** | **8892** | **9710** |
| 钦南区 | Qinnan District | 26228 | 28116 | 9236 | 10113 |
| 钦北区 | Qinbei District | 25782 | 27509 | 8552 | 9416 |
| 灵山县 | Lingshan | 24422 | 26351 | 9001 | 9766 |
| 浦北县 | Pubei | 24503 | 26316 | 8987 | 9778 |

2-28 续表 2 continued

| 地 区 | Region | 城镇居民人均可支配收入（元）Per Capita Disposable Income of Urban Households（yuan） | | 农村居民人均纯收入（元）Per Capita Net Income of Rural Households（yuan） | |
|---|---|---|---|---|---|
| | | 2014 | 2015 | 2014 | 2015 |
| **贵港市** | **Guigang** | **23262** | **24890** | **9131** | **10017** |
| 港北区 | Gangei District | 24736 | 26418 | 10003 | 11023 |
| 港南区 | Gangnan District | 24500 | 26093 | 9655 | 10543 |
| 覃塘区 | Qintang District | 23669 | 25326 | 10143 | 11107 |
| 平南县 | Pingnan | 22885 | 24601 | 8696 | 9566 |
| 桂平市 | Guiping | 22457 | 24164 | 8775 | 9635 |
| **玉林市** | **Yulin** | **26681** | **28842** | **9314** | **10292** |
| 玉州区 | Yuzhou District | 30192 | 32758 | 10736 | 11810 |
| 福绵区 | Fumian District | 28379 | 30536 | 9040 | 10016 |
| 容 县 | Rongxian | 22982 | 24890 | 9033 | 9918 |
| 陆川县 | Luchuan | 24036 | 25959 | 9153 | 10087 |
| 博白县 | Bobai | 22679 | 24448 | 9133 | 10092 |
| 兴业县 | Xingye | 22432 | 24159 | 8270 | 9130 |
| 北流市 | Beiliu | 28337 | 30632 | 10042 | 11106 |
| 玉东新区 | Yudongxin District | 26858 | 29356 | 10022 | 11255 |
| **百色市** | **Baise** | **23282** | **24958** | **6145** | **6766** |
| 右江区 | Youjiang District | 23790 | 25955 | 8341 | 9217 |
| 田阳县 | Tianyang | 23829 | 25449 | 7392 | 8161 |
| 田东县 | Tiandong | 26315 | 28078 | 8357 | 9234 |
| 平果县 | Pingguo | 26444 | 28057 | 6963 | 7645 |
| 德保县 | Debao | 25774 | 27552 | 5656 | 6159 |
| 靖西县 | Jingxi | 20228 | 21502 | 5423 | 5927 |
| 那坡县 | Napo | 18118 | 19658 | 4548 | 4962 |
| 凌云县 | Lingyun | 22089 | 23679 | 4923 | 5391 |
| 乐业县 | Leye | 22457 | 24254 | 4926 | 5428 |
| 田林县 | Tianlin | 21835 | 23713 | 5648 | 6331 |
| 西林县 | Xilin | 19139 | 20728 | 5331 | 5997 |
| 隆林各族自治县 | Longlin | 23492 | 25371 | 5000 | 5565 |

2-28 续表 3 continued

| 地 区 | Region | 城镇居民人均可支配收入（元）<br>Per Capita Disposable Income of Urban Households（yuan） | | 农村居民人均纯收入（元）<br>Per Capita Net Income of Rural Households（yuan） | |
|---|---|---|---|---|---|
| | | 2014 | 2015 | 2014 | 2015 |
| **贺州市** | **Hezhou** | **23590** | **25194** | **7337** | **8056** |
| 八步区 | Babu District | 25070 | 26775 | 7904 | 8694 |
| 平桂管理区 | Pinggui District | 22410 | 23844 | 7484 | 8187 |
| 昭平县 | Zhaoping | 22604 | 24277 | 6998 | 7719 |
| 钟山县 | Zhongshan | 22224 | 23691 | 7150 | 7808 |
| 富川瑶族自治县 | Fuchuan | 21988 | 23527 | 6827 | 7544 |
| **河池市** | **Hechi** | **21363** | **22752** | **5723** | **6164** |
| 金城江区 | Jinchengjiang District | 24582 | 26254 | 6236 | 6722 |
| 南丹县 | Nandan | 26064 | 27576 | 7209 | 7757 |
| 天峨县 | Tian' e | 19015 | 20327 | 5701 | 6100 |
| 凤山县 | Fengshan | 17194 | 18174 | 4715 | 5078 |
| 东兰县 | Donglan | 17359 | 18626 | 4790 | 5192 |
| 罗城仫佬族自治县 | Luocheng | 17019 | 18210 | 4956 | 5323 |
| 环江毛南族自治县 | Huanjiang | 19083 | 20362 | 6203 | 6668 |
| 巴马瑶族自治县 | Bama | 18015 | 19294 | 4819 | 5214 |
| 都安瑶族自治县 | Du' an | 18185 | 19385 | 5089 | 5496 |
| 大化瑶族自治县 | Dahua | 17286 | 18531 | 5140 | 5546 |
| 宜州市 | Yizhou | 22685 | 24114 | 7630 | 8172 |
| **来宾市** | **Laibin** | **25401** | **27077** | **7751** | **8379** |
| 兴宾区 | Xingbin District | 26417 | 28266 | 8572 | 9283 |
| 忻城县 | Xincheng | 24453 | 26042 | 6709 | 7259 |
| 象州县 | Xiangzhou | 26021 | 27686 | 8197 | 8828 |
| 武宣县 | Wuxuan | 24615 | 26338 | 7647 | 8259 |
| 金秀瑶族自治县 | Jinxiu | 25046 | 26549 | 5476 | 5941 |
| 合山市 | Heshan | 23458 | 25077 | 7487 | 8078 |
| **崇左市** | **Chongzuo** | **23184** | **24668** | **7707** | **8308** |
| 江州区 | Jiangzhou District | 23995 | 25795 | 8518 | 9191 |
| 扶绥县 | Fusui | 24006 | 25446 | 8640 | 9297 |
| 宁明县 | Ningming | 20829 | 22037 | 7613 | 8131 |
| 龙州县 | Longzhou | 21046 | 22582 | 6763 | 7378 |
| 大新县 | Daxin | 23858 | 25504 | 8063 | 8668 |
| 天等县 | Tiandeng | 19764 | 21266 | 6599 | 7193 |
| 凭祥市 | Pingxiang | 25877 | 27455 | 7664 | 8346 |

# 主要统计指标解释

从2012年四季度起，国家统计局对分别进行的城乡住户调查实施了一体化改革，统一了城乡居民收入指标名称、分类和统计标准，建立了城乡统一的一体化住户调查《住户收支与生活状况调查》。广西从2014年开始，正式发布此项改革后的一体化城乡住户收支与生活状况调查数据。

**住户** 指居住在一个住宅内，共同分享生活开支或收入的一群人。居住在同一房间内、不共同分享生活开支的人群，每个人都视为一个住户。住家保姆、住家家庭工视为单独的住户。

**常住居民** 指住户成员中，经常在家居住，或者调查期内居住时间超过一半的人员，以及本住户供养的学生。常住居民是住户收支的调查对象。

**居民可支配收入** 指居民可用于最终消费支出和储蓄的总和，即居民可用于自由支配的收入，既包括现金收入，也包括实物收入。按照收入的来源，可支配收入包含四项，分别为：工资性收入、经营净收入、财产净收入、转移净收入。

**工资性收入** 指就业人员通过各种途径得到的全部劳动报酬和各种福利，包括受雇于单位或个人、从事各种自由职业、兼职和零星劳动得到的全部劳动报酬和福利。

**经营净收入** 指住户或住户成员从事生产经营活动所获得的净收入，是全部经营收入中扣除经营费用、生产性固定资产折旧和生产税净额（生产税减去生产补贴）之后得到的净收入。计算公式具体为：

经营净收入=经营收入-经营费用-生产性固定资产折旧-生产税净额（生产税-生产补贴）

**财产净收入** 指住户或住户成员将其所拥有的金融资产和自然资源交由其他机构单位、住户或个人支配而获得的回报并扣除相关的费用之后得到的净收入。计算公式为：

财产净收入=财产性收入-财产性支出

**转移净收入** 指国家、单位、社会团体对住户的各种经常性转移支付和住户之间的经常性收入转移。包括政府、非行政事业单位、社会团体对居民转移的养老金或退休金、社会救济和补助、政策性生活补贴、救灾款、经常性捐赠和赔偿以及报销医疗费等；住户之间的赡养收入、经常性捐赠和赔偿以及农村地区（村委会）在外（含国外）工作的本住户非常住成员寄回的收入等。计算公式为：

转移净收入=转移性收入-转移性支出

**居民收入五等份分组** 指将所有调查户按人均收入水平从低到高顺序排列，平均分为五个等份，处于最高20%的收入群体为高收入组，依此类推依次为中高收入组、中等收入组、中低收入组、低收入组。

**居民消费支出** 指居民用于满足家庭日常生活消费需要的全部支出，既包括现金消费支出，也包括实物消费支出。根据用途不同，消费支出可划食品烟酒、衣着、居住、生活用品及服务、交通通信、教育文化娱乐、医疗保健、其他用品及服务八大类。

## Explanatory Notes on Main Statistical Indicators

In the fourth quarter of 2012, the NBS launched its reform on the household survey programme in order to produce aggregates with the same concepts and definitions for the urban and rural population. This new survey porgramme is an integrated one whereas there had existed two separate household surveys ofr the urban and rural households. The reform took a number of measures, including the integration of concepts, classifications and standards, which provided a basis for producing data covering all households. Guangxi from 2014, officially announced the integration of urban and rural household income and expenditure survey data after the reform.

**Households** A group of people who live in a house and share their living expenses or incomes. Living in the same room, not to share the living expenses of the crowd, everyone is considered as a household. Nanny, home family work as a separate household.

**Permanent Resident** Of the members of the household, who often live at home, or have more than half the residence time of the survey period, and the students who are supporting the residents. Residents are residents of household income and expenditure survey.

**Disposable Income of Households** Has a national coverage comparable between urban and rural households, and refers to the kind of income that households can have at their disposal. It includes income both in cash and in kind from four categories: income from wages and salaries, cash income from household operations, income from properties and income from transfers.

**Income from Household Operations** Refers to all the labor remuneration and various benefits obtained by the employed persons through various means, including all the labor remuneration and benefits obtained from the employment of the unit or individual, in various kinds of free occupations, part - time, and sporadic work.

**Net Business Income** Refers to the net income received by the household or household members engaged in the production and operation activities, and the net income after deducting operating expenses, depreciation of productive fixed assets, and net production tax (net income of production tax). Calculation formula is concrete:

Net Business Income=Operating Income-Operating Expenses -Depreciation of Productive Fixed Assets-Net Production Tax（Production Tax-Production Subsidies）

**Property Net Income** Refers to the net income of the household or household members of the financial assets and natural resources owned by the financial assets and natural resources by other institutional units, households or individuals to obtain the return and deduct the relevant expenses. Calculation formula:

Property Net Income = Property Income-Property Expenses

**Transfer Net Income** Refers to the country, the unit, the social group to the resident's each kinds of regular transfer payment and the inhabitant's regular income transfer. Including the government, non administrative institutions, social groups on the transfer of pension or pension, social relief and subsidies, policy of living subsidies, relief funds, regular donations and compensation and reimbursement of medical expenses, etc.. Calculation formula:

Transfer Net Income = Transfer Income – Transfer Expenditure

**Per Capita Disposable Income of Households by Income Quintile** Refers to all households surveyed by per capita income level from high to low order arrangement, the average score for five equal parts, 20% of the highest income groups in the high income group, by analogy in order to high income group, medium income group and low income group and low income group.

**Consumption Expenditure of Households** Has a national coverage comparable between urban and rural households, and refers to the all the expenditures of households for consumption in daily life. It includes expenditure in cash and in kind on eight categories: food; clothing; housing; household appliances and services; transport and communications; education, cultural and recreational activities; and medical care. The expenditure on housing also includes rents, water, electrictity, fuels and imuted rents of owner-occupied dwellings

# 第三篇 价格调查

## Chapter 3 Price Survey

# 3-1　居民消费、商品零售、农业生产资料价格总指数（1984—2015年）

## Consumer Goods Retail, Agricultural Production Materials Price Index（1984—2015）

（上年=100）　　(preceding year=100)

| 年　份 Year | 居民消费价格指数 Consumer Price Index | | | 商品零售价格指数 Retail Price Index | | | 农业生产资料价格指数 Price Indices of Farming Production Material | | |
|---|---|---|---|---|---|---|---|---|---|
| | 全　区 Province | 城　市 Urban Areas | 农　村 Rural Areas | 全　区 Province | 城　市 Urban Areas | 农　村 Rural Areas | 全　区 Province | 城　市 Urban Areas | 农　村 Rural Areas |
| 1984 | 103.3 | 104.6 | 102.4 | 104.2 | 104.5 | 104.1 | 110.4 | — | 110.4 |
| 1985 | 113.0 | 114.7 | 111.8 | 111.2 | 114.5 | 109.3 | 104.6 | — | 104.6 |
| 1986 | 106.2 | 106.2 | 106.2 | 105.1 | 106.0 | 104.4 | 101.1 | — | 101.1 |
| 1987 | 108.2 | 110.2 | 105.8 | 108.0 | 110.5 | 105.5 | 105.5 | — | 105.5 |
| 1988 | 120.8 | 123.3 | 118.4 | 121.0 | 123.2 | 119.4 | 126.7 | — | 126.7 |
| 1989 | 121.1 | 119.7 | 123.3 | 121.3 | 119.1 | 123.5 | 125.8 | — | 125.8 |
| 1990 | 101.1 | 98.3 | 104.4 | 100.1 | 97.4 | 102.4 | 99.2 | — | 99.2 |
| 1991 | 102.8 | 102.7 | 103.0 | 102.5 | 102.5 | 102.5 | 101.3 | — | 101.3 |
| 1992 | 105.9 | 107.0 | 105.4 | 104.6 | 106.2 | 103.9 | 104.0 | — | 104.0 |
| 1993 | 122.0 | 123.3 | 119.1 | 118.9 | 121.9 | 114.8 | 110.6 | — | 110.6 |
| 1994 | 126.0 | 125.4 | 126.5 | 124.4 | 122.7 | 125.6 | 118.1 | — | 118.1 |
| 1995 | 118.4 | 118.0 | 118.6 | 116.4 | 115.0 | 117.7 | 130.1 | — | 130.1 |
| 1996 | 106.5 | 105.5 | 107.4 | 104.5 | 104.1 | 104.9 | 103.8 | — | 103.8 |
| 1997 | 100.8 | 100.7 | 100.8 | 99.6 | 99.9 | 99.4 | 100.3 | — | 100.3 |
| 1998 | 97.0 | 97.1 | 96.8 | 96.3 | 96.7 | 95.9 | 92.1 | — | 92.1 |
| 1999 | 97.7 | 97.2 | 98.2 | 97.2 | 96.8 | 97.6 | 96.4 | — | 96.4 |
| 2000 | 99.7 | 100.0 | 99.5 | 98.6 | 98.4 | 98.8 | 99.9 | — | 99.9 |
| 2001 | 100.6 | 101.3 | 99.6 | 97.8 | 97.3 | 99.0 | 97.7 | — | 97.7 |
| 2002 | 99.1 | 98.9 | 99.3 | 98.1 | 98.2 | 98.0 | 98.2 | — | 98.2 |
| 2003 | 101.1 | 100.9 | 101.3 | 100.2 | 99.6 | 100.8 | 102.4 | — | 102.4 |
| 2004 | 104.4 | 104.1 | 104.9 | 103.9 | 103.4 | 104.4 | 115.3 | — | 115.3 |
| 2005 | 102.4 | 103.0 | 101.6 | 101.1 | 101.3 | 101.0 | 110.5 | — | 110.5 |
| 2006 | 101.3 | 101.6 | 100.9 | 100.3 | 100.8 | 99.8 | 101.0 | — | 101.0 |
| 2007 | 106.1 | 105.6 | 106.8 | 104.8 | 104.2 | 105.3 | 114.4 | — | 114.4 |
| 2008 | 107.8 | 107.6 | 108.5 | 107.6 | 107.6 | 108.3 | 124.0 | — | 124.0 |
| 2009 | 97.9 | 97.9 | 97.5 | 98.0 | 98.1 | 96.9 | 94.2 | — | 94.2 |
| 2010 | 103.0 | 102.9 | 103.4 | 103.0 | 103.0 | 103.2 | 101.9 | — | 101.9 |
| 2011 | 105.9 | 105.7 | 106.4 | 106.0 | 105.7 | 106.6 | 112.2 | — | 112.2 |
| 2012 | 103.2 | 103.2 | 103.3 | 102.3 | 102.2 | 102.4 | 103.9 | — | 103.9 |
| 2013 | 102.2 | 102.1 | 102.4 | 101.2 | 101.1 | 101.3 | 99.9 | — | 99.9 |
| 2014 | 102.1 | 102.2 | 101.9 | 101.4 | 101.5 | 101.1 | 98.9 | — | 98.9 |
| 2015 | 101.5 | 101.5 | 101.5 | 100.1 | 100.1 | 100.1 | 100.9 | — | 100.9 |

# 3-2 居民消费价格分类指数（2015年）

## Consumer Price Indices by Category（2015）

（上年=100） （preceding year=100）

| 指标 | Item | 全区 Province | 城市 Urban Areas | 农村 Rural Areas |
|---|---|---|---|---|
| **居民消费价格总指数** | **Consumer Price Index** | **101.5** | **101.5** | **101.5** |
| **非食品价格指数** | **Non-food Price Index** | **100.9** | **100.9** | **100.8** |
| **服务项目价格指数** | **Items of Service Price Index** | **102.0** | **101.8** | **102.3** |
| **工业品价格指数** | **Industrial Product Price Index** | **100.1** | **100.2** | **99.8** |
| **扣除食品和能源价格指数** | **Deduction Food and Energy Price Index** | **101.6** | **101.6** | **101.6** |
| **扣除鲜菜鲜果总指数** | **Deduction Fresh Vegetables Fresh Fruit General Index** | **101.6** | **101.6** | **101.6** |
| **消费品价格指数** | **Consumable Price Index** | **101.3** | **101.4** | **101.2** |
| **食品** | **Food** | **102.6** | **102.6** | **102.7** |
| 粮食 | Grain | 101.4 | 101.6 | 101.2 |
| 大米 | Rice | 101.2 | 101.4 | 101.0 |
| 面粉 | Flour | 102.0 | 101.4 | 103.0 |
| 粮食制品 | Grain Products | 101.8 | 102.0 | 101.6 |
| 淀粉及制品 | Starches and Products | 100.6 | 100.9 | 99.4 |
| 干豆类及豆制品 | Beans and Bean Products | 103.4 | 103.9 | 102.6 |
| 干豆 | Beans | 104.6 | 105.2 | 103.5 |
| 豆制品 | Bean Products | 103.1 | 103.6 | 102.3 |
| 油脂 | Oil or Fat | 97.6 | 97.1 | 98.5 |
| 食用植物油 | Oil of Plant | 99.6 | 99.2 | 100.2 |
| 植物油制品 | Vegetable Oil Processed Products | 93.8 | 93.5 | 94.3 |
| 肉禽及其制品 | Meal,Poultry and Processed Products | 106.2 | 106.5 | 105.7 |
| 食用畜肉及副产品 | Edible Domestic Animal's Meat and By-products | 107.0 | 106.8 | 107.4 |
| 猪肉 | Pork | 109.7 | 109.9 | 109.3 |
| 牛肉 | Beef | 101.6 | 101.5 | 102.0 |
| 羊肉 | Mutton | 98.3 | 98.8 | 96.9 |
| 畜肉副产品 | Animal By-products | 105.8 | 105.8 | 105.7 |
| 禽 | Poultry | 105.9 | 107.1 | 103.7 |
| 鸡 | Chicken | 106.1 | 107.5 | 103.3 |
| 鸭 | Duck | 105.6 | 106.1 | 104.5 |
| 加工肉禽 | Poultry Meat Processed Products | 103.2 | 104.1 | 101.2 |
| 畜肉制品 | Domestic Animal's Processed Products | 101.8 | 102.2 | 101.1 |
| 禽制品 | Poultry Processed Products | 104.5 | 105.8 | 101.2 |
| 蛋 | Eggs | 99.7 | 99.9 | 99.1 |
| 鲜蛋 | Fresh Eggs | 99.5 | 99.8 | 98.9 |
| 蛋制品 | Eggs Processed Products | 101.6 | 101.8 | 101.3 |
| 水产品 | Aquatic Products | 100.2 | 100.1 | 100.5 |
| 鱼 | Fish | 100.4 | 100.5 | 100.3 |
| 淡水鱼 | Fish in Fresh Water | 99.6 | 100.1 | 98.6 |
| 海水鱼 | Fish in Sea Water | 101.9 | 101.1 | 104.6 |
| 其他水产品 | Others | 99.5 | 99.1 | 101.4 |
| 虾蟹类 | Decapod Crustacean | 99.4 | 99.0 | 101.4 |

3-2 续表 1 continued

（上年=100） (preceding year=100)

| 指 标 | Item | 全 区 Province | 城 市 Urban Areas | 农 村 Rural Areas |
|---|---|---|---|---|
| 菜 | Vegetables | 104.5 | 104.6 | 104.2 |
| 鲜菜 | Fresh Vegetables | 104.5 | 104.7 | 104.0 |
| 干菜及菜制品 | Dried Vegetables and Vegetable Products | 106.2 | 105.9 | 107.0 |
| 薯类 | Tubers | 94.9 | 94.5 | 96.2 |
| 调味品 | Flavoring | 101.0 | 100.6 | 101.6 |
| 食用盐 | Edible Salt | 100.3 | 100.0 | 100.6 |
| 酱油 | Soy Sauce | 101.3 | 100.7 | 102.5 |
| 食醋 | Table Vinegar | 101.1 | 100.8 | 101.5 |
| 味精 | Monosodium Glutamate | 100.7 | 100.9 | 100.2 |
| 糖 | Sweet | 99.3 | 99.3 | 99.2 |
| 食糖 | Sugar | 98.8 | 98.4 | 99.5 |
| 糖果 | Candy | 99.2 | 99.3 | 99.0 |
| 巧克力制品 | Chocolate Goods | 100.4 | 100.8 | 99.1 |
| 糖类小食品 | Sugar-coated Food Stuff | 99.8 | 100.3 | 98.8 |
| 茶及饮料 | Tea and Beverages | 101.7 | 102.0 | 101.1 |
| 茶叶 | Tea | 101.1 | 101.2 | 100.7 |
| 饮料 | Beverages | 101.9 | 102.2 | 101.2 |
| 固体饮料 | Solid Beverages | 102.3 | 102.6 | 101.0 |
| 液体饮料 | Liquid Beverages | 101.1 | 101.4 | 100.5 |
| 冷冻饮品 | Frozen Beverages | 103.7 | 103.7 | 103.4 |
| 干鲜瓜果 | Dried and Fresh Melons and Fruits | 97.4 | 97.1 | 98.0 |
| 鲜瓜果 | Fresh Fruits | 96.0 | 95.7 | 96.6 |
| 干（坚）果 | Dried（nut）Fruits and Melon and Fruit Products | 106.0 | 106.3 | 105.4 |
| 糕点饼干面包 | Cake,Biscuit and Bread | 100.5 | 100.3 | 100.8 |
| 糕点 | Cake | 100.4 | 100.3 | 100.5 |
| 饼干 | Cookie | 100.4 | 100.2 | 100.8 |
| 面包 | Bread | 100.7 | 100.4 | 101.9 |
| 液体乳及乳制品 | Liquid Breast and Dairy Products | 97.7 | 97.3 | 98.8 |
| 巴氏杀菌奶或灭菌乳 | Pasteurized Milk or Sterilized Milk | 95.9 | 95.0 | 98.0 |
| 酸牛乳 | Sour Milk | 99.2 | 98.8 | 100.4 |
| 乳粉 | Milk Powder | 100.3 | 100.8 | 99.3 |
| 在外用膳食品 | Picnic Food | 102.7 | 102.4 | 103.2 |
| 主食 | Staple Food | 102.4 | 102.1 | 103.0 |
| 炒菜 | Fried Dishers | 101.6 | 101.1 | 102.8 |
| 地方小吃 | Local Snacks | 106.7 | 107.6 | 104.6 |
| 其他食品 | Other Foods | 100.4 | 101.8 | 98.8 |
| **烟酒** | **Tobacco,Liquor** | **101.3** | **101.3** | **101.3** |
| 烟草 | Tobacco | 103.2 | 103.3 | 103.0 |
| 高档卷烟 | High-grade Cigarettes | 102.0 | 102.1 | 101.6 |
| 中档卷烟 | Mid-range Cigarettes | 102.7 | 103.1 | 102.2 |

3-2 续表 2 continued

（上年＝100） (preceding year=100)

| 指 标 | Item | 全 区 Province | 城 市 Urban Areas | 农 村 Rural Areas |
|---|---|---|---|---|
| 酒 | Liquor | 99.7 | 99.7 | 99.7 |
| 白酒 | Liquer | 99.5 | 99.8 | 98.9 |
| 葡萄酒 | Wine | 99.0 | 98.6 | 100.1 |
| 啤酒 | Beer | 100.5 | 100.0 | 101.5 |
| **衣着** | **Clothing** | **105.0** | **105.3** | **104.3** |
| 服装 | Garments | 105.3 | 105.8 | 104.1 |
| 男式服装 | Men's Garment | 104.7 | 105.2 | 103.9 |
| 大衣 | Overcoat | 106.5 | 106.0 | 109.1 |
| 毛线衣 | Knitted Woolen Clothes | 103.8 | 104.7 | 102.4 |
| 夹克衫 | Jacket | 108.6 | 109.9 | 106.6 |
| 衬衫 | Shirt | 102.7 | 102.0 | 104.0 |
| T恤衫 | T-shirts | 101.0 | 100.6 | 102.0 |
| 裤子 | Trousers | 104.6 | 104.5 | 104.9 |
| 西服 | Suits | 103.8 | 103.6 | 104.3 |
| 运动衫裤 | Sport Clothing | 107.1 | 110.2 | 99.7 |
| 内衣 | Underwear | 103.8 | 104.8 | 101.2 |
| 羽绒衣 | Down Clothing | 111.7 | 114.1 | 104.4 |
| 女式服装 | Women's dress | 105.3 | 105.9 | 104.2 |
| 大衣 | Overcoat | 104.4 | 104.4 | 104.5 |
| 毛线衣 | Knitted Woolen Clothes | 104.7 | 105.2 | 103.6 |
| 羽绒衣 | Down Clothing | 107.8 | 112.0 | 101.6 |
| 套装 | Suits | 104.7 | 103.8 | 106.5 |
| 衬衫 | Shirt | 103.4 | 102.5 | 105.3 |
| T恤衫 | T-shirts | 105.5 | 105.4 | 105.8 |
| 裙子 | Skirt | 107.1 | 110.4 | 100.2 |
| 裤子 | Trousers | 105.0 | 106.0 | 103.5 |
| 运动衫裤 | Sports Wear | 103.7 | 103.1 | 104.7 |
| 内衣 | Underwear | 107.2 | 108.1 | 105.3 |
| 儿童服装 | Children's Garment | 106.4 | 107.4 | 104.6 |
| 上衣 | Coat | 104.3 | 103.4 | 105.8 |
| 裤子 | Trousers | 108.1 | 111.2 | 103.0 |
| 裙子 | Skirt | 106.9 | 107.5 | 105.7 |
| 衣着材料 | Clothing Material | 100.8 | 99.9 | 102.0 |
| 棉布 | Cotton Cloth | 100.9 | 100.0 | 102.6 |
| 化纤布 | Chemical Fiber Cloth | 101.3 | 99.9 | 103.2 |
| 毛线 | Woolen Threads | 99.5 | 99.4 | 99.8 |

3-2　续表 3　continued

（上年＝100）　(preceding year=100)

| 指　标 | Item | 全　区 Province | 城　市 Urban Areas | 农　村 Rural Areas |
|---|---|---|---|---|
| 鞋袜帽 | Footwear,Socks and Hats | 104.4 | 104.2 | 104.8 |
| 鞋 | Shoes | 104.8 | 104.6 | 105.3 |
| 男鞋 | Men's Shoes | 104.3 | 104.6 | 103.6 |
| 女鞋 | Women's Shoes | 105.3 | 104.8 | 106.6 |
| 童鞋 | Children's Shoes | 103.9 | 103.5 | 104.5 |
| 袜子 | Socks and Stockings | 101.5 | 101.6 | 101.5 |
| 男袜 | Men's Socks | 99.7 | 99.3 | 100.6 |
| 女袜 | Women's Socks | 102.8 | 103.1 | 102.1 |
| 帽子 | Hats | 102.1 | 101.8 | 102.5 |
| 男帽 | Man Cap | 102.2 | 103.5 | 100.6 |
| 女帽 | Bonnet | 102.1 | 100.7 | 103.9 |
| 衣着加工服务费 | Clothing Processing | 104.9 | 103.0 | 108.8 |
| 缝纫 | Sewing | 105.1 | 104.1 | 107.2 |
| 清洗 | Washing | 104.6 | 101.7 | 110.7 |
| **家庭设备用品及维修服务** | **Household Facilities and Articles** | **100.8** | **101.0** | **100.2** |
| 耐用消费品 | Durable Consumer Goods | 99.6 | 99.7 | 99.5 |
| 家具 | Furniture | 100.8 | 100.7 | 101.0 |
| 柜 | Counters | 100.8 | 100.8 | 100.9 |
| 床 | Beds | 101.2 | 100.9 | 101.7 |
| 桌 | Desks | 101.2 | 101.5 | 100.5 |
| 椅 | Chairs | 101.2 | 101.4 | 100.8 |
| 沙发 | Sofas | 100.0 | 99.8 | 100.6 |
| 家庭设备 | Household Facilities | 98.9 | 99.0 | 98.7 |
| 洗衣机 | Washing Machine | 98.0 | 98.2 | 97.7 |
| 电风扇 | Electric Fan | 100.7 | 100.8 | 100.6 |
| 电冰箱（柜） | Refrigerator | 97.1 | 98.4 | 94.1 |
| 吸排油烟机 | Smoke Exhauster | 100.5 | 100.7 | 100.0 |
| 空调器 | Air Conditioner | 98.4 | 97.6 | 99.9 |
| 热水器 | Shower Heater | 102.3 | 103.0 | 101.1 |
| 微波炉 | Microwave Oven | 98.6 | 98.6 | 98.6 |
| 室内装饰品 | Interior Decorations | 101.7 | 102.4 | 100.1 |
| 纺织装饰品 | Fabric Decorations | 102.5 | 102.7 | 101.9 |
| 装饰灯具 | Lamp Decorations | 101.1 | 102.2 | 98.8 |
| 床上用品 | Bed Articles | 102.4 | 103.5 | 99.9 |
| 被子 | Quilts | 103.3 | 104.5 | 100.3 |
| 床上套件 | Bed Sets | 101.7 | 102.5 | 99.8 |
| 家庭日用杂品 | Daily Use Household Articles | 100.1 | 100.1 | 100.2 |
| 茶具 | Tea-set | 100.3 | 100.4 | 100.0 |
| 餐具 | Cooking-set | 99.5 | 99.9 | 98.7 |

3-2 续表 4 continued

（上年＝100） (preceding year=100)

| 指 标 | Item | 全 区 Province | 城 市 Urban Areas | 农 村 Rural Areas |
|---|---|---|---|---|
| 厨具 | Cook-set | 100.0 | 99.8 | 100.3 |
| 家用手工工具 | Family Tool | 100.1 | 100.0 | 100.3 |
| 洗涤用品 | Wash Articles | 100.5 | 100.3 | 100.8 |
| 家庭服务及加工维修服务 | Household Service and Maintenance | 106.9 | 108.0 | 104.4 |
| 家庭服务 | Household Service | 110.7 | 111.7 | 108.5 |
| 加工维修服务 | The Processed Upkeep | 103.9 | 105.0 | 101.7 |
| **医疗保健和个人用品** | **Medicine and Personal Articles** | **101.8** | **101.6** | **102.3** |
| 医疗保健 | Medicine | 102.4 | 102.3 | 102.7 |
| 医疗器具及用品 | Edical Appliances and Articles | 100.0 | 100.0 | 100.1 |
| 中药材及中成药 | Traditional Chines Herbs | 103.9 | 103.6 | 104.5 |
| 中药材 | Chines Herbal Material | 102.8 | 100.7 | 106.1 |
| 中成药 | Chines Patent drugs | 105.0 | 106.0 | 102.4 |
| 西药 | Western Medicine | 101.9 | 102.4 | 101.0 |
| 抗生素（抗感染药） | Antibiotics（Anti-infectives） | 101.4 | 101.8 | 100.5 |
| 消化系统用药 | The Digestive System Drugs | 101.9 | 102.5 | 100.7 |
| 呼吸系统用药 | Respiratory Drug | 101.0 | 101.7 | 100.1 |
| 解热镇痛药 | Antipyretic and Analgesic | 100.6 | 100.4 | 101.0 |
| 抗肿瘤药 | Anticancer Drugs | 100.6 | 101.0 | 99.4 |
| 激素类药 | Hormone Drugs | 105.5 | 105.7 | 105.1 |
| 心血管系统用药 | Cardiovascular System Drugs | 102.4 | 102.9 | 101.0 |
| 中枢神经系统用药 | Central Nervous System Drugs | 104.8 | 105.9 | 102.9 |
| 消毒防腐及创伤外科用药 | Disinfection Antisepsis and Trauma Surgery Medication | 102.3 | 103.8 | 99.8 |
| 泌尿系统用药 | Urinary System Drugs | 100.1 | 100.0 | 100.2 |
| 维生素类 | Vitamins | 102.6 | 102.6 | 102.6 |
| 保健器具及用品 | Healthy Appliances and Articles | 101.8 | 101.5 | 103.4 |
| 保健器具 | Healthy Appliance | 100.1 | 99.9 | 101.7 |
| 滋补保健用品 | Tonic and Healthy Goods | 102.3 | 101.9 | 103.7 |
| 医疗保健服务 | Medical and Health Service | 101.6 | 100.7 | 103.3 |
| 挂号诊疗费 | Registration and Diagnosis & Treatment Fee | 105.7 | 103.0 | 111.9 |
| 注射费 | Injection Fee | 100.9 | 101.4 | 100.1 |
| 检查费 | Examination Fee | 100.2 | 99.9 | 100.7 |
| 手术费 | Operation Fee | 101.0 | 100.1 | 102.5 |
| 床位费 | Bed Fee | 103.0 | 100.6 | 106.3 |
| 理疗费 | Physiotherapy Fees | 100.8 | 100.5 | 101.6 |
| 化验费 | Laboratory Fees | 100.0 | 100.0 | 100.1 |
| 个人用品及服务 | Pesonal Articles and Services | 100.6 | 100.1 | 101.5 |
| 化妆美容用品 | Making-up Articles | 100.4 | 100.3 | 100.7 |
| 化妆美容器具 | Making-up Utensil | 100.5 | 100.9 | 99.3 |
| 美容化妆品 | Cosmetic Products | 100.6 | 100.8 | 100.0 |

3-2 续表 5 continued

（上年＝100） (preceding year=100)

| 指 标 | Item | 全 区 Province | 城 市 Urban Areas | 农 村 Rural Areas |
|---|---|---|---|---|
| 护肤品 | Skin Care Products | 100.2 | 99.5 | 101.9 |
| 护发美容品 | Hair Care Cosmetics | 100.5 | 100.8 | 100.0 |
| 清洁化妆用品 | Clean Toiletries | 100.9 | 100.5 | 101.7 |
| 洗发用品 | Shampoo Articles | 100.8 | 99.9 | 102.4 |
| 洗浴用品 | Bathing Articles | 101.0 | 101.1 | 100.9 |
| 个人饰品 | Personal Ornaments | 96.9 | 96.6 | 97.7 |
| 首饰 | Jewelry | 91.7 | 92.1 | 90.4 |
| 皮件 | Leather Goods | 100.8 | 100.6 | 101.1 |
| 手表 | Watchs | 101.2 | 101.5 | 100.3 |
| 领带 | Ties | 101.9 | 102.8 | 100.2 |
| 个人服务 | Personal Service | 103.6 | 102.7 | 104.9 |
| 美容 | Making-up | 101.5 | 101.6 | 101.2 |
| 理（烫）发 | Haircut（Perm） | 104.8 | 103.8 | 105.9 |
| 洗浴 | Bathing | 102.9 | 101.0 | 105.4 |
| **交通和通信** | **Transportation and Communication** | **98.5** | **99.0** | **97.4** |
| 交通 | Transportation | 97.5 | 98.3 | 96.1 |
| 交通工具 | Transportation Means | 99.4 | 98.9 | 100.0 |
| 助动自行车 | Electric Bicycle | 100.3 | 99.8 | 100.9 |
| 轿车 | Car | 97.2 | 97.2 | 97.2 |
| 自行车 | Bicycle | 100.0 | 100.1 | 99.7 |
| 车用燃料及零配件 | Fuel and Accessories for Vehicle | 85.7 | 86.8 | 83.6 |
| 汽油 | Petrol | 81.7 | 82.0 | 81.2 |
| 柴油 | Diesel Oil | 80.5 | 80.7 | 80.3 |
| 零配件 | Accessories | 98.5 | 98.4 | 98.8 |
| 车辆使用及维修费 | Vehicle Using and Maintenance | 105.9 | 107.8 | 101.9 |
| 保险费 | Insurance | 100.0 | 99.9 | 100.3 |
| 停车费 | Parking fee | 123.4 | 127.9 | 105.1 |
| 车辆修理服务费 | Vehicle Maintenance Service | 103.4 | 104.0 | 102.1 |
| 市区公共交通费 | City Bus Transport | 101.9 | 102.0 | 101.6 |
| 公共汽车票 | Bus Ticket | 101.9 | 102.1 | 101.5 |
| 出租汽车 | Taxi | 101.8 | 101.9 | 101.6 |
| 城市间交通费 | Inter-city Transportation | 98.5 | 99.4 | 96.8 |
| 飞机票 | Plane Ticket | 102.4 | 102.4 | - |
| 火车票 | Train Ticket | 99.8 | 99.8 | 99.9 |
| 长途汽车 | Long-distance Coach | 97.1 | 99.6 | 94.5 |
| 通信 | Communication | 99.5 | 99.8 | 99.1 |
| 通信工具 | Communication Tools | 96.0 | 96.6 | 94.9 |
| 固定电话机 | Stationary Telephone | 100.0 | 99.8 | 100.4 |
| 移动电话机 | Mobile Telephone | 95.0 | 95.8 | 93.6 |

3-2 续表 6 continued

（上年=100） (preceding year=100)

| 指 标 | Item | 全 区 Province | 城 市 Urban Areas | 农 村 Rural Areas |
|---|---|---|---|---|
| 通信服务 | Communication Service | 100.3 | 100.4 | 100.0 |
| 移动通信费 | Mobile Communications | 100.1 | 100.0 | 100.3 |
| 市内电话费 | Telephone Charge Within a City | 100.0 | 100.0 | 100.0 |
| 长途电话费 | Long-Distance call Charge | 100.0 | 100.0 | 99.9 |
| 月租费 | Monthly Renting Fee | 100.0 | 100.0 | 100.0 |
| 上网费 | Internet Access Fee | 101.6 | 102.6 | 99.3 |
| 邮政邮寄 | Postal Mail | 100.1 | 100.0 | 100.2 |
| 其他邮寄 | Other Mail | 100.1 | 100.0 | 100.4 |
| **娱乐教育文化用品及服务** | **Recreation,Education,Culture Articles and Services** | **101.3** | **101.2** | **101.4** |
| 文娱用耐用消费品及服务 | Durable Consumer Goods for Recreational | 98.4 | 98.3 | 98.7 |
| 电视机 | Television | 95.7 | 95.6 | 95.9 |
| 激光视盘机 | Video-disc Player | 99.4 | 99.6 | 99.1 |
| 摄像机 | Video-camera | 98.7 | 98.5 | 100.8 |
| 照相机 | Camera | 98.9 | 99.2 | 98.0 |
| 家用音响 | Stereo-set | 100.1 | 100.3 | 99.9 |
| 便携式音响 | Portable Audio | 100.2 | 100.5 | 99.4 |
| 电脑 | Computer | 98.6 | 97.9 | 100.3 |
| 修理服务 | Repair Service Fee | 102.1 | 102.1 | 102.2 |
| 教育 | Education | 102.0 | 102.3 | 101.5 |
| 教材及参考书 | Texts and Reference Book | 97.9 | 97.8 | 98.1 |
| 工具书 | Reference Book | 100.5 | 100.6 | 100.1 |
| 教材 | Text-book | 94.0 | 94.4 | 93.2 |
| 参考书 | Reference Book | 101.4 | 100.6 | 102.8 |
| 教育软件 | Educational Software | 99.6 | 99.6 | 99.9 |
| 教育服务 | Education Services | 102.5 | 102.9 | 101.9 |
| 学前教育 | Preschool Education | 104.9 | 104.6 | 105.6 |
| 中等教育 | Secondary Education | 100.3 | 100.5 | 100.1 |
| 高等教育 | Higher Education | 103.7 | 104.0 | 102.9 |
| 专业技能培训 | Professional Skills Training | 101.3 | 101.5 | 101.1 |
| 文化娱乐类 | Cultural Entertainment | 100.9 | 100.7 | 101.4 |
| 文化娱乐用品 | Cultural and Recreational Supplies | 99.7 | 99.5 | 100.0 |
| 乐器 | Musical Instrument | 102.4 | 100.1 | 107.3 |
| 音像光盘和视盘 | Phonotape and Videotape CD and VCD | 99.8 | 100.2 | 98.9 |
| 电子存储器 | Electronic Memory | 95.4 | 95.5 | 95.1 |
| 儿童玩具 | Children's Toy | 99.9 | 100.1 | 99.6 |
| 纸张本册 | This Paper List | 101.3 | 101.3 | 101.3 |
| 文具 | Stationary | 100.4 | 100.2 | 100.6 |
| 体育用品 | Athletic Articles | 99.4 | 99.5 | 99.2 |

3-2　续表 7　continued

（上年=100）　　(preceding year=100)

| 指　标 | Item | 全　区 Province | 城　市 Urban Areas | 农　村 Rural Areas |
|---|---|---|---|---|
| 书报杂志 | Newspapers and Magazines | 103.5 | 103.4 | 103.8 |
| 书籍 | Books | 100.2 | 100.0 | 100.4 |
| 报纸 | Newspaper | 99.7 | 99.1 | 100.9 |
| 杂志 | Magazine | 114.2 | 114.6 | 113.6 |
| 文娱费 | Recreation | 100.4 | 100.2 | 100.9 |
| 电影票 | Video-movie Ticket | 98.0 | 97.3 | 102.4 |
| 景点门票 | Attractions Tickets | 100.8 | 100.8 | 100.6 |
| 有线电视 | Cabled TV | 99.9 | 99.8 | 100.0 |
| 健身活动 | Healthy Activities | 101.9 | 101.4 | 102.9 |
| 旅游 | Tourism | 102.3 | 101.4 | 104.8 |
| 旅行社收费 | Travel Agency Charges | 103.0 | 101.6 | 107.8 |
| 宾馆住宿 | Hotel Accommodation | 99.2 | 99.1 | 99.3 |
| 其他住宿 | Other Accommodations | 101.4 | 102.3 | 100.3 |
| **居住** | **Residence** | **99.6** | **99.3** | **100.1** |
| 建房及装修材料 | Building and Decorating Material | 99.0 | 99.2 | 98.6 |
| 木材 | Timber | 97.9 | 97.7 | 98.1 |
| 木地板 | Wood Floor | 100.0 | 100.3 | 99.5 |
| 砖 | Brick | 97.8 | 98.0 | 97.5 |
| 水泥 | Cement | 97.5 | 99.9 | 94.9 |
| 涂料 | Paint | 100.3 | 99.6 | 101.6 |
| 板材 | Board | 101.4 | 101.0 | 101.8 |
| 玻璃 | Glass | 98.0 | 98.5 | 97.2 |
| 粘胶 | Glue | 99.5 | 99.4 | 99.7 |
| 厨卫设备 | Kitchen Equipment | 99.6 | 99.2 | 100.2 |
| 住房租金 | Housing Rent | 102.4 | 102.1 | 103.2 |
| 公房房租 | Public Housing rent | 100.3 | 100.4 | 100.0 |
| 私房房租 | Talk Accommodation | 103.8 | 103.1 | 104.6 |
| 其他费用 | Other Rents | 102.2 | 102.3 | 101.0 |
| 自有住房 | Self-owned House | 102.1 | 101.4 | 103.4 |
| 住房估算租金 | Housing Estimates Rent | 103.2 | 102.1 | 105.6 |
| 物业管理费用 | Property Management Fees | 100.0 | 100.0 | 100.0 |
| 维护修理费用 | Maintenance Expenses | 102.8 | 102.6 | 103.0 |
| 水、电、燃料 | Water,Electricity and Fuels | 95.2 | 95.3 | 94.9 |
| 水 | Water | 102.6 | 102.1 | 103.8 |
| 电 | Electricity | 100.0 | 100.0 | 100.0 |
| 液化石油气 | Liquefied Petroleum Gas | 85.1 | 85.7 | 83.4 |
| 管道燃气 | Piped Gas | 98.6 | 98.7 | 97.4 |
| 其他燃料 | Other Fuel | 100.5 | 100.5 | 100.6 |

# 3-3 分月居民消费价格指数（2015年）

（上年同期=100）

| 指 标 | Item | 1 月 January | 2 月 February | 3 月 March |
|---|---|---|---|---|
| **居民消费价格总指数** | **Consumer Price Index** | **101.0** | **101.5** | **101.5** |
| **非食品价格指数** | **Non-food Price Index** | **100.1** | **100.4** | **100.7** |
| **服务项目价格指数** | **Items of Service Price Index** | **101.1** | **101.6** | **101.8** |
| **工业品价格指数** | **Industrial Product Price Index** | **99.4** | **99.6** | **99.8** |
| **扣除食品和能源价格指数** | **Deduction Food and Energy Price Index** | **100.8** | **101.2** | **101.4** |
| **扣除鲜菜鲜果总指数** | **Deduction Fresh Vegetables Fresh Fruit General Index** | **100.7** | **101.3** | **101.5** |
| **消费品价格指数** | **Consumable Price Index** | **101.0** | **101.4** | **101.3** |
| **食品** | **Food** | **102.7** | **103.3** | **102.9** |
| 粮食 | Grain | 102.9 | 102.5 | 102.2 |
| 大米 | Rice | 102.9 | 102.5 | 102.1 |
| 面粉 | Flour | 103.2 | 102.1 | 102.4 |
| 粮食制品 | Grain Products | 102.5 | 102.1 | 101.9 |
| 淀粉及制品 | Starches and Products | 101.2 | 100.8 | 101.1 |
| 干豆类及豆制品 | Beans and Bean Products | 103.5 | 105.3 | 104.9 |
| 干豆 | Beans | 110.8 | 110.6 | 110.0 |
| 豆制品 | Bean Products | 101.8 | 104.1 | 103.8 |
| 油脂 | Oil or Fat | 94.9 | 94.5 | 95.5 |
| 食用植物油 | Oil of Plant | 97.0 | 96.6 | 97.7 |
| 植物油制品 | Vegetable Oil Processed Products | 90.8 | 90.4 | 91.1 |
| 肉禽及其制品 | Meal,Poultry and Processed Products | 103.0 | 105.8 | 106.8 |
| 食用畜肉及副产品 | Edible Domestic Animal's Meat and By-products | 97.7 | 100.7 | 101.8 |
| 猪肉 | Pork | 95.8 | 100.8 | 101.8 |
| 牛肉 | Beef | 103.2 | 102.2 | 102.7 |
| 羊肉 | Mutton | 100.3 | 99.5 | 101.2 |
| 畜肉副产品 | Animal By-products | 98.1 | 98.1 | 100.2 |
| 禽 | Poultry | 114.8 | 118.3 | 118.9 |
| 鸡 | Chicken | 115.6 | 119.2 | 119.3 |
| 鸭 | Duck | 113.1 | 116.2 | 118.0 |
| 加工肉禽 | Poultry Meat Processed Products | 103.1 | 103.9 | 104.1 |
| 畜肉制品 | Domestic Animal's Processed Products | 99.3 | 100.2 | 100.2 |
| 禽制品 | Poultry Processed Products | 107.0 | 107.6 | 108.2 |
| 蛋 | Eggs | 107.3 | 108.0 | 107.2 |
| 鲜蛋 | Fresh Eggs | 107.7 | 108.5 | 107.5 |
| 蛋制品 | Eggs Processed Products | 102.3 | 102.5 | 102.5 |
| 水产品 | Aquatic Products | 100.1 | 101.7 | 99.8 |
| 鱼 | Fish | 102.6 | 102.7 | 101.7 |
| 淡水鱼 | Fish in Fresh Water | 103.0 | 103.1 | 102.3 |
| 海水鱼 | Fish in Sea Water | 101.9 | 102.0 | 100.8 |
| 其他水产品 | Others | 94.3 | 99.6 | 95.2 |
| 虾蟹类 | Decapod Crustacean | 94.0 | 99.4 | 95.1 |

# Consumer Price Indices by Month（2015）

（preceding year=100）

| 4 月 April | 5 月 May | 6 月 June | 7 月 July | 8 月 August | 9 月 September | 10 月 October | 11 月 November | 12 月 December |
|---|---|---|---|---|---|---|---|---|
| **101.3** | **101.2** | **101.5** | **101.5** | **101.9** | **101.8** | **101.7** | **101.4** | **101.9** |
| **100.8** | **101.1** | **101.2** | **101.1** | **100.9** | **101.0** | **101.0** | **100.9** | **101.1** |
| **102.1** | **102.3** | **102.3** | **102.2** | **102.1** | **102.1** | **102.0** | **102.0** | **102.0** |
| **99.9** | **100.3** | **100.4** | **100.3** | **100.1** | **100.2** | **100.2** | **100.1** | **100.6** |
| **101.6** | **101.8** | **101.9** | **101.9** | **101.8** | **101.8** | **101.8** | **101.6** | **101.7** |
| **101.5** | **101.4** | **101.5** | **101.7** | **102.0** | **101.9** | **101.8** | **101.6** | **101.8** |
| **101.0** | **100.8** | **101.2** | **101.2** | **101.8** | **101.8** | **101.6** | **101.2** | **101.9** |
| **102.2** | **101.2** | **101.9** | **102.2** | **103.5** | **103.3** | **102.9** | **102.3** | **103.2** |
| 101.6 | 101.4 | 101.2 | 101.3 | 100.9 | 100.9 | 100.9 | 100.7 | 100.6 |
| 101.5 | 101.1 | 101.1 | 101.1 | 100.8 | 100.8 | 100.5 | 100.1 | 100.0 |
| 102.1 | 102.2 | 102.2 | 102.1 | 101.8 | 101.7 | 101.5 | 101.7 | 101.7 |
| 101.7 | 101.8 | 101.4 | 101.5 | 101.0 | 100.9 | 101.9 | 102.6 | 102.8 |
| 101.2 | 101.2 | 100.1 | 100.1 | 100.2 | 100.5 | 100.2 | 100.3 | 100.5 |
| 104.4 | 104.2 | 103.3 | 103.0 | 102.8 | 102.5 | 102.4 | 102.3 | 102.0 |
| 109.0 | 108.1 | 103.3 | 101.7 | 101.2 | 101.2 | 100.6 | 100.4 | 100.1 |
| 103.3 | 103.2 | 103.3 | 103.4 | 103.2 | 102.8 | 102.8 | 102.7 | 102.5 |
| 96.7 | 97.4 | 98.0 | 98.8 | 99.1 | 99.2 | 99.3 | 99.4 | 99.2 |
| 98.8 | 99.6 | 100.3 | 101.0 | 101.2 | 101.2 | 101.3 | 100.9 | 100.1 |
| 92.6 | 93.1 | 93.8 | 94.5 | 95.0 | 95.3 | 95.3 | 96.4 | 97.2 |
| 106.8 | 104.1 | 104.3 | 106.8 | 109.8 | 108.4 | 107.1 | 106.1 | 105.8 |
| 104.8 | 104.4 | 106.8 | 111.3 | 114.9 | 112.6 | 111.4 | 109.6 | 108.7 |
| 106.5 | 105.8 | 109.5 | 116.4 | 120.7 | 117.2 | 115.5 | 113.3 | 112.4 |
| 102.2 | 101.7 | 101.6 | 101.1 | 101.4 | 101.3 | 101.1 | 100.6 | 100.2 |
| 100.8 | 100.0 | 98.3 | 96.8 | 97.0 | 96.7 | 98.1 | 96.4 | 94.3 |
| 101.7 | 103.1 | 105.2 | 107.9 | 113.5 | 112.5 | 111.1 | 109.3 | 109.4 |
| 112.2 | 104.0 | 100.9 | 100.8 | 102.8 | 102.1 | 100.3 | 100.4 | 101.0 |
| 112.7 | 103.9 | 101.7 | 101.2 | 102.6 | 101.2 | 100.0 | 100.4 | 100.6 |
| 111.0 | 104.1 | 99.0 | 99.6 | 103.1 | 103.9 | 100.8 | 100.5 | 102.1 |
| 103.6 | 102.7 | 101.8 | 101.4 | 103.2 | 103.7 | 103.4 | 103.3 | 103.7 |
| 99.9 | 100.0 | 100.5 | 100.8 | 103.5 | 104.2 | 104.3 | 104.3 | 104.7 |
| 107.2 | 105.4 | 103.1 | 102.0 | 102.9 | 103.2 | 102.6 | 102.4 | 102.8 |
| 103.3 | 98.3 | 97.5 | 96.7 | 98.3 | 96.6 | 95.4 | 94.7 | 95.1 |
| 103.4 | 98.0 | 97.2 | 96.3 | 98.1 | 96.3 | 95.0 | 94.2 | 94.6 |
| 102.5 | 102.0 | 101.5 | 101.6 | 101.2 | 101.1 | 100.9 | 100.7 | 100.6 |
| 98.0 | 98.1 | 99.9 | 100.1 | 99.4 | 100.1 | 100.9 | 101.3 | 103.0 |
| 100.1 | 99.1 | 99.4 | 99.0 | 99.2 | 100.0 | 100.2 | 100.1 | 101.4 |
| 99.6 | 97.7 | 97.4 | 97.1 | 97.8 | 98.7 | 99.3 | 99.2 | 100.1 |
| 101.0 | 101.5 | 102.5 | 102.0 | 101.5 | 102.4 | 101.7 | 101.6 | 103.7 |
| 92.7 | 95.6 | 101.3 | 103.3 | 100.1 | 100.1 | 102.9 | 104.8 | 107.5 |
| 92.5 | 95.4 | 101.3 | 103.3 | 100.0 | 100.0 | 102.8 | 104.7 | 107.5 |

3-3 续表 1

（上年同期=100）

| 指 标 | Item | 1 月 January | 2 月 February | 3 月 March |
|---|---|---|---|---|
| 菜 | Vegetables | 104.9 | 100.9 | 94.6 |
| 鲜菜 | Fresh Vegetables | 104.8 | 100.2 | 93.2 |
| 干菜及菜制品 | Dried Vegetables and Vegetable Products | 108.0 | 107.7 | 107.5 |
| 薯类 | Tubers | 95.3 | 91.9 | 91.7 |
| 调味品 | Flavoring | 100.2 | 100.3 | 100.7 |
| 食用盐 | Edible Salt | 100.5 | 100.5 | 100.5 |
| 酱油 | Soy Sauce | 99.8 | 100.1 | 100.7 |
| 食醋 | Table Vinegar | 100.7 | 100.3 | 100.7 |
| 味精 | Monosodium Glutamate | 101.1 | 101.0 | 101.0 |
| 糖 | Sweet | 98.7 | 98.2 | 98.7 |
| 食糖 | Sugar | 95.9 | 95.9 | 96.3 |
| 糖果 | Candy | 101.4 | 100.1 | 100.3 |
| 巧克力制品 | Chocolate Goods | 100.5 | 100.3 | 100.5 |
| 糖类小食品 | Sugar-coated Food Stuff | 99.2 | 98.9 | 100.2 |
| 茶及饮料 | Tea and Beverages | 103.0 | 103.4 | 103.0 |
| 茶叶 | Tea | 100.7 | 101.2 | 101.5 |
| 饮料 | Beverages | 103.7 | 104.1 | 103.4 |
| 固体饮料 | Solid Beverages | 103.2 | 103.8 | 104.0 |
| 液体饮料 | Liquid Beverages | 102.5 | 103.0 | 102.0 |
| 冷冻饮品 | Frozen Beverages | 107.3 | 107.3 | 106.8 |
| 干鲜瓜果 | Dried and Fresh Melons and Fruits | 107.8 | 108.7 | 110.3 |
| 鲜瓜果 | Fresh Fruits | 107.8 | 108.9 | 110.5 |
| 干（坚）果 | Dried（nut）Fruits and Melon and Fruit Products | 107.4 | 107.4 | 108.6 |
| 糕点饼干面包 | Cake,Biscuit and Bread | 100.6 | 100.1 | 100.0 |
| 糕点 | Cake | 100.3 | 99.7 | 99.6 |
| 饼干 | Cookie | 100.0 | 99.9 | 100.2 |
| 面包 | Bread | 102.0 | 101.1 | 100.8 |
| 液体乳及乳制品 | Liquid Breast and Dairy Products | 97.5 | 96.0 | 96.8 |
| 巴氏杀菌奶或灭菌乳 | Pasteurized Milk or Sterilized Milk | 94.7 | 92.5 | 93.1 |
| 酸牛乳 | Sour Milk | 99.2 | 100.1 | 100.4 |
| 乳粉 | Milk Powder | 101.8 | 100.1 | 101.6 |
| 在外用膳食品 | Picnic Food | 102.1 | 102.0 | 102.7 |
| 主食 | Staple Food | 102.1 | 102.1 | 101.9 |
| 炒菜 | Fried Dishers | 101.6 | 101.4 | 101.4 |
| 地方小吃 | Local Snacks | 103.5 | 103.6 | 108.0 |
| 其他食品 | Other Foods | 99.9 | 99.8 | 100.0 |
| **烟酒** | **Tobacco,Liquor** | **99.9** | **99.7** | **99.5** |
| 烟草 | Tobacco | 100.0 | 100.0 | 100.0 |
| 高档卷烟 | High-grade Cigarettes | 100.0 | 100.0 | 100.0 |
| 中档卷烟 | Mid-range Cigarettes | 100.0 | 99.9 | 99.9 |

continued

(preceding year=100)

| 4 月 April | 5 月 May | 6 月 June | 7 月 July | 8 月 August | 9 月 September | 10 月 October | 11 月 November | 12 月 December |
|---|---|---|---|---|---|---|---|---|
| 96.8 | 101.4 | 107.7 | 103.6 | 107.2 | 110.8 | 109.4 | 105.0 | 112.0 |
| 95.8 | 101.0 | 108.2 | 103.4 | 107.6 | 111.6 | 110.2 | 105.2 | 113.1 |
| 107.3 | 107.0 | 106.7 | 106.2 | 105.6 | 105.5 | 105.0 | 104.6 | 103.9 |
| 88.7 | 88.0 | 91.9 | 95.4 | 97.9 | 99.0 | 98.6 | 99.2 | 103.2 |
| 100.5 | 100.5 | 100.9 | 100.6 | 101.3 | 101.7 | 101.7 | 101.5 | 101.4 |
| 100.5 | 100.2 | 99.9 | 100.1 | 100.1 | 100.1 | 100.2 | 100.2 | 100.2 |
| 100.4 | 100.5 | 101.2 | 100.7 | 102.0 | 102.8 | 102.6 | 102.5 | 102.3 |
| 100.5 | 100.7 | 101.4 | 101.2 | 101.3 | 101.4 | 102.0 | 101.3 | 101.2 |
| 101.0 | 100.6 | 100.6 | 100.8 | 100.5 | 100.6 | 100.6 | 100.2 | 100.4 |
| 98.8 | 99.4 | 99.5 | 99.8 | 99.3 | 99.8 | 99.6 | 99.8 | 99.8 |
| 97.3 | 99.8 | 100.4 | 101.2 | 99.6 | 99.9 | 99.7 | 99.7 | 100.6 |
| 99.4 | 98.5 | 97.9 | 98.1 | 98.6 | 99.4 | 99.1 | 99.2 | 98.3 |
| 100.5 | 100.0 | 100.9 | 100.6 | 100.1 | 100.1 | 100.4 | 100.5 | 99.9 |
| 100.2 | 99.6 | 99.2 | 99.3 | 99.4 | 99.9 | 99.6 | 100.8 | 100.7 |
| 102.6 | 102.1 | 101.4 | 101.1 | 100.9 | 101.0 | 100.7 | 100.9 | 100.7 |
| 101.2 | 100.9 | 100.6 | 100.8 | 101.3 | 101.1 | 100.9 | 101.4 | 101.2 |
| 103.0 | 102.5 | 101.7 | 101.2 | 100.8 | 100.9 | 100.7 | 100.8 | 100.6 |
| 103.1 | 102.5 | 101.5 | 101.8 | 101.6 | 101.5 | 101.3 | 101.8 | 101.7 |
| 101.9 | 101.2 | 100.5 | 100.0 | 100.5 | 100.9 | 100.3 | 100.4 | 100.1 |
| 106.0 | 105.9 | 104.9 | 103.4 | 100.8 | 100.5 | 100.9 | 100.6 | 100.6 |
| 102.8 | 96.4 | 93.6 | 92.9 | 92.0 | 88.8 | 90.3 | 91.7 | 92.6 |
| 102.0 | 94.8 | 91.5 | 90.7 | 89.7 | 86.1 | 88.0 | 89.8 | 91.0 |
| 108.1 | 107.4 | 106.6 | 105.9 | 106.2 | 105.2 | 104.4 | 103.4 | 101.8 |
| 100.5 | 100.3 | 100.5 | 100.8 | 100.8 | 100.9 | 100.6 | 100.1 | 100.3 |
| 100.9 | 100.3 | 100.4 | 101.0 | 100.8 | 100.9 | 100.5 | 99.8 | 100.1 |
| 99.3 | 99.7 | 100.2 | 100.8 | 100.8 | 100.9 | 101.0 | 100.9 | 101.1 |
| 101.1 | 101.0 | 101.0 | 100.2 | 100.9 | 100.8 | 100.2 | 99.5 | 99.5 |
| 97.0 | 96.3 | 97.6 | 97.7 | 99.4 | 100.1 | 97.7 | 98.4 | 98.5 |
| 93.9 | 93.9 | 96.1 | 96.6 | 98.5 | 99.6 | 96.4 | 97.8 | 98.0 |
| 99.8 | 96.7 | 97.3 | 97.2 | 100.5 | 100.4 | 98.5 | 100.6 | 99.8 |
| 101.3 | 100.7 | 100.8 | 100.1 | 100.2 | 101.0 | 99.5 | 98.3 | 98.8 |
| 102.6 | 102.5 | 102.5 | 102.5 | 102.6 | 103.2 | 103.2 | 103.2 | 102.9 |
| 102.0 | 101.9 | 102.0 | 101.9 | 102.2 | 103.0 | 103.2 | 103.2 | 103.2 |
| 101.4 | 101.4 | 101.5 | 101.5 | 101.5 | 102.0 | 101.9 | 101.9 | 101.6 |
| 107.6 | 107.2 | 106.5 | 106.3 | 107.1 | 107.9 | 107.7 | 107.7 | 107.2 |
| 100.7 | 100.4 | 100.3 | 100.5 | 99.9 | 99.8 | 100.9 | 101.0 | 101.3 |
| **99.4** | **101.0** | **102.3** | **102.2** | **102.4** | **102.4** | **102.3** | **102.3** | **102.4** |
| 100.0 | 102.7 | 105.3 | 105.4 | 105.2 | 105.0 | 104.9 | 104.9 | 105.0 |
| 100.0 | 101.6 | 103.1 | 103.3 | 103.3 | 103.2 | 103.2 | 103.2 | 103.2 |
| 99.9 | 102.5 | 104.9 | 105.0 | 104.5 | 104.1 | 104.1 | 104.0 | 104.0 |

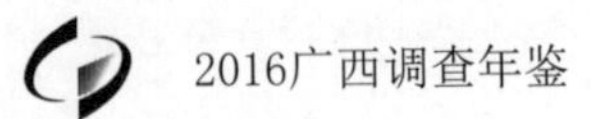


3-3 续表 2

（上年同期＝100）

| 指　标 | Item | 1 月 January | 2 月 February | 3 月 March |
|---|---|---|---|---|
| 酒 | Liquor | 99.8 | 99.5 | 99.0 |
| 白酒 | Liquer | 99.2 | 98.8 | 98.6 |
| 葡萄酒 | Wine | 101.7 | 99.3 | 99.0 |
| 啤酒 | Beer | 100.4 | 101.1 | 100.1 |
| **衣着** | **Clothing** | **101.9** | **103.1** | **103.9** |
| 服装 | Garments | 102.3 | 103.6 | 104.4 |
| 男式服装 | Men's Garment | 100.9 | 102.4 | 103.7 |
| 大衣 | Overcoat | 99.0 | 104.5 | 106.5 |
| 毛线衣 | Knitted Woolen Clothes | 99.9 | 100.1 | 103.7 |
| 夹克衫 | Jacket | 103.0 | 106.7 | 108.8 |
| 衬衫 | Shirt | 99.1 | 99.3 | 99.5 |
| T恤衫 | T-shirts | 97.6 | 98.1 | 98.4 |
| 裤子 | Trousers | 99.4 | 101.6 | 102.8 |
| 西服 | Suits | 102.4 | 101.8 | 102.8 |
| 运动衫裤 | Sport Clothing | 105.2 | 107.4 | 108.9 |
| 内衣 | Underwear | 100.2 | 102.4 | 103.3 |
| 羽绒衣 | Down Clothing | 112.8 | 114.6 | 113.1 |
| 女式服装 | Women's dress | 103.5 | 104.7 | 105.1 |
| 大衣 | Overcoat | 101.2 | 101.4 | 106.3 |
| 毛线衣 | Knitted Woolen Clothes | 101.3 | 102.8 | 104.7 |
| 羽绒衣 | Down Clothing | 104.8 | 108.5 | 108.9 |
| 套装 | Suits | 110.6 | 111.0 | 106.5 |
| 衬衫 | Shirt | 100.3 | 100.6 | 100.8 |
| T恤衫 | T-shirts | 101.7 | 101.7 | 101.4 |
| 裙子 | Skirt | 103.7 | 104.9 | 106.1 |
| 裤子 | Trousers | 103.5 | 105.6 | 106.2 |
| 运动衫裤 | Sports Wear | 103.3 | 103.5 | 104.8 |
| 内衣 | Underwear | 103.4 | 105.8 | 106.9 |
| 儿童服装 | Children's Garment | 102.4 | 103.2 | 104.3 |
| 上衣 | Coat | 102.0 | 102.8 | 103.6 |
| 裤子 | Trousers | 102.1 | 102.4 | 104.2 |
| 裙子 | Skirt | 103.4 | 105.1 | 105.7 |
| 衣着材料 | Clothing Material | 100.8 | 101.0 | 101.0 |
| 棉布 | Cotton Cloth | 101.0 | 101.1 | 101.2 |
| 化纤布 | Chemical Fiber Cloth | 101.4 | 101.6 | 101.6 |
| 毛线 | Woolen Threads | 100.2 | 100.3 | 99.9 |

continued

(preceding year=100)

| 4月<br>April | 5月<br>May | 6月<br>June | 7月<br>July | 8月<br>August | 9月<br>September | 10月<br>October | 11月<br>November | 12月<br>December |
|---|---|---|---|---|---|---|---|---|
| 98.9 | 99.5 | 99.7 | 99.5 | 100.0 | 100.3 | 100.1 | 100.0 | 100.2 |
| 98.4 | 99.1 | 99.4 | 99.1 | 99.8 | 100.4 | 100.3 | 100.4 | 100.5 |
| 99.2 | 99.6 | 99.6 | 99.2 | 98.5 | 98.3 | 97.8 | 97.9 | 97.7 |
| 99.9 | 100.4 | 100.5 | 100.4 | 101.1 | 100.8 | 100.6 | 100.0 | 100.8 |
| **104.3** | **105.3** | **106.0** | **106.2** | **106.2** | **106.2** | **106.0** | **105.0** | **105.6** |
| 104.6 | 105.6 | 106.3 | 106.6 | 106.4 | 106.4 | 106.3 | 104.8 | 105.6 |
| 104.1 | 105.2 | 105.8 | 105.6 | 105.8 | 105.9 | 105.9 | 105.3 | 106.4 |
| 106.9 | 107.8 | 107.8 | 107.8 | 107.8 | 107.0 | 106.2 | 107.1 | 110.5 |
| 105.0 | 104.9 | 104.9 | 104.9 | 104.9 | 105.6 | 105.4 | 103.1 | 104.4 |
| 109.0 | 109.0 | 109.1 | 109.0 | 109.0 | 109.9 | 110.5 | 108.3 | 111.6 |
| 98.7 | 100.7 | 102.8 | 103.9 | 104.3 | 105.3 | 106.0 | 106.7 | 106.0 |
| 97.4 | 100.6 | 102.3 | 101.4 | 102.5 | 102.3 | 103.1 | 104.7 | 104.5 |
| 105.3 | 107.0 | 106.1 | 105.8 | 106.5 | 106.2 | 104.8 | 104.8 | 105.5 |
| 102.7 | 103.2 | 104.6 | 104.6 | 104.6 | 104.4 | 104.6 | 103.7 | 106.4 |
| 109.4 | 109.3 | 108.8 | 107.9 | 106.7 | 104.7 | 105.6 | 105.0 | 106.5 |
| 104.4 | 105.4 | 105.9 | 104.5 | 103.6 | 103.7 | 104.4 | 103.8 | 104.4 |
| 113.6 | 113.6 | 113.6 | 113.6 | 113.6 | 113.6 | 110.2 | 105.6 | 104.1 |
| 104.3 | 105.8 | 106.5 | 106.8 | 106.4 | 106.2 | 106.0 | 103.9 | 104.6 |
| 104.9 | 104.0 | 104.0 | 104.0 | 104.0 | 105.0 | 106.4 | 103.4 | 108.7 |
| 105.5 | 105.3 | 105.3 | 105.3 | 105.3 | 105.8 | 105.1 | 103.6 | 106.6 |
| 109.1 | 109.1 | 109.1 | 109.1 | 109.1 | 109.1 | 108.0 | 103.5 | 105.8 |
| 105.1 | 104.4 | 104.5 | 104.5 | 104.8 | 106.4 | 105.2 | 98.5 | 96.5 |
| 99.8 | 103.8 | 105.7 | 106.5 | 106.0 | 104.6 | 104.7 | 104.0 | 104.2 |
| 100.6 | 105.0 | 107.4 | 107.4 | 107.1 | 106.4 | 107.5 | 110.1 | 109.9 |
| 105.8 | 107.9 | 108.9 | 110.5 | 109.4 | 108.0 | 109.7 | 105.0 | 105.4 |
| 103.6 | 105.0 | 105.5 | 106.0 | 105.4 | 105.8 | 105.1 | 104.1 | 104.1 |
| 105.0 | 104.8 | 105.8 | 104.6 | 104.5 | 102.5 | 102.1 | 101.8 | 101.7 |
| 107.2 | 109.9 | 110.1 | 110.0 | 109.1 | 107.8 | 106.1 | 104.4 | 106.3 |
| 106.6 | 106.0 | 106.8 | 108.4 | 108.2 | 108.6 | 108.7 | 106.9 | 107.0 |
| 102.6 | 102.8 | 103.7 | 104.4 | 105.5 | 106.1 | 106.3 | 105.6 | 105.9 |
| 109.2 | 109.0 | 109.2 | 111.2 | 110.3 | 111.5 | 110.5 | 108.8 | 109.0 |
| 108.1 | 105.8 | 107.4 | 110.1 | 108.9 | 108.0 | 109.2 | 105.8 | 105.6 |
| 100.7 | 100.8 | 101.0 | 100.9 | 100.9 | 100.9 | 100.6 | 100.3 | 100.3 |
| 101.0 | 101.0 | 101.1 | 101.1 | 101.1 | 101.1 | 100.7 | 100.3 | 100.2 |
| 101.4 | 101.4 | 101.6 | 101.5 | 101.5 | 101.5 | 101.3 | 100.9 | 100.3 |
| 99.4 | 99.3 | 99.3 | 99.2 | 99.3 | 99.3 | 99.0 | 99.1 | 100.1 |

3-3 续表 3

（上年同期＝100）

| 指　标 | Item | 1 月 January | 2 月 February | 3 月 March |
|---|---|---|---|---|
| 鞋袜帽 | Footwear,Socks and Hats | 100.4 | 101.6 | 102.5 |
| 鞋 | Shoes | 100.2 | 101.5 | 102.5 |
| 男鞋 | Men's Shoes | 102.5 | 103.4 | 103.0 |
| 女鞋 | Women's Shoes | 98.4 | 100.0 | 101.9 |
| 童鞋 | Children's Shoes | 101.8 | 102.7 | 103.7 |
| 袜子 | Socks and Stockings | 101.8 | 102.1 | 102.2 |
| 男袜 | Men's Socks | 99.6 | 100.0 | 100.2 |
| 女袜 | Women's Socks | 103.3 | 103.5 | 103.5 |
| 帽子 | Hats | 101.2 | 101.9 | 101.8 |
| 男帽 | Man Cap | 101.7 | 102.0 | 101.6 |
| 女帽 | Bonnet | 100.9 | 101.8 | 102.0 |
| 衣着加工服务费 | Clothing Processing | 105.2 | 105.0 | 105.1 |
| 缝纫 | Sewing | 105.2 | 104.7 | 104.8 |
| 清洗 | Washing | 105.2 | 105.3 | 105.6 |
| **家庭设备用品及维修服务** | **Household Facilities and Articles** | **100.4** | **100.5** | **100.7** |
| 耐用消费品 | Durable Consumer Goods | 99.4 | 99.5 | 99.5 |
| 家具 | Furniture | 100.5 | 100.9 | 100.3 |
| 柜 | Counters | 100.1 | 100.7 | 100.1 |
| 床 | Beds | 100.4 | 101.4 | 100.5 |
| 桌 | Desks | 102.0 | 102.3 | 101.0 |
| 椅 | Chairs | 99.6 | 100.0 | 100.1 |
| 沙发 | Sofas | 100.4 | 100.2 | 99.8 |
| 家庭设备 | Household Facilities | 98.8 | 98.7 | 99.0 |
| 洗衣机 | Washing Machine | 96.6 | 96.8 | 97.5 |
| 电风扇 | Electric Fan | 101.5 | 101.6 | 101.2 |
| 电冰箱（柜） | Refrigerator | 98.9 | 97.9 | 97.5 |
| 吸排油烟机 | Smoke Exhauster | 99.9 | 100.5 | 100.6 |
| 空调器 | Air Conditioner | 97.6 | 97.5 | 97.8 |
| 热水器 | Shower Heater | 102.2 | 102.8 | 103.7 |
| 微波炉 | Microwave Oven | 98.3 | 98.1 | 99.2 |
| 室内装饰品 | Interior Decorations | 100.1 | 101.5 | 102.5 |
| 纺织装饰品 | Fabric Decorations | 102.4 | 102.9 | 103.0 |
| 装饰灯具 | Lamp Decorations | 98.2 | 100.3 | 102.1 |
| 床上用品 | Bed Articles | 100.0 | 100.5 | 101.0 |
| 被子 | Quilts | 100.3 | 101.8 | 102.4 |
| 床上套件 | Bed Sets | 99.7 | 99.3 | 99.8 |
| 家庭日用杂品 | Daily Use Household Articles | 100.3 | 100.2 | 100.3 |
| 茶具 | Tea-set | 99.6 | 99.8 | 99.9 |
| 餐具 | Cooking-set | 99.6 | 99.6 | 99.6 |

continued

(preceding year=100)

| 4 月 April | 5 月 May | 6 月 June | 7 月 July | 8 月 August | 9 月 September | 10 月 October | 11 月 November | 12 月 December |
|---|---|---|---|---|---|---|---|---|
| 103.6 | 104.5 | 105.5 | 105.6 | 105.7 | 105.9 | 105.3 | 105.8 | 106.2 |
| 103.8 | 105.0 | 106.2 | 106.2 | 106.3 | 106.6 | 106.0 | 106.4 | 106.9 |
| 104.2 | 105.6 | 106.0 | 105.8 | 105.1 | 105.3 | 104.0 | 103.4 | 103.8 |
| 103.2 | 104.4 | 106.3 | 106.8 | 107.9 | 108.2 | 107.9 | 109.3 | 110.2 |
| 105.2 | 105.9 | 106.1 | 105.2 | 103.3 | 103.6 | 103.9 | 103.1 | 102.8 |
| 102.5 | 101.3 | 100.7 | 101.3 | 101.5 | 101.7 | 101.1 | 100.9 | 101.5 |
| 100.0 | 99.7 | 98.5 | 98.6 | 99.1 | 99.2 | 99.3 | 100.7 | 101.4 |
| 104.2 | 102.5 | 102.2 | 103.1 | 103.1 | 103.3 | 102.3 | 101.0 | 101.6 |
| 102.3 | 101.2 | 101.6 | 102.3 | 102.5 | 102.2 | 102.3 | 103.8 | 102.4 |
| 101.6 | 101.1 | 101.2 | 101.9 | 103.0 | 103.1 | 102.9 | 104.4 | 102.5 |
| 102.8 | 101.3 | 101.8 | 102.6 | 102.1 | 101.7 | 101.9 | 103.4 | 102.4 |
| 105.4 | 105.7 | 105.6 | 105.4 | 105.1 | 105.0 | 105.1 | 103.2 | 102.8 |
| 105.3 | 106.1 | 106.1 | 105.7 | 105.3 | 105.2 | 105.4 | 103.6 | 104.0 |
| 105.5 | 105.2 | 104.9 | 105.0 | 104.9 | 104.9 | 104.7 | 102.7 | 101.2 |
| **100.7** | **101.0** | **101.2** | **100.9** | **100.7** | **100.8** | **100.8** | **100.5** | **100.7** |
| 99.5 | 99.8 | 100.1 | 99.7 | 99.4 | 99.7 | 99.6 | 99.4 | 99.6 |
| 100.2 | 100.2 | 101.9 | 101.5 | 100.8 | 100.9 | 101.1 | 100.7 | 100.8 |
| 100.2 | 100.6 | 101.9 | 101.6 | 101.4 | 101.3 | 101.2 | 100.3 | 100.4 |
| 100.1 | 100.0 | 102.0 | 101.8 | 101.2 | 101.3 | 101.6 | 101.6 | 101.9 |
| 101.1 | 101.2 | 102.5 | 101.8 | 100.3 | 100.7 | 100.9 | 100.3 | 100.4 |
| 100.1 | 100.4 | 102.9 | 102.7 | 102.2 | 101.7 | 101.7 | 101.7 | 102.0 |
| 99.7 | 99.4 | 100.9 | 100.2 | 99.6 | 99.7 | 100.3 | 100.0 | 100.0 |
| 99.1 | 99.5 | 99.0 | 98.7 | 98.6 | 99.0 | 98.7 | 98.6 | 98.9 |
| 97.7 | 98.8 | 98.5 | 98.2 | 98.1 | 99.1 | 98.6 | 98.7 | 98.0 |
| 100.2 | 99.7 | 99.0 | 98.9 | 101.0 | 101.6 | 101.4 | 101.2 | 101.2 |
| 98.0 | 98.0 | 96.9 | 97.0 | 96.7 | 96.1 | 96.3 | 95.6 | 95.7 |
| 100.6 | 100.6 | 101.1 | 100.8 | 100.2 | 100.2 | 100.9 | 100.1 | 100.1 |
| 97.9 | 99.3 | 99.2 | 98.4 | 97.8 | 98.5 | 98.2 | 98.5 | 99.6 |
| 104.4 | 103.9 | 102.4 | 102.4 | 102.1 | 102.1 | 101.1 | 100.7 | 100.2 |
| 99.6 | 97.9 | 98.0 | 97.3 | 98.3 | 99.3 | 99.3 | 99.1 | 99.2 |
| 102.6 | 102.4 | 102.3 | 102.2 | 101.8 | 100.9 | 101.8 | 101.2 | 101.4 |
| 103.2 | 102.9 | 102.9 | 102.5 | 102.3 | 101.9 | 102.4 | 101.7 | 101.7 |
| 102.0 | 102.0 | 101.8 | 101.9 | 101.4 | 100.1 | 101.2 | 100.7 | 101.2 |
| 101.4 | 102.8 | 103.4 | 103.4 | 103.6 | 103.7 | 103.7 | 102.5 | 102.5 |
| 103.6 | 104.4 | 104.5 | 104.4 | 104.5 | 104.6 | 104.5 | 102.6 | 102.1 |
| 99.4 | 101.5 | 102.7 | 102.9 | 103.1 | 103.2 | 103.2 | 102.6 | 103.2 |
| 100.1 | 100.3 | 100.3 | 100.0 | 100.0 | 100.0 | 100.0 | 100.0 | 100.2 |
| 99.9 | 100.0 | 100.5 | 100.1 | 100.2 | 100.5 | 101.0 | 100.8 | 101.0 |
| 99.8 | 100.0 | 99.6 | 99.3 | 99.4 | 99.3 | 99.5 | 99.3 | 99.6 |

## 3-3 续表 4

（上年同期=100）

| 指 标 | Item | 1 月 January | 2 月 February | 3 月 March |
|---|---|---|---|---|
| 厨具 | Cook-set | 100.6 | 100.6 | 100.8 |
| 家用手工工具 | Family Tool | 100.2 | 100.0 | 99.9 |
| 洗涤用品 | Wash Articles | 100.8 | 100.5 | 100.8 |
| 家庭服务及加工维修服务 | Household Service and Maintenance | 107.4 | 107.7 | 107.9 |
| 家庭服务 | Household Service | 108.6 | 110.6 | 111.1 |
| 加工维修服务 | The Processed Upkeep | 106.4 | 105.5 | 105.5 |
| **医疗保健和个人用品** | **Medicine and Personal Articles** | **101.5** | **101.9** | **101.8** |
| 医疗保健 | Medicine | 102.0 | 102.0 | 102.5 |
| 医疗器具及用品 | Edical Appliances and Articles | 100.1 | 99.9 | 99.6 |
| 中药材及中成药 | Traditional Chines Herbs | 103.8 | 103.7 | 104.8 |
| 中药材 | Chines Herbal Material | 105.5 | 105.3 | 104.8 |
| 中成药 | Chines Patent drugs | 102.2 | 102.2 | 104.7 |
| 西药 | Western Medicine | 102.0 | 102.0 | 102.3 |
| 抗生素（抗感染药） | Antibiotics（Anti-infectives） | 101.5 | 101.2 | 101.4 |
| 消化系统用药 | The Digestive System Drugs | 101.9 | 102.0 | 102.4 |
| 呼吸系统用药 | Respiratory Drug | 100.9 | 101.3 | 101.3 |
| 解热镇痛药 | Antipyretic and Analgesic | 100.9 | 100.6 | 100.5 |
| 抗肿瘤药 | Anticancer Drugs | 101.3 | 101.3 | 101.4 |
| 激素类药 | Hormone Drugs | 103.3 | 103.4 | 103.9 |
| 心血管系统用药 | Cardiovascular System Drugs | 103.0 | 103.1 | 103.8 |
| 中枢神经系统用药 | Central Nervous System Drugs | 106.5 | 106.5 | 107.4 |
| 消毒防腐及创伤外科用药 | Disinfection Antisepsis and Trauma Surgery Medication | 101.8 | 102.1 | 102.3 |
| 泌尿系统用药 | Urinary System Drugs | 98.7 | 98.9 | 99.6 |
| 维生素类 | Vitamins | 104.2 | 104.0 | 103.8 |
| 保健器具及用品 | Healthy Appliances and Articles | 102.4 | 102.2 | 102.3 |
| 保健器具 | Healthy Appliance | 99.6 | 99.6 | 99.7 |
| 滋补保健用品 | Tonic and Healthy Goods | 103.2 | 103.0 | 103.0 |
| 医疗保健服务 | Medical and Health Service | 100.1 | 100.3 | 100.2 |
| 挂号诊疗费 | Registration and Diagnosis & Treatment Fee | 100.0 | 100.0 | 100.0 |
| 注射费 | Injection Fee | 100.0 | 100.0 | 100.0 |
| 检查费 | Examination Fee | 100.0 | 100.0 | 100.0 |
| 手术费 | Operation Fee | 100.0 | 100.0 | 100.0 |
| 床位费 | Bed Fee | 100.5 | 101.1 | 101.0 |
| 理疗费 | Physiotherapy Fees | 100.1 | 100.3 | 100.3 |
| 化验费 | Laboratory Fees | 100.0 | 100.0 | 100.0 |
| 个人用品及服务 | Pesonal Articles and Services | 100.5 | 101.8 | 100.5 |
| 化妆美容用品 | Making-up Articles | 100.6 | 100.5 | 100.4 |
| 化妆美容器具 | Making-up Utensil | 100.5 | 100.6 | 100.7 |
| 美容化妆品 | Cosmetic Products | 100.7 | 100.6 | 100.2 |

continued

(preceding year=100)

| 4 月<br>April | 5 月<br>May | 6 月<br>June | 7 月<br>July | 8 月<br>August | 9 月<br>September | 10 月<br>October | 11 月<br>November | 12 月<br>December |
|---|---|---|---|---|---|---|---|---|
| 100.2 | 99.9 | 99.9 | 99.3 | 99.1 | 100.1 | 99.7 | 99.5 | 99.9 |
| 99.8 | 100.0 | 100.0 | 100.0 | 100.3 | 100.3 | 100.1 | 100.3 | 100.5 |
| 100.4 | 100.8 | 100.9 | 100.7 | 100.6 | 100.0 | 100.0 | 100.3 | 100.2 |
| 108.1 | 107.0 | 107.4 | 106.6 | 106.4 | 106.1 | 106.1 | 105.9 | 105.8 |
| 111.4 | 111.9 | 112.6 | 110.7 | 110.3 | 110.4 | 110.3 | 110.3 | 110.7 |
| 105.5 | 103.4 | 103.4 | 103.4 | 103.4 | 102.9 | 102.9 | 102.6 | 102.0 |
| **101.8** | **101.8** | **101.5** | **101.3** | **101.5** | **101.7** | **102.2** | **102.3** | **102.4** |
| 102.4 | 102.3 | 101.9 | 101.9 | 102.1 | 102.3 | 103.0 | 103.1 | 103.3 |
| 99.6 | 99.2 | 99.4 | 99.7 | 99.8 | 100.5 | 100.5 | 101.0 | 101.0 |
| 104.7 | 104.3 | 103.4 | 103.4 | 103.4 | 103.3 | 103.7 | 103.9 | 104.3 |
| 104.6 | 103.5 | 101.6 | 100.9 | 100.9 | 100.9 | 101.4 | 101.6 | 102.6 |
| 104.9 | 105.1 | 105.1 | 105.9 | 105.8 | 105.7 | 105.9 | 106.1 | 106.0 |
| 102.2 | 102.4 | 101.7 | 101.8 | 101.6 | 101.7 | 101.9 | 101.9 | 101.9 |
| 101.4 | 101.5 | 100.9 | 101.0 | 100.9 | 101.3 | 101.7 | 101.8 | 101.8 |
| 102.3 | 102.6 | 102.3 | 102.3 | 101.5 | 101.5 | 101.4 | 101.4 | 101.6 |
| 101.5 | 101.1 | 101.5 | 101.4 | 100.9 | 101.0 | 101.2 | 100.6 | 99.9 |
| 100.4 | 100.6 | 100.6 | 100.7 | 100.7 | 100.5 | 100.5 | 100.8 | 100.9 |
| 101.4 | 101.6 | 100.2 | 100.2 | 99.9 | 99.8 | 99.8 | 99.9 | 100.0 |
| 103.7 | 104.6 | 103.6 | 105.9 | 106.8 | 107.8 | 107.3 | 107.3 | 108.2 |
| 103.7 | 104.1 | 101.5 | 101.5 | 101.6 | 101.6 | 101.7 | 101.7 | 102.1 |
| 107.7 | 108.1 | 103.2 | 103.2 | 103.3 | 103.1 | 103.4 | 103.4 | 102.9 |
| 102.3 | 102.5 | 103.1 | 102.3 | 101.9 | 102.1 | 102.5 | 102.5 | 102.5 |
| 99.6 | 100.5 | 100.7 | 100.2 | 100.0 | 100.1 | 100.7 | 101.1 | 101.1 |
| 101.5 | 101.6 | 101.4 | 102.4 | 102.3 | 102.5 | 102.7 | 102.3 | 102.3 |
| 102.1 | 102.0 | 101.7 | 101.4 | 101.5 | 101.5 | 101.5 | 101.7 | 101.6 |
| 99.7 | 99.9 | 100.0 | 100.0 | 100.0 | 100.8 | 100.8 | 100.8 | 100.8 |
| 102.8 | 102.6 | 102.2 | 101.8 | 101.9 | 101.6 | 101.7 | 101.9 | 101.8 |
| 100.2 | 100.2 | 100.6 | 100.6 | 101.5 | 102.3 | 104.3 | 104.6 | 104.6 |
| 100.0 | 100.0 | 100.0 | 100.1 | 102.8 | 107.8 | 118.9 | 119.5 | 119.8 |
| 100.0 | 100.0 | 100.0 | 100.0 | 100.0 | 100.1 | 103.7 | 103.7 | 103.3 |
| 100.0 | 100.0 | 100.0 | 100.0 | 100.0 | 100.9 | 100.8 | 100.8 | 100.2 |
| 100.0 | 100.0 | 100.0 | 100.0 | 101.3 | 101.8 | 102.4 | 102.9 | 103.2 |
| 101.0 | 101.0 | 102.7 | 102.7 | 104.5 | 104.5 | 105.4 | 105.7 | 106.1 |
| 100.3 | 100.2 | 100.2 | 100.2 | 100.6 | 100.6 | 102.3 | 102.5 | 102.4 |
| 100.0 | 100.0 | 100.0 | 100.0 | 100.0 | 100.0 | 100.0 | 100.0 | 100.2 |
| 100.6 | 100.8 | 100.6 | 100.1 | 100.1 | 100.3 | 100.5 | 100.4 | 100.6 |
| 100.2 | 100.3 | 100.3 | 100.3 | 100.4 | 100.3 | 100.7 | 100.4 | 100.5 |
| 100.8 | 100.6 | 100.6 | 100.8 | 100.9 | 99.9 | 100.1 | 100.0 | 100.6 |
| 100.4 | 100.6 | 100.6 | 100.6 | 100.6 | 100.6 | 100.6 | 100.7 | 100.8 |

3-3 续表 5

（上年同期=100）

| 指 标 | Item | 1 月 January | 2 月 February | 3 月 March |
|---|---|---|---|---|
| 护肤品 | Skin Care Products | 100.6 | 100.4 | 100.2 |
| 护发美容品 | Hair Care Cosmetics | 100.5 | 100.8 | 101.0 |
| 清洁化妆用品 | Clean Toiletries | 100.8 | 101.0 | 101.1 |
| 洗发用品 | Shampoo Articles | 100.6 | 100.6 | 100.9 |
| 洗浴用品 | Bathing Articles | 101.1 | 101.4 | 101.4 |
| 个人饰品 | Personal Ornaments | 99.3 | 98.2 | 96.0 |
| 首饰 | Jewelry | 97.5 | 95.1 | 90.3 |
| 皮件 | Leather Goods | 100.4 | 100.3 | 100.4 |
| 手表 | Watchs | 101.1 | 101.3 | 101.2 |
| 领带 | Ties | 101.2 | 101.5 | 101.7 |
| 个人服务 | Personal Service | 100.9 | 108.3 | 103.4 |
| 美容 | Making-up | 100.1 | 100.9 | 100.7 |
| 理（烫）发 | Haircut（Perm） | 101.4 | 113.8 | 105.0 |
| 洗浴 | Bathing | 101.1 | 98.0 | 102.5 |
| **交通和通信** | **Transportation and Communication** | **97.6** | **97.8** | **98.6** |
| 交通 | Transportation | 96.3 | 96.7 | 97.8 |
| 交通工具 | Transportation Means | 100.0 | 99.4 | 99.4 |
| 助动自行车 | Electric Bicycle | 101.1 | 100.5 | 100.2 |
| 轿车 | Car | 98.0 | 97.5 | 97.4 |
| 自行车 | Bicycle | 101.0 | 100.1 | 100.6 |
| 车用燃料及零配件 | Fuel and Accessories for Vehicle | 83.0 | 82.5 | 84.9 |
| 汽油 | Petrol | 78.5 | 77.7 | 80.8 |
| 柴油 | Diesel Oil | 77.2 | 76.3 | 79.9 |
| 零配件 | Accessories | 97.8 | 98.0 | 98.3 |
| 车辆使用及维修费 | Vehicle Using and Maintenance | 106.1 | 107.5 | 106.4 |
| 保险费 | Insurance | 100.0 | 100.0 | 100.0 |
| 停车费 | Parking fee | 126.3 | 126.4 | 126.3 |
| 车辆修理服务费 | Vehicle Maintenance Service | 103.0 | 105.2 | 103.4 |
| 市区公共交通费 | City Bus Transport | 100.6 | 101.1 | 101.1 |
| 公共汽车票 | Bus Ticket | 100.3 | 99.9 | 100.3 |
| 出租汽车 | Taxi | 101.1 | 103.1 | 102.3 |
| 城市间交通费 | Inter-city Transportation | 95.1 | 96.9 | 100.9 |
| 飞机票 | Plane Ticket | 94.7 | 94.2 | 98.5 |
| 火车票 | Train Ticket | 100.2 | 100.0 | 100.0 |
| 长途汽车 | Long-distance Coach | 92.6 | 94.2 | 100.4 |
| 通信 | Communication | 99.2 | 99.3 | 99.5 |
| 通信工具 | Communication Tools | 95.1 | 95.2 | 95.5 |
| 固定电话机 | Stationary Telephone | 99.4 | 99.8 | 99.8 |
| 移动电话机 | Mobile Telephone | 94.0 | 94.1 | 94.4 |

continued

(preceding year=100)

| 4 月 April | 5 月 May | 6 月 June | 7 月 July | 8 月 August | 9 月 September | 10 月 October | 11 月 November | 12 月 December |
|---|---|---|---|---|---|---|---|---|
| 99.6 | 99.9 | 100.1 | 100.0 | 100.2 | 100.3 | 100.9 | 100.2 | 100.3 |
| 100.7 | 100.6 | 100.3 | 100.3 | 100.2 | 100.1 | 100.4 | 100.7 | 100.4 |
| 101.3 | 101.5 | 101.4 | 101.0 | 100.8 | 100.4 | 100.2 | 100.3 | 100.6 |
| 100.9 | 101.1 | 101.1 | 100.9 | 100.9 | 100.5 | 100.3 | 100.5 | 100.9 |
| 101.8 | 102.0 | 102.0 | 101.1 | 100.8 | 100.4 | 100.1 | 100.1 | 100.3 |
| 97.1 | 97.1 | 96.4 | 94.5 | 94.8 | 96.6 | 98.0 | 97.6 | 97.3 |
| 92.6 | 91.7 | 90.4 | 86.3 | 86.9 | 91.0 | 94.2 | 92.9 | 92.4 |
| 100.5 | 101.6 | 101.2 | 101.3 | 101.2 | 100.9 | 100.7 | 100.7 | 100.7 |
| 101.3 | 101.5 | 101.5 | 101.6 | 101.4 | 101.4 | 101.0 | 100.6 | 100.5 |
| 101.7 | 101.6 | 101.4 | 101.0 | 101.7 | 101.7 | 102.4 | 103.7 | 103.1 |
| 103.0 | 103.5 | 103.3 | 103.2 | 103.4 | 103.3 | 103.3 | 103.2 | 103.7 |
| 101.1 | 101.4 | 101.7 | 101.9 | 101.9 | 101.9 | 101.9 | 101.9 | 102.0 |
| 104.1 | 104.8 | 104.2 | 104.0 | 104.1 | 103.9 | 103.9 | 103.7 | 104.4 |
| 102.7 | 102.5 | 102.6 | 102.8 | 103.4 | 105.1 | 105.1 | 104.9 | 104.8 |
| **98.5** | **99.0** | **98.8** | **98.5** | **98.1** | **98.4** | **98.5** | **99.0** | **98.8** |
| 97.6 | 98.5 | 98.2 | 97.5 | 96.8 | 97.3 | 97.6 | 98.4 | 98.1 |
| 99.4 | 99.4 | 99.3 | 99.3 | 99.4 | 99.3 | 99.2 | 99.0 | 99.0 |
| 100.3 | 100.5 | 100.3 | 100.3 | 101.0 | 100.4 | 100.3 | 99.6 | 99.6 |
| 97.2 | 97.2 | 97.3 | 97.5 | 96.9 | 97.0 | 96.6 | 96.8 | 97.3 |
| 100.2 | 100.0 | 100.0 | 99.6 | 99.4 | 99.7 | 99.8 | 99.8 | 99.8 |
| 85.0 | 87.9 | 87.4 | 85.5 | 83.5 | 83.6 | 86.4 | 89.2 | 90.0 |
| 81.0 | 84.7 | 84.1 | 81.8 | 79.0 | 79.1 | 82.4 | 85.9 | 86.6 |
| 79.6 | 83.9 | 83.2 | 80.6 | 77.3 | 77.1 | 80.9 | 84.5 | 87.0 |
| 98.6 | 98.6 | 98.8 | 98.2 | 98.4 | 98.5 | 98.8 | 99.0 | 98.9 |
| 106.5 | 106.6 | 106.8 | 106.9 | 106.2 | 105.9 | 105.6 | 105.6 | 101.5 |
| 100.0 | 100.0 | 100.0 | 100.0 | 100.0 | 100.0 | 100.0 | 100.0 | 100.0 |
| 126.3 | 126.3 | 126.3 | 126.3 | 125.7 | 124.1 | 124.8 | 124.8 | 102.2 |
| 103.6 | 103.9 | 104.1 | 104.4 | 103.2 | 103.0 | 102.2 | 102.2 | 102.2 |
| 101.2 | 100.4 | 100.4 | 100.2 | 100.5 | 104.3 | 104.2 | 104.2 | 104.4 |
| 100.6 | 100.3 | 100.3 | 100.3 | 100.3 | 105.2 | 105.2 | 105.2 | 105.2 |
| 102.1 | 100.4 | 100.4 | 100.1 | 100.7 | 102.9 | 102.7 | 102.7 | 103.2 |
| 99.6 | 101.5 | 100.5 | 99.2 | 98.2 | 98.0 | 96.7 | 97.7 | 97.6 |
| 107.7 | 115.4 | 108.9 | 98.3 | 98.9 | 102.6 | 104.7 | 103.6 | 102.4 |
| 100.0 | 100.0 | 99.9 | 99.6 | 99.6 | 99.6 | 99.6 | 99.6 | 99.6 |
| 97.7 | 101.0 | 99.7 | 98.5 | 96.6 | 96.3 | 95.1 | 96.8 | 96.8 |
| 99.5 | 99.6 | 99.6 | 99.6 | 99.6 | 99.6 | 99.6 | 99.7 | 99.6 |
| 95.8 | 95.9 | 95.9 | 96.3 | 96.3 | 96.2 | 96.6 | 96.7 | 96.9 |
| 99.7 | 99.6 | 99.6 | 99.8 | 100.0 | 100.6 | 100.6 | 100.6 | 100.6 |
| 94.8 | 95.0 | 94.9 | 95.4 | 95.3 | 95.1 | 95.5 | 95.7 | 95.9 |

3-3 续表 6

（上年同期=100）

| 指 标 | Item | 1 月 January | 2 月 February | 3 月 March |
|---|---|---|---|---|
| 通信服务 | Communication Service | 100.1 | 100.1 | 100.3 |
| 移动通信费 | Mobile Communications | 99.9 | 99.9 | 99.9 |
| 市内电话费 | Telephone Charge Within a City | 100.0 | 100.0 | 100.0 |
| 长途电话费 | Long-Distance call Charge | 99.9 | 99.9 | 99.9 |
| 月租费 | Monthly Renting Fee | 100.0 | 100.0 | 100.0 |
| 上网费 | Internet Access Fee | 100.9 | 100.8 | 102.3 |
| 邮政邮寄 | Postal Mail | 100.0 | 100.0 | 100.0 |
| 其他邮寄 | Other Mail | 100.6 | 100.6 | 100.6 |
| **娱乐教育文化用品及服务** | **Recreation,Education,Culture Articles and Services** | **100.4** | **101.1** | **101.0** |
| 文娱用耐用消费品及服务 | Durable Consumer Goods for Recreational | 97.8 | 97.9 | 98.0 |
| 电视机 | Television | 94.7 | 94.9 | 95.3 |
| 激光视盘机 | Video-disc Player | 99.1 | 99.3 | 99.0 |
| 摄像机 | Video-camera | 97.8 | 98.1 | 98.0 |
| 照相机 | Camera | 97.2 | 97.2 | 97.4 |
| 家用音响 | Stereo-set | 100.4 | 100.3 | 100.4 |
| 便携式音响 | Portable Audio | 100.2 | 100.3 | 100.2 |
| 电脑 | Computer | 98.5 | 98.4 | 98.4 |
| 修理服务 | Repair Service Fee | 101.5 | 102.0 | 102.0 |
| 教育 | Education | 102.1 | 102.1 | 102.2 |
| 教材及参考书 | Texts and Reference Book | 100.3 | 100.3 | 97.1 |
| 工具书 | Reference Book | 100.2 | 100.2 | 100.2 |
| 教材 | Text-book | 100.0 | 100.0 | 92.9 |
| 参考书 | Reference Book | 100.8 | 100.7 | 100.6 |
| 教育软件 | Educational Software | 99.9 | 100.1 | 100.1 |
| 教育服务 | Education Services | 102.3 | 102.3 | 102.9 |
| 学前教育 | Preschool Education | 104.2 | 104.4 | 105.6 |
| 中等教育 | Secondary Education | 100.1 | 100.1 | 100.1 |
| 高等教育 | Higher Education | 104.4 | 104.4 | 104.9 |
| 专业技能培训 | Professional Skills Training | 100.1 | 99.8 | 101.2 |
| 文化娱乐类 | Cultural Entertainment | 101.0 | 100.9 | 101.1 |
| 文化娱乐用品 | Cultural and Recreational Supplies | 100.0 | 100.0 | 100.3 |
| 乐器 | Musical Instrument | 100.0 | 100.2 | 103.1 |
| 音像光盘和视盘 | Phonotape and Videotape CD and VCD | 100.4 | 100.1 | 99.3 |
| 电子存储器 | Electronic Memory | 97.8 | 98.0 | 98.3 |
| 儿童玩具 | Children's Toy | 100.3 | 99.9 | 100.3 |
| 纸张本册 | This Paper List | 101.4 | 102.0 | 101.9 |
| 文具 | Stationary | 100.6 | 100.7 | 100.5 |
| 体育用品 | Athletic Articles | 99.5 | 99.5 | 99.5 |

continued

(preceding year=100)

| 4 月 April | 5 月 May | 6 月 June | 7 月 July | 8 月 August | 9 月 September | 10 月 October | 11 月 November | 12 月 December |
|---|---|---|---|---|---|---|---|---|
| 100.3 | 100.4 | 100.3 | 100.3 | 100.3 | 100.3 | 100.3 | 100.3 | 100.1 |
| 99.9 | 100.2 | 100.2 | 100.2 | 100.2 | 100.3 | 100.3 | 100.3 | 99.9 |
| 100.0 | 100.0 | 100.0 | 100.0 | 100.0 | 100.0 | 100.0 | 100.0 | 100.0 |
| 99.9 | 99.9 | 99.9 | 99.9 | 99.9 | 99.9 | 100.0 | 100.0 | 100.0 |
| 100.0 | 100.0 | 100.0 | 100.0 | 100.0 | 100.0 | 100.0 | 100.0 | 100.0 |
| 102.2 | 102.3 | 102.0 | 101.7 | 101.7 | 101.7 | 101.2 | 101.1 | 101.1 |
| 100.0 | 100.0 | 100.0 | 100.0 | 100.0 | 100.0 | 100.0 | 100.0 | 100.7 |
| 99.7 | 99.7 | 99.7 | 99.9 | 99.9 | 100.0 | 100.0 | 100.0 | 100.0 |
| **101.2** | **101.2** | **101.4** | **101.7** | **101.7** | **101.4** | **101.3** | **101.4** | **101.3** |
| 98.1 | 98.2 | 98.4 | 98.6 | 98.6 | 98.9 | 99.1 | 98.7 | 98.5 |
| 95.4 | 95.5 | 95.1 | 96.0 | 95.6 | 96.3 | 97.2 | 96.8 | 96.1 |
| 98.8 | 98.7 | 98.8 | 98.9 | 100.4 | 100.3 | 100.2 | 100.1 | 99.4 |
| 98.3 | 98.2 | 98.6 | 98.6 | 98.9 | 99.4 | 99.5 | 99.4 | 99.7 |
| 97.8 | 98.6 | 99.2 | 99.7 | 99.9 | 100.3 | 99.9 | 99.7 | 100.1 |
| 100.5 | 100.5 | 100.5 | 99.9 | 99.7 | 99.8 | 99.9 | 99.5 | 99.6 |
| 99.9 | 100.0 | 100.2 | 100.1 | 100.2 | 100.2 | 100.3 | 100.4 | 100.3 |
| 98.5 | 98.4 | 99.0 | 99.0 | 98.9 | 99.1 | 98.7 | 98.2 | 98.2 |
| 102.2 | 102.3 | 102.1 | 102.1 | 102.1 | 102.3 | 102.5 | 102.1 | 102.3 |
| 102.3 | 102.3 | 102.3 | 102.3 | 102.3 | 101.6 | 101.5 | 101.5 | 101.5 |
| 97.2 | 97.2 | 97.2 | 97.2 | 97.4 | 97.7 | 97.7 | 97.7 | 97.8 |
| 100.2 | 100.1 | 100.1 | 100.1 | 100.9 | 100.8 | 100.8 | 100.8 | 100.8 |
| 92.9 | 92.9 | 92.9 | 92.9 | 92.9 | 92.8 | 92.8 | 92.8 | 92.8 |
| 101.0 | 100.9 | 100.9 | 100.9 | 101.0 | 102.3 | 102.5 | 102.5 | 102.5 |
| 100.1 | 100.1 | 100.1 | 100.1 | 100.1 | 98.9 | 98.5 | 98.4 | 98.8 |
| 102.9 | 103.0 | 102.9 | 103.0 | 102.9 | 102.1 | 101.9 | 102.0 | 101.9 |
| 105.6 | 105.6 | 105.6 | 105.6 | 105.6 | 104.1 | 104.1 | 104.1 | 104.1 |
| 100.1 | 100.1 | 100.1 | 100.1 | 100.1 | 100.9 | 100.7 | 100.7 | 100.7 |
| 104.9 | 104.9 | 104.9 | 104.9 | 104.9 | 101.7 | 101.7 | 101.7 | 101.7 |
| 101.8 | 102.1 | 101.8 | 102.0 | 101.4 | 101.7 | 101.3 | 101.5 | 101.2 |
| 101.2 | 101.1 | 100.9 | 100.8 | 100.7 | 100.7 | 100.7 | 100.7 | 100.7 |
| 100.2 | 100.2 | 99.7 | 99.8 | 99.1 | 99.2 | 99.3 | 99.2 | 99.1 |
| 103.0 | 102.8 | 102.8 | 102.8 | 102.8 | 102.8 | 102.9 | 103.0 | 103.0 |
| 99.6 | 99.6 | 99.6 | 99.6 | 99.6 | 99.6 | 99.9 | 99.8 | 99.8 |
| 97.7 | 97.8 | 96.0 | 95.6 | 91.8 | 92.0 | 92.8 | 93.4 | 93.4 |
| 100.3 | 100.2 | 100.0 | 100.0 | 99.9 | 99.9 | 99.8 | 99.2 | 99.2 |
| 101.8 | 101.8 | 101.5 | 101.5 | 101.4 | 101.3 | 100.6 | 100.3 | 100.0 |
| 100.6 | 100.5 | 99.6 | 100.5 | 100.4 | 100.4 | 100.4 | 100.1 | 100.1 |
| 99.3 | 99.3 | 99.3 | 99.2 | 98.9 | 99.6 | 99.7 | 99.7 | 99.6 |

3-3 续表 7

（上年同期=100）

| 指 标 | Item | 1 月 January | 2 月 February | 3 月 March |
|---|---|---|---|---|
| 书报杂志 | Newspapers and Magazines | 104.0 | 103.6 | 103.6 |
| 书籍 | Books | 100.1 | 100.1 | 100.1 |
| 报纸 | Newspaper | 100.3 | 99.8 | 99.8 |
| 杂志 | Magazine | 115.4 | 114.3 | 114.3 |
| 文娱费 | Recreation | 100.3 | 100.3 | 100.5 |
| 电影票 | Video-movie Ticket | 95.7 | 94.8 | 96.7 |
| 景点门票 | Attractions Tickets | 100.3 | 100.3 | 100.3 |
| 有线电视 | Cabled TV | 99.9 | 99.8 | 99.8 |
| 健身活动 | Healthy Activities | 102.7 | 103.1 | 103.2 |
| 旅游 | Tourism | 96.7 | 101.6 | 100.0 |
| 旅行社收费 | Travel Agency Charges | 96.1 | 102.4 | 100.0 |
| 宾馆住宿 | Hotel Accommodation | 98.5 | 98.4 | 99.6 |
| 其他住宿 | Other Accommodations | 100.1 | 99.6 | 101.1 |
| **居住** | **Residence** | **99.7** | **99.6** | **99.8** |
| 建房及装修材料 | Building and Decorating Material | 99.7 | 99.5 | 99.7 |
| 木材 | Timber | 99.5 | 99.3 | 99.1 |
| 木地板 | Wood Floor | 99.2 | 99.2 | 100.1 |
| 砖 | Brick | 97.5 | 97.1 | 98.0 |
| 水泥 | Cement | 100.6 | 100.9 | 101.0 |
| 涂料 | Paint | 101.1 | 100.8 | 100.7 |
| 板材 | Board | 102.5 | 102.5 | 102.5 |
| 玻璃 | Glass | 98.1 | 98.1 | 97.9 |
| 粘胶 | Glue | 99.2 | 99.0 | 99.0 |
| 厨卫设备 | Kitchen Equipment | 99.5 | 99.1 | 98.9 |
| 住房租金 | Housing Rent | 101.9 | 101.7 | 101.8 |
| 公房房租 | Public Housing rent | 100.0 | 100.0 | 100.0 |
| 私房房租 | Talk Accommodation | 104.0 | 103.6 | 103.8 |
| 其他费用 | Other Rents | 100.4 | 100.3 | 100.3 |
| 自有住房 | Self-owned House | 101.7 | 101.5 | 102.0 |
| 住房估算租金 | Housing Estimates Rent | 102.7 | 102.3 | 103.0 |
| 物业管理费用 | Property Management Fees | 100.0 | 100.0 | 100.0 |
| 维护修理费用 | Maintenance Expenses | 102.2 | 102.1 | 102.8 |
| 水、电、燃料 | Water,Electricity and Fuels | 95.8 | 95.9 | 95.8 |
| 水 | Water | 103.4 | 102.7 | 103.1 |
| 电 | Electricity | 100.0 | 100.0 | 100.0 |
| 液化石油气 | Liquefied Petroleum Gas | 86.9 | 87.4 | 86.9 |
| 管道燃气 | Piped Gas | 100.0 | 100.0 | 100.0 |
| 其他燃料 | Other Fuel | 100.3 | 100.3 | 100.3 |

continued

(preceding year=100)

| 4 月 April | 5 月 May | 6 月 June | 7 月 July | 8 月 August | 9 月 September | 10 月 October | 11 月 November | 12 月 December |
|---|---|---|---|---|---|---|---|---|
| 103.6 | 103.5 | 103.5 | 103.5 | 103.4 | 103.4 | 103.5 | 103.4 | 103.4 |
| 100.2 | 100.1 | 100.1 | 100.1 | 100.1 | 100.1 | 100.2 | 100.2 | 100.2 |
| 99.8 | 99.8 | 99.8 | 99.8 | 99.4 | 99.4 | 99.8 | 99.4 | 99.4 |
| 114.3 | 114.0 | 114.0 | 114.0 | 114.0 | 114.0 | 114.0 | 114.0 | 114.0 |
| 100.7 | 100.6 | 100.4 | 100.3 | 100.5 | 100.4 | 100.3 | 100.4 | 100.4 |
| 99.0 | 98.9 | 98.9 | 99.0 | 99.1 | 98.8 | 98.6 | 98.5 | 98.8 |
| 100.3 | 100.6 | 100.9 | 100.6 | 101.3 | 101.3 | 101.3 | 101.3 | 101.3 |
| 99.9 | 99.9 | 99.9 | 99.9 | 99.9 | 99.9 | 99.9 | 99.9 | 99.9 |
| 103.0 | 102.5 | 101.5 | 101.1 | 101.3 | 100.9 | 100.8 | 101.2 | 101.2 |
| 100.5 | 100.9 | 101.9 | 104.1 | 104.2 | 104.4 | 104.0 | 105.1 | 104.8 |
| 100.8 | 101.2 | 102.3 | 105.4 | 105.3 | 105.4 | 104.9 | 106.4 | 106.2 |
| 99.1 | 99.3 | 99.2 | 98.5 | 99.0 | 100.3 | 99.9 | 99.5 | 98.9 |
| 100.3 | 100.9 | 102.9 | 102.1 | 102.2 | 102.1 | 101.7 | 102.1 | 101.9 |
| **100.1** | **100.1** | **99.9** | **99.5** | **99.2** | **99.3** | **99.1** | **99.0** | **99.6** |
| 99.7 | 99.3 | 99.0 | 98.8 | 98.8 | 98.7 | 98.2 | 97.9 | 98.2 |
| 98.8 | 98.0 | 97.9 | 96.9 | 97.1 | 96.9 | 96.7 | 97.2 | 97.3 |
| 100.1 | 100.4 | 100.1 | 100.4 | 100.2 | 100.9 | 100.2 | 99.1 | 100.7 |
| 97.4 | 97.5 | 97.6 | 98.0 | 98.1 | 97.8 | 98.0 | 98.1 | 98.1 |
| 101.9 | 101.1 | 97.6 | 96.2 | 97.1 | 96.5 | 93.9 | 91.6 | 92.2 |
| 100.7 | 100.6 | 100.7 | 100.2 | 99.8 | 99.7 | 99.9 | 99.9 | 100.0 |
| 102.3 | 101.5 | 101.3 | 101.1 | 100.8 | 100.8 | 100.7 | 100.4 | 100.3 |
| 98.3 | 97.9 | 98.1 | 98.4 | 97.9 | 98.1 | 97.9 | 97.7 | 97.5 |
| 99.0 | 98.2 | 99.7 | 101.1 | 101.1 | 99.8 | 99.3 | 99.2 | 99.2 |
| 98.8 | 98.5 | 99.5 | 99.6 | 99.4 | 100.2 | 99.6 | 100.9 | 100.9 |
| 102.8 | 103.1 | 103.0 | 102.6 | 102.4 | 102.4 | 102.4 | 102.2 | 103.0 |
| 100.0 | 100.0 | 100.0 | 100.0 | 100.0 | 100.0 | 100.0 | 100.0 | 103.3 |
| 105.1 | 105.0 | 104.8 | 103.8 | 103.2 | 103.2 | 103.2 | 102.9 | 102.8 |
| 101.7 | 102.8 | 102.8 | 103.0 | 103.0 | 103.0 | 103.0 | 103.0 | 103.0 |
| 102.6 | 102.8 | 102.8 | 102.4 | 102.0 | 102.0 | 101.9 | 101.5 | 101.5 |
| 104.2 | 104.3 | 104.5 | 103.7 | 103.0 | 103.0 | 102.9 | 102.2 | 102.1 |
| 100.0 | 100.0 | 100.0 | 100.0 | 100.0 | 100.0 | 100.0 | 100.0 | 100.0 |
| 103.2 | 103.9 | 103.4 | 103.0 | 102.9 | 102.9 | 102.7 | 102.3 | 102.4 |
| 95.8 | 95.6 | 95.3 | 94.6 | 94.1 | 94.2 | 94.1 | 94.7 | 96.2 |
| 103.1 | 102.8 | 101.9 | 101.9 | 101.9 | 102.3 | 102.3 | 102.7 | 103.1 |
| 100.0 | 100.0 | 100.0 | 100.0 | 100.0 | 100.0 | 100.0 | 100.0 | 100.0 |
| 86.7 | 86.2 | 85.7 | 83.7 | 82.3 | 82.4 | 81.8 | 83.4 | 87.2 |
| 100.0 | 99.9 | 99.9 | 99.9 | 99.9 | 98.5 | 98.5 | 93.5 | 92.9 |
| 100.1 | 100.1 | 100.1 | 100.1 | 100.1 | 100.1 | 100.1 | 100.8 | 103.6 |

# 3-4 居民消费价格分类指数

## Consumer Price Indices by Category

（上年=100） （preceding year=100）

| 指标 | Item | 2013 | 2014 |
|---|---|---|---|
| **居民消费价格总指数** | **Consumer Price Index** | **102.2** | **102.1** |
| **非食品价格指数** | **Non-food Price Index** | **101.3** | **100.9** |
| **服务项目价格指数** | **Items of Service Price Index** | **102.4** | **101.8** |
| **工业品价格指数** | **Industrial Product Price Index** | **100.6** | **100.2** |
| **扣除食品和能源价格指数** | **Deduction Food and Energy Price Index** | **101.4** | **100.9** |
| **扣除鲜菜鲜果总指数** | **Deduction Fresh Vegetables Fresh Fruit General Index** | **101.8** | **101.6** |
| **消费品价格指数** | **Consumable Price Index** | **102.1** | **102.2** |
| **食品** | **Food** | **103.8** | **104.3** |
| 粮食 | Grain | 101.4 | 102.2 |
| 淀粉及制品 | Starches and Products | 102.0 | 100.9 |
| 干豆类及豆制品 | Beans and Bean Products | 105.1 | 104.8 |
| 油脂 | Oil or Fat | 101.5 | 91.4 |
| 肉禽及其制品 | Meal,Poultry and Their Products | 102.4 | 103.6 |
| 食用畜肉及副产品 | Edible Domestic Animal's Meat and By-products | 103.5 | 100.3 |
| 禽 | Poultry | 100.9 | 111.6 |
| 加工肉禽 | Poultry Meat Processed Products | 100.8 | 101.7 |
| 蛋 | Eggs | 107.7 | 106.1 |
| 水产品 | Aquatic Products | 103.9 | 107.4 |
| 鱼 | Fish | 102.3 | 106.1 |
| 其他水产品 | Other Aquatic Products | 108.7 | 110.9 |
| 菜 | Vegetables | 107.6 | 103.9 |
| 调味品 | Flavoring | 102.2 | 101.1 |
| 糖 | Sweet | 98.6 | 97.9 |
| 茶及饮料 | Tea and Beverages | 101.9 | 102.1 |
| 茶叶 | Tea | 101.3 | 100.7 |
| 饮料 | Beverages | 102.0 | 102.5 |
| 干鲜瓜果 | Dried and Fresh Melons and Fruits | 107.5 | 116.3 |
| 糕点饼干 | Cake,Cookie,Bread | 101.9 | 102.1 |
| 液体乳及乳制品 | Milk and Its Products | 105.0 | 105.9 |
| 在外用膳食品 | Picnic Food | 103.9 | 103.0 |
| 其他食品 | Other Food and Food Processing | 104.4 | 104.2 |
| **烟酒** | **Tobacco,Liquor** | **99.8** | **99.2** |
| 烟草 | Tobacco | 99.8 | 99.9 |
| 酒 | Liquor | 99.8 | 98.6 |
| **衣着** | **Clothing** | **102.3** | **100.4** |
| 服装 | Garments | 102.8 | 100.2 |
| 男式服装 | Men's Wear | 102.3 | 99.2 |
| 女式服装 | Women's Wear | 102.6 | 101.1 |
| 儿童服装 | Children's Clothing | 104.8 | 100.1 |
| 衣着材料 | Clothing Material | 100.6 | 99.9 |
| 鞋袜帽 | Footwear,Socks and Hats | 100.6 | 101.0 |
| 鞋 | Shoes | 100.7 | 100.9 |
| 袜子 | Socks and Stockings | 99.8 | 100.9 |
| 帽子 | Hats | 101.7 | 102.1 |
| 衣着加工服务费 | Clothing Processing | 104.0 | 103.5 |

3-4 续表 continued

（上年=100） (preceding year=100)

| 指 标 | Item | 2013 | 2014 |
|---|---|---|---|
| **家庭设备用品及维修服务** | **Household Facilities and Articles** | **101.1** | **100.3** |
| 耐用消费品 | Durable Consumer Goods | 100.4 | 99.7 |
| 家具 | Furniture | 100.1 | 99.7 |
| 家庭设备 | Household Facilities | 100.6 | 99.7 |
| 室内装饰品 | Interior Decorations | 101.0 | 99.8 |
| 床上用品 | Bed Articles | 102.3 | 99.6 |
| 家庭日用杂品 | Daily-Use Household Articles | 100.9 | 100.3 |
| 家庭服务及加工维修服务 | Household Service and maintenance | 103.8 | 104.7 |
| **医疗保健和个人用品** | **Medic-care and Personal Articles** | **100.7** | **101.0** |
| 医疗保健 | Medic-care and health | 100.9 | 101.6 |
| 医疗器具及用品 | Medical Appliances and Articles | 101.0 | 100.1 |
| 中药材及中成药 | Traditional Chines Herbs and Patent Drugs | 100.8 | 103.4 |
| 西药 | Western Medicine | 100.5 | 100.8 |
| 保健器具及用品 | Healthy Appliances and Articles | 100.7 | 101.5 |
| 医疗保健服务 | Medical Care and Health Service | 101.8 | 100.9 |
| 个人用品及服务 | Personal Articles and Services | 100.2 | 99.9 |
| 化妆美容用品 | Making-up Articles | 100.2 | 99.8 |
| 清洁化妆用品 | Health Supplies | 101.5 | 100.5 |
| 个人饰品 | Personal ornaments | 94.5 | 95.3 |
| 个人服务 | Personal Service | 103.8 | 103.5 |
| **交通和通信** | **Transportation and Communication** | **99.9** | **99.9** |
| 交通 | Transportation | 100.7 | 100.5 |
| 交通工具 | Transportation Means | 98.7 | 100.4 |
| 车用燃料及零配件 | Fuels and Accessory for vehicles | 98.7 | 98.3 |
| 车辆使用及维修费 | Vehicle Use and Maintenance | 104.6 | 102.7 |
| 市区公共交通费 | City-bus Fares | 101.1 | 101.7 |
| 城市间交通费 | Inter-city Bus Fares | 103.0 | 100.5 |
| 通信 | Telecommunication | 99.0 | 99.3 |
| 通信工具 | Communication Tool | 94.1 | 96.2 |
| 通信服务 | Communication Service | 100.1 | 99.9 |
| **娱乐教育文化用品及服务** | **Recreation,Education,Culture Articles and Services** | **100.8** | **101.5** |
| 文娱用耐用消费品及服务 | Durable Consumer Goods for Receational Use | 95.1 | 97.4 |
| 教育 | Education | 102.9 | 102.4 |
| 教材及参考书 | Text Book and Reference Book | 99.8 | 100.6 |
| 教育服务 | Eduction Service | 103.3 | 102.6 |
| 文化娱乐类 | Cultural and Recreational Articles | 101.5 | 101.0 |
| 文化娱乐用品 | Cultural and Recreational Goods | 99.1 | 99.7 |
| 书报杂志 | Newspapers and Magazines | 100.1 | 102.2 |
| 文娱费 | Recreation Expense | 104.0 | 101.3 |
| 旅游 | Tourism | 100.1 | 103.4 |
| **居住** | **Residence** | **102.7** | **101.5** |
| 建房及装修材料 | Building and Decoration Materials | 101.9 | 101.1 |
| 住房租金 | Housing Rents | 102.5 | 101.9 |
| 自有住房 | Housing | 103.0 | 101.7 |
| 水、电、燃料 | Water,Electricity and Fuels | 103.2 | 101.4 |

# 3-5 各地区居民消费价格总指数（1984—2015年）

（上年＝100）

| 年 份<br>Year | 南宁市<br>Nanning | 柳州市<br>Liuzhou | 桂林市<br>Guilin | 梧州市<br>Wuzhou | 北海市<br>Beihai | 防城港市<br>Fangchenggang | 钦州市<br>Qinzhou |
|---|---|---|---|---|---|---|---|
| 1984 | 104.4 | 104.1 | 104.0 | 105.3 | 105.5 | | |
| 1985 | 118.3 | 115.7 | 114.4 | 117.4 | 116.5 | | |
| 1986 | 105.2 | 105.3 | 105.6 | 105.1 | 105.1 | | |
| 1987 | 111.1 | 109.1 | 113.2 | 112.7 | 112.1 | | |
| 1988 | 121.6 | 127.8 | 124.5 | 123.4 | 128.4 | | |
| 1989 | 119.4 | 119.1 | 119.8 | 116.2 | 120.8 | | |
| 1990 | 98.0 | 99.7 | 99.0 | 98.7 | 96.9 | | |
| 1991 | 104.1 | 102.3 | 101.6 | 104.8 | 104.5 | | |
| 1992 | 106.7 | 106.1 | 109.5 | 110.2 | 107.2 | | |
| 1993 | 125.1 | 124.6 | 120.3 | 122.2 | 134.8 | | |
| 1994 | 124.8 | 126.0 | 128.9 | 125.8 | 123.1 | | |
| 1995 | 118.6 | 120.0 | 119.3 | 116.1 | 114.8 | | |
| 1996 | 103.3 | 106.1 | 108.2 | 106.8 | 105.4 | | |
| 1997 | 100.2 | 100.3 | 101.5 | 102.1 | 100.7 | | |
| 1998 | 96.7 | 98.2 | 95.3 | 99.9 | 99.1 | | |
| 1999 | 95.9 | 96.8 | 98.6 | 100.1 | 97.0 | | |
| 2000 | 100.0 | 99.8 | 99.5 | 100.5 | 100.4 | | |
| 2001 | 102.8 | 99.7 | 102.2 | 100.3 | 100.5 | | |
| 2002 | 99.4 | 100.6 | 100.0 | 97.8 | 99.9 | | |
| 2003 | 100.8 | 100.6 | 100.6 | 101.3 | 99.9 | | |
| 2004 | 104.2 | 105.4 | 104.0 | 104.3 | 104.7 | | |
| 2005 | 101.1 | 103.3 | 104.0 | 102.8 | 101.6 | | |
| 2006 | 102.5 | 101.0 | 100.7 | 101.4 | 101.6 | | |
| 2007 | 104.5 | 106.1 | 106.8 | 105.8 | 105.1 | | |
| 2008 | 108.4 | 107.9 | 105.9 | 107.5 | 107.3 | 112.7 | 110.9 |
| 2009 | 98.2 | 97.8 | 99.2 | 97.6 | 97.4 | 97.5 | 99.7 |
| 2010 | 102.5 | 103.5 | 102.2 | 103.5 | 103.1 | 104.5 | 103.3 |
| 2011 | 105.7 | 105.4 | 105.8 | 105.4 | 105.5 | 106.0 | 105.4 |
| 2012 | 102.9 | 104.0 | 103.5 | 102.9 | 102.6 | 102.6 | 103.1 |
| 2013 | 102.1 | 101.9 | 102.5 | 102.3 | 102.0 | 102.6 | 102.1 |
| 2014 | 101.6 | 102.6 | 102.0 | 102.1 | 102.8 | 102.6 | 102.5 |
| 2015 | 101.9 | 101.7 | 101.9 | 101.0 | 100.4 | 101.1 | 101.1 |

# Consumer Price Indices by Region（1984—2015）

（preceding year=100）

| 贵港市 Guigang | 玉林市 Yulin | 百色市 Baise | 贺州市 Hezhou | 河池市 Hechi | 来宾市 Laibin | 崇左市 Chongzuo |
|---|---|---|---|---|---|---|
| 104.4 | | 104.6 | 104.6 | | | |
| 114.4 | | 117.9 | 115.1 | | | |
| 104.4 | | 110.4 | 105.8 | | | |
| 107.7 | | 109.1 | 114.8 | | | |
| 123.9 | | 120.5 | 123.3 | | | |
| 125.0 | | 123.7 | 121.3 | | | |
| 95.8 | | 95.4 | 96.7 | | | |
| 103.2 | | 102.5 | 101.6 | | | |
| 104.6 | | 109.5 | 108.5 | | | |
| 123.1 | | 119.9 | 120.2 | | | |
| 127.5 | | 128.0 | 125.1 | | | |
| 119.9 | | 121.4 | 119.5 | | | |
| 107.6 | | 106.8 | 107.7 | | | |
| 100.2 | | 103.0 | 102.5 | | | |
| 93.8 | | 99.3 | 97.3 | | | |
| 98.1 | | 99.1 | 97.4 | | | |
| 98.9 | | 100.0 | 99.2 | | | |
| 98.1 | | 102.2 | 100.3 | | | |
| 100.7 | | 97.6 | 98.2 | | | |
| 102.5 | | 101.4 | 101.2 | | | |
| 104.6 | | 104.2 | 104.6 | | | |
| 102.0 | | 103.4 | 101.8 | | | |
| 100.8 | | 102.9 | 102.6 | | | |
| 106.5 | | 105.7 | 106.9 | | | |
| 108.0 | | 109.8 | 108.6 | 106.8 | 107.9 | 110.1 |
| 97.2 | 97.4 | 98.5 | 97.9 | 98.3 | 97.9 | 96.9 |
| 103.8 | 102.3 | 103.7 | 104.4 | 101.8 | 103.2 | 102.9 |
| 105.9 | 105.5 | 106.5 | 106.8 | 105.6 | 105.5 | 105.5 |
| 103.5 | 103.4 | 103.0 | 102.8 | 103.2 | 102.6 | 103.1 |
| 102.7 | 101.6 | 102.5 | 102.0 | 101.9 | 102.0 | 102.5 |
| 101.8 | 102.6 | 102.3 | 101.9 | 102.8 | 101.5 | 102.4 |
| 101.4 | 101.7 | 101.9 | 101.8 | 100.7 | 101.2 | 100.4 |

# 3-6 各地区居民消费价格分类指数（2015年）

（上年=100）

| 指 标 | Item | 南宁市 Nanning | 柳州市 Liuzhou | 桂林市 Guilin |
|---|---|---|---|---|
| **居民消费价格总指数** | **Consumer Price Index** | **101.9** | **101.7** | **101.9** |
| **非食品价格指数** | **Non-food Price Index** | **102.2** | **100.2** | **101.0** |
| **服务项目价格指数** | **Items of Service Price Index** | **102.6** | **102.5** | **102.0** |
| **工业品价格指数** | **Industrial Product Price Index** | **101.9** | **99.0** | **100.3** |
| **扣除食品和能源价格指数** | **Deduction Food and Energy Price Index** | **103.0** | **101.1** | **101.8** |
| **扣除鲜菜鲜果总指数** | **Deduction Fresh Vegetables Fresh Fruit General Index** | **102.2** | **101.5** | **101.9** |
| **消费品价格指数** | **Consumable Price Index** | **101.7** | **101.4** | **101.8** |
| **食品** | **Food** | **101.4** | **104.2** | **103.3** |
| 粮食 | Grain | 101.6 | 101.2 | 105.4 |
| 淀粉及制品 | Starches and Products | 102.4 | 101.0 | 100.0 |
| 干豆类及豆制品 | Beans and Bean Products | 102.1 | 103.6 | 111.2 |
| 油脂 | Oil or Fat | 96.1 | 93.4 | 98.2 |
| 肉禽及其制品 | Meal,Poultry and Their Products | 105.6 | 107.9 | 107.1 |
| 食用畜肉及副产品 | Edible Domestic Animal's Meat and By-products | 106.6 | 105.3 | 108.3 |
| 禽 | Poultry | 104.9 | 113.1 | 105.4 |
| 加工肉禽 | Poultry Meat Processed Products | 103.2 | 106.9 | 103.8 |
| 蛋 | Eggs | 101.4 | 100.7 | 96.0 |
| 水产品 | Aquatic Products | 101.4 | 101.5 | 98.1 |
| 鱼 | Fish | 101.9 | 102.9 | 101.0 |
| 其他水产品 | Other Aquatic Products | 100.3 | 98.3 | 93.6 |
| 菜 | Vegetables | 103.5 | 104.2 | 107.6 |
| 调味品 | Flavoring | 99.5 | 100.8 | 100.9 |
| 糖 | Sweet | 95.8 | 103.3 | 100.9 |
| 茶及饮料 | Tea and Beverages | 102.0 | 102.1 | 101.1 |
| 茶叶 | Tea | 100.0 | 100.5 | 100.6 |
| 饮料 | Beverages | 102.5 | 102.6 | 101.4 |
| 干鲜瓜果 | Dried and Fresh Melons and Fruits | 92.3 | 105.1 | 94.8 |
| 糕点饼干 | Cake,Cookie,Bread | 98.0 | 101.4 | 101.3 |
| 液体乳及乳制品 | Milk and Its Products | 92.6 | 101.8 | 94.6 |
| 在外用膳食品 | Picnic Food | 103.1 | 101.7 | 104.4 |
| 其他食品 | Other Food and Food Processing | 97.7 | 105.2 | 100.8 |
| **烟酒** | **Tobacco,Liquor** | **101.8** | **101.2** | **100.0** |
| 烟草 | Tobacco | 102.1 | 103.5 | 104.2 |
| 酒 | Liquor | 101.5 | 98.8 | 96.4 |
| **衣着** | **Clothing** | **110.8** | **101.9** | **105.5** |
| 服装 | Garments | 111.1 | 102.6 | 107.2 |
| 男式服装 | Men's Wear | 109.4 | 102.8 | 107.8 |
| 女式服装 | Women's Wear | 110.8 | 101.0 | 108.4 |
| 儿童服装 | Children's Clothing | 119.6 | 107.6 | 98.4 |
| 衣着材料 | Clothing Material | 100.0 | 100.0 | 97.9 |
| 鞋袜帽 | Footwear,Socks and Hats | 111.1 | 99.6 | 101.5 |
| 鞋 | Shoes | 112.0 | 99.7 | 101.7 |
| 袜子 | Socks and Stockings | 104.3 | 99.2 | 100.2 |
| 帽子 | Hats | 102.8 | 98.0 | 100.7 |
| 衣着加工服务费 | Clothing Processing | 100.0 | 99.9 | 105.4 |

# Consumer Price Indices by Category and Region（2015）

（preceding year=100）

| 梧州市 Wuzhou | 北海市 Beihai | 防城港市 Fangchenggang | 钦州市 Qinzhou | 贵港市 Guigang | 玉林市 Yulin | 百色市 Baise | 贺州市 Hezhou | 河池市 Hechi | 来宾市 Laibin | 崇左市 Chongzuo |
|---|---|---|---|---|---|---|---|---|---|---|
| **101.0** | **100.4** | **101.1** | **101.1** | **101.4** | **101.7** | **101.9** | **101.8** | **100.7** | **101.2** | **100.4** |
| **100.0** | **99.8** | **100.6** | **100.1** | **101.3** | **101.1** | **100.5** | **100.6** | **100.0** | **100.3** | **100.2** |
| **101.0** | **100.4** | **100.8** | **101.5** | **103.5** | **101.7** | **101.5** | **102.0** | **101.1** | **102.1** | **101.1** |
| **99.2** | **99.5** | **100.5** | **99.2** | **99.7** | **100.7** | **100.0** | **99.4** | **99.2** | **99.1** | **99.5** |
| **100.7** | **100.6** | **101.2** | **100.7** | **102.3** | **102.3** | **101.0** | **101.1** | **100.5** | **101.3** | **100.9** |
| **101.0** | **100.5** | **101.1** | **101.0** | **101.7** | **101.8** | **101.4** | **101.7** | **100.9** | **101.3** | **100.4** |
| **100.9** | **100.4** | **101.3** | **101.0** | **100.6** | **101.8** | **102.0** | **101.7** | **100.6** | **100.8** | **100.2** |
| **102.7** | **101.4** | **102.0** | **102.8** | **101.7** | **102.9** | **104.2** | **104.0** | **102.1** | **102.6** | **100.9** |
| 100.7 | 100.3 | 99.8 | 100.9 | 101.0 | 100.6 | 101.3 | 102.2 | 101.7 | 99.8 | 100.7 |
| 100.0 | 98.7 | 104.3 | 97.4 | 97.7 | 101.3 | 98.7 | 100.1 | 100.0 | 100.0 | 100.0 |
| 102.2 | 101.4 | 100.7 | 103.3 | 106.6 | 104.1 | 102.2 | 100.6 | 102.5 | 100.0 | 99.7 |
| 102.6 | 98.5 | 97.8 | 98.3 | 98.8 | 98.3 | 97.7 | 100.0 | 97.2 | 97.8 | 96.6 |
| 104.3 | 105.2 | 104.8 | 106.5 | 105.1 | 108.2 | 105.5 | 107.8 | 106.2 | 108.4 | 103.0 |
| 103.8 | 108.5 | 103.4 | 108.1 | 106.4 | 108.0 | 106.9 | 109.4 | 108.2 | 111.5 | 104.4 |
| 105.0 | 101.9 | 108.3 | 105.0 | 104.1 | 110.7 | 104.3 | 105.5 | 103.1 | 104.6 | 100.9 |
| 104.5 | 99.4 | 102.4 | 104.2 | 101.8 | 102.6 | 101.8 | 103.2 | 105.0 | 104.3 | 102.4 |
| 98.6 | 101.9 | 101.3 | 96.4 | 98.9 | 98.2 | 100.9 | 100.6 | 103.4 | 103.1 | 97.6 |
| 103.8 | 99.7 | 99.2 | 99.1 | 98.7 | 97.8 | 100.2 | 103.5 | 97.6 | 99.9 | 98.5 |
| 104.4 | 98.3 | 98.6 | 97.8 | 97.5 | 97.7 | 99.2 | 102.3 | 100.1 | 102.2 | 97.3 |
| 102.6 | 103.4 | 100.7 | 103.1 | 100.5 | 98.2 | 102.5 | 107.2 | 94.1 | 94.2 | 101.4 |
| 106.7 | 103.3 | 105.9 | 107.5 | 102.7 | 104.5 | 110.1 | 107.6 | 102.8 | 100.6 | 103.5 |
| 102.2 | 101.2 | 101.0 | 103.9 | 100.0 | 100.2 | 105.7 | 103.4 | 101.4 | 101.3 | 100.5 |
| 96.1 | 100.7 | 98.4 | 98.1 | 98.9 | 97.8 | 102.2 | 102.1 | 101.2 | 100.4 | 100.0 |
| 104.2 | 101.6 | 102.6 | 99.7 | 101.7 | 102.7 | 100.3 | 99.6 | 102.6 | 100.9 | 101.3 |
| 107.7 | 100.0 | 100.1 | 100.8 | 101.0 | 100.0 | 100.3 | 101.0 | 99.8 | 100.0 | 99.4 |
| 101.7 | 102.1 | 103.2 | 99.5 | 102.1 | 103.4 | 100.3 | 99.2 | 103.0 | 101.2 | 101.6 |
| 96.6 | 95.8 | 99.4 | 97.0 | 93.1 | 96.5 | 105.7 | 98.7 | 94.3 | 98.9 | 96.9 |
| 100.3 | 100.0 | 101.7 | 103.7 | 100.5 | 101.9 | 99.5 | 99.8 | 100.0 | 98.1 | 101.2 |
| 99.4 | 101.2 | 101.6 | 101.2 | 96.6 | 96.8 | 99.8 | 98.3 | 100.2 | 106.0 | 97.3 |
| 102.6 | 100.1 | 102.5 | 103.6 | 103.0 | 100.2 | 102.7 | 103.0 | 102.5 | 101.9 | 100.5 |
| 109.1 | 98.5 | 99.9 | 105.6 | 98.0 | 104.2 | 103.5 | 98.7 | 100.0 | 103.2 | 100.2 |
| **103.9** | **101.8** | **100.4** | **99.5** | **101.4** | **101.3** | **101.8** | **100.9** | **100.2** | **101.0** | **101.6** |
| 103.0 | 105.4 | 102.9 | 104.0 | 103.2 | 103.1 | 102.9 | 102.5 | 104.3 | 103.2 | 103.2 |
| 104.6 | 99.2 | 98.3 | 95.7 | 99.4 | 99.9 | 100.4 | 99.4 | 98.0 | 99.6 | 99.9 |
| **103.8** | **100.3** | **102.3** | **100.7** | **106.8** | **106.8** | **101.9** | **101.1** | **101.0** | **104.1** | **101.9** |
| 104.9 | 101.0 | 102.5 | 101.0 | 106.3 | 106.0 | 101.6 | 100.9 | 101.1 | 104.9 | 102.2 |
| 105.3 | 101.6 | 99.9 | 102.3 | 106.1 | 101.9 | 100.8 | 99.2 | 102.2 | 104.7 | 101.9 |
| 104.9 | 100.8 | 103.7 | 100.2 | 106.1 | 107.8 | 101.7 | 101.6 | 100.1 | 104.6 | 102.4 |
| 103.8 | 100.3 | 104.0 | 100.4 | 107.2 | 112.7 | 103.0 | 102.0 | 102.8 | 106.5 | 102.0 |
| 99.6 | 100.0 | 105.2 | 99.6 | 100.0 | 101.1 | 100.0 | 100.9 | 100.0 | 101.1 | 100.0 |
| 101.0 | 98.4 | 101.4 | 99.8 | 108.4 | 108.8 | 102.7 | 101.5 | 100.9 | 99.2 | 101.3 |
| 100.9 | 98.2 | 101.3 | 99.7 | 108.8 | 109.1 | 103.0 | 101.5 | 101.6 | 99.0 | 101.2 |
| 101.5 | 100.0 | 101.5 | 100.2 | 104.5 | 105.9 | 100.5 | 102.1 | 95.3 | 99.9 | 101.8 |
| 101.5 | 100.0 | 107.2 | 103.7 | 108.0 | 111.1 | 100.0 | 100.9 | 100.0 | 101.5 | 102.2 |
| 109.5 | 99.8 | 105.0 | 108.0 | 113.0 | 113.0 | 110.4 | 104.8 | 100.0 | 103.6 | 102.5 |

3-6 续表

（上年＝100）

| 指　标 | Item | 南宁市 Nanning | 柳州市 Liuzhou | 桂林市 Guilin |
|---|---|---|---|---|
| **家庭设备用品及维修服务** | **Household Facilities and Articles** | **102.0** | **100.5** | **100.0** |
| 耐用消费品 | Durable Consumer Goods | 99.9 | 99.1 | 97.8 |
| 家具 | Furniture | 100.3 | 95.9 | 103.5 |
| 家庭设备 | Household Facilities | 99.6 | 100.6 | 94.1 |
| 室内装饰品 | Interior Decorations | 98.9 | 102.0 | 100.0 |
| 床上用品 | Bed Articles | 110.5 | 100.4 | 101.3 |
| 家庭日用杂品 | Daily-Use Household Articles | 100.2 | 99.3 | 101.0 |
| 家庭服务及加工维修服务 | Household Service and maintenance | 106.1 | 115.1 | 106.8 |
| **医疗保健和个人用品** | **Medic-care and Personal Articles** | **102.4** | **100.9** | **101.5** |
| 医疗保健 | Medic-care and health | 103.4 | 101.8 | 101.9 |
| 医疗器具及用品 | Medical Appliances and Articles | 99.5 | 100.0 | 100.0 |
| 中药材及中成药 | Traditional Chines Herbs and Patent Drugs | 105.6 | 103.7 | 103.9 |
| 西药 | Western Medicine | 103.7 | 100.0 | 101.6 |
| 保健器具及用品 | Healthy Appliances and Articles | 102.9 | 100.1 | 101.4 |
| 医疗保健服务 | Medical Care and Health Service | 100.0 | 102.9 | 100.0 |
| 个人用品及服务 | Personal Articles and Services | 100.1 | 98.9 | 100.8 |
| 化妆美容用品 | Making-up Articles | 100.0 | 100.3 | 100.1 |
| 清洁化妆用品 | Health Supplies | 100.0 | 100.6 | 101.6 |
| 个人饰品 | Personal ornaments | 99.1 | 92.4 | 98.2 |
| 个人服务 | Personal Service | 101.8 | 101.3 | 102.9 |
| **交通和通信** | **Transportation and Communication** | **100.3** | **97.9** | **99.5** |
| 交通 | Transportation | 101.2 | 97.1 | 98.2 |
| 交通工具 | Transportation Means | 99.9 | 96.6 | 98.2 |
| 车用燃料及零配件 | Fuels and Accessory for vehicles | 86.7 | 87.4 | 86.8 |
| 车辆使用及维修费 | Vehicle Use and Maintenance | 128.5 | 104.7 | 100.3 |
| 市区公共交通费 | City-bus Fares | 100.9 | 100.0 | 109.0 |
| 城市间交通费 | Inter-city Bus Fares | 99.6 | 98.3 | 100.8 |
| 通信 | Telecommunication | 99.1 | 99.0 | 101.0 |
| 通信工具 | Communication Tool | 94.7 | 94.3 | 98.2 |
| 通信服务 | Communication Service | 100.0 | 100.0 | 101.5 |
| **娱乐教育文化用品及服务** | **Recreation,Education,Culture Articles and Services** | **101.9** | **100.5** | **101.7** |
| 文娱用耐用消费品及服务 | Durable Consumer Goods for Receational Use | 97.4 | 97.4 | 99.4 |
| 教育 | Education | 101.8 | 102.8 | 103.3 |
| 教材及参考书 | Text Book and Reference Book | 96.5 | 96.7 | 100.8 |
| 教育服务 | Education Services | 102.4 | 103.8 | 103.8 |
| 文化娱乐类 | Cultural and Recreational Articles | 99.5 | 100.7 | 100.6 |
| 文化娱乐用品 | Cultural and Recreational Goods | 97.8 | 100.1 | 99.8 |
| 书报杂志 | Newspapers and Magazines | 102.9 | 103.3 | 105.1 |
| 文娱费 | Recreation Expense | 98.9 | 99.9 | 99.6 |
| 旅游 | Tourism | 110.2 | 96.5 | 100.3 |
| **居住** | **Residence** | **99.4** | **99.8** | **99.7** |
| 建房及装修材料 | Building and Decoration Materials | 99.2 | 98.8 | 99.7 |
| 住房租金 | Housing Rents | 100.9 | 105.0 | 101.7 |
| 自有住房 | Housing | 101.8 | 104.8 | 101.6 |
| 水、电、燃料 | Water,Electricity and Fuels | 95.9 | 96.8 | 95.8 |

continued

(preceding year=100)

| 梧州市 Wuzhou | 北海市 Beihai | 防城港市 Fangchenggang | 钦州市 Qinzhou | 贵港市 Guigang | 玉林市 Yulin | 百色市 Baise | 贺州市 Hezhou | 河池市 Hechi | 来宾市 Laibin | 崇左市 Chongzuo |
|---|---|---|---|---|---|---|---|---|---|---|
| **99.4** | **100.3** | **101.2** | **99.1** | **99.3** | **104.8** | **101.0** | **100.5** | **102.4** | **100.5** | **100.2** |
| 98.4 | 99.9 | 101.8 | 97.6 | 97.3 | 103.3 | 100.7 | 99.5 | 101.0 | 99.8 | 100.0 |
| 102.0 | 99.9 | 103.6 | 98.5 | 101.3 | 106.7 | 101.9 | 101.0 | 94.2 | 104.9 | 100.0 |
| 96.2 | 99.9 | 100.3 | 96.8 | 95.7 | 101.2 | 99.7 | 98.4 | 104.2 | 96.6 | 100.0 |
| 99.4 | 100.0 | 101.1 | 100.1 | 101.4 | 125.0 | 100.2 | 100.5 | 100.3 | 103.8 | 101.7 |
| 98.8 | 99.9 | 98.4 | 99.9 | 99.7 | 107.6 | 100.1 | 99.3 | 93.4 | 98.9 | 99.6 |
| 100.1 | 100.2 | 100.3 | 99.7 | 101.8 | 99.9 | 100.2 | 101.3 | 99.4 | 101.2 | 100.3 |
| 103.6 | 102.7 | 102.9 | 107.0 | 101.4 | 110.5 | 105.7 | 103.3 | 131.5 | 103.3 | 101.9 |
| **101.2** | **102.7** | **102.2** | **102.5** | **102.0** | **101.5** | **102.0** | **102.2** | **100.2** | **100.7** | **100.6** |
| 101.7 | 103.9 | 102.7 | 104.0 | 100.7 | 101.5 | 102.8 | 103.4 | 100.6 | 100.7 | 101.1 |
| 101.0 | 98.9 | 100.6 | 98.9 | 99.8 | 101.1 | 100.0 | 100.0 | 100.8 | 100.0 | 100.0 |
| 97.8 | 104.6 | 101.5 | 107.2 | 101.3 | 103.5 | 105.2 | 109.2 | 99.2 | 101.2 | 100.8 |
| 105.1 | 105.2 | 104.1 | 103.9 | 100.9 | 101.0 | 102.5 | 100.3 | 101.9 | 100.8 | 102.5 |
| 99.9 | 107.4 | 106.8 | 100.7 | 99.3 | 97.6 | 107.9 | 103.5 | 100.3 | 100.6 | 100.2 |
| 100.0 | 100.0 | 101.7 | 100.0 | 100.0 | 100.6 | 100.0 | 100.1 | 100.0 | 100.2 | 100.0 |
| 100.1 | 100.2 | 100.9 | 99.4 | 103.6 | 101.2 | 100.3 | 99.8 | 99.2 | 100.8 | 99.5 |
| 100.7 | 101.1 | 102.0 | 100.2 | 101.7 | 99.6 | 100.2 | 100.1 | 99.8 | 100.3 | 100.4 |
| 99.8 | 100.8 | 100.5 | 99.3 | 100.6 | 100.7 | 103.0 | 100.1 | 99.7 | 101.3 | 99.4 |
| 94.8 | 95.1 | 101.0 | 98.4 | 99.8 | 95.9 | 97.6 | 88.9 | 96.3 | 98.2 | 97.5 |
| 102.8 | 103.0 | 100.2 | 100.0 | 106.8 | 111.6 | 99.5 | 103.9 | 100.5 | 102.3 | 100.2 |
| **99.1** | **99.1** | **99.4** | **97.6** | **95.8** | **99.2** | **97.8** | **97.5** | **97.0** | **98.1** | **100.6** |
| 97.3 | 98.7 | 98.5 | 96.5 | 94.8 | 97.4 | 96.8 | 97.1 | 95.4 | 97.8 | 100.4 |
| 98.7 | 100.0 | 101.2 | 97.1 | 100.7 | 99.5 | 99.5 | 99.0 | 99.9 | 99.4 | 101.1 |
| 86.2 | 87.5 | 85.6 | 85.7 | 83.1 | 85.7 | 83.8 | 84.4 | 84.4 | 89.6 | 89.0 |
| 102.9 | 104.5 | 102.5 | 100.7 | 100.0 | 105.0 | 100.8 | 102.6 | 100.0 | 99.3 | 111.3 |
| 101.1 | 102.3 | 105.0 | 101.1 | 100.0 | 100.0 | 100.0 | 99.6 | 100.0 | 100.0 | 102.6 |
| 97.5 | 100.9 | 100.3 | 100.5 | 96.1 | 100.8 | 100.2 | 97.6 | 95.6 | 100.9 | 101.1 |
| 100.8 | 99.7 | 100.6 | 98.7 | 97.5 | 101.3 | 99.1 | 98.0 | 99.0 | 98.4 | 100.8 |
| 98.1 | 98.1 | 100.2 | 93.5 | 81.2 | 107.3 | 97.0 | 92.2 | 92.7 | 92.4 | 103.8 |
| 101.2 | 100.0 | 100.6 | 100.2 | 99.7 | 100.0 | 99.6 | 99.7 | 100.0 | 100.0 | 100.4 |
| **100.0** | **101.5** | **101.2** | **101.2** | **101.5** | **102.2** | **101.4** | **102.3** | **99.4** | **99.8** | **101.1** |
| 94.4 | 100.5 | 100.1 | 99.4 | 96.9 | 100.8 | 99.5 | 98.7 | 100.3 | 97.6 | 99.6 |
| 100.2 | 100.8 | 102.1 | 101.3 | 102.5 | 106.3 | 101.5 | 103.7 | 99.7 | 103.4 | 100.2 |
| 97.6 | 96.8 | 100.2 | 98.8 | 98.8 | 97.1 | 96.7 | 98.6 | 97.1 | 97.4 | 96.2 |
| 100.6 | 101.2 | 102.3 | 101.5 | 102.9 | 107.8 | 102.0 | 104.4 | 100.0 | 104.1 | 100.8 |
| 99.5 | 100.7 | 101.7 | 103.5 | 102.3 | 101.8 | 101.7 | 101.5 | 101.4 | 100.6 | 101.2 |
| 99.7 | 100.0 | 102.2 | 101.3 | 101.8 | 101.0 | 99.1 | 99.7 | 98.7 | 99.5 | 99.7 |
| 99.9 | 103.1 | 104.0 | 103.9 | 105.2 | 103.3 | 104.7 | 105.3 | 103.1 | 105.8 | 103.6 |
| 99.1 | 100.0 | 100.0 | 105.0 | 101.5 | 101.8 | 102.0 | 101.1 | 102.7 | 100.0 | 101.0 |
| 107.3 | 105.7 | 99.3 | 100.8 | 101.9 | 91.9 | 103.6 | 100.7 | 96.5 | 93.5 | 105.0 |
| **97.7** | **97.0** | **99.1** | **99.7** | **101.8** | **97.3** | **99.7** | **99.9** | **100.4** | **100.1** | **98.2** |
| 100.0 | 98.6 | 100.3 | 98.4 | 98.2 | 99.6 | 98.0 | 97.7 | 99.2 | 98.6 | 99.1 |
| 100.1 | 99.6 | 99.4 | 100.4 | 104.9 | 99.9 | 100.0 | 102.3 | 100.0 | 117.0 | 100.1 |
| 100.2 | 97.9 | 99.6 | 102.1 | 107.4 | 99.9 | 102.3 | 101.9 | 103.4 | 102.3 | 100.1 |
| 92.1 | 93.0 | 97.6 | 96.1 | 94.8 | 91.6 | 97.6 | 95.2 | 97.6 | 92.9 | 95.0 |

# 3-7 商品零售价格分类指数（2015年）

## Retail Price Indices by Category（2015）

（上年＝100） (preceding year=100)

| 指标 | Item | 全区 Province | 城市 Urban Areas | 农村 Rural Areas |
|---|---|---|---|---|
| **商品零售价格总指数** | **Retail General Price Index** | **100.1** | **100.1** | **100.1** |
| **食品** | **Food** | **102.4** | **102.3** | **102.7** |
| 粮食 | Grain | 101.4 | 101.5 | 101.2 |
| 大米 | Rice | 101.1 | 101.2 | 100.9 |
| 面粉 | Flour | 101.7 | 102.1 | 101.1 |
| 粮食制品 | Grain Products | 101.9 | 101.9 | 101.8 |
| 淀粉及制品 | Starches and Products | 100.5 | 100.7 | 99.9 |
| 干豆类及豆制品 | Bean and Its Products | 102.8 | 103.1 | 102.3 |
| 干豆 | Dried Beans | 104.3 | 104.8 | 103.5 |
| 豆制品 | Soybean Products | 102.4 | 102.6 | 102.0 |
| 油脂 | Oil or Fat | 97.3 | 97.1 | 97.9 |
| 食用植物油 | Oil of Plant | 99.5 | 99.3 | 99.9 |
| 植物油制品 | Vegetable Oil Processed Product | 93.8 | 93.5 | 94.2 |
| 肉禽及其制品 | Meal,Poultry and Their Products | 105.8 | 106.1 | 105.4 |
| 食用畜肉及副产品 | Edible Domestic Animal's Meat and By-products | 106.6 | 106.3 | 107.1 |
| 猪肉 | Pork | 109.8 | 110.0 | 109.6 |
| 牛肉 | Beef | 101.7 | 101.5 | 102.1 |
| 羊肉 | Mutton | 99.0 | 99.6 | 97.5 |
| 畜肉副产品 | Animal By-products | 105.6 | 105.5 | 105.7 |
| 禽 | Poultry | 105.5 | 106.6 | 103.4 |
| 鸡 | Chicken | 105.8 | 107.1 | 103.2 |
| 鸭 | Duck | 104.9 | 105.6 | 103.6 |
| 加工肉禽 | Poultry Meat Processed Products | 103.0 | 103.7 | 101.8 |
| 畜肉制品 | Domestic Animal's Processed Products | 101.7 | 102.1 | 101.0 |
| 禽制品 | Poultry Processed Products | 104.6 | 105.4 | 103.0 |
| 蛋 | Eggs | 100.1 | 100.2 | 99.7 |
| 鲜蛋 | Fresh eggs | 99.6 | 99.8 | 99.4 |
| 蛋制品 | Eggs Processed Products | 104.1 | 104.1 | 104.0 |
| 水产品 | Aquatic Products | 100.0 | 100.0 | 100.2 |
| 鱼 | Fish | 100.3 | 100.3 | 100.3 |
| 淡水鱼 | Fish in Fresh Water | 99.5 | 99.9 | 98.8 |
| 海水鱼 | Fish in Sea Water | 101.8 | 101.0 | 104.9 |
| 其他水产品 | Other Aquatic Products | 99.5 | 99.4 | 99.9 |
| 虾蟹类 | Decapod Crustacean | 99.1 | 98.9 | 99.8 |

3-7 续表 1 continued

（上年=100） (preceding year=100)

| 指 标 | Item | 全 区 Province | 城 市 Urban Areas | 农 村 Rural Areas |
|---|---|---|---|---|
| 菜 | Vegetables | 104.3 | 104.3 | 104.3 |
| 鲜菜 | Fresh Vegetables | 104.4 | 104.6 | 104.1 |
| 干菜及菜制品 | Dried Vegetables and Vegetable Products | 105.9 | 105.4 | 106.9 |
| 薯类 | Tubers | 94.2 | 93.7 | 95.7 |
| 调味品 | Flavoring | 101.0 | 100.6 | 101.6 |
| 食用盐 | Edible Salt | 100.3 | 100.1 | 100.6 |
| 酱油 | Soy Sauce | 101.4 | 100.8 | 102.6 |
| 食醋 | Table Vinegar | 101.0 | 100.7 | 101.6 |
| 味精 | Monosodium Glutamate | 100.6 | 100.4 | 101.1 |
| 糖 | Sweet | 99.3 | 99.4 | 99.2 |
| 食糖 | Sugar | 99.0 | 98.6 | 99.6 |
| 糖果 | Candy | 99.4 | 99.7 | 99.0 |
| 巧克力制品 | Chocolate Goods | 100.1 | 100.4 | 99.1 |
| 糖制小食品 | Sugar-coated food stuff | 99.2 | 99.5 | 98.7 |
| 干鲜瓜果 | Dried and Fresh Melons and Fruits | 97.2 | 96.7 | 98.5 |
| 鲜瓜果 | Fresh Fruits | 95.7 | 95.1 | 97.1 |
| 干（坚）果 | Dried（nut）Fruits and Melon and Fruit Products | 105.7 | 105.8 | 105.7 |
| 糕点饼干面包 | Cake,Cookies,Bread | 100.6 | 100.5 | 101.0 |
| 糕点 | Cake | 100.5 | 100.4 | 100.6 |
| 饼干 | Cookie | 100.6 | 100.6 | 100.6 |
| 面包 | Bread | 100.9 | 100.5 | 102.7 |
| 液体乳及乳制品 | Milk and Its Products | 97.9 | 97.5 | 98.9 |
| 巴氏杀菌奶或灭菌乳 | Pasteurized Milk or Sterilized Milk | 96.1 | 95.3 | 98.3 |
| 酸牛乳 | Sour Milk | 99.3 | 99.2 | 99.9 |
| 乳粉 | Milk Powder | 100.4 | 100.8 | 99.4 |
| 在外用膳食品 | Picnic food | 102.7 | 102.3 | 103.5 |
| 主食 | Staple Food | 102.7 | 102.5 | 103.2 |
| 炒菜 | Fried Dishes | 101.6 | 100.9 | 103.2 |
| 地方小吃 | Local Snacks | 106.9 | 107.6 | 105.3 |
| 其他食品 | Other Food | 101.1 | 101.9 | 99.5 |
| **饮料、烟酒** | **Beverages, Tobacco and Liquor** | **101.4** | **101.5** | **101.4** |
| 茶及饮料 | Tea and Beverages | 101.4 | 101.6 | 101.0 |
| 茶叶 | Tea | 100.4 | 100.4 | 100.5 |
| 饮料 | Beverages | 101.7 | 102.0 | 101.2 |

3-7 续表 2 continued

(上年=100) (preceding year=100)

| 指 标 | Item | 全 区 Province | 城 市 Urban Areas | 农 村 Rural Areas |
|---|---|---|---|---|
| 固体饮料 | Solid Beverage | 102.0 | 102.2 | 101.5 |
| 液体饮料 | Drink Liquids | 101.0 | 101.3 | 100.5 |
| 冷冻饮品 | Frozen Drinks | 102.9 | 103.2 | 102.5 |
| 烟草 | Tobacco | 103.2 | 103.3 | 103.0 |
| 高档卷烟 | High-grade Cigarettes | 101.9 | 101.9 | 101.7 |
| 中档卷烟 | Mid-range Cigarettes | 102.9 | 103.2 | 102.5 |
| 酒 | Wine | 99.6 | 99.5 | 99.8 |
| 白酒 | Liquor | 99.3 | 99.5 | 99.1 |
| 葡萄酒 | Grape Spending | 99.5 | 99.3 | 99.9 |
| 啤酒 | Beer | 100.4 | 99.9 | 101.1 |
| **服装、鞋帽** | **Garments, Shoes and Hats** | **104.6** | **105.0** | **103.8** |
| 服装 | Garments | 105.0 | 105.6 | 103.8 |
| 男式服装 | Men's Garment | 104.5 | 104.9 | 103.9 |
| 大衣 | Overcoat | 106.2 | 105.5 | 109.9 |
| 毛线衣 | Knitted Woolen Clothes | 103.7 | 104.5 | 102.2 |
| 夹克衫 | Jacket | 108.3 | 110.3 | 105.6 |
| 衬衫 | Shirt | 102.7 | 102.0 | 104.1 |
| T恤衫 | T-shirts | 101.5 | 100.8 | 102.8 |
| 裤子 | Trousers | 104.7 | 104.4 | 105.2 |
| 西服 | Suits | 103.4 | 102.9 | 104.3 |
| 运动衫裤 | Sport Clothing | 107.0 | 110.6 | 100.0 |
| 内衣 | Underwear | 102.7 | 103.2 | 101.4 |
| 羽绒衣 | Down Clothing | 110.8 | 113.3 | 105.2 |
| 女式服装 | Women's dress | 105.1 | 105.6 | 104.1 |
| 大衣 | Overcoat | 103.5 | 103.6 | 103.3 |
| 毛线衣 | Knitted Woolen Clothes | 105.2 | 105.8 | 103.6 |
| 羽绒衣 | Down Clothing | 108.7 | 111.6 | 103.6 |
| 套装 | Suits | 105.1 | 104.4 | 106.5 |
| 衬衫 | Shirt | 103.0 | 102.6 | 104.0 |
| T恤衫 | T-shirts | 104.7 | 104.2 | 105.8 |
| 裙子 | Skirt | 107.1 | 109.8 | 101.8 |
| 裤子 | Trousers | 104.8 | 105.5 | 103.7 |
| 运动衫裤 | Sports Wear | 103.0 | 102.5 | 103.7 |
| 内衣 | Underwear | 106.5 | 107.2 | 104.6 |

3-7 续表 3 continued

（上年=100） (preceding year=100)

| 指 标 | Item | 全 区 Province | 城 市 Urban Areas | 农 村 Rural Areas |
|---|---|---|---|---|
| 儿童服装 | Children's Garment | 105.7 | 107.6 | 102.8 |
| 上衣 | Coat | 103.4 | 103.7 | 102.9 |
| 裤子 | Trousers | 108.0 | 111.6 | 102.9 |
| 裙子 | Skirt | 106.3 | 108.4 | 102.5 |
| 鞋袜帽 | Footwear,Socks and Hats | 104.0 | 103.7 | 104.5 |
| 鞋 | Shoes | 104.4 | 104.1 | 105.0 |
| 男鞋 | Men's Shoes | 104.1 | 104.1 | 103.9 |
| 女鞋 | Women's Shoes | 104.8 | 104.2 | 105.9 |
| 童鞋 | Children's Shoes | 103.7 | 103.2 | 104.4 |
| 袜子 | Socks and Stockings | 101.4 | 101.4 | 101.4 |
| 男袜 | Men's Socks | 100.1 | 99.3 | 101.3 |
| 女袜 | Women's Socks | 102.4 | 103.0 | 101.5 |
| 帽子 | Hats | 102.8 | 102.5 | 103.5 |
| 男帽 | Man Cap | 103.3 | 103.7 | 102.3 |
| 女帽 | Bonnet | 102.5 | 101.7 | 104.4 |
| 其他 | Others | 102.1 | 103.2 | 100.1 |
| 领带 | Tie | 102.1 | 103.2 | 100.1 |
| **纺织品** | **Textiles** | **101.6** | **101.8** | **101.3** |
| 衣着材料 | Clothing Material | 101.5 | 100.3 | 103.0 |
| 棉布 | Cotton Cloth | 101.8 | 99.9 | 105.1 |
| 化纤布 | Chemical Fiber Cloth | 102.0 | 100.0 | 103.8 |
| 毛线 | Woolen Threads | 100.1 | 100.8 | 98.6 |
| 床上用品 | Bed Articles | 101.7 | 102.5 | 100.0 |
| 被子 | Quilts | 102.2 | 103.1 | 100.3 |
| 床上套件 | Bed Sets | 101.1 | 101.9 | 99.7 |
| **家用电器及音像器材** | **Household Appliances, Music and Video Equipment** | **98.6** | **98.8** | **98.2** |
| 家庭设备 | Household Facilities | 98.9 | 99.0 | 98.7 |
| 洗衣机 | Washing Machine | 98.3 | 98.5 | 97.7 |
| 电风扇 | Electric Fan | 100.2 | 100.3 | 100.0 |
| 电冰箱（柜） | Refrigerator | 97.5 | 98.7 | 94.9 |
| 吸排油烟机 | Smoke Exhauster | 100.3 | 100.4 | 100.0 |
| 空调器 | Air Conditioner | 98.4 | 97.8 | 99.9 |
| 热水器 | Shower Heater | 102.3 | 102.8 | 101.5 |
| 微波炉 | Microwave Oven | 98.5 | 98.6 | 98.1 |

3-7 续表 4 continued

（上年=100） (preceding year=100)

| 指 标 | Item | 全 区 Province | 城 市 Urban Areas | 农 村 Rural Areas |
|---|---|---|---|---|
| 文娱用耐用消费品 | Durable Consumer Goods for Recreational | 98.1 | 98.4 | 97.6 |
| 电视机 | Television | 96.1 | 96.5 | 95.7 |
| 激光视盘机 | Video-disc Player | 99.6 | 99.5 | 99.9 |
| 摄像机 | Video-camera | 99.0 | 98.9 | 102.1 |
| 照相机 | Camera | 99.4 | 99.3 | 99.6 |
| 家用音响 | Home Audio | 100.0 | 100.0 | 100.1 |
| 便携式音响 | Portable Audio | 99.1 | 99.4 | 98.6 |
| 专业音像器材 | Professional Audio and Video Equipment | 100.1 | 100.0 | 100.8 |
| 专业音响器材 | Professional Audio Equipment | 100.6 | 100.7 | 99.7 |
| 专业声像器材 | Professional Audio-visual Equipment | 99.3 | 99.1 | 106.0 |
| **文化办公用品** | **Cultural and Office Goods** | **99.6** | **99.5** | **99.8** |
| 纸张本册 | This Paper List | 101.3 | 101.1 | 101.7 |
| 文具 | Stationary | 100.5 | 100.4 | 100.6 |
| 电脑 | Computer Science | 98.6 | 97.8 | 100.2 |
| 电脑附件 | Computer Accessories | 100.3 | 101.4 | 97.6 |
| 电子存储器 | Electronic Memory | 95.2 | 95.5 | 94.5 |
| 打印机及配件 | Printers and Accessories | 98.8 | 99.0 | 98.5 |
| 扫描仪 | Scanner | 99.2 | 99.1 | 99.6 |
| 复印机 | Photocopiers | 98.9 | 99.1 | 98.6 |
| 计算器 | Calculators | 101.0 | 101.4 | 100.2 |
| 教学设备 | Teaching Equipment | 100.6 | 100.6 | 100.5 |
| **日用品** | **Articles for Daily Use** | **100.0** | **100.1** | **99.7** |
| 日用百货 | General Merchandise for Daily Use | 100.0 | 100.2 | 99.7 |
| 自行车 | Bicycle | 99.9 | 100.1 | 99.5 |
| 助动自行车 | Booster Bicycle | 100.3 | 100.1 | 100.7 |
| 雨具 | Rain Gear | 100.0 | 100.0 | 100.1 |
| 剃须刀具 | With Razor | 102.8 | 104.0 | 99.2 |
| 电池 | Battery | 100.0 | 99.8 | 100.4 |
| 卫生用纸制品 | Sanitary Paper Products | 98.8 | 98.9 | 98.6 |
| 日用杂品 | Grocery for Daily Use | 99.5 | 99.9 | 98.7 |
| 茶具 | Tea-set | 100.0 | 100.0 | 99.9 |
| 餐具 | Cooking-set | 98.7 | 99.9 | 96.4 |
| 厨具 | Cook-set | 100.0 | 99.9 | 100.3 |
| 洗涤用品 | Wash Articles | 99.7 | 99.5 | 100.1 |

3-7 续表 5 continued

（上年=100） (preceding year=100)

| 指 标 | Item | 全 区 Province | 城 市 Urban Areas | 农 村 Rural Areas |
|---|---|---|---|---|
| 洗衣粉 | Detergent | 99.3 | 99.1 | 99.9 |
| 肥皂类 | Soap | 100.3 | 100.0 | 101.0 |
| 清洁洗涤剂 | Clean the Detergent | 99.7 | 99.8 | 99.5 |
| 其他日用品 | Other Daily Necessities | 100.7 | 100.9 | 100.2 |
| 儿童玩具 | Toy for Children | 100.0 | 100.2 | 99.5 |
| 照明器具 | Lighting Utensil | 101.6 | 103.3 | 98.8 |
| 钟表眼镜及配件 | Clock and Watch Glasses and Fittings | 100.3 | 99.9 | 100.9 |
| 日用普通饰品 | Ordinary Ornaments of Daily Expenses | 100.4 | 100.2 | 100.7 |
| 日用皮革制品 | Daily Leather and Fur Products | 101.3 | 100.9 | 102.1 |
| **体育娱乐用品** | **Sports and Recreation Articles** | **100.7** | **100.1** | **102.0** |
| 体育用品 | Sports Goods | 101.4 | 100.5 | 103.8 |
| 球类 | Ball | 100.5 | 100.2 | 101.3 |
| 棋牌 | Chess and Card | 101.2 | 101.0 | 101.9 |
| 健身器材 | Body-building Apparatus | 102.4 | 100.4 | 108.2 |
| 娱乐用品 | Amusement articles | 99.9 | 99.7 | 100.2 |
| 游艺器材 | Apparatus of Recreation | 99.4 | 99.3 | 99.6 |
| 乐器 | Musical Instrument | 100.4 | 100.2 | 100.7 |
| **交通、通信用品** | **Transportation and Communication Appliances** | **98.4** | **98.5** | **98.2** |
| 交通运输机械 | Machinery of Communications and Transportation | 98.7 | 98.6 | 99.1 |
| 轿车 | Car | 97.3 | 97.2 | 98.0 |
| 客车 | Passenger Train | 99.4 | 100.0 | 99.4 |
| 货车 | Truck | 100.6 | 100.0 | 102.8 |
| 通信器材 | Apparatus of Communication | 97.6 | 98.2 | 96.4 |
| 固定电话机 | Stationary Telephone | 100.4 | 100.2 | 100.7 |
| 移动电话机 | Mobile Telephone | 95.2 | 96.5 | 92.5 |
| 传真机 | Fax-machine | 100.0 | 100.2 | 99.4 |
| **家具** | **Furniture** | **100.7** | **100.7** | **100.8** |
| 柜 | Cupboard | 100.7 | 100.7 | 100.6 |
| 床 | Beds | 101.0 | 100.8 | 101.5 |
| 桌 | Desks | 101.3 | 101.5 | 100.8 |
| 椅 | Chairs | 101.2 | 101.2 | 101.1 |
| 沙发 | Sofas | 100.1 | 100.0 | 100.4 |
| **化妆品** | **Cosmetic Products** | **100.6** | **100.5** | **101.0** |
| 护肤品 | Skin Care Product | 100.6 | 100.0 | 101.9 |

3-7 续表 6 continued

（上年=100） (preceding year=100)

| 指 标 | Item | 全 区 Province | 城 市 Urban Areas | 农 村 Rural Areas |
|---|---|---|---|---|
| 美容、装饰类化妆品 | Beauty, Decorative Cosmetics | 100.5 | 100.7 | 100.0 |
| 护发美容品 | Hair Care Cosmetics | 100.6 | 100.8 | 100.1 |
| 洗发用品 | Shampoo Articles | 100.5 | 99.5 | 102.5 |
| 洗浴用品 | Bath Articles | 100.9 | 100.9 | 101.0 |
| 药物美容用品 | Cosmetic Articles of Medicine | 100.8 | 101.2 | 99.9 |
| **金银珠宝** | **Jewel of Gold and Silver** | **92.8** | **92.6** | **93.3** |
| 金饰品 | Gold Ornaments | 93.8 | 93.9 | 93.6 |
| 银饰品 | Silver Ornaments | 99.8 | 100.2 | 99.0 |
| 铂金饰品 | Platinum Ornaments | 85.5 | 85.1 | 86.9 |
| **中西药品及医疗保健用品** | **Traditional Chinese and Western Medicines and Health** | **102.9** | **103.0** | **102.7** |
| 医疗器具及用品 | Edical Appliances and Articles | 100.0 | 100.0 | 100.1 |
| 中药材及中成药 | Traditional Chines Herbs | 104.2 | 104.3 | 104.0 |
| 中药材 | Chines Herbal Material | 103.1 | 101.5 | 105.2 |
| 中成药 | Chines Patent drugs | 105.2 | 106.3 | 102.6 |
| 西药 | Western Medicine | 102.3 | 102.6 | 101.6 |
| 抗生素（抗感染药） | Antibiotics（Anti-infectives） | 101.4 | 101.8 | 100.5 |
| 消化系统用药 | The Digestive System Drugs | 101.9 | 102.4 | 100.9 |
| 呼吸系统用药 | Respiratory Drug | 101.3 | 101.7 | 100.5 |
| 解热镇痛药 | Antipyretic and Analgesic | 100.7 | 100.5 | 101.1 |
| 抗肿瘤药 | Anticancer Drugs | 100.4 | 100.8 | 99.3 |
| 激素类药 | Hormone Drugs | 107.2 | 105.9 | 109.5 |
| 心血管系统用药 | Cardiovascular System Drugs | 102.7 | 103.1 | 101.1 |
| 中枢神经系统用药 | Central Nervous System Drugs | 105.8 | 107.1 | 103.1 |
| 消毒防腐及创伤外科用药 | Disinfection Antisepsis and Trauma Surgery Medication | 102.3 | 103.4 | 100.2 |
| 泌尿系统用药 | Urinary System Drugs | 100.6 | 100.5 | 100.8 |
| 维生素类 | Vitamins | 102.8 | 102.5 | 103.6 |
| 保健器具及用品 | Healthy Appliances and Articles | 102.1 | 101.6 | 103.3 |
| 保健器具 | Healthy Appliance | 100.5 | 99.9 | 102.0 |
| 滋补保健用品 | Tonic and Healthy Goods | 102.7 | 102.2 | 103.8 |
| **书报杂志及电子出版物** | **Books, Newspapers, Magazines and Electronic Publications** | **100.1** | **100.7** | **99.0** |
| 教材及参考书 | Texts and Reference Books | 96.4 | 97.5 | 94.8 |
| 工具书 | Reference Book | 100.6 | 100.7 | 100.4 |
| 教材 | Text-book | 91.5 | 93.9 | 88.1 |
| 参考书 | Reference Book | 101.4 | 100.6 | 102.5 |

3-7 续表 7 continued

（上年=100） (preceding year=100)

| 指 标 | Item | 全 区 Province | 城 市 Urban Areas | 农 村 Rural Areas |
|---|---|---|---|---|
| 教育软件 | Educational Software | 99.7 | 99.8 | 99.5 |
| 书报杂志 | Newspapers and Magazines | 103.6 | 103.4 | 104.0 |
| 书籍 | Books | 100.2 | 100.0 | 100.5 |
| 报纸 | Newspapers | 99.7 | 99.4 | 100.6 |
| 杂志 | Magazine | 114.3 | 114.6 | 113.5 |
| 电子音像制品 | Electronic Audio-video Products | 100.3 | 100.5 | 99.7 |
| 音像光盘和视盘 | Phonotape and Videotape CD and VCD | 100.0 | 100.3 | 99.2 |
| 计算机软件 | Computer Software | 100.9 | 101.0 | 100.5 |
| **燃料** | **Fuels** | **85.3** | **85.9** | **84.0** |
| 煤炭及制品 | Coal and Its Products | 100.4 | 100.2 | 100.7 |
| 原煤 | Coal | 99.5 | 99.5 | - |
| 煤制品 | Coal Products | 100.4 | 100.2 | 100.7 |
| 石油及制品 | Oil and Its Products | 83.8 | 84.4 | 82.3 |
| 液化石油气 | Liquified Petroleum Gas | 84.6 | 85.0 | 83.8 |
| 管道燃气 | Pipeline Gas | 98.7 | 98.7 | 97.4 |
| 汽油 | Gasoline | 81.7 | 81.9 | 81.2 |
| 柴油 | Kerosene | 80.7 | 80.9 | 80.3 |
| **建筑材料及五金电料** | **Building Materials and Hardware** | **97.8** | **98.2** | **97.0** |
| 建筑装潢材料 | Building Decoration Materials | 97.1 | 97.6 | 96.3 |
| 木材 | Wood | 98.1 | 97.7 | 98.7 |
| 木地板 | Wood Floor | 100.3 | 100.7 | 99.6 |
| 钢材 | Steel | 77.3 | 76.7 | 78.2 |
| 砖 | Brick | 97.9 | 98.1 | 97.7 |
| 水泥 | Cement | 97.6 | 100.4 | 94.8 |
| 涂料 | Paint | 100.2 | 99.4 | 101.4 |
| 板材 | Board | 101.1 | 100.8 | 101.6 |
| 玻璃 | Glass | 97.7 | 98.4 | 96.6 |
| 粘胶 | Viscose | 99.4 | 99.1 | 99.8 |
| 管材 | Pipe | 104.4 | 106.7 | 99.1 |
| 厨卫设备 | Kitchen Equipment | 99.1 | 98.8 | 99.9 |
| 五金电料 | Hardware | 100.2 | 100.6 | 99.5 |
| 五金工具 | Hardware Tools | 100.9 | 101.3 | 100.1 |
| 电工电料 | Electricians and Electric Materials Will Be | 99.6 | 100.2 | 98.9 |
| 水暖器材 | Plumbing Equipment | 100.2 | 100.5 | 99.8 |

# 3-8 商品零售价格分类指数

## Retail Price Indices by Category

（上年=100）　　(preceding year=100)

| 指　标 | Item | 2013 | 2014 |
|---|---|---|---|
| **商品零售价格总指数** | **Retail General Price Index** | **101.2** | **101.4** |
| **食品** | **Food** | **103.9** | **104.3** |
| 粮食 | Grain | 101.6 | 102.3 |
| 淀粉及制品 | Starches and Products | 101.8 | 100.7 |
| 干豆类及豆制品 | Beans and Bean Products | 105.2 | 104.8 |
| 油脂 | Oil or Fat | 101.1 | 91.6 |
| 肉禽及其制品 | Meal,Poultry and Their Products | 102.8 | 103.9 |
| 食用畜肉及副产品 | Edible Domestic Animal's Meat and By-products | 104.3 | 100.9 |
| 禽 | Poultry | 100.7 | 111.6 |
| 加工肉禽 | Poultry Meat Processed Products | 100.7 | 101.7 |
| 蛋 | Eggs | 107.6 | 105.9 |
| 水产品 | Aquatic Products | 104.5 | 107.6 |
| 鱼 | Fish | 102.1 | 106.0 |
| 其他水产品 | Other Aquatic Products | 109.5 | 110.6 |
| 菜 | Vegetables | 107.3 | 103.7 |
| 调味品 | Flavoring | 102.0 | 101.0 |
| 糖 | Sweet | 98.4 | 98.1 |
| 干鲜瓜果 | Dried and Fresh Melons and Fruits | 107.4 | 115.7 |
| 糕点饼干面包 | Cake,Cookie,Bread | 102.0 | 102.2 |
| 液体乳及乳制品 | Milk and Its Products | 104.7 | 105.8 |
| 在外用膳食品 | Picnic Food | 103.9 | 102.9 |
| 其他食品 | Other Food | 103.6 | 102.9 |
| **饮料、烟酒** | **Tobacco,Liquor and Articles** | **100.5** | **100.1** |
| 茶及饮料 | Tea and Drinks | 101.9 | 102.1 |
| 茶叶 | Tea | 101.5 | 100.6 |
| 饮料 | Beverage | 102.1 | 102.7 |
| 烟草 | Tobacco | 99.9 | 99.9 |
| 酒 | Liquor | 100.0 | 98.8 |
| **服装、鞋帽** | **Garments, Shoes and Hats** | **101.7** | **100.4** |
| 服装 | Garments | 102.3 | 100.1 |
| 男式服装 | Men's Wear | 101.9 | 99.1 |
| 女式服装 | Women's Wear | 102.0 | 100.9 |
| 儿童服装 | Children's Clothing | 104.3 | 100.2 |
| 鞋袜帽 | Footwear,Socks and Hats | 100.3 | 101.0 |
| 鞋 | Shoes | 100.3 | 101.0 |
| 袜子 | Socks and Stockings | 100.1 | 100.7 |
| 帽子 | Hats | 101.3 | 101.0 |
| 其他 | Others | 100.8 | 101.3 |

3-8　续表　continued

（上年=100）　　(preceding year=100)

| 指　标 | Item | 2013 | 2014 |
|---|---|---|---|
| **纺织品** | **Textiles** | **101.7** | **100.0** |
| 衣着材料 | Clothing Material | 101.1 | 100.2 |
| 床上用品 | Bed Articles | 102.0 | 99.9 |
| **家用电器及音像器材** | **Electric Household Appliance and Sound Apparatus** | **98.4** | **98.7** |
| 家庭设备 | Household Facilities | 100.6 | 99.7 |
| 文娱用耐用消费品 | Durable Consuming Goods for Entertainment | 95.2 | 97.1 |
| 专业音像器材 | Professional Audio and Video Equipment | 100.4 | 100.6 |
| **文化办公用品** | **Cultural and Office Goods** | **98.6** | **99.8** |
| **日用品** | **Articles for Daily Use** | **100.6** | **100.4** |
| 日用百货 | Merchandiles for Daily Use | 100.2 | 100.8 |
| 日用杂品 | Sundries for Daily Use | 100.9 | 100.4 |
| 洗涤用品 | Washing and Cleaning Goods | 101.0 | 100.3 |
| 其他日用品 | Other Daily-use Goods | 100.5 | 99.6 |
| **体育娱乐用品** | **Sports and Entertainment Goods** | **100.0** | **100.9** |
| 体育用品 | Sports Goods | 100.4 | 101.1 |
| 娱乐用品 | Recreational Goods | 99.6 | 100.6 |
| **交通、通信用品** | **Traffic and Telecommunication Goods** | **98.5** | **98.7** |
| 交通运输机械 | Traffic and Transport Machinery | 99.8 | 99.3 |
| 通信器材 | Telecommunication Apparatus | 95.9 | 97.5 |
| **家具** | **Furniture** | **100.2** | **100.1** |
| **化妆品** | **Cosmetics** | **101.0** | **100.3** |
| **金银珠宝** | **Gold and Silver Jewls** | **90.6** | **91.5** |
| **中西药品及医疗保健用品** | **Chinese and Western Medicines and Health Supplies** | **100.6** | **101.8** |
| 医疗器具及用品 | Medical-care Apparatus and Goods | 100.9 | 100.1 |
| 中药材及中成药 | Chinese Herbs and Patent Medicine | 100.8 | 103.2 |
| 西药 | Western Medicine | 100.5 | 100.8 |
| 保健器具及用品 | Health Apparatus and Supplies | 100.7 | 101.6 |
| **书报杂志及电子出版物** | **Books, Magazines and Electronic Publications** | **99.9** | **101.0** |
| 教材及参考书 | Texts and Reference Books | 99.9 | 100.3 |
| 书报杂志 | Newspapers and Magazines | 100.0 | 102.1 |
| 电子音像制品 | Electronic Audio and Video Products | 99.7 | 100.1 |
| **燃料** | **Fuels** | **99.7** | **99.4** |
| 煤炭及制品 | Coal and Its Products | 99.6 | 99.4 |
| 石油及制品 | Oil and Its Products | 99.7 | 99.4 |
| **建筑材料及五金电料** | **Building Apparatus and Hardwares** | **100.9** | **100.1** |
| 建筑装潢材料 | Building Decoration Materials | 101.1 | 100.4 |
| 五金电料 | Hardwares and Electrical Apparatus | 99.9 | 99.0 |

# 3-9 各地区商品零售价格总指数（1984—2014年）

（上年=100）

| 年 份<br>Year | 南宁市<br>Nanning | 柳州市<br>Liuzhou | 桂林市<br>Guilin | 梧州市<br>Wuzhou | 北海市<br>Beihai | 防城港市<br>Fangchenggang | 钦州市<br>Qinzhou |
|---|---|---|---|---|---|---|---|
| 1984 | 104.1 | 103.8 | 103.6 | 105.1 | 105.1 | | |
| 1985 | 118.7 | 115.4 | 113.5 | 117.5 | 117.0 | | |
| 1986 | 105.3 | 105.8 | 105.0 | 105.8 | 104.0 | | |
| 1987 | 111.8 | 108.9 | 113.6 | 111.8 | 112.8 | | |
| 1988 | 122.1 | 126.5 | 126.1 | 123.9 | 126.1 | | |
| 1989 | 119.4 | 118.4 | 118.1 | 115.8 | 120.7 | | |
| 1990 | 97.3 | 98.8 | 98.5 | 97.5 | 96.2 | | |
| 1991 | 104.0 | 102.2 | 101.6 | 104.7 | 104.1 | | |
| 1992 | 105.7 | 105.8 | 108.6 | 109.6 | 105.4 | | |
| 1993 | 124.1 | 123.8 | 119.8 | 120.0 | 134.0 | | |
| 1994 | 120.8 | 124.1 | 125.5 | 124.7 | 122.1 | | |
| 1995 | 114.9 | 116.4 | 113.8 | 114.8 | 113.3 | | |
| 1996 | 102.5 | 104.5 | 106.3 | 106.3 | 103.6 | | |
| 1997 | 99.5 | 99.5 | 100.5 | 101.5 | 99.7 | | |
| 1998 | 95.8 | 98.0 | 94.8 | 98.2 | 98.1 | | |
| 1999 | 95.9 | 96.3 | 97.6 | 99.8 | 96.4 | | |
| 2000 | 98.3 | 97.5 | 99.2 | 99.2 | 97.9 | | |
| 2001 | 95.9 | 97.3 | 97.5 | 98.4 | 98.3 | | |
| 2002 | 97.5 | 99.7 | 99.7 | 96.6 | 97.7 | | |
| 2003 | 99.5 | 99.2 | 100.1 | 100.4 | 99.2 | | |
| 2004 | 102.7 | 104.6 | 103.7 | 103.6 | 103.9 | | |
| 2005 | 100.3 | 100.7 | 102.0 | 101.9 | 101.8 | | |
| 2006 | 101.0 | 100.1 | 101.0 | 100.8 | 101.3 | | |
| 2007 | 103.3 | 105.0 | 104.8 | 104.1 | 103.8 | | |
| 2008 | 107.9 | 107.1 | 106.8 | 107.5 | 107.7 | 109.4 | 109.7 |
| 2009 | 98.5 | 97.5 | 99.6 | 97.1 | 97.9 | 96.7 | 98.8 |
| 2010 | 102.3 | 104.1 | 102.5 | 103.4 | 103.0 | 104.9 | 103.2 |
| 2011 | 104.9 | 105.4 | 106.2 | 105.7 | 105.6 | 106.7 | 105.6 |
| 2012 | 101.7 | 102.8 | 102.4 | 102.0 | 102.2 | 101.9 | 102.3 |
| 2013 | 100.8 | 100.9 | 101.7 | 101.6 | 101.0 | 101.4 | 101.8 |
| 2014 | 100.7 | 102.0 | 101.4 | 101.2 | 102.0 | 102.1 | 101.6 |
| 2015 | 100.4 | 100.1 | 100.1 | 99.6 | 99.3 | 100.6 | 100.0 |

# Retail Price Indices by Region（1984—2015）

（preceding year=100）

| 贵港市<br>Guigang | 玉林市<br>Yulin | 百色市<br>Baise | 贺州市<br>Hezhou | 河池市<br>Hechi | 来宾市<br>Laibin | 崇左市<br>Chongzuo |
|---|---|---|---|---|---|---|
| 104.0 | | 104.4 | 104.2 | | | |
| 114.2 | | 115.6 | 114.6 | | | |
| 104.2 | | 110.0 | 104.9 | | | |
| 110.8 | | 109.2 | 114.6 | | | |
| 125.1 | | 119.3 | 120.9 | | | |
| 124.1 | | 121.9 | 121.1 | | | |
| 95.5 | | 97.0 | 95.8 | | | |
| 102.8 | | 102.8 | 100.7 | | | |
| 103.3 | | 107.1 | 107.4 | | | |
| 120.5 | | 118.6 | 119.0 | | | |
| 127.2 | | 126.1 | 121.4 | | | |
| 119.0 | | 120.7 | 117.3 | | | |
| 103.3 | | 105.4 | 105.3 | | | |
| 98.0 | | 100.9 | 100.1 | | | |
| 93.7 | | 97.3 | 96.4 | | | |
| 96.3 | | 98.4 | 96.4 | | | |
| 99.0 | | 97.7 | 99.0 | | | |
| 98.3 | | 99.0 | 98.3 | | | |
| 98.9 | | 97.2 | 98.0 | | | |
| 101.1 | | 99.4 | 101.0 | | | |
| 103.3 | | 102.9 | 104.6 | | | |
| 100.8 | | 102.5 | 100.4 | | | |
| 99.1 | | 101.6 | 101.6 | | | |
| 105.5 | | 104.3 | 105.1 | | | |
| 107.5 | — | 110.0 | 108.6 | 106.6 | 107.0 | 109.6 |
| 96.5 | 96.8 | 97.9 | 97.5 | 98.3 | 97.1 | 97.6 |
| 103.8 | 102.5 | 103.4 | 103.8 | 102.3 | 102.6 | 103.2 |
| 106.3 | 105.7 | 106.3 | 107.0 | 105.1 | 106.2 | 105.7 |
| 102.5 | 102.7 | 102.5 | 101.8 | 102.7 | 101.9 | 101.7 |
| 101.5 | 101.3 | 101.7 | 100.5 | 101.3 | 100.5 | 101.3 |
| 101.7 | 102.3 | 101.5 | 100.7 | 102.2 | 100.7 | 101.7 |
| 98.9 | 100.6 | 100.8 | 100.4 | 99.5 | 100.3 | 99.5 |

# 3-10 各地区商品零售价格分类指数（2015年）

（上年=100）

| 指　　标 | Item | 南宁市 Nanning | 柳州市 Liuzhou | 桂林市 Guilin |
|---|---|---|---|---|
| **商品零售价格总指数** | **Retail General Price Index** | **100.4** | **100.1** | **100.1** |
| **食品类** | **Food** | **101.2** | **103.7** | **103.1** |
| 粮食 | Grain | 101.6 | 101.1 | 105.4 |
| 淀粉及制品 | Starches and Products | 102.4 | 101.0 | 100.0 |
| 干豆类及豆制品 | Beans and Bean Products | 102.1 | 103.3 | 111.0 |
| 油脂 | Oil or Fat | 95.8 | 93.4 | 98.2 |
| 肉禽及其制品 | Meal,Poultry and Their Products | 105.3 | 107.5 | 106.8 |
| 食用畜肉及副产品 | Edible Domestic Animal's Meat and By-products | 106.0 | 104.7 | 108.0 |
| 禽 | Poultry | 104.9 | 113.2 | 105.4 |
| 加工肉禽 | Poultry Meat Processed Products | 103.2 | 106.6 | 103.8 |
| 蛋 | Eggs | 101.4 | 100.6 | 96.0 |
| 水产品 | Aquatic Products | 101.3 | 101.3 | 97.9 |
| 鱼 | Fish | 101.9 | 102.7 | 100.8 |
| 其他水产品 | Other Aquatic Products | 100.3 | 98.4 | 93.6 |
| 菜 | Vegetables | 103.5 | 104.3 | 107.6 |
| 调味品 | Flavoring | 99.3 | 100.4 | 101.0 |
| 糖 | Sweet | 95.8 | 103.2 | 101.1 |
| 干鲜瓜果 | Dried and Fresh Melons and Fruits | 92.3 | 105.3 | 94.8 |
| 糕点饼干面包 | Cake,Cookie,Bread | 98.0 | 102.1 | 101.3 |
| 液体乳及乳制品 | Milk and Its Products | 92.5 | 101.9 | 94.0 |
| 在外用膳食品 | Picnic Food | 103.0 | 102.0 | 104.2 |
| 其他食品 | Other Food | 97.7 | 105.2 | 100.8 |
| **饮料、烟酒** | **Tobacco,Liquor and Articles** | **101.8** | **101.6** | **100.6** |
| 茶及饮料 | Tea and Drinks | 102.0 | 101.8 | 101.1 |
| 茶叶 | Tea | 100.0 | 100.5 | 100.6 |
| 饮料 | Beverage | 102.5 | 102.3 | 101.4 |
| 烟草 | Tobacco | 102.1 | 103.6 | 104.2 |
| 酒 | Liquor | 101.5 | 99.3 | 96.3 |
| **服装、鞋帽** | **Garments, Shoes and Hats** | **111.2** | **102.0** | **105.8** |
| 服装 | Garments | 111.4 | 102.9 | 107.2 |
| 男式服装 | Men's Wear | 109.8 | 102.6 | 108.3 |
| 女式服装 | Women's Wear | 111.1 | 101.1 | 108.5 |
| 儿童服装 | Children's Clothing | 119.3 | 108.5 | 97.8 |
| 鞋袜帽 | Footwear,Socks and Hats | 111.1 | 99.6 | 101.6 |
| 鞋 | Shoes | 112.0 | 99.8 | 101.7 |
| 袜子 | Socks and Stockings | 104.3 | 99.2 | 100.2 |
| 帽子 | Hats | 102.8 | 98.3 | 100.7 |
| 其他 | Others | 108.8 | 100.8 | 100.8 |

# Retail Price Indices by Category of Commodities and Region（2015）

（preceding year=100）

| 梧州市 Wuzhou | 北海市 Beihai | 防城港市 Fangchenggang | 钦州市 Qinzhou | 贵港市 Guigang | 玉林市 Yulin | 百色市 Baise | 贺州市 Hezhou | 河池市 Hechi | 来宾市 Laibin | 崇左市 Chongzuo |
|---|---|---|---|---|---|---|---|---|---|---|
| **99.6** | **99.3** | **100.6** | **100.0** | **98.9** | **100.6** | **100.8** | **100.4** | **99.5** | **100.3** | **99.5** |
| **102.6** | **101.4** | **102.3** | **102.7** | **101.8** | **102.3** | **104.2** | **103.9** | **101.9** | **102.8** | **100.7** |
| 100.7 | 100.4 | 100.1 | 100.9 | 101.0 | 100.6 | 101.3 | 102.1 | 101.7 | 100.4 | 100.7 |
| 100.0 | 98.7 | 104.3 | 97.4 | 97.7 | 101.3 | 98.7 | 100.1 | 100.0 | 100.0 | 100.0 |
| 102.1 | 101.4 | 100.6 | 102.9 | 106.6 | 104.1 | 102.2 | 100.6 | 102.5 | 100.2 | 99.6 |
| 102.1 | 98.4 | 97.5 | 98.8 | 98.8 | 98.0 | 97.7 | 98.1 | 96.6 | 98.8 | 96.4 |
| 104.3 | 105.4 | 104.5 | 105.8 | 104.9 | 108.0 | 105.5 | 107.3 | 105.8 | 107.3 | 102.6 |
| 103.8 | 107.9 | 103.1 | 106.9 | 106.4 | 107.6 | 106.9 | 109.2 | 107.3 | 109.3 | 103.6 |
| 105.6 | 102.1 | 108.4 | 104.8 | 104.0 | 110.7 | 104.3 | 105.4 | 102.9 | 104.8 | 100.9 |
| 103.9 | 99.4 | 101.3 | 103.6 | 101.8 | 102.7 | 101.8 | 103.2 | 105.2 | 104.9 | 102.6 |
| 98.6 | 101.9 | 101.3 | 100.0 | 98.9 | 98.2 | 100.9 | 101.4 | 103.3 | 103.2 | 97.6 |
| 103.6 | 99.9 | 100.4 | 100.0 | 98.5 | 98.2 | 100.2 | 103.6 | 96.6 | 100.1 | 99.0 |
| 104.1 | 98.4 | 98.8 | 97.8 | 97.5 | 98.3 | 99.2 | 102.4 | 100.2 | 103.6 | 97.3 |
| 102.6 | 103.4 | 103.0 | 104.0 | 100.5 | 98.2 | 102.5 | 107.2 | 94.1 | 94.6 | 101.3 |
| 106.5 | 103.1 | 105.4 | 107.0 | 102.7 | 104.4 | 110.0 | 107.5 | 102.1 | 100.4 | 103.5 |
| 101.6 | 101.2 | 100.9 | 103.3 | 99.8 | 100.2 | 105.7 | 102.8 | 101.1 | 101.1 | 100.7 |
| 95.9 | 100.9 | 98.5 | 97.9 | 98.9 | 98.6 | 102.2 | 102.2 | 100.8 | 100.8 | 99.9 |
| 96.1 | 95.7 | 99.6 | 97.4 | 93.1 | 96.7 | 106.1 | 98.4 | 94.8 | 99.2 | 96.9 |
| 100.4 | 100.3 | 101.8 | 104.0 | 100.5 | 101.8 | 99.5 | 99.7 | 99.9 | 98.4 | 101.1 |
| 99.1 | 101.0 | 101.5 | 101.5 | 96.7 | 96.0 | 99.8 | 98.2 | 100.4 | 106.5 | 97.5 |
| 102.6 | 100.1 | 102.6 | 103.5 | 103.3 | 100.1 | 102.7 | 102.9 | 103.9 | 102.5 | 100.6 |
| 109.1 | 98.5 | 99.9 | 105.6 | 98.0 | 104.2 | 103.5 | 98.7 | 100.0 | 103.2 | 100.2 |
| **103.3** | **102.2** | **101.2** | **99.7** | **102.0** | **101.7** | **101.6** | **100.6** | **101.1** | **101.2** | **101.5** |
| 102.9 | 101.6 | 102.4 | 100.0 | 102.0 | 101.9 | 100.3 | 99.7 | 101.2 | 100.8 | 101.2 |
| 107.7 | 100.0 | 100.1 | 100.8 | 101.0 | 100.0 | 100.3 | 101.0 | 99.8 | 100.0 | 99.4 |
| 101.7 | 102.2 | 103.1 | 99.4 | 102.4 | 102.5 | 100.3 | 99.1 | 102.2 | 101.0 | 101.7 |
| 102.2 | 105.6 | 102.9 | 103.8 | 103.2 | 103.2 | 103.5 | 102.5 | 104.3 | 103.1 | 103.2 |
| 104.9 | 99.0 | 98.4 | 95.9 | 99.4 | 99.9 | 100.4 | 99.4 | 98.0 | 99.1 | 99.8 |
| **103.4** | **100.4** | **102.7** | **100.4** | **106.8** | **106.1** | **101.8** | **100.7** | **101.2** | **102.9** | **101.9** |
| 104.9 | 101.1 | 102.9 | 100.8 | 106.3 | 105.2 | 101.5 | 100.5 | 101.2 | 104.5 | 102.1 |
| 105.2 | 101.5 | 100.0 | 102.0 | 106.1 | 101.0 | 100.6 | 99.1 | 102.3 | 104.3 | 101.9 |
| 105.1 | 101.0 | 104.4 | 100.0 | 106.1 | 106.8 | 101.7 | 101.0 | 100.3 | 104.2 | 102.4 |
| 103.8 | 100.4 | 104.1 | 100.3 | 107.2 | 112.0 | 103.0 | 102.0 | 102.9 | 106.2 | 101.9 |
| 100.9 | 98.5 | 101.7 | 99.9 | 108.4 | 108.5 | 102.7 | 101.5 | 101.2 | 98.8 | 101.3 |
| 100.8 | 98.3 | 101.5 | 99.6 | 108.8 | 108.7 | 103.0 | 101.4 | 101.6 | 98.5 | 101.2 |
| 101.4 | 100.0 | 101.4 | 100.2 | 104.5 | 105.6 | 100.5 | 102.1 | 95.3 | 100.2 | 101.9 |
| 101.5 | 100.0 | 106.8 | 103.7 | 108.0 | 111.0 | 102.6 | 100.9 | 100.0 | 101.5 | 102.2 |
| 98.7 | 100.0 | 104.4 | 99.0 | 102.8 | 105.4 | 100.0 | 100.0 | 100.0 | 100.0 | 100.0 |

3-10 续表

（上年＝100）

| 指 标 | Item | 南宁市 Nanning | 柳州市 Liuzhou | 桂林市 Guilin |
|---|---|---|---|---|
| **纺织品** | **Textiles** | **107.3** | **100.2** | **100.5** |
| 衣着材料 | Clothing Material | 100.0 | 100.0 | 98.1 |
| 床上用品 | Bed Articles | 110.6 | 100.4 | 101.1 |
| **家用电器及音像器材** | **Electric Household Appliance and Sound Apparatus** | **98.7** | **99.3** | **96.2** |
| 家庭设备 | Household Facilities | 99.6 | 100.5 | 93.5 |
| 文娱用耐用消费品 | Durable Consuming Goods for Entertainment | 97.0 | 97.5 | 99.4 |
| 专业音像器材 | Professional Audio and Video Equipment | 99.6 | 97.8 | 100.0 |
| **文化办公用品** | **Cultural and Office Goods** | **99.0** | **98.7** | **99.8** |
| **日用品** | **Articles for Daily Use** | **99.2** | **98.4** | **101.6** |
| 日用百货 | Merchandiles for Daily Use | 98.9 | 100.7 | 102.3 |
| 日用杂品 | Sundries for Daily Use | 99.8 | 99.6 | 100.6 |
| 洗涤用品 | Washing and Cleaning Goods | 99.0 | 94.2 | 102.0 |
| 其他日用品 | Other Daily-use Goods | 99.7 | 99.0 | 100.0 |
| **体育娱乐用品** | **Sports and Entertainment Goods** | **99.9** | **100.1** | **100.0** |
| 体育用品 | Sports Goods | 100.0 | 100.8 | 100.0 |
| 娱乐用品 | Recreational Goods | 99.7 | 99.4 | 100.0 |
| **交通、通信用品** | **Traffic and Telecommunication Goods** | **98.1** | **97.7** | **97.5** |
| 交通运输机械 | Traffic and Transport Machinery | 99.2 | 98.7 | 97.2 |
| 通信器材 | Telecommunication Apparatus | 95.9 | 95.8 | 98.7 |
| **家具** | **Furniture** | **100.3** | **96.0** | **103.2** |
| **化妆品** | **Cosmetics** | **100.6** | **100.4** | **100.7** |
| **金银珠宝** | **Gold and Silver Jewls** | **90.2** | **89.5** | **92.1** |
| **中西药品及医疗保健用品** | **Chinese and Western Medicines and Health Supplies** | **104.9** | **101.7** | **103.8** |
| 医疗器具及用品 | Medical-care Apparatus and Goods | 99.5 | 100.0 | 100.0 |
| 中药材及中成药 | Chinese Herbs and Patent Medicine | 107.3 | 103.8 | 108.7 |
| 西药 | Western Medicine | 104.0 | 100.1 | 101.5 |
| 保健器具及用品 | Healthy Devices and Goods | 102.9 | 100.1 | 101.2 |
| **书报杂志及电子出版物** | **Books, Magazines and Electronic Publications** | **100.0** | **100.1** | **101.9** |
| 教材及参考书 | Texts and Reference Books | 96.5 | 96.9 | 100.9 |
| 书报杂志 | Newspapers and Magazines | 102.9 | 103.7 | 103.6 |
| 电子音像制品 | Electronic Audio and Video Products | 101.7 | 100.0 | 99.4 |
| **燃料** | **Fuels** | **87.4** | **87.4** | **85.0** |
| 煤炭及制品 | Coal and Its Products | 101.3 | 100.0 | 100.0 |
| 石油及制品 | Oil and Its Products | 86.2 | 87.2 | 83.8 |
| **建筑材料及五金电料** | **Building Apparatus and Hardwares** | **97.2** | **97.2** | **98.1** |
| 建筑装潢材料 | Building Decoration Materials | 96.5 | 96.6 | 97.6 |
| 五金电料 | Hardwares and Electrical Apparatus | 100.3 | 99.5 | 100.0 |

continued

（preceding year=100）

| 梧州市 Wuzhou | 北海市 Beihai | 防城港市 Fangchenggang | 钦州市 Qinzhou | 贵港市 Guigang | 玉林市 Yulin | 百色市 Baise | 贺州市 Hezhou | 河池市 Hechi | 来宾市 Laibin | 崇左市 Chongzuo |
|---|---|---|---|---|---|---|---|---|---|---|
| **99.0** | **99.9** | **100.5** | **99.8** | **99.8** | **104.9** | **100.1** | **100.4** | **96.1** | **99.8** | **99.7** |
| 99.5 | 100.0 | 104.4 | 99.7 | 100.0 | 100.6 | 100.0 | 100.8 | 100.0 | 101.0 | 100.0 |
| 98.7 | 99.9 | 98.6 | 99.9 | 99.7 | 109.2 | 100.1 | 99.9 | 94.9 | 98.7 | 99.5 |
| **96.1** | **100.3** | **100.1** | **97.6** | **94.9** | **101.1** | **99.5** | **97.8** | **101.8** | **96.5** | **99.7** |
| 96.0 | 100.0 | 100.3 | 97.1 | 95.7 | 100.8 | 99.7 | 98.1 | 104.1 | 96.4 | 100.0 |
| 95.5 | 100.9 | 100.0 | 97.5 | 93.7 | 101.4 | 98.8 | 97.2 | 98.9 | 96.6 | 99.0 |
| 101.2 | 99.9 | 100.0 | 100.5 | 99.8 | 100.3 | 103.5 | 100.0 | 100.0 | 100.0 | 101.4 |
| **95.5** | **100.1** | **100.3** | **101.1** | **97.5** | **100.7** | **100.4** | **100.0** | **100.3** | **99.3** | **100.0** |
| **100.7** | **99.4** | **100.5** | **99.4** | **101.3** | **102.7** | **97.8** | **100.4** | **100.1** | **101.0** | **100.6** |
| 100.4 | 99.7 | 99.8 | 98.8 | 101.6 | 101.5 | 98.2 | 99.9 | 100.4 | 100.1 | 100.8 |
| 99.7 | 100.7 | 99.8 | 98.0 | 99.4 | 99.9 | 94.2 | 100.9 | 99.2 | 101.8 | 99.4 |
| 101.2 | 98.1 | 100.7 | 100.6 | 102.4 | 102.1 | 99.2 | 100.3 | 101.1 | 101.8 | 100.7 |
| 101.8 | 100.0 | 102.1 | 99.9 | 100.6 | 108.7 | 100.1 | 100.7 | 98.5 | 100.6 | 100.6 |
| **100.0** | **101.2** | **100.6** | **100.6** | **101.3** | **100.0** | **111.1** | **99.9** | **98.3** | **100.4** | **100.0** |
| 100.0 | 102.5 | 99.9 | 101.1 | 98.6 | 100.9 | 121.8 | 99.9 | 100.5 | 100.0 | 100.0 |
| 100.0 | 100.0 | 101.4 | 100.0 | 103.8 | 99.1 | 99.4 | 100.0 | 96.1 | 100.9 | 100.0 |
| **98.7** | **99.5** | **100.1** | **95.2** | **96.4** | **100.8** | **99.2** | **95.8** | **98.9** | **96.9** | **100.5** |
| 99.1 | 99.8 | 100.0 | 94.8 | 100.5 | 98.0 | 99.9 | 95.9 | 99.9 | 98.1 | 99.0 |
| 97.8 | 98.9 | 100.3 | 95.7 | 88.7 | 107.1 | 97.6 | 95.7 | 95.4 | 94.5 | 103.2 |
| **101.8** | **99.9** | **103.0** | **98.5** | **101.2** | **106.2** | **101.7** | **101.1** | **94.0** | **105.4** | **99.9** |
| **100.2** | **101.5** | **101.3** | **99.5** | **100.8** | **100.0** | **101.1** | **101.2** | **99.8** | **100.9** | **99.9** |
| **91.8** | **91.6** | **99.8** | **101.9** | **93.2** | **92.1** | **95.7** | **90.4** | **95.8** | **93.8** | **92.3** |
| **101.9** | **104.2** | **103.9** | **104.8** | **100.9** | **101.6** | **103.9** | **103.7** | **101.0** | **101.0** | **101.7** |
| 101.0 | 98.9 | 100.6 | 98.9 | 99.8 | 101.1 | 100.0 | 100.0 | 100.8 | 100.0 | 100.0 |
| 97.7 | 104.6 | 102.0 | 107.4 | 101.3 | 103.4 | 105.2 | 108.2 | 99.3 | 101.3 | 101.4 |
| 104.7 | 103.9 | 104.8 | 103.8 | 100.9 | 101.0 | 102.4 | 100.3 | 102.0 | 100.8 | 102.7 |
| 99.8 | 107.3 | 106.8 | 100.7 | 99.3 | 97.6 | 108.0 | 103.1 | 100.3 | 100.6 | 100.4 |
| **99.3** | **100.3** | **101.6** | **101.2** | **99.5** | **100.6** | **93.1** | **100.7** | **101.2** | **101.1** | **99.3** |
| 97.2 | 97.0 | 99.2 | 98.4 | 96.4 | 96.9 | 84.1 | 97.5 | 97.4 | 97.4 | 96.1 |
| 99.9 | 103.4 | 104.1 | 104.2 | 105.2 | 103.6 | 103.1 | 105.6 | 103.1 | 105.2 | 103.0 |
| 100.0 | 100.0 | 100.7 | 102.0 | 98.5 | 100.0 | 100.0 | 100.0 | 100.0 | 100.0 | 100.0 |
| **83.2** | **82.8** | **88.1** | **85.9** | **82.6** | **82.7** | **87.8** | **85.3** | **87.2** | **90.2** | **86.7** |
| 100.0 | 97.6 | 100.0 | 100.0 | - | 101.6 | 100.0 | 100.0 | 100.0 | 100.0 | 101.0 |
| 81.4 | 80.9 | 86.4 | 84.6 | 82.6 | 80.2 | 85.0 | 83.1 | 85.0 | 89.5 | 85.8 |
| **98.4** | **97.0** | **98.8** | **98.3** | **97.1** | **102.7** | **97.3** | **96.0** | **98.8** | **98.3** | **98.0** |
| 97.7 | 95.6 | 97.8 | 97.5 | 96.7 | 103.3 | 96.8 | 94.8 | 97.4 | 97.4 | 97.4 |
| 101.6 | 101.7 | 101.9 | 100.8 | 99.0 | 100.4 | 99.3 | 101.4 | 104.5 | 101.0 | 99.9 |

# 3-11 分月农业生产资料价格分类指数（2015年）

（上年同期=100）

| 指标 | Item | 全年 Annual Year | 1月 January | 2月 February | 3月 March |
|---|---|---|---|---|---|
| **农业生产资料价格指数** | **Price Index of Means of Agricultural Production** | **100.9** | **99.0** | **99.2** | **100.6** |
| 农用手工工具 | Agricultural Craft Tool | 101.4 | 102.4 | 102.3 | 102.0 |
| 饲料 | Forage | 96.3 | 98.5 | 97.6 | 98.3 |
| 混合饲料 | Mixed Forage | 97.6 | 100.2 | 99.4 | 99.5 |
| 其他 | Others | 91.2 | 91.8 | 90.6 | 93.8 |
| 产品畜 | Animals for Products | 110.4 | 100.5 | 104.4 | 113.8 |
| 幼禽家畜 | Domestic Animals and Young Poultry | 110.4 | 100.5 | 104.4 | 113.8 |
| 半机械化农具 | Semi-mechanized Farm Tools | 99.6 | 99.0 | 99.0 | 99.0 |
| 机械化农具 | Mechanized Farm Machinery | 99.7 | 99.9 | 99.9 | 99.9 |
| 农用机械 | Agricultural Machinery | 99.7 | 99.9 | 99.9 | 99.9 |
| 化学肥料 | Chemical Fertilizer | 102.2 | 97.1 | 97.4 | 98.9 |
| 氮肥 | Nitrogen Fertilizer | 103.6 | 95.4 | 95.3 | 97.8 |
| 磷肥 | Phosphate Fertilizer | 102.7 | 100.2 | 101.7 | 101.4 |
| 钾肥 | Calcium Fertilizer | 98.9 | 96.8 | 97.4 | 98.2 |
| 复合肥料 | Compounded Fertilizer | 101.4 | 97.8 | 98.0 | 99.3 |
| 农药及农药械 | Pesticide & Its Appliances | 100.3 | 99.9 | 100.3 | 100.4 |
| 化学农药 | Chemical Pesticide | 100.8 | 100.8 | 100.9 | 101.0 |
| 杀虫剂 | Insecticide | 100.3 | 100.3 | 100.3 | 100.3 |
| 杀菌剂 | Disinfectant | 101.3 | 100.3 | 100.5 | 100.7 |
| 除草剂 | Herbicide | 101.6 | 104.4 | 104.4 | 104.4 |
| 农药器械 | Pesticide Apparatus | 96.8 | 95.0 | 96.8 | 96.9 |
| 农用机油 | Oil for Farm Machinery | 89.3 | 87.8 | 87.5 | 89.5 |
| 其他农业生产资料 | Other Agricultural Productions | 100.6 | 101.1 | 100.2 | 99.8 |
| 农用种子 | Seeds for Farm | 101.6 | 102.5 | 101.4 | 100.7 |
| 其他 | Others | 98.7 | 98.3 | 97.8 | 97.9 |
| 农用薄膜 | Agricultural Membrane | 97.7 | 96.9 | 96.0 | 96.0 |
| 其他 | Others | 100.1 | 100.2 | 100.2 | 100.3 |
| 农业生产服务 | Agricultural Production Service | 104.1 | 103.7 | 103.9 | 103.5 |
| 排灌费 | Irrigation Costs | 101.2 | 104.8 | 104.8 | 104.8 |
| 机械作业费 | Machinery Operating Costs | 104.0 | 102.1 | 102.1 | 101.2 |
| 农业用电 | Agricultural Use of Electricity | 100.0 | 100.0 | 100.0 | 100.0 |
| 农业用工 | Agricultural Employment | 106.5 | 105.9 | 106.8 | 106.6 |

# Price Indices for Means of Agricultural Production by Category and Month（2015）

（preceding year=100）

| 4 月<br>April | 5 月<br>May | 6 月<br>June | 7 月<br>July | 8 月<br>August | 9 月<br>September | 10 月<br>October | 11 月<br>November | 12 月<br>December |
|---|---|---|---|---|---|---|---|---|
| **101.1** | **101.6** | **100.8** | **101.3** | **101.9** | **102.4** | **101.7** | **100.3** | **100.4** |
| 101.1 | 100.8 | 100.8 | 101.0 | 101.5 | 101.6 | 101.4 | 101.3 | 101.3 |
| 98.5 | 98.6 | 97.9 | 96.7 | 95.0 | 94.8 | 94.3 | 93.0 | 93.2 |
| 99.9 | 99.5 | 98.8 | 97.6 | 96.2 | 95.9 | 95.8 | 94.6 | 94.2 |
| 92.7 | 94.7 | 93.9 | 92.9 | 89.9 | 90.5 | 88.2 | 86.3 | 88.9 |
| 114.4 | 111.4 | 103.9 | 107.5 | 116.0 | 122.5 | 116.0 | 105.5 | 108.0 |
| 114.4 | 111.4 | 103.9 | 107.5 | 116.0 | 122.5 | 116.0 | 105.5 | 108.0 |
| 98.9 | 98.6 | 98.5 | 99.5 | 100.3 | 100.4 | 100.3 | 100.7 | 100.9 |
| 99.7 | 99.8 | 99.9 | 99.8 | 99.7 | 99.6 | 99.5 | 99.6 | 99.7 |
| 99.7 | 99.8 | 99.9 | 99.8 | 99.7 | 99.6 | 99.5 | 99.6 | 99.7 |
| 101.8 | 104.0 | 105.1 | 104.9 | 104.7 | 104.3 | 104.0 | 103.0 | 101.9 |
| 102.5 | 106.8 | 109.4 | 109.0 | 108.5 | 106.8 | 106.2 | 104.2 | 102.7 |
| 102.3 | 104.3 | 104.3 | 103.8 | 103.4 | 103.3 | 103.3 | 103.2 | 100.9 |
| 99.3 | 99.7 | 100.1 | 100.0 | 99.2 | 99.4 | 99.4 | 99.2 | 98.6 |
| 101.6 | 101.9 | 102.0 | 102.1 | 102.8 | 103.5 | 103.3 | 102.8 | 102.5 |
| 100.2 | 100.2 | 100.0 | 100.2 | 100.5 | 100.3 | 100.3 | 100.3 | 100.3 |
| 101.0 | 100.9 | 100.7 | 100.8 | 101.0 | 100.8 | 100.7 | 100.7 | 100.7 |
| 100.3 | 100.2 | 100.2 | 100.2 | 100.5 | 100.3 | 100.3 | 100.3 | 100.3 |
| 100.7 | 101.6 | 101.7 | 101.7 | 101.9 | 101.7 | 101.5 | 101.5 | 101.5 |
| 104.4 | 101.8 | 100.1 | 100.4 | 100.2 | 100.0 | 100.0 | 100.0 | 100.0 |
| 95.9 | 95.9 | 95.4 | 96.6 | 97.5 | 97.5 | 98.2 | 98.2 | 98.2 |
| 88.6 | 91.2 | 90.6 | 89.5 | 87.7 | 85.3 | 89.6 | 91.4 | 92.7 |
| 99.5 | 99.8 | 99.9 | 101.3 | 101.4 | 101.3 | 101.0 | 101.0 | 101.1 |
| 99.8 | 100.1 | 100.2 | 102.3 | 102.6 | 102.6 | 102.1 | 102.2 | 102.2 |
| 98.9 | 99.2 | 99.4 | 99.2 | 98.9 | 98.7 | 98.7 | 98.6 | 98.9 |
| 97.9 | 98.5 | 98.9 | 98.7 | 98.2 | 97.7 | 97.7 | 97.7 | 98.2 |
| 100.2 | 100.2 | 100.1 | 99.9 | 99.9 | 99.9 | 99.9 | 99.9 | 99.8 |
| 103.7 | 104.6 | 103.8 | 104.3 | 104.4 | 104.4 | 104.2 | 104.0 | 104.0 |
| 100.0 | 100.0 | 100.0 | 100.0 | 100.0 | 100.0 | 100.0 | 100.0 | 100.0 |
| 103.3 | 104.8 | 103.5 | 105.2 | 105.5 | 105.5 | 105.0 | 105.0 | 105.0 |
| 100.0 | 100.0 | 100.0 | 100.0 | 100.0 | 100.0 | 100.0 | 100.0 | 100.0 |
| 106.8 | 107.8 | 106.8 | 106.3 | 106.3 | 106.3 | 106.3 | 105.8 | 105.8 |

# 3–12 农业生产资料价格分类指数

## Price Indices for Means of Agricultural Production by Category

（上年＝100） (preceding year=100)

| 指 标 | Item | 2010 | 2011 | 2012 | 2013 | 2014 |
|---|---|---|---|---|---|---|
| **农业生产资料价格指数** | **Price Index of Means of Agricultural Production** | **101.9** | **112.2** | **103.9** | **99.9** | **98.9** |
| 农用手工工具 | Agricultural Craft Tool | 103.1 | 105.5 | 103.7 | 104.3 | 102.6 |
| 饲料 | Forage | 106.2 | 107.3 | 111.3 | 103.8 | 99.0 |
| 混合饲料 | Mixed Forage | 105.4 | 108.4 | 111.0 | 102.0 | 100.1 |
| 其他 | Others | 109.5 | 103.0 | 112.3 | 111.4 | 94.6 |
| 产品畜 | Animals for Products | 101.4 | 142.3 | 91.5 | 90.3 | 100.1 |
| 幼禽家畜 | Domestic Animals and Young Poultry | 101.4 | 142.3 | 91.5 | 90.3 | 100.1 |
| 半机械化农具 | Semi-mechanized Farm Tools | 101.0 | 103.8 | 101.2 | 99.7 | 98.8 |
| 机械化农具 | Mechanized Farm Machinery | 101.9 | 104.9 | 101.4 | 99.6 | 100.1 |
| 农用机械 | Agricultural Machinery | 101.9 | 104.9 | 101.4 | 99.6 | 100.1 |
| 化学肥料 | Chemical Fertilizer | 97.1 | 115.2 | 104.8 | 93.3 | 91.9 |
| 氮肥 | Nitrogen Fertilizer | 102.6 | 123.5 | 104.1 | 91.3 | 88.5 |
| 磷肥 | Phosphate Fertilizer | 95.9 | 116.2 | 105.5 | 95.5 | 95.6 |
| 钾肥 | Calcium Fertilizer | 84.7 | 104.6 | 102.2 | 90.3 | 92.2 |
| 复合肥料 | Compounded Fertilizer | 96.1 | 109.0 | 106.4 | 95.9 | 94.4 |
| 农药及农药械 | Pesticide & Its Appliances | 100.8 | 103.2 | 103.6 | 102.4 | 100.4 |
| 化学农药 | Chemical Pesticide | 101.1 | 103.0 | 104.0 | 102.7 | 101.0 |
| 杀虫剂 | Insecticide | 101.4 | 103.2 | 104.8 | 103.6 | 100.1 |
| 杀菌剂 | Disinfectant | 101.7 | 103.0 | 103.8 | 101.3 | 101.1 |
| 除草剂 | Herbicide | 97.0 | 102.1 | 101.8 | 103.1 | 104.4 |
| 农药器械 | Pesticide Apparatus | 98.9 | 104.6 | 101.0 | 101.0 | 96.8 |
| 农用机油 | Oil for Farm Machinery | 113.9 | 109.0 | 106.3 | 99.7 | 98.0 |
| 其他农业生产资料 | Other Agricultural Productions | 104.9 | 107.9 | 105.8 | 107.4 | 102.9 |
| 农用种子 | Seeds for Farm | 106.6 | 109.6 | 108.2 | 110.3 | 104.4 |
| 其他 | Others | 102.8 | 105.1 | 101.7 | 102.3 | 100.1 |
| 农用薄膜 | Agricultural Membrane | 103.6 | 103.8 | 100.1 | 100.8 | 99.9 |
| 其他 | Others | 101.6 | 106.9 | 103.8 | 104.3 | 100.2 |
| 农业生产服务 | Agricultural Production Service | 100.5 | 106.8 | 106.7 | 105.4 | 103.5 |
| 排灌费 | Irrigation Costs | 100.6 | 101.7 | 100.6 | 100.1 | 103.6 |
| 机械作业费 | Machinery Operating Costs | 100.3 | 110.3 | 106.1 | 101.1 | 100.7 |
| 其他 | Others | 100.4 | — | — | — | — |
| 农业用电 | Agricultural Use of Electricity | — | 101.2 | 108.1 | 100.0 | 100.0 |
| 农业用工 | Agricultural Employment | — | 107.1 | 110.8 | 116.1 | 107.9 |

# 3-13 工业生产者出厂价格分类指数（1990—2015年）

## Producer Price Indices for Industrial Products by Category（1990—2015）

（上年=100） (preceding year=100)

| 年 份<br>Year | 总指数<br>General Index | 轻工业<br>Light Industry | 以农产品为原料<br>Agricultural products as raw materials | 以非农产品为原料<br>Non-agricultural Products as Raw Materials | 重工业<br>Heavy Industry | 采 掘<br>Mining & Quarrying Industry | 原 料<br>Raw Materials Industry | 加 工<br>Processing Industry | 生产资料<br>Means of Production | 生活资料<br>Consumer Goods |
|---|---|---|---|---|---|---|---|---|---|---|
| 1990 | 101.5 | 101.0 | 102.6 | 97.4 | 102.0 | 90.1 | 97.0 | 108.6 | 102.0 | 100.8 |
| 1991 | 103.3 | 105.8 | 108.4 | 98.6 | 100.9 | 104.4 | 98.6 | 102.1 | 100.8 | 106.5 |
| 1992 | 111.3 | 106.0 | 106.9 | 101.9 | 117.3 | 109.5 | 124.4 | 110.9 | 116.1 | 106.1 |
| 1993 | 121.1 | 110.9 | 110.4 | 113.0 | 132.0 | 113.3 | 143.1 | 127.6 | 130.1 | 110.5 |
| 1994 | 118.8 | 122.1 | 123.0 | 118.0 | 115.5 | 118.5 | 115.4 | 114.1 | 116.1 | 122.2 |
| 1995 | 117.2 | 123.8 | 126.6 | 113.1 | 111.2 | 126.0 | 105.3 | 115.8 | 114.2 | 121.4 |
| 1996 | 102.6 | 103.1 | 104.4 | 98.1 | 102.0 | 98.8 | 102.6 | 102.0 | 102.2 | 103.1 |
| 1997 | 97.7 | 97.1 | 97.9 | 95.5 | 98.1 | 99.7 | 99.7 | 94.8 | 97.2 | 98.4 |
| 1998 | 95.4 | 95.2 | 94.9 | 95.8 | 95.6 | 93.5 | 96.0 | 95.8 | 95.2 | 96.0 |
| 1999 | 95.6 | 94.1 | 92.9 | 98.3 | 96.6 | 96.7 | 97.4 | 95.3 | 96.5 | 93.9 |
| 2000 | 105.5 | 109.0 | 109.9 | 100.4 | 103.1 | 106.1 | 106.1 | 96.0 | 103.2 | 110.4 |
| 2001 | 106.3 | 109.2 | 110.2 | 100.1 | 104.3 | 104.7 | 106.9 | 97.8 | 103.5 | 112.3 |
| 2002 | 95.6 | 90.6 | 89.8 | 97.0 | 98.4 | 102.5 | 98.3 | 98.3 | 98.2 | 88.5 |
| 2003 | 102.8 | 98.8 | 98.4 | 99.8 | 105.7 | 107.5 | 107.9 | 103.1 | 105.3 | 96.3 |
| 2004 | 109.7 | 110.0 | 112.6 | 104.6 | 109.5 | 121.3 | 110.3 | 107.9 | 110.5 | 108.1 |
| 2005 | 104.9 | 105.8 | 107.5 | 101.8 | 104.2 | 126.5 | 105.2 | 101.5 | 104.0 | 106.8 |
| 2006 | 109.6 | 113.3 | 119.1 | 100.3 | 106.7 | 137.4 | 111.8 | 99.5 | 105.5 | 119.9 |
| 2007 | 104.5 | 97.7 | 95.6 | 102.9 | 108.3 | 117.8 | 106.9 | 109.1 | 107.3 | 94.5 |
| 2008 | 109.0 | 104.4 | 102.4 | 109.6 | 111.7 | 113.0 | 104.3 | 119.6 | 111.3 | 100.9 |
| 2009 | 93.5 | 99.4 | 100.0 | 97.8 | 90.5 | 92.0 | 93.1 | 88.6 | 91.4 | 101.7 |
| 2010 | 112.0 | 115.0 | 118.9 | 105.6 | 110.3 | 129.1 | 113.0 | 106.3 | 110.3 | 118.2 |
| 2011 | 108.5 | 114.7 | 116.1 | 106.2 | 106.3 | 121.2 | 106.3 | 105.2 | 107.2 | 112.0 |
| 2012 | 97.8 | 98.6 | 98.0 | 102.6 | 97.5 | 101.7 | 98.5 | 96.6 | 97.4 | 99.0 |
| 2013 | 98.2 | 97.7 | 97.1 | 100.9 | 98.4 | 96.3 | 98.9 | 98.2 | 98.4 | 97.5 |
| 2014 | 98.4 | 97.4 | 97.0 | 99.8 | 98.7 | 96.6 | 99.6 | 98.3 | 98.7 | 97.5 |
| 2015 | 97.0 | 100.6 | 100.8 | 99.7 | 95.7 | 97.9 | 96.2 | 95.3 | 95.5 | 101.3 |

注：从2011年起，原工业品出厂价格指数改称为工业生产者出厂价格指数。
Note:The original Ex-Factory price Indices of Industrial Produts since 2011 Changed its name to the Producer Price Indices for Industrial Products.

# 3-14 按工业部门分工业生产者出厂价格指数（1990—2015年）

（上年＝100）

| 年 份<br>Year | 冶金工业<br>Metallurgical Industry | 电力工业<br>Power Industry | 煤炭及炼焦工业<br>Coal Industry | 化学工业<br>Chemical Industry | 机械工业<br>Machine Manufacturing Idustry |
|---|---|---|---|---|---|
| 1990 | 97.4 | 90.2 | 98.7 | 100.2 | 106.8 |
| 1991 | 103.1 | 93.9 | 100.2 | 97.5 | 102.0 |
| 1992 | 121.8 | 101.9 | 114.8 | 103.2 | 111.6 |
| 1993 | 140.8 | 89.9 | 111.3 | 113.2 | 131.6 |
| 1994 | 104.2 | 138.0 | 126.1 | 112.0 | 113.6 |
| 1995 | 111.0 | 107.8 | 109.4 | 129.2 | 106.3 |
| 1996 | 98.1 | 107.5 | 106.4 | 104.6 | 101.2 |
| 1997 | 96.7 | 106.3 | 109.2 | 95.4 | 98.2 |
| 1998 | 92.4 | 102.7 | 95.3 | 93.0 | 94.8 |
| 1999 | 97.4 | 100.5 | 96.0 | 95.2 | 94.4 |
| 2000 | 108.5 | 112.5 | 104.1 | 95.6 | 95.7 |
| 2001 | 96.9 | 129.6 | 104.7 | 100.5 | 97.7 |
| 2002 | 94.3 | 101.8 | 113.0 | 98.2 | 98.4 |
| 2003 | 115.9 | 100.0 | 100.9 | 102.4 | 96.8 |
| 2004 | 128.9 | 102.2 | 109.2 | 107.3 | 99.7 |
| 2005 | 106.4 | 100.9 | 133.1 | 108.0 | 100.6 |
| 2006 | 117.2 | 102.7 | 106.1 | 101.4 | 101.3 |
| 2007 | 116.5 | 102.7 | 99.9 | 102.6 | 101.5 |
| 2008 | 117.7 | 102.0 | 137.3 | 114.8 | 101.9 |
| 2009 | 78.3 | 102.5 | 95.1 | 92.2 | 100.1 |
| 2010 | 118.1 | 102.0 | 111.0 | 114.7 | 102.3 |
| 2011 | 110.1 | 99.3 | 130.5 | 113.4 | 101.4 |
| 2012 | 90.9 | 106.3 | 113.6 | 95.8 | 100.0 |
| 2013 | 94.3 | 100.5 | 99.0 | 99.9 | 99.7 |
| 2014 | 94.4 | 100.4 | 94.2 | 100.3 | 100.1 |
| 2015 | 89.2 | 99.4 | 93.1 | 97.7 | 99.8 |

# Producer Price Indices for Industrial Products by Sector（1990—2015）

（preceding year=100）

| 建筑材料工业 Building Materials Industry | 森林工业 Timber Industry | 食品工业 Food Industry | 纺织工业 Textile Industry | 造纸工业 Paper Industry | 其他工业 Other Industry |
|---|---|---|---|---|---|
| 97.2 | 89.0 | 99.3 | 104.6 | 105.8 | 102.4 |
| | | | | | |
| 101.1 | 99.0 | 117.1 | 103.5 | 101.5 | 108.1 |
| 154.2 | 104.7 | 107.3 | 105.8 | 106.7 | 104.7 |
| 162.9 | 116.0 | 110.8 | 114.3 | 113.3 | 135.7 |
| 110.5 | 112.9 | 117.9 | 150.7 | 114.5 | 126.0 |
| 95.2 | 99.8 | 124.4 | 126.1 | 146.6 | 126.0 |
| | | | | | |
| 94.6 | 92.2 | 105.6 | 85.8 | 113.4 | 106.0 |
| 90.0 | 93.3 | 98.9 | 93.4 | 87.3 | 100.0 |
| 99.0 | 90.0 | 96.3 | 83.8 | 92.4 | 104.5 |
| 96.4 | 95.9 | 92.7 | 103.4 | 90.8 | 100.6 |
| 100.6 | 101.4 | 111.1 | 115.5 | 111.2 | 98.4 |
| | | | | | |
| 101.6 | 103.5 | 112.8 | 89.1 | 100.5 | 104.0 |
| 99.3 | 94.9 | 88.1 | 88.5 | 96.8 | 101.8 |
| 100.9 | 97.1 | 96.9 | 108.9 | 102.1 | 102.2 |
| 107.7 | 103.1 | 114.6 | 115.4 | 103.7 | 99.9 |
| 98.3 | 100.5 | 109.4 | 99.9 | 102.0 | 103.8 |
| | | | | | |
| 100.2 | 103.2 | 124.5 | 104.0 | 99.7 | 103.5 |
| 105.1 | 108.5 | 94.3 | 91.3 | 102.2 | 100.3 |
| 113.9 | 104.1 | 102.5 | 96.9 | 107.0 | 92.9 |
| 97.7 | 98.3 | 101.3 | 103.7 | 91.4 | 101.5 |
| 106.6 | 106.4 | 120.3 | 126.8 | 113.5 | 117.0 |
| | | | | | |
| 110.7 | 105.7 | 118.2 | 118.0 | 102.7 | 108.9 |
| 98.1 | 105.4 | 97.5 | 95.2 | 96.1 | 102.4 |
| 100.4 | 102.8 | 96.0 | 103.1 | 96.2 | 103.6 |
| 103.3 | 100.6 | 95.7 | 98.9 | 101.1 | 102.1 |
| 97.4 | 99.4 | 101.0 | 95.3 | 101.2 | 98.3 |

# 3-15 分月工业生产者出厂价格指数（2015年）

（上年同期=100）

| 类别 | Item | 全年 Annual Year | 1月 January | 2月 February | 3月 March |
|---|---|---|---|---|---|
| **总指数** | **General Index** | **97.0** | **97.8** | **97.6** | **97.9** |
| # 轻工业 | # Light Industry | 100.6 | 98.5 | 99.5 | 99.9 |
| 以农产品为原料 | Using Farm Produces as Raw Materials | 100.8 | 98.2 | 99.4 | 99.9 |
| 以非农产品为原料 | Using Non-farm Produces as Raw Materials | 99.7 | 100.2 | 100.2 | 100.0 |
| 重工业 | Heavy Industry | 95.7 | 97.5 | 96.9 | 97.1 |
| 采掘 | Mining and Quarrying | 97.9 | 97.8 | 97.8 | 97.7 |
| 原料 | Raw Material | 96.2 | 97.7 | 97.2 | 97.8 |
| 加工 | Processing | 95.3 | 97.4 | 96.6 | 96.8 |
| # 生产资料 | # Means of Production | 95.5 | 97.5 | 96.9 | 97.1 |
| 采掘 | Mining and Quarrying | 97.9 | 97.8 | 97.8 | 97.7 |
| 原料 | Raw Material | 96.3 | 97.8 | 97.3 | 97.9 |
| 加工 | Processing | 94.8 | 97.4 | 96.6 | 96.6 |
| 生活资料 | Life Material | 101.3 | 98.4 | 99.5 | 100.0 |
| 食品 | Food | 101.9 | 96.9 | 98.8 | 99.8 |
| 衣着 | Clothing | 102.6 | 102.5 | 102.8 | 103.1 |
| 一般日用品 | Articles for Daily Use | 100.4 | 101.1 | 100.4 | 100.0 |
| 耐用消费品 | Durable Consumers' Goods | 100.0 | 100.1 | 100.1 | 100.1 |
| **按工业部门分** | **Grouped by Department of Industry** | | | | |
| 冶金工业 | Metallurgical Industry | 89.2 | 93.8 | 91.5 | 92.5 |
| 电力工业 | Power Industry | 99.4 | 100.5 | 100.1 | 100.2 |
| 煤炭及炼焦工业 | Coal and Coking Industry | 93.1 | 95.2 | 95.2 | 95.6 |
| 石油工业 | Petroleum Industry | 84.2 | 82.2 | 79.0 | 85.4 |
| 化学工业 | Chemical Industry | 97.7 | 97.1 | 96.8 | 97.2 |
| 机械工业 | Machine Buiding Industry | 99.8 | 100.1 | 100.1 | 100.0 |
| 建筑材料工业 | Buiding Material Industry | 97.4 | 100.9 | 103.6 | 101.6 |
| 森林工业 | Timber Industry | 99.4 | 99.8 | 99.4 | 99.0 |
| 食品工业 | Food Industry | 101.0 | 97.3 | 99.1 | 99.8 |
| 纺织工业 | Textile Industry | 95.3 | 95.8 | 95.8 | 95.5 |
| 缝纫工业 | Tailoring Industry | 100.5 | 100.3 | 100.4 | 100.6 |
| 皮革工业 | Leather Industry | 102.9 | 101.4 | 101.6 | 102.4 |
| 造纸工业 | Paper Industry | 101.2 | 103.1 | 102.9 | 102.4 |
| 文教艺术用品工业 | Cultural, Educational and Handicraft Articles | 98.2 | 99.8 | 99.3 | 98.9 |
| 其他工业 | Other Industry | 98.3 | 99.2 | 98.9 | 98.8 |

# Producer Price Indices for Industrial Products by Month（2015）

（preceding year=100）

| 4 月 April | 5 月 May | 6 月 June | 7 月 July | 8 月 August | 9 月 September | 10 月 October | 11 月 November | 12 月 December |
|---|---|---|---|---|---|---|---|---|
| **98.1** | **97.8** | **97.3** | **96.8** | **96.6** | **96.3** | **96.4** | **95.7** | **95.5** |
| 100.6 | 101.0 | 100.8 | 100.7 | 100.7 | 101.5 | 101.6 | 101.4 | 101.4 |
| 100.7 | 101.2 | 101.0 | 100.9 | 100.9 | 101.8 | 102.0 | 101.7 | 101.8 |
| 99.7 | 99.6 | 99.7 | 99.3 | 99.5 | 99.6 | 99.6 | 99.5 | 99.3 |
| 97.2 | 96.7 | 96.0 | 95.5 | 95.1 | 94.5 | 94.6 | 93.8 | 93.4 |
| 97.8 | 100.1 | 100.7 | 99.2 | 97.8 | 97.4 | 96.7 | 96.1 | 95.4 |
| 97.8 | 97.7 | 97.2 | 96.7 | 95.3 | 94.6 | 94.6 | 93.9 | 93.3 |
| 96.8 | 95.9 | 95.1 | 94.6 | 94.8 | 94.3 | 94.5 | 93.5 | 93.3 |
| 97.1 | 96.6 | 95.8 | 95.2 | 94.8 | 94.1 | 94.2 | 93.3 | 92.9 |
| 97.8 | 100.1 | 100.7 | 99.2 | 97.8 | 97.4 | 96.7 | 96.1 | 95.4 |
| 97.9 | 97.8 | 97.4 | 96.9 | 95.5 | 94.8 | 94.8 | 94.1 | 93.4 |
| 96.7 | 95.7 | 94.6 | 94.0 | 94.2 | 93.6 | 93.7 | 92.6 | 92.4 |
| 100.8 | 101.3 | 101.4 | 101.5 | 101.6 | 102.5 | 102.8 | 102.7 | 103.0 |
| 101.0 | 101.9 | 102.2 | 102.3 | 102.5 | 104.0 | 104.5 | 104.2 | 104.7 |
| 103.3 | 102.3 | 102.2 | 102.3 | 102.4 | 102.5 | 103.0 | 102.7 | 102.1 |
| 100.0 | 100.2 | 99.9 | 100.2 | 100.4 | 100.8 | 100.4 | 101.0 | 100.8 |
| 100.1 | 100.0 | 100.0 | 100.0 | 100.0 | 100.0 | 100.0 | 100.0 | 100.0 |
| | | | | | | | | |
| 92.5 | 91.3 | 89.8 | 88.8 | 88.1 | 86.7 | 86.8 | 84.3 | 83.4 |
| 100.0 | 99.4 | 99.2 | 98.9 | 98.9 | 98.9 | 99.3 | 99.0 | 98.6 |
| 95.5 | 96.8 | 92.3 | 91.9 | 91.3 | 90.8 | 90.6 | 89.4 | 92.7 |
| 84.6 | 89.5 | 89.9 | 88.4 | 83.1 | 79.8 | 81.3 | 83.0 | 84.2 |
| 97.5 | 97.5 | 98.1 | 98.4 | 98.1 | 97.7 | 97.4 | 98.3 | 98.0 |
| 100.0 | 99.9 | 99.8 | 99.6 | 99.6 | 99.6 | 99.8 | 99.6 | 99.8 |
| 101.7 | 99.9 | 98.1 | 95.5 | 95.4 | 94.9 | 93.8 | 92.6 | 90.7 |
| 99.1 | 99.3 | 99.1 | 99.8 | 99.4 | 99.5 | 99.5 | 99.5 | 99.6 |
| 100.8 | 101.4 | 101.5 | 101.3 | 101.3 | 102.4 | 102.7 | 102.3 | 102.6 |
| 95.8 | 95.3 | 95.3 | 94.9 | 94.5 | 94.0 | 95.0 | 95.9 | 96.2 |
| 100.5 | 100.1 | 100.0 | 100.2 | 100.4 | 100.4 | 101.2 | 101.2 | 101.0 |
| 102.7 | 102.3 | 102.1 | 102.2 | 103.6 | 104.1 | 104.6 | 104.3 | 103.4 |
| 102.2 | 102.5 | 100.5 | 100.2 | 100.2 | 100.1 | 100.2 | 100.1 | 99.5 |
| 98.6 | 98.2 | 97.9 | 97.6 | 97.6 | 97.6 | 97.6 | 97.7 | 97.6 |
| 97.9 | 98.0 | 98.1 | 97.9 | 98.1 | 98.4 | 98.2 | 98.1 | 98.3 |

# 3-16 分行业工业生产者出厂价格指数（2015年）

（上年同期=100）

| 类别 | Item | 全年 Annual Year | 1月 January | 2月 February |
|---|---|---|---|---|
| **煤炭开采和洗选业** | **Coal Mining and Selecting Industry** | **92.9** | **95.0** | **95.1** |
| 烟煤和无烟煤开采洗选 | Bituminous Coal and Anthracite Coal Mining and Washing | 91.8 | 94.6 | 94.5 |
| 褐煤的开采洗选 | Washing Lignite Mining | 96.6 | 96.6 | 97.2 |
| **黑色金属矿采选业** | **Black Metal Mineral Mining and Selecting Industry** | **99.3** | **98.7** | **98.9** |
| 铁矿采选 | The Iron Mineral Mining and Selecting | 98.2 | 92.9 | 95.4 |
| 其他黑色金属矿采选 | Other Ferrous Metal Mines | 99.8 | 101.1 | 100.3 |
| **有色金属矿采选业** | **Colored Metal Mineral Mining and Selecting** | **93.6** | **95.3** | **94.8** |
| 常用有色金属矿采选 | The Regular Colored Metal Mineral Mining and Selecting | 93.3 | 95.5 | 94.8 |
| 贵金属矿采选 | The Precious Metal Mineral Mining and Selecting | 89.6 | 84.6 | 86.7 |
| 稀有稀土金属矿采选 | Rare and Rare Earth Metal Ore Mining | 99.8 | 99.6 | 99.6 |
| **非金属矿采选业** | **Non-Metal Mineral Mining and Selecting** | **107.7** | **103.2** | **104.4** |
| 土砂石开采 | Soil Gravel Mining | 112.0 | 104.5 | 106.5 |
| 化学矿采选 | Chemical Mineral Mining and Selecting | 96.6 | 96.2 | 96.1 |
| 采盐 | Salt Mining | 109.9 | 100.0 | 100.0 |
| 石棉及其他非金属矿采选 | Asbestos and Other Non-Metal Mineral Mining and Selecting | 102.0 | 102.7 | 102.9 |
| **农副食品加工业** | **Farm and Side-Line Food Processed Industry** | **101.2** | **96.1** | **98.5** |
| 谷物磨制 | Corn Whetted | 103.6 | 104.4 | 103.9 |
| 饲料加工 | Forage Processed | 96.5 | 101.4 | 101.1 |
| 植物油加工 | Planting-Oil Processed | 93.1 | 89.1 | 89.9 |
| 制糖业 | Sugar Industry | 107.7 | 93.7 | 99.5 |
| 屠宰及肉类加工 | Slaughtered Meta and Meat Processes | 98.6 | 102.5 | 101.1 |
| 水产品加工 | Fishery Product Processed | 100.7 | 101.4 | 101.9 |
| 蔬菜、水果和坚果加工 | Vegetables, Fruits and Nuts Processing | 100.0 | 100.0 | 100.0 |
| 其他农副食品加工 | Other Farm and Side-line Food Processed | 100.0 | 99.6 | 100.2 |
| **食品制造业** | **Food Manufacture Industry** | **99.2** | **100.8** | **101.3** |
| 焙烤食品制造 | Baked Food Manufacturing | 96.7 | 99.5 | 103.7 |
| 糖果、巧克力及蜜饯制造 | Candy, Chocolate and Candied Fruit Production | 100.5 | 104.2 | 104.2 |
| 方便食品制造 | Convenient Food Manufacturing | 100.5 | 99.8 | 100.2 |
| 液体乳及乳制品制造 | Liquid Milk and Dairy Products Manufacturing | 103.8 | 103.9 | 104.4 |
| 罐头食品制造 | Canned Food Manufacturing | 97.4 | 101.4 | 101.9 |
| 调味品、发酵制品制造 | Condiment, Ferment Product Manufacturing | 101.4 | 101.3 | 101.2 |
| 其他食品制造 | Other Food Manufacturing | 98.1 | 98.9 | 99.0 |
| **饮料制造业** | **Beverage Manufacturing Industry** | **100.8** | **101.5** | **100.8** |
| 酒的制造 | Manufacture of Wine | 100.4 | 100.5 | 100.5 |
| 饮料制造 | Beverage Manufacturing | 100.6 | 101.7 | 100.4 |
| 精制茶加工 | Refined-tea Process | 99.9 | 99.8 | 99.8 |

# Producer Price Indices for Industrial Products by Industry（2015）

（preceding year=100）

| 3 月<br>March | 4 月<br>April | 5 月<br>May | 6 月<br>June | 7 月<br>July | 8 月<br>August | 9 月<br>September | 10 月<br>October | 11 月<br>November | 12 月<br>December |
|---|---|---|---|---|---|---|---|---|---|
| **95.5** | **95.4** | **96.6** | **92.1** | **91.6** | **91.0** | **90.5** | **90.2** | **89.0** | **92.5** |
| 95.4 | 95.3 | 96.4 | 90.3 | 89.8 | 89.0 | 88.9 | 88.8 | 87.2 | 91.8 |
| 95.9 | 95.5 | 97.3 | 98.4 | 98.0 | 98.1 | 96.4 | 95.5 | 95.4 | 94.7 |
| **98.8** | **98.9** | **99.5** | **99.1** | **98.9** | **99.5** | **99.7** | **99.9** | **99.9** | **100.0** |
| 98.6 | 98.5 | 98.6 | 98.6 | 99.4 | 99.4 | 99.4 | 99.4 | 99.4 | 99.5 |
| 99.0 | 99.1 | 99.9 | 99.3 | 98.7 | 99.6 | 99.9 | 100.0 | 100.1 | 100.3 |
| **94.1** | **94.8** | **99.1** | **98.5** | **96.1** | **92.9** | **92.0** | **90.3** | **88.3** | **87.4** |
| 94.2 | 94.9 | 99.4 | 98.7 | 96.1 | 92.5 | 91.3 | 89.3 | 87.0 | 85.8 |
| 83.3 | 84.8 | 91.8 | 92.3 | 89.5 | 88.4 | 92.4 | 92.7 | 93.4 | 97.9 |
| 99.6 | 99.8 | 99.8 | 99.9 | 99.9 | 99.9 | 99.9 | 100.0 | 100.0 | 100.0 |
| **105.7** | **104.3** | **104.2** | **110.7** | **109.5** | **109.6** | **109.6** | **109.8** | **112.2** | **108.6** |
| 109.0 | 107.1 | 107.1 | 117.8 | 115.1 | 115.0 | 115.0 | 115.0 | 119.0 | 112.6 |
| 93.6 | 93.1 | 92.9 | 92.9 | 97.0 | 97.8 | 97.9 | 100.4 | 99.9 | 102.8 |
| 100.0 | 100.0 | 100.0 | 100.0 | 100.0 | 100.0 | 100.0 | 100.0 | 159.1 | 159.1 |
| 102.7 | 102.6 | 102.2 | 101.8 | 101.7 | 101.9 | 101.8 | 101.8 | 101.1 | 100.8 |
| **99.4** | **100.8** | **101.6** | **101.8** | **101.6** | **101.7** | **103.3** | **103.6** | **103.1** | **103.4** |
| 104.6 | 105.1 | 105.2 | 104.0 | 104.2 | 103.4 | 103.0 | 102.3 | 102.2 | 101.1 |
| 100.0 | 99.6 | 98.5 | 97.0 | 95.6 | 95.0 | 94.0 | 92.9 | 91.8 | 90.9 |
| 90.2 | 89.3 | 91.1 | 92.7 | 93.0 | 94.9 | 95.6 | 97.4 | 96.6 | 99.0 |
| 102.4 | 106.5 | 108.1 | 108.8 | 109.1 | 109.0 | 113.9 | 114.7 | 114.3 | 114.4 |
| 97.9 | 97.6 | 98.8 | 98.6 | 99.2 | 98.0 | 98.7 | 96.7 | 96.7 | 97.9 |
| 102.1 | 101.8 | 99.9 | 99.4 | 100.2 | 100.4 | 100.1 | 100.2 | 100.1 | 101.1 |
| 100.0 | 100.0 | 100.0 | 100.0 | 100.0 | 100.0 | 100.0 | 100.0 | 100.0 | 100.0 |
| 100.3 | 100.8 | 100.5 | 100.4 | 100.3 | 99.6 | 99.6 | 99.8 | 99.8 | 99.9 |
| **100.4** | **100.1** | **100.0** | **99.0** | **98.5** | **98.5** | **98.1** | **97.6** | **97.5** | **98.2** |
| 96.8 | 96.8 | 95.0 | 95.0 | 95.0 | 95.0 | 95.0 | 96.4 | 96.4 | 96.4 |
| 99.5 | 99.5 | 99.5 | 100.0 | 100.0 | 100.0 | 100.0 | 100.0 | 100.0 | 100.0 |
| 99.2 | 100.3 | 101.0 | 100.3 | 99.4 | 100.9 | 101.1 | 101.0 | 101.5 | 101.4 |
| 104.6 | 104.9 | 103.7 | 104.3 | 103.4 | 103.8 | 103.4 | 103.5 | 103.4 | 102.7 |
| 101.8 | 101.8 | 100.0 | 96.5 | 96.1 | 95.4 | 94.5 | 92.7 | 92.4 | 94.9 |
| 101.2 | 101.4 | 101.4 | 101.3 | 101.4 | 101.6 | 101.6 | 101.6 | 101.6 | 101.2 |
| 98.2 | 96.3 | 98.7 | 99.0 | 98.2 | 98.2 | 97.6 | 97.6 | 97.4 | 97.6 |
| **100.9** | **100.9** | **101.1** | **101.1** | **101.0** | **100.8** | **100.7** | **100.7** | **100.6** | **99.6** |
| 100.4 | 100.5 | 100.9 | 100.8 | 100.4 | 100.5 | 100.1 | 100.2 | 100.2 | 100.4 |
| 100.1 | 100.2 | 100.2 | 99.9 | 100.1 | 100.1 | 100.6 | 101.4 | 101.5 | 100.6 |
| 99.7 | 100.3 | 100.2 | 100.2 | 100.1 | 100.0 | 99.8 | 99.7 | 99.6 | 99.6 |

3-16 续表 1

（上年同期=100）

| 类 别 | Item | 全 年 Annual Year | 1 月 January | 2 月 February |
|---|---|---|---|---|
| **烟草制品业** | **Tobacco Product Industry** | **100.1** | **100.2** | **100.2** |
| 烟叶复烤 | Tobacco Leaves Retroacting | 116.4 | 123.2 | 123.2 |
| 卷烟制造 | Cigarette Manufacturing | 100.0 | 100.0 | 100.0 |
| **纺织业** | **Textile Industry** | **96.4** | **96.8** | **96.8** |
| 棉纺织及印染精加工 | Cotton and Textile Printing and Dyeing Finishing | 97.3 | 98.5 | 98.6 |
| 麻纺织 | Ramie Textile | 107.2 | 113.2 | 113.5 |
| 丝绢纺织及精加工 | Silk and Textile Printing and Finish Machining | 93.1 | 93.1 | 93.0 |
| 纺织制成品制造 | Textile Products Manufacturing | 100.0 | 100.3 | 100.3 |
| 针织品、编织品及其制品制造 | Kintted Fabrics and Products Manufacturer | 101.7 | 101.1 | 101.3 |
| **纺织服装、鞋、帽制造业** | **Textile and Clothing, Shoes, Cap Manufacturing Industry** | **99.8** | **99.8** | **99.8** |
| 纺织服装制造 | Textile and Clothing Manufacturing | 99.8 | 99.8 | 99.8 |
| **皮革、毛皮、羽毛（绒）及其制品** | **Leather, Fur, Feathers and Its Products** | **98.5** | **98.2** | **97.6** |
| 皮革鞣制加工 | Leather Processing | 98.4 | 94.8 | 94.6 |
| 皮革制品制造 | Leather Product Processing | 106.4 | 106.7 | 107.2 |
| 羽毛（绒）加工及制品制造 | Feather Processing and Its Products Manufacturing | 88.8 | 91.2 | 89.0 |
| **木材加工和木、竹、藤、棕、草制品业** | **Bamboo, Ratten, Palm and Grass Product Manufacture Industry** | **99.3** | **99.6** | **99.2** |
| 锯材、木片加工 | Sawn Timber and Wood Processing | 100.0 | 100.0 | 100.0 |
| 人造板制造 | Artificial Plank Manufacturing | 97.5 | 97.3 | 98.0 |
| 木制品制造 | Timber Product Manufacturing | 101.3 | 100.0 | 99.3 |
| 竹、藤、棕、草制品制造 | Bamboo, Ratten, Palm and Grass Product Manufacturing | 104.6 | 110.5 | 103.8 |
| **家具制造业** | **Furniture Manufacture Industry** | **100.7** | **101.9** | **101.9** |
| 木质家具制造 | Timber Furniture Manufacture | 100.7 | 101.9 | 101.9 |
| **造纸和纸制品业** | **Paper Making and Paper Products Industry** | **101.2** | **103.1** | **102.9** |
| 纸浆制造 | Paper Pulp Manufacturing | 100.5 | 106.2 | 104.1 |
| 造纸 | Paper Making | 101.7 | 103.6 | 103.9 |
| 纸制品制造 | Paper Products Manufacturing | 100.3 | 100.2 | 100.2 |
| **印刷业和记录媒介的复制** | **Printing and Record Medium Reproduction Industry** | **98.0** | **100.0** | **99.4** |
| 印刷 | Painting | 98.0 | 100.0 | 99.4 |
| 装订及印刷相关服务 | Bookbinding and Printing Related Services | 100.0 | 100.0 | 100.0 |
| **文教体育用品制造业** | **Stationery and Sporting Goods Manufacturing Industry** | **99.2** | **98.5** | **98.5** |
| 文化用品制造 | Cultural Goods Manufacturing | 97.3 | 94.8 | 95.0 |
| **石油加工、炼焦和核燃料加工业** | **Petroleum Processing, Coking and Nuclear Fuel Industry** | **83.3** | **80.9** | **77.2** |
| 精炼石油产品制造 | Refineed Coking Petroleum Manufacturing | 83.3 | 80.9 | 77.2 |

continued

(preceding year=100)

| 3 月<br>March | 4 月<br>April | 5 月<br>May | 6 月<br>June | 7 月<br>July | 8 月<br>August | 9 月<br>September | 10 月<br>October | 11 月<br>November | 12 月<br>December |
|---|---|---|---|---|---|---|---|---|---|
| **100.2** | **100.2** | **100.2** | **100.2** | **100.2** | **100.2** | **100.2** | **100.0** | **100.0** | **100.0** |
| 123.2 | 123.2 | 123.2 | 123.2 | 123.2 | 123.2 | 123.2 | 100.0 | 100.0 | 100.0 |
| 100.0 | 100.0 | 100.0 | 100.0 | 100.0 | 100.0 | 100.0 | 100.0 | 100.0 | 100.0 |
| **96.5** | **96.8** | **96.4** | **96.3** | **96.0** | **95.8** | **95.4** | **96.2** | **97.0** | **97.2** |
| 98.0 | 98.7 | 98.9 | 98.7 | 97.0 | 96.3 | 95.7 | 95.7 | 95.8 | 96.0 |
| 113.7 | 114.8 | 108.1 | 105.8 | 103.7 | 102.8 | 103.6 | 103.2 | 102.5 | 104.6 |
| 92.8 | 92.9 | 92.3 | 92.4 | 92.7 | 92.4 | 91.9 | 93.5 | 95.1 | 95.5 |
| 100.3 | 100.3 | 100.0 | 100.0 | 100.0 | 100.0 | 100.0 | 99.8 | 99.8 | 99.8 |
| 101.3 | 101.3 | 101.6 | 101.0 | 101.5 | 102.0 | 102.3 | 102.5 | 102.7 | 102.2 |
| **100.1** | **100.0** | **99.2** | **99.3** | **99.4** | **99.4** | **99.3** | **100.4** | **100.4** | **100.4** |
| 100.1 | 100.0 | 99.2 | 99.3 | 99.4 | 99.4 | 99.3 | 100.4 | 100.4 | 100.4 |
| **98.1** | **97.6** | **97.5** | **97.5** | **97.5** | **98.7** | **99.4** | **99.9** | **99.6** | **100.1** |
| 95.7 | 95.5 | 97.1 | 96.9 | 97.1 | 100.3 | 101.3 | 102.4 | 102.7 | 102.8 |
| 107.7 | 108.4 | 106.3 | 106.2 | 106.2 | 106.2 | 106.2 | 106.2 | 105.4 | 103.9 |
| 89.0 | 86.7 | 87.3 | 87.3 | 87.2 | 87.8 | 88.9 | 89.4 | 89.2 | 92.2 |
| **98.8** | **98.9** | **99.2** | **99.0** | **99.7** | **99.4** | **99.5** | **99.5** | **99.5** | **99.6** |
| 100.0 | 100.0 | 100.0 | 100.0 | 100.0 | 100.0 | 100.0 | 100.0 | 100.0 | 100.0 |
| 97.3 | 97.1 | 97.3 | 97.8 | 97.9 | 97.5 | 97.1 | 97.6 | 97.4 | 97.8 |
| 99.3 | 100.8 | 101.4 | 100.3 | 102.6 | 102.1 | 103.4 | 102.1 | 102.7 | 102.1 |
| 103.8 | 104.0 | 104.5 | 102.3 | 104.3 | 104.2 | 105.0 | 104.4 | 104.4 | 104.6 |
| **101.9** | **101.9** | **100.7** | **100.0** | **100.0** | **100.0** | **100.0** | **100.0** | **100.0** | **100.0** |
| 101.9 | 101.9 | 100.7 | 100.0 | 100.0 | 100.0 | 100.0 | 100.0 | 100.0 | 100.0 |
| **102.4** | **102.2** | **102.5** | **100.5** | **100.2** | **100.2** | **100.1** | **100.2** | **100.1** | **99.5** |
| 101.5 | 100.4 | 100.1 | 100.0 | 99.9 | 99.8 | 98.8 | 98.9 | 99.3 | 97.6 |
| 103.6 | 103.5 | 104.0 | 100.7 | 100.3 | 100.3 | 100.4 | 100.4 | 100.3 | 99.7 |
| 100.1 | 100.3 | 100.3 | 100.4 | 100.3 | 100.3 | 100.4 | 100.4 | 100.2 | 100.1 |
| **98.9** | **98.5** | **98.0** | **97.7** | **97.3** | **97.3** | **97.3** | **97.2** | **97.3** | **97.2** |
| 98.9 | 98.5 | 98.0 | 97.7 | 97.3 | 97.3 | 97.2 | 97.2 | 97.2 | 97.1 |
| 100.0 | 100.0 | 100.0 | 100.0 | 100.0 | 100.0 | 100.0 | 100.0 | 100.0 | 100.0 |
| **98.7** | **98.8** | **99.0** | **99.1** | **99.3** | **99.5** | **99.6** | **99.9** | **100.0** | **99.8** |
| 95.5 | 96.0 | 96.5 | 96.8 | 97.5 | 98.3 | 98.8 | 99.6 | 99.9 | 99.4 |
| **84.3** | **83.6** | **88.9** | **89.4** | **87.8** | **82.1** | **78.8** | **80.5** | **82.4** | **83.9** |
| 84.3 | 83.6 | 88.9 | 89.4 | 87.8 | 82.1 | 78.8 | 80.5 | 82.4 | 83.9 |

3-16　续表 2

（上年同期=100）

| 类　别 | Item | 全　年<br>Annual Year | 1 月<br>January | 2 月<br>February |
|---|---|---|---|---|
| **化学原料和化学制品制造业** | **Chemical Material and Chemical Product Manufacturing** | **96.4** | **95.6** | **95.5** |
| 基础化学原料制造 | Basic Chemical Material Manufacturing | 96.3 | 97.6 | 97.4 |
| 肥料制造 | Fertilizer Manufacture | 99.5 | 93.2 | 92.7 |
| 农药制造 | Insectcide Manufacture | 97.1 | 98.4 | 98.3 |
| 涂料、油墨、颜料及类似产品制造 | Coating, Printing Ink, Pigment and The Similar Products Manufacture | 98.9 | 97.7 | 98.4 |
| 合成材料制造 | Compounded Material Manufacture | 91.9 | 93.5 | 94.1 |
| 专用化学产品制造 | Specialized Chemical Product Manufacture | 93.3 | 94.0 | 93.9 |
| 日用化学产品制造 | Daily Chemical Product Manufacture | 100.3 | 99.4 | 99.4 |
| **医药制造业** | **Medical Manufacture Industry** | **101.1** | **100.9** | **100.0** |
| 化学药品原料药制造 | Manufacture of Chemical Raw Material Medicine | 104.8 | 103.8 | 104.9 |
| 化学药品制剂制造 | Chemical Medicine Agent Manufacture | 101.7 | 102.3 | 101.5 |
| 中成药制造 | Medium Paternt Manufacture | 101.3 | 100.8 | 99.8 |
| 兽用药品制造 | Medicine in Herbs Manufacture | 99.7 | 100.3 | 100.3 |
| 生物药品制造 | Biopharmaceutical Manufacturing | 95.2 | 95.7 | 94.4 |
| 卫生材料及医药用品制造 | Sanitary Materials and Medical Supplies Manufacturing | 100.0 | 100.0 | 100.0 |
| **橡胶制品业** | **Rubber Products Industry** | **98.9** | **95.1** | **95.1** |
| 轮胎制造 | Tire Manufacturing | 98.4 | 93.9 | 93.9 |
| 橡胶板、管、带的制造 | Rubber Sheet and Tube and Tape Manufacturing | 98.9 | 97.8 | 97.8 |
| 橡胶零件制造 | Rubber Parts Manufacturing | 99.1 | 98.7 | 98.7 |
| 日用及医用橡胶制品制造 | Daily Expenses and Medical Rubber Products Manufacturing | 100.6 | 97.2 | 97.1 |
| **塑料制品业** | **Plastic Products Industry** | **97.9** | **98.3** | **97.8** |
| 塑料薄膜制造 | Plastic Film Manufacturing | 97.1 | 95.1 | 95.1 |
| 塑料板、管、型材的制造 | Pastic Plate and Tube and Profile Manufacturing | 100.4 | 100.6 | 100.6 |
| 塑料丝、绳及编织品的制造 | Plastic Wire and Rope and Knitted Manufacturing | 96.8 | 96.7 | 95.8 |
| 塑料包装箱及容器制造 | Plastic Packing Box and Container Manufacturing | 99.2 | 102.7 | 102.8 |
| 日用塑料制造 | Daily Use Plastic Manufacture | 98.7 | 100.4 | 99.9 |
| **非金属矿物制品业** | **Non-metal Mineral Product Industry** | **96.4** | **100.6** | **103.1** |
| 水泥、石灰和石膏的制造 | Cement, Lime and Gypsum Manufacture | 89.5 | 97.7 | 102.5 |
| 水泥及石膏制品制造 | Cement and Gypsum Products Manufacturing | 101.2 | 102.0 | 102.8 |
| 砖瓦、石材等建筑材料制造 | Brick, Stone and Other Building Materials Manufacturing | 106.9 | 108.2 | 108.4 |
| 玻璃及玻璃制品制造 | Glass Products Manufacturing | 98.3 | 97.2 | 96.8 |
| 陶瓷制品制造 | Ceramics Product Manufacture | 101.8 | 103.6 | 103.7 |
| 耐火材料制品制造 | Refractory Products Manufacturing | 99.4 | 98.4 | 98.4 |
| 石墨及其他非金属矿物制品制造 | Graphite and Other Non-metallic Mineral Products Manufacturing | 100.0 | 100.0 | 100.0 |

continued

(preceding year=100)

| 3 月 March | 4 月 April | 5 月 May | 6 月 June | 7 月 July | 8 月 August | 9 月 September | 10 月 October | 11 月 November | 12 月 December |
|---|---|---|---|---|---|---|---|---|---|
| **95.7** | **96.2** | **96.1** | **97.0** | **97.3** | **97.0** | **96.5** | **96.0** | **97.1** | **96.8** |
| 98.2 | 98.9 | 98.3 | 97.8 | 97.8 | 95.1 | 93.6 | 93.8 | 93.4 | 93.6 |
| 94.1 | 95.8 | 96.9 | 99.7 | 100.9 | 103.9 | 104.2 | 103.6 | 105.1 | 105.7 |
| 96.9 | 97.3 | 97.4 | 97.1 | 96.9 | 96.6 | 96.6 | 96.5 | 96.7 | 96.6 |
| 99.3 | 99.6 | 99.0 | 100.3 | 100.1 | 98.4 | 98.9 | 98.5 | 98.0 | 98.8 |
| 94.0 | 94.5 | 93.5 | 92.7 | 90.7 | 89.6 | 90.6 | 90.6 | 89.1 | 89.7 |
| 93.4 | 93.6 | 93.0 | 94.1 | 94.5 | 93.4 | 92.4 | 91.4 | 93.8 | 91.9 |
| 99.5 | 99.2 | 99.2 | 99.2 | 99.2 | 101.5 | 101.5 | 101.5 | 101.8 | 102.4 |
| **100.9** | **101.0** | **100.7** | **100.7** | **101.0** | **101.0** | **101.1** | **101.2** | **102.2** | **102.2** |
| 105.6 | 106.2 | 106.5 | 106.1 | 102.5 | 104.3 | 105.2 | 104.8 | 104.1 | 104.1 |
| 100.7 | 100.0 | 99.5 | 99.4 | 99.9 | 99.6 | 99.8 | 99.8 | 108.9 | 108.9 |
| 101.3 | 101.4 | 101.3 | 101.4 | 101.7 | 101.6 | 101.5 | 101.5 | 101.4 | 101.3 |
| 99.7 | 99.8 | 99.2 | 99.2 | 99.4 | 99.9 | 99.7 | 99.7 | 99.8 | 99.8 |
| 93.9 | 93.7 | 92.4 | 91.5 | 93.0 | 93.3 | 97.6 | 100.0 | 99.2 | 99.1 |
| 100.0 | 100.0 | 100.0 | 100.0 | 100.0 | 100.0 | 100.0 | 100.0 | 100.0 | 100.0 |
| **97.7** | **98.0** | **99.2** | **99.4** | **100.3** | **100.3** | **100.2** | **100.3** | **100.4** | **100.6** |
| 97.6 | 97.6 | 99.3 | 99.3 | 100.0 | 99.8 | 100.0 | 100.0 | 100.0 | 100.0 |
| 97.8 | 97.8 | 97.8 | 97.8 | 100.0 | 100.0 | 100.0 | 100.0 | 100.0 | 100.0 |
| 98.7 | 98.7 | 98.8 | 98.8 | 98.8 | 99.8 | 99.8 | 99.8 | 99.5 | 99.5 |
| 97.6 | 99.3 | 99.9 | 100.9 | 102.2 | 102.5 | 101.5 | 102.1 | 102.5 | 103.9 |
| **97.6** | **97.8** | **98.3** | **98.3** | **97.8** | **97.6** | **97.4** | **97.4** | **97.7** | **98.6** |
| 94.7 | 95.0 | 97.9 | 98.1 | 98.9 | 99.2 | 96.8 | 96.8 | 97.2 | 100.2 |
| 100.5 | 100.4 | 100.4 | 100.5 | 100.5 | 100.5 | 100.4 | 100.3 | 100.2 | 100.3 |
| 95.8 | 96.6 | 96.6 | 96.6 | 97.2 | 96.5 | 96.8 | 97.2 | 97.7 | 98.7 |
| 102.6 | 101.2 | 101.6 | 101.1 | 97.0 | 96.9 | 96.9 | 95.8 | 96.3 | 96.0 |
| 98.7 | 99.0 | 99.0 | 98.6 | 96.9 | 97.9 | 97.8 | 98.7 | 98.6 | 98.6 |
| **100.9** | **101.2** | **99.4** | **96.7** | **94.3** | **94.1** | **93.6** | **92.6** | **91.1** | **89.5** |
| 97.6 | 98.0 | 93.9 | 88.6 | 84.8 | 84.9 | 84.1 | 83.0 | 81.1 | 78.1 |
| 101.5 | 102.6 | 103.3 | 103.3 | 100.9 | 100.1 | 99.8 | 100.3 | 99.4 | 99.1 |
| 109.8 | 109.8 | 110.5 | 109.5 | 108.4 | 106.4 | 105.7 | 103.2 | 101.8 | 102.1 |
| 98.7 | 97.9 | 97.2 | 98.8 | 97.8 | 99.1 | 98.9 | 98.8 | 99.7 | 98.8 |
| 103.8 | 103.0 | 102.3 | 101.6 | 100.8 | 100.9 | 100.8 | 100.5 | 100.3 | 100.5 |
| 98.4 | 99.4 | 99.4 | 99.4 | 100.0 | 100.0 | 100.0 | 100.0 | 100.0 | 100.0 |
| 100.0 | 100.0 | 100.0 | 100.0 | 100.0 | 100.0 | 100.0 | 100.0 | 100.0 | 100.0 |

3-16 续表 3

（上年同期=100）

| 类 别 | Item | 全 年 Annual Year | 1 月 January | 2 月 February |
|---|---|---|---|---|
| **黑色金属冶炼和压延加工业** | **Black Metal Coking and Pressing Process Industry** | **84.9** | **90.9** | **87.4** |
| 炼铁 | Lronmaking | 100.1 | 98.5 | 101.0 |
| 炼钢 | Steel Making | 97.9 | 97.5 | 100.0 |
| 钢压延加工 | Pressed Steel Processing | 79.6 | 88.4 | 82.8 |
| 铁合金冶炼 | Iron-alloy Smeltering | 93.5 | 94.6 | 94.7 |
| **有色金属冶炼和压延加工业** | **Coloured Metal Coking and Pressint Process Industry** | **93.6** | **97.8** | **96.6** |
| 常用有色金属冶炼 | General Non-ferrous Metal Coking | 93.2 | 98.0 | 96.7 |
| 贵金属冶炼 | Precious Metal Smeltering | 92.9 | 98.6 | 96.7 |
| 有色金属合金制造 | Non-ferrous Metal Alloy Manufacture | 85.3 | 93.6 | 95.5 |
| 有色金属压延加工 | Non-ferrous Metal Rolling Processing | 96.1 | 96.9 | 96.4 |
| **金属制品业** | **Metal Product Industry** | **99.6** | **99.4** | **99.5** |
| 结构性金属制品制造 | Structural Metal Product | 99.7 | 99.7 | 99.5 |
| 金属工具制造 | Metal Tools Manufacture | 99.9 | 100.0 | 100.0 |
| 集装箱及金属包装容器制造 | Container and Metal Packing Container Manufacture | 96.2 | 100.0 | 100.0 |
| 金属丝绳及其制品制造 | Metal Silk Rope and Its Product Manufacture | 95.4 | 91.9 | 91.9 |
| 建筑、安全用金属制品制造 | Building, Metal Productin Safety Producing Manufacture | 99.5 | 100.6 | 100.5 |
| 不锈钢及类似日用金属制品制造 | Stainless Steel and Similar Daily Metal Products Manufacturing | 101.4 | 98.7 | 100.1 |
| 其他金属制品制造 | Other Metal Product Manufacture | 94.0 | 96.4 | 96.4 |
| **通用设备制造业** | **General Equipment Manufacture** | **98.5** | **98.7** | **98.1** |
| 锅炉及原动设备制造 | Boiler and Original Equipment Manufacturing | 100.2 | 99.9 | 100.3 |
| 金属加工机械制造 | Metal Process and Machinery Manufacture | 101.7 | 102.7 | 102.3 |
| 起重运输设备制造 | Hoisting and Transportation Equipment Manufacturing | 101.3 | 100.3 | 100.4 |
| 泵、阀门、压缩机及类似机械制造 | Pump, Valve, Compressor and Its Similar Mechanical Manufacture | 99.9 | 103.8 | 100.0 |
| 轴承、齿轮和传动部件制造 | Bearings, Gears and Transmission Components Manufacturing | 100.3 | 100.5 | 100.4 |
| 风机、衡器、包装设备等通用设备制造 | Ovens, Fans, Weighing, Packaging Equipment Manufacturing | 98.4 | 98.7 | 98.7 |
| 通用零部件制造及机械修理 | Universal Parts Manufacturing | 96.8 | 99.1 | 98.2 |
| 金属铸、锻加工 | Metal Casting and Forging | 96.9 | 96.1 | 95.5 |
| **专用设备制造业** | **General Equipment Manufacture** | **100.6** | **100.6** | **101.2** |
| 矿山、冶金、建筑专用设备制造 | Mine, Metallurgy, Building Special Equipment Manufacture | 100.9 | 100.9 | 101.7 |
| 化工、木材、非金属加工专用设备制造 | Chemical Engineering, Timber, Non-Metal Processed Special Equipments Manufacture | 99.7 | 100.0 | 100.0 |
| 食品、饮料、烟草及饲料生产专用设备制造 | The Food, Beverage, Tobacco and Foddar Production Special Equipments Manufacture | 99.5 | 100.7 | 100.7 |
| 农、林、牧、渔专用机械制造 | Agriculture, Forestry Animal Husbandry and Fishery Specific Machinery Manufacture | 99.7 | 99.2 | 99.3 |
| 医疗仪器设备及器械制造 | Medical Equipment and Device Manufacturers | 101.1 | 100.0 | 100.0 |
| 环保、社会公共安全及其他专用设备制造 | Environment Protection, Social Public Security and Other Specific Equipment Manufacturer | 100.2 | 100.9 | 100.9 |

continued

(preceding year=100)

| 3月 March | 4月 April | 5月 May | 6月 June | 7月 July | 8月 August | 9月 September | 10月 October | 11月 November | 12月 December |
|---|---|---|---|---|---|---|---|---|---|
| **88.6** | **88.2** | **85.4** | **83.6** | **83.2** | **83.9** | **82.6** | **83.2** | **80.8** | **80.3** |
| 100.4 | 100.2 | 100.2 | 100.2 | 100.2 | 100.2 | 100.2 | 100.2 | 100.2 | 100.2 |
| 100.0 | 97.5 | 92.9 | 92.9 | 97.5 | 97.5 | 100.0 | 100.0 | 100.0 | 100.0 |
| 84.2 | 83.2 | 79.8 | 77.7 | 77.1 | 78.3 | 76.3 | 77.6 | 74.2 | 74.0 |
| 95.8 | 97.3 | 96.6 | 95.1 | 93.3 | 93.1 | 91.9 | 90.6 | 90.1 | 88.6 |
| **98.1** | **99.0** | **99.5** | **97.6** | **95.2** | **92.0** | **89.9** | **89.0** | **85.5** | **83.7** |
| 98.3 | 99.3 | 99.7 | 97.5 | 95.2 | 91.4 | 89.3 | 88.1 | 84.2 | 82.1 |
| 91.4 | 93.7 | 94.2 | 95.6 | 88.2 | 85.9 | 87.4 | 90.9 | 96.8 | 97.1 |
| 95.5 | 86.9 | 86.4 | 87.7 | 86.4 | 85.9 | 79.8 | 75.4 | 76.1 | 73.0 |
| 98.0 | 98.6 | 99.6 | 98.7 | 96.9 | 96.3 | 94.1 | 94.7 | 91.6 | 91.5 |
| **98.7** | **99.1** | **98.9** | **99.1** | **99.9** | **99.3** | **100.1** | **100.4** | **100.3** | **100.3** |
| 99.3 | 99.5 | 99.5 | 99.4 | 99.7 | 99.7 | 99.8 | 99.8 | 100.2 | 100.4 |
| 99.9 | 99.9 | 99.9 | 99.9 | 99.9 | 99.9 | 99.9 | 99.9 | 99.9 | 99.9 |
| 97.6 | 95.2 | 95.2 | 95.2 | 95.2 | 95.2 | 95.2 | 95.2 | 95.2 | 95.2 |
| 95.8 | 103.3 | 103.3 | 101.4 | 106.7 | 88.7 | 89.5 | 93.1 | 93.1 | 88.4 |
| 99.6 | 97.2 | 96.4 | 98.8 | 97.8 | 98.2 | 100.2 | 99.7 | 102.3 | 102.3 |
| 97.2 | 99.4 | 98.4 | 99.4 | 103.2 | 101.7 | 104.6 | 106.3 | 103.9 | 103.9 |
| 94.6 | 93.9 | 93.9 | 93.9 | 93.4 | 92.9 | 93.3 | 94.1 | 92.7 | 92.7 |
| **98.9** | **98.6** | **98.4** | **98.7** | **98.6** | **98.6** | **98.6** | **98.7** | **98.2** | **98.3** |
| 99.8 | 100.1 | 100.2 | 100.6 | 99.6 | 99.5 | 99.9 | 100.6 | 100.6 | 101.1 |
| 104.0 | 103.8 | 101.5 | 102.8 | 102.0 | 101.4 | 101.8 | 101.7 | 98.1 | 98.6 |
| 100.8 | 100.8 | 100.4 | 101.2 | 101.8 | 102.5 | 102.0 | 102.0 | 101.7 | 101.8 |
| 99.9 | 99.9 | 98.8 | 99.9 | 99.9 | 99.9 | 99.9 | 99.0 | 99.0 | 99.0 |
| 100.4 | 100.4 | 100.4 | 100.5 | 100.4 | 100.4 | 100.4 | 99.8 | 99.8 | 99.8 |
| 98.8 | 98.7 | 98.5 | 98.5 | 98.1 | 98.3 | 98.2 | 98.4 | 98.2 | 98.1 |
| 98.2 | 96.3 | 96.3 | 96.3 | 96.2 | 96.2 | 96.2 | 96.2 | 96.2 | 95.8 |
| 96.9 | 96.7 | 96.9 | 97.0 | 97.2 | 97.2 | 97.2 | 97.3 | 97.3 | 97.3 |
| **101.1** | **101.0** | **101.6** | **100.6** | **100.1** | **100.0** | **100.8** | **100.6** | **99.5** | **100.4** |
| 101.4 | 101.3 | 102.2 | 100.9 | 100.1 | 100.1 | 101.1 | 100.8 | 99.3 | 100.5 |
| 100.0 | 100.0 | 99.6 | 99.6 | 99.6 | 99.6 | 99.6 | 99.6 | 99.6 | 99.6 |
| 100.7 | 100.3 | 98.9 | 98.9 | 98.9 | 98.9 | 98.9 | 98.9 | 98.9 | 99.0 |
| 100.0 | 100.0 | 100.2 | 99.8 | 99.9 | 99.8 | 99.5 | 99.5 | 99.9 | 99.8 |
| 100.0 | 100.0 | 101.6 | 101.6 | 101.6 | 101.6 | 101.8 | 101.8 | 101.8 | 101.8 |
| 100.5 | 100.2 | 100.0 | 100.0 | 100.0 | 100.0 | 100.0 | 100.0 | 100.0 | 100.0 |

3-16 续表 4

（上年同期＝100）

| 类 别 | Item | 全 年 Annual Year | 1 月 January | 2 月 February |
|---|---|---|---|---|
| **交通运输设备制造业** | **Transportation Equipment Manufacturing Industry** | **100.3** | **100.3** | **100.6** |
| 铁路运输设备制造 | Rail Transportation Equipment Manufacture | 107.1 | 104.2 | 102.6 |
| 汽车制造 | Automobile Manufacturing | 100.2 | 100.3 | 100.5 |
| 船舶及浮动装置制造 | Ships and Floating Equipment Manufacture | 100.4 | 100.2 | 100.2 |
| 交通器材及其他交通运输设备制造 | Transportation Equipment and Other Transportation Equipment Manufacturing | 104.8 | 100.0 | 100.0 |
| **电气机械和器材制造业** | **Electricity Machine and Its Equipment Manufacture** | **97.0** | **98.3** | **97.4** |
| 电机制造 | Electric Engineering Manufacture | 102.9 | 103.7 | 104.0 |
| 输配电及控制设备制造 | Electricity Mixed and Control Equipments Manufacture | 97.8 | 100.2 | 98.4 |
| 电线、电缆、光缆及电工器材制造 | Wire, Cable, Fiber Optic Cable and the Electric Device Manufacture | 94.5 | 94.9 | 94.8 |
| 电池制造 | Battery Manufacture | 97.9 | 99.5 | 98.0 |
| 家用电力器具制造 | Electric Power Apparatus Manufacture | 100.0 | 100.0 | 100.0 |
| 非电力家用器具制造 | Non-Electrical Household Appliance Manufacturing | 100.0 | 100.0 | 100.0 |
| 其他电气机械及器材制造 | Other Electricity Machines and Device Manufacture | 100.0 | 100.0 | 100.0 |
| **计算机、通信和其他电子设备制造业** | **Computer, Communication and Other Electron Equipment Manufacture Industry** | **99.0** | **100.4** | **100.1** |
| 通信设备制造 | Tele-communication Equipment Manufacture | 100.0 | 100.0 | 100.0 |
| 雷达及配套设备制造 | Radar and Its Equipment Manufacture | 100.0 | 100.0 | 100.0 |
| 电子器件制造 | Electronic Appliances | 99.3 | 99.7 | 99.7 |
| 电子元件制造 | Electronic Components | 97.6 | 101.1 | 100.4 |
| 其他电子设备制造 | Other Electronic Equipment | 100.0 | 100.0 | 100.0 |
| **仪器仪表及文化、办公用机械制造业** | **Instrumentation and Culture, Office Use Machinery Manufacturing Industry** | **102.2** | **101.0** | **100.3** |
| 通用仪器仪表制造 | General Instrument and Meters | 103.8 | 101.5 | 100.5 |
| 专用仪器仪表制造 | Special Instrument and Meter | 99.9 | 100.1 | 100.1 |
| 钟表与计时仪器制造 | Clock and Timing Instrument | 101.8 | 102.0 | 101.1 |
| 光学仪器及眼镜制造 | Optical Instrument and Glasses | 100.0 | 100.1 | 100.0 |
| **工艺品及其他制造业** | **Handicrafts and Other Manufacturing** | **99.5** | **100.8** | **101.1** |
| 工艺美术品制造 | Arts and Crafts Manufacturing | 100.3 | 99.8 | 100.7 |
| 日用杂品制造 | Daily Sundry Goods | 98.0 | 102.5 | 101.8 |
| **电力、热力生产和供应业** | **Electronic, Thermodynamic Product and Supply Industry** | **99.4** | **100.5** | **100.1** |
| 电力生产 | Electric Power Production | 99.9 | 101.5 | 100.4 |
| 电力供应 | Electric Power Supply | 99.2 | 100.0 | 100.0 |
| **燃气生产和供应业** | **Fuel Production and Supply Industry** | **93.2** | **95.4** | **97.0** |
| **水的生产和供应业** | **Water Production and Supply Industry** | **101.2** | **101.7** | **101.7** |
| 自来水的生产和供应 | Tapping-water Production and Supply | 101.2 | 101.8 | 101.8 |
| 污水处理及其再生利用 | Sewage Treatment and Recycled Use | 100.0 | 100.0 | 100.0 |

continued

(preceding year=100)

| 3 月 March | 4 月 April | 5 月 May | 6 月 June | 7 月 July | 8 月 August | 9 月 September | 10 月 October | 11 月 November | 12 月 December |
|---|---|---|---|---|---|---|---|---|---|
| **100.3** | **100.4** | **100.1** | **100.1** | **100.2** | **100.2** | **100.1** | **100.3** | **100.4** | **100.7** |
| 102.6 | 103.3 | 101.0 | 104.5 | 104.0 | 112.6 | 112.3 | 111.2 | 112.8 | 113.1 |
| 100.3 | 100.4 | 100.1 | 100.0 | 100.1 | 100.1 | 99.9 | 100.2 | 100.2 | 100.4 |
| 100.2 | 100.2 | 100.2 | 100.2 | 100.2 | 100.2 | 100.2 | 100.2 | 100.9 | 102.5 |
| 100.0 | 100.0 | 100.0 | 100.0 | 100.0 | 100.0 | 100.0 | 119.0 | 119.0 | 119.0 |
| **96.8** | **97.7** | **98.1** | **98.0** | **97.2** | **96.7** | **96.4** | **96.6** | **96.2** | **95.3** |
| 103.9 | 103.5 | 102.7 | 101.9 | 101.9 | 101.6 | 102.1 | 103.1 | 103.3 | 102.9 |
| 97.6 | 96.2 | 97.2 | 97.7 | 96.3 | 97.7 | 98.9 | 99.1 | 97.7 | 96.9 |
| 93.7 | 97.7 | 97.8 | 97.4 | 96.7 | 93.7 | 92.0 | 91.8 | 92.4 | 91.5 |
| 98.3 | 98.4 | 98.4 | 98.0 | 97.2 | 98.1 | 97.1 | 98.5 | 97.9 | 95.6 |
| 100.0 | 100.0 | 100.0 | 100.0 | 100.0 | 100.0 | 100.0 | 100.0 | 100.0 | 100.0 |
| 100.0 | 100.0 | 100.0 | 100.0 | 100.0 | 100.0 | 100.0 | 100.0 | 100.0 | 100.0 |
| 100.0 | 100.0 | 100.0 | 100.0 | 100.0 | 100.0 | 100.0 | 100.0 | 100.0 | 100.0 |
| **100.3** | **99.6** | **99.2** | **98.6** | **98.1** | **98.0** | **98.2** | **98.7** | **98.2** | **99.1** |
| 100.0 | 100.0 | 100.0 | 100.0 | 100.0 | 100.0 | 100.0 | 100.0 | 100.0 | 100.0 |
| 100.0 | 100.0 | 100.0 | 100.0 | 100.0 | 100.0 | 100.0 | 100.0 | 100.0 | 100.0 |
| 99.7 | 99.2 | 99.2 | 99.1 | 99.1 | 98.8 | 99.3 | 99.4 | 99.3 | 98.8 |
| 100.8 | 99.2 | 98.1 | 96.5 | 95.2 | 94.9 | 95.3 | 96.7 | 95.5 | 97.8 |
| 100.0 | 100.0 | 100.0 | 100.0 | 100.0 | 100.0 | 100.0 | 100.0 | 100.0 | 100.0 |
| **101.7** | **101.5** | **101.4** | **102.6** | **102.6** | **102.6** | **103.2** | **103.3** | **103.2** | **103.2** |
| 102.9 | 102.6 | 102.3 | 104.7 | 104.7 | 104.7 | 105.5 | 105.6 | 105.6 | 105.6 |
| 100.1 | 99.9 | 99.9 | 99.9 | 99.9 | 99.8 | 99.8 | 99.8 | 99.9 | 99.9 |
| 102.1 | 102.2 | 102.2 | 102.2 | 102.1 | 102.2 | 102.2 | 101.2 | 101.2 | 101.1 |
| 99.9 | 100.1 | 100.0 | 99.6 | 99.6 | 99.6 | 100.0 | 100.5 | 100.2 | 100.2 |
| **100.5** | **99.6** | **99.5** | **99.8** | **99.4** | **99.6** | **99.5** | **98.5** | **98.4** | **97.2** |
| 99.9 | 99.7 | 99.4 | 99.4 | 99.6 | 100.9 | 101.6 | 100.4 | 101.6 | 100.6 |
| 101.4 | 99.4 | 99.6 | 100.5 | 98.9 | 97.2 | 95.9 | 95.3 | 92.9 | 91.4 |
| **100.2** | **100.0** | **99.4** | **99.2** | **98.9** | **98.9** | **98.9** | **99.3** | **99.0** | **98.6** |
| 100.4 | 100.2 | 99.6 | 99.4 | 99.6 | 99.6 | 99.7 | 100.1 | 99.5 | 99.4 |
| 100.1 | 99.9 | 99.4 | 99.1 | 98.6 | 98.5 | 98.4 | 99.0 | 98.8 | 98.3 |
| **96.4** | **95.2** | **95.2** | **95.1** | **94.2** | **92.7** | **90.3** | **90.0** | **88.9** | **88.2** |
| **102.1** | **100.7** | **100.7** | **100.7** | **100.5** | **100.5** | **101.2** | **101.3** | **101.3** | **101.3** |
| 102.1 | 100.7 | 100.7 | 100.7 | 100.5 | 100.5 | 101.2 | 101.3 | 101.3 | 101.3 |
| 100.0 | 100.0 | 100.0 | 100.0 | 100.0 | 100.0 | 100.0 | 100.0 | 100.0 | 100.0 |

# 3-17 分月工业生产者出厂价格环比指数（2015年）

（上月=100）

| 类 别 | Item | 全 年 Annual Year | 1 月 January | 2 月 February | 3 月 March |
|---|---|---|---|---|---|
| **总指数** | **General Index** | **95.5** | **99.8** | **99.4** | **99.9** |
| #轻工业 | # Light Industry | 101.4 | 100.4 | 100.6 | 100.3 |
| 以农产品为原料 | Using Farm Produces as Raw Materials | 101.8 | 100.5 | 100.7 | 100.4 |
| 以非农产品为原料 | Using Non-farm Produces as Raw Materials | 99.3 | 100.0 | 100.0 | 99.7 |
| 重工业 | Heavy Industry | 93.4 | 99.5 | 98.9 | 99.7 |
| 采掘 | Mining and Quarrying | 95.4 | 99.6 | 99.9 | 99.5 |
| 原料 | Raw Material | 93.3 | 99.1 | 99.5 | 100.1 |
| 加工 | Processing | 93.3 | 99.8 | 98.6 | 99.6 |
| #生产资料 | # Means of Production | 92.9 | 99.6 | 98.9 | 99.6 |
| 采掘 | Mining and Quarrying | 95.4 | 99.6 | 99.9 | 99.5 |
| 原料 | Raw Material | 93.4 | 99.2 | 99.4 | 100.1 |
| 加工 | Processing | 92.4 | 99.8 | 98.5 | 99.4 |
| 生活资料 | Life Material | 103.0 | 100.3 | 100.7 | 100.6 |
| 食品 | Food | 104.7 | 100.4 | 101.2 | 101.1 |
| 衣着 | Clothing | 102.1 | 100.5 | 100.3 | 100.3 |
| 一般日用品 | Articles for Daily Use | 100.8 | 99.9 | 100.0 | 99.6 |
| 耐用消费品 | Durable Consumers' Goods | 100.0 | 100.0 | 100.0 | 100.0 |
| **按工业部门分** | **Grouped by Department of Industry** | | | | |
| 冶金工业 | Metallurgical Industry | 83.4 | 98.8 | 97.0 | 99.5 |
| 电力工业 | Power Industry | 98.6 | 99.9 | 100.0 | 100.0 |
| 煤炭及炼焦工业 | Coal and Coking Industry | 92.7 | 99.7 | 99.7 | 99.5 |
| 石油工业 | Petroleum Industry | 84.2 | 93.0 | 94.6 | 108.2 |
| 化学工业 | Chemical Industry | 98.0 | 100.2 | 99.7 | 100.2 |
| 机械工业 | Machine Buiding Industry | 99.8 | 100.0 | 99.9 | 99.9 |
| 建筑材料工业 | Buiding Material Industry | 90.7 | 100.4 | 99.7 | 97.4 |
| 森林工业 | Timber Industry | 99.6 | 99.5 | 100.1 | 99.6 |
| 食品工业 | Food Industry | 102.6 | 100.6 | 101.0 | 100.6 |
| 纺织工业 | Textile Industry | 96.2 | 99.8 | 99.9 | 99.8 |
| 缝纫工业 | Tailoring Industry | 101.0 | 100.1 | 100.1 | 100.2 |
| 皮革工业 | Leather Industry | 103.4 | 101.1 | 99.4 | 100.8 |
| 造纸工业 | Paper Industry | 99.5 | 100.0 | 100.1 | 100.2 |
| 文教艺术用品工业 | Cultural, Educational and Handicraft Articles | 97.6 | 100.0 | 99.6 | 99.4 |
| 其他工业 | Other Industry | 98.3 | 99.6 | 99.9 | 99.7 |

# Producer Price Chain Indices for Industrial Products by Month（2015）

（preceding month=100）

| 4 月 April | 5 月 May | 6 月 June | 7 月 July | 8 月 August | 9 月 September | 10 月 October | 11 月 November | 12 月 December |
|---|---|---|---|---|---|---|---|---|
| **100.0** | **99.8** | **99.4** | **99.4** | **99.6** | **99.4** | **99.7** | **99.5** | **99.6** |
| 100.9 | 100.5 | 99.7 | 99.7 | 99.5 | 99.9 | 100.1 | 99.8 | 100.1 |
| 101.0 | 100.6 | 99.6 | 99.7 | 99.4 | 99.9 | 100.1 | 99.8 | 100.1 |
| 100.0 | 100.1 | 100.1 | 99.8 | 100.1 | 100.0 | 100.0 | 99.7 | 99.8 |
| 99.6 | 99.5 | 99.4 | 99.3 | 99.6 | 99.2 | 99.6 | 99.4 | 99.4 |
| 99.5 | 100.9 | 100.7 | 98.9 | 99.5 | 99.5 | 98.9 | 99.2 | 99.1 |
| 99.8 | 100.1 | 99.4 | 99.4 | 98.8 | 99.3 | 99.7 | 99.1 | 98.9 |
| 99.6 | 99.1 | 99.2 | 99.3 | 100.0 | 99.2 | 99.6 | 99.6 | 99.7 |
| 99.6 | 99.4 | 99.3 | 99.3 | 99.6 | 99.2 | 99.6 | 99.3 | 99.3 |
| 99.5 | 100.9 | 100.7 | 98.9 | 99.5 | 99.5 | 98.9 | 99.2 | 99.1 |
| 99.8 | 100.1 | 99.4 | 99.4 | 98.8 | 99.3 | 99.7 | 99.1 | 98.9 |
| 99.5 | 99.0 | 99.1 | 99.2 | 100.0 | 99.1 | 99.5 | 99.4 | 99.6 |
| 100.9 | 100.7 | 99.9 | 99.8 | 99.6 | 100.0 | 100.2 | 100.1 | 100.3 |
| 101.5 | 101.1 | 99.9 | 99.5 | 99.2 | 99.9 | 100.4 | 100.0 | 100.5 |
| 100.3 | 100.0 | 100.0 | 100.1 | 100.1 | 100.2 | 100.2 | 100.1 | 99.9 |
| 100.2 | 100.1 | 99.9 | 100.4 | 100.1 | 100.3 | 99.8 | 100.5 | 100.0 |
| 100.0 | 100.0 | 100.0 | 100.0 | 100.0 | 100.0 | 100.0 | 100.0 | 100.0 |
| | | | | | | | | |
| 99.3 | 98.9 | 98.2 | 98.7 | 99.4 | 97.9 | 98.2 | 97.4 | 98.7 |
| 99.8 | 99.4 | 99.7 | 99.7 | 99.9 | 99.9 | 100.6 | 99.9 | 99.7 |
| 100.0 | 99.8 | 95.9 | 99.3 | 99.8 | 99.4 | 99.8 | 98.4 | 101.3 |
| 98.0 | 105.7 | 100.1 | 98.6 | 93.0 | 95.3 | 100.4 | 98.7 | 98.6 |
| 100.0 | 99.8 | 100.1 | 99.7 | 99.4 | 99.6 | 99.7 | 100.3 | 99.2 |
| 100.2 | 99.9 | 100.0 | 99.9 | 100.1 | 100.0 | 100.0 | 99.9 | 100.0 |
| 98.5 | 98.1 | 99.1 | 97.7 | 99.1 | 99.6 | 100.7 | 101.5 | 98.8 |
| 100.1 | 100.0 | 99.8 | 100.5 | 99.8 | 100.4 | 99.7 | 100.2 | 99.9 |
| 101.3 | 100.8 | 99.7 | 99.4 | 99.3 | 99.8 | 100.2 | 99.7 | 100.3 |
| 100.0 | 99.4 | 99.7 | 99.5 | 99.5 | 99.1 | 99.7 | 100.0 | 99.9 |
| 100.1 | 99.7 | 100.1 | 100.2 | 100.2 | 100.2 | 100.3 | 100.1 | 99.9 |
| 100.5 | 101.0 | 99.7 | 100.1 | 100.7 | 100.6 | 100.0 | 99.7 | 99.6 |
| 100.2 | 99.8 | 98.4 | 100.3 | 100.4 | 100.0 | 100.1 | 100.2 | 99.8 |
| 99.7 | 99.6 | 99.8 | 99.6 | 100.0 | 100.0 | 100.0 | 100.0 | 99.9 |
| 99.5 | 100.5 | 99.9 | 99.8 | 99.9 | 99.8 | 99.8 | 99.8 | 100.0 |

# 3-18　分行业工业生产者出厂价格环比指数（2015年）

（上月=100）

| 类　别 | Item | 全　年 Annual Year | 1 月 January | 2 月 February |
|---|---|---|---|---|
| **煤炭开采和洗选业** | **Coal Mining and Selecting Industry** | **92.5** | **99.7** | **99.7** |
| 烟煤和无烟煤开采洗选 | Bituminous Coal and Anthracite Coal Mining and Washing | 91.8 | 99.5 | 99.5 |
| 褐煤的开采洗选 | Washing Lignite Mining | 94.7 | 100.3 | 100.3 |
| **黑色金属矿采选业** | **Black Metal Mineral Mining and Selecting Industry** | **100.0** | **101.0** | **100.1** |
| 铁矿采选 | The Iron Mineral Mining and Selecting | 99.5 | 100.0 | 100.0 |
| 其他黑色金属矿采选 | Other Ferrous Metal Mines | 100.3 | 101.4 | 100.1 |
| **有色金属矿采选业** | **Colored Metal Mineral Mining and Selecting** | **87.4** | **98.6** | **99.4** |
| 常用有色金属矿采选 | The Regular Colored Metal Mineral Mining and Selecting | 85.8 | 98.4 | 99.1 |
| 贵金属矿采选 | The Precious Metal Mineral Mining and Selecting | 97.9 | 100.8 | 104.2 |
| 稀有稀土金属矿采选 | Rare and Rare Earth Metal Ore Mining | 100.0 | 100.0 | 100.0 |
| **非金属矿采选业** | **Non-Metal Mineral Mining and Selecting** | **108.6** | **100.0** | **100.9** |
| 土砂石开采 | Soil Gravel Mining | 112.6 | 100.0 | 101.3 |
| 化学矿采选 | Chemical Mineral Mining and Selecting | 102.8 | 100.2 | 100.5 |
| 采盐 | Salt Mining | 159.1 | 100.0 | 100.0 |
| 石棉及其他非金属矿采选 | Asbestos and Other Non-Metal Mineral Mining and Selecting | 100.8 | 100.0 | 100.1 |
| **农副食品加工业** | **Farm and Side-Line Food Processed Industry** | **103.4** | **100.8** | **101.3** |
| 谷物磨制 | Corn Whetted | 101.1 | 100.3 | 99.7 |
| 饲料加工 | Forage Processed | 90.9 | 101.1 | 99.6 |
| 植物油加工 | Planting-Oil Processed | 99.0 | 99.5 | 100.0 |
| 制糖业 | Sugar Industry | 114.4 | 101.6 | 103.5 |
| 屠宰及肉类加工 | Slaughtered Meta and Meat Processes | 97.9 | 99.9 | 97.9 |
| 水产品加工 | Fishery Product Processed | 101.1 | 100.2 | 100.3 |
| 蔬菜、水果和坚果加工 | Vegetables, Fruits and Nuts Processing | 100.0 | 100.0 | 100.0 |
| 其他农副食品加工 | Other Farm and Side-line Food Processed | 99.9 | 99.9 | 100.8 |
| **食品制造业** | **Food Manufacture Industry** | **98.2** | **99.4** | **100.1** |
| 焙烤食品制造 | Baked Food Manufacturing | 96.4 | 101.0 | 100.0 |
| 糖果、巧克力及蜜饯制造 | Candy, Chocolate and Candied Fruit Production | 100.0 | 100.0 | 100.0 |
| 方便食品制造 | Convenient Food Manufacturing | 101.4 | 99.7 | 100.2 |
| 液体乳及乳制品制造 | Liquid Milk and Dairy Products Manufacturing | 102.7 | 100.5 | 100.7 |
| 罐头食品制造 | Canned Food Manufacturing | 94.9 | 97.4 | 99.9 |
| 调味品、发酵制品制造 | Condiment, Ferment Product Manufacturing | 101.2 | 101.2 | 100.0 |
| 其他食品制造 | Other Food Manufacturing | 97.6 | 100.0 | 100.0 |
| **饮料制造业** | **Wine, Beverage and Refined Tea Manufacture Industry** | **99.6** | **100.5** | **99.4** |
| 酒精制造 | Alcohol Manufacturing | 96.5 | 102.0 | 97.2 |
| 酒的制造 | Manufacture of Wine | 100.4 | 100.0 | 100.0 |
| 软饮料制造 | Beverage Manufacturing | 100.6 | 100.2 | 100.1 |
| 精制茶加工 | Refined-tea Process | 99.6 | 99.8 | 100.0 |

# Producer Price Chain Indices for Industrial Products by Industry（2015）

（preceding month=100）

| 3 月 March | 4 月 April | 5 月 May | 6 月 June | 7 月 July | 8 月 August | 9 月 September | 10 月 October | 11 月 November | 12 月 December |
|---|---|---|---|---|---|---|---|---|---|
| **99.5** | **100.0** | **99.8** | **95.8** | **99.2** | **99.7** | **99.4** | **99.8** | **98.4** | **101.4** |
| 99.5 | 100.0 | 99.7 | 94.6 | 99.3 | 99.7 | 100.0 | 100.0 | 98.0 | 102.0 |
| 99.5 | 100.1 | 100.3 | 99.7 | 99.2 | 100.0 | 97.5 | 99.0 | 99.6 | 99.3 |
| **98.9** | **100.0** | **100.6** | **99.4** | **99.5** | **100.6** | **100.2** | **99.8** | **99.8** | **100.0** |
| 100.0 | 99.9 | 99.9 | 99.9 | 100.0 | 100.0 | 100.0 | 100.0 | 100.0 | 99.9 |
| 98.5 | 100.1 | 100.8 | 99.2 | 99.3 | 100.9 | 100.3 | 99.8 | 99.7 | 100.1 |
| **98.9** | **99.6** | **101.7** | **99.5** | **98.7** | **98.6** | **99.0** | **97.6** | **97.3** | **97.8** |
| 98.8 | 99.7 | 101.9 | 99.5 | 98.6 | 98.3 | 98.8 | 97.2 | 97.0 | 97.4 |
| 98.8 | 97.9 | 100.4 | 99.6 | 96.9 | 101.1 | 100.3 | 100.4 | 98.3 | 99.6 |
| 100.0 | 100.0 | 100.0 | 100.0 | 100.0 | 100.0 | 100.0 | 100.0 | 100.0 | 100.0 |
| **101.6** | **98.6** | **100.0** | **106.3** | **98.5** | **100.2** | **100.0** | **100.0** | **102.4** | **100.0** |
| 102.3 | 97.7 | 100.1 | 110.0 | 97.7 | 100.0 | 100.0 | 100.0 | 103.5 | 100.0 |
| 100.6 | 100.0 | 99.9 | 99.8 | 100.1 | 101.2 | 100.0 | 100.0 | 100.0 | 100.5 |
| 100.0 | 100.0 | 100.0 | 100.0 | 100.0 | 100.0 | 100.0 | 100.0 | 159.1 | 100.0 |
| 100.3 | 100.2 | 100.0 | 100.0 | 100.0 | 100.3 | 100.0 | 100.0 | 100.0 | 100.0 |
| **100.8** | **101.6** | **101.0** | **99.7** | **99.3** | **99.0** | **99.7** | **100.2** | **99.7** | **100.3** |
| 100.7 | 100.8 | 101.0 | 100.0 | 100.3 | 99.3 | 100.0 | 99.5 | 99.5 | 100.1 |
| 98.0 | 99.3 | 98.8 | 98.9 | 99.3 | 99.8 | 99.8 | 98.7 | 98.3 | 98.9 |
| 100.9 | 100.1 | 100.6 | 99.2 | 99.1 | 98.7 | 98.5 | 100.9 | 100.7 | 100.8 |
| 102.5 | 104.1 | 102.6 | 100.2 | 99.2 | 98.5 | 100.1 | 100.9 | 99.8 | 100.8 |
| 99.5 | 99.1 | 101.3 | 99.3 | 99.8 | 100.4 | 101.0 | 98.4 | 100.2 | 101.1 |
| 99.7 | 100.6 | 99.5 | 99.6 | 99.9 | 100.4 | 99.8 | 100.2 | 100.4 | 100.5 |
| 100.0 | 100.0 | 100.0 | 100.0 | 100.0 | 100.0 | 100.0 | 100.0 | 100.0 | 100.0 |
| 100.0 | 100.3 | 99.8 | 100.0 | 99.9 | 99.4 | 100.0 | 100.0 | 99.9 | 99.9 |
| **99.7** | **100.4** | **99.9** | **99.3** | **99.4** | **100.1** | **99.7** | **99.8** | **99.8** | **100.7** |
| 94.1 | 100.0 | 100.0 | 100.0 | 100.0 | 100.0 | 100.0 | 101.5 | 100.0 | 100.0 |
| 100.0 | 100.0 | 100.0 | 100.0 | 100.0 | 100.0 | 100.0 | 100.0 | 100.0 | 100.0 |
| 100.0 | 99.8 | 100.5 | 99.9 | 99.4 | 101.2 | 100.1 | 100.1 | 100.4 | 100.1 |
| 100.6 | 100.8 | 101.1 | 100.1 | 99.4 | 100.0 | 99.7 | 100.1 | 100.0 | 99.8 |
| 100.5 | 101.6 | 99.1 | 97.6 | 99.7 | 99.8 | 99.0 | 98.9 | 98.9 | 102.6 |
| 100.0 | 100.3 | 100.0 | 99.9 | 100.1 | 100.2 | 100.0 | 100.0 | 100.0 | 99.6 |
| 99.6 | 99.3 | 100.0 | 100.0 | 98.7 | 100.0 | 100.0 | 100.0 | 100.0 | 100.0 |
| **99.7** | **100.0** | **100.1** | **100.1** | **100.0** | **100.0** | **100.2** | **100.2** | **99.9** | **99.4** |
| 98.8 | 100.2 | 100.2 | 100.5 | 100.4 | 99.7 | 99.8 | 100.1 | 99.5 | 98.2 |
| 100.0 | 100.0 | 100.3 | 99.8 | 100.0 | 100.1 | 100.1 | 100.0 | 99.9 | 100.2 |
| 99.8 | 99.9 | 100.0 | 100.0 | 99.9 | 100.0 | 100.7 | 100.6 | 100.0 | 99.4 |
| 100.0 | 100.1 | 100.0 | 100.1 | 100.0 | 100.0 | 99.9 | 99.9 | 99.9 | 99.9 |

3-18 续表 1

（上月=100）

| 类 别 | Item | 全 年<br>Annual Year | 1 月<br>January | 2 月<br>February |
|---|---|---|---|---|
| **烟草制品业** | **Tobacco Product Industry** | **100.0** | **100.0** | **100.0** |
| 烟叶复烤 | Tobacco Leaves Retroacting | 100.0 | 100.0 | 100.0 |
| 卷烟制造 | Cigarette Manufacturing | 100.0 | 100.0 | 100.0 |
| **纺织业** | **Textile Industry** | **97.2** | **99.8** | **99.9** |
| 棉、化纤纺织及印染精加工 | Cotton and Textile Printing and Dyeing Finishing | 96.0 | 99.5 | 99.8 |
| 麻纺织 | Line Textile and Dyeing and Finishing | 104.6 | 99.9 | 100.4 |
| 丝绢纺织及精加工 | Silk and Textile Printing and Dyeing Finishing | 95.5 | 99.8 | 99.9 |
| 纺织制成品制造 | Textile Products Manufacturing | 99.8 | 100.0 | 100.0 |
| 针织品、编织品及其制品制造 | Household Textile Products Manufacturing | 102.2 | 100.2 | 100.2 |
| **纺织服装、鞋、帽制造业** | **Textile and Clothing, Shoes, Cap Manufacturing Industry** | **100.4** | **100.0** | **100.0** |
| 编织服装制造 | Woven Garment Manufacturing | 100.4 | 100.0 | 100.0 |
| **皮革、毛皮、羽毛（绒）及其制品和制鞋业** | **Leather, Fur, Feathers and Its Products and Footwear** | **100.1** | **100.0** | **99.1** |
| 皮革鞣制加工 | Leather Processing | 102.8 | 101.0 | 97.7 |
| 皮革制品制造 | Leather Product Processing | 103.9 | 101.3 | 100.6 |
| 羽毛（绒）加工及制品制造 | Feather Processing and Its Products Manufacturing | 92.2 | 97.2 | 98.3 |
| **木材加工和木、竹、藤、棕、草制品业** | **Bamboo, Ratten, Palm and Grass Product Manufacture Industry** | **99.6** | **99.5** | **100.1** |
| 锯材、木片加工 | Sawn Timber and Wood Processing | 100.0 | 100.0 | 100.0 |
| 人造板制造 | Artificial Plank Manufacturing | 97.8 | 99.2 | 100.2 |
| 木制品制造 | Timber Product Manufacturing | 102.1 | 100.0 | 99.3 |
| 竹、藤、棕、草制品制造 | Bamboo, Ratten, Palm and Grass Product Manufacturing | 104.6 | 100.0□ | 100.4 |
| **家具制造业** | **Furniture Manufacture Industry** | **100.0** | **100.0** | **100.0** |
| 木质家具制造 | Timber Furniture Manufacture | 100.0 | 100.0 | 100.0 |
| **造纸及纸制品业** | **Paper Making and Paper Products Industry** | **99.5** | **100.0** | **100.1** |
| 纸浆制造 | Paper Pulp Manufacturing | 97.6 | 100.4 | 99.4 |
| 造纸 | Paper Making | 99.7 | 99.9 | 100.4 |
| 纸制品制造 | Paper Products Manufacturing | 100.1 | 100.0 | 99.9 |
| **印刷业和记录媒介的复制** | **Stationery and Sporting Goods Manufacturing Industry** | **97.2** | **99.9** | **99.5** |
| 印刷 | Painting | 97.1 | 99.9 | 99.5 |
| 装订及印刷相关服务 | Bookbinding and Printing Related Services | 100.0 | 100.0 | 100.0 |
| **文教体育用品制造业** | **Cultural, Educational, Industrial america, Sports and Entertainment Goods Industry** | **99.8** | **100.0** | **100.0** |
| 文化用品制造 | Culture and Education Office Supplies Manufacturing | 99.4 | 100.0 | 100.0 |
| **石油加工、炼焦和核燃料加工业** | **Petroleum Process, Coking and Nuclear Fuel Processing Industry** | **83.9** | **92.3** | **93.9** |
| 精炼石油产品制造 | Refineed Coking Petroleum Manufacturing | 83.9 | 92.3 | 93.9 |

continued

(preceding month=100)

| 3 月 March | 4 月 April | 5 月 May | 6 月 June | 7 月 July | 8 月 August | 9 月 September | 10 月 October | 11 月 November | 12 月 December |
|---|---|---|---|---|---|---|---|---|---|
| **100.0** | **100.0** | **100.0** | **100.0** | **100.0** | **100.0** | **100.0** | **100.0** | **100.0** | **100.0** |
| 100.0 | 100.0 | 100.0 | 100.0 | 100.0 | 100.0 | 100.0 | 100.0 | 100.0 | 100.0 |
| 100.0 | 100.0 | 100.0 | 100.0 | 100.0 | 100.0 | 100.0 | 100.0 | 100.0 | 100.0 |
| **99.9** | **100.0** | **99.6** | **99.7** | **99.7** | **99.6** | **99.3** | **99.8** | **100.0** | **99.9** |
| 99.8 | 100.2 | 99.9 | 99.7 | 98.5 | 99.3 | 99.2 | 100.1 | 99.9 | 100.0 |
| 101.3 | 100.5 | 101.0 | 100.0 | 100.1 | 100.0 | 101.4 | 99.9 | 99.8 | 100.3 |
| 99.8 | 99.8 | 99.0 | 99.6 | 99.9 | 99.4 | 98.7 | 99.4 | 100.0 | 99.9 |
| 100.0 | 100.0 | 100.0 | 100.0 | 100.0 | 100.0 | 100.0 | 99.8 | 100.0 | 100.0 |
| 100.0 | 100.0 | 100.3 | 100.0 | 100.5 | 100.5 | 100.3 | 100.3 | 100.3 | 99.7 |
| **100.2** | **100.2** | **99.4** | **100.1** | **100.0** | **100.0** | **100.1** | **100.4** | **100.0** | **100.0** |
| 100.2 | 100.2 | 99.4 | 100.1 | 100.0 | 100.0 | 100.1 | 100.4 | 100.0 | 100.0 |
| **100.5** | **99.7** | **101.2** | **99.5** | **99.8** | **100.5** | **100.5** | **99.8** | **99.8** | **99.8** |
| 101.4 | 100.4 | 101.7 | 99.2 | 100.3 | 101.7 | 101.2 | 100.0 | 99.2 | 99.0 |
| 100.4 | 100.7 | 100.6 | 100.0 | 100.0 | 100.0 | 100.2 | 100.0 | 100.0 | 100.0 |
| 99.8 | 97.4 | 101.6 | 99.0 | 99.0 | 100.0 | 100.0 | 99.2 | 100.0 | 100.4 |
| **99.6** | **100.1** | **100.0** | **99.8** | **100.6** | **99.7** | **100.4** | **99.7** | **100.2** | **99.9** |
| 100.0 | 100.0 | 100.0 | 100.0 | 100.0 | 100.0 | 100.0 | 100.0 | 100.0 | 100.0 |
| 99.3 | 99.7 | 99.8 | 99.8 | 99.9 | 99.7 | 100.1 | 99.9 | 100.2 | 100.0 |
| 100.0 | 101.5 | 100.5 | 98.9 | 102.3 | 99.5 | 101.3 | 98.7 | 100.7 | 99.3 |
| 100.0 | 100.3 | 100.5 | 100.8 | 101.8 | 100.0 | 100.7 | 100.0 | 100.0 | 100.1 |
| **100.0** | **100.0** | **100.0** | **100.0** | **100.0** | **100.0** | **100.0** | **100.0** | **100.0** | **100.0** |
| 100.0 | 100.0 | 100.0 | 100.0 | 100.0 | 100.0 | 100.0 | 100.0 | 100.0 | 100.0 |
| **100.2** | **100.2** | **99.8** | **98.4** | **100.3** | **100.4** | **100.0** | **100.1** | **100.2** | **99.8** |
| 100.0 | 99.6 | 99.9 | 100.2 | 99.6 | 99.6 | 100.2 | 99.5 | 99.6 | 99.4 |
| 100.3 | 100.4 | 99.7 | 97.2 | 100.6 | 100.9 | 99.9 | 100.3 | 100.4 | 99.8 |
| 99.9 | 100.2 | 99.9 | 100.2 | 100.0 | 99.9 | 100.0 | 100.0 | 100.0 | 100.0 |
| **99.3** | **99.7** | **99.5** | **99.8** | **99.5** | **100.0** | **100.0** | **100.0** | **100.0** | **100.0** |
| 99.3 | 99.7 | 99.5 | 99.8 | 99.5 | 100.0 | 100.0 | 100.0 | 100.0 | 100.0 |
| 100.0 | 100.0 | 100.0 | 100.0 | 100.0 | 100.0 | 100.0 | 100.0 | 100.0 | 100.0 |
| **100.0** | **100.0** | **100.0** | **100.0** | **100.0** | **100.0** | **100.1** | **100.0** | **100.0** | **99.9** |
| 100.0 | 100.0 | 100.0 | 99.9 | 99.9 | 100.0 | 100.2 | 100.0 | 100.0 | 99.5 |
| **109.3** | **97.9** | **106.3** | **100.1** | **98.6** | **92.4** | **95.1** | **100.5** | **98.8** | **98.7** |
| 109.3 | 97.9 | 106.3 | 100.1 | 98.6 | 92.4 | 95.1 | 100.5 | 98.8 | 98.7 |

3-18 续表 2

（上月=100）

| 类 别 | Item | 全 年<br>Annual Year | 1 月<br>January | 2 月<br>February |
|---|---|---|---|---|
| **化学原料和化学制品制造业** | **Chemical Material and Chemical Product Manufacturing** | **96.8** | **100.2** | **99.9** |
| 基础化学原料制造 | Basic Chemical Material Manufacturing | 93.6 | 99.6 | 99.8 |
| 肥料制造 | Fertilizer Manufacture | 105.7 | 101.4 | 99.3 |
| 农药制造 | Insectcide Manufacture | 96.6 | 99.0 | 100.0 |
| 涂料、油墨、颜料及类似产品制造 | Coating, Printing Ink, Pigment and The Similar Products Manufacture | 98.8 | 99.9 | 100.5 |
| 合成材料制造 | Compounded Material Manufacture | 89.7 | 98.7 | 99.7 |
| 专用化学产品制造 | Specialized Chemical Product Manufacture | 91.9 | 100.4 | 100.0 |
| 日用化学产品制造 | Daily Chemical Product Manufacture | 102.4 | 99.4 | 100.0 |
| **医药制造业** | **Medical Manufacture Industry** | **102.2** | **100.1** | **100.0** |
| 化学药品原料药制造 | Manufacture of Chemical Raw Material Medicine | 104.1 | 102.3 | 101.5 |
| 化学药品制剂制造 | Chemical Medicine Agent Manufacture | 108.9 | 100.2 | 100.0 |
| 中成药制造 | Medium Paternt Manufacture | 101.3 | 100.0 | 100.0 |
| 兽用药品制造 | Medicine in Herbs Manufacture | 99.8 | 100.0 | 100.0 |
| 生物药品制造 | Biopharmaceutical Manufacturing | 99.1 | 100.0 | 100.0 |
| 卫生材料及医药用品制造 | Sanitary Materials and Medical Supplies Manufacturing | 100.0 | 100.0 | 100.0 |
| **橡胶制品业** | **Rubber Products Industry** | **100.6** | **99.8** | **99.9** |
| 轮胎制造 | Tire Manufacturing | 100.0 | 100.0 | 100.0 |
| 橡胶板、管、带的制造 | Rubber Sheet and Tube and Tape Manufacturing | 100.0 | 100.0 | 100.0 |
| 橡胶零件制造 | Rubber Parts Manufacturing | 99.5 | 99.8 | 100.0 |
| 日用及医用橡胶制品制造 | Daily Expenses and Medical Rubber Products Manufacturing | 103.9 | 98.8 | 99.5 |
| **塑料制品业** | **Plastic Products Industry** | **98.6** | **100.0** | **99.5** |
| 塑料薄膜制造 | Plastic Film Manufacturing | 100.2 | 99.0 | 99.8 |
| 塑料板、管、型材的制造 | Pastic Plate and Tube and Profile Manufacturing | 100.3 | 100.1 | 100.0 |
| 塑料丝、绳及编织品的制造 | Plastic Wire and Rope and Knitted Manufacturing | 98.7 | 100.4 | 99.0 |
| 塑料包装箱及容器制造 | Plastic Packing Box and Container Manufacturing | 96.0 | 99.6 | 100.0 |
| 日用塑料制造 | Daily Use Plastic Manufacture | 98.6 | 100.0 | 99.9 |
| **非金属矿物制品业** | **Non-metal Mineral Product Industry** | **89.5** | **100.4** | **99.6** |
| 水泥、石灰和石膏的制造 | Cement, Lime and Gypsum Manufacture | 78.1 | 100.8 | 98.8 |
| 水泥及石膏制品制造 | Cement and Gypsum Products Manufacturing | 99.1 | 99.9 | 101.0 |
| 砖瓦、石材等建筑材料制造 | Brick, Stone and Other Building Materials Manufacturing | 102.1 | 100.0 | 100.1 |
| 玻璃及玻璃制品制造 | Glass Products Manufacturing | 98.8 | 101.0 | 99.6 |
| 陶瓷制品制造 | Ceramics Product Manufacture | 100.5 | 100.0 | 100.1 |
| 耐火材料制品制造 | Refractory Products Manufacturing | 100.0 | 100.0 | 100.0 |
| 石墨及其他非金属矿物制品制造 | Graphite and Other Non-metallic Mineral Products Manufacturing | 100.0 | 100.0 | 100.0 |

continued

(preceding month=100)

| 3 月 March | 4 月 April | 5 月 May | 6 月 June | 7 月 July | 8 月 August | 9 月 September | 10 月 October | 11 月 November | 12 月 December |
|---|---|---|---|---|---|---|---|---|---|
| **100.2** | **100.0** | **99.7** | **100.2** | **99.5** | **99.2** | **99.4** | **99.5** | **100.2** | **98.9** |
| 100.1 | 99.7 | 99.5 | 99.2 | 98.7 | 96.8 | 99.2 | 100.4 | 100.7 | 99.8 |
| 101.7 | 99.6 | 100.4 | 101.9 | 100.5 | 101.9 | 99.6 | 99.3 | 100.6 | 99.5 |
| 98.5 | 99.6 | 100.0 | 100.0 | 99.8 | 99.7 | 100.0 | 100.0 | 100.0 | 99.9 |
| 100.1 | 100.7 | 100.2 | 100.6 | 99.3 | 98.8 | 99.5 | 99.8 | 99.7 | 99.6 |
| 99.1 | 101.3 | 99.4 | 99.3 | 98.4 | 98.6 | 99.7 | 98.5 | 98.0 | 98.6 |
| 99.8 | 100.5 | 99.2 | 99.9 | 99.2 | 98.2 | 98.9 | 98.6 | 99.8 | 97.0 |
| 100.0 | 99.8 | 100.0 | 100.0 | 100.0 | 102.3 | 100.0 | 100.0 | 100.3 | 100.6 |
| **100.9** | **100.0** | **99.9** | **99.9** | **100.2** | **100.0** | **100.2** | **100.0** | **101.0** | **100.0** |
| 101.4 | 100.2 | 100.6 | 99.8 | 98.1 | 101.2 | 99.7 | 99.8 | 98.9 | 100.6 |
| 99.9 | 99.7 | 99.7 | 99.8 | 100.3 | 99.8 | 100.2 | 99.9 | 109.5 | 100.0 |
| 101.2 | 100.0 | 99.9 | 100.0 | 100.2 | 100.0 | 100.0 | 100.0 | 99.9 | 100.0 |
| 100.0 | 100.0 | 100.0 | 100.0 | 99.9 | 100.0 | 99.9 | 100.0 | 100.0 | 100.0 |
| 100.5 | 100.5 | 99.3 | 97.8 | 101.3 | 98.7 | 103.2 | 99.9 | 98.0 | 100.0 |
| 100.0 | 100.0 | 100.0 | 100.0 | 100.0 | 100.0 | 100.0 | 100.0 | 100.0 | 100.0 |
| **100.2** | **100.3** | **100.1** | **100.1** | **100.1** | **100.1** | **99.9** | **100.0** | **100.0** | **100.0** |
| 100.0 | 100.0 | 100.0 | 100.0 | 100.0 | 100.0 | 100.0 | 100.0 | 100.0 | 100.0 |
| 100.0 | 100.0 | 100.0 | 100.0 | 100.0 | 100.0 | 100.0 | 100.0 | 100.0 | 100.0 |
| 100.0 | 100.0 | 100.0 | 100.0 | 100.0 | 100.0 | 100.0 | 100.0 | 99.7 | 100.0 |
| 101.5 | 102.0 | 100.8 | 100.7 | 100.6 | 100.6 | 99.5 | 99.7 | 100.2 | 100.0 |
| **99.8** | **100.1** | **100.4** | **100.1** | **99.9** | **99.6** | **99.9** | **99.7** | **99.7** | **100.0** |
| 99.2 | 100.4 | 102.3 | 100.4 | 100.9 | 99.7 | 98.1 | 99.5 | 100.1 | 100.9 |
| 100.0 | 100.0 | 100.1 | 100.1 | 100.2 | 100.0 | 100.0 | 100.0 | 99.9 | 100.0 |
| 100.0 | 100.4 | 100.0 | 100.1 | 100.0 | 99.4 | 100.3 | 99.7 | 99.6 | 100.0 |
| 99.9 | 98.9 | 100.7 | 100.3 | 99.2 | 99.6 | 100.0 | 99.2 | 99.4 | 99.1 |
| 99.6 | 100.5 | 100.0 | 99.7 | 98.3 | 100.0 | 100.0 | 100.8 | 99.9 | 100.0 |
| **97.2** | **98.6** | **98.0** | **98.2** | **97.8** | **99.1** | **99.5** | **100.7** | **101.2** | **98.7** |
| 94.2 | 97.1 | 95.7 | 95.8 | 95.2 | 97.7 | 98.8 | 102.2 | 102.7 | 96.9 |
| 99.0 | 100.3 | 99.8 | 99.9 | 99.3 | 99.8 | 99.9 | 100.0 | 100.2 | 99.9 |
| 100.2 | 100.2 | 100.5 | 100.8 | 100.2 | 99.9 | 100.2 | 99.2 | 100.2 | 100.4 |
| 101.4 | 97.9 | 99.1 | 100.0 | 98.8 | 101.5 | 100.5 | 99.6 | 100.0 | 99.5 |
| 100.2 | 99.8 | 100.2 | 100.0 | 100.0 | 100.1 | 100.1 | 99.8 | 99.9 | 100.3 |
| 100.0 | 100.0 | 100.0 | 100.0 | 100.0 | 100.0 | 100.0 | 100.0 | 100.0 | 100.0 |
| 100.0 | 100.0 | 100.0 | 100.0 | 100.0 | 100.0 | 100.0 | 100.0 | 100.0 | 100.0 |

3-18 续表 3

（上月=100）

| 类别 | Item | 全年 Annual Year | 1月 January | 2月 February |
|---|---|---|---|---|
| **黑色金属冶炼和压延加工业** | **Black Metal Coking and Pressing Process Industry** | **80.3** | **98.8** | **95.3** |
| 炼铁 | Lronmaking | 100.2 | 100.0 | 100.2 |
| 炼钢 | Steel Making | 100.0 | 100.0 | 100.0 |
| 钢压延加工 | Pressed Steel Processing | 74.0 | 98.6 | 92.7 |
| 铁合金冶炼 | Iron-alloy Smeltering | 88.6 | 99.1 | 99.9 |
| **有色金属冶炼和压延加工业** | **Coloured Metal Coking and Pressint Process Industry** | **83.7** | **98.4** | **98.8** |
| 常用有色金属冶炼 | General Non-ferrous Metal Coking | 82.1 | 98.2 | 98.7 |
| 贵金属冶炼 | Precious Metal Smeltering | 97.1 | 104.9 | 98.1 |
| 有色金属合金制造 | Non-ferrous Metal Alloy Manufacture | 73.0 | 96.3 | 100.1 |
| 有色金属压延加工 | Non-ferrous Metal Rolling Processing | 91.5 | 99.1 | 99.4 |
| **金属制品业** | **Metal Product Industry** | **100.3** | **99.9** | **100.1** |
| 结构性金属制品制造 | Structural Metal Product | 100.4 | 100.0 | 99.8 |
| 金属工具制造 | Metal Tools Manufacture | 99.9 | 100.0 | 100.0 |
| 集装箱及金属包装容器制造 | Container and Metal Packing Container Manufacture | 95.2 | 100.0 | 100.0 |
| 金属丝绳及其制品制造 | Metal Silk Rope and Its Product Manufacture | 88.4 | 97.9 | 100.0 |
| 建筑、安全用金属制品制造 | Building, Metal Productin Safety Producing Manufacture | 102.3 | 100.8 | 99.7 |
| 不锈钢及类似日用金属制品制造 | Stainless Steel and Similar Daily Metal Products Manufacturing | 103.9 | 100.0 | 101.5 |
| 其他金属制品制造 | Other Metal Product Manufacture | 92.7 | 98.2 | 100.0 |
| **通用设备制造业** | **General Equipment Manufacture** | **98.3** | **98.6** | **99.8** |
| 锅炉及原动设备制造 | Boiler and Original Equipment Manufacturing | 101.1 | 100.0 | 100.0 |
| 金属加工机械制造 | Metal Process and Machinery Manufacture | 98.6 | 98.3 | 99.7 |
| 起重运输设备制造 | Hoisting and Transportation Equipment Manufacturing | 101.8 | 100.0 | 100.0 |
| 泵、阀门、压缩机及类似机械制造 | Pump, Valve, Compressor and Its Similar Mechanical Manufacture | 99.0 | 99.9 | 100.0 |
| 轴承、齿轮和传动部件制造 | Bearings, Gears and Transmission Components Manufacturing | 99.8 | 100.6 | 99.9 |
| 风机、衡器、包装设备等通用设备制造 | Ovens, Fans, Weighing, Packaging Equipment Manufacturing | 98.1 | 98.3 | 100.0 |
| 通用零部件制造及机械修理 | Universal Parts Manufacturing | 95.8 | 98.8 | 99.0 |
| 金属铸、锻加工 | Metal Casting and Forging | 97.3 | 97.7 | 99.9 |
| **专用设备制造业** | **General Equipment Manufacture** | **100.4** | **100.0** | **100.0** |
| 矿山、冶金、建筑专用设备制造 | Mine, Metallurgy, Building Special Equipment Manufacture | 100.5 | 100.0 | 100.0 |
| 化工、木材、非金属加工专用设备制造 | Chemical Engineering, Timber, Non-Metal Processed Special Equipments Manufacture | 99.6 | 100.0 | 100.0 |
| 食品、饮料、烟草及饲料生产专用设备制造 | The Food, Beverage, Tobacco and Foddar Production Special Equipments Manufacture | 99.0 | 100.7 | 100.0 |
| 农、林、牧、渔专用机械制造 | Agriculture, Forestry Animal Husbandry and Fishery Specific Machinery Manufacture | 99.8 | 99.6 | 100.0 |
| 医疗仪器设备及器械制造 | Medical Equipment and Device Manufacturers | 101.8 | 100.0 | 100.0 |
| 环保、社会公共安全及其他专用设备制造 | Environment Protection, Social Public Security and Other Specific Equipment Manufacturer | 100.0 | 100.0 | 100.0 |

continued

(preceding month=100)

| 3 月 March | 4 月 April | 5 月 May | 6 月 June | 7 月 July | 8 月 August | 9 月 September | 10 月 October | 11 月 November | 12 月 December |
|---|---|---|---|---|---|---|---|---|---|
| **99.9** | **98.7** | **97.5** | **97.7** | **98.3** | **99.9** | **96.9** | **98.1** | **97.7** | **99.4** |
| 100.0 | 100.0 | 100.0 | 100.0 | 100.0 | 100.0 | 100.0 | 100.0 | 100.0 | 100.0 |
| 100.0 | 100.0 | 100.0 | 100.0 | 100.0 | 100.0 | 100.0 | 100.0 | 100.0 | 100.0 |
| 99.9 | 98.0 | 96.3 | 97.0 | 98.1 | 100.2 | 95.5 | 97.7 | 96.5 | 100.0 |
| 99.7 | 100.1 | 99.2 | 98.4 | 98.1 | 99.3 | 98.8 | 98.2 | 99.1 | 98.0 |
| **98.9** | **99.9** | **100.6** | **98.3** | **98.9** | **98.3** | **98.6** | **98.0** | **96.3** | **97.2** |
| 98.9 | 99.9 | 100.7 | 98.0 | 98.9 | 98.1 | 98.5 | 97.6 | 96.1 | 96.8 |
| 97.0 | 102.8 | 100.6 | 101.4 | 95.5 | 99.6 | 100.0 | 100.5 | 98.0 | 99.0 |
| 98.6 | 91.6 | 98.5 | 103.8 | 96.8 | 100.0 | 89.2 | 96.3 | 101.7 | 96.9 |
| 99.5 | 99.7 | 99.8 | 99.6 | 99.3 | 99.5 | 99.4 | 100.0 | 97.0 | 99.0 |
| **99.2** | **100.4** | **99.8** | **100.1** | **100.5** | **99.6** | **100.7** | **100.3** | **99.8** | **100.0** |
| 100.0 | 100.0 | 100.0 | 100.0 | 100.3 | 100.0 | 100.0 | 100.0 | 100.4 | 100.0 |
| 99.9 | 100.0 | 100.0 | 100.0 | 100.0 | 100.0 | 100.0 | 100.0 | 100.0 | 100.0 |
| 97.6 | 97.6 | 100.0 | 100.0 | 100.0 | 100.0 | 100.0 | 100.0 | 100.0 | 100.0 |
| 97.9 | 104.4 | 100.0 | 96.8 | 95.3 | 93.0 | 103.0 | 98.5 | 100.0 | 101.5 |
| 99.2 | 99.9 | 99.4 | 99.9 | 99.3 | 100.4 | 102.3 | 99.7 | 102.1 | 99.6 |
| 97.1 | 102.2 | 99.0 | 101.0 | 102.4 | 98.6 | 102.9 | 101.5 | 97.8 | 100.0 |
| 98.1 | 100.0 | 100.0 | 100.0 | 99.0 | 99.0 | 100.0 | 100.0 | 98.0 | 100.0 |
| **100.0** | **99.7** | **100.0** | **100.2** | **99.9** | **100.0** | **100.0** | **99.9** | **100.0** | **100.1** |
| 99.8 | 100.2 | 100.3 | 100.7 | 99.1 | 99.8 | 100.6 | 100.3 | 100.2 | 100.1 |
| 100.1 | 100.0 | 100.1 | 100.3 | 100.0 | 100.0 | 100.0 | 100.0 | 99.6 | 100.5 |
| 100.4 | 100.4 | 99.7 | 100.7 | 100.7 | 100.7 | 99.5 | 100.0 | 99.7 | 100.0 |
| 100.0 | 100.0 | 100.0 | 100.0 | 100.0 | 100.0 | 100.0 | 99.1 | 100.0 | 100.0 |
| 99.9 | 99.9 | 100.1 | 99.9 | 100.0 | 100.0 | 100.0 | 99.4 | 100.0 | 100.0 |
| 100.1 | 99.8 | 100.0 | 100.0 | 99.8 | 100.2 | 100.0 | 100.0 | 100.0 | 100.1 |
| 100.0 | 98.1 | 100.0 | 100.0 | 99.8 | 100.0 | 100.0 | 100.0 | 100.0 | 100.0 |
| 99.9 | 99.7 | 100.0 | 100.1 | 100.0 | 100.0 | 100.0 | 100.0 | 100.0 | 100.0 |
| **100.0** | **100.3** | **100.0** | **100.1** | **100.1** | **100.0** | **100.0** | **100.0** | **99.9** | **100.0** |
| 100.0 | 100.5 | 100.0 | 100.2 | 100.1 | 100.0 | 100.0 | 100.0 | 99.9 | 100.0 |
| 100.0 | 100.0 | 99.6 | 100.0 | 100.0 | 100.0 | 100.0 | 100.0 | 100.0 | 100.0 |
| 100.0 | 99.6 | 98.6 | 100.0 | 100.0 | 100.0 | 100.0 | 100.0 | 100.0 | 100.1 |
| 100.4 | 100.0 | 100.1 | 99.9 | 100.0 | 100.0 | 100.0 | 100.0 | 100.0 | 100.0 |
| 100.0 | 100.0 | 101.6 | 100.0 | 100.0 | 100.0 | 100.2 | 100.0 | 100.0 | 100.0 |
| 100.0 | 100.0 | 100.0 | 100.0 | 100.0 | 100.0 | 100.0 | 100.0 | 100.0 | 100.0 |

3-18 续表 4

（上月=100）

| 类 别 | Item | 全 年 Annual Year | 1 月 January | 2 月 February |
|---|---|---|---|---|
| **交通运输设备制造业** | **Transportation Equipment Manufacturing Industry** | **100.7** | **100.2** | **100.0** |
| 铁路运输设备制造 | Rail Transportation Equipment Manufacture | 113.1 | 100.0 | 100.0 |
| 汽车制造 | Automobile Manufacturing | 100.4 | 100.1 | 100.0 |
| 船舶及浮动装置制造 | Ships and Floating Equipment Manufacture | 102.5 | 102.5 | 100.0 |
| 交通器材及其他交通运输设备制造 | Transportation Equipment and Other Transportation Equipment Manufacturing | 119.0 | 100.0 | 100.0 |
| **电气机械和器材制造业** | **Electricity Machine and Its Equipment Manufacture** | **95.3** | **100.2** | **99.2** |
| 电机制造 | Electric Engineering Manufacture | 102.9 | 103.0 | 100.0 |
| 输配电及控制设备制造 | Electricity Mixed and Control Equipments Manufacture | 96.9 | 100.3 | 99.0 |
| 电线、电缆、光缆及电工器材制造 | Wire, Cable, Fiber Optic Cable and the Electric Device Manufacture | 91.5 | 99.4 | 99.2 |
| 电池制造 | Battery Manufacture | 95.6 | 101.3 | 98.5 |
| 家用电力器具制造 | Electric Power Apparatus Manufacture | 100.0 | 100.0 | 100.0 |
| 非电力家用器具制造 | Non-Electrical Household Appliance Manufacturing | 100.0 | 100.0 | 100.0 |
| 其他电气机械及器材制造 | Other Electricity Machines and Device Manufacture | 100.0 | 100.0 | 100.0 |
| **计算机、通信和其他电子设备制造业** | **Computer, Communication and Other Electron Equipment Manufacture Industry** | **99.1** | **100.1** | **99.8** |
| 通信设备制造 | Tele-communication Equipment Manufacture | 100.0 | 100.0 | 100.0 |
| 雷达及配套设备制造 | Radar and Its Equipment Manufacture | 100.0 | 100.0 | 100.0 |
| 电子器件制造 | Electronic Appliances | 98.8 | 100.0 | 99.9 |
| 电子元件制造 | Electronic Components | 97.8 | 100.3 | 99.5 |
| 其他电子设备制造 | Other Electronic Equipment | 100.0 | 100.0 | 100.0 |
| **仪器仪表及文化、办公用机械制造业** | **Instrumentation and Culture, Office Use Machinery Manufacturing Industry** | **103.2** | **100.0** | **100.0** |
| 通用仪器仪表制造 | General Instrument and Meters | 105.6 | 100.0 | 100.0 |
| 专用仪器仪表制造 | Special Instrument and Meter | 99.9 | 100.0 | 100.0 |
| 钟表与计时仪器制造 | Clock and Timing Instrument | 101.1 | 101.1 | 100.0 |
| 光学仪器及眼镜制造 | Optical Instrument and Glasses | 100.2 | 100.0 | 100.0 |
| **工艺品及其他制造业** | **Handicrafts and Other Manufacturing** | **97.2** | **99.5** | **100.5** |
| 工艺美术品制造 | Arts and Crafts Manufacturing | 100.6 | 99.1 | 101.3 |
| 日用杂品制造 | Daily Sundry Goods | 91.4 | 100.1 | 99.4 |
| **电力、热力生产和供应业** | **Electronic, Thermodynamic Product and Supply Industry** | **98.6** | **99.9** | **100.0** |
| 电力生产 | Electric Power Production | 99.4 | 99.9 | 100.2 |
| 电力供应 | Electric Power Supply | 98.3 | 99.9 | 100.0 |
| **燃气生产和供应业** | **Fuel Production and Supply Industry** | **88.2** | **99.3** | **100.2** |
| **水的生产和供应业** | **Water Production and Supply Industry** | **101.3** | **100.0** | **100.0** |
| 自来水的生产和供应 | Tapping-water Production and Supply | 101.3 | 100.0 | 100.0 |
| 污水处理及其再生利用 | Sewage Treatment and Recycled Use | 100.0 | 100.0 | 100.0 |

continued

(preceding month=100)

| 3 月 March | 4 月 April | 5 月 May | 6 月 June | 7 月 July | 8 月 August | 9 月 September | 10 月 October | 11 月 November | 12 月 December |
|---|---|---|---|---|---|---|---|---|---|
| **99.9** | **100.2** | **99.8** | **100.0** | **100.1** | **100.3** | **100.0** | **100.1** | **100.1** | **100.1** |
| 100.0 | 100.0 | 97.8 | 103.5 | 99.8 | 112.1 | 99.2 | 99.0 | 101.9 | 99.8 |
| 99.9 | 100.2 | 99.8 | 99.9 | 100.1 | 100.2 | 100.0 | 100.1 | 100.1 | 100.1 |
| 100.0 | 100.0 | 100.0 | 100.0 | 100.0 | 100.0 | 100.0 | 100.0 | 100.0 | 100.0 |
| 100.0 | 100.0 | 100.0 | 100.0 | 100.0 | 100.0 | 100.0 | 119.0 | 100.0 | 100.0 |
| **99.3** | **100.4** | **100.5** | **100.1** | **99.1** | **99.4** | **99.7** | **99.5** | **99.2** | **98.8** |
| 100.0 | 99.8 | 99.8 | 99.8 | 100.0 | 99.6 | 100.2 | 100.3 | 100.5 | 99.7 |
| 100.1 | 98.9 | 100.5 | 100.6 | 97.9 | 100.9 | 100.7 | 99.2 | 99.2 | 99.4 |
| 97.7 | 102.1 | 100.7 | 99.5 | 99.7 | 97.6 | 98.7 | 99.3 | 99.1 | 98.2 |
| 100.3 | 100.1 | 100.6 | 100.3 | 100.0 | 99.5 | 99.1 | 100.2 | 98.3 | 97.4 |
| 100.0 | 100.0 | 100.0 | 100.0 | 100.0 | 100.0 | 100.0 | 100.0 | 100.0 | 100.0 |
| 100.0 | 100.0 | 100.0 | 100.0 | 100.0 | 100.0 | 100.0 | 100.0 | 100.0 | 100.0 |
| 100.0 | 100.0 | 100.0 | 100.0 | 100.0 | 100.0 | 100.0 | 100.0 | 100.0 | 100.0 |
| **100.1** | **99.5** | **99.3** | **99.6** | **99.6** | **99.6** | **100.4** | **100.8** | **99.6** | **100.5** |
| 100.0 | 100.0 | 100.0 | 100.0 | 100.0 | 100.0 | 100.0 | 100.0 | 100.0 | 100.0 |
| 100.0 | 100.0 | 100.0 | 100.0 | 100.0 | 100.0 | 100.0 | 100.0 | 100.0 | 100.0 |
| 100.0 | 99.6 | 100.0 | 100.0 | 100.0 | 99.7 | 100.0 | 100.2 | 99.9 | 99.5 |
| 100.2 | 98.8 | 98.2 | 98.9 | 99.0 | 99.1 | 101.0 | 102.2 | 99.0 | 101.6 |
| 100.0 | 100.0 | 100.0 | 100.0 | 100.0 | 100.0 | 100.0 | 100.0 | 100.0 | 100.0 |
| **101.3** | **100.0** | **100.0** | **101.2** | **100.0** | **100.0** | **100.5** | **100.1** | **100.0** | **100.0** |
| 102.4 | 100.0 | 100.0 | 102.3 | 100.0 | 100.0 | 100.7 | 100.1 | 100.0 | 100.0 |
| 100.0 | 100.0 | 100.0 | 100.0 | 100.0 | 99.9 | 100.0 | 100.0 | 100.0 | 100.0 |
| 101.1 | 100.0 | 100.0 | 100.0 | 99.9 | 100.1 | 100.0 | 99.1 | 100.0 | 99.9 |
| 99.9 | 100.1 | 100.0 | 99.7 | 99.9 | 99.9 | 100.4 | 100.3 | 99.8 | 100.2 |
| **99.1** | **99.7** | **100.8** | **100.0** | **100.0** | **99.7** | **98.8** | **99.7** | **99.5** | **99.8** |
| 98.6 | 99.8 | 101.4 | 99.8 | 100.9 | 100.5 | 99.0 | 100.0 | 100.0 | 100.2 |
| 99.8 | 99.6 | 99.8 | 100.3 | 98.4 | 98.3 | 98.6 | 99.2 | 98.6 | 99.0 |
| **100.0** | **99.8** | **99.4** | **99.7** | **99.7** | **99.9** | **99.9** | **100.6** | **99.9** | **99.7** |
| 100.0 | 99.8 | 99.5 | 99.9 | 100.1 | 100.0 | 100.0 | 100.1 | 99.9 | 100.0 |
| 100.0 | 99.8 | 99.4 | 99.6 | 99.5 | 99.8 | 99.9 | 100.8 | 99.9 | 99.5 |
| **99.7** | **98.6** | **100.0** | **99.8** | **99.2** | **98.5** | **97.2** | **99.8** | **98.0** | **97.4** |
| **100.3** | **100.0** | **100.0** | **100.0** | **100.0** | **100.0** | **100.9** | **100.1** | **100.0** | **100.0** |
| 100.3 | 100.0 | 100.0 | 100.0 | 100.0 | 100.0 | 100.9 | 100.1 | 100.0 | 100.0 |
| 100.0 | 100.0 | 100.0 | 100.0 | 100.0 | 100.0 | 100.0 | 100.0 | 100.0 | 100.0 |

# 3-19 主要工业生产者出厂价格（2015年）

## Producer Price of Major Industrial Products（2015）

| 类 别 | Item | 计量单位 | Measurement Unit | 年末价格（元）Price at Year End（yuan） |
|---|---|---|---|---|
| 一号无烟煤 | A Number of Anthracite | 吨 | ton | 280.0 |
| 长焰煤 | Long Flame Coal | 吨 | ton | 247.0 |
| 贫煤 | Lean Coal | 吨 | ton | 181.6 |
| 褐煤洗块煤 | Lignite Washing Lump Coal | 吨 | ton | 188.1 |
| 天然原油 | Natural Crude Oil | 吨 | ton | 1817.0 |
| 炼铁块矿（含铁≥45%） | Lronmaking Lump Ore | 吨 | ton | 310.0 |
| 铁精矿 | Iron Ore Concentrate | 吨 | ton | 255.2 |
| 锰矿石原矿 | Manganese Ore Raw Ore | 吨 | ton | 6980.8 |
| 锰块矿 | Manganese Ore Lump | 吨 | ton | 450.0 |
| 锰粉矿 | Manganese Mine Powder | 吨 | ton | 791.5 |
| 烧结锰矿 | Sintered Manganese | 吨 | ton | 1427.0 |
| 铜精矿含铜量 | Copper Concentrate | 吨 | ton | 28729.7 |
| 铅精矿含铅量 | Lead Concetrates | 吨 | ton | 9351.8 |
| 锌精矿含锌量 | Zinc Concentrate | 吨 | ton | 7379.1 |
| 锡精矿含锡量 | Tin Concentrate | 吨 | ton | 57265.0 |
| 铅锑混合精矿含锑量 | Antimony Block Mine | 吨 | ton | 9145.0 |
| 钛精矿折合量，折氧化钛50% | Titanium Concentrates | 吨 | ton | 1197.0 |
| 天然金红石折合量，折氧化钛90% | Natural Rutile | 吨 | ton | 5213.7 |
| 金精矿含金量 | Gold Concentrates | 千克 | kg | 221.0 |
| 铅精矿含金量 | Lead Concentrate Gold | 千克 | kg | 194420.0 |
| 银精矿含银量 | Silver Concentrate | 吨 | ton | 7756.0 |
| 铅精矿含银量 | Silver Content of Lead Concentrate | 吨 | ton | 2393341.0 |
| 钨矿折合量，折三氧化钨65% | Tungsten Ore | 吨 | ton | 104758.6 |
| 独居石精矿实物量 | Monazite Concentrate | 吨 | ton | 25798.5 |
| 锆金属折合量 | Zirconium Metal | 吨 | ton | 9328.9 |
| 冶金用萤石 | Metallurgical Fluorite | 吨 | ton | 598.3 |
| 化工用萤石 | Fluorite for Chemical Engineering | 吨 | ton | 1000.0 |
| 高岭土 | Kaolin | 吨 | ton | 420.0 |
| 其他黏土 | Other Clays | 吨 | ton | 3818.0 |
| 其他砂石 | Other Sand Stone | 吨 | ton | 8860.0 |
| 硫铁矿石 | Pyrite Stone | 吨 | ton | 222.3 |
| 重晶石 | Barite Ore | 吨 | ton | 420.8 |
| 海盐食用盐 | Sea Salt Edible Salt | 吨 | ton | 690.0 |
| 原状滑石 | The Status Quo Talc | 吨 | ton | 1080.1 |
| 造纸用滑石粉 | Paper with Talcum Powder | 吨 | ton | 1225.0 |
| 化学用滑石粉 | Chemical Use Talcum Powder | 吨 | ton | 2090.9 |
| 高筋小麦粉 | High-gluten Wheat Flour | 吨 | ton | 3245.0 |
| 低筋小麦粉 | Low-gluten Wheat Flour | 吨 | ton | 2834.0 |
| 面包用小麦粉 | Bread Wheat Flour | 吨 | ton | 3367.0 |
| 糕点用小麦粉 | Cakes with Wheat Flour | 吨 | ton | 3115.0 |
| 籼米精米 | Indica Rice Fine Rice | 吨 | ton | 5333.4 |
| 燕麦片 | Oatmeal | 吨 | ton | 2021.0 |

3-19 续表 1 continued

| 类 别 | Item | 计量单位 | Measurement Unit | 年末价格（元） Price at Year End（yuan） |
|---|---|---|---|---|
| 猪配合饲料 | Pig Feed | 吨 | ton | 2945.6 |
| 蛋禽配合饲料 | Egg and Poultry with the Feed | 吨 | ton | 2516.6 |
| 肉禽配合饲料 | Meat and Poultry with the Feed | 吨 | ton | 2637.5 |
| 水产配合饲料 | Aquatic Feed | 吨 | ton | 4927.3 |
| 其他配合饲料 | Other Feed | 吨 | ton | 2900.0 |
| 猪浓缩饲料 | Pig Feed Concentrates | 吨 | ton | 5496.7 |
| 蛋禽浓缩饲料 | Egg and Poultry Concentrated Feed | 吨 | ton | 4750.0 |
| 肉禽浓缩饲料 | Meat and Poultry Concentrate Feed | 吨 | ton | 4667.0 |
| 猪预混合饲料 | Pig Pre-mixed Feed | 吨 | ton | 7741.1 |
| 其他未列明饲料 | Other Not Listed Feed | 吨 | ton | 1484.5 |
| 大豆毛油 | Soybean Crude Oil | 吨 | ton | 4809.7 |
| 大豆精制油 | Soybean Refined Oil | 吨 | ton | 5259.5 |
| 花生精制油 | Peanut Refined Oil | 吨 | ton | 17385.7 |
| 菜籽精制油 | Rapeseed Refined Oil | 吨 | ton | 5267.3 |
| 棕榈油 | Palm Oil | 吨 | ton | 4780.0 |
| 茶油 | Tea Oil | 吨 | ton | 53430.8 |
| 其他精制食用植物油 | Other Refined Edible Vegetable Oils | 吨 | ton | 9480.9 |
| 桐油 | Tung Oil | 吨 | ton | 11517.0 |
| 油渣饼 | Oil Cake | 吨 | ton | 1850.0 |
| 豆粕 | Soybean Meal | 吨 | ton | 2390.8 |
| 白砂糖 | White Sugar | 吨 | ton | 4527.7 |
| 赤砂糖 | Brown Sugar | 吨 | ton | 3909.5 |
| 鲜、冷藏猪肉 | Fresh, Chilled Pork | 吨 | ton | 20653.6 |
| 鲜、冷藏鸭肉 | Fresh, Chilled Duck | 千克 | kg | 9.4 |
| 冻猪肉 | Frozen Pork | 吨 | ton | 35867.5 |
| 其他冻肉 | Other Frozen Meat | 吨 | ton | 16000.0 |
| 其他可食用动物杂碎 | Other Edible Animal Offal | 吨 | ton | 250000.0 |
| 禽畜屠宰加工服务费 | Livestock Slaughter and Processing Service Fees | 次 | order | 32.5 |
| 其他动物肠衣 | Other Casings of Animals | 米 | m | 0.4 |
| 猪肉高温蒸煮香肠制品 | High-temperature Cooking Pork Sausage Products | 吨 | ton | 37000.0 |
| 酱卤烧烤猪肉制品 | Sauce Halogen Barbecue Pork Products | 吨 | ton | 48955.9 |
| 酱卤烧烤牛肉制品 | Sauce Halogen Barbecue Beef Products | 吨 | ton | 120000.0 |
| 酱卤烧烤鸭肉制品 | Suauce Roast Duck Products | 吨 | ton | 798.6 |
| 腌腊猪肉制品 | Cured Pork Products | 吨 | ton | 55000.0 |
| 腌腊鸭肉制品 | Pickled Duck Products | 千克 | kg | 21.0 |
| 其他腌腊肉制品 | Other Meat Products | 千克 | kg | 30.2 |
| 冷冻鲳鱼 | Frozen Pomfret | 吨 | ton | 31375.0 |
| 其他冷冻鱼 | Other Frozen Fish | 吨 | ton | 6876.3 |
| 冷冻养殖对虾 | Frozen Shrimp Culture | 吨 | ton | 78205.0 |
| 冷冻虾仁 | Frozen Shrimp | 吨 | ton | 77609.0 |
| 冻罗非鱼片 | Frozen Tilapia Fillets | 吨 | ton | 27077.6 |
| 其他未列明冷冻水产品 | Other non Listed Frozen Aquatic Products | 吨 | ton | 20000.0 |

3-19 续表 2 continued

| 类 别 | Item | 计量单位 | Measurement Unit | 年末价格（元）Price at Year End（yuan） |
|---|---|---|---|---|
| 鱼肉酱 | Fish Meat | 吨 | ton | 12441.1 |
| 饲料用鱼粉 | Feed With Fish Meal | 吨 | ton | 8452.2 |
| 鱼肝油 | Cod Liver Oil | 千克 | kg | 4541.2 |
| 珍珠粉 | Pearl Powder | 千克 | kg | 338.1 |
| 其他腌渍菜 | Other Pickled Vegetables | 吨 | ton | 11926.0 |
| 其他水果、坚果加工品 | Other Fruits and Nuts Processed | 吨 | ton | 10340.0 |
| 冷冻甜玉米粒 | Frozen Sweet Corn Kernels | 吨 | ton | 5829.0 |
| 木薯淀粉 | Cassava Starch | 吨 | ton | 3540.4 |
| 其他淀粉 | Other Starch | 吨 | ton | 3100.0 |
| 改性淀粉 | Modified Starch | 吨 | ton | 4327.6 |
| 油炸、卤制豆腐制品 | Fried, Stewed Tofu Products | 吨 | ton | 23504.0 |
| 豆腐乳 | Fermented Bean Curd | 吨 | ton | 11528.9 |
| 其他豆制品 | Other Soy Products | 吨 | ton | 30853.2 |
| 收费的农副食品加工服务 | The Agro-food Processing Service Fee | 吨/日 | ton/day | 37.3 |
| 其他农副食品 | Other Agro-food | 吨 | ton | 13527.0 |
| 西式蛋糕 | Western-style Cake | 吨 | ton | 42958.3 |
| 西式包馅点心 | Western Package Filling Snack | 吨 | ton | 27730.8 |
| 熟粉糕点 | Cooked Flour Pastry | 吨 | ton | 18233.0 |
| 软式面包 | Soft Bread | 吨 | ton | 17451.6 |
| 调理面包 | Conditioning of Bread | 吨 | ton | 8547.0 |
| 酥性饼干 | Crisp Biscuit | 吨 | ton | 6645.0 |
| 曲奇饼干 | Cookies | 吨 | ton | 13248.0 |
| 谷物类膨化食品 | Cereal Puffed Food | 吨 | ton | 48.0 |
| 果脯类蜜饯 | Preserved Class Preserves | 吨 | ton | 20428.2 |
| 小麦挂面 | Wheat Noodle | 吨 | ton | 6538.9 |
| 龙须面 | Saute Fine Noodles with Shredded Chicken | 吨 | ton | 4147.5 |
| 米粉丝 | Rice Noodles | 吨 | ton | 4200.0 |
| 速冻饺子 | Frozen Dumplings | 吨 | ton | 8520.0 |
| 速冻包子 | Frozen Buns | 吨 | ton | 13300.0 |
| 速冻云吞 | Frozen Wonton | 吨 | ton | 14650.0 |
| 速冻汤圆 | Frozen Glue Pudding | 吨 | ton | 7240.0 |
| 速冻玉米 | Frozen Corn | 吨 | ton | 2150.0 |
| 其他速冻食品 | Other Frozen Food | 吨 | ton | 8685.8 |
| 馒头 | Steamed Bread | 百个 | 100 unit | 85.5 |
| 肉包 | Buns with Meat | 百个 | 100 unit | 86.0 |
| 方便面 | Instant Noodles | 吨 | ton | 8375.0 |
| 方便粥 | Instant Porridge | 吨 | ton | 5128.2 |
| 其他干制方便食品与米面熟制品 | Other Instant Food and Rice Cooked Products | 吨 | ton | 8270.0 |
| 灭菌乳 | Sterilized Milk | 吨 | ton | 7225.2 |
| 巴氏杀菌乳 | Pasteurized Milk | 吨 | ton | 10465.5 |
| 酸牛乳 | Sour Milk | 吨 | ton | 11206.3 |
| 蔬菜类罐头 | Canned Vegetables | 吨 | ton | 5571.3 |

3-19 续表 3 continued

| 类 别 | Item | 计量单位 | Measurement Unit | 年末价格（元） Price at Year End（yuan） |
|---|---|---|---|---|
| 水果类罐头 | Canned Fruit | 吨 | ton | 4502.6 |
| 谷物制品类罐头 | Cereal Products Canned | 吨 | ton | 8.5 |
| 酿造酱油 | Brewed Soy Sauce | 吨 | ton | 1606.0 |
| 蘑菇酱油 | Mushroom Soy Sauce | 吨 | ton | 2197.0 |
| 米醋 | Vinegar | 吨 | ton | 1923.0 |
| 黄酱 | Huangjiang | 吨 | ton | 6667.0 |
| 其他调味料 | Other Seasonings | 吨 | ton | 23720.0 |
| 发面酵母 | Baker's Yeast | 吨 | ton | 15450.0 |
| 食品用发酵有机酸 | Food Fermentation Organic Acid | 吨 | ton | 7050.0 |
| 食品用酶制剂 | Enzyme Preparations Used in Food | 吨 | ton | 54989.9 |
| 其他营养、保健食品 | Other Nutrition, Health Food | 吨 | ton | 126.7 |
| 组合型雪糕 | Combination Ice Cream | 吨 | ton | 6810.0 |
| 冰棍 | Ice Sucker | 吨 | ton | 4181.8 |
| 加碘盐 | Iodized Salt | 吨 | ton | 1726.0 |
| 蛋白质添加剂 | Protein Additives | 吨 | ton | 77532.3 |
| 食品保鲜剂 | Food Antistaling Agent | 吨 | ton | 29235.3 |
| 其他饲料添加剂 | Other Feed Additives | 吨 | ton | 8800.0 |
| 食品用原料粉 | Food Raw Material Powder | 吨 | ton | 1675213.7 |
| 其他未列明的食品 | Other Not Listed Food | 吨 | ton | 19.7 |
| 薯类发酵酒精 | Potato Alcohol Fermentation | 吨 | ton | 5090.2 |
| 糖蜜发酵酒精 | Fermentation of Molasses Alcohol | 吨 | ton | 4863.3 |
| 半固态法白酒 | Semi-solid Method Liquor | 千升 | kilolitre | 11877.3 |
| 液态法白酒 | Liquid Method Liquor | 千升 | kilolitre | 17457.0 |
| 固液法白酒 | Solid-liquid Method Liquor | 千升 | kilolitre | 73774.1 |
| 熟啤酒 | Cooked Beer | 千升 | kilolitre | 3168.7 |
| 生啤酒 | Draught Beer | 千升 | kilolitre | 4617.6 |
| 鲜啤酒 | Fresh Beer | 千升 | kilolitre | 2378.4 |
| 配制酒 | Compound Wine | 吨 | ton | 54687.0 |
| 发酵型果酒 | Fermented Wine | 吨 | ton | 14226.0 |
| 其他酒精及饮料酒专用原辅料 | Other Alcoholic Drinks and Wine For Raw materials | 吨 | ton | 19781.0 |
| 果味型碳酸饮料 | Fruit-flavored Carbonated Beverage | 吨 | ton | 3077.0 |
| 可乐型碳酸饮料 | Cola Carbonated Drinks | 吨 | ton | 3492.3 |
| 饮用天然水 | Natural Drinking Water | 吨 | ton | 451.4 |
| 饮用纯净水 | Drinking Water | 吨 | ton | 652.4 |
| 浓缩果汁（浆） | Concentrated Fruit Juice（Pulp） | 吨 | ton | 12550.0 |
| 果汁饮料 | Fruit Juice Beverage | 吨 | ton | 7743.6 |
| 复合果蔬汁饮料 | Composite Fruit and Vegetable Juices | 吨 | ton | 9600.0 |
| 果肉饮料 | Pulp Beverage | 吨 | ton | 58.8 |
| 发酵型果蔬汁饮料 | Fermentation Fruit and Vegetable Juice Drinks | 吨 | ton | 27.0 |
| 发酵型含乳饮料 | Pulp Beverage | 吨 | ton | 3456.1 |
| 乳酸菌饮料 | Lactic Acid Bacteria Beverage | 吨 | ton | 5191.3 |
| 豆奶（乳） | Soy Milk（Milk） | 吨 | ton | 2700.0 |

3-19 续表 4 continued

| 类 别 | Item | 计量单位 | Measurement Unit | 年末价格（元）Price at Year End（yuan） |
|---|---|---|---|---|
| 豆奶（乳）饮料 | Soy Milk （Milk）Beverages | 吨 | ton | 1524.0 |
| 核桃露（乳） | Walnut（Milk） | 吨 | ton | 89.7 |
| 其他固体饮料 | Other Solid Beverage | 吨 | ton | 84.0 |
| 茶饮料（茶汤） | Tea Drinks（Tea） | 吨 | ton | 2079.0 |
| 复（混）合茶饮料 | Compound（mixed）and Tea Beverage | 吨 | ton | 2123.9 |
| 植物饮料 | Plant Beverage | 吨 | ton | 2.1 |
| 精制红茶 | Refined Tea | 吨 | ton | 120.0 |
| 精制绿茶 | Refined Green Tea | 千克 | kg | 63.7 |
| 精制花茶 | Refined Tea | 千克 | kg | 39.3 |
| 其他精制茶 | Other Refined Tea | 千克 | kg | 106.0 |
| 片烟 | Tobacco Sheet | 千克 | kg | 4700.0 |
| 烟梗 | Tobacco Stem | 吨 | ton | 430.0 |
| 一类烟 | A Class of Smoke | 吨 | ton | 52953.7 |
| 二类烟 | Two Kinds of Smoke | 箱 | box | 21963.6 |
| 三类烟 | Three Kinds of Smoke | 箱 | box | 10813.9 |
| 四类烟 | Four Kinds of Smoke | 箱 | box | 7403.9 |
| 五类烟 | Five Kinds of Smoke | 箱 | box | 4087.8 |
| 普梳纱 | Carded Yarn | 吨 | ton | 12681.2 |
| 精梳纱 | Combed Yarn | 吨 | ton | 32804.7 |
| 合成纤维与棉混纺纱 | Synthetic Fiber and Cotton Blended Yarn | 吨 | ton | 14359.0 |
| 人造纤维与棉混纺纱 | Man-made Fiber and Cotton Blended Yarn | 吨 | ton | 9714.9 |
| 人造纤维纱 | Rayon Yarn | 吨 | ton | 19093.8 |
| 其他天然纤维与棉混纺纱 | Other Natural Fiber and Cotton Blended Yarn | 吨 | ton | 28842.0 |
| 棉线 | Cotton | 吨 | ton | 5982.0 |
| 棉布 | Cotton Cloth | 米 | m | 5.5 |
| 其他布 | Other Cloth | 吨 | ton | 2.6 |
| 其他棉、化纤印染精加工 | Other Cotton, Chemical Fiber Dyeing and Finishing | 米 | m | 2.8 |
| 其他麻制品 | Other Products Ma | 米 | m | 1551.8 |
| 桑蚕生丝（厂丝） | Silkworm Silk（Silk） | 吨 | ton | 272972.7 |
| 其他生丝 | Other Raw Silk | 吨 | ton | 135764.5 |
| 绢纺丝 | Spun Silk | 吨 | ton | 230769.2 |
| 棉制被罩 | Cotton Quilt Cover | 套 | set | 64.8 |
| 棉被 | Quiilt with Cotton Wadding | 千克 | kg | 46.5 |
| 棉制面巾 | Cotton Washcloth | 条 | piece | 3.3 |
| 棉制浴巾 | Cotton Bath Towel | 条 | piece | 14.0 |
| 蚕丝被 | Silk Quilt | 条 | piece | 721.1 |
| 丝绸枕套 | Silk Pillowcase | 米 | m | 34.0 |
| 其他丝制品 | Other Silk Products | 米 | m | 30.8 |
| 黄麻纤维纺制绳、缆 | Jute Fiber Spinning Rope, Cable | 条 | piece | 6925.0 |
| 其他盥洗用毛巾织物制品 | Other Toilet Towel Fabric Products | 吨 | ton | 3.5 |
| 棉毛类棉针织内衣 | Cotton Cotton Knitted Underwear | 件 | piece | 5.0 |
| 单面布类棉针织内衣 | Single-sided Cloth of Cotton Knitted Underwear | 件 | piece | 11.0 |

3-19　续表 5　continued

| 类　别 | Item | 计量单位 Measurement Unit | | 年末价格（元）Price at Year End（yuan） |
|---|---|---|---|---|
| 单面布类棉针织休闲衫 | Single-sided Cloth of Cotton Knitted Sweater | 件 | piece | 15.0 |
| 合成纤维制经编织物 | Synthetic Fiber Warp Knitting Fabric | 千克 | kg | 47.0 |
| 棉制针织手套 | Cotton Knitted Gloves | 打 | dozen | 43.4 |
| 棉针织睡衣裤 | Knitted Cotton Pajamas | 条 | piece | 18.5 |
| 男式针织裤 | Men's Knitted Pants | 条 | piece | 10.0 |
| 女式羽绒大衣 | Lady Down Coat | 件 | piece | 342.3 |
| 男式防寒短上衣 | Men's Winter Coat | 件 | piece | 105.5 |
| 其他纺织材料防风衣 | Other Textile Materials Widproof Clothing | 件 | piece | 102.7 |
| 毛制男式上衣 | Wool Man's Coat | 件 | piece | 90.0 |
| 其他纺织材料制男女上衣 | Other Textile Materials for Men and Women | 件 | piece | 21.4 |
| 棉制男衬衫 | Cotton Men's Shirts | 件 | piece | 62.3 |
| 化纤制男衬衫 | Chemical Fiber of Men's Shirt | 件 | piece | 69.2 |
| 棉制男裤 | Cotton Men's Trousers | 条 | piece | 94.9 |
| 合成纤维制男裤 | Synthetic Fiber Trousers | 条 | piece | 65.2 |
| 其他纺织材料制男女裤 | Other Textile Materials for Men and Women | 条 | piece | 60.0 |
| 棉制婴儿、儿童服装 | Cotton Infants, Children Clothing | 套 | set | 23.7 |
| 合成纤维制婴儿、儿童服装 | Babies', Children's Clothing | 件 | piece | 53.2 |
| 毛制婴儿、儿童服装 | Wool Babies, Children's Clothing | 套 | set | 45.9 |
| 男式运动服 | Sportswear | 套 | set | 35.0 |
| 男式职业服装、工作服 | Men's Professional Clothing, Workwear | 套 | set | 134.5 |
| 其他未列明服装 | Other NES Clothing | 件 | piece | 64.5 |
| 猪重革 | Pig Heavy Leather | 平方米 | sq.m | 40.5 |
| 猪轻革 | Pigs Light Leather | 平方米 | sq.m | 71.1 |
| 其他未列明成品革 | Other NES Finished Leather | 平方英尺 | sq.ft | 4.8 |
| 牛皮面皮鞋 | Cowhide Leather Shoes | 双 | pair | 120.0 |
| 人造革或合成革制手提包（袋）、背包 | Synthetic Leather Handbag, Backpack | 个 | unit | 33.0 |
| 纺织材料作面衣箱、提箱 | Textile Materials Suitcase, Suitcase | 个 | unit | 56.6 |
| 纺织材料作面类似箱、包容器 | Textile Surface Suitcase, Suitcase | 个 | unit | 42.5 |
| 日常用皮革制手套 | Daily Use Leather Gloves | 打 | dozen | 98.5 |
| 劳保用皮革制手套 | Labor of Leather Gloves | 打 | dozen | 247.8 |
| 加工填充用羽毛 | Processing Filled with Feathers | 千克 | kg | 5.0 |
| 加工填充用羽绒 | Filled with Feather Processing | 千克 | kg | 222.5 |
| 普通锯材 | Common Lumber | 立方米 | cu.m | 1090.0 |
| 木粒 | Wood Grain | 立方米 | cu.m | 868.5 |
| 多层板制胶合板 | Multilayer Plywood | 立方米 | cu.m | 1780.0 |
| 硬质纤维板 | Hardboard | 立方米 | cu.m | 1685.0 |
| 中密度纤维板 | Medium Density Fiberboard | 立方米 | cu.m | 1237.9 |
| 普通刨花板 | Ordinary Particleboard | 立方米 | cu.m | 920.0 |
| 细木工板 | Blockboard | 立方米 | cu.m | 1844.5 |
| 指接材 | Finger-jointed | 立方米 | cu.m | 2163.3 |
| 其他软木制品及木制品 | Other Articles of Cork and Wood products | 个 | piece | 6.8 |
| 竹制炊事用具 | Bamboo Cooking Utensils | 件 | piece | 83.0 |

3-19 续表 6 continued

| 类 别 | Item | 计量单位 | Measurement Unit | 年末价格（元）Price at Year End (yuan) |
|---|---|---|---|---|
| 其他竹制品 | Other Bamboo Products | 公斤 | kg | 143.9 |
| 木质床 | Wooden Bed | 套 | set | 1763.1 |
| 木质卧室柜 | Wooden Bedroom Cabinet | 套 | set | 2260.0 |
| 木质沙发 | Wooden Sofa | 套 | set | 834.6 |
| 木质桌 | Wooden Tables | 套 | set | 659.4 |
| 木质柜 | Wooden Cabinet | 套 | set | 1750.5 |
| 办公室用其他木质家具 | Other Wooden Furniture in the Office | 张 | piece | 1267.1 |
| 红木制客厅、餐厅用家具 | Red Wooden Living Room, Dining Furniture | 套 | set | 1080.0 |
| 软体沙发 | Software Sofa | 套 | set | 3021.0 |
| 其他软体坐具 | Additional Software Seats | 台 | set | 815.5 |
| 化学木浆 | Chemical Wood Pulp | 吨 | ton | 3458.8 |
| 其他木浆 | Other Wood Pulp | 吨 | ton | 3175.0 |
| 化学法非木材纤维纸浆 | The Chemical non Wood Fiber Pupl | 吨 | ton | 3034.0 |
| 其他方法非木材纤维纸浆 | Other Methods of Non-wood Fiber Pulp | 吨 | ton | 3420.6 |
| 其他纸浆 | Other Pulp | 吨 | ton | 3504.0 |
| 书写印刷纸 | Writing and Printing Paper | 吨 | ton | 6737.9 |
| 新闻纸 | Newsprint | 吨 | ton | 5600.0 |
| 卫生纸原纸 | Toilet paper | 吨 | ton | 5241.8 |
| 包装纸 | Wrapper | 吨 | ton | 5570.0 |
| 瓦楞原纸 | Corrugating Medium | 吨 | ton | 2023.0 |
| 胶印版纸 | Offset Printing Paper | 吨 | ton | 5070.2 |
| 卫生纸 | Toilet Paper | 吨 | ton | 7610.0 |
| 纸手帕及面巾纸 | Paper Handkerchiefs and Tissues | 吨 | ton | 14526.3 |
| 纸餐巾 | Paper Napkins | 吨 | ton | 14057.5 |
| 卷烟纸 | Cigarette Paper | 吨 | ton | 14743.6 |
| 其他机制纸及纸板 | Other Mechanisms for Paper and Paperboard | 吨 | ton | 15425.6 |
| 瓦楞纸及纸板容器 | Corrugated Paper and Paperboard Containers | 吨 | ton | 1380.3 |
| 纸制存储盒 | Paper Storage Boxes | 百件 | 100 piece | 468.4 |
| 纸制其他包装容器 | Other Paper Packaging Container | 百个 | 100 piece | 160.7 |
| 纸卫生巾 | Diaper | 包 | ream | 3.5 |
| 其他卫生用纸制品 | Other Sanitary Paper Products | 包 | ream | 0.7 |
| 图书类单色印刷品 | Class Monochrome Print Books | 令 | ream | 71.0 |
| 报纸类单色印刷品 | Newspapers Class Monochrome Prints | 令 | ream | 16.7 |
| 期刊类单色印刷品 | Periodicals Monochrome Prints | 令 | ream | 20.0 |
| 图书类多色印刷品 | Class Multicolor Printed Books | 令 | ream | 119.2 |
| 报纸类多色印刷品 | Newspapers Class Multicolor Print | 令 | ream | 160.5 |
| 期刊类多色印刷品 | Periodicals Multicolor Print | 百本 | 100 piece | 170.1 |
| 包装装潢塑料印刷品 | Plastic Packaging and Decorating Printed Matter | 吨 | ton | 179100.0 |
| 票证 | Tickets | 百份 | 100 piece | 656.3 |
| 明信片、卡片、日历 | Postcards, Cards, Calendars | 万份 | 10 000 piece | 2400.0 |
| 其他未列明印刷品 | Other Printed Matter, Nes | 百份 | 100 piece | 3.8 |
| 装订图书 | Binding Books | 令 | ream | 20.1 |

3-19 续表 7 continued

| 类别 | Item | 计量单位 | Measurement Unit | 年末价格（元）Price at Year End（yuan） |
|---|---|---|---|---|
| 装订期刊 | Bound Periodicals | 令 | ream | 24.0 |
| 印版、滚筒 | Printing Plates, Cylinders | 块 | piece | 100.0 |
| 台式文件柜 | Desktop File Cabinet | 百个 | 100 piece | 32649.5 |
| 黑板 | Blackboard | 百副 | 100 set | 48718.0 |
| 学生用三角尺 | Students Triangle Ruler | 百副 | 100 set | 363.0 |
| 学生用刻度尺（直尺） | Students Graduated Scale（Ruler） | 百副 | 100 set | 357.8 |
| 篮球架 | Basketball Stands | 付 | unit | 6666.7 |
| 滑雪手套 | Ski Gloves | 套 | set | 450.0 |
| 填充类玩具 | Toys of Fill Class | 个 | piece | 4.4 |
| 静态塑胶玩具 | Static Plastic Toys | 套 | set | 1.3 |
| 玩偶及其类似品 | Dolls and Similar Products | 件 | piece | 8.3 |
| 93号车用汽油 | Gasoline Car No. 93 | 吨 | ton | 5106.3 |
| 97号车用汽油 | Gasoline Car No. 97 | 吨 | ton | 3481.0 |
| 95号车用汽油 | Gasoline Car No. 95 | 吨 | ton | 3562.0 |
| 航空煤油 | Aviation Kerosene | 吨 | ton | 2992.0 |
| 其他煤油 | Other Kerosene | 吨 | ton | 6311.0 |
| 0号柴油 | No. 0 Diesel Oil | 吨 | ton | 4218.6 |
| 齿轮用油 | Gear Oil | 吨 | ton | 9452.3 |
| 内燃机用油 | Internal Combustion Engine Oil | 吨 | ton | 17500.0 |
| 液压系统用油 | Hydraulic System Oil | 吨 | ton | 8543.8 |
| 柴油机润滑油 | Diesel Oil | 吨 | ton | 5637.0 |
| 汽油机润滑油 | Gasoline Engine Oil | 吨 | ton | 6128.0 |
| 其他润滑油 | Other Lubricanting Oil | 吨 | ton | 5366.0 |
| 轻石脑油 | Light Naphtha | 吨 | ton | 2647.6 |
| 民用石油液化气 | Civilian Liquefied Petroleum Gas | 吨 | ton | 4873.1 |
| 工业用石油液化气 | Liquefied Petroleum Gas for Industrial Use | 吨 | ton | 3468.5 |
| 未煅烧石油焦 | Not Calcined Petroleum Coke | 吨 | ton | 512.0 |
| 其他石蜡 | Other Paraffin | 吨 | ton | 3650.0 |
| 废物、废料制燃油 | Waste, Waste of Fuel | 吨 | ton | 6820.0 |
| 硫酸（≥98%） | Sulfuric Acid（≥98%） | 吨 | ton | 205.2 |
| 盐酸（氯化氢，含量31%） | Hydrochloric Acid（Hydrogen Chloride Content 31%） | 吨 | ton | 173.5 |
| 浓硝酸 | Concentrated Nitric Acid | 吨 | ton | 1068.0 |
| 磷酸（含量85%） | Phosphoric acid（Content 85%） | 吨 | ton | 3688.8 |
| 液体烧碱（折100%） | Liquid Caustic Soda（100% Discount） | 吨 | ton | 2368.2 |
| 离子膜法烧碱（折100%） | Caustic Soda（100% Discount） | 吨 | ton | 2160.3 |
| 重质碳酸钠 | Heavy Soda | 吨 | ton | 1133.0 |
| 其他非金属卤化物及硫化物 | Other Non-metallic Halides and Sulphide | 吨 | ton | 7435.9 |
| 硫化钠（硫化碱） | Sodium（Sodium Sulfide） | 吨 | ton | 1840.0 |
| 硫化钡 | Barium Sulfide | 吨 | ton | 1450.0 |
| 硫酸铜（胆矾） | Copper Sulphate（Blue Vitriol） | 吨 | ton | 10683.8 |
| 沉淀硫酸钡 | Precipitated Barium Sulfate | 吨 | ton | 1825.0 |
| 硫酸亚铁 | Ferrous Sulfate | 吨 | ton | 450.0 |

3-19 续表 8 continued

| 类 别 | Item | 计量单位 | Measurement Unit | 年末价格（元）Price at Year End（yuan） |
|---|---|---|---|---|
| 过硫酸钠 | Persulfate | 吨 | ton | 6200.0 |
| 其他金属硫化物及硫酸盐 | Other Sulphides and Sulphates | 吨 | ton | 3487.2 |
| 其他磷化物、金属磷酸盐 | Other Phosphides, Metal Phosphates | 吨 | ton | 12820.5 |
| 氟化铝 | Aluminum Fluoride | 吨 | ton | 4017.1 |
| 聚氯化铝 | Poly Aluminum Chloride | 吨 | ton | 2698.7 |
| 商品液氯 | Goods Chlorine | 吨 | ton | 1061.9 |
| 次氯酸钠 | Sodium Hypochlorite | 吨 | ton | 420.8 |
| 重质碳酸钙 | Heavy Calcium Carbonate | 吨 | ton | 319.1 |
| 轻质碳酸钙 | Light Calcium Carbonate | 吨 | ton | 650.0 |
| 其他碳化物及碳酸盐 | Other Carbides and Carbonates | 吨 | ton | 1300.0 |
| 氧化钇 | Yttria | 吨 | ton | 27000.0 |
| 氧化钕 | Neodymium Oxide | 吨 | ton | 255000.0 |
| 氧化铽 | Terbium Oxide | 吨 | ton | 2450000.0 |
| 氧化镝 | Dysprosium Oxide | 吨 | ton | 1350000.0 |
| 异辛烷 | ISO Octane | 吨 | ton | 4401.8 |
| 双戊烯 | Dipentene | 吨 | ton | 9059.8 |
| 混合二甲苯 | Xylene Mixture | 吨 | ton | 4552.8 |
| 萘 | Naphthalene | 吨 | ton | 1662.4 |
| 精甲醇 | Refined Methanol | 吨 | ton | 1733.0 |
| 乙醇 | Ethanol | 吨 | ton | 4430.0 |
| 其他无环醇及其衍生物 | Other Acyclic Alcohols and Their Derivatives | 吨 | ton | 3900.0 |
| 其他环醇 | Other Cyclic Alcohols | 吨 | ton | 5957.1 |
| 乙酸酯 | Acetate | 吨 | ton | 3962.0 |
| 葡糖酸及其盐和酯 | Gluconic Acid and Its Salts and Esters | 千克 | kg | 2222.0 |
| 其他醚 | Other Ether | 吨 | ton | 4444.0 |
| 甲醛 | Formaldehyde | 吨 | ton | 948.1 |
| 氧化锌 | Zinc Oxide | 吨 | ton | 12750.0 |
| 锰氧化物 | Manganese Oxide | 吨 | ton | 7450.1 |
| 氧气 | Oxygen | 立方米 | cu.m | 487.6 |
| 二氧化碳 | Carbon Dioxide | 吨 | ton | 341.9 |
| 合成氨（无水氨） | Synthetic Ammonia（Anhydrous Ammonia） | 吨 | ton | 2100.0 |
| 氨水 | Ammonia | 吨 | ton | 2835.2 |
| 尿素 | Urea | 吨 | ton | 2042.3 |
| 肥料用氯化铵 | Fertilizers with Ammonium Chloride | 吨 | ton | 1750.0 |
| 碳酸氢铵 | Ammonium Bicarbonate | 吨 | ton | 645.2 |
| 硝酸铵 | Ammonium Nitrate | 吨 | ton | 1386.5 |
| 过磷酸钙 | Superphosphate | 吨 | ton | 529.2 |
| 钙镁磷肥 | FMP | 吨 | ton | 796.5 |
| 磷酸二铵 | DAP | 吨 | ton | 2345.1 |
| 磷酸一铵 | MAP | 吨 | ton | 1990.3 |
| 硫酸钾（钾肥） | Potassium Sulfate（Potash） | 吨 | ton | 2630.0 |
| 磷酸二氢铵与磷酸氢二铵混合物 | ADP and DAP Mixture | 吨 | ton | 1200.0 |

3-19 续表 9 continued

| 类 别 | Item | 计量单位 | Measurement Unit | 年末价格（元）Price at Year End（yuan） |
|---|---|---|---|---|
| 硝酸磷肥 | Nitrophosphate | 吨 | ton | 1260.0 |
| 氮磷钾三元复混肥料 | NPK Compound Fertilizer | 吨 | ton | 1686.2 |
| 其他复混（合）肥料 | Other Complex Mixed Fertilizers | 吨 | ton | 2110.9 |
| 有机—无机复混肥料 | Organic-Inorganic Compound Fertilizer | 吨 | ton | 64000.0 |
| 堆肥 | Compost | 吨 | ton | 1393.2 |
| 其他肥料制造 | Other Fertilizer Manufacturing | 吨 | ton | 1280.0 |
| 有机磷杀虫剂原药 | Organophosphate Pesticides Original Drug | 吨 | ton | 21514.5 |
| 杀螨剂原药 | Acaricide Original Drug | 吨 | ton | 3805.3 |
| 其他杀虫剂（杀螨剂）原药 | Other Pesticides（Acaricides）Original Drug | 吨 | ton | 100000.0 |
| 苯类除草剂 | Benzene Herbicides | 吨 | ton | 14972.5 |
| 有机磷类除草剂原药 | Organophosphorus Herbicides Original Drug | 吨 | ton | 6351.0 |
| 其他除草剂原药 | Other Herbicide | 吨 | ton | 9613.3 |
| 生物除草剂制剂 | Biological Herbicide Formulations | 吨 | ton | 19090.0 |
| 生物杀虫剂制剂 | Biological Insecticide Formulation | 吨 | ton | 35551.4 |
| 微生物农药 | Microbial Pesticides | 吨 | ton | 201.2 |
| 通用水性涂料 | General Purpose Water-based Paint | 吨 | ton | 871.0 |
| 木器非水性涂料 | Wood and Non-aqueous Coatings | 吨 | ton | 10290.5 |
| 防腐非水性涂料 | Non-aqueous Corrosion Coatings | 吨 | ton | 9735.0 |
| 通用非水性涂料 | General Non-aqueous Coatings | 吨 | ton | 10485.4 |
| 墙面涂料 | Wall Paint | 千克 | kg | 12.0 |
| 稀释剂 | Thinner | 吨 | ton | 3900.0 |
| 钛白粉 | Titanium Dioxide | 吨 | ton | 8515.1 |
| 氧化铁黑 | Black Iron Oxide | 吨 | ton | 3697.0 |
| 乙烯聚合物 | Polymers of Ethylene | 吨 | ton | 5598.3 |
| 石油树脂 | Petroleum Resin | 吨 | ton | 15000.0 |
| 不饱和聚酯树脂 | Unsaturated Polyester Resin | 吨 | ton | 21692.3 |
| 其他初级形态的塑料及合成树脂 | Other Primary Forms of Plastics and Synthetic Resins | 吨 | ton | 5956.7 |
| 聚乙烯醇 | Polyvinyl Alcohol | 吨 | ton | 8547.0 |
| 其他催化剂 | Other Catalysts | 吨 | ton | 378600.0 |
| 其他橡胶助剂 | Other Rubber Chemicals | 吨 | ton | 8718.0 |
| 塑料增塑剂 | Plasticizer | 吨 | ton | 30692.0 |
| 造纸用黏合剂 | Paper with Adhesive | 吨 | ton | 6111.0 |
| 建筑防水剂 | Building Waterproofing Agent | 吨 | ton | 1405.7 |
| 其他建工建材用化学助剂 | Other Construction Materials Used Chemical Additives | 吨 | ton | 1581.0 |
| 脂松节油 | Turpentine | 吨 | ton | 9333.2 |
| 木松节油 | Wood Turpentine | 吨 | ton | 9594.0 |
| 松油 | Pine Oil | 吨 | ton | 9829.1 |
| 松油醇 | Terpineol | 吨 | ton | 30361.7 |
| 脂松香 | Gum Rosin | 吨 | ton | 10386.5 |
| 木松香 | Wood Rosin | 吨 | ton | 9451.4 |
| 氢化松香 | Hydrogenated Rosin | 吨 | ton | 18958.7 |
| 歧化松香 | Rosin | 吨 | ton | 11981.6 |

3-19 续表 10 continued

| 类 别 | Item | 计量单位 | Measurement Unit | 年末价格（元） Price at Year End（yuan） |
|---|---|---|---|---|
| 聚合松香 | Polymerized Rosin | 吨 | ton | 14936.0 |
| 酯胶 | Ester Gum | 吨 | ton | 13131.6 |
| 其他松香类产品 | Other Products Rosin | 吨 | ton | 14356.8 |
| 栲胶 | Tannin | 吨 | ton | 8953.7 |
| 铵油类炸药 | Explosive Ammonium Oils | 吨 | ton | 5866.7 |
| 乳化炸药 | Emulsion Explosives | 吨 | ton | 5956.2 |
| 电雷管 | Electric Detonators | 发 | piece | 1.1 |
| 导爆管雷管 | Detonator | 发 | piece | 3.5 |
| 索类火工品 | Flexible Detonating Cord | 百米 | hm | 192.2 |
| 烟花 | Fireworks | 箱 | box | 286.2 |
| 合成黏合剂（胶粘剂） | Synthetic Adhesive（Adhesive） | 吨 | ton | 4807.7 |
| 洗衣皂 | Laundry Soap | 吨 | ton | 9597.0 |
| 香皂 | Toilet Soap | 吨 | ton | 16667.0 |
| 普通洗衣粉 | Regular Detergents | 吨 | ton | 4450.0 |
| 餐具、果蔬洗涤剂 | Tableware, Fruit and Vegetable Detergent | 吨 | ton | 4785.0 |
| 衣用及织物用洗涤剂 | Clothing with Detergent and Fabric | 吨 | ton | 3932.0 |
| 洗面奶 | Cleanser | 支 | piece | 33.9 |
| 洗发剂（香波） | Shampoo（Shampoo） | 瓶 | bottle | 6.8 |
| 面膜 | Mask | 盒 | box | 44.1 |
| 护肤膏霜 | Skin Care Cream | 瓶 | bottle | 31.7 |
| 眼用护肤膏（霜） | Eye Skin Cream（Cream） | 支 | count | 35.4 |
| 其他护肤用化妆品 | Other Skincare Cosmetics | 瓶 | bottle | 10.0 |
| 牙膏（折65克标准支） | Toothpaste（Equivalent to 65g Standard Support） | 支 | count | 1.2 |
| 牙粉 | Dentifrice | 盒 | box | 17.1 |
| 头孢噻肟及其盐 | Cefotaxime and Its Salts | 十亿 | milliard | 618.8 |
| 其他抗生素（抗感染药） | Other Antibiotics（Anti-infectives） | 千克 | kg | 900.3 |
| 其他消化系统用药 | Other Digestive System Drugs | 盒 | box | 26.5 |
| 安乃近 | Analgin | 千克 | kg | 14.2 |
| 其他解热镇痛药 | Other Antipyretic Analgesics | 盒 | box | 2.4 |
| 其他泌尿系统用药 | Other urinary System Drugs | 盒 | box | 5.3 |
| 无水葡萄糖 | Anhydrous Glucose | 千克 | kg | 8.5 |
| 其他调解水、电解质、酸碱平衡药 | Other Mediation Water, Electrolyte | 盒 | box | 6.0 |
| 其他生化药 | Other Shenghua Yao | 盒 | box | 5.0 |
| 其他消毒防腐及创伤外科用药 | Other Trauma Surgery Drug Use | 瓶 | bottle | 3.8 |
| 注射用青霉素钠 | Injected with Penicillin Sodium | 瓶 | bottle | 2735.0 |
| 注射用头孢唑林钠 | Injection of Cefazolin Sodium | 万支 | 10 000 PCS | 5897.4 |
| 注射用头孢噻肟钠 | Injection of Cefotaxime Sodium | 万支 | 10 000 PCS | 8930.5 |
| 注射用头孢哌酮钠-舒巴坦钠 | Cefoperazone Sodium - Sulbactam Sodium | 万支 | 10 000 PCS | 10121.5 |
| 维生素C注射液 | Vitamin C Injection | 万支 | 10 000 PCS | 1453.0 |
| 葡萄糖注射液 | Glucose Injection | 盒 | box | 143.7 |
| 其他未列明注射液 | Other Unspecified Injection | 瓶 | bottle | 1.0 |
| 银杏叶片 | Ginkgo Biloba | 万片 | 10 000 piece | 1495.7 |

3-19　续表 11　continued

| 类　别 | Item | 计量单位 Measurement Unit | | 年末价格（元）Price at Year End（yuan） |
|---|---|---|---|---|
| 头孢拉定胶囊 | Cefradine Capsules | 袋 | bag | 3.7 |
| 头孢氨苄胶囊 | Cefalexin Capsules | 袋 | bag | 1.7 |
| 利福平胶囊 | Rifampicin Capsules | 瓶 | bottle | 12.7 |
| 诺氟沙星胶囊 | Norfloxacin Capsules | 板 | plate | 0.5 |
| 速效伤风胶囊 | Quick Cold Capsules | 万粒 | 10 000 stars | 512.8 |
| 雷尼替丁胶囊 | Ranitidine Hydrochloride Capsules | 瓶 | bottle | 1.3 |
| 其他未列明胶囊 | Other Not Listed Capsule | 盒 | box | 6.2 |
| 其他未列明颗粒剂 | Other Not Listed Granules | 盒 | box | 2.3 |
| 口服液体制剂 | Oral Liquid | 支 | branch | 2.1 |
| 外用液体制剂 | Liquid Preparation for External Use | 支 | branch | 11.1 |
| 滴剂 | Drops | 支 | branch | 6.0 |
| 其他未列明化学药品制剂 | Other Non Listed Chemicals | 支 | branch | 4.4 |
| 茯苓类饮片 | Fuling Decoction Pieces | 盒 | box | 15.0 |
| 其他植物类饮片 | Other Plant Species Decoction Pieces | 盒 | box | 7.5 |
| 解表丸丸剂 | Jiebiaowan Wanji | 盒 | box | 3.4 |
| 清热丸剂 | Qingre Wanji | 盒 | box | 4.7 |
| 补益丸剂 | Buyi Wanji | 盒 | box | 3.2 |
| 理气丸剂 | Liqi Wanji | 盒 | box | 3.7 |
| 理血丸剂 | Lixie Wanji | 盒 | box | 6.2 |
| 其他中成药丸剂 | Other Proprietary Chinese Medicine Pills | 盒 | box | 12.0 |
| 解表冲剂 | Jiebiao Chongji | 盒 | box | 3.8 |
| 和解冲剂 | HeJie Chongji | 盒 | box | 4.4 |
| 清热冲剂 | Qingre Chongji | 盒 | box | 4.2 |
| 理血冲剂 | Lixue Chongji | 盒 | box | 15.1 |
| 止血冲剂 | Zhixue Chongji | 盒 | box | 28.1 |
| 止咳平喘冲剂 | Zhike Pingchuan Chongji | 盒 | box | 2.6 |
| 消食冲剂 | Xiaosi Chongji | 盒 | box | 3.3 |
| 调经、止带冲剂 | Tiaojing Zhidai Chongji | 盒 | box | 1.8 |
| 其他中成药冲剂 | Other Proprietary Chinese Medicine | 盒 | box | 12.0 |
| 清热糖浆 | Qingre Tangjiang | 盒 | box | 3.0 |
| 安神糖浆 | Anshen Tangjiang | 盒 | box | 1.6 |
| 祛痰糖浆 | Qutan Tangjiang | 盒 | box | 2.0 |
| 止咳平喘糖浆 | Zhike Pingchuan Tangjiang | 盒 | box | 2.6 |
| 消食糖浆 | Xiaosi Tangjiang | 盒 | box | 9.5 |
| 解表片剂 | Jiebiao Pianji | 盒 | box | 4.0 |
| 清热片剂 | Qingre Pianji | 盒 | box | 2.6 |
| 安神片剂 | Anshen Pianji | 盒 | box | 4.3 |
| 理气片剂 | Liqi Pianji | 盒 | box | 3.6 |
| 理血片剂 | Lixue Pianji | 盒 | box | 2.8 |
| 祛痰片剂 | Qutan Pianji | 盒 | box | 0.9 |
| 止咳平喘片剂 | Zhike Pingchuan Pianji | 盒 | box | 1.5 |
| 调经、止带片剂 | Tiaojing Zhidai Pianji | 盒 | box | 3.5 |

3-19 续表 12 continued

| 类 别 | Item | 计量单位 | Measurement Unit | 年末价格（元）Price at Year End（yuan） |
|---|---|---|---|---|
| 利咽片剂 | Liyan Pianji | 盒 | box | 3.0 |
| 通鼻片剂 | Tongbi Pianji | 盒 | box | 4.2 |
| 治痔片剂 | Zhizhi Pianji | 盒 | box | 6.3 |
| 止酸解痉治胃痛片剂 | Zhisuan Jiejing Zhiweitong Pianji | 盒 | box | 1.8 |
| 其他中成药片剂 | Other Proprietary Chinese Medicines | 盒 | box | 5.5 |
| 泻下胶囊 | Xiexia Jiaonang | 盒 | box | 1.4 |
| 清热胶囊 | Qingre Jiaonang | 盒 | box | 5.4 |
| 补益胶囊 | Buyi Jiaonang | 盒 | box | 16.8 |
| 固涩胶囊 | Guse Jiaonang | 盒 | box | 5.0 |
| 安神胶囊 | Anshen Jiaonang | 盒 | box | 3.4 |
| 理血胶囊 | Lixue Jiaonang | 盒 | box | 8.3 |
| 祛风湿胶囊 | Qufenshi Jiaonang | 盒 | box | 6.0 |
| 调经、止带胶囊 | Tiaojing Zhidai Jiaonang | 盒 | box | 14.1 |
| 止酸解痉治胃痛胶囊 | Zhisuan Jiejing Zhiweitong Jiaonang | 盒 | box | 7.6 |
| 其他中成药胶囊 | Other Proprietary Chinese Medicine Capsule | 盒 | box | 10.9 |
| 其他中成药针剂 | Other Traditional Chinese Medicine Injection | 盒 | box | 11.8 |
| 清热注射液 | Qingre Zhusheye | 百支 | 100 PCS | 400.0 |
| 理血注射液 | Lixue Zhusheye | 百支 | 100 PCS | 744.0 |
| 祛暑口服液 | Qushu Koufuye | 盒 | box | 2.3 |
| 补益口服液 | Buyi Koufuye | 盒 | box | 30.0 |
| 理血口服液 | Lixue Koufuye | 盒 | box | 14.0 |
| 祛痰口服液 | Qutan Koufuye | 盒 | box | 1.0 |
| 止咳平喘口服液 | Zhike Pingchuan Koufuye | 盒 | box | 2.8 |
| 其他中成药口服液 | Other Chinese Medicine Oralliquid | 盒 | box | 31.0 |
| 清热散剂 | Qingre Sanji | 公斤 | kg | 5850.0 |
| 理血散剂 | Lixue Sanji | 公斤 | kg | 30.7 |
| 祛风湿散剂 | Qufengshi Sanji | 盒 | box | 2.6 |
| 调经、止带散剂 | Tiaojing Zhidai Sanji | 盒 | box | 32.0 |
| 其他中成药散剂 | Other Traditional Chinese Medicine Powder | 公斤 | kg | 700.7 |
| 理血栓剂 | Lixue Shuanji | 盒 | box | 22.3 |
| 调经、止带栓剂 | Tiaojing Zhidai Shuanji | 盒 | box | 8.5 |
| 其他中成药栓剂 | Other proprietary Chinese medicine suppository | 盒 | box | 16.6 |
| 理血药酒 | Lixue Yaojiu | 瓶 | bottle | 3.6 |
| 其他药酒 | Other Yaojiu | 瓶 | bottle | 5.3 |
| 祛风湿膏药 | Qufengshi Gaoyao | 盒 | piece | 20.3 |
| 止咳平喘膏药 | Zhike Pingchuan Gaoyao | 盒 | box | 18.3 |
| 其他中成药 | Other Chinese Medicine | 瓶 | bottle | 32.4 |
| 兽用青霉素类药品 | Veterinary Penicillin Drugs | 盒 | box | 27.0 |
| 兽用疫苗 | Veterinary Vaccines | 瓶 | bottle | 7.3 |
| 其他未列明兽用药品 | Other Veterinary Drugs NES | 瓶 | bottle | 26.9 |
| 盐酸赖氨酸制剂 | Lysine Hydrochloride Preparations | 百支 | 100 PCS | 598.0 |
| 门冬氨酸制剂 | Aspartic Acid Preparations | 吨 | ton | 44942.0 |

3-19　续表 13　continued

| 类　别 | Item | 计量单位 | Measurement Unit | 年末价格（元）Price at Year End（yuan） |
|---|---|---|---|---|
| 其他氨基酸及蛋白质药制剂 | Other Amino Acids and Protein Preparations | 吨 | 100 PCS | 180043.0 |
| 其他细胞因子制剂 | Other Cytokine Preparations | 支 | count | 15.4 |
| 空心胶囊 | Hollow Capsule | 百支 | 100 PCS | 350.0 |
| 创可贴止血膏布 | Chuangketie Zhixue Gaobu | 盒 | box | 6.3 |
| 新霉素软膏纱布 | Neomycin Ointment Gauze | 包 | bag | 10.7 |
| 医用脱脂棉花 | Medical Skim Cotton | 吨 | ton | 49320.0 |
| 皮肤敷料 | Skin Dressing | 盒 | box | 1.4 |
| 其他未列明卫生材料及医药用品 | Other Not Listed Health Materials and medical Supplies | 筒 | count | 36.9 |
| 工程机械用橡胶轮胎外胎 | Rubber Tire Engineering machinery | 条 | piece | 3060.0 |
| 航空器充气橡胶轮胎外胎 | Aircraft Pneumatic Rubber Tire Tire | 条 | piece | 3987.0 |
| 工程机械用子午线轮胎外胎 | Tire Radial Tire Construction Machinery | 条 | piece | 173710.0 |
| 翻新橡胶轮胎 | Renovation of Rubber Tires | 条 | piece | 325.0 |
| 其他橡胶带 | Other Rubber Band | 平方米 | sq.m | 45.6 |
| 模制成型橡胶零件 | Molded Rubber Parts | 万件 | 10 000 piece | 66201.4 |
| 其他橡胶零附件 | Other Rubber Parts and Accessories | 个 | count | 2.0 |
| 医用橡胶手套 | Medical Rubber Gloves | 打 | dozen | 9.7 |
| 检查用橡胶手套 | Check with Rubber Gloves | 打 | dozen | 5.9 |
| 橡胶门垫 | Rubber Doormat | 千克 | kg | 13.2 |
| 避孕套 | Condom | 万只 | 10 000 unit | 2170.0 |
| 聚乙烯塑料农用薄膜 | Polyethylene Plastic Agricultural Film | 吨 | ton | 10532.2 |
| 聚乙烯塑料板、片 | Polyethylene Plastic Plates, Sheets | 吨 | ton | 14010.3 |
| 聚乙烯塑料硬管 | Polyethylene Plastic Hard Tube | 吨 | ton | 15760.0 |
| 聚丙烯塑料硬管 | Polypropylene Plastic Hard Tube | 吨 | ton | 14679.0 |
| 其他塑料管及附件 | Other Plastic Pipes and Accessories | 盒 | box | 11765.5 |
| 聚丙烯塑料编织布 | Polypropylene Plastic Woven | 吨 | ton | 9384.6 |
| 其他塑料编织布 | Other Plastic Woven | 吨 | ton | 14005.0 |
| 聚乙烯塑料绳 | Polyethylene Plastic Rope | 吨 | ton | 14201.9 |
| 聚乙烯塑料编织袋 | Polyethylene Plastic Woven Bag | 吨 | ton | 16650.0 |
| 其他塑料编织袋 | Other Plastic Bags | 吨 | ton | 15185.2 |
| 其他塑料袋 | Other Plastic Bag | 套 | set | 2.0 |
| 塑料桶，容积≤300L | Plastic Barrels, the Volume≤300L | 个 | count | 3.8 |
| 塑料瓶，容积≤300L | Plastic Bottles, the Volume≤300L | 吨 | ton | 15333.1 |
| 其他塑料容器 | Other Plastic Containers | 只 | count | 3.0 |
| 塑料塞子、盖子及类似品 | Plastic Stoppers, Lids and Similar Articles | 吨 | ton | 16454.9 |
| 塑料门 | Plastic Door | 件 | piece | 145.0 |
| 塑料窗 | Plastic Window | 件 | piece | 180.0 |
| 塑料百叶窗帘 | Plastic Blinds | 件 | piece | 1900.0 |
| 普通塑料餐盘、碟 | Ordinary Plastic Dishes, Plates | 件 | piece | 3200.0 |
| 其他日用塑料制品 | Other Daily Plastic Products | 个 | unit | 0.9 |
| 塑料填充母料颗粒 | Plastic Filler Particles | 吨 | ton | 1025.0 |
| 其他塑料半成品、辅料、副产品 | Other Plastic Semi-finished Products, Accessories | 吨 | ton | 16752.1 |
| 强度等级32.5水泥（含R型） | Strength Grade 32.5 Cement（R-type） | 吨 | ton | 222.6 |

3-19 续表 14 continued

| 类 别 | Item | 计量单位 | Measurement Unit | 年末价格（元） Price at Year End （yuan） |
|---|---|---|---|---|
| 强度等级42.5水泥（含R型） | Strength Grade 42.5 Cement（R-type） | 吨 | ton | 254.4 |
| 强度等级52.5水泥（含R型） | Strength Grade 52.5 Cement（R-type） | 吨 | ton | 220.1 |
| 硅酸盐水泥（P·Ⅰ或P·Ⅱ） | Portland Cement（P I or P II） | 吨 | ton | 269.7 |
| 普通硅酸盐水泥（P·O） | Ordinary Portland Cement（P O） | 吨 | ton | 239.6 |
| 复合硅酸盐水泥（P·C） | Compound Portland Cement（P C） | 吨 | ton | 226.4 |
| 窑外分解窑水泥熟料 | Kiln Cement Clinker in the Kiln | 吨 | ton | 184.0 |
| 其他硅酸盐水泥熟料 | Other Portland Cement Clinker | 吨 | ton | 111.1 |
| 商品混凝土 | Commercial Concrete | 立方米 | cu.m | 320.8 |
| 水泥混凝土压力管 | Cement Concrete Pressure Pipe | 米 | m | 666.7 |
| 钢筋混凝土井管、烟道管及其他管 | Reinforced Concrete Well Pipe | 米 | m | 105.8 |
| 其他水泥混凝土电杆 | Other Cement Concrete Pole | 根 | root | 620.1 |
| 其他预应力混凝土桩 | Other Prestressed Concrete Piles | 台 | set | 163.1 |
| 预应力混凝土水泥轨枕 | Prestressed Concrete Cement Sleepers | 根 | root | 227.3 |
| 蒸压加气混凝土板 | Steam Pressure Aerated Concrete Slab | 立方米 | cu.m | 300.0 |
| 烧结普通砖 | Sintered Common Brick | 万块 | 10 000 piece | 3470.0 |
| 烧结多孔砖 | Sintered Porous Brick | 万块 | 10 000 piece | 4713.9 |
| 烧结页岩砖 | Sintered Shale Brick | 万块 | 10 000 piece | 4000.0 |
| 烧结粉煤灰砖 | Sintered Fly Ash Bricks | 万块 | 10 000 piece | 3900.0 |
| 无釉瓷质砖 | Unglazed Ceramic Tiles | 平方米 | sq.m | 21.0 |
| 有釉瓷质砖 | Glaze Ceramic Tile | 平方米 | sq.m | 21.3 |
| 无釉陶质砖 | Unglazed Ceramic Tiles | 平方米 | sq.m | 33.0 |
| 仿古砖 | Antique Brick | 平方米 | sq.m | 23.0 |
| 天然花岗石建筑板材 | Building Slab of Natural Granite | 平方米 | sq.m | 96.0 |
| 花岗岩铺路石、路边石 | Granite Paving Stones, Curb | 平方米 | sq.m | 89.8 |
| 人造花岗岩装饰板 | Artificial Granite Decorative Panels | 平方米 | sq.m | 106.0 |
| 无色5毫米 | Colorless 5 mm | 重量箱 | heft box | 53.4 |
| 无色8毫米 | Colorless 8 mm | 重量箱 | heft box | 53.4 |
| 其他未列明平板玻璃 | Other Not Listed Flat Glass | 平方米 | sq.m | 122.7 |
| 车辆用钢化玻璃 | Vehicles with Tempered Glass | 平方米 | sq.m | 66.0 |
| 建筑用钢化玻璃与半钢化玻璃 | Tempered Glass & Semi-tempered Glass | 平方米 | sq.m | 37.0 |
| 车辆用夹层玻璃 | Vehicles with Laminated Glass | 平方米 | sq.m | 170.7 |
| 中空玻璃 | Insulating Glass | 平方米 | sq.m | 86.0 |
| 玻璃食品瓶 | Glass Food Jars | 个 | piece | 0.3 |
| 玻璃啤酒瓶 | Glass Beer Bottles | 个 | piece | 0.6 |
| 玻璃白酒容器 | Glass Liquor Container | 个 | piece | 0.5 |
| 纤维增强塑料井盖、井箅 | Fiber Reinforced Plastic Covers, Well grate | 套 | set | 338.5 |
| 陶瓷制大便器 | Ceramic Stool | 件 | piece | 71.0 |
| 陶瓷制小便器 | Ceramic System for Urinals | 件 | piece | 55.5 |
| 陶瓷制洗面器 | Ceramic wash Basins | 件 | piece | 41.8 |
| 瓷质餐具 | Porcelain Tableware | 件 | piece | 13.3 |
| 陶质餐具 | Ceramic Tableware | 件 | piece | 4.1 |
| 其他日用陶瓷器具 | Other Household Ceramic Utensils | 件 | piece | 1.8 |

3-19 续表 15 continued

| 类 别 | Item | 计量单位 | Measurement Unit | 年末价格（元） Price at Year End（yuan） |
|---|---|---|---|---|
| 高炉、热风炉砖 | Blast Furnace, Hot Blast Furnace Brick | 吨 | ton | 580.0 |
| 其他致密定型耐火制品 | Other Dense Shaped Refractory Products | 个 | piece | 2.3 |
| 粘土质隔热耐火砖 | Clayey Insulating Firebrick | 吨 | ton | 760.0 |
| 高铝质隔热耐火砖 | High Alumina Insulating Firebrick | 吨 | ton | 1340.0 |
| 捣打料 | Beat Material | 吨 | ton | 4190.6 |
| 耐火泥浆 | Refractory Mortar | 吨 | ton | 450.0 |
| 其他耐火材料制品 | Other Refractory Products | 吨 | ton | 158.5 |
| 炭阳极 | Carbon Anode | 吨 | ton | 2892.0 |
| 金刚石钻探工具 | Diamond Drilling Tools | 个 | piece | 252.6 |
| 人造刚玉 | Artificial Corundum | 吨 | ton | 4100.0 |
| 铸造生铁 | Foundry Pig Iron | 吨 | ton | 2340.0 |
| 铸铁管 | Cast Iron Pipe | 吨 | ton | 6698.0 |
| 一般低合金结构钢（粗钢） | Low Alloy Structural Steel（Crude Steel） | 吨 | ton | 2840.0 |
| 铬系不锈钢（粗钢） | Chromium Stainless Steel（Cu Gang） | 吨 | ton | 2649.6 |
| 圆坯（粗钢） | Round Billet（Crude Steel） | 吨 | ton | 3900.0 |
| 高合金工具钢（钢坯） | High Alloy Tool Steel（Billet） | 吨 | ton | 7535.0 |
| 铬系不锈钢（钢坯） | Chromium Stainless Steel（Gang Pi） | 吨 | ton | 2500.0 |
| 道岔钢轨 | Switch Turnouts | 吨 | ton | 147863.0 |
| 中小U型钢(小槽钢) | Small Channel | 吨 | ton | 1816.5 |
| 螺纹钢 | Rebar | 吨 | ton | 2142.0 |
| 大型圆钢 | Large Round Bar | 吨 | ton | 1795.0 |
| 钢帘线用硬线材 | The Hard Wire Steel Cord | 吨 | ton | 3135.0 |
| 钢绞线用硬线材 | Strand with a Hard Wire | 吨 | ton | 2027.8 |
| 普通质量低合金钢特厚板 | General Quality of Low Alloy Steel Thick Plates | 吨 | ton | 1996.0 |
| 普通质量低合金钢厚钢板 | Common Quality Low Alloy Steel Thick Plate | 吨 | ton | 2038.5 |
| 普通质量低合金钢中板 | Low-alloy Steel of Ordinary Quality Plate | 吨 | ton | 1953.0 |
| 普通质量低合金钢中厚宽钢带 | Wide Strips and Thick | 吨 | ton | 1835.0 |
| 铬镍系不锈钢热轧薄宽钢带 | Chromium Nickel Stainless Steel Hot Rolled Wide Strip | 吨 | ton | 5106.8 |
| 普通质量低合金钢冷轧薄宽钢带 | Cold-rolled Thin Wide Strip | 吨 | ton | 2123.5 |
| 普通质量非合金钢热轧窄钢带 | Non-alloy Steel Hot Rolled Narrow Strip | 吨 | ton | 30000.0 |
| 直缝电阻焊接钢管 | Straight Seam Resistance Welded Steel Pipe | 吨 | ton | 2547.2 |
| 螺旋缝焊接钢管 | Welded Steel Tube with Spiral Seam | 吨 | ton | 3218.4 |
| 其他制造工艺焊接钢管 | Other Manufacturing Process Welded Steel Pipe | 吨 | ton | 3155.0 |
| 高炉铁合金 | Blast Furnace Iron Alloy | 吨 | ton | 5950.0 |
| 金属锰 | Manganese Metal | 吨 | ton | 9230.0 |
| 转炉中、低碳锰铁 | Converter, Low-carbon Ferromanganese | 吨 | ton | 4650.2 |
| 电解锰 | Electrolytic Manganese | 吨 | ton | 8223.2 |
| 其他特种铁合金、复合合金 | Other Special Ferro-alloys, Composite Alloy | 吨 | ton | 6903.2 |
| 锰硅合金 | Silicon-manganese Alloy | 吨 | ton | 4763.3 |
| 其他铁合金 | Other Ferrous | 吨 | ton | 5944.7 |
| 再生粗铜 | Renewable Blister | 吨 | ton | 39542.7 |
| 矿产铅 | Mineral Lead | 吨 | ton | 11068.0 |

3-19 续表 16 continued

| 类 别 | Item | 计量单位 Measurement Unit | | 年末价格（元） Price at Year End（yuan） |
|---|---|---|---|---|
| 商品粗锌 | Crude Zinc Products | 吨 | ton | 12931.6 |
| 矿产电锌 | Mineral Electrolytic Zinc | 吨 | ton | 11854.2 |
| 电镍 | Nickel | 吨 | ton | 67600.0 |
| 电解钴 | Electrolytic Cobalt | 吨 | ton | 207250.0 |
| 矿产精锡 | Mineral Refined Tin | 吨 | ton | 74849.5 |
| 再生锡 | Regeneration of Tin | 吨 | ton | 76057.6 |
| 三氧化二锑 | Antimony Trioxide | 吨 | ton | 38070.2 |
| 精锑 | Refined Antimony | 吨 | ton | 30983.4 |
| 一级品氧化铝 | Level Grade Alumina | 吨 | ton | 1572.6 |
| 重熔用铝锭 | Remelting Aluminum Ingots | 吨 | ton | 10548.6 |
| 铝板卷 | Aluminum Volume | 吨 | ton | 13139.0 |
| 铝导杆 | Aluminum Guide Rod | 吨 | ton | 11214.0 |
| 其他原铝（电解铝） | Other Primary Aluminum（Electrolytic Aluminum） | 吨 | ton | 10014.0 |
| 其他未列明常用有色金属 | Other Not Listed Common Non-ferrous Metals | 吨 | ton | 1010.0 |
| 金矿料产金 | Production for Gold Material | 千克 | kg | 228400.0 |
| 有色料副产金 | There Pigment Byproduct Gold | 千克 | kg | 181978.5 |
| 银矿料产银 | Silver in Material Silver | 千克 | kg | 3625.0 |
| 有色料产银（有色副产银） | Pigment Producing Silver | 千克 | kg | 2598.5 |
| 金属镨钕 | Praseodymium Neodymium Metal | 吨 | ton | 291875.0 |
| 原生铟（铟锭） | Native Indium（Yin Ding） | 千克 | kg | 1136.8 |
| 锡铅锑合金 | Tin-lead-antimony Alloy | 吨 | ton | 81821.0 |
| 稀土镝铁合金 | Rare Earth Dysprosium Iron Alloy | 吨 | ton | 1153486.1 |
| 非合金铝棒材 | Non-alloy Aluminum Rods | 吨 | ton | 10697.8 |
| 铝合金建筑型材（门窗幕墙） | Aluminum Alloy Construction Profiles | 吨 | ton | 16925.7 |
| 其他铝型材 | Other Aluminum | 吨 | ton | 16293.2 |
| 非合金铝板材 | Non-alloy Aluminum Sheet | 吨 | ton | 13948.1 |
| 非合金铝带 | Non-alloy Aluminum | 吨 | ton | 14237.0 |
| 无衬背铝箔 | Sans Serif Back Foil | 吨 | ton | 16321.0 |
| 有衬背铝箔 | Backing Foil | 吨 | ton | 6492.4 |
| 其他铝箔材 | Other Aluminum Foil Timber | 平方米 | sq.m | 510.5 |
| 非合金铝线材 | Non Alloy Aluminum Wire | 吨 | ton | 11740.0 |
| 其他铝材 | Other Aluminum | 吨 | ton | 11514.6 |
| 桥梁用钢铁结构 | Bridge with Steel Structure | 吨 | ton | 9820.5 |
| 塔桅钢结构 | The Steel Structure of Tower Mast | 吨 | ton | 6700.0 |
| 模板、脚手架、坑道支撑用钢铁制支柱 | Template, Scaffolding, Tunnel Supporting Iron | 吨 | ton | 8500.0 |
| 钢铁管状立柱 | Steel Tubular Column | 吨 | ton | 5400.0 |
| 钢铁制水闸门 | Iron or Steel, Water Gate | 吨 | ton | 9750.0 |
| 其他钢结构 | Other Steel | 吨 | ton | 3596.0 |
| 钢铁结构体部件 | Steel Structure Parts | 吨 | ton | 6840.0 |
| 其他未列明金属结构制品 | Other Not Listed Metal Structure Products | 吨 | ton | 8180.0 |
| 钢铁制推拉门 | Iron or Steel Sliding Doors | 扇 | set | 200.0 |
| 钢铁制防盗门 | Iron and Steel Security Door | 扇 | set | 4680.0 |

3-19 续表 17 continued

| 类 别 | Item | 计量单位 | Measurement Unit | 年末价格（元）Price at Year End（yuan） |
|---|---|---|---|---|
| 其他金属制门及其框架、门槛 | Other Metal Doors and Their Frames, Threshold | 扇 | set | 5490.1 |
| 钢铁制推拉窗 | Steel System of Sliding Sash | 扇 | set | 408.0 |
| 其他金属制窗及窗框 | Other Metal Window | 扇 | set | 203.0 |
| 铣刀 | Cutter | 件 | piece | 7.2 |
| 金刚石钻头 | Diamond Drill Bit | 件 | piece | 323.1 |
| 钳子及类似工具 | Pliers and Similar Tools | 件 | piece | 247.2 |
| 锯片 | Saw Blade | 件 | piece | 520.0 |
| 其他手工具制造 | Other Hand Tool Manufacturing | 件 | piece | 205.0 |
| 碳钢压力容器 | Carbon Steel Pressure Container | 个 | unit | 2100.0 |
| 钢铁容器，50L≤容积≤300L | Steel Container, 50L≤Volume≤300L | 个 | unit | 8.6 |
| 钢铁容器，容积＜50L | Steel Containers, Volume <50L | 个 | unit | 5.2 |
| 钢芯铝绞股线 | Steel Core Aluminum Stranded Wire | 吨 | ton | 11709.4 |
| 其他机动车用锁 | Other Motor Vehicle Lock | 套 | set | 18.7 |
| 钥匙 | Key | 套 | set | 300.0 |
| 金属制晾衣架 | Metal Drying Rack | 个 | unit | 2.1 |
| 脚手架扣件 | Scaffold Fastener | 吨 | ton | 8900.0 |
| 铝制厨用器皿及餐具 | Aluminum Kitchen Utensils and Tableware | 口 | unit | 17.8 |
| 其他铝制日用品 | Other Aluminum Commodity | 只 | unit | 23.7 |
| 铸铁锅 | Cast Iron Pot | 口 | unit | 685.9 |
| 其他未列明日用金属制品 | Other Metal Products Listed Tomorrow | 个 | unit | 2.5 |
| 焊条 | Welding Rod | 吨 | ton | 4145.3 |
| 焊剂 | Welding Flux | 吨 | ton | 3456.0 |
| 热水锅炉 | Hot Water Boiler | 台 | set | 132323.8 |
| 其他工业锅炉 | Other Industrial Boilers | 台 | set | 194709.1 |
| 机车用柴油机零件 | Locomotives with Diesel Engine Parts | 套 | set | 16.7 |
| 涡轮喷气发动机零件 | Turbojet Engine Parts | 套 | set | 125.2 |
| 其他内燃机零部件及配件 | Other Internal Combustion Engine | 套 | set | 114.3 |
| 其他用柴油机 | Other Diesel Engines | 台 | set | 1175.5 |
| 轴流式水轮机 | Axial-flow Water Turbine | 台 | set | 88888.9 |
| 水轮机调节器 | Hydro Turbine | 台 | set | 14743.6 |
| 加工中心 | Processing Center | 台 | set | 302564.0 |
| 卧式车床 | Horizontal Lathe | 台 | set | 71945.0 |
| 摇臂钻床 | Radial Drilling Machine | 台 | set | 47435.9 |
| 升降台式铣床 | Lift Type Milling Machines | 台 | set | 63001.0 |
| 平面磨床 | Surface Grinder | 台 | set | 118800.0 |
| 数控中小型卧式车床 | NC Small and Medium-sized Horizontal Lathe | 台 | set | 106408.0 |
| 机械式压力机 | Mechanical Presses | 台 | set | 66171.3 |
| 切断机 | Cutting Machine | 台 | set | 3250.0 |
| 其他金属加工机械 | Other Metal Processing Machinery | 台 | set | 6830.0 |
| 卷绕式卷扬机（绞车） | Winding Winches | 台 | set | 4100.0 |
| 油压千斤顶 | Hydraulic Jack | 台 | set | 2505.4 |
| 专用桥式起重机 | Special Bridge Crane | 台 | set | 560000.0 |

3-19 续表 18 continued

| 类 别 | Item | 计量单位 | Measurement Unit | 年末价格（元）Price at Year End（yuan） |
|---|---|---|---|---|
| 港口门座起重机 | Port Portal Cranes | 吨 | ton | 580000.0 |
| 塔式起重机 | Tower Crane | 吨 | ton | 385609.3 |
| 起重机专用配套件 | Special Crane Supporting Pieces | 台 | set | 27303.4 |
| 其他桥式起重机 | Other Overhead Crane | 台 | set | 320000.0 |
| 斗式提升输送机 | The Bucket Elevator Conveyor | 台 | set | 15330.2 |
| 带式输送机 | Belt Conveyor | 吨 | ton | 20025.0 |
| 悬挂及链式输送机 | Suspension and Chain Conveyors | 吨 | ton | 10427.0 |
| 其他输送机械 | Other Transportation Machinery | 台 | set | 11828.5 |
| 单级单吸清水离心泵 | Single-suction Clean Water Centrifugal Pump | 台 | set | 705.0 |
| 液下泵 | Liquid Pump | 台 | set | 17949.0 |
| 其他动力式泵 | Other Power Pump | 台 | set | 16239.0 |
| 液压隔膜泵 | Hydraulic Diaphragm Pumps | 台 | set | 3800.0 |
| 空气压缩机 | Air Compressor | 台 | set | 1141880.3 |
| 截止阀 | Globe Valve | 台 | set | 1061.3 |
| 止回阀 | Check Valve | 台 | set | 829.0 |
| 蝶阀 | Butterfly Valve | 台 | set | 606.0 |
| 安全阀 | Safety Valve | 台 | set | 1581.0 |
| 疏水阀 | Traps | 台 | set | 56.5 |
| 减压阀 | Pressure Reducing Valve | 台 | set | 643.9 |
| 叶片式液压泵 | Vane Type Hydraulic Pump | 台 | set | 262.3 |
| 轴向柱塞泵 | Axial Piston Pump | 台 | set | 3675.2 |
| 其他液压系统及装置 | Other Hydraulic Systems and Devices | 台 | set | 581100.0 |
| 球轴承 | Ball Bearings | 套 | set | 6.6 |
| 滚子轴承 | Roller Bearings | 套 | set | 41.7 |
| 其他轴承零件 | Other Bearing Parts | 件 | piece | 65.5 |
| 其他齿轮 | Other Gear | 件 | piece | 358.6 |
| 减速机 | Reducer | 台 | set | 9000.0 |
| 变速器（机、箱） | Transmission（Machine, Box） | 台 | set | 39715.0 |
| 摩擦离合器 | Friction Clutch | 吨 | ton | 103.0 |
| 齿轮、传动和驱动部件零件 | Gear, Drive and Drive Parts | 吨 | ton | 176.1 |
| 其他未列明齿轮、传动和驱动部件 | Other NES Gears, Gearing and Drive Elements | 根 | root | 37881.7 |
| 通风换气用通风机（离心式） | The Ventilation Fan（Centrifugal） | 台 | set | 7300.0 |
| 通风换气用通风机（轴流式） | The Ventilation Fan（Axial Flow） | 台 | set | 570.0 |
| 罗茨鼓风机 | Roots Blower | 台 | set | 28000.0 |
| 其他气体分离及液化设备 | Other Gas Separation and Liquefaction Equipment | 台 | set | 88034.0 |
| 水过滤、净化机械及装置 | Water Filtering or Purifying Machinery and Devices | 条 | piece | 21.0 |
| 车用空调设备 | Car Air Conditioning Equipment | 台 | set | 2733.3 |
| 风镐（气镐） | Picks（Gas-ho） | 台 | set | 765.1 |
| 螺栓 | Bolt | 件 | piece | 1.6 |
| 其他未列明通用设备用零件 | Other Not Listed General Equipment Parts | 只 | piece | 7.3 |
| 工业用灰铸铁制品 | Industrial Use of Gray Cast Iron Products | 吨 | ton | 5575.0 |
| 碳钢铸钢件 | Carbon Steel Castings | 吨 | ton | 6125.0 |
| 其他铸钢件 | Steel Castings | 吨 | ton | 6604.0 |

3-19 续表 19 continued

| 类 别 | Item | 计量单位 | Measurement Unit | 年末价格（元） Price at Year End（yuan） |
|---|---|---|---|---|
| 其他粉末冶金零件 | Other Powder Metallurgy Parts | 件 | piece | 0.3 |
| 非自推进凿岩机 | Non-self-propelled Rock Drill | 台 | set | 2036.9 |
| 颚式破碎机 | Jaw Crusher | 吨 | ton | 30835.2 |
| 球、棒磨机 | Ball, Rod Mill | 台 | set | 231922.5 |
| 摆式磨粉机（雷蒙磨） | Pendulum Grinder（Raymond） | 台 | set | 247800.0 |
| 振动筛 | Shaker | 台 | set | 7399.0 |
| 履带式挖掘机 | Crawler Excavators | 台 | set | 274806.0 |
| 装载机 | Loader | 台 | set | 314500.0 |
| 重型自卸车（翻斗车） | Heavy-duty Dump Trucks（Dump Truck） | 台 | set | 180949.7 |
| 中型自卸车（翻斗车） | Medium-sized Dump Trucks（Dump Truck） | 台 | set | 118000.0 |
| 其他建筑工程用机械零件 | Other Construction Machinery Parts | 件 | piece | 1035.1 |
| 其他未列明建筑工程用机械 | Other Construction Machinery, Nes | 台 | set | 356.4 |
| 混凝土搅拌机（站） | Concrete Mixer（Station） | 台 | set | 12820.0 |
| 全自动砌块成型机 | Automatic Block Forming Machine | 套 | set | 230784.5 |
| 半自动砌块成型机 | Semi Automatic Block Forming Machine | 套 | set | 33702.1 |
| 真空挤砖机 | Vacuum Extruder | 台 | set | 292404.7 |
| 其他橡胶硫化设备 | Other Rubber Vulcanization Equipment | 台 | set | 850201.0 |
| 塑料中空成型机 | Plastic Blow Molding Machine | 台 | set | 380000.0 |
| 其他塑料用模具 | Other Plastic Molds | 套 | set | 100000.0 |
| 碾米机 | Rice Milling Machine | 台 | set | 973.0 |
| 输送机 | Conveyor | 台 | set | 167500.0 |
| 卸料离心机 | Discharge Centrifuge | 台 | set | 1066667.0 |
| 其他蔗糖加工机械 | Other Sugar Processing Machinery | 台 | set | 26817.8 |
| 颗粒饲料微粉碎机 | Micro Pellet Mill | 台 | set | 854.0 |
| 陶轮及类似机械 | Pottery and Similar Machinery | 台 | set | 6250.0 |
| 其他日用陶瓷制品成型机械 | Other Daily Ceramic Products Forming Machinery | 台 | set | 20250.0 |
| 其他电子元件及机电组件生产设备 | Other Electronic Components | 套 | set | 0.4 |
| 小四轮拖拉机 | Small Four-wheel Tractor | 台 | set | 42527.4 |
| 自装或自卸式挂车 | Self Loading or Dump Trailer | 台 | set | 60897.4 |
| 水稻联合收割机 | Rice Combine | 台 | set | 26372.0 |
| 其他农作物收获机械 | Other Crop Harvesting Machinery | 台 | set | 31099.7 |
| 微耕机 | Micro-farming Machine | 台 | set | 2370.0 |
| 旋耕机 | Rotavator | 台 | set | 1738.9 |
| 中耕机 | Cultivator | 台 | set | 2300.9 |
| 其他未列明机械化农业及园艺机具制造 | Other not Listed Mechanization of Agriculture | 台 | set | 265486.7 |
| 拖拉机零配件 | Tractor Spare Parts | 台 | set | 3601.3 |
| 整地或耕作机械零件 | Preparation or Cultivation of Mechanical Parts | 台 | set | 6838.0 |
| 全自动血细胞分析仪 | Automatic Blood Cell Analyzer | 台 | set | 13000.0 |
| 自动尿液分析仪 | Automatic Urine Analyzer | 台 | set | 2283.4 |
| 一次性注射器 | Disposable Syringes | 万支 | 10 000 PCS | 3210.0 |
| 其他注射器 | Other Syringe | 万套 | 10 000 PCS | 5070.0 |
| 电动、液压手术台床 | Electric, Hydraulic Operating Table Bed | 台 | set | 61038.0 |
| 沉淀、过滤装置 | Other Water Pollution Control Equipment | 台 | set | 123666.8 |

3-19 续表 20 continued

| 类 别 | Item | 计量单位 Measurement Unit | | 年末价格（元） Price at Year End （yuan） |
|---|---|---|---|---|
| 其他水质污染防治设备 | Waste-specific Processing Machinery | 台 | set | 114027.8 |
| 废弃物专用处理机械 | Waste Processing Machinery | 台 | set | 330000.0 |
| 其他未列明铁路专用设备及器材、配件 | Other NES Railway Installations & Equipment | 件 | piece | 47.1 |
| 铁路机车修理和维护 | Railway Locomotive Repair and Maintenance | 台 | set | 1822906.0 |
| 铁路车辆修理和维护 | Repair and Maintenance of Railway Vehicles | 台 | set | 591810.9 |
| 多功能乘用车，1L＜排量≤1.6L | Multi-purpose Vehicles, 1L ～ 1.6L | 辆 | set | 65531.7 |
| 交叉型乘用车，1L＜排量≤1.6L | Cross-type Passenger, 1L ～ 1.6L | 辆 | set | 40855.0 |
| 柴油型大型客车 | Large Passenger Diesel-type | 辆 | set | 446583.0 |
| 柴油型中型客车 | Diesel-type Medium-sized Bus | 辆 | set | 661196.6 |
| 柴油型轻型客车 | Diesel Light Bus | 辆 | set | 127000.0 |
| 柴油重型载货车 | Heavy Diesel Trucks | 辆 | set | 110000.0 |
| 柴油中型载货车 | Diesel Trucks | 辆 | set | 30983.0 |
| 汽油轻型载货车 | Gasoline Light Trucks | 辆 | set | 33803.0 |
| 货车底盘 | Truck Chassis | 件 | piece | 75409.0 |
| 非公路用自卸车底盘 | Off-highway Dump Truck Chassis | 件 | piece | 257885.0 |
| 半挂牵引车 | Semi-trailer Tractor | 台 | set | 144483.4 |
| 其他低速载货汽车 | Other Low-speed Truck | 辆 | set | 80000.0 |
| 汽车用汽油发动机，排量≤1L | Automotive Gasoline Engine, Emission≤1L | 台 | set | 5220.9 |
| 汽车用汽油发动机，1L＜排量≤1.6L | Automotive Gasoline Engine, 1L ～1.6L | 台 | set | 4493.9 |
| 汽车用柴油发动机 | Motor Vehicle Diesel Engines | 台 | set | 33756.0 |
| 改装厢式汽车 | Modified Railroad Car | 辆 | set | 35218.0 |
| 其他改装汽车 | Other Modified Cars | 辆 | set | 242903.6 |
| 多功能乘用车车身 | Multi Function Passenger Car Body | 辆 | set | 6232.0 |
| 机动车制动系统 | Motor Vehicle Braking System | 套 | set | 85.5 |
| 变速器总成 | Transmission Assembly | 套 | set | 757.6 |
| 机动车悬挂减震器 | Motor Vehicle Shock Absorbers | 套 | set | 203.2 |
| 机动车辆散热器、消声器及其零件 | Motor Vehicle Radiator and Parts Thereof | 套 | set | 161.9 |
| 机动车用控制装置总成 | Motor Vehicle with Control Device Assembly | 套 | set | 75.9 |
| 其他机动车（汽车）零配件 | Other Motor Vehicles（Cars）the Spare Parts | 套 | set | 63.8 |
| 汽车底盘车架及其零件 | Automobile Chassis Frame and Its Parts | 套 | set | 739.9 |
| 车窗玻璃升降器 | Window Glass Lift | 套 | set | 33.9 |
| 车身底板、侧板及类似板 | Underbody, Side Panels and Similar Board | 套 | set | 25.6 |
| 机动车门及其零件 | Motor Vehicle Door and Its Parts | 套 | set | 255.1 |
| 机动车车窗、窗框 | Motor Vehicle Windows, Window Frames | 片 | set | 66.3 |
| 其他车身零件及其配套附件 | Other Body Parts and Matching Accessories | 件 | piece | 438.5 |
| 汽车修理 | Auto Repair | 工时 | man-hour | 149.8 |
| 普通型摩托车 | Ordinary Motorcycle | 辆 | set | 4000.0 |
| 两轮电动自行车 | Two Wheel Electric Bicycle | 辆 | set | 2000.0 |
| 船用配套设备零件 | Marine Equipment Parts | 台 | set | 12785.0 |
| 船舶修理 | Ship Equipment | 工时 | man-hour | 20.0 |
| 汽车牌（发光） | Vehicle License（Light Emitting） | 块 | piece | 25.0 |
| 交流发电机，75kVA＜P≤375kVA | Alternator, 75kVA＜P≤375kVA | 台 | set | 58871.0 |
| 水轮发电机组 | Hydroelectric Generating Set | 台 | set | 1352605.5 |

3-19 续表 21 continued

| 类 别 | Item | 计量单位 Measurement Unit | 年末价格（元） Price at Year End（yuan） |
|---|---|---|---|
| 其他直流电动机 | Other DC Motors | 台 set | 9275.0 |
| 多相交流电动机，750W<P≤75kW | Polyphase AC Motor, 750W<P≤75kW | 台 set | 2146.0 |
| 多相交流电动机，P>75kW | Multi-phase AC Motor, P>75kW | 台 set | 903.0 |
| 其他未列明电机 | Other Not Specified in the Motor | 台 set | 1660.0 |
| 直流微电机 | DC Micro Motor | 台 set | 4.3 |
| 其他驱动微电机 | Other Drive Micro-motor | 台 set | 5050.0 |
| 电力变压器 | Power Transformers | 台 set | 34581.9 |
| 干式变压器 | Dry-type Transformers | 台 set | 151000.0 |
| 电源变压器 | Power Transformer | 台 set | 17.0 |
| 电压互感器 | Voltage Transformer | 台 set | 13800.0 |
| 其他电感器 | Other Inductors | 台 set | 1.1 |
| 电抗器 | Reactor | 组 group | 30189.4 |
| 并联电容器 | Shunt Capacitor | 台 set | 4800.0 |
| 并联电容器装置 | Installation of Shunt Capacitors | 台 set | 178401.8 |
| 避雷器 | Lightning Arrester | 台 set | 2031.0 |
| 其他高压开关、保护或连接用组合装置 | Other High Voltage Switches, P&C Devices | 台 set | 9682.0 |
| 漏电断路器 | Leakage Circuit Breaker | 台 set | 40.0 |
| 其他低压电路保护装置 | Other Low Voltage Circuits Protecting Device | 台 sct | 178.9 |
| 倒板式开关 | Inverted Plate Switch | 只 unit | 23.9 |
| 其他低压电力控制、分配装置 | Other Low-power Control and Distribution unit | 台 set | 916.4 |
| 其他未列明配电开关控制设备及配件 | Other NES Distribution Switch Control Equipment | 只 unit | 261.0 |
| 布线组 | Wiring Sets | 公里 km | 1027.8 |
| 安装电线 | Installation of Electrical Wiring | 公里 km | 651.3 |
| 其他绝缘电线 | Other Insulated Wire | 吨 ton | 1744.0 |
| VLV型 | YLV Type | 公里 km | 24452.0 |
| YJV型 | YJV Type | 公里 km | 11871.1 |
| 铜芯交联线 | Copper Conductor Cross-line | 公里 km | 713.7 |
| VV型 | VV Type | 公里 km | 14214.6 |
| LGJ型 | LGJ Type | 公里 km | 12050.3 |
| KVV型 | KVV-Type | 公里 km | 5956.5 |
| BV型 | BV-Type | 公里 km | 3860.0 |
| 其他型号电力电缆 | Other Power Cable | 公里 km | 7780.0 |
| 其他电线电缆 | Other Wire and Cable | 米 m | 43.5 |
| 其他电工器材 | Other Electrical Equipment | 套 set | 115.0 |
| 二氧化锰原电池（组） | Manganese Dioxide Primary Cells（Group） | 只 unit | 0.6 |
| 其他原电池及原电池组 | Other Primary Cells and Batteries | 只 unit | 0.3 |
| 用于启动活塞发动机铅酸蓄电池 | Used for the Piston Engine Lead-acid Battery | 只 unit | 176.8 |
| 固定型铅酸蓄电池 | Stationary Lead Acid Storage Battery | 只 unit | 342.5 |
| 镉镍蓄电池 | Ni-Cd Battery | 只 unit | 0.9 |
| 氢镍蓄电池 | Ni-MH Batteries | 只 unit | 6.9 |
| 其他电池零部件 | Other Battery Parts | 只 unit | 61.0 |
| 其他房间空气调节器 | Other Room Air Conditioner | 台 set | 323.9 |
| 家用空气湿度调节装置 | Home Air Humidity Conditioning | 台 set | 6500.0 |

3-19 续表 22 continued

| 类 别 | Item | 计量单位 | Measurement Unit | 年末价格（元）Price at Year End（yuan） |
|---|---|---|---|---|
| 台扇 | Table Fan | 台 | set | 66.7 |
| 落地扇 | Stand Fan | 台 | set | 145.3 |
| 吊扇 | Ceiling Fan | 台 | set | 114.4 |
| 壁扇 | Wall Fan | 台 | set | 130.8 |
| 双头式抽油烟机 | Piggyback Range Hood | 台 | set | 739.3 |
| 电饭锅 | Rice Cooker | 台 | set | 84.5 |
| 其他家用电热烹调器具 | Other Household Electric Cooking Appliances | 台 | set | 236.8 |
| 电磁灶 | Cookers | 台 | set | 212.8 |
| 电暖气 | Electric Heating | 台 | set | 159.0 |
| 家用燃气灶具 | Domestic Gas Cooking Appliances | 台 | set | 615.4 |
| 车头灯 | Headlights | 个 | piece | 117.0 |
| 微波收发通信机 | Microwave Transceivers Communication Machine | 台 | set | 19658.0 |
| 移动通信手持机零件 | Mobile Communication Handset Parts | 台 | set | 11.5 |
| 气象雷达 | Weather Radar | 台 | set | 1008547.0 |
| 耳机 | Earplug | 付 | pair | 15.9 |
| 台式微型计算机 | Desktop Mini Computer | 台 | set | 2750.4 |
| 其他微型计算机设备 | Other Micro Computer Equipment | 台 | set | 1795.5 |
| 路由器 | Router | 台 | set | 384.7 |
| 其他网络连接设备 | Other Network Connection Equipment | 块 | piece | 1118.2 |
| 液晶显示器 | LCD | 台 | set | 479.8 |
| 硬盘存储器 | Hard Disk Storage | 台 | set | 13674.8 |
| 光盘存储器 | Optical Disc Storage | 台 | set | 83.9 |
| 计算机电源 | Computer Power Supply | 台 | set | 135.0 |
| 其他未列明电子计算机外部设备 | Other External Devices Are Not Listed | 台 | set | 17.7 |
| 液晶显示屏 | Liquid Crystal Display Screen | 台 | set | 2.5 |
| 发光二极管（LED管） | Light-emitting Diode（LED Tube） | 只 | unit | — |
| 其他半导体光电器件 | Other Semiconductor Optoelectronic Devices | 只 | unit | 1.5 |
| 光电耦合器件 | Photoelectric Coupling Device | 只 | unit | 28.1 |
| 其他未列明光电子器件及电子器件 | Other NES Optoelectronic Devices | 只 | unit | 48.0 |
| 电解电容器 | Electrolytic Capacitor | 只 | unit | 28.3 |
| 其他电位器 | Other Potentiometer | 只 | unit | 0.7 |
| 片式固定电阻器 | Fixed Chip Resistors | 只 | unit | 630.0 |
| 其他印制电路板 | Other Printed Circuit Boards | 块 | piece | 1075.9 |
| 显像管彩色电视机 | Picture Tube Color TV Set | 台 | set | 543.0 |
| 液晶（LCD）电视机 | LCD（LCD）TV | 台 | set | 1294.6 |
| 收录放音组合机 | Included Playback Combination Machine | 台 | set | 51.5 |
| 组合音响 | Combined Acoustics | 台 | set | 34.1 |
| 其他汽车用音响设备 | Other Car Audio Equipment | 台 | set | 2000.0 |
| 刻录光头 | Recording Head | 台 | set | 9.5 |
| 有线电视机顶盒 | Cable TV Set Top Box | 台 | set | 281.5 |
| 其他未列明电子设备及装置 | Other Not Listed Electronic Equipment and Device | 台 | set | 894.4 |
| 其他绘图台及绘图机、绘图工具 | Other Drawing Stage and Drawing Machine | 支 | unit | 50.0 |
| 卡尺 | Caliper | 把 | set | 116.0 |

3-19 续表 23 continued

| 类 别 | Item | 计量单位 | Measurement Unit | 年末价格（元）Price at Year End（yuan） |
|---|---|---|---|---|
| 量表 | Scale | 把 | set | 97.0 |
| 其他量具 | Other Tools | 把 | set | 15.5 |
| 车辆用速度表 | Vehicle Speedometer | 台 | set | 161.1 |
| 其他未列明专用仪器 | Other Not Listed a Special Instrument | 台 | set | 2762.2 |
| 机械表芯 | Mechanical Heart | 台 | set | 71.7 |
| 其他钟表零配件 | Other Watch Parts | 台 | set | 0.6 |
| 光学显微镜 | Optical Microscope | 台 | set | 701.9 |
| 照相机用取景器 | Camera with Viewfinder | 台 | set | 35.4 |
| 其他金属制艺术标牌及类似品 | Other Metal Art Signs and Similar | 套 | set | 11425.0 |
| 竹编工艺品 | Bamboo Crafts | 件 | piece | 175.0 |
| 藤编工艺品 | Rattan Handicrafts | 件 | piece | 2.6 |
| 其他未列明珠宝首饰及有关物品 | Other Not Listed Jewellery and Reated Articles | 公斤 | piece | 991.0 |
| 牙刷 | Toothbrush | 把 | piece | 1.3 |
| 一次性气体打火机 | Disposable Gas Lighters | 百只 | 100 unit | 34.8 |
| 可充气袖珍打火机 | Inflatable Pocket Lighters | 百只 | 100 unit | 39.2 |
| 宠物玩具 | Pet Toys | 套 | set | 6.5 |
| 中型废钢 | Scrap Medium | 吨 | ton | 1453.0 |
| 优质废铁 | High Quality Scrap | 吨 | ton | 1709.6 |
| 煤炭为能源发电量 | Coal Energy Generating Capacity | 万千瓦时 | 10 000 kwh | 3808.5 |
| 以余热、余气为能源发电量 | Waste Heat, Residual Gas Generating Capacity | 万千瓦时 | 10 000 kwh | 5431.4 |
| 水力发电量 | Hydroelectricity | 万千瓦时 | 10 000 kwh | 2347.8 |
| 竹木生物质燃料发电量 | Bamboo Biomass Fuel Power Generation | 万千瓦时 | 10 000 kwh | 6410.0 |
| 工业用电 | Industrial Electricity | 万千瓦时 | 10 000 kwh | 5642.8 |
| 民用用电 | Civilian electricity | 万千瓦时 | 10 000 kwh | 4792.8 |
| 农业用电 | Agricultural Electricity | 万千瓦时 | 10 000 kwh | 3861.0 |
| 商业用电 | Commercial Electricity | 万千瓦时 | 10 000 kwh | 7469.6 |
| 蒸汽 | Steam | 吨 | ton | 123.1 |
| 民用 | Civil Artificial Gas Supply | 千立方米 | 1 000 cu.m | 973.5 |
| 商业用 | Commercial Artificial Gas Supply | 千立方米 | 1 000 cu.m | 1592.0 |
| 民用 | Residential Natural Gas Supply | 千立方米 | 1 000 cu.m | 2948.0 |
| 工业用 | Industrial Use of Natural Gas Supply | 千立方米 | 1 000 cu.m | 3705.6 |
| 商业用 | Commercial Gas Supply | 千立方米 | 1 000 cu.m | 3831.6 |
| 液化天然气（LNG）供应量 | Liquefied Natural Gas（LNG）Supply | 吨 | ton | 4200.0 |
| 液化石油气供应量 | LPG Supply | 千立方米 | 1 000 cu.m | 212.8 |
| 自来水生产量 | Tap Water Production | 立方米 | cu.m | 1.7 |
| 工业用水 | Industrial Water | 立方米 | cu.m | 2.1 |
| 民用水 | Civilian Water | 立方米 | cu.m | 1.7 |
| 商业用水 | Commercial Water | 立方米 | cu.m | 2.0 |
| 饮食服务用水 | Food Service Water | 立方米 | cu.m | 2.0 |
| 船舶用水 | Ship Water | 立方米 | cu.m | 1.7 |
| 行政事业用水 | Administrative Water | 立方米 | cu.m | 2.1 |
| 其他用自来水供应 | Other Water Supply | 立方米 | cu.m | 2.9 |
| 中水量 | In Water | 吨 | ton | 1.2 |

# 3-20 工业生产者购进价格指数（1990—2015年）

（上年＝100）

| 年份<br>Year | 总指数<br>General Index | 燃料、动力类<br>Fuel and Power | 黑色金属材料类<br>Ferrous Metals | 钢材<br>Rolle Steel | 有色金属材料和电线类<br>Nonferrous Metals and Wires |
|---|---|---|---|---|---|
| 1990 | 102.2 | 107.9 | 99.9 | | 90.3 |
| 1991 | 107.8 | 109.0 | 101.6 | | 115.4 |
| 1992 | 112.5 | 111.2 | 123.2 | 126.6 | 108.7 |
| 1993 | 141.7 | 131.1 | 182.4 | 182.0 | 111.6 |
| 1994 | 117.8 | 123.1 | 101.7 | 100.0 | 112.3 |
| 1995 | 112.9 | 107.8 | 94.7 | 94.4 | 137.6 |
| 1996 | 103.4 | 108.6 | 99.4 | 100.8 | 85.6 |
| 1997 | 99.3 | 108.7 | 94.6 | 93.2 | 94.9 |
| 1998 | 95.2 | 99.6 | 93.9 | 92.2 | 83.8 |
| 1999 | 93.6 | 93.1 | 96.2 | 96.3 | 99.8 |
| 2000 | 100.9 | 98.9 | 103.0 | 105.0 | 123.8 |
| 2001 | 103.7 | 103.8 | 107.8 | 101.1 | 90.3 |
| 2002 | 95.6 | 101.8 | 99.8 | 98.6 | 94.6 |
| 2003 | 101.2 | 101.3 | 108.7 | 110.4 | 110.6 |
| 2004 | 116.3 | 110.1 | 135.1 | 126.3 | 139.6 |
| 2005 | 108.2 | 112.1 | 111.3 | 105.9 | 114.5 |
| 2006 | 111.4 | 103.7 | 94.3 | 95.4 | 131.8 |
| 2007 | 106.1 | 105.4 | 108.9 | 108.3 | 124.0 |
| 2008 | 110.6 | 117.7 | 129.1 | 122.6 | 104.7 |
| 2009 | 95.1 | 100.8 | 82.8 | 83.2 | 81.2 |
| 2010 | 111.2 | 109.3 | 103.7 | 105.7 | 128.6 |
| 2011 | 110.0 | 105.5 | 107.7 | 109.1 | 114.5 |
| 2012 | 99.2 | 104.0 | 95.2 | 96.4 | 95.2 |
| 2013 | 98.9 | 97.8 | 97.6 | 97.4 | 95.5 |
| 2014 | 98.2 | 98.4 | 96.0 | 96.3 | 96.7 |
| 2015 | 95.7 | 95.1 | 90.9 | 93.1 | 95.4 |

注：从2011年起，原原材料、燃料、动力购进价格指数改称为工业生产者购进价格指数。

Note:The original Purchasing Price Indices of Raw Material, Fuel and Power since 2011 Changed its name to Purchasing Price Indices of Industrial Producer.

# Purchasing Price Indices for Industrial Producers（1990—2015）

（preceding year=100）

| 化工原料类<br>Raw Chemical Materials | 木材及纸浆类<br>Timber and Paper Pulp | 建筑材料及非金属矿类<br>Building Material and Non-metal Ore | 其他工业原材料及半成品类<br>Other Materials and Semi-finished Category | 农副产品类<br>Agricultural Products | 纺织原料类<br>Textile Materials |
|---|---|---|---|---|---|
| 101.3 | 102.1 | 97.7 | | 100.4 | 105.8 |
| 108.1 | 113.8 | | | 108.2 | 113.3 |
| 102.3 | 106.6 | | | 108.4 | 97.3 |
| 122.1 | 115.4 | 170.6 | 154.8 | 137.9 | 104.0 |
| 116.2 | 110.5 | 103.0 | 139.0 | 145.2 | 142.5 |
| 125.2 | 108.9 | 88.1 | 91.7 | 148.2 | 150.5 |
| 95.1 | 101.9 | 97.4 | 101.5 | 117.0 | 99.0 |
| 95.3 | 94.4 | 94.4 | 100.4 | 92.3 | 91.5 |
| 92.6 | 99.7 | 98.7 | 96.4 | 89.4 | 88.1 |
| 95.9 | 93.7 | 95.6 | 90.7 | 92.5 | 102.0 |
| 104.5 | 99.8 | 92.6 | 104.7 | 90.3 | 106.3 |
| 96.9 | 94.3 | 96.7 | 112.0 | 105.3 | 95.6 |
| 97.9 | 101.0 | 98.3 | 91.4 | 94.6 | 89.8 |
| 106.3 | 103.5 | 98.8 | 98.2 | 92.7 | 119.7 |
| 114.8 | 111.5 | 109.9 | 113.5 | 109.8 | 117.2 |
| 110.0 | 94.4 | 103.6 | 103.7 | 116.8 | 90.6 |
| 104.0 | 102.7 | 98.5 | 112.2 | 124.1 | 102.3 |
| 105.3 | 110.9 | 101.5 | 105.8 | 98.9 | 101.6 |
| 121.3 | 104.5 | 114.0 | 106.9 | 102.6 | 102.2 |
| 85.8 | 84.3 | 96.1 | 100.2 | 101.7 | 94.1 |
| 112.3 | 111.2 | 114.6 | 110.3 | 116.6 | 121.4 |
| 116.5 | 108.6 | 109.5 | 107.0 | 115.9 | 119.5 |
| 98.3 | 97.5 | 98.3 | 98.5 | 101.3 | 92.1 |
| 98.1 | 100.2 | 98.6 | 98.6 | 103.4 | 98.5 |
| 99.6 | 100.3 | 100.2 | 98.2 | 98.1 | 99.8 |
| 98.0 | 99.6 | 95.7 | 97.9 | 93.8 | 99.7 |

# 3-21 分月工业生产者购进价格指数（2015年）

（上年同期=100）

| 类 别 | Item | 1月 January | 2月 February | 3月 March |
|---|---|---|---|---|
| **总指数** | **General Index** | **96.9** | **96.7** | **96.3** |
| 燃料、动力类 | Fules and Power | 96.0 | 95.9 | 95.3 |
| 黑色金属材料类 | Material of Black Metal | 94.3 | 93.5 | 92.4 |
| #钢材 | # Rolled Steel | 96.6 | 96.7 | 95.2 |
| 其他 | Other | 88.0 | 84.9 | 84.7 |
| 有色金属材料和电线类 | Material of Nof-ferrous Metal Material and ElectricWire | 96.9 | 97.5 | 97.8 |
| 化工原料类 | Chemical Material | 98.9 | 98.2 | 98.4 |
| 木材及纸浆类 | Wood and Paper Pulp | 99.7 | 99.8 | 99.6 |
| 建筑材料及非金属矿类 | Building Material and Non-metal Ore | 98.8 | 98.6 | 98.2 |
| 其他工业原材料及半成品类 | Other Industrial Raw Material and Semi-finished Category | 98.2 | 98.2 | 98.2 |
| 农副产品类 | Agricultural and Side-line Produces | 94.9 | 94.9 | 93.9 |
| 纺织原料类 | Raw Textile Material | 100.6 | 100.4 | 100.3 |

# 3-22 分月工业生产者购进价格环比指数（2015年）

（上月=100）

| 类 别 | Item | 1月 January | 2月 February | 3月 March |
|---|---|---|---|---|
| **总指数** | **General Index** | **99.1** | **99.7** | **99.4** |
| 燃料、动力类 | Fules and Power | 99.3 | 99.5 | 99.3 |
| 黑色金属材料类 | Material of Black Metal | 99.2 | 99.1 | 98.4 |
| #钢材 | # Rolled Steel | 99.6 | 99.6 | 98.5 |
| 其他 | Other | 98.0 | 97.4 | 98.0 |
| 有色金属材料和电线类 | Material of Nof-ferrous Metal Material and ElectricWire | 99.0 | 99.9 | 99.6 |
| 化工原料类 | Chemical Material | 99.8 | 99.9 | 99.8 |
| 木材及纸浆类 | Wood and Paper Pulp | 99.8 | 100.1 | 100.0 |
| 建筑材料及非金属矿类 | Building Material and Non-metal Ore | 99.8 | 99.8 | 99.5 |
| 其他工业原材料及半成品类 | Other Industrial Raw Material and Semi-finished Category | 99.5 | 99.9 | 99.8 |
| 农副产品类 | Agricultural and Side-line Produces | 97.1 | 99.9 | 99.4 |
| 纺织原料类 | Raw Textile Material | 100.0 | 100.0 | 100.0 |

## Purchasing Price Indices for Industrial Producers by Month（2015）

（preceding year=100）

| 4月<br>April | 5月<br>May | 6月<br>June | 7月<br>July | 8月<br>August | 9月<br>September | 10月<br>October | 11月<br>November | 12月<br>December |
|---|---|---|---|---|---|---|---|---|
| **96.3** | **96.0** | **95.8** | **95.7** | **95.4** | **94.9** | **94.9** | **94.5** | **94.5** |
| 95.4 | 95.4 | 95.4 | 95.6 | 95.5 | 94.6 | 94.1 | 93.8 | 93.7 |
| 92.1 | 91.4 | 90.9 | 90.3 | 90.2 | 88.9 | 89.2 | 88.8 | 88.5 |
| 95.0 | 94.4 | 93.5 | 92.7 | 92.5 | 90.5 | 90.4 | 89.8 | 89.4 |
| 84.2 | 83.4 | 83.7 | 83.5 | 83.6 | 84.2 | 86.0 | 86.1 | 85.8 |
| 98.1 | 98.6 | 97.2 | 95.6 | 94.1 | 93.1 | 93.3 | 91.1 | 91.0 |
| 98.7 | 98.7 | 98.6 | 98.7 | 97.9 | 97.6 | 97.2 | 96.5 | 96.2 |
| 99.3 | 99.6 | 99.7 | 99.7 | 99.9 | 99.3 | 99.7 | 99.7 | 99.4 |
| 97.5 | 96.5 | 96.6 | 94.5 | 94.6 | 94.5 | 93.7 | 93.0 | 92.1 |
| 98.3 | 98.2 | 98.1 | 98.0 | 97.8 | 97.5 | 97.8 | 97.5 | 96.8 |
| 93.5 | 92.6 | 92.5 | 93.2 | 93.0 | 93.5 | 93.5 | 94.0 | 96.2 |
| 99.8 | 99.8 | 99.8 | 99.8 | 99.8 | 99.9 | 99.7 | 98.2 | 98.2 |

## Chain Index in Purchasing Price Indices for Industrial Producer by Month（2015）

（preceding month=100）

| 4月<br>April | 5月<br>May | 6月<br>June | 7月<br>July | 8月<br>August | 9月<br>September | 10月<br>October | 11月<br>November | 12月<br>December |
|---|---|---|---|---|---|---|---|---|
| **99.7** | **99.7** | **99.6** | **99.5** | **99.5** | **99.4** | **99.6** | **99.4** | **99.7** |
| 99.6 | 99.9 | 99.8 | 99.7 | 99.1 | 98.9 | 99.3 | 99.7 | 99.4 |
| 99.4 | 99.3 | 98.7 | 99.0 | 99.7 | 98.3 | 99.3 | 98.8 | 98.8 |
| 99.4 | 99.3 | 98.9 | 99.0 | 99.7 | 97.8 | 99.2 | 98.8 | 99.1 |
| 99.3 | 99.1 | 98.0 | 99.0 | 99.8 | 99.8 | 99.8 | 98.9 | 98.0 |
| 99.6 | 100.7 | 98.7 | 98.9 | 99.2 | 99.2 | 99.3 | 97.3 | 99.3 |
| 100.0 | 100.0 | 99.7 | 99.6 | 99.4 | 99.8 | 99.8 | 98.9 | 99.6 |
| 100.0 | 100.0 | 100.0 | 100.1 | 100.0 | 99.7 | 100.3 | 99.8 | 99.6 |
| 98.8 | 98.6 | 99.9 | 97.6 | 99.1 | 99.4 | 99.5 | 100.1 | 99.6 |
| 99.8 | 100.0 | 99.8 | 99.8 | 99.6 | 99.6 | 100.0 | 99.6 | 99.4 |
| 99.7 | 99.0 | 99.7 | 99.9 | 100.1 | 100.2 | 99.6 | 99.8 | 101.8 |
| 100.0 | 100.0 | 100.0 | 100.0 | 100.0 | 100.1 | 99.9 | 98.4 | 99.9 |

# 3-23 主要工业生产者购进价格（2015年）

## Purchasing Price of Major Industrial Producers（2015）

| 类 别 | Item | 计量单位 | Measurement Unit | 年末价格（元） Price at Year End (yuan) |
|---|---|---|---|---|
| 早籼稻 | Early Indica Rice | 吨 | ton | 3114.8 |
| 晚籼稻 | Late Indica Rice | 吨 | ton | 3414.8 |
| 硬质小麦 | Durum Wheat | 吨 | ton | 2543.1 |
| 软质小麦 | Soft Wheat | 吨 | ton | 2366.8 |
| 白玉米 | White Corn | 吨 | ton | 2290.0 |
| 黄玉米 | Yellow Corn | 吨 | ton | 2208.1 |
| 其他玉米 | Other Corn | 吨 | ton | 2100.0 |
| 其他谷子 | Other Millet | 吨 | ton | 3440.0 |
| 红粒高粱 | Red Rain Sorghum | 吨 | ton | 3237.0 |
| 皮大麦 | Paper Barley | 吨 | ton | 3849.9 |
| 裸燕麦 | Naked Oat | 吨 | ton | 5728.0 |
| 谷壳 | Chaff | 吨 | ton | 2131.4 |
| 薏苡 | Coix | 吨 | ton | 3200.0 |
| 麦麸 | Wheat Bran | 吨 | ton | 1893.6 |
| 其他未列明谷物 | Other Not Listed Grain | 吨 | ton | 5000.0 |
| 鲜木薯 | Fresh Cassava | 吨 | ton | 565.0 |
| 木薯干 | Dried Cassava | 吨 | ton | 1653.0 |
| 其他薯类及薯藤 | Other Potato and Sweet Potato Vine | 吨 | ton | 1000.0 |
| 花生仁 | Peanuts | 吨 | ton | 12000.0 |
| 油菜籽 | Rapeseed | 吨 | ton | 2713.2 |
| 黑芝麻 | Black Sesame Seeds | 吨 | ton | 15500.0 |
| 茶籽 | Tea Seed | 吨 | ton | 15700.0 |
| 黄大豆 | Soybean | 吨 | ton | 4153.3 |
| 籽棉 | Unginned Cotton | 吨 | ton | 21857.0 |
| 棉粕 | Cottonseed Meal | 吨 | ton | 3055.6 |
| 其他棉花 | Other Cotton | 吨 | ton | 6.8 |
| 生黄红麻 | Wong Kenaf | 吨 | ton | 4100.0 |
| 甘蔗 | Cane | 吨 | ton | 433.2 |
| 其他未列明作物 | Other Not Listed Crop | 吨 | ton | 7850.0 |
| 根茎类蔬菜 | Root Vegetables | 吨 | ton | 3719.6 |
| 茄果类蔬菜 | Solanaceous Vegetables | 吨 | ton | 13800.0 |
| 其他花卉 | Other Flowers | 千克 | kg | 0.7 |
| 柑橘类水果 | Citrus Fruit | 吨 | ton | 1600.0 |
| 热带水果 | Tropical Fruits | 吨 | ton | 2117.0 |
| 瓜类水果 | Melon Fruit | 吨 | ton | 2300.0 |
| 干制水果 | Dried Fruit | 吨 | ton | 7000.0 |
| 食用坚果 | Edible Nuts | 吨 | ton | 4400.0 |
| 红茶 | Black Tea | 千克 | kg | 75.0 |
| 绿茶 | Green Tea | 千克 | kg | 25.4 |
| 毛茶 | Maocha | 千克 | kg | 30.7 |
| 甘草 | Licorice | 千克 | kg | 16.0 |
| 当归 | Angelica | 千克 | kg | 29.5 |
| 田七 | Pseudo-ginseng | 千克 | kg | 12.0 |

3-23 续表 1 continued

| 类 别 | Item | 计量单位 | Measurement Unit | 年末价格（元） Price at Year End（yuan） |
|---|---|---|---|---|
| 菊花 | Chrysanthemum | 千克 | kg | 29.0 |
| 贝母 | Fritillaria | 千克 | kg | 66.0 |
| 川芎 | Chuanxiong | 千克 | kg | 28.2 |
| 白芍 | White Peony | 千克 | kg | 30.0 |
| 黄芪 | Astragalus | 千克 | kg | 40.4 |
| 大黄、籽黄 | Rhubarb, Seeds Yellow | 千克 | kg | 27.0 |
| 白术 | Baizhu | 千克 | kg | 15.4 |
| 茯苓 | Fuling | 千克 | kg | 16.4 |
| 枸杞 | Gouqi | 千克 | kg | 32.5 |
| 灵芝 | Ganodorma Lucidum | 千克 | kg | 60.0 |
| 生地 | Shengdi | 千克 | kg | 12.9 |
| 麦冬 | Maidong | 千克 | kg | 48.7 |
| 云木香 | Yunmuxiang | 千克 | kg | 8.7 |
| 白芷 | Baizhi | 千克 | kg | 19.0 |
| 连翘 | Lianqiao | 千克 | kg | 56.0 |
| 辛荑 | Xinyi | 千克 | kg | 34.4 |
| 黄芩 | Radix Scutellariae | 千克 | kg | 21.9 |
| 麻黄 | Herbal Ephedrae | 千克 | kg | 8.6 |
| 肉苁蓉 | Desertliving Cistanche | 千克 | kg | 95.0 |
| 其他中草药材 | Other Chinese Herbal Medicine | 千克 | kg | 32.8 |
| 落叶松原木 | Larix Spp Logs | 立方米 | cu.m | 640.0 |
| 马尾松原木 | Pinus Massoniana Logs | 立方米 | cu.m | 974.5 |
| 杉木原条 | Chines Fir Pole-timber | 立方米 | cu.m | 1356.3 |
| 栎木（橡木）原木 | Oak Wood（Oak）Logs | 立方米 | cu.m | 3015.0 |
| 樟木原木 | Camphor Wood | 立方米 | cu.m | 1915.6 |
| 桉树原木 | Eucalyptus Logs | 立方米 | cu.m | 529.9 |
| 其他非针叶原木 | Other Non-coniferous Wood | 立方米 | cu.m | 668.5 |
| 小规格木材 | Small Size of Timber | 立方米 | cu.m | 438.4 |
| 薪材 | Fuelwood | 立方米 | cu.m | 322.5 |
| 短条及细枝等 | Short Article and Twigs | 立方米 | cu.m | 336.2 |
| 其他未列明木材 | Other Not Listed Wood | 立方米 | cu.m | 359.6 |
| 毛竹 | Mao Bamboo | 根 | root | 18.0 |
| 水竹 | Phyllostachys Heteroclada | 根 | root | 2.0 |
| 竹丝 | Zhu Si | 根 | root | 5.6 |
| 竹片 | Bamboo | 吨 | ton | 910.0 |
| 天然橡胶乳 | Natural Rubber Milk | 吨 | ton | 13368.8 |
| 烟胶片 | Smoked Sheets | 吨 | ton | 15912.0 |
| 天然松脂 | Natural Pine Resin | 吨 | ton | 9652.1 |
| 落叶松树皮 | Larch Bark | 吨 | ton | 2250.0 |
| 杨梅树皮 | Bayberry Bark | 吨 | ton | 2200.0 |
| 其他天然树脂、树胶、栲胶原料 | Other Natural Gums, Resins, Extract of Raw | 吨 | ton | 6577.8 |
| 油桐籽 | Tung Seed | 吨 | ton | 2960.0 |
| 其他编织用原料 | Other Woven Raw Materials | 吨 | ton | 5.0 |

3-23 续表 2 continued

| 类 别 | Item | 计量单位 | Measurement Unit | 年末价格（元） Price at Year End（yuan） |
|---|---|---|---|---|
| 橡壳 | Rubber Sheel | 吨 | ton | 1600.0 |
| 松油 | Pine Oil | 吨 | ton | 9026.7 |
| 剑麻纤维 | Sisal Fiber | 吨 | ton | 9777.3 |
| 其他未列明林产品 | Other Products Not Liemng Lin | 吨 | ton | 8352.0 |
| 生牛奶 | Raw Milk | 千克 | kg | 5.6 |
| 山羊绒 | Cashmere | 千克 | kg | 100000.0 |
| 其他动物毛 | Other Animal Hair | 千克 | kg | 29.8 |
| 生牛皮 | Rawhide | 张 | piece | 7074.9 |
| 生猪皮 | Health Pigskin | 张 | piece | 67.0 |
| 中猪 | In Pigs | 千克 | kg | 17.4 |
| 活鸭 | Live Ducks | 千克 | kg | 9.3 |
| 鸡蛋 | Eggs | 千克 | kg | 9.0 |
| 天然蜂蜜 | Natural Honey | 千克 | kg | 7.0 |
| 桑蚕茧 | Mulberry Silkworm Cocoon | 千克 | kg | 57.2 |
| 其他蚕茧 | Other Cocoons | 千克 | kg | 2271.0 |
| 家兔 | Rabbit | 千克 | kg | 30.0 |
| 海水养殖鱼 | Marine Fish | 吨 | ton | 26000.0 |
| 海水养殖虾 | Marine Aquaculture Shrimp | 吨 | ton | 39358.1 |
| 海水养殖贝类 | Marine Shellfish | 吨 | ton | 3750.0 |
| 其他海水捕捞鲜鱼 | Other Sea Fishing Fresh Fish | 吨 | ton | 5868.4 |
| 海水捕捞虾 | Sea Fishing Shrimp | 吨 | ton | 102685.0 |
| 其他未列明海水捕捞产品 | Other Non Listed Sea Fishing Products | 吨 | ton | 7350.0 |
| 养殖淡水鱼 | Freshwater Fish | 吨 | ton | 8374.9 |
| 细绒棉皮棉 | Upland Cotton Lint | 吨 | ton | 12786.0 |
| 一号无烟煤 | 1# Anthracite | 吨 | ton | 822.7 |
| 二号无烟煤 | 2# Anthracite | 吨 | ton | 938.3 |
| 三号无烟煤 | 3# Anthracite | 吨 | ton | 536.2 |
| 焦煤 | Coking Coal | 吨 | ton | 576.7 |
| 1/3焦煤 | 1/3 coking coal | 吨 | ton | 526.1 |
| 肥煤 | Fat Coal | 吨 | ton | 630.0 |
| 气煤 | Gas Coal | 吨 | ton | 350.5 |
| 贫瘦煤 | Lean Coal | 吨 | ton | 545.9 |
| 不粘煤 | Non-caking Coal | 吨 | ton | 378.9 |
| 长焰煤 | Long Flame Coal | 吨 | ton | 520.0 |
| 贫煤 | Lean Coal | 吨 | ton | 588.8 |
| 一般烟煤 | General Bituminous | 吨 | ton | 559.0 |
| 其他烟煤 | Other Bituminous Coal | 吨 | ton | 649.0 |
| 炼焦用洗精煤 | The Coking Use Washed Coal | 吨 | ton | 780.0 |
| 其他用洗精煤 | Others Washed Coal | 吨 | ton | 845.0 |
| 无烟煤洗块煤 | Anthracite Washing Lump Coal | 吨 | ton | 913.7 |
| 烟煤洗块煤 | Bituminous Coal Wash Lump Coal | 吨 | ton | 630.0 |
| 烟煤洗粒级煤 | Bituminous Coal Wash Fractions | 吨 | ton | 948.7 |
| 无烟煤洗混末煤 | Anthracite Mixed Coal | 吨 | ton | 616.4 |

3-23 续表 3 continued

| 类 别 | Item | 计量单位 | Measurement Unit | 年末价格（元） Price at Year End（yuan） |
|---|---|---|---|---|
| 烟煤洗中煤 | Bituminous Coal Washing in Coal | 吨 | ton | 445.0 |
| 褐煤洗块煤 | Lignite Washing Lump Coal | 吨 | ton | 468.8 |
| 褐煤洗粒级煤 | Lignite Washing Tablets Rank Coal | 吨 | ton | 580.9 |
| 褐煤筛选块煤 | Screening of Lignite Coal | 吨 | ton | 389.0 |
| 泥炭（泥煤） | Peat | 吨 | ton | 327.0 |
| 煤矸石 | Gangue | 吨 | ton | 80.0 |
| 其他未列明煤炭 | Other Not Specified in the Coal | 吨 | ton | 480.2 |
| 天然原油 | Of Crude Oil | 吨 | ton | 2943.3 |
| 天然气 | Natural Gas | 立方米 | cu.m | 3.0 |
| 液化天然气 | Liquefied Natural Gas | 吨 | ton | 4422.5 |
| 炼钢块矿 | Steelmaking Lump Ore | 吨 | ton | 475.0 |
| 炼铁块矿（含铁≥45%） | Ironmaking Lump Ore（Iron Content≥45%） | 吨 | ton | 420.0 |
| 铁富粉矿 | Iron-rich Iron Ore Fines | 吨 | ton | 410.0 |
| 铁精矿 | Iron Ore Concentrate | 吨 | ton | 500.1 |
| 赤铁矿 | Hematite | 吨 | ton | 38.0 |
| 褐铁矿 | Limonite | 吨 | ton | 60.8 |
| 锰矿石原矿 | Manganese Ore | 吨 | ton | 775.3 |
| 锰块矿 | Manganese Lump Ore | 吨 | ton | 540.1 |
| 锰粉矿 | Manganese Ore Powder | 吨 | ton | 1407.0 |
| 富锰渣 | Manganese-rich Slag | 吨 | ton | 871.7 |
| 其他人造富铬矿 | Other Artificial Rich Ore | 吨 | ton | 1530.0 |
| 铅精矿含铅量 | Lead Concentrates the Lead Content | 吨 | ton | 10828.6 |
| 其他矿含铅量 | Other Mineral of Lead Content | 吨 | ton | 95.0 |
| 铅锌混合精矿实物量 | Lead-zinc Ore Concentrate Mixed | 吨 | ton | 385.0 |
| 锌精矿含锌量 | Zinc Concentrate Zinc Content | 吨 | ton | 9417.5 |
| 锡精矿含锡量 | Tin Content of Tin Concentrates | 吨 | ton | 100000.0 |
| 锑精矿含锑量 | Antimony Concentrate Containing Antimony Content | 吨 | ton | 25000.0 |
| 铅锑混合精矿含锑量 | Lead Antimony Concentrate Containing Antimony Content | 吨 | ton | 13889.3 |
| 铝精矿含铝量 | Aluminum Concentrate | 吨 | ton | 16925.0 |
| 铝精矿实物量 | Aluminum Concentrate Elaborating | 吨 | ton | 18600.0 |
| 天然碳酸镁 | Natural Magnesium Carbonate | 吨 | ton | 1457.0 |
| 钛精矿折合量，折氧化钛50% | Titanium Concentrate Reduced Quantity, TiO 50% | 吨 | ton | 1097.6 |
| 天然金红石折合量，折氧化钛90% | Equivalent to the Amount of Natural Rutile, TiO 90% | 吨 | ton | 5355.3 |
| 银精矿含银量 | Silver Mine of Silver | 吨 | ton | 6183.0 |
| 银块矿实物量 | Silver Ore Physical Quantity | 吨 | ton | 58.5 |
| 钨选矿实物量 | Tungsten Ore Concentration | 吨 | ton | 113070.0 |
| 其他稀有稀土金属矿 | Other Rare Earth Metals Mine | 吨 | ton | 145000.0 |
| 锆金属折合量 | Zirconium Metal or Quantity | 吨 | ton | 8569.1 |
| 冶金用石灰石 | Metallurgical Limestone | 吨 | ton | 475.0 |
| 水泥用石灰石 | Cement with Limestone | 吨 | ton | 15.9 |
| 化工用石灰石 | Limestone for Chemical Industry | 吨 | ton | 33.5 |
| 其他石灰石 | Other Limestone | 吨 | ton | 74.0 |
| 白石膏 | White Gypsum | 吨 | ton | 329.8 |

3-23 续表 4 continued

| 类 别 | Item | 计量单位 Measurement Unit | | 年末价格（元） Price at Year End（yuan） |
|---|---|---|---|---|
| 其他石膏类 | Other Gypsum | 吨 | ton | 303.9 |
| 天然大理石荒料 | Natural Marble Blocks | 吨 | ton | 84.9 |
| 天然花岗石荒料 | Natural Granite Blocks | 吨 | ton | 844.0 |
| 高铝黏土 | High Alumina Clay | 吨 | ton | 1350.0 |
| 硬质黏土 | Hard Clay | 吨 | ton | 17.3 |
| 软质黏土 | Soft Clay | 吨 | ton | 288.6 |
| 冶金用萤石 | Metallurgical Fluorite | 吨 | ton | 600.0 |
| 化工用萤石 | Chemical with Fluorite | 吨 | ton | 330.0 |
| 铁铝矾土 | Iron Bauxite | 吨 | ton | 1105.0 |
| 高岭土 | Kaolin | 吨 | ton | 319.5 |
| 膨润土 | Bentonite | 吨 | ton | 13.4 |
| 其他黏土 | Other Clay | 吨 | ton | 78.3 |
| 硅砂 | Silica Sand | 吨 | ton | 85.9 |
| 石英砂 | Quartz Sand | 吨 | ton | 333.6 |
| 其他天然砂 | Other Natural Sands | 吨 | ton | 77.0 |
| 石类 | Stone Class | 吨 | ton | 66.2 |
| 矿渣及类似工业残渣 | Slag and Similar Industrial Waste | 吨 | ton | 37.3 |
| 沥青碎石 | Bituminous Macadam | 吨 | ton | 30.6 |
| 硅质土 | Siliceous Earths | 吨 | ton | 54.6 |
| 硫铁矿石 | Pyrite Stone | 吨 | ton | 448.6 |
| 磷矿石 | Phosphate rock | 吨 | ton | 492.4 |
| 芒硝矿 | Mirabilite | 吨 | ton | 760.0 |
| 重晶石 | Barite | 吨 | ton | 311.1 |
| 其他化学矿 | Other Chemical Mines | 吨 | ton | 205.2 |
| 海盐食用盐 | Salt Edible Salt | 吨 | ton | 900.0 |
| 井矿盐非食用盐 | Mineral Salt is Non-edible Salt | 吨 | ton | 305.0 |
| 其他原盐 | Other Salt | 吨 | ton | 328.5 |
| 高纯石墨 | High Purity Graphite | 吨 | ton | 25615.8 |
| 原状滑石 | The Status Quo Talc | 吨 | ton | 265.0 |
| 陶瓷用滑石粉 | Ceramics with Talc | 吨 | ton | 301.0 |
| 医药用滑石粉 | Medical Use Talcum Powder | 吨 | ton | 2374.9 |
| 钻石（矿类） | Diamond（Minerals） | 吨 | ton | 29500.0 |
| 珍珠岩 | Perlite | 吨 | ton | 3294.2 |
| 其他未列明非金属矿石 | Not Elsewhere Specified, Non-metallic Ore | 吨 | ton | 780.0 |
| 天然水 | Natural Water | 吨 | ton | 0.1 |
| 高筋小麦粉 | High-gluten Wheat Flour | 吨 | ton | 3167.6 |
| 低筋小麦粉 | Low-gluten Wheat Flour | 吨 | ton | 3450.0 |
| 面包用小麦粉 | Bread Wheat Flour | 吨 | ton | 4109.5 |
| 面条用小麦粉 | Noodles with Wheat Flour | 吨 | ton | 3374.2 |
| 糕点用小麦粉 | Cakes with Wheat Flour | 吨 | ton | 4202.0 |
| 饼干用小麦粉 | Biscuits with Wheat Flour | 吨 | ton | 3500.0 |
| 饺子用小麦粉 | Dumplings with Wheat Flour | 吨 | ton | 4100.0 |
| 馒头用小麦粉 | Bread with Wheat Flour | 吨 | ton | 3520.0 |

3-23　续表 5　continued

| 类　别 | Item | 计量单位 | Measurement Unit | 年末价格（元） Price at Year End（yuan） |
|---|---|---|---|---|
| 籼米精米 | Indica Rice Fine Rice | 吨 | ton | 3734.7 |
| 粳米精米 | Rice Milled Rice | 吨 | ton | 4254.4 |
| 籼米碎米 | Indica Rice Broken Rice | 吨 | ton | 3360.0 |
| 其他大米 | Other Rice | 吨 | ton | 3859.0 |
| 糯米 | Polished Glutinous Rice | 吨 | ton | 5900.0 |
| 大米细粉 | Rice Flour | 吨 | ton | 4800.0 |
| 糯米细粉 | Glutinous Rice Powder | 吨 | ton | 5800.0 |
| 其他未列明谷物磨制产品 | Other Not Listed Corn Milling Products | 吨 | ton | 1174.7 |
| 肉禽配合饲料 | Meat and Poultry with the Feed | 吨 | ton | 2400.0 |
| 猪预混合饲料 | Pig Pre Mixed Feed | 吨 | ton | 3900.0 |
| 大豆毛油 | Soybean Crude Oil | 吨 | ton | 6776.1 |
| 花生毛油 | Peanut Crude Oil | 吨 | ton | 15010.0 |
| 菜籽毛油 | Crude Rapeseed Oil | 吨 | ton | 5850.0 |
| 大豆精制油 | Soybean Refined Oil | 吨 | ton | 7590.5 |
| 花生精制油 | Peanut Refined Oil | 吨 | ton | 16434.0 |
| 棕榈油 | Palm Oil | 吨 | ton | 5482.0 |
| 茶油 | Tea-Seed Oil | 吨 | ton | 38600.0 |
| 其他精制食用植物油 | Other Refined Edible Vegetable Oil | 吨 | ton | 9895.7 |
| 人造奶油（人造黄油） | Margarine（Margarine） | 吨 | ton | 10978.2 |
| 精制棕榈油（非食用） | Refined Palm Oil（Non Edible） | 吨 | ton | 3880.3 |
| 豆粕 | Soybean Meal | 吨 | ton | 2716.2 |
| 其他非食用植物油加工产品 | Other Non-edible Vegetable Oil Products | 吨 | ton | 2611.5 |
| 甘蔗制原糖 | Cane System of Raw Sugar | 吨 | ton | 5190.0 |
| 白砂糖 | White Sugar | 吨 | ton | 5556.3 |
| 甘蔗糖蜜 | Sugar Cane Molasses | 吨 | ton | 902.1 |
| 其他未列明制糖产品 | Other Not Listed Sugar Products | 吨 | ton | 424.3 |
| 鲜、冷藏猪肉 | Fresh and Frozen Pork | 吨 | ton | 16800.3 |
| 鲜、冷藏牛肉 | Fresh, Chilled Beef | 吨 | ton | 41760.0 |
| 鲜、冷藏鸭肉 | Fresh, Frozen Duck | 吨 | ton | 12010.0 |
| 冻猪肉 | Frozen Pork | 吨 | ton | 20615.5 |
| 冻鸭肉 | Frozen Duck Meat | 吨 | ton | 10.0 |
| 其他冻肉 | Other Meat | 吨 | ton | 17.3 |
| 其他动物肠衣 | Other Casings of Animals | 吨 | ton | 0.3 |
| 饲料用鱼粉 | Feed with Fish Meal | 吨 | ton | 11798.0 |
| 珍珠粉 | Pearl Powder | 吨 | ton | 20.0 |
| 苦杏仁 | Bitter Almond | 吨 | ton | 6831.0 |
| 木薯粉 | Cassava Flour | 吨 | ton | 2714.8 |
| 小麦淀粉 | Wheat Starch | 千克 | kg | 2800.0 |
| 玉米淀粉 | Corn Starch | 吨 | ton | 3007.5 |
| 木薯淀粉 | Cassava Starch | 吨 | ton | 3609.0 |
| 葡萄糖 | Glucose | 吨 | ton | 3935.3 |
| 葡萄糖浆 | Glucose Syrup | 吨 | ton | 3500.0 |
| 麦芽糖 | Maltose | 吨 | ton | 3881.7 |

3-23 续表 6 continued

| 类 别 | Item | 计量单位 Measurement Unit | | 年末价格（元）Price at Year End（yuan） |
|---|---|---|---|---|
| 糊精 | Dextrin | 吨 | ton | 4250.0 |
| 其他淀粉及淀粉制品 | Starch and Starch Products | 吨 | ton | 9000.0 |
| 其他农副食品 | Other Agro-food | 吨 | ton | 17904.6 |
| 灭菌乳 | Sterilized Milk | 吨 | ton | 4436.4 |
| 乳粉 | Milk Powder | 吨 | ton | 30233.1 |
| 其他酵母 | Other Yeast | 吨 | ton | 48000.0 |
| 植脂冰淇淋 | Whipped Ice Cream | 吨 | ton | 9000.0 |
| 加碘盐 | Iodized Salt | 吨 | ton | 1079.0 |
| 食品增稠剂 | Food Thickener | 吨 | ton | 69000.0 |
| 食品色、香味添加剂 | Food Color, Flavor Additives | 吨 | ton | 350000.0 |
| 促进动物食欲饲料添加剂 | Promoting Feed Additives of Animal Appetite | 吨 | ton | 8185.0 |
| 小麦发酵酒精 | Wheat Fermentation Alcohol | 吨 | ton | 6650.0 |
| 薯类发酵酒精 | Potato Fermentation Alcohol | 吨 | ton | 6299.2 |
| 糖蜜发酵酒精 | Molasses Fermentation Alcohol | 吨 | ton | 6750.9 |
| 可乐型碳酸饮料 | Cola Carbonated Drinks | 吨 | ton | 1045.3 |
| 浓缩果汁（浆） | Concentrated Fruit Juice（Pulp） | 吨 | ton | 13570.0 |
| 精制红茶 | Refined Black Tea | 千克 | kg | 46.5 |
| 精制绿茶 | Refined Green Tea | 千克 | kg | 21.5 |
| 精制花茶 | Refined Tea | 千克 | kg | 19.1 |
| 其他茶制品 | Other Tea Products | 吨 | ton | 33.5 |
| 片烟 | Piece Smoke | 吨 | ton | 64612.3 |
| 烟梗 | Tobacco Stems | 吨 | ton | 500.0 |
| 已梳皮棉 | Has Comb Lint | 吨 | ton | 22000.0 |
| 普梳纱 | Carded Yarn | 吨 | ton | 15865.2 |
| 合成纤维与棉混纺纱 | Synthetic Fiber and Cotton Blended Yarn | 吨 | ton | 18500.0 |
| 合成纤维纱 | Synthetic Fiber Yarn | 吨 | ton | 62.5 |
| 人造纤维纱 | Artificial Fiber Yarn | 吨 | ton | 38.0 |
| 其他天然纤维与棉混纺纱 | Other Natural Fibers and Cotton Blended Yarn | 米 | m | 9.0 |
| 棉线 | Cotton Thread | 吨 | ton | 3.5 |
| 棉混纺线 | Cotton Blended Line | 吨 | ton | 48156.0 |
| 化学纤维线 | Chemical Fiber Line | 吨 | ton | 18804.6 |
| 28/3色芯有色缝纫线 | 28/3 Colored Thread Sewing Thread | 个 | piece | 8.6 |
| 棉布 | Cotton | 米 | m | 12.1 |
| 棉混纺布 | Cotton Blended Fabrics | 米 | m | 13.1 |
| 化学纤维短纤布 | Chemical Fiber Fiber Cloth | 米 | m | 118.1 |
| 色织布 | Coloured Woven Cloth | 米 | m | 4.6 |
| 牛仔布 | Denim | 米 | m | 20.5 |
| 其他布 | Other Cloth | 公斤 | kg | 4.8 |
| 棉制起绒布及绳绒织物 | Cotton from the Flannel and Chenille Fabrics | 米 | m | 240.9 |
| 化学纤维制起绒布及绳绒织物 | Chemical Fiber Fleece and Chenille Fabrics | 吨 | ton | 11892.7 |
| 其他未列明棉、化纤纺织产品 | Other Non Listed Cotton, Chemical Fiber Textile Products | 米 | m | 20.1 |
| 漂白布 | Bleached Fabric | 米 | m | 17.4 |
| 染色布 | Dyed Fabric | 米 | m | 17.8 |

3-23 续表 7 continued

| 类 别 | Item | 计量单位 | Measurement Unit | 年末价格（元） Price at Year End（yuan） |
|---|---|---|---|---|
| 其他棉、化纤印染精加工 | Other Cotton, Chemical Fiber Dyeing | 吨 | ton | 54909.0 |
| 羊毛纱 | Wool Yarn | 吨 | ton | 154.0 |
| 其他未列明绒线 | Other Not Specified in the Wool | 个 | piece | 5.0 |
| 纯毛机织物 | Pure Wool Machine Fabric | 米 | m | 93.6 |
| 其他纤维长丝机织物 | Other Filament Woven Fabrics | 米 | m | 21.1 |
| 毛制毯 | Woollen Blanket | 吨 | ton | 51.3 |
| 聚酰胺高强力纱制帘子布 | Polyamide high Tenacity Yarn Cord Fabric | 吨 | ton | 34800.0 |
| 用塑料处理纺织物 | Processing of Textile Materials with Plastic | 吨 | ton | 17400.0 |
| 涂焦油、蜡、沥青或类似产品纺织物 | Coated with Tar, Bitumen or Similar Products | 吨 | ton | 17900.0 |
| 脱水唛 | Removal of Water Mark | 个 | piece | 0.1 |
| 其他未列明纺织带和帘子布 | Other Not Listed Textile and Fabric | 米 | m | 4.8 |
| 猪半成品革(折牛皮) | Pig Semi-finished Leather（Cowhide Fold） | 平方米 | sq.m | 54.0 |
| 猪重革 | Porcine Heavy Leather | 平方米 | sq.m | 13.5 |
| 牛重革 | Cattle Heavy Leather | 平方米 | sq.m | 309.8 |
| 牛轻革 | Bovine Light Leather | 平方米 | sq.m | 113.6 |
| 山羊轻革 | Goat Light Leather | 平方米 | sq.m | 58.5 |
| 猪轻革 | Pig Light Leather | 平方米 | sq.m | 36.0 |
| 其他未列明成品革 | Not Elsewhere Specified, Finished Leather | 码 | yard | 21.8 |
| 加工填充用羽绒 | Processing Fill with Feather | 千克 | kg | 126.8 |
| 其他羽毛（绒） | Other Feathers（Down） | 千克 | kgb | 36.8 |
| 普通锯材 | Ordinary Lumber | 立方米 | cu.m | 1217.9 |
| 未浸渍枕木 | Not Impregnated Sleepers | 立方米 | cu.m | 1058.5 |
| 针叶木木片 | Coniferous Wood Film | 立方米 | cu.m | 688.5 |
| 木粉 | Wood Flour | 立方米 | cu.m | 680.0 |
| 锯木屑 | Sawdust | 立方米 | cu.m | 446.9 |
| 其他木废碎料 | Other Wood Waste and Scrap | 吨 | ton | 314.9 |
| 中密度纤维板 | Medium Density Fiberboard | 立方米 | cu.m | 1059.6 |
| 其他人造板、材制造 | Other Plywood, Timber Manufacturing | 块 | piece | 19.0 |
| 其他竹制品 | Other Bamboo Products | 吨 | ton | 700.0 |
| 机械木浆 | Mechanical Pulp | 吨 | ton | 4701.3 |
| 化学木浆 | Chemical Wood Pulp | 吨 | ton | 4914.0 |
| 其他木浆 | Other Wood Pulp | 吨 | ton | 6930.0 |
| 化学法非木材纤维纸浆 | The Chemical Non Wood Fiber Pulp | 吨 | ton | 3950.0 |
| 其他方法非木材纤维纸浆 | Other Methods of Non-wood Fiber Pulp | 吨 | ton | 3812.3 |
| 废纸纸浆 | Waste Paper Pulp | 吨 | ton | 2070.0 |
| 书写印刷纸 | Writing and Printing Paper | 吨 | ton | 5257.0 |
| 其他未涂布印刷书写用纸 | Other Uncoated Printing and Writing Paper | 吨 | ton | 6170.3 |
| 新闻纸 | Newsprint | 吨 | ton | 4417.5 |
| 卫生纸原纸 | Tissue Base Paper | 吨 | ton | 7661.4 |
| 面巾纸原纸 | Tissue Paper | 吨 | ton | 7650.0 |
| 包装纸 | Wrapper | 吨 | ton | 64.5 |
| 箱纸板 | Linerboard | 吨 | ton | 3029.9 |
| 瓦楞原纸 | Corrugating Medium | 吨 | ton | 2791.8 |

3-23 续表 8 continued

| 类 别 | Item | 计量单位 | Measurement Unit | 年末价格（元）Price at Year End（yuan） |
|---|---|---|---|---|
| 工业技术配套用纸 | Industrial Technology Supporting Paper | 吨 | ton | 25000.0 |
| 胶印版纸 | Offset Printing Paper | 千克 | kg | 348.1 |
| 卷烟纸 | Cigarette Paper | 吨 | ton | 14617.6 |
| 其他机制纸及纸板 | Other Mechanisms for Paper and Paperboard | 吨 | ton | 5434.8 |
| 其他加工纸 | Other Processing of Paper | 吨 | ton | 10577.1 |
| 瓦楞纸及纸板容器 | Corrugated Paper and Paperboard Containers | 个 | unit | 275.7 |
| 纸制存储盒 | Paper Storage Box | 百件 | 100 piece | 500.0 |
| 纸制其他包装容器 | Other Paper Packaging Container | 百个 | 100 piece | 339.0 |
| 纸制筒管、卷轴、纡子及类似品 | Paper Bobbin, Reel and Similar Products | 百个 | 100 piece | 516.7 |
| 其他纸制品 | Other Paper Products | 吨 | ton | 31225.0 |
| 其他未列明印刷品 | Other Not Listed Printing | 个 | unt | 0.5 |
| 90号车用汽油 | 90# Motor Gasoline | 吨 | ton | 7537.8 |
| 93号车用汽油 | 93# Motor Gasoline | 吨 | ton | 7643.9 |
| 97号车用汽油 | 97# Motor Gasoline | 吨 | ton | 7991.9 |
| 航空煤油 | Aviation Kerosene | 吨 | ton | 10880.0 |
| 其他煤油 | Other Kerosene | 吨 | ton | 11500.0 |
| -10号柴油 | -10# Diesel oil | 吨 | ton | 5890.8 |
| 0号柴油 | 0# Diesel Oil | 吨 | ton | 6073.5 |
| 重柴油 | Heavy Diesel Oil | 吨 | ton | 4225.8 |
| 全损耗系统用油 | Total Loss System Oil | 吨 | ton | 787.3 |
| 齿轮用油 | Gear Oil | 吨 | ton | 27930.0 |
| 液压系统用油 | Hydraulic System Oil | 吨 | ton | 12800.0 |
| 柴油机润滑油 | Diesel Engine Lubricating Oil | 吨 | ton | 9912.3 |
| 其他润滑油 | Other Lubricants | 吨 | ton | 7657.3 |
| 工业用燃料油 | Industrial Fuel Oils | 吨 | ton | 4015.1 |
| 油漆溶剂油 | Paint Solvent Oil | 吨 | ton | 5937.2 |
| 民用石油液化气 | Civil Liquefied Petroleum Gas | 吨 | ton | 3939.8 |
| 工业用石油液化气 | Industrial Liquefied Petroleum Gas | 吨 | ton | 1286.0 |
| 未煅烧石油焦 | Not Calcined Petroleum Coke | 吨 | ton | 970.0 |
| 其他石油沥青 | Other Petroleum Asphalt | 吨 | ton | 1620.2 |
| 精炼石蜡 | Refined Paraffin Wax | 吨 | ton | 7128.4 |
| 其他石蜡 | Other Paraffin | 吨 | ton | 9170.0 |
| 白色油 | White Oil | 吨 | ton | 6800.0 |
| 其他石油制品 | Other Petroleum Products | 吨 | ton | 6838.0 |
| 煤制焦炭 | Coal System for Coke | 吨 | ton | 1336.5 |
| 石油焦（焦炭类） | Petroleum Coke（Coke Class） | 吨 | ton | 974.0 |
| 硫酸（≥98%） | Sulfuric Acid（≥98%） | 吨 | ton | 450.1 |
| 硫酸（<98%） | Sulfuric Acid（<98%） | 吨 | ton | 450.8 |
| 盐酸（氯化氢，含量31%） | Hydrochloric Acid（HCI, 31% Content） | 吨 | ton | 706.6 |
| 磷酸（含量85%） | Phosphoric Acid（Content 85%） | 吨 | ton | 5105.4 |
| 硼酸 | Boric Acid | 吨 | ton | 6000.0 |
| 其他未列明无机酸 | Not Elsewhere Specified Inorganic Acid | 吨 | ton | 4700.0 |
| 液体烧碱（折100%） | Liquid Caustic Soda（100%） | 吨 | ton | 1527.6 |

3-23 续表 9 continued

| 类 别 | Item | 计量单位 | Measurement Unit | 年末价格（元） Price at Year End（yuan） |
|---|---|---|---|---|
| 固体烧碱（固体氢氧化钠） | Solid Caustic Soda（Solid sodium Hydroxide） | 吨 | ton | 2733.1 |
| 轻质碳酸钠 | Light Sodium Carbonate | 吨 | ton | 1495.0 |
| 重质碳酸钠 | Heavy Sodium Carbonate | 吨 | ton | 1893.0 |
| 碳酸氢钠（小苏打） | Sodium Bicarbonate（Baking Soda） | 吨 | ton | 1520.0 |
| 氢氧化铝 | Aluminum Hydroxide | 吨 | ton | 3380.0 |
| 氢氧化铜 | Cupric Hydroxide | 吨 | ton | 10288.6 |
| 其他未列明无机碱产品 | Other Not Listed Inorganic Alkali Products | 吨 | ton | 33251.0 |
| 硫化钠（硫化碱） | Sodium Sulfide（Sodium Sulfide） | 吨 | ton | 1778.3 |
| 无水硫酸钠 | Anhydrous Sodium Sulfate | 吨 | ton | 520.0 |
| 硫酸铝 | Aluminum Sulfate | 吨 | ton | 1239.0 |
| 硫酸铜（胆矾） | Copper Sulfate（Blue Vitriol） | 吨 | ton | 13314.5 |
| 硫酸锌（皓矾） | Zinc Sulfate（Hao Alum） | 吨 | ton | 3953.8 |
| 亚硫酸钠 | Sodium Sulfite | 吨 | ton | 6350.0 |
| 过硫酸铵 | Ammonium Ammonium Sulfate | 吨 | ton | 4980.0 |
| 其他金属硫化物及硫酸盐 | Other Metal Sulphides and Sulphates | 吨 | ton | 8841.7 |
| 硝酸钾（硝酸盐） | Potassium Nitrate（Nitrate） | 吨 | ton | 6849.1 |
| 硝酸铋 | Bismuth Nitrate | 吨 | ton | 120000.0 |
| 其他金属硝酸盐、亚硝酸盐 | Other Metals Nitrates, Nitrate | 吨 | ton | 1871.3 |
| 重铬酸盐 | Dichromate | 吨 | ton | 8300.0 |
| 焦磷酸盐 | Focal Phosphate | 吨 | ton | 8130.0 |
| 偏磷酸盐 | Metaphosphate | 吨 | ton | 6850.0 |
| 氟化铝 | Aluminum Fluoride | 吨 | ton | 6642.9 |
| 氯化钠 | Sodium Chloride | 吨 | ton | 1688.6 |
| 氯化钙 | Calcium Chloride | 吨 | ton | 1550.0 |
| 氯化锌 | Zinc Chloride | 吨 | ton | 8850.0 |
| 三氯化铁 | Ferric Chloride | 吨 | ton | 3000.0 |
| 氯化铝 | Aluminum Chloride | 吨 | ton | 2568.0 |
| 聚氯化铝 | Poly Aluminum Chloride | 吨 | ton | 1786.4 |
| 商品液氯 | Commodity Liquid Chlorine | 吨 | ton | 1847.2 |
| 氯酸钠 | Sodium Chlorate | 吨 | ton | 5260.8 |
| 高氯酸钾 | Potassium Perchlorate | 吨 | ton | 8819.1 |
| 氢氧基氯化铝 | Hydroxyl Aluminum Chloride | 吨 | ton | 2600.0 |
| 氰化钠 | Sodium Cyanide | 吨 | ton | 19214.6 |
| 硅酸钠 | Sodium Silicate | 吨 | ton | 1480.0 |
| 碳化钨 | Tungsten Carbide | 吨 | ton | 220000.0 |
| 重质碳酸钙 | Heavy Calcium Carbonate | 吨 | ton | 460.0 |
| 活性碳酸钙 | Activity of Calcium Carbonate | 吨 | ton | 1250.0 |
| 过碳酸盐 | Percarbonate | 吨 | ton | 20856.0 |
| 其他碳化物及碳酸盐 | Other Carbides and Carbonates | 吨 | ton | 1026.2 |
| 氧化镝 | Dysprosium Oxide | 吨 | ton | 1285000.0 |
| 其他稀土化合物 | Other Rare-earth Compounds | 吨 | ton | 263600.0 |
| 丙烷 | Propane | 吨 | ton | 8500.0 |
| 乙烯 | Ethylene | 吨 | ton | 12400.0 |

3-23 续表 10 continued

| 类别 | Item | 计量单位 | Measurement Unit | 年末价格（元） Price at Year End（yuan） |
|---|---|---|---|---|
| 丙烯 | Propylene | 吨 | ton | 13500.0 |
| 甲基丁二烯 | Methyl Butadiene | 吨 | ton | 17300.0 |
| 其他无环烃 | Other Non-cyclic Hydrocarbon | 吨 | ton | 5205.0 |
| 甲苯 | Toluene | 吨 | ton | 5500.0 |
| 粗二甲苯 | Crude Xylene | 吨 | ton | 5839.7 |
| 混合二甲苯 | Mixed Xylene | 吨 | ton | 6850.0 |
| 烷基苯磺酸 | Benzene Sulfonic Acid | 吨 | ton | 8400.0 |
| 精甲醇 | Refined Methanol | 吨 | ton | 2252.4 |
| 乙醇 | Ethanol | 吨 | ton | 9000.0 |
| 丙二醇 | Propylene Glycol | 吨 | ton | 13850.0 |
| 其他无环醇及其衍生物 | Other Acyclic Alcohols and Their Derivatives | 吨 | ton | 6151.2 |
| 甲酸及甲酸盐 | Formic Acid and Formic Acid Salt | 吨 | ton | 5200.0 |
| 冰乙酸（冰醋酸） | Glacial Acetic Acid（Acetic Acid） | 吨 | ton | 2514.4 |
| 乙酸 | Acetic Acid | 吨 | ton | 5700.0 |
| 氯乙酸及其盐和酯 | Chloroacetic Acid and Its Salts and Esters | 吨 | ton | 4600.0 |
| 硬脂酸及其盐 | Stearic Acid and Its Salts | 吨 | ton | 8443.3 |
| 丙烯酸及其盐和酯 | Acrylic Acid and Its Salts and Esters | 吨 | ton | 7968.4 |
| 油酸及其盐和酯 | Oleic Acid and Its Salts and Esters | 吨 | ton | 8300.0 |
| 草酸及其盐和酯 | Oxalic Acid and Its Salts and Esters | 吨 | ton | 5600.0 |
| 其他羧酸及其衍生物 | Other Carboxylic Acid and Its Derivatives | 吨 | ton | 8448.1 |
| 甲苯二异氰酸酯 | TDI | 吨 | ton | 18434.7 |
| 二苯基甲烷二异氰酸酯（纯MDI） | Diphenylmethane Diisocyanate | 吨 | ton | 17000.0 |
| 其他醚 | Other Ethers | 吨 | ton | 5960.9 |
| 甲醛 | Formaldehyde | 吨 | ton | 1161.6 |
| 其他醛 | Other Aldehydes | 吨 | ton | 13228.7 |
| 丙酮 | Acetone | 吨 | ton | 7843.4 |
| 其他未列明有机化学原料 | NES Organic Chemistry Raw Materials | 千克 | kg | 2975.1 |
| 过氧化氢(双氧水) | Hydrogen Peroxide | 吨 | ton | 1300.0 |
| 氧化锌 | Zinc Oxide | 吨 | ton | 15444.2 |
| 氧化铜 | Copper Oxide | 吨 | ton | 54475.0 |
| 其他金属氧化物 | Other Metal Oxides | 吨 | ton | 29175.3 |
| 氧气 | Oxygen | 吨 | ton | 36.2 |
| 二氧化碳 | Carbon Dioxide | 吨 | ton | 48.7 |
| 乙炔 | Acetylene | 立方米 | cu.m | 35.4 |
| 精制硫黄 | Refined Sulfur | 吨 | ton | 1290.0 |
| 其他硫黄 | Other Sulfur | 吨 | ton | 1826.2 |
| 黄磷 | Yellow Phosphorus | 吨 | ton | 13265.3 |
| 其他未列明基础化学原料 | Other Not Listed Basic Chemical Raw Materials | 吨 | ton | 6697.0 |
| 合成氨（无水氨） | Synthetic Ammonia（Anhydrous Ammonia） | 吨 | ton | 1450.0 |
| 氨水 | Ammonia | 吨 | ton | 3850.0 |
| 尿素 | Urea | 吨 | ton | 1758.9 |
| 肥料用氯化铵 | Fertilizer with Ammonium Chloride | 吨 | ton | 652.8 |
| 硝酸铵 | Ammonium Nitrate | 吨 | ton | 1696.0 |
| 硝酸钠 | Sodium Nitrate | 吨 | ton | 2300.0 |

3-23 续表 11 continued

| 类 别 | Item | 计量单位 | Measurement Unit | 年末价格（元）Price at Year End（yuan） |
|---|---|---|---|---|
| 其他氮肥 | Other Nitrogen | 吨 | ton | 970.0 |
| 过磷酸钙 | Superphosphate | 吨 | ton | 700.0 |
| 钙镁磷肥 | FCMP | 吨 | ton | 760.3 |
| 磷酸二铵 | DAP | 吨 | ton | 2706.0 |
| 磷酸一铵 | Monoammonium Phosphate | 吨 | ton | 2115.5 |
| 其他磷肥 | Other Phosphate | 吨 | ton | 1302.5 |
| 氯化钾 | Potassium Chloride | 吨 | ton | 2263.4 |
| 硫酸钾（钾肥） | Potassium Ssulfate（Potash） | 吨 | ton | 2973.9 |
| 磷酸二氢钾（合成复合肥料） | Potassium Dihydrogen Phosphate | 吨 | ton | 6450.0 |
| 其他复混（合）肥料 | Other Compound Fertilizer | 吨 | ton | 1974.0 |
| 有机磷杀虫剂原药 | Organophosphorus Pesticides Original Drug | 吨 | ton | 30005.8 |
| 拟除虫菊酯杀虫剂原药 | Pyrethroids Original Drug | 吨 | ton | 78364.9 |
| 杀螨剂原药 | Acaricide Original Drug | 吨 | ton | 53805.1 |
| 沙蚕毒类杀虫剂原药 | Nereistoxin Pesticies Original Drug | 吨 | ton | 32570.0 |
| 其他杀虫剂（杀螨剂）原药 | Other Pesticides（Acaricides）Original Drug | 吨 | ton | 668281.4 |
| 有机磷类除草剂原药 | Organophosphorus Herbicides Original Drug | 吨 | ton | 16475.9 |
| 三氮苯类除草剂原药 | Triazine Herbicides Original Drug | 吨 | ton | 26260.0 |
| 杂环类除草剂原药 | Heterocyclic Herbicide | 吨 | ton | 11950.0 |
| 船舶水性涂料 | Ship Waterborne Coatings | 吨 | ton | 21000.0 |
| 通用水性涂料 | General Water Paint | 吨 | ton | 23062.2 |
| 通用非水性涂料 | Generic Non-water-based Paint | 吨 | ton | 23007.5 |
| 功能性建筑涂料 | Functional Architectural Coatings | 吨 | ton | 10333.0 |
| 墙面涂料 | Wall Paint | 千克 | kg | 0.2 |
| 其他建筑涂料 | Other Architectural Coatings | 千克 | kg | 1.0 |
| 稀释剂 | Diluting Agent | 吨 | ton | 78.0 |
| 固化剂 | Curing Agent | 吨 | ton | 2500.0 |
| 其他涂料辅助材料 | Other Coating Auxiliary Materials | 吨 | ton | 29344.0 |
| 平版油墨 | Lithographic Ink | 吨 | ton | 20955.4 |
| 水性柔印油墨 | Water-based Flexo Ink | 吨 | ton | 21900.0 |
| 其他印刷油墨 | Other Printing Ink | 吨 | ton | 15399.1 |
| 钛白粉 | Titanium Dioxide | 吨 | ton | 12129.9 |
| 工业用调制颜料 | Industrial Modulation Pigment | 吨 | ton | 14349.1 |
| 工业用着色剂 | Industrial Colorants | 吨 | ton | 49410.0 |
| 珐琅及釉料 | Enamel and Glaze | 吨 | ton | 362.0 |
| 荧光增白剂 | Fluorescent Brighteners | 吨 | ton | 20000.0 |
| 乙烯聚合物 | Polymers of Ethylene | 吨 | ton | 10756.9 |
| 丙烯，相关烯烃聚合物 | Propylene, Olefin Polymer | 吨 | ton | 10248.7 |
| 苯乙烯聚合物 | Styrene Polymer | 吨 | ton | 9098.2 |
| 氯乙烯，相关卤化烯烃聚合物 | Related Halogenating Olefins Polymer | 吨 | ton | 8322.8 |
| 环氧树脂 | Epoxy Resin | 吨 | ton | 3471.9 |
| 不饱和聚酯树脂 | Unsaturated Polyester Resin | 吨 | ton | 10300.0 |
| 其他初级形态的塑料及合成树脂 | Other Plastic and Synthetic Resin | 吨 | ton | 14175.9 |
| 顺丁橡胶 | Butadiene Rubber | 吨 | ton | 14800.0 |
| 丁苯橡胶 | Styrene-butadiene Rubber | 吨 | ton | 15600.0 |

3-23 续表 12 continued

| 类 别 | Item | 计量单位 | Measurement Unit | 年末价格(元) Price at Year End (yuan) |
|---|---|---|---|---|
| 丁腈橡胶 | Nitrile Rubber | 吨 | ton | 17973.0 |
| 氯磺化聚乙烯橡胶 | Chlorosulfonated Polyethylene Rubber | 吨 | ton | 26000.0 |
| 其他合成橡胶 | Other Synthetic Rubber | 吨 | ton | 2433.0 |
| 乙二醇 | Ethylene Glycol | 吨 | ton | 6582.6 |
| 聚酯 | Polyester | 吨 | ton | 6525.1 |
| 聚乙烯醇 | Polyvinyl Alcohol | 吨 | ton | 27300.0 |
| 其他油脂类高分子聚合物 | Polymers of other Fats and Oils | 吨 | ton | 22000.0 |
| 其他催化剂 | Other Catalysts | 吨 | ton | 11800.0 |
| 橡胶防老剂 | Rubber Antioxidant | 吨 | ton | 13100.0 |
| 塑料增塑剂 | Plastic Plasticizer | 吨 | ton | 6300.0 |
| 塑料复合稳定剂 | Plastic Composite Stabilizer | 吨 | ton | 12300.0 |
| 软皮剂 | Soft Leather Agent | 吨 | ton | 5500.0 |
| 耐磨炉黑 | Abrasion Furnace Black | 吨 | ton | 6500.0 |
| 农药乳化剂 | Pesticide Emulsifier | 吨 | ton | 11111.1 |
| 其他未列明化学试剂和助剂 | Other Not Listed Chemicals and Additives | 吨 | ton | 8090.1 |
| 润滑油用添加剂 | With Additives Lubricating Oil | 吨 | ton | 22800.0 |
| 电镀用化学品 | Plating Chemicals | 吨 | ton | 145100.0 |
| 其他工业用脂肪酸 | Other Industrial Use of Fatty Acids | 吨 | ton | 4860.6 |
| 水泥、灰泥及混凝土用添加剂 | Cement, Plaster and Concrete Additives | 吨 | ton | 1559.7 |
| 建工建材用交联剂 | Construction Materials Used in Building Materials | 吨 | ton | 9570.0 |
| 其他建工建材用化学助剂 | Other Buildings with Chemical Additives | 吨 | ton | 6945.5 |
| 其他专项化学用品 | Other Special Chemicals | 吨 | ton | 150000.0 |
| 脂松节油 | Turpentine | 吨 | ton | 8046.1 |
| 木松节油 | Wood Turpentine | 吨 | ton | 8735.4 |
| 其他松节油类产品 | Other Turpentine Class Products | 吨 | ton | 7692.3 |
| 脂松香 | Gum Rosin | 吨 | ton | 11138.4 |
| 其他未列明林产化学产品 | Other Not Listed Fores Chemical Products | 吨 | ton | 260000.0 |
| 铵油类炸药 | Ammonium Oil Explosives | 吨 | ton | 10109.4 |
| 乳化炸药 | Emulsion Explosives | 吨 | ton | 10160.0 |
| 铵锑类炸药 | Ammonium Antimony Explosives | 吨 | ton | 12152.9 |
| 其他配制炸药 | Other Prepared Explosives | 吨 | ton | 10261.7 |
| 电雷管 | Electric Detonators | 发 | piece | 3.1 |
| 导爆管雷管 | Detonator | 发 | piece | 5.6 |
| 塑料导爆管 | Nonel Tube | 发 | piece | 0.7 |
| 索类火工品 | The Sok Class Pyrotechnics | 百米 | hectometre | 193.6 |
| 黑色火药 | Black Powder | 吨 | ton | 12200.0 |
| 火器用发射药 | Firearms with the Propellant | 吨 | ton | 13729.5 |
| 明胶 | Gelatin | 吨 | ton | 56000.0 |
| 热溶胶 | Thermal Sol | 吨 | ton | 18803.0 |
| 高吸水性树脂 | Super Absorbent Resin | 吨 | ton | 18050.0 |
| 焊丝 | Wire | 吨 | ton | 7236.0 |
| 其他未列明专用化学产品制造 | Other Non Listed Chemical Products Manufacturing | 吨 | ton | 42500.0 |
| 液体洗涤剂 | Liquid Detergent | 吨 | ton | 8600.0 |
| 其他类型表面活性剂 | Other Types of Surfactants | 吨 | ton | 90.0 |

3-23　续表 13　continued

| 类　别 | Item | 计量单位 | Measurement Unit | 年末价格（元）Price at Year End（yuan） |
|---|---|---|---|---|
| 薄荷醇（DL—薄荷脑） | Menthol（DL-menthol） | 千克 | kg | 148.0 |
| 日用香精 | Daily Flavor | 千克 | kg | 285.0 |
| 阿莫西林 | Amoxicillin | 十亿 | billion | 160.0 |
| 四环素 | Tetracycline | 十亿 | billion | 100.0 |
| 土霉素 | Oxytetracycline | 十亿 | billion | 78.5 |
| 7氨基头孢烷酸 | 7 Amino Cephalosporanic Acid | 十亿 | billion | 480.0 |
| 头孢氨苄及其盐 | Cefalexin and Its Salts | 公斤 | kg | 332.0 |
| 头孢拉啶及其盐 | Cefradine and Its Salts | 公斤 | kg | 395.0 |
| 诺氟沙星胶囊/输液 | Norfloxacin Capsules / Infusion | 公斤 | kg | 158.0 |
| 其他抗生素（抗感染药） | Other Antibiotics（Anti-infectives） | 千克 | kg | 670.5 |
| 雷尼替丁 | Ranitidine | 千克 | kg | 128.0 |
| 其他消化系统用药 | Other Digestive System Drugs | 千克 | kg | 182.8 |
| 安乃近 | Analgin | 千克 | kg | 24.0 |
| 氨基比林 | Aminopyrine | 千克 | kg | 119.2 |
| 对乙酰氨基酚（扑热息痛） | Acetaminophen （Paracetamol） | 千克 | kg | 24.7 |
| 磺胺甲噁唑 | Sulfamethoxazole | 千克 | kg | 95.0 |
| 其他解热镇痛药 | Other Antipyretic Analgesics | 公斤 | kg | 132.0 |
| 其他维生素及其衍生物 | Other Vitamins and Their Derivatives | 千克 | kg | 25.0 |
| 其他中枢神经系统用药 | Other Central Nervous System Drugs | 千克 | kg | 158.2 |
| 愈创木酚类 | Healing the Wood Phenolic | 千克 | kg | 85.0 |
| 无水葡萄糖 | Anhydrous Glucose | 千克 | kg | 4.6 |
| 葡萄糖类药 | Glucose Medicines | 千克 | kg | 74.0 |
| 混合脂肪酸甘油酯 | Mix Fatty Acid Esters of Glycerol | 千克 | kg | 26.0 |
| 盐酸赖氨酸 | Lysine Hydrochloride | 千克 | kg | 45.0 |
| 醋酸氯己定 | Chlorhexidine Acetate | 千克 | kg | 280.0 |
| 止咳平喘胶囊 | Zhike Pingchuan Jiaonang | 千克 | kg | 46.4 |
| 解表膏药 | Jiebiao Gaoyao | 吨 | ton | 40072.8 |
| 补益膏药 | Buyi Gaoyao | 吨 | ton | 25000.0 |
| 理血膏药 | Lixue Gaoyao | 千克 | kg | 177.2 |
| 其他膏药 | Other Plaster | 千克 | kg | 165.3 |
| 其他中成药 | Other Proprietary Chinese Medicines | 千克 | kg | 60.0 |
| 三磷腺苷钠制剂 | ATP | 千克 | kg | 250.0 |
| 人血白蛋白 | Human Serum Albumin | 百支 | 100 piece | 50470.0 |
| 空心胶囊 | Vacant Capsules | 万粒 | 10 000 piece | 119.0 |
| 粘胶棉型短纤维 | Viscose Cotton Staple Fiber | 吨 | ton | 13335.9 |
| 其他人造纤维短纤维 | Other Synthetic Staple Fibers | 吨 | ton | 7250.0 |
| 粘胶纤维长丝 | Viscose Filament | 吨 | ton | 1.8 |
| 锦纶短纤维 | Nylon Short Fibers | 米 | m | 10.0 |
| 涤纶棉型短纤维 | Polyester Cotton Short Fiber | 吨 | ton | 7907.0 |
| 涤纶长丝 | Polyester Filament Yarn | 米 | m | 7.9 |
| 其他合成纤维加工丝 | Other Synthetic Filaments | 米 | m | 221.9 |
| 农、林机械用橡胶轮胎外胎及履带 | Agriculture, Forestry Machinery Tires | 条 | unit | 418.0 |
| 摩托车充气橡胶轮胎外胎 | Motorcycle Inflatable Rubber Tire | 条 | unit | 350.0 |
| 客车子午线轮胎外胎 | Coach Meridian Tyres and Tubes | 条 | unit | 1881.0 |

3-23 续表 14 continued

| 类 别 | Item | 计量单位 Measurement Unit | | 年末价格（元）Price at Year End（yuan） |
|---|---|---|---|---|
| 其他实心或半实心轮胎 | Other Solid or Semi-solid Tires | 套 | set | 3393.0 |
| 塑料加强橡胶输送带 | Reinforced Plastic Rubber Conveyor Belt | 平方米 | sq.m | 204.0 |
| 模制成型塑胶零件 | Molded Plastic Parts | 吨 | ton | 380050.0 |
| 其他未列明橡胶制品 | Other Rubber Products Not Included in the List | 千克 | ton | 35.0 |
| 聚乙烯塑料包装用薄膜 | Polyethylene Plastic Packaging Films | 吨 | ton | 16775.6 |
| 其他聚乙烯塑料薄膜 | Other Polyethylene Plastic Film | 吨 | ton | 14544.1 |
| 聚丙烯双向拉伸塑料薄膜 | PP Biaxially Oriented Plastic Film | 吨 | ton | 13695.2 |
| 其他聚丙烯塑料薄膜 | Other Polypropylene Plastic Film | 吨 | ton | 18848.3 |
| 聚氯乙烯塑料薄膜 | PVC Film | 卷 | reel | 8363.6 |
| 聚乙烯塑料板、片 | Polyethylene Plastic Plates, Sheets | 吨 | ton | 10681.0 |
| 聚丙烯塑料板、片 | Polypropylene Plastic Plates, Sheets | 吨 | ton | 7706.6 |
| 聚酯塑料板、片 | Polyester Plastic Plate, Sheet | 吨 | ton | 6000.0 |
| 其他塑料板、片 | Other Plastic Plates, Sheets | 吨 | ton | 22500.0 |
| 塑料软管 | Plastic hose | 吨 | ton | 3.0 |
| 聚甲基丙烯酸甲酯塑料条、棒、型材 | PMMA Plastic Strips, Rods, Profiles | 吨 | ton | 18970.0 |
| 其他塑料条、棒、型材 | Other Plastic Strip, Rods, Profiles | 吨 | ton | 17030.0 |
| 其他未列明塑料板、管、型材 | Other Not Listed Plastic Board & Pipe | 吨 | ton | 14500.0 |
| 其他塑料编织布 | Other Plastic Woven | 吨 | ton | 130000.0 |
| 聚乙烯塑料单丝 | Polyethylene Plastic Monofilament | 吨 | ton | 15020.0 |
| 聚丙烯塑料编织袋 | Polypropylene Plastic Bags | 吨 | ton | 10648.5 |
| 其他塑料袋 | Other Plastic Bag | 个 | piece | 0.6 |
| 聚乙烯泡沫塑料片 | Polyethylene Foam Ffilm | 吨 | ton | 18000.0 |
| 聚苯乙烯泡沫塑料片 | Polystyrene Foam Film | 吨 | ton | 12128.3 |
| 塑料桶，容积≤300L | Plastic Barrels, Volume ≤ 300L | 只 | unit | 62.8 |
| 塑料瓶，容积≤300L | Plastic Bottles, Volume ≤ 300L | 千只 | 1 000 piece | 137.8 |
| 塑料塞子、盖子及类似品 | Plastic Stoppers, Lids and Similar Products | 吨 | ton | 8.0 |
| 其他塑料制绝缘零件 | Other Plastics Insulating Parts | 吨 | ton | 25.0 |
| 电子产品用塑料零件 | Plastic Parts of Electronic Products | 吨 | ton | 71.0 |
| 其他未列明塑料零件 | Other Not Listed Plastic Parts | 吨 | ton | 84.6 |
| 塑料电缆料颗粒 | Plastic Cable Material Particles | 吨 | ton | 7872.8 |
| 塑料填充母料颗粒 | Plastic Filler Particles | 吨 | ton | 8800.0 |
| 再生塑料颗粒 | Recycled Plastic Granules | 吨 | ton | 7934.6 |
| 塑料功能母料颗粒 | Plastic Functional Masterbatch Pellet | 吨 | ton | 21751.0 |
| 塑料热塑性弹性体颗粒 | Thermoplastic Elastomer Particles | 吨 | ton | 7998.1 |
| 其他未列明塑料制品 | Other Non Listed Plastic Products | 只 | unit | 30.5 |
| 强度等级32.5水泥（含R型） | Strength Grade 32.5 Cement（R-type） | 吨 | ton | 227.9 |
| 强度等级42.5水泥（含R型） | Strength Grade 42.5 Cement（R-type） | 吨 | ton | 311.6 |
| 强度等级52.5水泥（含R型） | Strength Grade 52.5 Cement（R-type） | 吨 | ton | 370.0 |
| 普通硅酸盐水泥（P·O） | Ordinary Portland Cement（P·O） | 吨 | ton | 268.8 |
| 窑外分解窑水泥熟料 | Kiln Cement Clinker in the Kiln | 吨 | ton | 180.0 |
| 其他硅酸盐水泥熟料 | Other Portland Cement Clinker | 吨 | ton | 210.0 |
| 生石灰 | Quicklime | 吨 | ton | 241.8 |
| 消石灰 | Hydrated Lime | 吨 | ton | 700.0 |
| 化学熟石膏 | Chemical Plaster | 吨 | ton | 199.1 |

3-23　续表 15　continued

| 类　别 | Item | 计量单位 Measurement Unit | | 年末价格（元） Price at Year End（yuan） |
|---|---|---|---|---|
| 磷石膏 | Phosphogypsum | 吨 | ton | 155.2 |
| 脱硫石膏 | FGD Gypsum | 吨 | ton | 177.0 |
| 粉煤灰 | Fly Ash | 吨 | ton | 137.6 |
| 其他建筑材料 | Other Building Materials | 立方米 | cu.m | 45.0 |
| 无色2毫米浮法玻璃 | Colorless 2 mm Float Glass | 重量箱 | weight box | 137.1 |
| 无色4毫米浮法玻璃 | Colorless 4 mm Float Glass | 重量箱 | weight box | 556.6 |
| 彩色4毫米浮法玻璃 | The Color of 4 mm Float Glass | 重量箱 | weight box | 445.0 |
| 其他未列明平板玻璃 | Other Not Listed Flat Glass | 平方米 | sq.m | 46.7 |
| 建筑用钢化玻璃与半钢化玻璃 | Toughened Glass and Semi Tempered Glass for Building | 平方米 | sq.m | 17.7 |
| 其他钢化玻璃 | Other Toughened Glass | 平方米 | sq.m | 100.5 |
| 光学玻璃二次压型毛坯 | Optical Glass Secondary Pressure of Rough | 平方米 | sq.m | 127.8 |
| 其他玻璃包装容器 | Other Glass Packaging Container | 个 | unit | 3.0 |
| 无碱玻璃纤维纱 | E-glass Fiber Yarn | 吨 | ton | 5000.0 |
| 无碱玻璃纤维布 | E-glass Fiber Cloth | 米 | m | 1.7 |
| 电容器陶瓷零件 | Capacitor Ceramic Parts | 件 | piece | 35.0 |
| 粘土质隔热耐火砖 | Clayey Insulating Firebrick | 吨 | ton | 200.0 |
| 炭电极 | Charcoal Electrode | 吨 | ton | 3175.0 |
| 炭阳极 | Carbon Anode | 吨 | ton | 3071.8 |
| 天然研磨料 | Natural Abrasives | 吨 | ton | 15000000.0 |
| 碳化硅磨料 | Silicon Carbide Abrasive | 吨 | ton | 6100.0 |
| 人造金刚石 | Artificial diamond | 克拉 | carat | 0.2 |
| 其他磨料 | Other Abrasives | 千克 | kg | 1744.5 |
| 炼钢生铁 | Steelmaking Pig Iron | 吨 | ton | 2474.9 |
| 铸造生铁 | Foundry Pig Iron | 吨 | ton | 2740.8 |
| 球墨铸铁 | Nodular Cast Iron | 吨 | ton | 8600.0 |
| 其他未列明炼铁产品 | Other Not Listed Iron Products | 吨 | ton | 3541.3 |
| 电工用硅（铝）钢（粗钢） | Electrician Use Siliconm, Aluminum, Steel | 吨 | ton | 6950.0 |
| 圆坯（粗钢） | Round Billet（Crude Steel） | 吨 | ton | 5775.8 |
| 一般用途碳素结构钢（钢坯） | General-purpose Carbon Structural Steel | 吨 | ton | 4773.3 |
| 优质铸造碳素钢（钢坯） | Quality Carbon Structural Steel（Billet） | 吨 | ton | 5000.0 |
| 一般低合金结构钢（钢坯） | Generally Low Alloy Steel（Billet） | 吨 | ton | 2200.0 |
| 一般结构用合金钢（钢坯） | Generally Structural Steel（Billet） | 吨 | ton | 5692.1 |
| 电工用硅（铝）钢（钢坯） | Electrician Use Silicon, Aluminum, Billet | 吨 | ton | 11981.6 |
| 铬镍系不锈钢（钢坯） | Chromium Nickel Stainless Steel（Billet） | 吨 | ton | 4925.0 |
| 耐热不锈钢（钢坯） | Heat-resistant Stainless Steel（Billet） | 吨 | ton | 10500.0 |
| 轻轨，9kg/m | Light Rail, 9 kg/m | 吨 | ton | 3850.0 |
| 道岔钢轨 | Switch Turnouts | 吨 | ton | 7692.0 |
| 大型H型钢 | Large H Steel | 吨 | ton | 4400.0 |
| 大型I型钢（大型工字钢） | Large I Beam（Large I-beam） | 吨 | ton | 3839.0 |
| 大型U型钢（大型槽钢） | Large U-shaped Steel（Large Channel） | 吨 | ton | 3290.8 |
| 大型角钢 | Large Angle | 吨 | ton | 5126.4 |
| 中小型H型钢 | Mid-Small Section H-beam | 吨 | ton | 3444.6 |
| 中小I型钢（小工字钢） | Mid-Small Section I-beam（Small Steel） | 吨 | ton | 3297.6 |
| 中小U型钢（小槽钢） | Mid-Small Section U-beam（Channel Bar） | 吨 | ton | 3041.5 |

3-23 续表 16 continued

| 类　别 | Item | 计量单位 | Measurement Unit | 年末价格（元）Price at Year End（yuan） |
|---|---|---|---|---|
| 中小型角钢 | Small and Medium Angle | 吨 | ton | 2884.0 |
| 矿用支柱钢 | Mining the Pillars of Steel | 吨 | ton | 4550.0 |
| 特殊中小型型钢 | Special Small Profiled | 吨 | ton | 25500.0 |
| 其他品种中小型型钢 | Other Small and Medium Steel | 吨 | ton | 5018.1 |
| 螺纹钢 | Rebar | 吨 | ton | 2637.9 |
| 大型圆钢 | Large Round Bar | 吨 | ton | 3776.5 |
| 小型圆钢 | Small Round Bar | 吨 | ton | 4044.6 |
| 小型方钢 | Small Square Steel | 吨 | ton | 4200.0 |
| 小型扁钢 | Small Flat Steel | 吨 | ton | 4100.0 |
| 其他品种棒材 | Other Varieties of Steel Bar | 吨 | ton | 3500.0 |
| 钢绞线用硬线材 | Strand with a Hard Wire | 吨 | ton | 5311.8 |
| 拉拔用线材（软线） | Drawing With Wire（Cord） | 吨 | ton | 2425.4 |
| 电焊条用线材 | Used for Welding Electrode Wire | 吨 | ton | 2333.9 |
| 其他用途线材 | Other Uses Wire | 吨 | ton | 2128.8 |
| 普通质量低合金钢特厚板 | Low Alloy Steel Thick Plate | 吨 | ton | 6800.0 |
| 普通质量非合金钢厚钢板 | Non Alloy Steel Thick Plate | 吨 | ton | 3290.8 |
| 优质非合金钢厚钢板 | Quality of Unalloyed Steel Thick Plate | 吨 | ton | 3835.5 |
| 普通质量低合金钢厚钢板 | Low Alloy Steel and Thick Steel Plate | 吨 | ton | 5373.3 |
| 普通质量非合金钢中板 | Non-alloy Steel Plate | 吨 | ton | 3166.3 |
| 普通质量低合金钢中板 | Low-alloy Steel Plate | 吨 | ton | 3364.5 |
| 普通质量非合金钢热轧薄板 | Non Alloy Steel Hot Rolled Sheet | 吨 | ton | 3501.3 |
| 优质非合金钢热轧薄板 | Non-alloy Hot-rolled Steel Sheet | 吨 | ton | 3973.3 |
| 普通质量低合金钢热轧薄板 | Low-alloy Steel Hot Rolled Sheet | 吨 | ton | 3902.1 |
| 铬系不锈钢热轧薄板 | Chromium Stainless Steel Hot Rolled Sheet | 吨 | ton | 11200.0 |
| 普通质量非合金钢冷轧薄板 | Non Alloy Steel Cold Rolled Sheet | 吨 | ton | 4621.8 |
| 优质非合金钢冷轧薄板 | High-quality Non-alloy Steel Cold-rolled Sheet | 吨 | ton | 7442.5 |
| 普通质量低合金钢冷轧薄板 | Low Quality Qlloy Steel Cold-rolled Sheet | 吨 | ton | 5951.3 |
| 优质低合金钢冷轧薄板 | High-quality Low-alloy Steel Cold-rolled Sheet | 吨 | ton | 4950.0 |
| 铬镍系不锈钢冷轧薄板 | Chromium Stainless Steel Cold Rolled Sheet | 吨 | ton | 13600.0 |
| 普通质量非合金钢中厚宽钢带 | Normal quality Wide Strip of Thick Non-alloy steel | 吨 | ton | 9100.0 |
| 优质低合金钢中厚宽钢带 | Low Alloy Steel Thick in the Wide Strip | 吨 | ton | 2235.0 |
| 普通质量非合金钢热轧薄宽钢带 | Unalloyed Steel Hot Rolled Wide Strip | 吨 | ton | 2285.0 |
| 普通质量非合金钢冷轧薄宽钢带 | Unalloyed Steel Cold-rolled Wide Strip | 吨 | ton | 3700.0 |
| 普通质量非合金钢热轧窄钢带 | Common Quality with Narrow Hot Steel | 吨 | ton | 2585.0 |
| 特殊质量非合金钢热轧窄钢带 | Unalloyed Steel Narrow Hot Steel Band | 吨 | ton | 32500.0 |
| 铬镍系不锈钢热轧窄钢带 | Stainless Steel Narrow Hot Steel Belt | 吨 | ton | 36100.0 |
| 普通质量非合金钢冷轧窄钢带 | Non Alloy Stee Cold-rolled Narrow Strip | 吨 | ton | 4390.0 |
| 普通质量非合金钢镀层板带 | Ordinary Quality Non Alloy Steel Plating | 吨 | ton | 3400.0 |
| 热轧（挤压）无缝钢管 | Hot-rolled Seamless Steel Pipe | 吨 | ton | 4443.9 |
| 冷拔（轧）无缝钢管 | Cold Drawn Seamless Steel Pipe | 吨 | ton | 5468.0 |
| 其他制造工艺无缝钢管 | Other manufacturing Process of Seamless Steel tube | 吨 | ton | 482.6 |
| 直缝电阻焊接钢管 | Straight Joint Resistance Welded Tube | 吨 | ton | 3993.0 |
| 其他制造工艺焊接钢管 | Other manufacturing Process of Swelded Pipe | 吨 | ton | 5600.0 |
| 不锈钢其他钢材 | Stainless Steel and Other Steel | 吨 | ton | 27500.0 |

3-23　续表 17　continued

| 类　别 | Item | 计量单位 | Measurement Unit | 年末价格（元）Price at Year End（yuan） |
|---|---|---|---|---|
| 热轧其他钢材 | Other Hot rolled Steel | 吨 | ton | 3810.0 |
| 冷轧（拔）其他钢材 | Cold-rolled（Drawn）Other Steel | 吨 | ton | 3710.0 |
| 其他钢材 | Other Steel | 吨 | ton | 20815.7 |
| 硅铁，含硅75% | Ferrosilicon, Silicon 75% | 吨 | ton | 9129.1 |
| 硅铁，含硅65% | Ferrosilicon, Silicon 65% | 吨 | ton | 6742.3 |
| 锰硅合金 | Silicon-manganese Alloy | 吨 | ton | 6252.4 |
| 其他铁合金 | Other Ferrous | 吨 | ton | 10171.8 |
| 矿产粗铜 | Mineral Blister | 吨 | ton | 35440.0 |
| 矿产精炼铜 | Mineral Refined Copper | 吨 | ton | 43288.9 |
| 再生精炼铜 | Regeneration of Refined Copper | 吨 | ton | 66500.0 |
| 电积铜 | Copper Electrodeposition | 吨 | ton | 50000.0 |
| 矿产铅 | Mineral Lead | 吨 | ton | 13723.7 |
| 商品粗锌 | Crude Zinc of Goods | 吨 | ton | 14861.3 |
| 矿产电锌 | Mineral Electrolytic Zinc | 吨 | ton | 12883.4 |
| 矿产精锌 | Mineral refined zinc | 吨 | ton | 10570.0 |
| 高冰镍含镍量 | High-nickel Matte Nickel Content | 吨 | ton | 147.5 |
| 其他镍 | Other Articles of Nickel | 吨 | ton | 165457.0 |
| 其他钴盐 | Other Cobalt Salt | 吨 | ton | 280000.0 |
| 矿产电锡 | Mineral Electrical Tin | 吨 | ton | 115000.0 |
| 再生锡 | Regeneration of Tin | 吨 | ton | 84500.0 |
| 精锑 | Refined Antimony | 吨 | ton | 39874.8 |
| 一级品氧化铝 | Level Grade Alumina | 吨 | ton | 2199.1 |
| 其他氧化铝 | Other Alumina | 吨 | ton | 10340.0 |
| 煅烧氧化铝微粉 | Calcined Alumina | 吨 | ton | 2400.0 |
| 重熔用铝锭 | Remelting Aluminum Ingots | 吨 | ton | 11542.9 |
| 原铝铝合金 | Primary Aluminum Aluminum Alloy | 吨 | ton | 14895.7 |
| 其他原铝（电解铝） | Other Primary Aluminum（Aluminum） | 吨 | ton | 11633.5 |
| 海绵钛 | Titanium Sponge | 吨 | ton | 79000.0 |
| 其他未列明常用有色金属 | Other Not Listed Common Non-ferrous Metals | 吨 | ton | 31264.3 |
| 矿山成品金 | Mine Finished Gold | 千克 | kg | 388000.0 |
| 再生银粉 | Renewable Silver | 千克 | kg | 18150.0 |
| 其他再生银 | Other Renewable Silver | 千克 | kg | 2888.0 |
| 铂粉 | Platinum Powder | 吨 | ton | 194808807.5 |
| 钯粉 | Palladium Powder | 吨 | ton | 123590000.0 |
| 铑粉 | Rhodium Powder | 吨 | ton | 160849998.5 |
| 原生铟（铟锭） | Native Indium（Yin Ding） | 吨 | ton | 1485.0 |
| 铅锡合金 | Terne Metal | 吨 | ton | 93866.8 |
| 铅钙合金 | Lead-calcium Alloy | 吨 | ton | 14620.3 |
| 铝镁合金 | Aluminum-magnesium Alloy | 吨 | ton | 31446.8 |
| 其他铝合金 | Other Aluminium Alloy | 吨 | ton | 22000.0 |
| 稀土硅铁合金 | Rare Earth Ferrosilicon Alloy | 吨 | ton | 40000.0 |
| 打火石合金 | Flint Alloy | 吨 | ton | 75199.0 |
| 铜板材 | Copper Plate | 吨 | ton | 53956.1 |
| 铜带材 | Copper Strip | 吨 | ton | 46569.7 |

3-23 续表 18 continued

| 类　别 | Item | 计量单位 Measurement Unit | | 年末价格（元） Price at Year End（yuan） |
|---|---|---|---|---|
| 铜箔材 | Copper Foil | 吨 | ton | 44955.5 |
| 铜棒材 | Copper Bars | 吨 | ton | 48552.0 |
| 铜线材 | Copper Wire | 吨 | ton | 24111.9 |
| 铜管材 | Copper Pipe | 吨 | ton | 36000.0 |
| 其他铜材 | Other Copper | 公斤 | kg | 53.0 |
| 非合金铝棒材 | Non-alloy Aluminum Rods | 吨 | ton | 15723.5 |
| 铝合金棒材 | Rods and Bars of Aluminium Alloy | 吨 | ton | 10790.5 |
| 铝合金建筑型材（门窗幕墙） | Aluminum Alloy Construction Profiles | 吨 | ton | 18100.0 |
| 铝及铝合金工业铝型材 | Aluminum Alloy Aluminum Industry | 吨 | ton | 25500.0 |
| 非合金铝板材 | Non-alloy Aluminum Sheet | 吨 | ton | 18995.7 |
| 铝合金带 | Aluminum Alloy With | 吨 | ton | 26000.0 |
| 无衬背铝箔 | Sans Serif Back Foil | 吨 | ton | 29879.0 |
| 其他铝箔材 | Other Aluminum Foil Timber | 吨 | ton | 13633.7 |
| 非合金铝线材 | Non-alloy Aluminum Wire | 吨 | ton | 11732.5 |
| 非合金铝管 | Non-alloy Aluminum Tubes | 吨 | ton | 26222.1 |
| 其他铝材 | Other Aluminum | 吨 | ton | 75000.0 |
| 锌粉 | Zinc Powder | 吨 | ton | 7629.0 |
| 非合金镍棒材 | Non-alloy Nickel Bars | 吨 | ton | 72450.0 |
| 其他钨材 | Other Tungsten Materials | 件 | piece | 4.4 |
| 钢铁容器，50L≤容积≤300L | Steel Container, 50 L ≤ Volume ≤ 300 L | 个 | piece | 0.7 |
| 焊边接合钢铁罐，容积＜50L | Welding Edge Bonding Steel Tank, Volume < 50 L | 个 | piece | 0.6 |
| 铝制易拉罐及罐体 | Aluminum Cans and Tank | 千只 | 1 000 piece | 12.0 |
| 金属箔制组合式盖子 | Metal Foil Modular Lid | 个 | piece | 0.1 |
| 铁丝 | Iron Wire | 吨 | ton | 5300.0 |
| 非合金钢钢丝 | Non-alloy Steel Wire | 吨 | ton | 5000.0 |
| 低合金钢钢丝 | Low-alloy Steel Wire | 吨 | ton | 6549.0 |
| 合金钢钢丝 | Alloy Steel Wire | 吨 | ton | 7433.6 |
| 精炼铜丝 | Refined Copper | 吨 | ton | 53800.0 |
| 机械承载、传输、运输用钢丝绳 | Mechanical Load, Transportation Rope | 吨 | ton | 8800.0 |
| 预应力钢绞线 | Prestressing Strand | 吨 | ton | 3200.0 |
| 其他钢铁丝制品 | Other Iron and Steel Wire Products | 吨 | ton | 20000.0 |
| 裸铜线 | Bare Copper Wire | 吨 | ton | 64350.0 |
| 其他未列明建筑、家具用金属配件 | Other Buildings and Furniture Meatl Parts | 吨 | ton | 20000.0 |
| 焊条 | Welding Rod | 吨 | ton | 4506.1 |
| 轨道固定装置及附件 | Track Fixtures and Accessories | 台 | set | 24371.5 |
| 其他未列明金属制品 | Other Not Lited Metal Product | 付 | set | 26.2 |
| 其他内燃机零部件及配件 | Other Engine Parts and Accessories | 只 | piece | 37.1 |
| 拖拉机用柴油机 | Tractor Diesel Engine | 台 | set | 4825.4 |
| 其他用柴油机 | Other Diesel Engines | 台 | set | 16373.6 |
| 通用汽油机 | Gasoline Engine | 台 | set | 273.5 |
| 齿轮泵 | Gear Pump | 台 | set | 7200.0 |
| 其他阀门 | Other Valves | 台 | set | 5200.0 |
| 阀门零件 | Valve Parts | 套 | set | 5.0 |
| 齿轮马达 | Gear Motor | 台 | set | 10115.0 |

3-23 续表 19 continued

| 类 别 | Item | 计量单位 Measurement Unit | | 年末价格（元） Price at Year End（yuan） |
|---|---|---|---|---|
| 叶片马达 | Vane Motor | 台 | set | 3858.0 |
| 多路阀 | Multi Way Valve | 吨 | ton | 14250.0 |
| 车辆工程系列液压缸 | Vehicle Engineering Series Hydraulic Cylinder | 台 | set | 1190.0 |
| 摆动液压缸 | Swing Hydraulic Cylinder | 套 | set | 99.0 |
| 其他液压元件 | Other Hydraulic Components | 套 | set | 58.5 |
| 液压管件系列 | Hydraulic Pipe Fitting Series | 套 | set | 70000.0 |
| 液力变矩器 | Hydraulic Torque Converter | 台 | set | 3475.8 |
| 其他液力机械及装置 | Other Hydraulic Machinery & Installations | 件 | piece | 3615.0 |
| 气马达 | Gas Motor | 台 | set | 4042.0 |
| 滚子轴承 | Roller Bearings | 件 | piece | 6.8 |
| 其他滚动轴承 | Other Rolling Bearings | 件 | piece | 0.1 |
| 钢球（滚珠） | Steel Ball（Bball） | 万粒 | 10 000 unit | 3569.1 |
| 圆柱齿轮 | Cylindrical Gear | 件 | piece | … |
| 齿条 | Rack | 条 | piece | 148.0 |
| 减速机 | Reducer | 台 | set | 3500.0 |
| 其他离合器 | Other Clutch | 只 | unit | 680.0 |
| 齿轮、传动和驱动部件零件 | Gear, Transmission and Drive Component Parts | 吨 | ton | 146.9 |
| 制冷、空调设备零部件 | Refrigeration and AC Equipment Parts | 台 | set | 127.4 |
| 螺母 | Nut | 件 | piece | 9.2 |
| 铆钉 | Rivet | 件 | piece | … |
| 钢铁制弹簧 | Steel Spring | 件 | piece | 142.0 |
| 工业用球墨铸铁制品 | Industrial Ductile Iron Products | 吨 | ton | 4300.0 |
| 工业用可锻铸铁制品 | Industrial Mmalleable Iron Products | 吨 | ton | 6132.0 |
| 碳钢铸钢件 | Carbon Steel Castings | 吨 | ton | 6472.1 |
| 其他铁路车辆车身及其零件 | Other Railway Vehicles and Prarts | 件 | piece | 4880.0 |
| 机动车缓冲器及其零件 | Motor Vehicle Buffers and Parts Thereof | 套 | set | 13100.0 |
| 变速器总成 | Transmission Assembly | 套 | set | 4299.5 |
| 驱动桥总成 | Drive axle Assembly | 套 | set | 10201.4 |
| 机动车车轮总成 | Motor Vehicle Wheel Assembly | 套 | set | 290.0 |
| 机动车悬挂减震器 | Motor Vehicle Shock Absorbers | 套 | set | 800.0 |
| 机动车辆散热器、消声器及其零件 | Motor Vehicles and Parts, Radiator Silencer | 套 | set | 525.0 |
| 离合器总成 | Clutch Assembly | 套 | set | 216.0 |
| 机动车用控制装置总成 | Motor Vehicle with Control Device | 套 | set | 920.0 |
| 其他机动车（汽车）零配件 | Other Motor Vehicle（Car）Parts | 套 | set | 84.9 |
| 汽车底盘车架及其零件 | Automobile Chassis Frame and Parts | 套 | set | 5308.3 |
| 座椅安全带 | Seat Belt | 套 | set | 300.0 |
| 车身底板、侧板及类似板 | Body Bootoom, Similar Board | 套 | set | 82.0 |
| 其他车身零件及其配套附件 | Other Body Parts and Supporting Accessories | 个 | unit | 148.8 |
| 摩托车用汽油机 | Gasoline Engine for Motorcycle | 台 | set | 1200.0 |
| 交流发电机，75kVA<P≤375kVA | Alternator, 75 kVA <P ≤ 375 kVA | 台 | set | 4775.0 |
| 电磁式直流电动机，P≤750W | Electromagnetic DC Motors, P ≤ 750 W | 台 | set | 576.4 |
| 其他直流电动机 | Other DC Motors | 台 | set | 410.2 |
| 多相交流电动机，750W<P≤75kW | Polyphase AC Motor, 750 W <P ≤ 75 kW | 台 | set | 1410.3 |
| 多相交流电动机，P>75kW | Polyphase AC Motor, P > 75 kW | 台 | set | 2000.0 |

3-23 续表 20 continued

| 类 别 | Item | 计量单位 Measurement Unit | | 年末价格（元）Price at Year End (yuan) |
|---|---|---|---|---|
| 单相交流电动机 | Single-phase AC Motor | 台 | set | 2880.0 |
| 交流小功率异步电动机 | Small Power AC Induction Motor | 台 | set | 1193.7 |
| 其他未列明电机 | Other Unspecified Motor | 台 | set | 141000.0 |
| 步进微电机 | Step Motor | 台 | set | 1.9 |
| 直流微电机 | DC Micro Motor | 台 | set | 4.8 |
| 电源变压器 | Power Transformer | 台 | set | 20.8 |
| 稳压电源 | Regulated Power Supply | 只 | unit | 91.8 |
| 其他电感器 | Other Inductors | 只 | unit | 2.0 |
| 电抗器 | Reactor | 台 | set | 44300.0 |
| 其他低压电路保护装置 | Other Low Voltage Circuit Protection Device | 只 | unit | 450.0 |
| 电子继电器 | Electronic Relays | 只 | unit | 4.9 |
| 其他继电器 | Other relay | 只 | unit | 8.1 |
| 绕组电线 | Winding Wire | 公里 | km | 40258.8 |
| 布线组 | Wiring Sets | 公里 | km | 35442.5 |
| 其他绝缘电线 | Other Insulated Wire | 吨 | ton | 682.5 |
| 交联电缆 | XLPE Cable | 条 | piece | 68.3 |
| 其他型号电力电缆 | Other Power Cable | 千米 | km | 9130.0 |
| 影音电源用阻燃软电缆 | Flame Retardant Flexible Cable for Video Power Supply | 公里 | km | 0.4 |
| 其他电线电缆 | Other Wire and Cable | 公里 | km | 2.0 |
| 用于启动活塞发动机铅酸蓄电池 | Lead Acid Battery for Starting Piston Engine | 只 | unit | 400.0 |
| 蓄电池零部件 | Storage Battery Parts | 只 | unit | 21.0 |
| 机动车辆用白炽灯泡 | Motor Vehicle Use Incandescent | 只 | unit | 6.9 |
| 其他灯用电器附件 | Other Lamp Annex | 条 | piece | 4.2 |
| 其他系统形式自动数据处理设备 | Other System Forms Automatic Data Processing Equipment | 块 | piece | 20.1 |
| 其他网络接口和适配器 | Other Network Interfaces and Adapters | 块 | piece | 57.3 |
| 液晶显示器 | LCD Monitors | 台 | set | 230.0 |
| 硬盘存储器 | Hard Disk Storage | 台 | set | 240.9 |
| 半导体存储器 | Semiconductor Memory | 台 | set | 651.7 |
| 其他未列明电子计算机外部设备 | Other Not Listed Computer Peripherals | 个 | unit | 25.0 |
| 彩色显像管 | Color Picture Tube | 只 | unit | 513.0 |
| 其他真空电子器件 | Other Vacuum Electronic Devices | 块 | piece | 8.0 |
| 稳压、整流、开关二极管 | Voltage Regulator, Rectifier, Switching Diode | 只 | unit | 0.5 |
| 其他半导体二极管 | Other Semiconductor Diodes | 只 | unit | 0.3 |
| 半导体三极管 | Semiconductor Transistor | 只 | unit | 0.1 |
| 存储器 | Memory | 块 | piece | 30.9 |
| 专用电路 | Special Circuit | 块 | piece | 96.8 |
| 智能卡芯片及电子标签芯片 | Smart Card chip and Electronic Tag Chip | 块 | piece | 3.5 |
| 传感器电路 | Sensor Circuit | 块 | piece | 26.0 |
| 混合集成电路 | Hybrid Integrated Circuit | 块 | piece | 3.1 |
| 其他集成电路成品 | Other Integrated Circuits | 粒 | piece | … |
| 其他集成电路封装系列 | Other Integrated Circuit Package | 套 | set | 1658.5 |
| 集成电路模块 | Integrated Circuit Module | 块 | piece | 61.7 |
| 其他未列明集成电路微电子组件 | Other Integrated Circuit Microelectronic Components | 套 | set | 3.4 |
| 液晶显示屏 | LCD Display | 只 | unit | 130.0 |

3-23 续表 21 continued

| 类 别 | Item | 计量单位 | Measurement Unit | 年末价格（元） Price at Year End（yuan） |
|---|---|---|---|---|
| 激光器件 | Laser Device | 只 | unit | 1.7 |
| 其他未列明光电子器件及电子器件 | Other Not Listed Meiko Electronic Device | 只 | unit | 22.0 |
| 电解电容器 | Electrolytic Capacitor | 只 | unit | 1.7 |
| 线绕电位器 | Wirewound Potentiometers | 只 | unit | 2.2 |
| 金属软磁元件 | Metal Soft Magnetic Element | 只 | unit | 1.2 |
| 铁氧体永磁元件 | Ferrite Permanent Magnetic Components | 只 | unit | 0.1 |
| 电子变压器 | Electronic Transformer | 只 | unit | 8.3 |
| 片式固定电阻器 | Chip Fixed Resistor | 只 | unit | … |
| 其他片式元件 | Other Chip Components | 只 | unit | 8.7 |
| 电容器零件 | Capacitor Parts | 只 | unit | 0.1 |
| 电阻器零件 | Resistor Parts | 只 | unit | … |
| 其他电子元件、组件零件 | Other Electronic Components, Assembly Parts | 件 | piece | 1.3 |
| 其他电子元件及组件 | Other Electronic Components and Assemblies | 只 | unit | … |
| 单面刚性印制电路板 | The Single Rigid Printed Circuit Board | 平方 | sq.m | 12.1 |
| 双面刚性印制电路板 | Rigid Double-sided Printed Circuit Board | 平方 | sq.m | 0.5 |
| 其他印制电路板 | Other Printed Circuit Board | 块 | piece | 6.3 |
| CD机芯 | CD Movement | 台 | set | 9.3 |
| 刻录光头 | Recording Head | 台 | set | 64.0 |
| 调谐器 | Tuner | 台 | set | 8.6 |
| 其他家用音视频设备用配件 | Other Household Audio and Video Equipment | 台 | set | 21.4 |
| 其他未列明供应用仪表及通用仪器 | Other Not Listed Supply Meter and General Instrument | 台 | set | 1.6 |
| 其他光学仪器零件、附件 | Other Optical Instrument Parts, Accessories | 只 | piece | 0.6 |
| 中型废钢 | Medium-sized Scrap | 吨 | ton | 1854.1 |
| 小型废钢 | Small Scrap | 吨 | ton | 2260.0 |
| 统料型废钢 | System Material Type of Scrap | 吨 | ton | 1391.4 |
| 优质废铁 | High-quality Scrap Metal | 吨 | ton | 1473.4 |
| 其他金属废料和碎屑 | Other Metal Waste and Scrap | 吨 | ton | 3300.0 |
| 其他未列明纺织废料 | Other Not Listed Textile Waste | 吨 | ton | 4460.0 |
| 回收（废碎）纸或纸板 | Recovered（Waste and Scrap）Paper or Paperboard | 吨 | ton | 1260.0 |
| 皮革废料 | Leather Scrap | 吨 | ton | 256.4 |
| 其他非金属废料和碎屑 | Other Non-metallic Waste and Scrap | 吨 | ton | 813.7 |
| 工业用电 | Industrial Electricity | 万千瓦时 | million kwh | 6686.3 |
| 收费的电力供应服务 | Electricity Supply Service Charges | 万千瓦时 | million kwh | 4922.8 |
| 其他电力供应 | Other Power Supply | 万千瓦时 | million kwh | 4089.3 |
| 热力 | Heat | 万千焦 | 10 000 KJ | 172.0 |
| 蒸汽 | Steam | 万千焦 | 10 000 KJ | 179.9 |
| 焦炉煤气 | Coke Oven gas | 千立方米 | 1 000 cu.m | 450.0 |
| 工业用人工煤气供应量 | Industrial Use of Artificial Gas Supply | 千立方米 | 1 000 cu.m | 3840.0 |
| 工业用天然气供应量 | Industrial Use of Natural Gas Supply | 千立方米 | 1 000 cu.m | 3569.7 |
| 液化天然气（LNG）供应量 | Liquefied Natural Ggas Supply | 千立方米 | 1 000 cu.m | 124.9 |
| 液化石油气供应量 | LPG Supply | 千立方米 | 1 000 cu.m | 7435.6 |
| 自来水生产量 | Tap Water Production | 立方米 | cu.m | 1.1 |
| 工业用水 | Industrial Water | 立方米 | cu.m | 2.1 |

# 3-24 固定资产投资价格指数（1991—2015年）

## Price Indices of Investment in Fixed Assets（1991—2015）

（上年=100）　　　　(Preceding year=100)

| 年份 Year | 固定资产投资价格指数 Price Indices of Investment in Fixed Assets | 建筑安装工程 Construction and Installation | 设备、工器具购置 Purchase of Equipment, Tools & Instruments | 其他费用 Others |
|---|---|---|---|---|
| 1991 | 101.7 | 103.2 | 102.4 | 80.1 |
| 1992 | 117.9 | 116.8 | 119.5 | 123.5 |
| 1993 | 131.2 | 131.5 | 132.9 | 124.7 |
| 1994 | 112.3 | 112.2 | 113.6 | 109.6 |
| 1995 | 103.4 | 101.8 | 106.2 | 105.5 |
| 1996 | 103.6 | 104.2 | 102.9 | 101.5 |
| 1997 | 100.3 | 100.3 | 98.2 | 104.4 |
| 1998 | 99.9 | 101.4 | 95.2 | 100.4 |
| 1999 | 96.1 | 96.6 | 94.5 | 95.9 |
| 2000 | 101.4 | 102.4 | 95.7 | 104.5 |
| 2001 | 102.0 | 103.6 | 97.7 | 100.0 |
| 2002 | 100.3 | 100.8 | 98.4 | 100.1 |
| 2003 | 101.8 | 103.5 | 96.9 | 100.3 |
| 2004 | 104.6 | 106.8 | 99.3 | 101.6 |
| 2005 | 101.4 | 101.3 | 100.8 | 102.0 |
| 2006 | 101.2 | 101.1 | 100.7 | 101.9 |
| 2007 | 102.3 | 103.0 | 101.0 | 101.1 |
| 2008 | 107.9 | 110.7 | 101.7 | 103.7 |
| 2009 | 97.9 | 96.8 | 98.4 | 100.8 |
| 2010 | 103.0 | 103.8 | 101.2 | 102.5 |
| 2011 | 106.2 | 108.7 | 101.0 | 103.9 |
| 2012 | 100.6 | 100.8 | 99.3 | 101.5 |
| 2013 | 100.1 | 99.9 | 99.6 | 101.3 |
| 2014 | 101.6 | 102.2 | 100.4 | 100.7 |
| 2015 | 98.8 | 98.0 | 99.8 | 100.4 |

# 3-25 农产品生产者价格指数（2015年）

## Producers Price Indices for Farm Products（2015）

（上年同期=100） (preceding year=100)

| 指 标 | Item | 全 年<br>Annual Year | 一季度<br>First Quarter | 二季度<br>Second Quarter | 三季度<br>Third Quarter | 四季度<br>Fourth Quarter |
|---|---|---|---|---|---|---|
| **总指数** | **General Index** | **102.0** | **98.0** | **99.4** | **106.4** | **101.9** |
| 农业产品 | Agriculture Products | 98.8 | 96.2 | 94.9 | 102.7 | 98.4 |
| 谷物 | Cereal | 99.6 | 100.5 | 101.6 | 98.9 | 98.2 |
| 稻谷 | Rice | 100.8 | 101.0 | 102.1 | 99.0 | 100.2 |
| 早籼稻 | Early Indica Rice | 101.0 |  | 102.9 | 98.7 | 100.7 |
| 晚籼稻 | Late Indica Rice | 100.7 | 101.0 | 101.9 | 100.2 | 99.7 |
| 玉米 | Corn | 96.0 | 98.7 | 99.6 | 97.8 | 88.0 |
| 薯类 | Tubers | 99.5 | 100.6 | 83.3 | 108.7 | 108.8 |
| 油料 | Oil-bearing Crops | 98.4 | 98.8 |  | 102.8 | 81.2 |
| 花生 | Peanut | 98.4 | 98.8 |  | 102.8 | 81.2 |
| 豆类 | Beans | 99.8 | 100.0 | 98.2 | 100.0 | 100.6 |
| 大豆 | Soybean | 99.8 | 100.0 | 98.2 | 100.0 | 100.6 |
| 生麻 | Raw Hemp | 120.0 | 122.9 | 123.5 | 114.7 | 116.2 |
| 糖料 | Sugar | 97.6 | 90.9 | 89.4 |  | 112.1 |
| 甘蔗 | Sugar Cane | 97.6 | 90.9 | 89.4 |  | 112.1 |
| 未加工烟草 | Untreated Tobacco | 104.0 |  |  | 106.8 | 100.0 |
| 蔬菜及食用菌 | Vegetables and Edible Fungus | 103.4 | 91.9 | 103.0 | 112.5 | 108.1 |
| 蔬菜 | Vegetables | 103.3 | 91.3 | 102.4 | 112.8 | 108.0 |
| 叶菜类蔬菜 | Leafy Vegetables | 105.9 | 93.8 | 96.9 | 115.4 | 118.2 |
| 芹菜 | Celery | 107.6 | 105.1 |  |  | 109.2 |
| 油菜 | Rape | 111.7 | 94.2 | 110.3 | 116.5 | 116.6 |
| 菠菜 | Spinach | 104.2 | 91.9 |  |  | 115.9 |
| 空心菜 | Swamp Morningglory | 98.2 |  | 91.4 | 110.8 | 96.1 |
| 小白菜 | Bok Choy | 110.5 | 97.5 | 95.8 | 123.2 | 115.7 |
| 白菜类蔬菜 | Chinese Cabbage Group | 107.1 | 103.9 | 101.5 | 104.6 | 111.2 |
| 大白菜 | Napa Cabbage | 109.4 | 105.3 | 111.4 | 101.1 | 118.0 |
| 普通白菜 | Common Chinese Cabbage | 106.2 | 113.2 | 100.0 |  | 104.4 |
| 菜心（菜薹） | Chinese Flowering Cabbage | 104.2 | 100.0 | 92.6 | 113.6 | 109.2 |
| 芥菜类蔬菜 | Mustard Vegetables | 102.9 | 80.2 | 95.9 | 107.9 | 116.5 |
| 叶用芥菜 | Leaf Mustard | 102.9 | 80.2 | 95.9 | 107.9 | 116.5 |

3-25 续表 1 continued

（上年同期=100） (preceding year=100)

| 指　标 | Item | 全　年 Annual Year | 一季度 First Quarter | 二季度 Second Quarter | 三季度 Third Quarter | 四季度 Fourth Quarter |
|---|---|---|---|---|---|---|
| 甘蓝类蔬菜 | Brassica Vegetables | 114.5 | 98.0 | 135.0 | 116.4 | 134.1 |
| 结球甘蓝 | Common Head Cabbage | 111.1 | | 200.0 | | 66.7 |
| 菜花 | Cauliflower | 123.4 | 100.3 | 100.0 | 129.4 | 149.2 |
| 青花菜 | Broccoli | 105.1 | | 106.1 | 103.3 | 106.1 |
| 芥蓝 | Cabbage Mustard | 113.3 | 95.7 | | | 127.7 |
| 根茎类蔬菜 | Root Vegetables | 70.4 | 84.0 | 66.7 | | 68.5 |
| 白萝卜 | White Radish | 106.0 | 106.0 | | | 106.0 |
| 胡萝卜 | Carrot | 61.0 | 54.9 | 66.7 | | |
| 生姜 | Ginger | | | | | |
| 芋头 | Taro | | | | | |
| 山药 | Common Yam Rhizome | 34.4 | | | | 34.4 |
| 瓜菜类蔬菜 | Melons and Vegetables | 115.7 | 102.1 | 116.4 | 120.5 | 112.9 |
| 黄瓜 | Cucumber | 120.0 | | 123.3 | 126.5 | 109.5 |
| 冬瓜 | Wax Gourd | 116.0 | 105.9 | 116.8 | 121.6 | 123.0 |
| 西葫芦 | Summer Squash | 73.4 | 84.3 | | | 65.5 |
| 苦瓜 | Balsm Pear | 120.5 | | 124.5 | 121.7 | 115.0 |
| 南瓜 | Pumpkin | 108.2 | | 99.5 | 109.7 | 118.4 |
| 丝瓜 | Luffan | 106.3 | | 106.5 | 113.0 | 100.3 |
| 豆类蔬菜 | Leguminous Vegetables | 107.1 | 86.7 | 113.6 | 107.7 | 103.0 |
| 豇豆 | Cowpea | 110.1 | | 120.0 | 105.2 | 104.9 |
| 四季豆 | Sauteed Green Beans | 110.0 | | 105.1 | 115.3 | |
| 茄果类蔬菜 | Solanaceous Fruit Vegetable | 106.1 | 75.5 | 101.4 | 111.6 | 127.2 |
| 茄子 | Aubergine | 104.4 | | 104.6 | 102.3 | 106.4 |
| 青椒 | Green Pepper | 108.5 | 104.4 | 106.0 | 113.6 | 109.9 |
| 辣椒 | Capsicum | 102.5 | 94.9 | 100.7 | 112.1 | 108.3 |
| 西红柿 | Tomato | 109.1 | 65.2 | 99.3 | 129.0 | 154.1 |
| 莴苣及菊苣类蔬菜 | Lettuce and Chicory Vegetables | 107.8 | 104.2 | 91.8 | 128.9 | 111.7 |
| 生菜 | Lettuce | 115.5 | 96.7 | 98.9 | 133.7 | 125.0 |
| 莴笋 | Asparagus Lettuce | 104.6 | 135.1 | 74.0 | 108.1 | 98.9 |

3-25　续表 2　continued

（上年同期=100）　　(preceding year=100)

| 指　标 | Item | 全　年 Annual Year | 一季度 First Quarter | 二季度 Second Quarter | 三季度 Third Quarter | 四季度 Fourth Quarter |
|---|---|---|---|---|---|---|
| 葱蒜类蔬菜 | Allium Vegetables | 103.7 | 99.4 | 87.6 | 97.3 | 125.0 |
| 大葱 | Allium Fistulosum | 100.2 | 100.2 | | | |
| 细香葱 | Chive | 109.8 | | | 101.0 | 127.0 |
| 大蒜 | Garlic | 98.8 | 98.8 | | | |
| 韭菜 | Leek | 101.9 | 99.3 | 83.3 | 95.6 | 124.7 |
| 水生蔬菜 | Aquatic Vegetables | 101.4 | 100.3 | 105.2 | 102.6 | 99.1 |
| 莲藕 | Lotus Root | 99.2 | | | 102.6 | 95.8 |
| 荸荠 | Chufa | 103.8 | 100.3 | 105.2 | | 106.4 |
| 食用菌 | Edible Fungus | 106.0 | 102.8 | 114.7 | 106.0 | 109.1 |
| 平菇 | Oyster Mushroom | 108.6 | 93.9 | 122.0 | 106.4 | 115.1 |
| 双孢蘑菇 | Double Spore Mushroom | 104.7 | 100.0 | 100.0 | 106.3 | 110.7 |
| 鸡腿菇 | Coprinus Comatus | 83.3 | 83.3 | | | |
| 茶树菇 | Glossy Ganoderma | 104.7 | 104.8 | 107.3 | 104.0 | 103.0 |
| 香菇 | Mushrooms | | | | | |
| 黑木耳 | Jew's-ear | 115.3 | 116.3 | 143.1 | 108.7 | 109.6 |
| 黄背木耳 | Auricularia Polytricha | 102.4 | 103.4 | 106.8 | 100.0 | 100.0 |
| 水果及坚果 | Fruit and Nuts | 93.9 | 107.1 | 90.9 | 102.2 | 78.2 |
| 水果（园林水果） | Fruit（Garden Fruit） | 93.9 | 107.1 | 90.9 | 102.2 | 78.2 |
| 柑橘类水果 | Citrus Fruit | 104.8 | 109.4 | 112.5 | 104.9 | 94.5 |
| 柑橘 | Citrus | 103.4 | 106.9 | | 100.5 | 94.5 |
| 橙 | Orange | 107.2 | 112.9 | 112.5 | | 96.8 |
| 柚 | Pomelo Grapefruit | 106.6 | 111.8 | | 115.9 | 92.9 |
| 葡萄 | Grape | 109.6 | 103.4 | | 116.8 | |
| 巨峰葡萄 | Kyoho Grape | 110.6 | 104.3 | | 122.1 | |
| 热带水果 | Tropical Fruits | 97.0 | 103.8 | 114.7 | 102.0 | 47.1 |
| 香蕉 | Banana | 63.7 | 103.8 | 73.7 | 43.2 | 47.1 |
| 龙眼 | Longan | 105.3 | | | 105.3 | |
| 荔枝 | Lychee | 119.0 | | 135.1 | 109.7 | |
| 芒果 | Mango | 114.1 | | 106.3 | 119.2 | |

3-25 续表 3 continued

（上年同期=100） (preceding year=100)

| 指 标 | Item | 全 年 Annual Year | 一季度 First Quarter | 二季度 Second Quarter | 三季度 Third Quarter | 四季度 Fourth Quarter |
|---|---|---|---|---|---|---|
| 瓜类水果 | Melon Fruit | 81.9 | | 58.1 | 83.8 | 113.1 |
| 西瓜 | Watermelon | 78.4 | | 54.6 | 74.5 | 113.1 |
| 香瓜 | Muskmelon | 101.4 | | 86.5 | 111.4 | |
| 其他水果 | Other Fruit | 49.2 | | | | 49.2 |
| 柿子 | Persimmon | 49.2 | | | | 49.2 |
| 茶及饮料原料 | Tea and Beverage Raw Materials | 101.7 | 101.9 | 102.8 | 100.1 | 102.2 |
| 茶叶 | Tea | 101.7 | 101.9 | 102.8 | 100.1 | 102.2 |
| 绿茶 | Green Tea | 101.7 | 101.9 | 102.8 | 100.1 | 102.2 |
| 中草药材 | Chinese Medicinal Herbs | 101.1 | 89.2 | 112.3 | 90.4 | 90.8 |
| 林业产品 | Forestry Products | 97.7 | 96.9 | 98.0 | 98.4 | 96.5 |
| 育种和育苗 | Breeding and Seedling Raising | 87.0 | 86.4 | 90.4 | 86.1 | |
| 木材采伐产品 | Timber Harvesting Products | 99.7 | 99.9 | 100.2 | 100.7 | 97.7 |
| 原木 | Log | 99.8 | 99.9 | 100.2 | 101.0 | 97.7 |
| 针叶原木 | Coniferous Log | 100.7 | 100.0 | 100.1 | 103.2 | 99.1 |
| 马尾松原木 | Ping Log | 101.1 | 99.8 | 100.0 | 104.7 | 99.5 |
| 杉木原条 | Chinese Fir | 99.4 | 100.3 | 100.5 | 98.7 | 97.8 |
| 非针叶原木 | Non Coniferous Wood | 97.5 | 99.7 | 100.2 | 95.1 | 93.8 |
| 按树原木 | Eucalyptus Log | 96.8 | 97.8 | 100.2 | 95.1 | 93.8 |
| 竹材采伐产品 | Bamboo Cutting Products | 96.7 | 102.5 | | 96.7 | 92.7 |
| 林产品 | Forest Product | 93.9 | 98.6 | 90.4 | 90.7 | 92.8 |
| 饲养动物及其产品 | Feeding Animals and Their Products | 108.0 | 101.7 | 106.6 | 114.8 | 108.8 |
| 活牲畜 | Live Cattle | 111.1 | 98.2 | 108.8 | 122.3 | 114.1 |
| 猪 | Pig | 112.5 | 98.0 | 110.3 | 124.5 | 115.9 |
| 种猪 | Boar | 108.8 | 73.8 | 90.0 | 104.1 | 162.4 |
| 仔猪 | Piglet | 116.1 | 97.0 | 112.1 | 128.3 | 123.2 |
| 能繁殖母猪 | Breeding Sows | 103.5 | 98.5 | 105.6 | 101.3 | 103.2 |
| 其他活猪 | Other Pigs | 112.5 | 98.4 | 110.3 | 124.6 | 115.2 |
| 牛 | Cattle | 99.1 | 96.2 | 95.8 | 102.4 | 100.1 |
| 羊 | Sheep | 96.0 | 104.5 | 96.0 | 93.0 | 90.9 |

3-25 续表 4 continued

（上年同期=100） (preceding year=100)

| 指 标 | Item | 全 年 Annual Year | 一季度 First Quarter | 二季度 Second Quarter | 三季度 Third Quarter | 四季度 Fourth Quarter |
|---|---|---|---|---|---|---|
| 活家禽 | Live Poultry | 103.6 | 120.6 | 108.6 | 96.3 | 92.6 |
| 活鸡 | Chickens | 105.6 | 125.3 | 112.1 | 95.7 | 93.1 |
| 活鸭 | Live ducks | 96.3 | 102.7 | 95.5 | 97.5 | 90.0 |
| 畜禽产品 | Livestock and Poultry Products | 90.3 | 98.6 | 92.7 | 85.4 | 91.6 |
| 禽蛋 | Poultry of Eggs | 98.5 | 98.6 | 99.5 | 95.7 | 99.9 |
| 鸡蛋 | Egg | 97.5 | 97.9 | 99.2 | 92.9 | 99.9 |
| 鸭蛋 | Duck’s Egg | 100.0 | 100.0 | 100.0 | 100.0 | |
| 蚕茧 | Silkworm Cocoon | 85.1 | | 87.1 | 81.7 | 86.4 |
| 渔业产品 | Fishery Products | 99.4 | 101.1 | 101.9 | 98.0 | 98.7 |
| 海水养殖产品 | Mariculture Products | 102.6 | 104.2 | 109.0 | 95.8 | 106.4 |
| 海水养殖虾 | Mariculture of Prawns | 90.0 | | 103.5 | 76.4 | 89.7 |
| 海水养殖蟹 | Mariculture of Crabs | 100.5 | 97.0 | 103.4 | | |
| 海水养殖贝类 | Mariculture of Shellfish | 112.0 | 105.3 | 113.6 | 109.1 | 118.8 |
| 海水养殖牡蛎 | Mariculture of Oyster | 113.9 | 104.2 | 112.2 | | 127.4 |
| 海水养殖蛤 | Mariculture of Clams | 109.5 | 106.6 | 115.3 | 109.1 | 108.2 |
| 海水捕捞产品 | Marine Fishery Products | 102.3 | 103.8 | 102.5 | 100.5 | 101.3 |
| 海水捕捞鲜鱼 | Marine Fishing Fresh Fish | 100.8 | 101.3 | 100.0 | 100.5 | 101.7 |
| 海水捕捞虾 | Marine Fishing Shrimp | 106.3 | 103.9 | 109.1 | 103.7 | 104.1 |
| 海水捕捞蟹 | Marine Fishing Crab | 105.2 | 107.8 | 110.5 | 104.5 | 101.1 |
| 海水捕捞软体水生动物 | Marine Aquatic Animals | 94.0 | 105.0 | 92.2 | 91.6 | 89.7 |
| 淡水养殖产品 | Freshwater Aquaculture Products | 95.6 | 97.5 | 96.4 | 98.5 | 91.6 |
| 养殖淡水鱼 | Cultured Freshwater Fish | 96.6 | 99.2 | 95.5 | 100.3 | 92.8 |
| 养殖淡水鲤鱼 | Cultured Freshwater Carp | 104.2 | 98.9 | 111.1 | 103.1 | 103.6 |
| 养殖淡水草鱼 | Cultured Freshwater Grass Carp | 98.4 | 100.6 | 98.2 | 97.9 | 97.1 |
| 养殖淡水鳙鱼（胖头鱼） | Cultured Freshwater Bighead | 94.3 | 97.2 | 93.8 | 93.5 | 92.4 |
| 养殖淡水罗非鱼 | Cultured Freshwater Tilapia | 89.7 | 99.7 | 87.3 | 88.0 | 84.5 |
| 养殖淡水鲢鱼 | Cultured Freshwater Silver Carp | 100.5 | 98.5 | 94.1 | 123.6 | 92.5 |
| 其他淡水养殖产品 | Other Cultured Freshwater Products | 91.5 | 90.8 | 99.6 | 91.1 | 86.4 |
| 淡水养殖龟 | Cultured Freshwater Turtle | 89.3 | | 100.0 | 89.6 | 79.8 |
| 淡水养殖鳖 | Cultured Freshwater Turtles | 93.3 | 90.8 | 99.2 | 92.3 | 91.9 |

# 3-26 分季度农产品生产者价格指数

（上年同期=100）

| 指标 | Item | 2012 一季度 First Quarter | 二季度 Second Quarter | 三季度 Third Quarter | 四季度 Fourth Quarter |
|---|---|---|---|---|---|
| **总指数** | **General Index** | **107.2** | **102.9** | **100.3** | **94.9** |
| 农业产品 | Agriculture Products | 105.6 | 119.9 | 112.1 | 99.1 |
| 谷物 | Cereal | 110.1 | 107.4 | 99.5 | 101.8 |
| 稻谷 | Rice | 110.8 | 105.9 | 98.9 | 100.1 |
| 早籼稻 | Early Indica Rice | 109.1 | 103.8 | 96.3 | 102.6 |
| 晚籼稻 | Late Indica Rice | 111.2 | 106.3 | 106.9 | 97.9 |
| 玉米 | Corn | 107.4 | 114.3 | 103.8 | 104.8 |
| 薯类 | Tubers | 90.9 | 111.5 | | 111.8 |
| 油料 | Oil-bearing Crops | 110.3 | 105.8 | 91.8 | 107.9 |
| 花生 | Peanut | 110.5 | 111.1 | 91.7 | 108.5 |
| 豆类 | Beans | 119.3 | 99.5 | 101.3 | 106.7 |
| 大豆 | Soybean | 119.3 | 99.5 | 101.3 | 106.7 |
| 生麻 | Raw Hemp | 114.0 | 106.2 | 114.1 | 124.8 |
| 糖料 | Sugar | 107.8 | 102.5 | | 93.1 |
| 甘蔗 | Sugar Cane | 107.8 | 102.5 | | 93.1 |
| 未加工烟草 | Untreated Tobacco | | | 127.3 | 110.0 |
| 蔬菜及食用菌 | Vegetables and Edible Fungus | 99.9 | 148.0 | 123.1 | 103.9 |
| 蔬菜 | Vegetables | 99.9 | 148.0 | 123.9 | 103.8 |
| 叶菜类蔬菜 | Leafy Vegetables | 102.2 | 109.3 | 110.2 | 121.6 |
| 芹菜 | Celery | 106.0 | | | 142.6 |
| 油菜 | Rape | | | | |
| 菠菜 | Spinach | 100.0 | 122.5 | | |
| 空心菜 | Swamp Morningglory | | 104.4 | 106.5 | 65.6 |
| 小白菜 | Bok Choy | 109.4 | | 100.0 | 103.3 |
| 白菜类蔬菜 | Chinese Cabbage Group | 111.0 | 125.3 | 101.3 | 132.2 |
| 大白菜 | Napa Cabbage | 111.0 | 125.3 | 101.3 | 132.2 |
| 普通白菜 | Common Chinese Cabbage | 103.2 | 100.7 | | 126.0 |
| 菜心（菜薹） | Chinese Flowering Cabbage | 107.1 | 114.2 | 108.6 | 96.2 |
| 芥菜类蔬菜 | Mustard Vegetables | 119.3 | 119.7 | 110.3 | 98.6 |
| 叶用芥菜 | Leaf Mustard | 119.3 | 119.7 | 110.3 | 98.6 |
| 甘蓝类蔬菜 | Brassica Vegetables | | | | |
| 结球甘蓝 | Common Head Cabbage | | | | |
| 菜花 | Cauliflower | | | | |
| 芥蓝 | Cabbage Mustard | | | | |
| 根茎类蔬菜 | Root Vegetables | 53.5 | 50.7 | 82.7 | 88.3 |
| 白萝卜 | White Radish | 108.9 | 106.7 | | 115.0 |
| 胡萝卜 | Carrot | 100.0 | 103.2 | | |
| 生姜 | Ginger | 44.8 | 64.8 | 82.7 | 87.5 |
| 芋头 | Taro | 85.1 | 104.9 | 95.8 | 101.1 |
| 山药 | Common Yam Rhizome | 58.1 | 46.2 | 22.8 | |
| 瓜菜类蔬菜 | Melons and Vegetables | 108.5 | 127.3 | 129.3 | 98.7 |
| 黄瓜 | Cucumber | 118.2 | 133.6 | 123.5 | 115.8 |
| 冬瓜 | Wax Gourd | 153.5 | 171.8 | 121.9 | 114.2 |
| 西葫芦 | Summer Squash | | | | 80.8 |
| 苦瓜 | Balsam Pear | | 129.1 | 134.8 | 95.8 |
| 南瓜 | Pumpkin | 108.2 | 109.9 | 102.5 | 98.0 |

# Producers Price Indices for Farm Products by Quarter

(preceding year=100)

| 2013 | | | | 2014 | | | |
|---|---|---|---|---|---|---|---|
| 一季度 First Quarter | 二季度 Second Quarter | 三季度 Third Quarter | 四季度 Fourth Quarter | 一季度 First Quarter | 二季度 Second Quarter | 三季度 Third Quarter | 四季度 Fourth Quarter |
| **98.5** | **96.9** | **105.5** | **104.5** | **100.9** | **95.2** | **98.7** | **100.2** |
| 96.7 | 98.9 | 116.4 | 105.8 | 103.0 | 93.1 | 100.5 | 103.2 |
| 99.7 | 98.1 | 97.6 | 98.8 | 101.8 | 101.4 | 101.9 | 103.6 |
| 99.9 | 96.7 | 97.0 | 98.4 | 101.8 | 102.3 | 102.2 | 104.4 |
| 92.3 | 97.5 | 96.7 | 98.9 | 103.7 | 103.5 | 102.6 | 106.0 |
| 101.7 | 96.6 | 98.2 | 97.9 | 101.4 | 102.0 | 100.7 | 103.0 |
| 99.1 | 103.8 | 101.1 | 99.6 | 101.9 | 97.4 | 100.4 | 102.3 |
| 102.1 | 96.0 | 100.6 | 91.7 | 101.9 | 109.2 | 125.0 | 98.4 |
| 103.9 | 100.8 | 101.2 | 108.5 | 100.0 | 96.2 | 101.1 | 107.7 |
| 103.9 | 99.6 | 101.2 | 105.5 | 99.6 | 97.6 | 101.1 | 106.1 |
| 113.7 | 91.2 | 107.0 | 97.9 | 96.8 | 101.4 | 101.5 | 91.5 |
| 113.7 | 91.2 | 107.0 | 97.9 | 96.8 | 101.4 | 101.5 | 91.5 |
| 82.3 | 105.6 | 153.3 | 112.5 | 100.0 | 121.7 | 104.4 | 126.3 |
| 94.0 | 94.0 | 94.0 | 95.7 | 95.7 | 93.6 | | 93.0 |
| 94.0 | 94.0 | 94.0 | 95.7 | 95.7 | 93.6 | | 93.0 |
| | | 103.9 | 106.9 | 100.0 | | 99.8 | 106.2 |
| 106.5 | 101.2 | 110.8 | 125.0 | 103.3 | 89.3 | 104.4 | 102.7 |
| 106.5 | 101.2 | 110.9 | 125.0 | 103.3 | 89.3 | 104.3 | 102.7 |
| 105.5 | 106.9 | 115.2 | 146.1 | 100.7 | 96.4 | 106.9 | 111.7 |
| 121.6 | 130.0 | | 204.8 | 102.2 | | | |
| 95.5 | | | 90.9 | 87.2 | 115.8 | 109.0 | 109.1 |
| | | | | | | | 110.9 |
| | 106.8 | 101.8 | 95.5 | | 82.4 | 102.5 | 115.4 |
| 150.3 | 114.7 | | 105.7 | 94.0 | 144.0 | 106.4 | 97.6 |
| 104.6 | 95.9 | 99.5 | 98.7 | 84.7 | 132.6 | 102.7 | 106.8 |
| 104.6 | 95.9 | 99.5 | 98.7 | 84.7 | 132.6 | 102.7 | 106.8 |
| 150.7 | 120.0 | | 109.4 | 80.6 | | | 100.0 |
| 108.7 | | | 104.5 | 108.9 | 104.1 | 93.6 | 100.5 |
| 88.7 | 89.4 | 101.9 | 100.0 | 88.6 | 108.6 | 117.9 | 110.5 |
| 88.7 | 89.4 | 99.5 | 100.0 | 88.6 | 108.6 | 117.9 | 110.5 |
| 95.3 | | | | 92.7 | | | |
| 95.3 | | | | 92.3 | | | |
| 107.7 | | | | 109.0 | 137.1 | 133.3 | 107.7 |
| 116.9 | | | | 97.6 | 106.5 | | 111.1 |
| 108.1 | 94.2 | 147.8 | 108.9 | 113.0 | 111.6 | 109.4 | 106.0 |
| 110.1 | | | 115.0 | 82.7 | 83.3 | | 85.5 |
| | 119.8 | | | 111.1 | | | 107.1 |
| 101.7 | 90.7 | 147.5 | 123.3 | 117.6 | 171.9 | 109.4 | 123.0 |
| 102.4 | | | 93.5 | 103.8 | 111.1 | 107.7 | 101.8 |
| 113.9 | 94.0 | | 100.0 | 109.9 | 108.3 | 100.5 | 96.0 |
| 89.1 | 111.0 | 108.6 | 158.1 | 70.7 | 78.8 | 99.0 | 98.3 |
| 113.5 | 108.3 | 90.0 | 104.5 | 112.6 | 94.1 | 102.5 | 97.5 |
| 68.3 | 78.2 | 134.5 | 182.9 | 134.5 | 92.8 | 82.8 | 77.1 |
| 84.9 | | | 63.9 | 63.3 | | | 92.1 |
| | 116.4 | 114.9 | 165.2 | | 66.7 | 98.0 | 99.6 |
| | | 107.5 | 104.6 | | 80.3 | 114.2 | 100.0 |

3-26 续表 1

（上年同期=100）

| 指 标 | Item | 2012 一季度 First Quarter | 2012 二季度 Second Quarter | 2012 三季度 Third Quarter | 2012 四季度 Fourth Quarter |
|---|---|---|---|---|---|
| 丝瓜 | Luffan |  | 128.1 | 125.5 | 79.9 |
| 豆类蔬菜 | Leguminous Vegetables | 133.6 | 173.2 | 139.5 | 83.8 |
| 豇豆 | Cowpea |  | 154.9 | 139.5 | 76.8 |
| 四季豆 | Sauteed Green Beans | 133.6 | 196.3 |  | 91.8 |
| 茄果类蔬菜 | Solanaceous Fruit Vegetable | 94.7 | 152.7 | 139.5 | 112.3 |
| 茄子 | Aubergine | 145.7 | 120.7 | 143.1 | 113.5 |
| 青椒 | Green Pepper | 115.2 | 187.1 | 123.2 | 86.5 |
| 辣椒 | Capsicum | 108.6 | 150.9 | 112.8 | 88.5 |
| 西红柿 | Tomato | 86.5 | 163.1 | 156.2 | 141.9 |
| 莴苣及菊苣类蔬菜 | Lettuce and Chicory Vegetables | 95.9 | 107.2 |  | 107.1 |
| 生菜 | Lettuce | 96.0 | 107.6 |  | 107.1 |
| 莴笋 | Asparagus Lettuce | 93.2 | 83.8 |  |  |
| 葱蒜类蔬菜 | Allium Vegetables | 105.5 | 113.2 | 187.4 | 106.1 |
| 大葱 | Allium Fistulosum |  |  |  |  |
| 细香葱 | Chive | 93.8 | 126.5 | 92.4 |  |
| 大蒜 | Garlic | 106.1 | 120.0 |  | 92.3 |
| 韭菜 | Leek | 108.8 | 104.6 | 256.4 | 122.0 |
| 水生蔬菜 | Aquatic Vegetables | 99.7 | 101.1 | 123.0 | 138.3 |
| 莲藕 | Lotus Root | 85.4 | 61.8 | 123.0 | 138.3 |
| 荸荠 | Chufa | 101.6 | 103.1 |  |  |
| 食用菌 | Edible Fungus | 98.2 | 93.3 | 84.0 | 116.2 |
| 双孢蘑菇 | Double Spore Mushroom | 100.9 | 93.3 |  | 116.2 |
| 香菇 | Mushrooms | 90.2 | 84.3 | 84.0 | 112.3 |
| 黑木耳 | Black Fungus | 100.0 | 114.5 |  |  |
| 黄背木耳 | Yellow Back Fungus | 124.3 |  | 80.5 | 66.7 |
| 水果及坚果 | Fruit and Nuts | 96.0 | 124.4 | 114.8 | 92.5 |
| 水果（园林水果） | Fruit（Garden Fruit） | 96.0 | 124.4 | 114.7 | 92.3 |
| 柑橘类水果 | Citrus Fruit | 105.8 | 58.1 | 95.5 | 98.3 |
| 柑橘 | Citrus | 112.0 | 81.5 | 95.5 | 98.0 |
| 橙 | Orange | 109.0 | 56.8 | 113.1 | 101.4 |
| 柚 | Pomelo Grapefruit | 82.4 |  |  | 92.1 |
| 葡萄 | Grape |  |  | 90.9 |  |
| 巨峰葡萄 | Kyoho Grape |  |  | 90.9 |  |
| 热带水果 | Tropical Fruits | 93.1 | 129.7 | 126.2 | 58.3 |
| 香蕉 | Banana | 93.1 | 91.1 | 108.4 | 58.3 |
| 龙眼 | Longan |  |  | 123.3 |  |
| 荔枝 | Lychee |  | 147.8 | 147.2 |  |
| 芒果 | Mango |  | 127.7 | 153.3 |  |
| 瓜类水果 | Melon Fruit |  | 127.2 | 110.3 | 65.7 |
| 西瓜 | Watermelon |  | 127.9 | 108.8 | 65.7 |
| 香瓜 | Muskmelon |  | 121.8 | 123.1 | 200.0 |
| 其他水果 | Other Fruit | 102.4 | 117.0 | 98.6 | 117.1 |
| 柿子 | Persimmon | 80.6 |  | 86.9 | 117.5 |
| 茶及饮料原料 | Tea and Beverage Raw Materials | 113.7 | 103.7 | 108.0 | 93.2 |
| 茶叶 | Tea | 113.7 | 103.7 | 108.0 | 93.2 |
| 绿茶 | Green Tea | 113.7 | 103.7 | 108.0 | 93.2 |

continued

(preceding year=100)

| 2013 | | | | 2014 | | | |
|---|---|---|---|---|---|---|---|
| 一季度 First Quarter | 二季度 Second Quarter | 三季度 Third Quarter | 四季度 Fourth Quarter | 一季度 First Quarter | 二季度 Second Quarter | 三季度 Third Quarter | 四季度 Fourth Quarter |
| | 105.9 | 111.8 | 102.2 | | 93.5 | 105.2 | 105.8 |
| 111.9 | 101.6 | 107.5 | 107.9 | 102.1 | 93.5 | 105.0 | 95.0 |
| | 104.1 | 108.0 | 104.1 | | 95.3 | 107.7 | 99.0 |
| 111.9 | 98.5 | 105.3 | 112.3 | 102.1 | 91.2 | 90.0 | 90.4 |
| 88.5 | 95.6 | 101.4 | 113.5 | 110.2 | 84.3 | 101.2 | 98.9 |
| 92.1 | 98.0 | 98.4 | 102.0 | | 87.2 | 108.2 | 102.6 |
| 88.4 | 94.0 | 88.6 | 102.4 | 100.0 | 92.3 | 109.5 | 102.5 |
| 82.0 | 97.5 | 99.0 | 117.2 | 111.6 | 76.4 | 102.1 | 106.8 |
| 91.5 | 87.9 | 105.9 | 111.8 | 110.0 | 114.6 | 97.6 | 88.7 |
| 136.7 | 106.2 | 126.1 | 110.6 | 125.6 | 106.7 | 108.8 | 108.0 |
| 137.6 | 107.0 | 126.1 | 110.6 | 126.0 | 106.7 | 108.8 | 108.1 |
| 92.1 | 58.6 | | 107.4 | 104.1 | | 100.0 | 100.0 |
| 131.2 | 104.9 | 101.6 | 110.5 | 102.6 | 101.9 | 99.6 | 90.8 |
| | | | | | | | 107.1 |
| 112.9 | 120.7 | | 142.5 | 111.9 | 102.6 | | 79.9 |
| 103.4 | 99.4 | | 98.9 | 99.5 | 107.3 | | 93.6 |
| 152.1 | 101.1 | 101.6 | 89.3 | 101.4 | 99.1 | 99.6 | 99.3 |
| 112.8 | 103.6 | 105.0 | 104.4 | 94.5 | 127.2 | 113.0 | |
| 121.4 | 100.0 | 105.0 | 102.6 | 102.6 | 100.0 | 113.0 | |
| 111.7 | 103.8 | | 108.3 | 93.5 | 128.6 | | |
| 114.0 | | 106.8 | | 103.5 | 108.7 | 107.9 | |
| 107.8 | | | | 101.9 | 108.7 | | |
| 142.2 | 121.9 | 119.4 | | 107.1 | 103.5 | 107.9 | 93.6 |
| 100.0 | 100.0 | 100.0 | 100.0 | | | | |
| 66.7 | | | | | | | |
| 92.1 | 114.3 | 135.6 | 104.7 | 145.6 | 90.1 | 94.6 | 108.7 |
| 92.1 | 114.3 | 135.8 | 104.6 | 145.6 | 90.1 | 94.6 | 108.7 |
| 94.6 | 122.0 | 123.0 | 106.9 | 109.7 | 98.6 | 102.9 | 107.9 |
| 94.7 | 122.0 | 123.0 | 107.5 | 113.2 | 101.6 | 102.9 | 107.8 |
| 94.0 | | | 102.3 | 106.1 | 98.5 | | 107.1 |
| | | | 106.1 | 99.5 | | | 119.7 |
| | | 119.8 | | | | 99.6 | 80.0 |
| | | 119.8 | | | | 99.6 | 80.0 |
| 91.4 | 106.2 | 158.9 | 127.2 | 156.1 | 93.9 | 86.3 | 110.1 |
| 91.4 | 113.2 | 108.3 | 127.2 | 156.1 | 95.9 | 102.3 | 110.1 |
| | | 169.7 | | | | 84.9 | |
| | 105.4 | 96.4 | | | 86.5 | 61.4 | |
| | | 63.3 | | | 130.2 | 108.8 | |
| | 130.0 | 93.5 | 212.2 | | 79.5 | 105.2 | 91.1 |
| | 134.1 | 92.1 | 212.2 | | 72.0 | 105.6 | 91.1 |
| | 96.9 | 105.6 | | | 140.1 | 101.6 | |
| 74.1 | 101.3 | | 66.3 | | 101.1 | 101.3 | 111.9 |
| 74.1 | | | 66.3 | | | 100.5 | 111.9 |
| 101.5 | 73.9 | 130.5 | 110.0 | 101.0 | 99.0 | 102.1 | 106.1 |
| 101.5 | 73.9 | 130.5 | 110.0 | 101.0 | 99.0 | 102.1 | 106.1 |
| 101.5 | 73.9 | 130.5 | 110.0 | 101.0 | 99.0 | 102.1 | 106.1 |

3-26 续表 2

（上年同期=100）

| 指 标 | Item | 2012 一季度 First Quarter | 二季度 Second Quarter | 三季度 Third Quarter | 四季度 Fourth Quarter |
|---|---|---|---|---|---|
| 中草药材 | Chinese Medicinal Herbs | 118.1 | 94.1 | 100.0 | |
| 林业产品 | Forestry Products | 107.0 | 97.5 | 94.3 | 103.3 |
| 育种和育苗 | Breeding and Seedling Raising | 108.5 | 100.3 | | |
| 木材采伐产品 | Timber Harvesting Products | 107.1 | 97.5 | 94.8 | 103.4 |
| 原木 | Log | 107.1 | 97.5 | 94.8 | 103.4 |
| 针叶原木 | Coniferous Log | 107.3 | 94.5 | 89.3 | 101.5 |
| 马尾松原木 | Pine Log | 107.9 | 94.8 | 85.4 | 102.3 |
| 杉木原条 | Chinese Fir | 106.6 | 93.4 | 102.2 | 99.1 |
| 非针叶原木 | Non Coniferous Wood | 106.5 | 103.8 | 110.8 | 108.8 |
| 桉树原木 | Eucalyptus Log | 106.5 | 103.8 | 110.8 | 108.8 |
| 竹材采伐产品 | Bamboo Cutting Products | | | 109.6 | 100.0 |
| 林产品 | Forest Product | 62.8 | 72.5 | 65.7 | 88.9 |
| 饲养动物及其产品 | Feeding Animals and Their Products | 110.8 | 88.1 | 96.6 | 90.1 |
| 活牲畜 | Live Cattle | 113.0 | 87.4 | 94.8 | 85.5 |
| 猪 | Pig | 112.9 | 87.3 | 94.8 | 85.4 |
| 种猪 | Boar | 120.7 | 87.2 | 88.3 | 111.9 |
| 仔猪 | Piglet | 114.8 | 98.5 | 81.0 | 79.0 |
| 能繁殖母猪 | Breeding Sows | 101.0 | | | 100.0 |
| 其他活猪 | Other Pigs | 112.9 | 87.3 | 94.8 | 85.4 |
| 羊 | Sheep | 136.8 | 124.2 | 135.6 | 127.2 |
| 活家禽 | Live Poultry | 109.5 | 98.5 | 101.4 | 112.6 |
| 活鸡 | Chickens | 110.5 | 97.8 | 98.8 | 112.1 |
| 活鸭 | Live ducks | 105.3 | 101.4 | 106.5 | 114.6 |
| 畜禽产品 | Livestock and Poultry Products | 94.3 | 85.1 | 107.4 | 116.6 |
| 禽蛋 | Poultry of Eggs | 94.3 | 93.7 | 89.3 | 108.9 |
| 鸡蛋 | Egg | 92.4 | 97.2 | 100.6 | 102.2 |
| 鸭蛋 | Duck's Egg | 94.4 | 93.7 | 89.3 | 108.9 |
| 蚕茧 | Silkworm Cocoon | | 81.0 | 113.8 | 120.6 |
| 渔业产品 | Fishery Products | 107.8 | 97.8 | 100.7 | 94.8 |
| 海水养殖产品 | Mariculture Products | | 93.6 | 91.4 | |
| 海水养殖贝类 | Mariculture of Shellfish | | 93.6 | 91.4 | |
| 海水捕捞产品 | Marine Fishery Products | 101.9 | 107.1 | 112.4 | 103.8 |
| 海水捕捞鲜鱼 | Marine Fishing Fresh Fish | 96.5 | 109.4 | 114.4 | 102.7 |
| 海水捕捞虾 | Marine Fishing Shrimp | 138.4 | 93.1 | 122.0 | 100.3 |
| 海水捕捞蟹 | Marine Fishing Crab | 97.7 | 102.2 | 104.2 | 104.6 |
| 海水捕捞软体水生动物 | Marine Aquatic Animals | 112.2 | 105.1 | 106.7 | 107.4 |
| 淡水养殖产品 | Freshwater Aquaculture Products | 114.2 | 96.2 | 99.6 | 87.9 |
| 养殖淡水鱼 | Cultured Freshwater Fish | 115.6 | 96.0 | 99.9 | 84.4 |
| 养殖淡水鲤鱼 | Cultured Freshwater Carp | 114.8 | 87.5 | 97.8 | 88.4 |
| 养殖淡水草鱼 | Cultured Freshwater Grass Carp | 113.2 | 104.4 | 99.0 | 96.9 |
| 养殖淡水鳙鱼(胖头鱼) | Cultured Freshwater Bighead | 118.2 | 96.0 | 102.9 | 88.5 |
| 养殖淡水罗非鱼 | Cultured Freshwater Tilapia | 96.2 | 76.1 | 88.8 | 81.8 |
| 养殖淡水鲢鱼 | Cultured Freshwater Silver Carp | 126.5 | 100.1 | 103.3 | 77.9 |
| 其他淡水养殖产品 | Other Cultured Freshwater Products | 111.1 | 96.5 | 98.7 | 100.3 |
| 淡水养殖龟 | Cultured Freshwater Turtle | | 81.2 | 90.5 | |
| 淡水养殖鳖 | Cultured Freshwater Turtles | 111.1 | 104.5 | 102.9 | 100.3 |

continued

(preceding year=100)

| 2013 | | | | 2014 | | | |
|---|---|---|---|---|---|---|---|
| 一季度 First Quarter | 二季度 Second Quarter | 三季度 Third Quarter | 四季度 Fourth Quarter | 一季度 First Quarter | 二季度 Second Quarter | 三季度 Third Quarter | 四季度 Fourth Quarter |
| 157.7 | 103.3 | 90.7 | 106.1 | 105.3 | 101.5 | 100.8 | 99.9 |
| 102.1 | 104.2 | 102.2 | 103.9 | 113.1 | 100.7 | 102.0 | 101.5 |
| 93.3 | 85.8 | | | 117.3 | 99.8 | | |
| 106.2 | 105.0 | 101.8 | 103.4 | 111.2 | 100.7 | 101.8 | 101.5 |
| 106.2 | 105.0 | 101.8 | 103.4 | 111.2 | 100.7 | 101.8 | 101.5 |
| 105.0 | 104.4 | 107.5 | 101.1 | 107.9 | 100.0 | 102.1 | 101.6 |
| 106.9 | 105.0 | 108.2 | 99.3 | 101.3 | 99.9 | 101.7 | 101.1 |
| 102.6 | 102.6 | 105.2 | 106.8 | 116.6 | 100.2 | 103.7 | 103.3 |
| 109.6 | 106.2 | 85.6 | 110.2 | 121.4 | 102.1 | 100.8 | 101.3 |
| 110.0 | 106.2 | 85.6 | 110.2 | 121.4 | 102.1 | 100.8 | 101.3 |
| 108.8 | | 108.7 | 101.9 | 105.0 | | 107.7 | 101.7 |
| 81.4 | 102.9 | 119.3 | 164.4 | 125.4 | 120.0 | 112.3 | 95.7 |
| 101.7 | 92.9 | 101.7 | 103.1 | 94.5 | 95.4 | 97.0 | 97.7 |
| 95.4 | 89.2 | 100.9 | 103.3 | 94.7 | 94.4 | 96.3 | 97.0 |
| 95.3 | 89.1 | | 103.3 | 94.7 | 94.4 | 96.3 | 97.0 |
| 91.9 | 108.9 | | 103.1 | 89.5 | 81.0 | 91.6 | 91.7 |
| 83.4 | 79.5 | | 93.8 | 93.9 | 93.6 | 93.7 | 96.2 |
| | 97.2 | | 100.0 | 94.7 | 101.7 | 104.2 | 100.0 |
| 95.3 | 89.1 | 100.9 | 103.3 | 94.7 | 94.4 | 96.3 | 97.0 |
| 121.8 | 118.2 | 108.1 | 102.2 | 108.4 | 106.4 | 104.7 | 102.5 |
| 116.7 | 93.1 | 100.4 | 100.0 | 92.7 | 106.8 | 105.2 | 105.3 |
| 116.3 | 91.6 | 100.2 | 99.4 | 91.6 | 107.3 | 106.5 | 106.0 |
| 118.6 | 99.9 | 100.9 | 102.6 | 97.5 | 104.4 | 102.6 | 102.0 |
| 133.4 | 117.6 | 109.9 | 104.0 | 94.8 | 94.2 | 94.1 | 97.2 |
| 133.4 | 118.1 | 123.7 | 107.1 | 94.8 | 92.6 | 102.0 | 105.0 |
| 100.4 | 99.0 | 109.0 | 99.5 | 98.5 | 98.5 | 101.3 | 105.4 |
| 133.5 | 118.2 | 123.8 | 107.2 | 94.8 | 92.6 | 102.0 | 105.0 |
| | 117.4 | 105.0 | 102.4 | | 94.9 | 91.3 | 93.3 |
| 100.4 | 98.7 | 105.0 | 108.5 | 103.1 | 98.1 | 99.8 | 103.1 |
| | | 114.1 | 102.9 | | 96.2 | 101.9 | 110.7 |
| | | 114.1 | 102.9 | | 96.2 | 101.9 | 110.7 |
| 98.0 | 98.8 | 102.0 | 110.7 | 105.9 | 101.3 | 95.1 | 97.2 |
| 96.1 | 99.2 | 102.2 | 111.0 | 105.6 | 101.2 | 91.0 | 94.4 |
| 95.3 | 104.0 | 109.7 | 123.7 | 102.9 | 107.4 | 100.0 | 105.3 |
| 100.0 | 100.0 | 100.0 | 100.0 | 107.6 | 98.8 | 100.2 | 100.8 |
| 101.5 | 95.3 | 100.5 | 110.1 | 106.3 | 101.9 | 106.2 | 102.2 |
| 103.0 | 98.6 | 101.0 | 111.1 | 100.1 | 98.1 | 101.3 | 101.8 |
| 102.7 | 99.7 | 100.8 | 112.9 | 101.6 | 101.4 | 100.9 | 102.1 |
| 99.2 | 100.0 | 104.6 | 113.2 | 98.4 | | | 108.0 |
| 101.3 | 101.2 | 101.4 | 103.9 | 100.1 | 97.3 | 100.5 | 96.5 |
| 101.7 | 106.6 | 100.3 | 104.2 | 102.0 | 99.7 | 102.8 | 107.8 |
| 107.2 | 109.2 | 92.0 | 123.0 | 103.0 | 100.9 | 100.0 | 99.6 |
| 103.0 | 88.1 | 100.8 | 119.1 | 102.7 | 105.2 | 100.7 | 98.8 |
| 103.7 | 96.7 | 101.8 | 104.9 | 96.8 | 92.2 | 102.6 | 100.7 |
| | 90.4 | 105.3 | | 104.0 | | 107.7 | 107.1 |
| 103.7 | 100.0 | 100.0 | 104.9 | 93.0 | 92.2 | 100.0 | 97.4 |

# 3-27 农产品生产者价格指数

## Producers Price Indices for Farm Products

（上年=100） (preceding year=100)

| 指 标 | Item | 2010 | 2011 | 2012 | 2013 | 2014 |
|---|---|---|---|---|---|---|
| **总指数** | **General Index** | **107.6** | **124.6** | **99.4** | **102.5** | **98.1** |
| 农业产品 | Agriculture Products | 115.2 | 114.9 | 107.2 | 106.4 | 98.4 |
| 谷物 | Cereal | 107.9 | 117.1 | 102.4 | 98.3 | 102.4 |
| 稻谷 | Rice | 106.1 | 120.6 | 101.6 | 97.6 | 103.0 |
| 早籼稻 | Early Indica Rice | 104.0 | 119.1 | 98.6 | 96.4 | 104.0 |
| 晚籼稻 | Late Indica Rice | 107.6 | 121.8 | 104.3 | 98.6 | 102.1 |
| 玉米 | Corn | 113.2 | 106.7 | 104.6 | 100.7 | 100.5 |
| 薯类 | Tubers | 107.1 | 113.5 | 89.4 | 97.3 | 102.8 |
| 油料 | Oil-bearing Crops | 122.0 | 143.4 | 99.5 | 102.8 | 101.5 |
| 花生 | Peanut | 122.1 | 144.9 | 99.5 | 102.6 | 101.2 |
| 豆类 | Beans | 105.0 | 112.9 | 103.5 | 102.2 | 97.5 |
| 大豆 | Soybean | 104.7 | 112.9 | 103.6 | 102.2 | 97.5 |
| 生麻 | Raw Hemp | 125.1 | 110.5 | 114.8 | 116.8 | 110.9 |
| 糖料 | Sugar | 117.4 | 139.4 | 104.7 | 95.9 | 92.9 |
| 甘蔗 | Sugar Cane | 117.4 | 139.4 | 104.7 | 95.9 | 92.9 |
| 未加工烟草 | Untreated Tobacco | 92.2 | 120.9 | 116.6 | 105.1 | 102.1 |
| 蔬菜及食用菌 | Vegetables and Edible Fungus | 105.3 | 99.1 | 115.9 | 108.0 | 102.3 |
| 蔬菜 | Vegetables | 105.3 | 99.0 | 116.0 | 108.1 | 102.3 |
| 叶菜类蔬菜 | Leafy Vegetables | 105.0 | 102.3 | 107.9 | 113.5 | 105.4 |
| 芹菜 | Celery | 100.0 | 91.7 | 109.2 | 154.3 | 102.2 |
| 油菜 | Rape | 88.7 | 110.5 |  | 94.3 | 105.8 |
| 菠菜 | Spinach | 98.5 | 100.5 | 105.7 |  | 110.9 |
| 空心菜 | Swamp Morningglory | 104.4 | 107.6 | 104.4 | 102.3 | 100.7 |
| 小白菜 | Bok Choy |  | 102.8 | 100.9 | 117.7 | 107.3 |
| 白菜类蔬菜 | Chinese Cabbage Group |  | 94.3 | 115.1 | 100.0 | 106.5 |
| 大白菜 | Napa Cabbage |  | 94.3 | 115.1 | 100.0 | 106.5 |
| 普通白菜 | Common Chinese Cabbage |  | 102.0 | 110.2 | 115.7 | 93.2 |
| 菜心（菜薹） | Chinese Flowering Cabbage |  | 119.0 | 97.8 | 113.1 | 100.0 |
| 芥菜类蔬菜 | Mustard Vegetables |  | 112.5 | 104.5 | 95.5 | 108.4 |
| 叶用芥菜 | Leaf Mustard |  | 112.5 | 104.5 | 95.5 | 108.4 |
| 甘蓝类蔬菜 | Brassica Vegetables |  | 60.9 | 111.1 | 85.3 | 92.7 |
| 结球甘蓝 | Common Head Cabbage |  | 60.9 | 111.1 | 85.3 | 92.7 |
| 菜花 | Cauliflower |  | 114.7 | 111.1 | 117.7 | 120.4 |
| 青花菜 | Broccoli |  | 114.7 | 133.5 | 106.7 | 90.9 |
| 芥蓝 | Cabbage Mustard |  | 100.8 | 112.0 | 95.8 | 106.7 |
| 根茎类蔬菜 | Root Vegetables | 127.8 | 95.7 | 62.8 | 108.0 | 114.0 |

3-27 续表 1 continued

（上年＝100） （preceding year=100）

| 指 标 | Item | 2010 | 2011 | 2012 | 2013 | 2014 |
|---|---|---|---|---|---|---|
| 白萝卜 | White Radish | 104.3 | 103.5 | 111.2 | 113.0 | 83.7 |
| 胡萝卜 | Carrot | 93.9 | 103.8 | 102.0 | 119.8 | 109.4 |
| 生姜 | Ginger | 155.6 | 82.5 | 69.3 | 115.8 | 128.1 |
| 芋头 | Taro | 105.4 | 109.0 | 98.7 | 94.4 | 107.6 |
| 山药 | Common Yam Rhizome | 117.7 | 105.2 | 56.6 | 102.0 | 104.1 |
| 瓜菜类蔬菜 | Melons and Vegetables | 101.5 | 105.6 | 129.3 | 120.6 | 92.8 |
| 黄瓜 | Cucumber | 102.9 | 90.4 | 135.9 | 105.8 | 103.0 |
| 冬瓜 | Wax Gourd | 111.3 | 83.0 | 151.1 | 116.5 | 106.2 |
| 西葫芦 | Summer Squash | 105.0 | 109.6 | 80.8 | 77.7 | 78.8 |
| 苦瓜 | Balsm Pear | 108.9 | 113.4 | 130.3 | 128.7 | 87.7 |
| 南瓜 | Pumpkin | 35.0 | 94.0 | 104.6 | 105.9 | 98.3 |
| 丝瓜 | Luffan | 107.4 | 101.4 | 120.2 | 106.2 | 101.0 |
| 豆类蔬菜 | Leguminous Vegetables | 94.2 | 109.4 | 136.5 | 105.9 | 97.2 |
| 豇豆 | Cowpea | 88.1 | 126.5 | 122.8 | 104.9 | 100.3 |
| 四季豆 | Sauteed Green Beans | 95.3 | 88.8 | 153.0 | 107.0 | 93.6 |
| 茄果类蔬菜 | Solanaceous Fruit Vegetable | 107.4 | 89.6 | 124.3 | 98.3 | 102.1 |
| 茄子 | Aubergine | 104.0 | 73.5 | 135.0 | 97.8 | 100.0 |
| 青椒 | Green Pepper | 103.6 | 91.2 | 156.6 | 92.8 | 101.0 |
| 辣椒 | Capsicum | 114.7 | 85.5 | 108.8 | 99.0 | 101.9 |
| 西红柿 | Tomato | 97.0 | 96.9 | 138.7 | 98.1 | 102.8 |
| 莴苣及菊苣类蔬菜 | Lettuce and Chicory Vegetables |  | 98.9 | 100.6 | 118.9 | 110.8 |
| 生菜 | Lettuce |  | 98.4 | 100.8 | 119.3 | 110.9 |
| 莴笋 | Asparagus Lettuce |  | 129.6 | 86.2 | 93.3 | 101.2 |
| 葱蒜类蔬菜 | Allium Vegetables | 103.3 | 81.7 | 105.8 | 108.6 | 98.4 |
| 大葱 | Allium Fistulosum | 120.0 | 121.0 |  |  | 107.1 |
| 细香葱 | Chive | 101.7 | 110.0 | 103.4 | 125.0 | 96.2 |
| 大蒜 | Garlic |  | 62.5 | 98.0 | 100.9 | 98.0 |
| 韭菜 | Leek | 106.1 | 84.2 | 114.4 | 107.0 | 100.0 |
| 水生蔬菜 | Aquatic Vegetables | 105.7 | 96.5 | 111.2 | 107.6 | 111.0 |
| 莲藕 | Lotus Root | 142.9 | 97.5 | 126.4 | 106.8 | 103.7 |
| 荸荠 | Chufa | 100.0 | 96.2 | 105.5 | 107.9 | 113.7 |
| 食用菌 | Edible Fungus | 91.6 | 108.6 | 101.0 | 105.9 | 104.0 |
| 双孢蘑菇 | Double Spore Mushroom |  | 117.3 | 98.6 | 107.8 | 105.4 |
| 香菇 | Mushrooms |  | 105.2 | 89.8 | 126.7 | 102.6 |
| 黑木耳 | Black Fungus |  | 116.1 | 104.6 | 100.0 |  |
| 黄背木耳 | Yellow Back Fungus |  | 120.0 | 76.4 | 83.3 |  |

3-27 续表 2 continued

（上年=100） (preceding year=100)

| 指 标 | Item | 2010 | 2011 | 2012 | 2013 | 2014 |
|---|---|---|---|---|---|---|
| 水果及坚果 | Fruit and Nuts | 123.4 | 89.8 | 110.8 | 132.4 | 96.3 |
| 水果（园林水果） | Fruit（Garden Fruit） | 131.7 | 89.8 | 110.8 | 132.4 | 96.3 |
| 柑橘类水果 | Citrus Fruit | 114.0 | 106.4 | 94.6 | 107.4 | 106.7 |
| 柑橘 | Citrus | 101.9 | 102.2 | 104.6 | 110.3 | 106.0 |
| 橙 | Orange | 126.5 | 128.8 | 87.8 | 97.1 | 104.2 |
| 柚 | Pomelo Grapefruit | 126.0 | 106.3 | 81.7 | 106.1 | 108.3 |
| 葡萄 | Grape | | 90.8 | 90.9 | 110.0 | 106.9 |
| 巨峰葡萄 | Kyoho Grape | | 90.8 | 90.9 | 110.0 | 106.9 |
| 热带水果 | Tropical Fruits | | 75.5 | 111.0 | 145.9 | 94.5 |
| 香蕉 | Banana | 119.9 | 131.3 | 74.1 | 109.4 | 112.9 |
| 龙眼 | Longan | 159.2 | 52.0 | 123.3 | 169.4 | 84.9 |
| 荔枝 | Lychee | 139.3 | 75.1 | 147.0 | 99.2 | 76.4 |
| 芒果 | Mango | 113.9 | 75.0 | 131.3 | 76.9 | 122.4 |
| 瓜类水果 | Melon Fruit | 95.4 | 104.9 | 121.8 | 144.3 | 90.5 |
| 西瓜 | Watermelon | 93.8 | 103.2 | 121.2 | 147.9 | 87.5 |
| 香瓜 | Muskmelon | 111.8 | 122.7 | 127.8 | 109.0 | 120.4 |
| 其他水果 | Other Fruit | | 100.6 | 109.7 | 85.9 | 104.1 |
| 柿子 | Persimmon | 112.5 | 106.0 | 105.4 | 77.1 | 106.1 |
| 茶及饮料原料 | Tea and Beverage Raw Materials | 125.7 | 115.6 | 102.7 | 98.0 | 102.3 |
| 茶叶 | Tea | 125.7 | 115.6 | 102.7 | 98.0 | 102.3 |
| 绿茶 | Green Tea | 125.7 | 115.6 | 102.7 | 98.0 | 102.3 |
| 中草药材 | Chinese Medicinal Herbs | 124.7 | 112.7 | 103.2 | 106.7 | 102.1 |
| 林业产品 | Forestry Products | 107.6 | 109.5 | 99.4 | 103.7 | 103.2 |
| 育种和育苗 | Breeding and Seedling Raising | | 133.6 | 103.5 | 89.0 | 100.1 |
| 木材采伐产品 | Timber Harvesting Products | 107.2 | 108.5 | 99.4 | 104.3 | 103.4 |
| 原木 | Log | 107.2 | 108.5 | 99.4 | 104.3 | 103.4 |
| 针叶原木 | Coniferous Log | | 108.7 | 96.8 | 104.9 | 102.0 |
| 马尾松原木 | Pine Log | 105.5 | 107.1 | 96.1 | 105.0 | 101.0 |
| 杉木原条 | Chinese Fir | 111.6 | 113.9 | 99.1 | 104.4 | 105.4 |
| 非针叶原木 | Non Coniferous Wood | | 108.1 | 107.4 | 102.7 | 107.4 |
| 桉树原木 | Eucalyptus Log | | 108.1 | 107.4 | 102.7 | 107.4 |
| 竹材采伐产品 | Bamboo Cutting Products | 114.3 | 108.7 | 104.8 | 107.4 | 104.6 |
| 林产品 | Forest Product | 150.8 | 88.2 | 73.0 | 114.2 | 108.3 |
| 饲养动物及其产品 | Feeding Animals and Their Products | 100.5 | 139.1 | 92.5 | 98.5 | 96.1 |
| 活牲畜 | Live Cattle | 99.1 | 143.2 | 90.9 | 97.2 | 95.7 |

3-27 续表 3 continued

（上年＝100） (preceding year=100)

| 指 标 | Item | 2010 | 2011 | 2012 | 2013 | 2014 |
|---|---|---|---|---|---|---|
| 猪 | Pig | 97.9 | 143.2 | 90.8 | 97.2 | 95.7 |
| 种猪 | Boar | | 125.9 | 108.9 | 103.7 | 88.6 |
| 仔猪 | Piglet | | 132.9 | 90.0 | 85.4 | 94.3 |
| 能繁殖母猪 | Breeding Sows | | 105.7 | 100.5 | 158.6 | 101.5 |
| 其他活猪 | Other Pigs | 97.9 | 143.2 | 90.8 | 97.2 | 95.7 |
| 牛 | Cattl | | | | | |
| 羊 | Sheep | 101.3 | 113.8 | 125.3 | 112.4 | 105.4 |
| 活家禽 | Live Poultry | 104.2 | 110.4 | 107.0 | 102.7 | 102.3 |
| 活鸡 | Chickens | 103.4 | 109.7 | 106.8 | 101.9 | 102.5 |
| 活鸭 | Live ducks | 106.2 | 112.8 | 107.8 | 105.4 | 101.6 |
| 畜禽产品 | Livestock and Poultry Products | | 114.8 | 97.9 | 112.2 | 95.2 |
| 禽蛋 | Poultry of Eggs | 102.8 | 111.2 | 95.9 | 119.7 | 98.7 |
| 鸡蛋 | Egg | 105.8 | 111.9 | 82.0 | 101.6 | 101.0 |
| 鸭蛋 | Duck's Egg | 102.8 | 111.2 | 96.0 | 119.8 | 98.7 |
| 蚕茧 | Silkworm Cocoon | 145.2 | 116.8 | 99.1 | 107.9 | 93.2 |
| 渔业产品 | Fishery Products | 107.6 | 109.2 | 97.7 | 103.7 | 101.5 |
| 海水养殖产品 | Mariculture Products | | 98.2 | 93.3 | 107.9 | 103.2 |
| 海水养殖虾 | Mariculture of Shrimp | | | | | |
| 海水养殖贝类 | Mariculture of Shellfish | 108.0 | 98.2 | 93.1 | 107.9 | 103.1 |
| 海水养殖牡蛎 | Mariculture of Oyster | | 98.2 | 93.1 | 107.9 | 103.1 |
| 海水捕捞产品 | Marine Fishery Products | 106.5 | 113.7 | 104.3 | 101.4 | 100.5 |
| 海水捕捞鲜鱼 | Marine Fishing Fresh Fish | 105.4 | 116.1 | 102.2 | 101.3 | 98.9 |
| 海水捕捞虾 | Marine Fishing Shrimp | 107.2 | 114.9 | 121.0 | 107.1 | 103.8 |
| 海水捕捞蟹 | Marine Fishing Crab | 110.2 | 104.6 | 103.3 | 100.0 | 101.5 |
| 海水捕捞软体水生动物 | Marine Aquatic Animals | | 109.5 | 106.1 | 100.9 | 104.0 |
| 淡水养殖产品 | Freshwater Aquaculture Products | 109.7 | 113.9 | 95.9 | 102.5 | 101.1 |
| 养殖淡水鱼 | Cultured Freshwater Fish | 109.7 | 112.2 | 94.4 | 103.0 | 101.8 |
| 养殖淡水鲤鱼 | Cultured Freshwater Carp | 111.3 | 107.3 | 93.4 | 103.9 | 104.3 |
| 养殖淡水草鱼 | Cultured Freshwater Grass Carp | 113.5 | 111.6 | 100.6 | 101.9 | 98.5 |
| 养殖淡水鳙鱼(胖头鱼) | Cultured Freshwater Bighead | 110.7 | 112.8 | 96.9 | 103.2 | 102.8 |
| 养殖淡水罗非鱼 | Cultured Freshwater Tilapia | 112.1 | 115.7 | 79.2 | 108.1 | 100.8 |
| 养殖淡水鲢鱼 | Cultured Freshwater Silver Carp | 106.3 | 113.1 | 95.2 | 101.3 | 101.9 |
| 其他淡水养殖产品 | Other Cultured Freshwater Products | | 118.7 | 100.2 | 101.0 | 99.1 |
| 淡水养殖龟 | Cultured Freshwater Turtle | | 153.7 | 86.3 | 98.8 | 106.3 |
| 淡水养殖鳖 | Cultured Freshwater Turtles | | 100.7 | 107.4 | 102.1 | 95.4 |

# 3-28 农产品集贸市场价格（2015年）

单位：元/公斤

| 指 标 | Item | 1 月 January | 2 月 February | 3 月 March | 4 月 April | 5 月 May |
|---|---|---|---|---|---|---|
| **粮食类** | **Grain** | | | | | |
| 籼稻 | Rice | 2.83 | 2.82 | 2.85 | 2.85 | 2.84 |
| 玉米 | Corn | 2.87 | 2.84 | 2.89 | 2.86 | 2.86 |
| 大豆 | Soybean | 7.44 | 7.45 | 7.54 | 7.60 | 7.60 |
| 籼米 | Indica | 5.35 | 5.33 | 5.35 | 5.36 | 5.31 |
| **经济作物类** | **Economic Crops Category** | | | | | |
| 花生仁 | Peanuts | 12.73 | 12.75 | 12.78 | 12.78 | 12.80 |
| **畜产品类** | **Animal Products** | | | | | |
| 活猪 | Live Pig | 14.13 | 13.63 | 12.70 | 13.04 | 13.74 |
| 仔猪 | Piglets | 17.70 | 17.44 | 16.98 | 17.78 | 19.31 |
| 猪肉 | Pork | 21.78 | 21.63 | 20.58 | 20.31 | 20.88 |
| 活牛 | Live Cattle | 26.29 | 26.57 | 26.00 | 25.71 | 25.71 |
| 牛肉 | Beef | 67.50 | 69.50 | 67.25 | 66.25 | 66.63 |
| 活羊 | Live Sheep | 36.72 | 37.20 | 36.80 | 36.40 | 36.40 |
| 羊肉 | Mutton | 75.57 | 77.00 | 74.50 | 74.13 | 74.13 |
| 活鸡 | Live Chicken | 24.90 | 25.38 | 25.25 | 24.88 | 25.25 |
| 鸡蛋 | Eggs | 13.18 | 13.13 | 12.50 | 12.19 | 12.08 |
| **水产品类** | **Aquatic Products** | | | | | |
| 草鱼 | Grass Carp | 14.40 | 15.00 | 15.08 | 14.68 | 14.55 |
| 鲤鱼 | Cyprinoid | 12.83 | 13.44 | 13.60 | 13.33 | 13.19 |
| 鲢鱼 | Chub | 8.43 | 8.69 | 8.51 | 8.26 | 8.11 |
| **蔬菜类** | **Vegetables** | | | | | |
| 大白菜 | Chinese Cabbage | 2.16 | 2.38 | 2.73 | 3.34 | 3.35 |
| 黄瓜 | Cucumber | 5.57 | 6.49 | 5.40 | 4.36 | 4.23 |
| 西红柿 | Tomato | 4.71 | 4.60 | 4.30 | 4.53 | 5.05 |
| 菜椒 | Green Pepper | 6.89 | 6.65 | 6.38 | 6.44 | 5.95 |
| 四季豆 | Kidney Bean | 6.80 | 6.73 | 6.00 | 5.75 | 5.75 |
| **水果类** | **Fruit Group** | | | | | |
| 红富士苹果 | Fuji apple | 12.03 | 12.65 | 12.15 | 11.88 | 11.75 |
| 香蕉 | Banana | 5.58 | 5.75 | 5.90 | 5.71 | 5.60 |
| 橙子 | Orange | 5.48 | 6.20 | 6.25 | 7.60 | 8.00 |

# Rural Market Fairs Prices of Agricultural Products（2015）

（yuan/kg）

| 6 月 June | 7 月 July | 8 月 August | 9 月 September | 10 月 October | 11 月 November | 12 月 December |
|---|---|---|---|---|---|---|
| 2.87 | 2.84 | 2.82 | 2.82 | 2.82 | 2.84 | 2.85 |
| 2.86 | 2.87 | 2.86 | 2.80 | 2.71 | 2.65 | 2.66 |
| 7.58 | 7.58 | 7.70 | 7.70 | 7.73 | 7.69 | 7.68 |
| 5.28 | 5.26 | 5.26 | 5.26 | 5.29 | 5.31 | 5.34 |
| | | | | | | |
| 12.83 | 12.85 | 13.55 | 13.43 | 12.73 | 12.58 | 12.53 |
| | | | | | | |
| 14.96 | 16.61 | 18.01 | 17.78 | 17.30 | 16.48 | 16.75 |
| 22.31 | 26.05 | 28.53 | 28.85 | 28.05 | 26.23 | 26.85 |
| 22.33 | 24.95 | 27.25 | 27.00 | 26.75 | 25.13 | 25.25 |
| 25.86 | 26.00 | 26.00 | 26.14 | 25.86 | 25.71 | 25.86 |
| 67.00 | 67.25 | 68.50 | 69.00 | 67.75 | 67.50 | 67.75 |
| 36.00 | 36.00 | 37.60 | 37.60 | 37.80 | 38.20 | 37.40 |
| 73.88 | 73.88 | 74.50 | 74.63 | 75.00 | 74.88 | 74.25 |
| 25.75 | 25.75 | 26.38 | 26.25 | 26.50 | 25.75 | 26.00 |
| 12.18 | 12.53 | 13.10 | 13.20 | 13.13 | 12.88 | 12.65 |
| | | | | | | |
| 14.75 | 14.80 | 14.95 | 14.91 | 14.53 | 14.43 | 14.55 |
| 13.23 | 13.50 | 13.63 | 13.35 | 12.95 | 12.95 | 13.31 |
| 8.14 | 8.37 | 8.50 | 8.46 | 8.43 | 8.43 | 8.43 |
| | | | | | | |
| 3.70 | 3.43 | 3.60 | 3.75 | 3.45 | 3.20 | 2.98 |
| 4.51 | 4.20 | 4.97 | 4.91 | 4.57 | 5.06 | 5.49 |
| 4.55 | 5.05 | 5.66 | 5.88 | 6.08 | 5.85 | 6.25 |
| 6.23 | 6.33 | 6.48 | 6.65 | 6.58 | 6.78 | 7.20 |
| 6.75 | 6.85 | 8.30 | 8.13 | 7.30 | 5.75 | 6.55 |
| | | | | | | |
| 12.13 | 12.00 | 11.78 | 12.03 | 11.78 | 11.88 | 11.68 |
| 5.28 | 5.18 | 5.08 | 4.90 | 4.65 | 4.45 | 4.33 |
| 5.60 | 5.50 | 5.70 | 5.70 | 5.75 | 6.97 | 6.07 |

# 3-29 农产品集贸市场价格指数（2015年）

（上年同期=100）

| 指 标 | Item | 1 月 January | 2 月 February | 3 月 March | 4 月 April | 5 月 May |
|---|---|---|---|---|---|---|
| **粮食类** | **Grain** | | | | | |
| 籼稻 | Rice | 103.7 | 101.8 | 101.4 | 101.8 | 102.9 |
| 玉米 | Corn | 101.1 | 99.6 | 101.8 | 101.8 | 101.8 |
| 大豆 | Soybean | 105.4 | 105.2 | 107.0 | 105.8 | 106.3 |
| 籼米 | Indica | 105.3 | 104.5 | 103.9 | 103.5 | 100.4 |
| **经济作物类** | **Economic Crops Category** | | | | | |
| 花生仁 | Peanuts | 102.7 | 110.8 | 112.7 | 113.0 | 111.2 |
| **畜产品类** | **Animal Products** | | | | | |
| 活猪 | Live Pig | 98.6 | 102.8 | 101.5 | 121.5 | 107.3 |
| 仔猪 | Piglets | 99.3 | 106.5 | 107.5 | 117.4 | 113.3 |
| 猪肉 | Pork | 92.7 | 98.1 | 102.0 | 106.9 | 104.2 |
| 活牛 | Live Cattle | 104.6 | 105.7 | 103.4 | 102.3 | 100.5 |
| 牛肉 | Beef | 100.4 | 103.9 | 100.9 | 98.7 | 100.4 |
| 活羊 | Live Sheep | 105.5 | 107.5 | 107.0 | 107.7 | 106.4 |
| 羊肉 | Mutton | 103.3 | 105.3 | 101.3 | 101.4 | 100.6 |
| 活鸡 | Live Chicken | 120.0 | 130.3 | 126.9 | 120.5 | 114.1 |
| 鸡蛋 | Eggs | 110.3 | 113.2 | 107.9 | 104.6 | 98.6 |
| **水产品类** | **Aquatic Products** | | | | | |
| 草鱼 | Grass Carp | 94.1 | 98.0 | 100.3 | 101.0 | 99.5 |
| 鲤鱼 | Cyprinoid | 92.9 | 97.3 | 101.3 | 103.3 | 102.4 |
| 鲢鱼 | Chub | 105.0 | 110.0 | 107.6 | 105.9 | 100.2 |
| **蔬菜类** | **Vegetables** | | | | | |
| 大白菜 | Chinese Cabbage | 120.0 | 119.0 | 92.5 | 114.0 | 111.3 |
| 黄瓜 | Cucumber | 105.3 | 99.7 | 90.6 | 98.4 | 159.0 |
| 西红柿 | Tomato | 86.3 | 86.0 | 74.0 | 92.8 | 116.1 |
| 菜椒 | Green Pepper | 98.4 | 92.2 | 90.5 | 100.5 | 108.2 |
| 四季豆 | Kidney Bean | 101.5 | 84.7 | 82.8 | 96.6 | 115.0 |
| **水果类** | **Fruit Group** | | | | | |
| 红富士苹果 | Fuji apple | 111.3 | 116.1 | 113.4 | 109.2 | 108.0 |
| 香蕉 | Banana | 110.3 | 111.0 | 103.7 | 95.5 | 88.5 |
| 橙子 | Orange | 107.5 | 106.2 | 110.4 | 136.9 | 113.2 |

# Rural Market Fairs Price Indices of Agricultural Products（2015）

（preceding year=100）

| 6 月 June | 7 月 July | 8 月 August | 9 月 September | 10 月 October | 11 月 November | 12 月 December |
|---|---|---|---|---|---|---|
| 104.0 | 101.4 | 100.4 | 100.0 | 100.0 | 99.6 | 100.4 |
| 101.4 | 101.4 | 100.0 | 97.9 | 94.8 | 92.7 | 92.4 |
| 106.0 | 105.3 | 106.1 | 103.9 | 104.3 | 104.2 | 103.2 |
| 98.9 | 98.3 | 99.1 | 98.3 | 98.9 | 98.5 | 99.3 |
| 109.2 | 109.8 | 114.3 | 111.9 | 104.9 | 103.7 | 99.4 |
| 117.8 | 123.5 | 123.3 | 120.1 | 118.4 | 112.5 | 116.4 |
| 129.7 | 142.9 | 145.0 | 145.5 | 141.8 | 138.1 | 149.3 |
| 111.1 | 119.5 | 122.5 | 120.0 | 118.9 | 114.2 | 116.7 |
| 101.1 | 101.1 | 101.1 | 101.1 | 99.5 | 97.8 | 98.4 |
| 101.1 | 101.3 | 102.6 | 103.2 | 100.7 | 99.3 | 99.1 |
| 105.5 | 102.9 | 107.8 | 108.0 | 106.8 | 105.5 | 102.7 |
| 101.0 | 101.0 | 102.1 | 103.2 | 101.4 | 99.3 | 98.4 |
| 112.4 | 110.8 | 109.3 | 108.2 | 109.1 | 108.1 | 106.6 |
| 99.2 | 98.3 | 97.3 | 96.4 | 95.8 | 95.5 | 96.9 |
| 98.3 | 99.8 | 100.7 | 102.8 | 100.2 | 98.0 | 100.5 |
| 98.9 | 101.5 | 101.3 | 103.6 | 100.2 | 99.6 | 102.4 |
| 99.1 | 99.6 | 106.4 | 105.8 | 105.4 | 105.8 | 105.0 |
| 107.2 | 84.1 | 91.1 | 97.4 | 95.8 | 115.1 | 112.9 |
| 144.1 | 116.7 | 123.3 | 95.5 | 109.6 | 108.6 | 88.1 |
| 90.1 | 114.8 | 126.3 | 131.3 | 144.8 | 127.2 | 133.5 |
| 116.7 | 112.4 | 123.4 | 115.7 | 116.9 | 113.9 | 117.5 |
| 122.7 | 107.4 | 120.3 | 109.1 | 128.1 | 104.5 | 97.0 |
| 111.3 | 103.5 | 101.1 | 101.1 | 97.8 | 98.8 | 98.3 |
| 85.4 | 89.3 | 78.8 | 71.5 | 75.9 | 74.4 | 74.1 |
| 74.4 | 72.7 | 75.0 | 75.0 | 75.0 | 124.5 | 102.9 |

# 3-30 农产品集贸市场价格环比指数（2015年）

（上月=100）

| 指 标 | Item | 1 月 January | 2 月 February | 3 月 March | 4 月 April | 5 月 May |
|---|---|---|---|---|---|---|
| **粮食类** | **Grain** | | | | | |
| 籼稻 | Rice | 99.6 | 99.6 | 101.1 | 100.0 | 99.6 |
| 玉米 | Corn | 99.7 | 99.0 | 101.8 | 99.0 | 100.0 |
| 大豆 | Soybean | 100.0 | 100.1 | 101.2 | 100.8 | 100.0 |
| 籼米 | Indica | 99.4 | 99.6 | 100.4 | 100.2 | 99.1 |
| **经济作物类** | **Economic Crops Category** | | | | | |
| 花生仁 | Peanuts | 101.0 | 100.2 | 100.2 | 100.0 | 100.2 |
| **畜产品类** | **Animal Products** | | | | | |
| 活猪 | Live Pig | 98.2 | 96.5 | 93.2 | 102.7 | 105.4 |
| 仔猪 | Piglets | 98.4 | 98.5 | 97.4 | 104.7 | 108.6 |
| 猪肉 | Pork | 100.7 | 99.3 | 95.1 | 98.7 | 102.8 |
| 活牛 | Live Cattle | 100.0 | 101.1 | 97.9 | 98.9 | 100.0 |
| 牛肉 | Beef | 98.7 | 103.0 | 96.8 | 98.5 | 100.6 |
| 活羊 | Live Sheep | 100.9 | 101.3 | 98.9 | 98.9 | 100.0 |
| 羊肉 | Mutton | 100.2 | 101.9 | 96.8 | 99.5 | 100.0 |
| 活鸡 | Live Chicken | 102.1 | 101.9 | 99.5 | 98.5 | 101.5 |
| 鸡蛋 | Eggs | 100.9 | 99.6 | 95.2 | 97.5 | 99.1 |
| **水产品类** | **Aquatic Products** | | | | | |
| 草鱼 | Grass Carp | 99.4 | 104.2 | 100.5 | 97.3 | 99.1 |
| 鲤鱼 | Cyprinoid | 98.7 | 104.8 | 101.2 | 98.0 | 98.9 |
| 鲢鱼 | Chub | 105.0 | 103.1 | 97.9 | 97.1 | 98.2 |
| **蔬菜类** | **Vegetables** | | | | | |
| 大白菜 | Chinese Cabbage | 81.8 | 110.2 | 114.7 | 122.3 | 100.3 |
| 黄瓜 | Cucumber | 89.4 | 116.5 | 83.2 | 80.7 | 97.0 |
| 西红柿 | Tomato | 100.6 | 97.7 | 93.5 | 105.3 | 111.5 |
| 菜椒 | Green Pepper | 112.4 | 96.5 | 95.9 | 100.9 | 92.4 |
| 四季豆 | Kidney Bean | 100.7 | 99.0 | 89.2 | 95.8 | 100.0 |
| **水果类** | **Fruit Group** | | | | | |
| 红富士苹果 | Fuji apple | 101.3 | 105.2 | 96.0 | 97.8 | 98.9 |
| 香蕉 | Banana | 95.5 | 103.0 | 102.6 | 96.8 | 98.1 |
| 橙子 | Orange | 92.9 | 113.1 | 100.8 | 121.6 | 105.3 |

# Rural Market Fairs Price Chain Index of Agricultural Products（2015）

（preceding month=100）

| 6 月 June | 7 月 July | 8 月 August | 9 月 September | 10 月 October | 11 月 November | 12 月 December |
|---|---|---|---|---|---|---|
| 101.1 | 99.0 | 99.3 | 100.0 | 100.0 | 100.7 | 100.4 |
| 100.0 | 100.3 | 99.7 | 97.9 | 96.8 | 97.8 | 100.4 |
| 99.7 | 100.0 | 101.6 | 100.0 | 100.4 | 99.5 | 99.9 |
| 99.4 | 99.6 | 100.0 | 100.0 | 100.6 | 100.4 | 100.6 |
| 100.2 | 100.2 | 105.4 | 99.1 | 94.8 | 98.8 | 99.6 |
| 108.9 | 111.0 | 108.4 | 98.7 | 97.3 | 95.3 | 101.6 |
| 115.5 | 116.8 | 109.5 | 101.1 | 97.2 | 93.5 | 102.4 |
| 106.9 | 111.7 | 109.2 | 99.1 | 99.1 | 93.9 | 100.5 |
| 100.6 | 100.5 | 100.0 | 100.5 | 98.9 | 99.4 | 100.6 |
| 100.6 | 100.4 | 101.9 | 100.7 | 98.2 | 99.6 | 100.4 |
| 98.9 | 100.0 | 104.4 | 100.0 | 100.5 | 101.1 | 97.9 |
| 99.7 | 100.0 | 100.8 | 100.2 | 100.5 | 99.8 | 99.2 |
| 102.0 | 100.0 | 102.4 | 99.5 | 101.0 | 97.2 | 101.0 |
| 100.8 | 102.9 | 104.5 | 100.8 | 99.5 | 98.1 | 98.2 |
| 101.4 | 100.3 | 101.0 | 99.7 | 97.5 | 99.3 | 100.8 |
| 100.3 | 102.0 | 101.0 | 97.9 | 97.0 | 100.0 | 102.8 |
| 100.4 | 102.8 | 101.6 | 99.5 | 99.6 | 100.0 | 100.0 |
| 110.4 | 92.7 | 105.0 | 104.2 | 92.0 | 92.8 | 93.1 |
| 106.6 | 93.1 | 118.3 | 98.8 | 93.1 | 110.7 | 108.5 |
| 90.1 | 111.0 | 112.1 | 103.9 | 103.4 | 96.2 | 106.8 |
| 104.7 | 101.6 | 102.4 | 102.6 | 98.9 | 103.0 | 106.2 |
| 117.4 | 101.5 | 121.2 | 98.0 | 89.8 | 78.8 | 113.9 |
| 103.2 | 98.9 | 98.2 | 102.1 | 97.9 | 100.8 | 98.3 |
| 94.3 | 98.1 | 98.1 | 96.5 | 94.9 | 95.7 | 97.3 |
| 70.0 | 98.2 | 103.6 | 100.0 | 100.9 | 121.2 | 87.1 |

# 3-31 农产品集贸市场价格及指数

## Rural Market Fairs Prices of Agricultural Products and Indices

| 指标 | Item | 1月 January | | | | | | | | |
|---|---|---|---|---|---|---|---|---|---|---|
| | | 价格（元/公斤）Price（yuan/kg） | | | 价格变动（上月=100）Price Movements（preceding month=100） | | | 价格变动（上年同期=100）Price Movements（preceding year=100） | | |
| | | 2012 | 2013 | 2014 | 2012 | 2013 | 2014 | 2012 | 2013 | 2014 |
| **粮食类** | **Grain** | | | | | | | | | |
| 籼稻 | Rice | 2.83 | 2.81 | 2.73 | 100.4 | 99.6 | 100.0 | 113.8 | 99.2 | 97.2 |
| 玉米 | Corn | 2.70 | 2.79 | 2.84 | 99.5 | 99.6 | 99.3 | 106.4 | 103.3 | 101.8 |
| 大豆 | Soybean | 6.50 | 7.00 | 7.06 | 99.2 | 101.0 | 98.1 | 98.1 | 107.7 | 100.9 |
| 籼米 | Indica | 4.70 | 4.76 | 5.08 | 99.7 | 100.2 | 99.8 | 112.6 | 101.3 | 106.7 |
| **经济作物类** | **Economic Crops Category** | | | | | | | | | |
| 花生仁 | Peanuts | 13.75 | 14.01 | 12.39 | 100.0 | 99.9 | 97.5 | 126.4 | 101.9 | 88.4 |
| **畜产品类** | **Animal Products** | | | | | | | | | |
| 活猪 | Live Pig | 16.99 | 16.00 | 14.33 | 100.7 | 105.7 | 91.1 | 117.1 | 94.2 | 89.6 |
| 仔猪 | Piglets | 24.53 | 20.39 | 17.83 | 99.2 | 103.1 | 94.4 | 156.7 | 83.1 | 87.4 |
| 猪肉 | Pork | 26.50 | 23.67 | 23.50 | 102.4 | 105.5 | 97.9 | 119.1 | 89.3 | 99.3 |
| 活牛 | Live Cattle | 16.33 | 22.66 | 25.14 | 103.2 | 103.4 | 102.9 | 108.4 | 138.7 | 110.9 |
| 牛肉 | Beef | 43.50 | 58.00 | 67.25 | 112.3 | 102.7 | 102.3 | 119.2 | 133.3 | 115.9 |
| 活羊 | Live Sheep | 25.20 | 31.60 | 34.80 | 104.1 | 108.2 | 101.2 | 121.0 | 125.4 | 110.1 |
| 羊肉 | Mutton | 55.29 | 67.71 | 73.14 | 105.4 | 105.0 | 101.4 | 128.6 | 122.5 | 108.0 |
| 活鸡 | Live Chicken | 21.50 | 22.75 | 20.75 | 103.6 | 104.6 | 100.5 | 104.2 | 105.8 | 91.2 |
| 鸡蛋 | Eggs | 11.50 | 11.91 | 11.95 | 95.4 | 100.4 | 100.8 | 102.2 | 103.6 | 100.3 |
| **水产品类** | **Aquatic Products** | | | | | | | | | |
| 草鱼 | Grass Carp | 14.38 | 13.75 | 15.31 | 101.8 | 102.5 | 105.4 | 109.5 | 95.7 | 111.3 |
| 鲤鱼 | Cyprinoid | 13.25 | 12.63 | 13.81 | 101.9 | 102.0 | 103.8 | 121.8 | 95.3 | 109.3 |
| 鲢鱼 | Chub | 7.86 | 7.67 | 8.03 | 103.8 | 107.4 | 104.2 | 111.1 | 97.6 | 104.7 |
| **蔬菜类** | **Vegetables** | | | | | | | | | |
| 大白菜 | Chinese Cabbage | 1.93 | 2.88 | 1.80 | 104.1 | 122.6 | 75.6 | 104.1 | 149.6 | 62.5 |
| 黄瓜 | Cucumber | 5.77 | 4.30 | 5.29 | 126.9 | 102.1 | 100.6 | 138.7 | 74.6 | 123.0 |
| 西红柿 | Tomato | 3.88 | 4.88 | 5.46 | 119.2 | 115.1 | 96.8 | 102.0 | 125.9 | 111.9 |
| 菜椒 | Green Pepper | 7.69 | 5.56 | 7.00 | 151.9 | 109.2 | 104.6 | 150.0 | 72.3 | 125.9 |
| 四季豆 | Kidney Bean | 5.72 | 6.20 | 6.70 | 138.8 | 133.9 | 106.3 | 126.5 | 108.4 | 108.1 |
| **水果类** | **Fruit Group** | | | | | | | | | |
| 红富士苹果 | Fuji apple | 9.95 | 9.46 | 10.81 | 101.3 | 99.0 | 104.5 | 98.8 | 95.1 | 114.3 |
| 香蕉 | Banana | 4.10 | 3.63 | 5.06 | 103.1 | 110.3 | 128.4 | 110.8 | 88.5 | 139.4 |
| 橙子 | Orange | 4.17 | 5.05 | 5.10 | 100.3 | 99.6 | 107.4 | 110.2 | 121.1 | 101.0 |

3-31 续表 1 continued

| 指 标 | Item | 2 月 February | | | | | | | | |
|---|---|---|---|---|---|---|---|---|---|---|
| | | 价 格（元/公斤）Price（yuan/kg） | | | 价格变动（上月=100）Price Movements（preceding month=100） | | | 价格变动（上年同期=100）Price Movements（preceding year=100） | | |
| | | 2012 | 2013 | 2014 | 2012 | 2013 | 2014 | 2012 | 2013 | 2014 |
| **粮食类** | **Grain** | | | | | | | | | |
| 籼稻 | Rice | 2.90 | 2.83 | 2.77 | 102.4 | 100.7 | 101.5 | 111.3 | 97.6 | 97.9 |
| 玉米 | Corn | 2.74 | 2.79 | 2.85 | 101.4 | 100.0 | 100.4 | 107.7 | 101.9 | 102.2 |
| 大豆 | Soybean | 6.58 | 7.16 | 7.08 | 101.2 | 102.3 | 100.3 | 99.2 | 108.9 | 98.9 |
| 籼米 | Indica | 4.74 | 4.47 | 5.10 | 100.8 | 93.9 | 100.4 | 112.1 | 94.4 | 114.1 |
| **经济作物类** | **Economic Crops Category** | | | | | | | | | |
| 花生仁 | Peanuts | 14.13 | 13.93 | 11.51 | 102.7 | 99.4 | 92.9 | 129.9 | 98.6 | 82.6 |
| **畜产品类** | **Animal Products** | | | | | | | | | |
| 活猪 | Live Pig | 15.93 | 16.09 | 13.26 | 93.7 | 100.6 | 92.5 | 105.6 | 101.0 | 82.4 |
| 仔猪 | Piglets | 25.56 | 20.71 | 16.38 | 104.2 | 101.6 | 91.9 | 159.0 | 81.0 | 79.1 |
| 猪肉 | Pork | 25.13 | 23.09 | 22.05 | 94.8 | 97.5 | 93.8 | 108.6 | 91.9 | 95.5 |
| 活牛 | Live Cattle | 16.75 | 23.50 | 25.14 | 102.6 | 103.7 | 100.0 | 109.2 | 140.3 | 107.0 |
| 牛肉 | Beef | 45.25 | 61.43 | 66.88 | 104.0 | 105.9 | 99.4 | 122.3 | 135.8 | 108.9 |
| 活羊 | Live Sheep | 26.80 | 31.88 | 34.60 | 106.3 | 100.9 | 99.4 | 124.1 | 119.0 | 108.5 |
| 羊肉 | Mutton | 60.57 | 65.80 | 73.14 | 109.6 | 97.2 | 100.0 | 136.9 | 108.6 | 111.2 |
| 活鸡 | Live Chicken | 20.90 | 23.03 | 19.48 | 97.2 | 101.2 | 93.9 | 101.3 | 110.2 | 84.6 |
| 鸡蛋 | Eggs | 10.78 | 12.07 | 11.60 | 93.7 | 101.3 | 97.1 | 95.1 | 112.0 | 96.1 |
| **水产品类** | **Aquatic Products** | | | | | | | | | |
| 草鱼 | Grass Carp | 14.50 | 13.43 | 15.30 | 100.9 | 97.7 | 99.9 | 109.4 | 92.6 | 113.9 |
| 鲤鱼 | Cyprinoid | 13.13 | 12.57 | 13.81 | 99.1 | 99.5 | 100.0 | 111.7 | 95.8 | 109.9 |
| 鲢鱼 | Chub | 7.71 | 7.48 | 7.90 | 98.2 | 97.5 | 98.4 | 105.2 | 97.0 | 105.6 |
| **蔬菜类** | **Vegetables** | | | | | | | | | |
| 大白菜 | Chinese Cabbage | 1.78 | 2.41 | 2.00 | 92.2 | 83.7 | 111.1 | 91.0 | 135.8 | 83.0 |
| 黄瓜 | Cucumber | 4.77 | 4.70 | 6.51 | 82.7 | 109.3 | 123.1 | 105.4 | 98.5 | 138.5 |
| 西红柿 | Tomato | 3.75 | 4.36 | 5.35 | 96.8 | 89.3 | 98.0 | 116.3 | 116.3 | 122.7 |
| 菜椒 | Green Pepper | 6.25 | 5.17 | 7.21 | 81.3 | 93.0 | 103.0 | 109.4 | 82.7 | 139.5 |
| 四季豆 | Kidney Bean | 5.72 | 6.33 | 7.95 | 100.0 | 102.1 | 118.7 | 110.0 | 110.7 | 125.6 |
| **水果类** | **Fruit Group** | | | | | | | | | |
| 红富士苹果 | Fuji apple | 9.65 | 9.36 | 10.90 | 97.0 | 98.9 | 100.8 | 93.2 | 97.0 | 116.5 |
| 香蕉 | Banana | 4.00 | 3.94 | 5.18 | 97.6 | 108.5 | 102.4 | 111.1 | 98.5 | 131.5 |
| 橙子 | Orange | 4.09 | 5.03 | 5.84 | 97.9 | 99.6 | 114.5 | 90.8 | 123.1 | 116.1 |

3-31 续表 2 continued

| 指 标 | Item | 3 月 March | | | | | | | | |
|---|---|---|---|---|---|---|---|---|---|---|
| | | 价 格（元/公斤）Price（yuan/kg） | | | 价格变动（上月=100）Price Movements（preceding month=100） | | | 价格变动（上年同期=100）Price Movements（preceding year=100） | | |
| | | 2012 | 2013 | 2014 | 2012 | 2013 | 2014 | 2012 | 2013 | 2014 |
| **粮食类** | **Grain** | | | | | | | | | |
| 籼稻 | Rice | 2.89 | 2.79 | 2.81 | 99.6 | 98.6 | 101.4 | 106.0 | 96.6 | 100.7 |
| 玉米 | Corn | 2.74 | 2.76 | 2.84 | 100.0 | 98.9 | 99.6 | 105.0 | 100.8 | 102.9 |
| 大豆 | Soybean | 6.48 | 7.04 | 7.05 | 98.5 | 98.3 | 99.6 | 97.7 | 108.7 | 100.1 |
| 籼米 | Indica | 4.75 | 4.79 | 5.15 | 100.3 | 107.2 | 101.0 | 108.0 | 100.8 | 107.5 |
| **经济作物类** | **Economic Crops Category** | | | | | | | | | |
| 花生仁 | Peanuts | 14.35 | 13.94 | 11.34 | 101.6 | 100.1 | 98.5 | 132.9 | 97.1 | 81.3 |
| **畜产品类** | **Animal Products** | | | | | | | | | |
| 活猪 | Live Pig | 15.41 | 14.30 | 12.51 | 96.8 | 88.9 | 94.3 | 96.5 | 92.8 | 87.5 |
| 仔猪 | Piglets | 25.59 | 20.00 | 15.80 | 100.1 | 96.6 | 96.5 | 147.1 | 78.2 | 79.0 |
| 猪肉 | Pork | 24.38 | 21.88 | 20.18 | 97.0 | 94.8 | 91.5 | 99.5 | 89.8 | 92.2 |
| 活牛 | Live Cattle | 17.08 | 23.07 | 25.14 | 102.0 | 98.2 | 100.0 | 110.8 | 135.0 | 109.0 |
| 牛肉 | Beef | 46.25 | 59.75 | 66.63 | 102.2 | 97.3 | 99.6 | 133.1 | 129.2 | 111.5 |
| 活羊 | Live Sheep | 26.60 | 32.64 | 34.40 | 99.3 | 102.4 | 99.4 | 118.8 | 122.7 | 105.4 |
| 羊肉 | Mutton | 61.43 | 67.71 | 73.57 | 101.4 | 102.9 | 100.6 | 133.5 | 110.2 | 108.7 |
| 活鸡 | Live Chicken | 20.88 | 21.92 | 19.90 | 99.9 | 95.2 | 102.2 | 101.2 | 105.0 | 90.8 |
| 鸡蛋 | Eggs | 10.80 | 11.39 | 11.58 | 100.2 | 94.4 | 99.8 | 98.2 | 105.5 | 101.7 |
| **水产品类** | **Aquatic Products** | | | | | | | | | |
| 草鱼 | Grass Carp | 15.13 | 13.50 | 15.03 | 104.3 | 100.5 | 98.2 | 110.0 | 89.3 | 111.3 |
| 鲤鱼 | Cyprinoid | 13.00 | 12.51 | 13.43 | 99.0 | 99.5 | 97.2 | 112.3 | 96.2 | 107.4 |
| 鲢鱼 | Chub | 7.71 | 7.61 | 7.91 | 100.0 | 101.7 | 100.1 | 99.8 | 98.6 | 103.9 |
| **蔬菜类** | **Vegetables** | | | | | | | | | |
| 大白菜 | Chinese Cabbage | 2.49 | 2.16 | 2.95 | 140.1 | 89.6 | 147.5 | 144.2 | 86.8 | 136.6 |
| 黄瓜 | Cucumber | 5.97 | 5.03 | 5.96 | 125.1 | 107.0 | 91.6 | 143.0 | 84.2 | 118.5 |
| 西红柿 | Tomato | 4.54 | 3.71 | 5.81 | 121.0 | 85.1 | 108.6 | 122.6 | 81.8 | 156.6 |
| 菜椒 | Green Pepper | 8.13 | 5.31 | 7.05 | 130.0 | 102.7 | 97.8 | 104.0 | 65.4 | 132.8 |
| 四季豆 | Kidney Bean | 6.35 | 6.50 | 7.25 | 111.0 | 102.7 | 91.2 | 111.0 | 102.4 | 111.5 |
| **水果类** | **Fruit Group** | | | | | | | | | |
| 红富士苹果 | Fuji apple | 9.75 | 9.44 | 10.71 | 101.0 | 100.9 | 98.3 | 95.1 | 96.8 | 113.5 |
| 香蕉 | Banana | 4.28 | 4.05 | 5.69 | 106.9 | 102.8 | 109.8 | 112.5 | 94.7 | 140.5 |
| 橙子 | Orange | 4.14 | 5.15 | 5.66 | 101.4 | 102.4 | 96.9 | 92.8 | 124.3 | 109.9 |

3-31 续表 3 continued

| 指 标 | Item | 4 月 April | | | | | | | | |
|---|---|---|---|---|---|---|---|---|---|---|
| | | 价 格（元/公斤）Price（yuan/kg） | | | 价格变动（上月=100）Price Movements（preceding month=100） | | | 价格变动（上年同期=100）Price Movements（preceding year=100） | | |
| | | 2012 | 2013 | 2014 | 2012 | 2013 | 2014 | 2012 | 2013 | 2014 |
| **粮食类** | **Grain** | | | | | | | | | |
| 籼稻 | Rice | 2.89 | 2.78 | 2.80 | 100.1 | 99.6 | 99.6 | 105.8 | 96.2 | 100.7 |
| 玉米 | Corn | 2.76 | 2.77 | 2.81 | 100.8 | 100.4 | 98.9 | 105.9 | 100.4 | 101.4 |
| 大豆 | Soybean | 6.43 | 7.01 | 7.18 | 99.3 | 99.6 | 101.8 | 97.1 | 109.0 | 102.4 |
| 籼米 | Indica | 4.75 | 4.78 | 5.18 | 100.0 | 99.8 | 100.6 | 105.8 | 100.6 | 108.4 |
| **经济作物类** | **Economic Crops Category** | | | | | | | | | |
| 花生仁 | Peanuts | 14.38 | 13.69 | 11.31 | 100.2 | 98.2 | 99.7 | 127.8 | 95.2 | 82.6 |
| **畜产品类** | **Animal Products** | | | | | | | | | |
| 活猪 | Live Pig | 13.55 | 12.80 | 10.73 | 87.9 | 89.5 | 85.8 | 86.4 | 94.5 | 83.8 |
| 仔猪 | Piglets | 24.34 | 18.15 | 15.15 | 95.1 | 90.8 | 95.9 | 135.8 | 74.6 | 83.5 |
| 猪肉 | Pork | 22.00 | 20.88 | 19.00 | 90.3 | 95.4 | 94.2 | 90.3 | 94.9 | 91.0 |
| 活牛 | Live Cattle | 17.08 | 23.00 | 25.14 | 100.0 | 99.7 | 100.0 | 110.2 | 134.7 | 109.3 |
| 牛肉 | Beef | 46.88 | 60.00 | 67.13 | 101.4 | 100.4 | 100.8 | 133.9 | 128.0 | 111.9 |
| 活羊 | Live Sheep | 26.60 | 33.20 | 33.80 | 100.0 | 101.7 | 98.3 | 118.8 | 124.8 | 101.8 |
| 羊肉 | Mutton | 60.71 | 69.00 | 73.14 | 98.8 | 101.9 | 99.4 | 127.6 | 113.7 | 106.0 |
| 活鸡 | Live Chicken | 21.13 | 17.46 | 20.65 | 101.2 | 79.7 | 103.8 | 104.3 | 82.6 | 118.3 |
| 鸡蛋 | Eggs | 10.19 | 10.84 | 11.65 | 94.4 | 95.2 | 100.6 | 93.7 | 106.4 | 107.5 |
| **水产品类** | **Aquatic Products** | | | | | | | | | |
| 草鱼 | Grass Carp | 14.38 | 13.44 | 14.53 | 95.1 | 99.6 | 96.7 | 107.5 | 93.5 | 108.1 |
| 鲤鱼 | Cyprinoid | 12.38 | 12.38 | 12.90 | 95.2 | 99.0 | 96.1 | 101.1 | 100.0 | 104.2 |
| 鲢鱼 | Chub | 7.50 | 7.39 | 7.80 | 97.2 | 97.1 | 98.6 | 101.9 | 98.5 | 105.5 |
| **蔬菜类** | **Vegetables** | | | | | | | | | |
| 大白菜 | Chinese Cabbage | 3.79 | 4.04 | 2.93 | 152.4 | 187.0 | 99.3 | 199.5 | 106.6 | 72.5 |
| 黄瓜 | Cucumber | 4.73 | 4.50 | 4.43 | 79.2 | 89.5 | 74.3 | 146.7 | 95.1 | 98.4 |
| 西红柿 | Tomato | 5.81 | 4.53 | 4.88 | 128.0 | 122.1 | 84.0 | 163.7 | 78.0 | 107.7 |
| 菜椒 | Green Pepper | 7.25 | 7.41 | 6.41 | 89.2 | 139.5 | 90.9 | 158.9 | 102.2 | 86.5 |
| 四季豆 | Kidney Bean | 6.38 | 8.25 | 5.95 | 100.5 | 126.9 | 82.1 | 132.0 | 129.3 | 72.1 |
| **水果类** | **Fruit Group** | | | | | | | | | |
| 红富士苹果 | Fuji apple | 9.38 | 9.44 | 10.88 | 96.2 | 100.0 | 101.6 | 90.4 | 100.6 | 115.3 |
| 香蕉 | Banana | 4.38 | 4.45 | 5.98 | 102.5 | 109.9 | 105.1 | 80.2 | 101.6 | 134.4 |
| 橙子 | Orange | 4.30 | 6.40 | 5.55 | 103.8 | 124.3 | 98.1 | 86.0 | 148.8 | 86.7 |

3-31 续表 4 continued

| 指 标 | Item | 5 月 May | | | | | | | | |
|---|---|---|---|---|---|---|---|---|---|---|
| | | 价 格（元/公斤）Price（yuan/kg） | | | 价格变动（上月=100）Price Movements（preceding month=100） | | | 价格变动（上年同期=100）Price Movements（preceding year=100） | | |
| | | 2012 | 2013 | 2014 | 2012 | 2013 | 2014 | 2012 | 2013 | 2014 |
| **粮食类** | **Grain** | | | | | | | | | |
| 籼稻 | Rice | 2.89 | 2.79 | 2.76 | 100.0 | 100.4 | 98.6 | 104.1 | 96.5 | 98.9 |
| 玉米 | Corn | 2.76 | 2.82 | 2.81 | 100.1 | 101.8 | 100.0 | 105.7 | 102.1 | 99.6 |
| 大豆 | Soybean | 6.45 | 7.14 | 7.15 | 100.3 | 101.9 | 99.6 | 97.4 | 110.7 | 100.1 |
| 籼米 | Indica | 4.74 | 4.80 | 5.29 | 99.7 | 100.4 | 102.1 | 103.3 | 101.3 | 110.2 |
| **经济作物类** | **Economic Crops Category** | | | | | | | | | |
| 花生仁 | Peanuts | 14.63 | 13.38 | 11.51 | 101.7 | 97.7 | 101.8 | 121.9 | 91.5 | 86.0 |
| **畜产品类** | **Animal Products** | | | | | | | | | |
| 活猪 | Live Pig | 13.21 | 12.71 | 12.81 | 97.5 | 99.3 | 119.4 | 82.2 | 96.2 | 100.8 |
| 仔猪 | Piglets | 22.98 | 17.55 | 17.04 | 94.4 | 96.7 | 112.5 | 113.5 | 76.4 | 97.1 |
| 猪肉 | Pork | 21.50 | 20.41 | 20.03 | 97.7 | 97.7 | 105.4 | 86.0 | 94.9 | 98.1 |
| 活牛 | Live Cattle | 17.08 | 22.86 | 25.57 | 100.0 | 99.4 | 101.7 | 109.0 | 133.8 | 111.9 |
| 牛肉 | Beef | 47.38 | 60.00 | 66.38 | 101.1 | 100.0 | 98.9 | 133.5 | 126.6 | 110.6 |
| 活羊 | Live Sheep | 26.60 | 33.40 | 34.20 | 100.0 | 100.6 | 101.2 | 118.8 | 125.6 | 102.4 |
| 羊肉 | Mutton | 60.71 | 70.57 | 73.71 | 100.0 | 102.3 | 100.8 | 130.0 | 116.2 | 104.4 |
| 活鸡 | Live Chicken | 21.13 | 16.75 | 22.13 | 100.0 | 95.9 | 107.2 | 102.1 | 79.3 | 132.1 |
| 鸡蛋 | Eggs | 10.18 | 10.86 | 12.25 | 99.9 | 100.2 | 105.2 | 91.9 | 106.7 | 112.8 |
| **水产品类** | **Aquatic Products** | | | | | | | | | |
| 草鱼 | Grass Carp | 14.25 | 13.45 | 14.63 | 99.1 | 100.1 | 100.7 | 103.6 | 94.4 | 108.8 |
| 鲤鱼 | Cyprinoid | 11.88 | 12.28 | 12.88 | 95.9 | 99.2 | 99.8 | 95.0 | 103.4 | 104.9 |
| 鲢鱼 | Chub | 7.79 | 7.57 | 8.09 | 103.8 | 102.4 | 103.7 | 103.8 | 97.2 | 106.9 |
| **蔬菜类** | **Vegetables** | | | | | | | | | |
| 大白菜 | Chinese Cabbage | 3.68 | 3.81 | 3.01 | 97.0 | 94.3 | 102.7 | 155.0 | 103.7 | 79.0 |
| 黄瓜 | Cucumber | 3.06 | 3.50 | 2.66 | 64.6 | 77.8 | 60.0 | 116.5 | 114.5 | 76.0 |
| 西红柿 | Tomato | 6.53 | 4.21 | 4.35 | 112.3 | 92.9 | 89.1 | 178.8 | 64.5 | 103.3 |
| 菜椒 | Green Pepper | 7.86 | 6.56 | 5.50 | 108.4 | 88.5 | 85.8 | 192.4 | 83.4 | 83.8 |
| 四季豆 | Kidney Bean | 5.60 | 5.75 | 5.00 | 87.8 | 69.7 | 84.0 | 124.4 | 102.7 | 87.0 |
| **水果类** | **Fruit Group** | | | | | | | | | |
| 红富士苹果 | Fuji apple | 9.50 | 9.56 | 10.88 | 101.3 | 101.3 | 100.0 | 87.4 | 100.6 | 113.8 |
| 香蕉 | Banana | 4.00 | 4.50 | 6.33 | 91.3 | 101.1 | 105.9 | 87.9 | 112.5 | 140.7 |
| 橙子 | Orange | 4.47 | 6.73 | 7.07 | 103.9 | 105.2 | 127.4 | 83.8 | 150.7 | 105.1 |

3-31 续表 5 continued

| 指 标 | Item | 6 月 June | | | | | | | | |
|---|---|---|---|---|---|---|---|---|---|---|
| | | 价 格（元/公斤）Price（yuan/kg） | | | 价格变动（上月=100）Price Movements（preceding month=100） | | | 价格变动（上年同期=100）Price Movements（preceding year=100） | | |
| | | 2012 | 2013 | 2014 | 2012 | 2013 | 2014 | 2012 | 2013 | 2014 |
| **粮食类** | **Grain** | | | | | | | | | |
| 籼稻 | Rice | 2.86 | 2.72 | 2.76 | 99.0 | 97.5 | 100.0 | 102.8 | 95.1 | 101.5 |
| 玉米 | Corn | 2.79 | 2.81 | 2.82 | 101.0 | 99.6 | 100.4 | 106.1 | 100.7 | 100.4 |
| 大豆 | Soybean | 6.49 | 7.06 | 7.15 | 100.6 | 98.9 | 100.0 | 98.0 | 108.8 | 101.3 |
| 籼米 | Indica | 4.74 | 4.79 | 5.34 | 100.1 | 99.8 | 100.9 | 103.3 | 101.1 | 111.5 |
| **经济作物类** | **Economic Crops Category** | | | | | | | | | |
| 花生仁 | Peanuts | 14.38 | 13.34 | 11.75 | 98.3 | 99.7 | 102.1 | 108.9 | 92.8 | 88.1 |
| **畜产品类** | **Animal Products** | | | | | | | | | |
| 活猪 | Live Pig | 13.74 | 13.11 | 12.70 | 104.0 | 103.1 | 99.1 | 78.3 | 95.4 | 96.9 |
| 仔猪 | Piglets | 22.38 | 18.23 | 17.20 | 97.4 | 103.9 | 100.9 | 98.1 | 81.5 | 94.3 |
| 猪肉 | Pork | 21.25 | 20.88 | 20.10 | 98.8 | 102.3 | 100.3 | 79.1 | 98.3 | 96.3 |
| 活牛 | Live Cattle | 17.42 | 23.00 | 25.57 | 102.0 | 100.6 | 100.0 | 111.2 | 132.0 | 111.2 |
| 牛肉 | Beef | 48.75 | 60.38 | 66.25 | 102.9 | 100.6 | 99.8 | 137.3 | 123.9 | 109.7 |
| 活羊 | Live Sheep | 26.60 | 33.00 | 34.12 | 100.0 | 98.8 | 99.8 | 118.8 | 124.1 | 103.4 |
| 羊肉 | Mutton | 60.14 | 69.71 | 73.14 | 99.1 | 98.8 | 99.2 | 126.4 | 115.9 | 104.9 |
| 活鸡 | Live Chicken | 21.38 | 17.50 | 22.90 | 101.2 | 104.5 | 103.5 | 99.2 | 81.9 | 130.9 |
| 鸡蛋 | Eggs | 10.78 | 10.93 | 12.28 | 105.9 | 100.6 | 100.2 | 96.9 | 101.4 | 112.4 |
| **水产品类** | **Aquatic Products** | | | | | | | | | |
| 草鱼 | Grass Carp | 14.00 | 13.50 | 15.00 | 98.2 | 100.4 | 102.5 | 102.8 | 96.4 | 111.1 |
| 鲤鱼 | Cyprinoid | 12.25 | 12.28 | 13.38 | 103.2 | 100.0 | 103.9 | 98.0 | 100.2 | 109.0 |
| 鲢鱼 | Chub | 7.61 | 7.59 | 8.21 | 97.7 | 100.3 | 101.5 | 97.7 | 99.7 | 108.2 |
| **蔬菜类** | **Vegetables** | | | | | | | | | |
| 大白菜 | Chinese Cabbage | 3.15 | 3.61 | 3.45 | 85.7 | 94.8 | 114.6 | 121.2 | 114.6 | 95.6 |
| 黄瓜 | Cucumber | 2.70 | 3.89 | 3.13 | 88.3 | 111.1 | 117.7 | 109.1 | 144.1 | 80.5 |
| 西红柿 | Tomato | 4.88 | 4.20 | 5.05 | 74.8 | 99.8 | 116.1 | 152.5 | 86.1 | 120.2 |
| 菜椒 | Green Pepper | 6.73 | 6.84 | 5.34 | 85.6 | 104.3 | 97.1 | 159.8 | 101.6 | 78.1 |
| 四季豆 | Kidney Bean | 4.30 | 5.70 | 5.50 | 76.8 | 99.1 | 110.0 | 143.3 | 132.6 | 96.5 |
| **水果类** | **Fruit Group** | | | | | | | | | |
| 红富士苹果 | Fuji apple | 9.88 | 9.90 | 10.90 | 104.0 | 103.6 | 100.2 | 96.4 | 100.2 | 110.1 |
| 香蕉 | Banana | 3.85 | 4.71 | 6.18 | 96.3 | 104.7 | 97.6 | 103.4 | 122.3 | 131.2 |
| 橙子 | Orange | 4.45 | 6.73 | 7.53 | 99.6 | 100.0 | 106.5 | 80.9 | 151.2 | 111.9 |

3-31 续表 6 continued

| 指 标 | Item | 7 月 July | | | | | | | | |
|---|---|---|---|---|---|---|---|---|---|---|
| | | 价 格（元/公斤）Price（yuan/kg） | | | 价格变动（上月=100）Price Movements（preceding month=100） | | | 价格变动（上年同期=100）Price Movements（preceding year=100） | | |
| | | 2012 | 2013 | 2014 | 2012 | 2013 | 2014 | 2012 | 2013 | 2014 |
| **粮食类** | **Grain** | | | | | | | | | |
| 籼稻 | Rice | 2.79 | 2.67 | 2.80 | 97.6 | 98.2 | 101.4 | 99.8 | 95.7 | 104.9 |
| 玉米 | Corn | 2.82 | 2.81 | 2.83 | 101.0 | 100.0 | 100.4 | 104.7 | 99.7 | 100.7 |
| 大豆 | Soybean | 6.63 | 7.08 | 7.20 | 102.1 | 100.3 | 100.7 | 97.6 | 106.9 | 101.7 |
| 籼米 | Indica | 4.76 | 4.81 | 5.35 | 100.5 | 100.4 | 100.2 | 102.7 | 101.0 | 111.2 |
| **经济作物类** | **Economic Crops Category** | | | | | | | | | |
| 花生仁 | Peanuts | 14.13 | 13.21 | 11.70 | 98.2 | 99.0 | 99.6 | 98.6 | 93.5 | 88.6 |
| **畜产品类** | **Animal Products** | | | | | | | | | |
| 活猪 | Live Pig | 13.89 | 13.63 | 13.45 | 101.1 | 104.0 | 105.9 | 74.5 | 98.1 | 98.7 |
| 仔猪 | Piglets | 22.18 | 18.09 | 18.23 | 99.1 | 99.2 | 106.0 | 89.1 | 81.6 | 100.8 |
| 猪肉 | Pork | 21.25 | 21.25 | 20.88 | 100.0 | 101.8 | 103.9 | 72.6 | 100.0 | 98.3 |
| 活牛 | Live Cattle | 18.75 | 22.83 | 25.71 | 107.6 | 99.3 | 100.5 | 119.7 | 121.8 | 112.6 |
| 牛肉 | Beef | 51.88 | 61.33 | 66.38 | 106.4 | 101.6 | 100.2 | 145.6 | 118.2 | 108.2 |
| 活羊 | Live Sheep | 27.00 | 33.04 | 35.00 | 101.5 | 100.1 | 102.6 | 120.5 | 122.4 | 105.9 |
| 羊肉 | Mutton | 59.71 | 70.86 | 73.14 | 99.3 | 101.6 | 100.0 | 126.7 | 118.7 | 103.2 |
| 活鸡 | Live Chicken | 21.25 | 18.43 | 23.25 | 99.4 | 105.3 | 101.5 | 98.3 | 86.7 | 126.2 |
| 鸡蛋 | Eggs | 10.45 | 11.06 | 12.75 | 96.9 | 101.2 | 103.8 | 90.9 | 105.8 | 115.3 |
| **水产品类** | **Aquatic Products** | | | | | | | | | |
| 草鱼 | Grass Carp | 13.88 | 13.88 | 14.83 | 99.1 | 102.8 | 98.9 | 100.9 | 100.0 | 106.8 |
| 鲤鱼 | Cyprinoid | 12.25 | 12.63 | 13.30 | 100.0 | 102.9 | 99.4 | 94.2 | 103.1 | 105.3 |
| 鲢鱼 | Chub | 7.71 | 7.86 | 8.40 | 101.4 | 103.6 | 102.3 | 100.0 | 101.9 | 106.9 |
| **蔬菜类** | **Vegetables** | | | | | | | | | |
| 大白菜 | Chinese Cabbage | 3.16 | 3.61 | 4.08 | 100.4 | 100.0 | 118.3 | 105.4 | 114.2 | 113.0 |
| 黄瓜 | Cucumber | 3.47 | 3.70 | 3.60 | 128.4 | 95.1 | 115.0 | 157.6 | 106.7 | 97.3 |
| 西红柿 | Tomato | 4.50 | 3.78 | 4.40 | 92.2 | 90.0 | 87.1 | 144.0 | 84.0 | 116.4 |
| 菜椒 | Green Pepper | 5.50 | 6.71 | 5.63 | 81.7 | 98.1 | 105.4 | 129.8 | 122.0 | 83.9 |
| 四季豆 | Kidney Bean | 5.70 | 6.20 | 6.38 | 132.6 | 108.8 | 116.0 | 171.7 | 108.8 | 102.9 |
| **水果类** | **Fruit Group** | | | | | | | | | |
| 红富士苹果 | Fuji apple | 9.90 | 9.96 | 11.59 | 100.2 | 100.6 | 106.3 | 97.8 | 100.6 | 116.4 |
| 香蕉 | Banana | 3.78 | 4.70 | 5.80 | 98.1 | 99.8 | 93.9 | 128.0 | 124.5 | 123.4 |
| 橙子 | Orange | 3.75 | 7.13 | 7.57 | 84.3 | 105.9 | 100.5 | 75.0 | 190.1 | 106.2 |

3-31　续表 7　continued

| 指　标 | Item | 8月 August 价　格（元/公斤）Price（yuan/kg） 2012 | 2013 | 2014 | 价格变动（上月=100）Price Movements（preceding month=100） 2012 | 2013 | 2014 | 价格变动（上年同期=100）Price Movements（preceding year=100） 2012 | 2013 | 2014 |
|---|---|---|---|---|---|---|---|---|---|---|
| **粮食类** | **Grain** | | | | | | | | | |
| 籼稻 | Rice | 2.78 | 2.66 | 2.81 | 99.5 | 99.6 | | | | |
| 玉米 | Corn | 2.83 | 2.83 | 2.86 | 100.4 | 100.7 | 101.1 | 104.2 | 100.0 | 101.1 |
| 大豆 | Soybean | 6.69 | 7.08 | 7.26 | 100.9 | 100.0 | 100.8 | 99.3 | 105.9 | 102.5 |
| 籼米 | Indica | 4.74 | 4.93 | 5.31 | 99.5 | 102.5 | 99.3 | 102.2 | 104.1 | 107.7 |
| **经济作物类** | **Economic Crops Category** | | | | | | | | | |
| 花生仁 | Peanuts | 14.13 | 13.13 | 11.85 | 100.0 | 99.4 | 101.3 | 96.1 | 93.0 | 90.3 |
| **畜产品类** | **Animal Products** | | | | | | | | | |
| 活猪 | Live Pig | 14.24 | 14.55 | 14.61 | 102.5 | 106.7 | 108.6 | 76.0 | 102.2 | 100.4 |
| 仔猪 | Piglets | 21.63 | 19.38 | 19.68 | 97.5 | 107.1 | 108.0 | 77.6 | 89.6 | 101.5 |
| 猪肉 | Pork | 21.50 | 22.88 | 22.25 | 101.2 | 107.7 | 106.6 | 73.8 | 106.4 | 97.2 |
| 活牛 | Live Cattle | 19.75 | 22.93 | 25.71 | 105.3 | 100.4 | 100.0 | 125.4 | 116.1 | 112.1 |
| 牛肉 | Beef | 52.75 | 62.35 | 66.75 | 101.7 | 101.7 | 100.6 | 145.0 | 118.2 | 107.1 |
| 活羊 | Live Sheep | 27.00 | 32.80 | 34.88 | 100.0 | 99.3 | 99.7 | 120.5 | 121.5 | 106.3 |
| 羊肉 | Mutton | 59.86 | 70.29 | 73.00 | 100.2 | 99.2 | 99.8 | 127.7 | 117.4 | 103.9 |
| 活鸡 | Live Chicken | 21.18 | 19.05 | 24.13 | 99.6 | 103.4 | 103.8 | 96.3 | 90.0 | 126.7 |
| 鸡蛋 | Eggs | 11.55 | 11.49 | 13.46 | 110.5 | 103.9 | 105.6 | 94.3 | 99.5 | 117.1 |
| **水产品类** | **Aquatic Products** | | | | | | | | | |
| 草鱼 | Grass Carp | 13.88 | 14.15 | 14.85 | 100.0 | 101.9 | 100.1 | 97.8 | 102.0 | 104.9 |
| 鲤鱼 | Cyprinoid | 12.50 | 13.03 | 13.45 | 102.0 | 103.2 | 101.1 | 94.8 | 104.2 | 103.2 |
| 鲢鱼 | Chub | 7.61 | 7.87 | 7.99 | 98.7 | 100.1 | 95.1 | 98.7 | 103.4 | 101.5 |
| **蔬菜类** | **Vegetables** | | | | | | | | | |
| 大白菜 | Chinese Cabbage | 3.78 | 4.64 | 3.95 | 119.4 | 128.5 | 96.8 | 125.8 | 122.9 | 85.1 |
| 黄瓜 | Cucumber | 4.14 | 4.69 | 4.03 | 119.5 | 126.8 | 111.9 | 137.0 | 113.2 | 85.9 |
| 西红柿 | Tomato | 4.51 | 4.56 | 4.48 | 100.3 | 120.6 | 101.8 | 143.3 | 101.1 | 98.2 |
| 菜椒 | Green Pepper | 4.88 | 7.56 | 5.25 | 88.6 | 112.7 | 93.3 | 120.0 | 155.1 | 69.4 |
| 四季豆 | Kidney Bean | 6.25 | 7.55 | 6.90 | 109.6 | 121.8 | 108.2 | 153.7 | 120.8 | 91.4 |
| **水果类** | **Fruit Group** | | | | | | | | | |
| 红富士苹果 | Fuji apple | 9.79 | 10.21 | 11.65 | 98.8 | 102.5 | 100.5 | 100.4 | 104.3 | 114.1 |
| 香蕉 | Banana | 3.48 | 4.69 | 6.45 | 92.1 | 99.8 | 111.2 | 105.8 | 135.0 | 137.5 |
| 橙子 | Orange | 3.80 | 7.20 | 7.60 | 101.3 | 101.0 | 100.4 | 76.0 | 189.5 | 105.6 |

3-31 续表 8 continued

| 指 标 | Item | 9月 September | | | | | | | | |
|---|---|---|---|---|---|---|---|---|---|---|
| | | 价 格（元/公斤）Price（yuan/kg） | | | 价格变动（上月=100）Price Movements（preceding month=100） | | | 价格变动（上年同期=100）Price Movements（preceding year=100） | | |
| | | 2012 | 2013 | 2014 | 2012 | 2013 | 2014 | 2012 | 2013 | 2014 |
| **粮食类** | **Grain** | | | | | | | | | |
| 籼稻 | Rice | 2.78 | 2.66 | 2.82 | 100.2 | 100.0 | 100.4 | 98.3 | 95.6 | 106.0 |
| 玉米 | Corn | 2.81 | 2.83 | 2.86 | 99.3 | 100.0 | 100.0 | 101.2 | 100.6 | 101.1 |
| 大豆 | Soybean | 6.74 | 7.15 | 7.41 | 100.7 | 101.0 | 102.1 | 100.9 | 106.1 | 103.6 |
| 籼米 | Indica | 4.74 | 4.95 | 5.35 | 100.0 | 100.4 | 100.8 | 101.1 | 104.5 | 108.1 |
| **经济作物类** | **Economic Crops Category** | | | | | | | | | |
| 花生仁 | Peanuts | 14.00 | 13.19 | 12.00 | 99.1 | 100.5 | 101.3 | 96.1 | 94.2 | 91.0 |
| **畜产品类** | **Animal Products** | | | | | | | | | |
| 活猪 | Live Pig | 14.36 | 15.04 | 14.80 | 100.9 | 103.4 | 101.3 | 73.8 | 104.7 | 98.4 |
| 仔猪 | Piglets | 21.43 | 20.13 | 19.83 | 99.1 | 103.9 | 100.8 | 69.4 | 94.0 | 98.5 |
| 猪肉 | Pork | 22.00 | 23.38 | 22.50 | 102.3 | 102.2 | 101.1 | 75.2 | 106.3 | 96.2 |
| 活牛 | Live Cattle | 20.84 | 23.20 | 25.86 | 105.5 | 101.2 | 100.6 | 132.3 | 111.3 | 111.5 |
| 牛肉 | Beef | 53.50 | 63.38 | 66.88 | 101.4 | 101.7 | 100.2 | 145.6 | 118.5 | 105.5 |
| 活羊 | Live Sheep | 27.00 | 33.24 | 34.80 | 100.0 | 101.3 | 99.8 | 118.4 | 123.1 | 104.7 |
| 羊肉 | Mutton | 60.57 | 71.20 | 72.29 | 101.2 | 101.3 | 99.0 | 127.7 | 117.5 | 101.5 |
| 活鸡 | Live Chicken | 21.34 | 19.81 | 24.25 | 100.8 | 104.0 | 100.5 | 98.7 | 92.8 | 122.4 |
| 鸡蛋 | Eggs | 11.65 | 11.98 | 13.69 | 100.9 | 104.3 | 101.7 | 94.3 | 102.8 | 114.3 |
| **水产品类** | **Aquatic Products** | | | | | | | | | |
| 草鱼 | Grass Carp | 13.45 | 14.03 | 14.50 | 96.9 | 99.2 | 97.6 | 96.9 | 104.3 | 103.3 |
| 鲤鱼 | Cyprinoid | 12.25 | 12.78 | 12.88 | 98.0 | 98.1 | 95.8 | 93.3 | 104.3 | 100.8 |
| 鲢鱼 | Chub | 7.27 | 7.97 | 8.00 | 95.5 | 101.3 | 100.1 | 94.3 | 109.6 | 100.4 |
| **蔬菜类** | **Vegetables** | | | | | | | | | |
| 大白菜 | Chinese Cabbage | 3.70 | 4.80 | 3.85 | 98.0 | 103.4 | 97.5 | 113.0 | 129.7 | 80.2 |
| 黄瓜 | Cucumber | 3.46 | 4.99 | 5.14 | 83.4 | 106.4 | 127.5 | 107.2 | 144.3 | 103.0 |
| 西红柿 | Tomato | 5.31 | 4.76 | 4.48 | 117.7 | 104.4 | 100.0 | 148.6 | 89.6 | 94.1 |
| 菜椒 | Green Pepper | 5.13 | 7.56 | 5.75 | 105.1 | 100.0 | 109.5 | 112.9 | 147.5 | 76.1 |
| 四季豆 | Kidney Bean | 5.50 | 7.20 | 7.45 | 88.0 | 95.4 | 108.0 | 117.5 | 130.9 | 103.5 |
| **水果类** | **Fruit Group** | | | | | | | | | |
| 红富士苹果 | Fuji apple | 9.74 | 10.44 | 11.90 | 99.6 | 102.3 | 102.1 | 102.6 | 107.2 | 114.0 |
| 香蕉 | Banana | 3.64 | 4.64 | 6.85 | 104.7 | 98.9 | 106.2 | 99.0 | 127.6 | 147.6 |
| 橙子 | Orange | 4.00 | 7.17 | 7.60 | 105.3 | 99.6 | 100.0 | 80.0 | 179.3 | 106.0 |

3-31　续表 9　continued

| 指　标 | Item | 10 月 October 价　格（元/公斤）Price（yuan/kg） | | | 价格变动（上月=100）Price Movements（preceding month=100） | | | 价格变动（上年同期=100）Price Movements（preceding year=100） | | |
|---|---|---|---|---|---|---|---|---|---|---|
| | | 2012 | 2013 | 2014 | 2012 | 2013 | 2014 | 2012 | 2013 | 2014 |
| **粮食类** | **Grain** | | | | | | | | | |
| 籼稻 | Rice | 2.79 | 2.66 | 2.82 | 100.3 | 100.0 | 100.0 | 97.5 | 95.3 | 106.0 |
| 玉米 | Corn | 2.80 | 2.81 | 2.86 | 99.6 | 99.3 | 100.0 | 100.3 | 100.4 | 101.8 |
| 大豆 | Soybean | 6.70 | 7.16 | 7.41 | 99.4 | 100.1 | 100.0 | 99.6 | 106.9 | 103.5 |
| 籼米 | Indica | 4.74 | 4.98 | 5.35 | 100.1 | 100.6 | 100.0 | 99.5 | 105.1 | 107.4 |
| **经济作物类** | **Economic Crops Category** | | | | | | | | | |
| 花生仁 | Peanuts | 13.94 | 13.03 | 12.13 | 99.6 | 98.8 | 101.1 | 97.0 | 93.5 | 93.1 |
| **畜产品类** | **Animal Products** | | | | | | | | | |
| 活猪 | Live Pig | 14.11 | 15.20 | 14.61 | 98.2 | 101.1 | 98.7 | 76.7 | 107.7 | 96.1 |
| 仔猪 | Piglets | 20.95 | 19.00 | 19.78 | 97.8 | 94.4 | 99.7 | 67.9 | 90.7 | 104.1 |
| 猪肉 | Pork | 21.63 | 23.63 | 22.50 | 98.3 | 101.1 | 100.0 | 75.9 | 109.2 | 95.2 |
| 活牛 | Live Cattle | 21.00 | 23.54 | 26.00 | 100.8 | 101.5 | 100.5 | 133.3 | 112.1 | 110.5 |
| 牛肉 | Beef | 54.25 | 64.50 | 67.25 | 101.4 | 101.8 | 100.6 | 142.8 | 118.9 | 104.3 |
| 活羊 | Live Sheep | 27.00 | 33.00 | 35.40 | 100.0 | 99.3 | 101.7 | 116.4 | 122.2 | 107.3 |
| 羊肉 | Mutton | 60.57 | 70.43 | 74.00 | 100.0 | 98.9 | 102.4 | 122.5 | 116.3 | 105.1 |
| 活鸡 | Live Chicken | 21.43 | 19.80 | 24.28 | 100.4 | 99.9 | 100.1 | 100.8 | 92.4 | 122.6 |
| 鸡蛋 | Eggs | 11.55 | 12.06 | 13.70 | 99.1 | 100.7 | 100.1 | 92.4 | 104.4 | 113.6 |
| **水产品类** | **Aquatic Products** | | | | | | | | | |
| 草鱼 | Grass Carp | 13.20 | 14.33 | 14.50 | 98.1 | 102.1 | 100.0 | 93.5 | 108.6 | 101.2 |
| 鲤鱼 | Cyprinoid | 12.25 | 12.95 | 12.93 | 100.0 | 101.3 | 100.4 | 93.3 | 105.7 | 99.8 |
| 鲢鱼 | Chub | 7.33 | 7.86 | 8.00 | 100.8 | 98.6 | 100.0 | 93.3 | 107.2 | 101.8 |
| **蔬菜类** | **Vegetables** | | | | | | | | | |
| 大白菜 | Chinese Cabbage | 2.80 | 3.80 | 3.60 | 75.7 | 79.2 | 93.5 | 84.8 | 135.7 | 94.7 |
| 黄瓜 | Cucumber | 3.10 | 4.67 | 4.17 | 89.7 | 93.6 | 81.1 | 89.9 | 150.6 | 89.3 |
| 西红柿 | Tomato | 4.25 | 5.79 | 4.20 | 80.0 | 121.6 | 93.8 | 118.1 | 136.2 | 72.5 |
| 菜椒 | Green Pepper | 5.13 | 7.43 | 5.63 | 100.1 | 98.3 | 97.9 | 104.7 | 144.8 | 75.8 |
| 四季豆 | Kidney Bean | 4.70 | 6.90 | 5.70 | 85.5 | 95.8 | 76.5 | 100.7 | 146.8 | 82.6 |
| **水果类** | **Fruit Group** | | | | | | | | | |
| 红富士苹果 | Fuji apple | 9.75 | 10.40 | 12.05 | 100.1 | 99.6 | 101.3 | 101.6 | 106.7 | 115.9 |
| 香蕉 | Banana | 3.59 | 3.90 | 6.13 | 98.7 | 84.1 | 89.5 | 93.9 | 108.6 | 157.2 |
| 橙子 | Orange | 4.00 | 6.53 | 7.67 | 100.0 | 91.1 | 100.9 | 85.1 | 163.3 | 117.5 |

3-31 续表 10 continued

| 指 标 | Item | 11 月 November | | | | | | | | |
|---|---|---|---|---|---|---|---|---|---|---|
| | | 价 格（元/公斤）Price（yuan/kg） | | | 价格变动（上月=100）Price Movements（preceding month=100） | | | 价格变动（上年同期=100）Price Movements（preceding year=100） | | |
| | | 2012 | 2013 | 2014 | 2012 | 2013 | 2014 | 2012 | 2013 | 2014 |
| **粮食类** | **Grain** | | | | | | | | | |
| 籼稻 | Rice | 2.80 | 2.69 | 2.85 | 100.4 | 101.1 | 101.1 | 100.4 | 96.1 | 105.9 |
| 玉米 | Corn | 2.80 | 2.83 | 2.86 | 100.0 | 100.7 | 100.0 | 100.4 | 101.1 | 101.1 |
| 大豆 | Soybean | 6.76 | 7.16 | 7.38 | 100.9 | 100.0 | 99.6 | 102.4 | 105.9 | 103.1 |
| 籼米 | Indica | 4.74 | 5.03 | 5.39 | 100.0 | 101.0 | 100.7 | 101.4 | 106.1 | 107.2 |
| **经济作物类** | **Economic Crops Category** | | | | | | | | | |
| 花生仁 | Peanuts | 13.93 | 12.84 | 12.13 | 99.9 | 98.5 | 100.0 | 98.3 | 92.2 | 94.5 |
| **畜产品类** | **Animal Products** | | | | | | | | | |
| 活猪 | Live Pig | 14.09 | 15.30 | 14.65 | 99.9 | 100.7 | 100.3 | 83.2 | 108.6 | 95.8 |
| 仔猪 | Piglets | 20.23 | 18.83 | 19.00 | 96.6 | 99.1 | 96.1 | 73.6 | 93.1 | 100.9 |
| 猪肉 | Pork | 21.83 | 23.63 | 22.00 | 100.9 | 100.0 | 97.8 | 82.0 | 108.2 | 93.1 |
| 活牛 | Live Cattle | 21.36 | 23.71 | 26.29 | 101.7 | 100.7 | 101.1 | 135.6 | 111.0 | 110.9 |
| 牛肉 | Beef | 55.63 | 64.75 | 68.00 | 102.5 | 100.4 | 101.1 | 145.4 | 116.4 | 105.0 |
| 活羊 | Live Sheep | 27.60 | 33.40 | 36.20 | 102.2 | 101.2 | 102.3 | 119.0 | 121.0 | 108.4 |
| 羊肉 | Mutton | 62.71 | 71.14 | 75.43 | 103.5 | 101.0 | 101.9 | 123.7 | 113.4 | 106.0 |
| 活鸡 | Live Chicken | 21.44 | 19.80 | 23.83 | 100.0 | 100.0 | 98.1 | 103.3 | 92.4 | 120.4 |
| 鸡蛋 | Eggs | 11.54 | 12.18 | 13.48 | 99.9 | 101.0 | 98.4 | 94.6 | 105.5 | 110.7 |
| **水产品类** | **Aquatic Products** | | | | | | | | | |
| 草鱼 | Grass Carp | 13.06 | 14.30 | 14.73 | 98.9 | 99.8 | 101.6 | 91.6 | 109.5 | 103.0 |
| 鲤鱼 | Cyprinoid | 12.25 | 13.19 | 13.00 | 100.0 | 101.9 | 100.5 | 94.2 | 107.7 | 98.6 |
| 鲢鱼 | Chub | 7.17 | 7.57 | 7.97 | 97.8 | 96.3 | 99.6 | 92.9 | 105.6 | 105.3 |
| **蔬菜类** | **Vegetables** | | | | | | | | | |
| 大白菜 | Chinese Cabbage | 2.05 | 2.86 | 2.78 | 73.2 | 75.3 | 77.2 | 92.1 | 139.5 | 97.2 |
| 黄瓜 | Cucumber | 3.97 | 4.26 | 4.66 | 128.1 | 91.2 | 111.8 | 121.2 | 107.3 | 109.4 |
| 西红柿 | Tomato | 4.28 | 5.50 | 4.60 | 100.7 | 95.0 | 109.5 | 123.2 | 128.5 | 83.6 |
| 菜椒 | Green Pepper | 4.76 | 6.34 | 5.95 | 92.8 | 85.3 | 105.7 | 99.7 | 133.2 | 93.8 |
| 四季豆 | Kidney Bean | 4.28 | 5.65 | 5.50 | 91.1 | 81.9 | 96.5 | 144.3 | 132.0 | 97.3 |
| **水果类** | **Fruit Group** | | | | | | | | | |
| 红富士苹果 | Fuji apple | 9.50 | 10.44 | 12.03 | 97.4 | 100.4 | 99.8 | 99.2 | 109.9 | 115.2 |
| 香蕉 | Banana | 3.43 | 3.76 | 5.98 | 95.5 | 96.4 | 97.6 | 82.2 | 109.6 | 159.0 |
| 橙子 | Orange | 5.47 | 5.40 | 5.60 | 136.8 | 82.7 | 73.0 | 103.2 | 98.7 | 103.7 |

3-31 续表 11 continued

| 指 标 | Item | 12 月 December | | | | | | | | |
|---|---|---|---|---|---|---|---|---|---|---|
| | | 价 格（元/公斤）Price（yuan/kg） | | | 价格变动（上月=100）Price Movements（preceding month=100） | | | 价格变动（上年同期=100）Price Movements（preceding year=100） | | |
| | | 2012 | 2013 | 2014 | 2012 | 2013 | 2014 | 2012 | 2013 | 2014 |
| **粮食类** | **Grain** | | | | | | | | | |
| 籼稻 | Rice | 2.82 | 2.73 | 2.84 | 100.7 | 101.5 | 99.6 | 100.0 | 96.8 | 104.0 |
| 玉米 | Corn | 2.80 | 2.86 | 2.88 | 100.0 | 101.1 | 100.7 | 103.2 | 102.1 | 100.7 |
| 大豆 | Soybean | 6.93 | 7.20 | 7.44 | 102.5 | 100.6 | 100.8 | 105.8 | 103.9 | 103.3 |
| 籼米 | Indica | 4.75 | 5.09 | 5.38 | 100.2 | 101.2 | 99.8 | 100.8 | 107.2 | 105.7 |
| **经济作物类** | **Economic Crops Category** | | | | | | | | | |
| 花生仁 | Peanuts | 14.03 | 12.71 | 12.60 | 100.7 | 99.0 | 103.9 | 102.0 | 90.6 | 99.1 |
| **畜产品类** | **Animal Products** | | | | | | | | | |
| 活猪 | Live Pig | 15.14 | 15.73 | 14.39 | 107.5 | 102.8 | 98.2 | 89.7 | 103.9 | 91.5 |
| 仔猪 | Piglets | 19.78 | 18.88 | 17.98 | 97.8 | 100.3 | 94.6 | 80.0 | 95.4 | 95.2 |
| 猪肉 | Pork | 22.43 | 24.00 | 21.63 | 102.7 | 101.6 | 98.3 | 86.7 | 107.0 | 90.1 |
| 活牛 | Live Cattle | 21.91 | 24.43 | 26.29 | 102.6 | 103.0 | 100.0 | 138.4 | 111.5 | 107.6 |
| 牛肉 | Beef | 56.50 | 65.75 | 68.38 | 101.6 | 101.5 | 100.6 | 145.8 | 116.4 | 104.0 |
| 活羊 | Live Sheep | 29.20 | 34.40 | 36.40 | 105.8 | 103.0 | 100.6 | 120.7 | 117.8 | 105.8 |
| 羊肉 | Mutton | 64.50 | 72.14 | 75.43 | 102.9 | 101.4 | 100.0 | 123.0 | 111.8 | 104.6 |
| 活鸡 | Live Chicken | 21.75 | 20.65 | 24.38 | 101.4 | 104.3 | 102.3 | 104.8 | 94.9 | 118.1 |
| 鸡蛋 | Eggs | 11.86 | 11.85 | 13.06 | 102.8 | 97.3 | 96.9 | 98.4 | 99.9 | 110.2 |
| **水产品类** | **Aquatic Products** | | | | | | | | | |
| 草鱼 | Grass Carp | 13.41 | 14.53 | 14.48 | 102.7 | 101.6 | 98.3 | 94.9 | 108.4 | 99.7 |
| 鲤鱼 | Cyprinoid | 12.38 | 13.30 | 13.00 | 101.1 | 100.8 | 100.0 | 95.2 | 107.4 | 97.7 |
| 鲢鱼 | Chub | 7.14 | 7.71 | 8.03 | 99.6 | 101.8 | 100.8 | 94.3 | 108.0 | 104.2 |
| **蔬菜类** | **Vegetables** | | | | | | | | | |
| 大白菜 | Chinese Cabbage | 2.35 | 2.38 | 2.64 | 114.6 | 83.2 | 95.0 | 127.0 | 101.3 | 110.9 |
| 黄瓜 | Cucumber | 4.21 | 5.26 | 6.23 | 106.0 | 123.5 | 133.7 | 92.7 | 124.9 | 118.4 |
| 西红柿 | Tomato | 4.24 | 5.64 | 4.68 | 99.1 | 102.5 | 101.7 | 130.5 | 133.0 | 83.0 |
| 菜椒 | Green Pepper | 5.09 | 6.69 | 6.13 | 106.9 | 105.5 | 103.0 | 100.5 | 131.4 | 91.6 |
| 四季豆 | Kidney Bean | 4.63 | 6.30 | 6.75 | 108.2 | 111.5 | 122.7 | 112.4 | 136.1 | 107.1 |
| **水果类** | **Fruit Group** | | | | | | | | | |
| 红富士苹果 | Fuji apple | 9.56 | 10.34 | 11.88 | 100.6 | 99.0 | 98.8 | 97.3 | 108.2 | 114.9 |
| 香蕉 | Banana | 3.29 | 3.94 | 5.84 | 95.9 | 104.8 | 97.7 | 82.8 | 119.8 | 148.2 |
| 橙子 | Orange | 5.07 | 4.75 | 5.90 | 92.7 | 88.0 | 105.4 | 121.9 | 93.7 | 124.2 |

# 主要统计指标解释

**居民消费价格指数**　是反映一定时期内城乡居民所购买的生活消费品价格和服务项目价格变动趋势和程度的相对数，是对城市居民消费价格指数和农村居民消费价格指数进行综合汇总计算的结果。该指数可以观察和分析消费品的零售价格和服务价格变动对城乡居民实际生活费支出的影响程度。

**商品零售价格指数**　是反映一定时期内城乡商品零售价格变动趋势的一种经济指数。零售物价的调整变动直接影响城乡居民的生活支出和国家财政的收入，影响居民购买力和市场供需平衡，影响消费与积累的比例。因此，该指数可以从一个侧面对上述经济活动进行观察和分析。

**城市居民消费价格指数**　是反映一定时期内城市居民家庭所购买的生活消费品价格和服务项目价格变动趋势和程度的相对数。该指数可以观察和分析消费品的零售价格和服务项目价格变动对城镇职工货币工资的影响，作为研究职工生活和确定工资政策的依据。

**农村居民消费价格指数**　是反映一定时期内农村居民家庭所购买的生活消费品价格和服务项目价格变动趋势和程度的相对数。该指数可以观察农村消费品的零售价格和服务项目价格变动对农村居民生活消费支出的影响，直接反映农民生活水平的实际变化情况，为分析和研究农村居民生活问题提供依据。

**商品零售价格指数**　是反映一定时期内城乡商品零售价格变动趋势和程度的相对数。商品零售价格的变动直接影响到城乡居民的生活支出和国家的财政收入，影响居民购买力和市场供需的平衡，影响到消费与积累的比例关系。因此，该指数可以从一个侧面对上述经济活动进行观察和分析。

**农业生产资料价格指数**　指反映一定时期内农业生产资料价格变动趋势和程度的相对数。农业生产资料价格指数分为小农具、饲料、产品畜、役畜、半机械化农具、机械化农具、化学肥料、农药及农药械、农机用油、其他农业生产资料十大类。其编制目的是了解农业生产中物质资料投入价格的变动状况，服务于国民经济核算。1994年以前，农业生产资料价格指数仅仅是商品零售价格指数的一个类别，此后，从商品零售价格指数中分离出来，单独编制。

**农产品生产价格指数**　是反映一定时期内，农产品生产者出售农产品价格水平变动趋势及幅度的相对数。该指数可以客观反映全国农产品生产价格水平和结构变动情况，满足农业与国民经济核算需要。其中某代表品生产价格指数是通过对全部有出售该产品行为的调查单位的个体指数进行几何平均求得的，类价格指数是通过对其所属的类（或代表品）的价格指数进行加权平均求得的。季度累计价格指数的计算方法与分季指数的计算方法相同。

**工业品出厂价格指数**　是反映一定时期内全部工业产品出厂价格总水平的变动趋势和程度的相对数，包括工业企业售给本企业以外所有单位的各种产品和直接售给居民用于生活消费的产品。该指数可以观察出厂价格变动对工业总产值及增加值的影响。

**原材料、燃料和动力购进价格指数**　是反映工业企业作为生产投入，而从物资交易市场和能源、原材料生产企业购买原材料、燃料和动力产品时，所支付的价格水平变动趋势和程度的统计指标，是扣除工业企业物质消耗成本中的价格变动影响的重要依据。

目前，我国编制的原材料、燃料和动力购进价格指数所调查的产品包括燃料动力、黑色金属、有色金属、化工、建材等九大类的近1800种产品。

**固定资产投资价格指数**　是反映一定时期内固定资产投资品及项目的价格变动趋势和程度的相对数。固定资产投资额是由建筑安装工程投资完成额、设备工器具购置投资完成额和其他费用投资完成额三部分组成的。编制固定资产投资价格指数应首先分别编制上述三部分投资的价格指数，然后采用加权算术平均法求出固定资产投资价格总指数。

该指数可以准确地反映固定资产投资中涉及的各类投资品和取费项目价格变动趋势和变动幅度，消除按现价计算的固定资产投资指标中的价格变动因素，真实地反映固定资产投资的规模、速度、结构和效益，为国家科学地制定、检查固定资产投资计划并提高宏观调控水平，为完善国民经济核算体系提供科学的、可靠的依据。

# Explanatory Notes on Main Statistical Indicators

**Urban Consumer Price Indices** reflect the trend and degree of changes in prices of consumer goods and services purchased by urban households during a given period. It can be used to observe and analyze the impact of price changes in consumer goods and services on wages (in monetary terms) of urban staff and workers, and provide basis for policy-making concerning the living cost and wages of staff and workers.

**Retail Ge neral Price Indices** reflect the trend and degree of change in retail prices of commodities during a given period.The change in retail prices of commodities directly affects the living expenditure of urban and rural residents, government revenue,purchasing power of residents and the equilibrium of market supply and demand, and the ratio of consumption to accumulation.Therefore, the retail price indexes are useful to analyze the changes of the above economic activities.

**Rural Consumer Price Indices** reflect the trend and degree of changes in prices of consumer goods and services purchased by rural households during a given period. It can be used to observe the impact of change in retail prices of consumer goods and service prices in rural areas on living expenditure of rural households, and to show the changes in the living standard of peasants. It provides basis for analysis and research on condition of life in rural areas.

**Retail Price Indices** reflect the trend and degree of change in retail prices of commodities during a given period. The change in retail prices of commodities directly affect the living expenditure of urban and rural residents, government revenue, purchasing power of residents and the equilibrium of market supply and demand, and the ratio of consumption to accumulation. Therefore, the retail price indices are useful to analyze the changes of the above economic activities.

**Price Indices of Means of Agricultural Production** reflect the trend and degree of changes in prices of means of agricultural production during a given period. Price indices of means of agricultural production are composed of 10 categories including small farm tools, feeds, domestic animals for meat, draught domestic animals, semi-mechanized farm machinery, mechanized farm machinery, chemical fertilizers, pesticides and spraying machinery, fuels for farm machinery and other means of agricultural production. Compilation of these indices helps to understand the changes in prices of input into agricultural production and facilitate the compilation of national account statistics. Before 1994, price indices of means of agricultural production was a sub-category in the in the retail price indices of commodities, and it has been compiled separately since 1994.

**Indices of Producers' Prices for Farm Products** reflect the trend and degree of changes in producers' prices received by farmers when they sell farm products during a given period. These indices depict the change in the level and structure of producers' prices of farm products of the country and meet the needs of agriculture statistics and national account statistics. The producers' price index of a given product is calculated through geometrical mean of individual indices of all surveyed units who sell such product, and the indices of a product category is obtained through weighted mean of price indices of all products in the category. Method for calculating accumulative quarterly indices is the same as for calculating the distinctive quarterly indices.

**Ex-factory Price Indices of Industrial Products** reflect the trend and degree of changes in general ex-factory prices of all industrial products during a given period, including sales of industrial products by an industrial enterprise to all units outside the enterprise, as well as sales of consumer goods to residents. It can be used to analyze the impact of ex-factory prices on gross output value and value-added of the industrial sector.

**Indices of Purchasing Prices of Raw Materials, Fuels and Power** reflect changes in the level and degree of prices paid by industrial enterprises when they purchase production input such as raw materials, fuels and power from the market or from other energy or raw materials producing enterprises. These indices provide important basis for measuring the material consumption of industrial enterprises after removing influence of price changes.

At present, close to 1,800 products in 9 categories, including fuels and power, ferrous metals, non-ferrous metals, chemicals, building materials, are covered in China for the survey to produce indices of purchasing prices of raw materials, fuels and power.

**Price Indices of Investment in Fixed Assets** reflect the trend and degree of changes in prices of investment goods and projects in fixed assets during a given period. The investment in fixed assets consists of three components, namely the investment in construction and installation, the investment in purchases of equipment and instrument, and the investment in other items. Price indices of investment in fixed assets are calculated as the weighted arithmetic mean of the price indices of the three components of investment in fixed assets.

Removing the factor of price change in the aggregates of investment at current prices, this indicator shows the changes in the prices of commodities and fees involved in the investment of fixed assets, and can be used to observe the actual size, growth, structure, and efficiency of investment in fixed assets and provides reliable and scientific data for government planning, management, decision-making, and further improving the current national accounting system.

# 国家统计局南宁调查队

2015年，在国家统计局广西调查总队和南宁市委市政府的正确领导下，国家统计局南宁调查队（以下简称“南宁调查队”）认真学习贯彻党的十八大和十八届三中、四中、五中全会精神，按照全国、全区统计调查工作会议部署，紧扣“建一流‘首府调查’队伍，树权威‘国家调查’品牌”总目标和“新作风、新服务、新形象”年度工作思路目标，依法治统，从严治队，深化改革，创新进取，圆满地完成了各项工作任务。

## 一、践行“三严三实”锻造新作风

按照“三严三实”专题教育要求，紧扣发展改革大局，聚焦干部作风建设，认真研究制定专题教育方案，全队范围充分思想动员，严格落实“规定动作”，主动创新“自选动作”，扎实地推进“三严三实”专题教育。为增强“三严三实”专题教育学习效果，推行每月上一堂党课，从不同层面、不同角度引导党员干部学习讨论，有效增强全队干部践行“三严三实”的自觉性和针对性。坚持立行立改，认真梳理审视“两方案一计划”落实情况，广泛征求意见，高质量召开专题民主生活会和党员组织生活会，制定“不严不实”问题清单扎实整改，取得了干部群众看得见、比较满意的结果，全队从严治党、从严治队的思想更加牢固，守纪律讲规矩的意识更加强烈，干事创业的热情更加高涨。

## 二、面向调查一线力行新服务

围绕总队“服务基层年”工作主题，着力解决调查一线存在的突出问题和困难，积极围绕调查对象需求不断提升服务的广度和深度，促进调查基层基础更加扎实。

广西调查总队总队长邹伟忠（前排中）到南宁调查队检查指导工作

广西调查总队副总队长梁开光（中）到南宁调查队调查点检查指导电子记账工作

心主动地关心和服务调查企业生产发展，进一步牢固和谐互助的工作关系。

强化对调查对象的信息服务。强化官网信息服务功能，及时将各调查专业调查结果上传官网对外公布，积极宣传和引导调查对象通过官网及时获取有关调查结果和经济信息。

## 三、深化业务改革展现新成效

住户调查电子记账推广实现大的跨越。积极探索，大胆创新，狠抓电子记账推广工作，实现从试点的50户推广到目前500户电子记账户，实现1/3记账户采用电子记账年度目标。推广工作实现全市12个县区全覆盖和调查网点全覆盖，个别县区电子记账户比例接近50%。全年共投入70万元经费用于购买记账手机、系统服务器、记账软件等。电子记账的有效推广，切实减轻了记账户负担，并以此实现记账系统实时反馈家庭收支情况，进一步提高了记账户的配合度，记账质量得到保障。

粮食产量调查核查试点取得新的经验。为探索提高粮食产量调查数据质量的方法途径，在上林县选取2个乡镇8个样本村开展调查核查试点。在试点通过增聘辅调员、评估员、监督员、联络员等办法充实调查力量，改变过去那种只有1名辅调员唱“独角戏”的老传统，采取2名辅调员、1名老农评估员“2+1”人员结构参与估产和实测，互相监督又互相佐证。同时，县级层面成立粮食产量调查工作领导组织机构，发改委、农业局、统计局、气象局、调查队（上林调查队）等部门抽调人员分片包干联合督导，更加严谨客观地开展踏田估产和实割实测，更加严格地监督调查过程和评估调查数据，调查数据质量得到提高。

积极创新调查业务关键环节，持续提升调查水平。规模以下工业调查：从一季度开始试行联网直报，在第三季度实现联网直报率100%。房地产

帮助县区局队解决实际困难。支持辖区三支县级队专项调查经费24万元，分别支持邕宁调查队6万元、上林调查队10万元、马山调查队8万元。支出6万多元采购GPS手持测量终端21台，下拨给7个粮食产量调查县区统计局（调查队），帮助县区统计局（调查队）解决调查工具不足问题。

强化一线调查员的工作保障。为粮食产量调查辅调员140人配备雨衣、水鞋、水壶等劳保用品，为CPI采价员、住户调查辅调员、规模以下工业调查辅调员购买意外保险，强化辅调员在田间地头或走村入户开展工作的保障，有效增强一线调查员的责任感、自豪感和归属感，提高工作的配合度和执行力。

定期向调查对象反馈调查结果。住户调查推广电子记账，实现电子记账户可以直接通过记账系统平台直观、全面地掌握自己各阶段、各时期家庭收支情况。主要畜禽监测调查推行调查结果短信反馈服务，按季度向1049家养殖户手机号码反馈畜禽销售量、价格、存栏等调查结果，有效帮助养殖户更好地把握市场动态，了解市场信息，使养殖户切实感受到统计服务就在身边，有效提高工作配合度。

热心向企业传递政策信息。积极收集整理小微企业在工商登记、税收等方面的最新优惠政策，集中编印《政策汇编手册》，发放给样本企业，热

南宁调查队到田间地头调研农作物长势情况

价格调查：通过整理近年预售楼盘信息数据，充实扩展数据基础，有效提高销售前十新建商品住宅楼盘的预测率；兼顾不同类型定点采集60个样本楼盘价格，详细记录每月价格变动情况及原因，为评估新建商品住宅及二手住宅交易价格提供有力依据。居民消费价格调查：试点互联网人工采集商品价格，积极探索网采价格在CPI编制中的应用。工业生产者价格调查：持续抓实筑牢调查基层基础，有效保持各月样本企业数据上报率均达100%。采购经理调查：每季度向市政府提供内部调查专报强化经济预测预警服务。主要畜禽监测调查：深入调研沟通，探索“三表合一”，积极想办法减轻调查对象报表负担。

## 四、各项调查任务圆满完成

圆满完成常规报表。各调查专业严格执行报表制度和业务规范化操作规程，不断夯实调查基层基础工作，加强对辅助调查员和调查对象的业务培训指导，加大下点入户检查工作力度，进一步强化联网直报要求，切实抓好调查样本轮换、新一轮基期权数编制等工作，按时按质做好了住户调查、农户固定资产投资调查、农民工监测调查、居民消费价格调查、低收入居民基本生活费用价格调查、工业生产者价格调查、房地产价格调查、规模以下工业调查、县级粮食产量抽样调查、农产品生产者价格调查、主要农产品中间消耗调查、主要畜禽监测调查、采购经理调查、退耕还林监测调查、规模以下服务业抽样调查、批零住餐限额以下行业抽样调查等常规调查工作，全面完成了2014年年报和2015年定期调查报表工作任务。

高效开展专项调查。一是高效完成国家统计局和广西调查总队布置的新设立小微企业和个体经营户跟踪调查、城镇棚户区改造群众满意度调查、农民工市民化进程动态监测调查、投资环境监测调查、党风廉政建设和国有企业反腐倡廉调查、网购调查等专项调查任务。工作中，强化组织协调和工作保障，汇集多方合力，全力以赴、有序组织、强力推进，充分展现了快速高效的调查能力。二是圆满完成南宁市投资环境监测调查、“美丽南宁·整洁畅通有序大行动”专项考评等地方党委政府安排的调查任务，工作成效得到了地方党委政府充分肯定。

## 五、统计服务水平有新的提升

统计分析能力不断提高。各专业立足调查数据，认真分析研究数据变化情况，很好地完成了月度、季度、半年度、年度数据分析工作。同时，更加密切地关注宏观经济政策和行业态势，积极就新动向、新态势深入分析研究，及时撰写调查信息报告反映行业经济运行情况。针对重要调查结果以及发现的重要经济社会问题，形成调查专报报告党委政府以资决策。工作中，更加注重立足一线直接调查，强调数据来源真实可靠，信息报告更接“地气”。全年采编上报调查信息和调查报告132篇，国家统计局广西调查总队采用97篇，南宁市两办采用192篇次，南宁市领导批示20篇次，自治区两办采用49篇次，国家统计局采用25篇次，国家统计局领导批示10篇次，中办国办采用10篇次，中央领导批示10篇次。同时，向市党委政府上报调查专报17篇，均得到市领导高度重视；向广西调查总队申报的《南宁市小微企业发展状况的研究》《南宁市新型城镇化发展实证分析》两个经济类研究课题高质完成。

调查结果及时全面发布。坚持新闻通稿发布常态化，及时向南宁市主流媒体发布CPI、PPI、城乡居民收入、房地产价格等调查结果新闻通稿，及时向社会公众提供调查数据和经济形势分析报告。针对半年度、年度调查结果，通过召开新闻发布会的形式予以官方权威发布。年内，报经新闻媒体发布新闻通稿45篇次，召开新闻发布会2次。同时，充分依托官方网站信息平台，在官网发布调查分析报告128篇。

调查资料更加有效利用。坚持年度编撰《南宁调查年鉴》、月度编撰《南宁调查月刊》做法，持续强化对调查资料的高效利用。完成编撰《南宁调查年鉴2015》，集中收录2014年主要调查数据，全面、客观、系统反映南宁市2014年有关经济和社会发展情况。该年鉴由中国统计出版社出版发行400册，提供给各级党政领导和有关工作部门以资决策，并借此让社会各界人士更好更全面地了解南宁市经济社会发展成果。同时，及时整理汇编各调查专业月度调查数据、分析报告、关键信息点等，印发《南宁调查月刊》呈送市领导及有关部门阅参。

统计新闻宣传更加到位。通过本队官方网站、政务信息公开平台及时反映工作动态、解读调查数据、宣传统计法律法规、传递最新惠民政策等，增强调查工作的透明度、亲民度。邀请新闻媒体跟踪报道农民工市民化进程动态监测调查、“大行动”专项考评、新设立小微企业和个体户跟踪调查、投资环境监测调查、电子记账推广等工作情况，营造良好的统计调查工作氛围。

## 六、统计法制保障进一步牢固

加大法制宣传教育力度。12月18日，队长谢智署名文章《弘扬宪法精神推进依法统计》在《南宁日报》刊发，主动引导社会舆论，强化依法统计宣传。积极参与南宁市“12·4”宪法宣传日活动，现场宣传解读《统计法》《统计违法违纪行为处分条例》等统计法律法规。积极开展《统计法》颁布纪念日、统计开放日法制宣传教育，向统计工作者、统计调查对象、社会公众发送法制宣传短信4000余条、发放宣传资料3000多份。在日常业务培训会议、实地调查、走访调查对象的过程中，发放《统计法制宣传手册》，面对面开展法制宣传教育。同时，以统计普法为重点，扎实完成了年度普法任务和“六五”普法总结工作。

严肃查处统计违法案件。对出现的统计违法行为坚决予以立案查处，坚定维护统计法律尊严。年内依法查处统计违法案件14起，罚款企业5家，责令改正予以警告企业9家。

## 七、党风廉政建设“两个责任”落到实处

队党组制定《落实党风廉政建设主体责任和监督责任实施意见》，把“两个责任”分解落实到人，制定《国家统计局南宁调查队2015年纪检工作要点》狠抓落实。队党组书记与科室负责人、辖区内三支县级队队长签订《党风廉政建设责任书》。将廉政建设纳入机关党建目标管理责任制和绩效考评体系一同落实，切实增强反腐倡廉整体合力。切实强化纪检监察工作对权力运行的制约和监督，加强对重点领域和关键环节的监督力度，注重日常监督检查和重要节点监督检查相结合，认真组织和监督“八项规定”的贯彻落实。党组书记认真组织研究部署党风廉政建设工作，组织开展廉政学习并给干部职工上廉政党课，组织开展廉政谈心谈话活动等；党组其他成员切实加强对分管科室党风廉政建

设工作的检查指导，加强与纪检组长的沟通听取纪检组长意见建议；党组纪检组切实加强对党的纪律执行情况、领导干部履行职责和行使权力情况的监督。领导班子成员认真学习和严格遵守廉政规定，时刻做到警钟长鸣。

## 八、“大党建”工作水平进一步提升

坚持“大党建”，把党建工作与调查业务工作同部署、同研究、同检查、同考核，建立党建与行政考核挂钩的考评机制。党支部、工会、团支部、妇委会围绕中心工作制定年度计划并抓好落实，形成党支部主导、工青妇齐心协力，共同做好党群工作的良好局面。年内，党工青妇组织开展了一系列卓有成效的党群活动，实现了“双促进”的良好效果。积极在定点扶贫联系点开展扶贫助残帮困、生产情况调研、统计开放日宣传、关爱农村留守老年人和留守儿童、党员教育培训等多项活动，较好地完成了定点扶贫、精准扶贫各项任务。

此外，较好地完成了市委市政府布置的其他各项工作任务，切实做好了人事教育、财务、保密、档案、综治、信访、民族团结、人口计生、政务公开、信息化建设等各项工作。

2015年，在上级党委、党组的正确领导下，南宁调查队工作取得了新的进步，在广西调查队系统市县级调查队目标管理年度考核中名列第二，获评为优秀等次；22项单项工作在年度考核中获奖，其中10项一等奖、5项二等奖、7项三等奖。2016年，是“十三五”规划实施的开局之年，南宁调查队将认真贯彻落实十八大和十八届三中、四中、五中全会精神，按照全国统计工作会议提出的“一、二、三、四”工作思路和重点任务，加快现代统计体系建设，优质高效完成国家调查任务，全面推动南宁调查事业全面发展。

南宁调查队现场调查粮食产量实割实测

# 国家统计局柳州调查队

2015年，在国家统计局广西调查总队和柳州市委、市政府的正确领导下，国家统计局柳州调查队（以下简称“柳州调查队”）认真贯彻落实党的十八大三中、四中、五中全会精神以及全区调查工作会议精神，紧紧围绕“服务基层年”工作主题，以“三严三实”专题教育为契机，开拓创新，不断提升业务能力，努力做好各项服务工作，稳步推进柳州调查工作迈上新台阶。

2015年10月，广西调查总队副总队长梁开光（后排左二）到柳州督查农民工市民化调查工作

## 一、以数据质量为核心，扎实推进各项调查业务工作

### （一）认真履行协调管理职责，顺利完成住户类调查工作

一是调查基础进一步夯实。新印制《柳州市城乡一体化住户调查台账》，在全市六县四区122个调查网点全面推行，不断夯实住户调查基础。二是认真履行市住调办组织协调管理职责，做好分市县住户调查的组织协调和业务检查指导工作。三是顺利完成50%样本轮换工作，保障新旧调查样本匹配性与衔接性，确保调查数据质量真实可靠。

### （二）攻坚克难，奋力推进联网直报工作并取得良好成效

一是上报率、直报率保持双高。在五项调查样本量在同比上年均有增加的情况下，上报率、直报率均保持双高。二是夯实基础，提升网报数据质量。通过加强培训和走访调研，掌握企业生产经营状况，检查报表填报情况，提升数据质量。

### （三）扎实开展流通消费价格调查基期轮换工作，认真履行片区组长职责

一是认真抓好准备工作，有序开展权数专项调查。二是积极开展新汇总程序测试。三是加强片区组内外互动交流，充分履行片区组长职责，积极拟定柳州、来宾、河池片区5个市县级调查队的交流指导工作方案，有针对性地进行分阶段和多方式交流。

## 二、着力提升优质服务工作水平，推进服务型统计建设

一是加强调研力度促进优质服务质量提升。对各专业进度类信息报告的开发进行跟踪和督促，确保不漏报、不迟报；结合经济形势的新特点、新变化以及苗头性问题，及时对各专业的信息开发进行指导；将联合调查与自行调查相结合、发函约稿与实地调研相结合、部门走访与基层调研相结合，加大调查写作调研力度。全年共编发调查信息60篇（含约稿），总队采用调查信息33篇，其中3篇约稿被中央领导批示，2篇约稿被国家局领导批示；共编发调查报告8篇，总队采用5篇。

二是加强督导促进政务信息工作稳中求进。继续推进约稿与督查相结合的方式，加大对全队政

## 三、严格执法，奋力推动统计法制建设再上新台阶

严格按照统计法律法规要求，充分发挥保驾护航职能，不断加大法规培训和统计执法力度，努力推动统计执法工作上新台阶，实现统计执法常态化、制度化和规范化。通过严肃督办、严格执法、严厉处罚、夯实基础、查实证据、落实整改六大措施，“铁腕”推进统计执法工作，圆满完成30家企业的统计执法检查年度任务，实现统计执法常态化、制度化和规范化。全年共对13家企业进行立案，对其中10家企业给予警告协调，对3家企业给予警告并处罚款。柳州调查队还不断创新法治宣传教育新模式，充分借助“12·4”“12·8”和统计开放日等主题日，法规培训会，以及专业年报会三大平台，开展统计普法宣传教育活动，取得显著成效。全队统计法制建设再上新台阶。

2015年7月，广西调查总队纪检组长吴多明（中）到柳州调查队调研

务信息工作指导、编审力度，促进政务信息工作稳步前进。截至11月15日，全队共撰写政务信息165篇，其中获总队采用114篇，获国家统计局采用3篇。

三是加强规范统计新闻宣传及数据保管工作。（1）强化规范意识，严格执行《柳州调查队统计调查新闻宣传工作规范》有关规定，提供和发布新闻稿件。（2）强化服务意识，充分利用媒体平台，让调查成果更好地服务于民，全年提供新闻通稿22篇，在主流媒体报道。（3）强化透明意识，邀请柳州电视台、柳州日报、南国今报等多家柳州主流媒体记者参加农村住户调查媒体体验活动，走入记账户家中“零距离”详解农村住户调查工作，着力推动统计调查工作公开透明。（4）强化稳妥意识，在每次新闻发布后，通过红豆论坛等柳州热门网络论坛，及时做好新闻发布的跟踪和舆情监测工作，及时应对。（5）加强调查数据安全性管理，分别在移动硬盘、光盘和未接入网络笔记本电脑“三重”备份保存，同时实行纸介质存档。

## 四、成功创建一级档案室，提升调查资料保管水平

一是设立档案管理室，加强档案业务建设，

2015年11月，广西调查总队副巡视员邱洪刚（左二）到柳州调查队检查指导档案工作

2015年9月，柳州调查队在柳城县东泉镇开展第六届"中国统计开放日"宣传活动

完善档案工作各项规章制度。二是强化档案基本建设，投入约5万元购置设备设施，聘请专业人员整理1961—2014年共4622件文件。三是开展保管期限为永久的文书档案全文数字化工作。经柳州市档案局考评组验收评定，2015年 11月本队综合档案室成功获评为一级档案室，成为新评定标准实施以来柳州市首个获评一级档案室的市直机关单位。

## 五、狠抓落实，强化"两个责任"，不断推进党风廉政建设

一是强化"两个责任"，抓好落实，以开展"三严三实"专题教育为契机，通过提高思想认识，强化责任落实和监督检查。二是强化教育学习，坚定理想信念，通过个人自学、集体学习、专题辅导、党员QQ群、手机短信等多种方式深入开展《中国共产党廉洁自律准则》和《中国共产党纪律处分条例》学习。三是监督关口前移，深入开展廉政风险点排查防控工作。重新梳理科室业务流程，从人财物数着手，重点评估在"三重一大"决策事项和数据失真方面可能产生的风险点及风险表现，印发《国家统计局柳州调查队廉政风险点及防控措施》，做到防控落实到岗，责任落实到人。四是狠抓辖区纪检监察工作，强化对县队的监督管理。通过责任传导、定期调研、专项督查等措施，对辖区内县级调查队党风廉政建设落实情况和人财物数的管理情况进行检查和业务指导。

## 六、党群工作有了新起色，不断提升队伍凝聚力

积极开展工会活动，激发调查队伍活力，制定印发了《财务预算管理暂行规定》《工会经费使用管理暂行办法》等八项工作文件，强力推动工会工作， 开展业务知识大讲堂、业务知识抢答赛、趣味竞赛等多种有利于提升会员业务素质的工会活动。

# 国家统计局桂林调查队

2015年，在国家统计局广西调查总队的正确领导下，在桂林市党委、政府的关心支持下，国家统计局桂林调查队（以下简称“桂林调查队”）紧紧围绕全区调查队系统“服务基层年”主题，聚焦主业展统计服务，践行严实增发展后劲，按照“六项工作”的总体部署，结合本队实际，以优质高效完成各项调查任务为中心，以推进服务、加强管理为基本点，着力提高数据质量、服务能力和管理能力。现将全年工作情况汇报如下：

## 一、严谨可信，优质完成国家调查任务

### （一）严格执行国家调查制度

一是加强统计核心价值观教育，坚守职业操守。将统计核心价值观教育列入年度干部培训计划，通过集中学习与讨论，使其真正融入统计调查工作全过程。

二是加强业务培训，增强对调查指标的把握和理解能力。全年面向干部职工、调查员共开展业务培训20余场。

三是提高调查制度的执行力，确保调查制度执行不偏离。每个专业实施前都要求制定详细方案，并根据工作情况不断细化完善。

四是重视开展检查，及时防范数据质量风险。以领导亲自带队检查、县内交叉检查的形式对县区住户调查基础工作进行大检查，目前已全面覆盖6城区11县。

### （二）动态加强调查样本维护

一是做好基期权数调查。按照总队要求，精心布置，召开会议、沟通协调相关部门，翔实收集资料，成功完成工价和房价两个专业各基本分类的权数收集和上报工作；组织人员深入农贸市场、商场、机关单位等调查单位，收集调查数据，逐条审核权数，理清内在关系，顺利完成CPI基期权数调查。

二是顺利完成样本轮换和新增工作。顺利完成了规模以下工业调查、分省住户调查50%样本轮换工作、采购经理调查样本轮换和新增工作。

三是进一步巩固工作网络。加强与部门和单位的沟通协调，动态更新CPI采价点联系方式；完善住户三级工作网络：调查队—村委（社区）—调查对象工作网络、市住调办—县（区）住调办—乡镇（街道办）—村委（社区）—调查对象工作网络、市住调办—领导小组成员单位工作网络。

2015年6月，广西调查总队总队长邹伟忠（左二）到桂林调查队进行基础工作调研

### （三）不断完善数据评估办法

结合实际对原有的数据评估办法进行梳理，制定《桂林

2015年6月，桂林调查队与南宁调查队、兴安县调查队开展支部共建活动

市县（区）城乡居民收入数据评估实施细则》《桂林市住户调查数据审核实施细则》和《桂林市居民收支分结构数据生成实施细则》，对住户调查各个工作流程进一步规范。同时，按照《桂林市住户调查数据审核实施细则》要求加大分户账本的审核力度，开展五级审核：记账户自审—辅助调查员初审—业务工作人员审核—业务主管人员程序审—分管领导随机，层层审核机制实现每一本账本都认真翻阅审查，每一条数据都进行账机检查，对汇总数据有分析，数据变动有根有据。

## 二、积极探索，致力新型统计服务

### （一）多渠道服务社会公众

新闻发布常态化，分别于2月份和8月份定期召开统计调查数据新闻发布会，向新闻媒体发布2014年度和2015年上半年城乡居民收入、房地产价格、居民消费价格数据；制作《桂林市CPI知识宣传册》《纪念〈中华人民共和国统计法〉颁布31周年》《统计开放日》宣传册向社会公众发放，群发纪念日、统计开放日短信4000余条，并在城区广场开展集中宣传活动，使社会公众了解调查数据、走近统计调查、理解统计调查。

### （二）多角度服务党委政府

一是加强进度分析，按时向党委、政府提供《CPI专报》每月一报，并新增《桂林居民收支专报》《桂林市城乡住户调查一体化改革工作领导小组办公室工作简报》《桂林市县级粮食产量抽样调查联席会议制度办公室工作简报》，及时为各级党委政府、部门提供参考依据。二是“两信息一报告”稳步推进。截至11月30日，共上报调查信息27篇，总队采用23篇，上报调查报告8篇，总队采用4篇，上报约稿信息16篇，总队采用10篇（约稿反馈截至5月15日）。上报政务信息102篇，采用96篇。三是积极调查，为党委、政府参考决策提供数据支撑。9月份，按照常务副市长秦春成指示，桂林调查队迅速启动投资环境跟踪调研，整理出近90条企业的意见和建议及时反馈给市委、市政府。

### （三）多方式服务调查对象

一是反馈数据，参考决策。及时向调查对象反馈统计调查数据，让调查对象既参与调查也从调查中获益。如工业科每月都在QQ群中反馈国家PMI数据，方便企业经营决策；CPI摊点每月都收到采价员发放的《CPI专报》等，提高了调查对象配合程度。二是巧借平台服务调查对象。价格科与市委组织部远程办合作，定期提供“菜篮子”农产品价格运行的动态视频，借助党员干部现代远程教育服务平台服务全市17个县区近2000个远程教育站点的基层党员群众；专项科依托桂林市建筑业协会，搭

2015年8月，桂林调查队召开2015年上半年数据新闻发布会

建建筑业小微企业与政府职能部门交流平台，及时反映小微企业生产经营中遇到的实际问题和困难。三是牵线搭桥，助推企业信息共享。工业科与采购经理样本中的金融企业合作，将最新企业融资优惠政策、利息调整政策、个人理财政策分门别类整理后发向各企业调查对象，并将在调查中了解到的有融资需求的企业信息反馈到相关金融机构，获得调查对象的好评。

## 三、统筹兼顾，扎实开展专题教育

一是抓好专题党课，各具特色。以上党课的形式，结合统计调查工作实际，深入查摆目前调查中存在的“不严不实”问题。

二是抓好专题研讨，丰富多彩。其中，6月借开展党建活动契机，邀请南宁调查队队长谢智给党员上了一堂生动形象的“严以修身”专题学习研讨课，并在课后与南宁调查队、兴安调查队党员热烈交流，激发了正能量。

三是抓好专题整改，注重实际。根据总队落实巡视组反馈意见的整改方案，对涉及本队的内容，逐项查找，形成整改清单。根据总队对桂林调查队的审计意见，详细制定整改方案，列出整改时间表。

## 四、依法开展统计，注重开展法制宣传

一是统计执法范围拓展，力度加强。统计执法检查延伸到远离市区的县乡，全年共对10个单位开展执法检查，共发现统计违法行为8起，立案查处案件2起，结案3起。

二是借助日常培训走访、重要时间节点、办公环境广泛宣传法律知识，营造法治氛围。先后对11场共计1000余名参会统计员和辅调员宣讲《统计法》相关条款，学习《统计上严重失信企业信息公示暂行办法》，通报统计执法情况。

## 五、提升保密水平，完成档案等级创建

把创建上等级档案室工作列入2015年重点工作议程，依托新办公条件，安排专项经费对档案室硬件设施进行购置更新；领导带队赴先进队参观学习，加强与市档案局的联系沟通，争取有经验人才的支持，并对2007—2014年的档案等进行系统规范化整理，11月底顺利完成上等级档案室创建工作。

2015年12月，桂林调查队开展统计法颁布纪念日宣传活动

# 国家统计局梧州调查队

国家统计局梧州调查队（以下简称“梧州调查队”）认真贯彻落实2015年全区调查工作会议精神，将“服务基层年”主题活动、“三严三实”专题教育、党风廉政建设贯穿于全年各项工作中，抓好“两个规范化建设”、各项业务调查等重点工作，推进依法统计，优质高效完成了各项调查任务。

2015年9月6日，梧州市千个支部万名党员进社区双报到

## 一、两个规范化建设得到巩固

制定并完善《数据管理工作规范（试行）》等各项工作制度，对调查工作数据审核、数据评估、资料管理、质量检查、业务考核等环节做出明确规范，有效提高调查数据质量，为实现统计调查“工作制度化、流程规范化、台账电子化、资料档案化”奠定坚实基础，进一步深化调查业务规范化建设。严格执行中央八项规定，充分发挥办公室协调、管理职能，同时加大督查督办力度，推动了全队重要工作落实，使办公室工作、行政管理愈加规范、有序。

## 二、优质高效完成各项调查任务

1. 科学统筹人、财、物，确保新增及现有各项调查业务协同并进。通过科学调度人员、充实和强化调查一线力量，调拨经费、改善基层工作条件等，在人财物方面对各项调查业务给予充分保障。

2. 精心组织安排，全面抓好新增调查工作方案的落实。提前摸底核查，深入调查小区宣传营造氛围；加强业务学习与培训，吃透工作制度和工作要求；深入一线，扎实做好现场调查和指导工作。

3. 充分发挥住调办牵头作用，确保居民收支调查工作顺利开展。认真做好梧州市住调办日常工作组织安排、履行职责，切实维护梧州市新的居民收支统计监测机构的正常运转。2015年共出台市住调办文件15份，编辑《工作简报》3期，批复下级住调办换户申请2份。加强对县（市、区）内基层住户调查工作的监督指导，定期召开住户调查工作培训会议，强化服务意识和责任意识，提升调查业务水平，统筹开展住户调查样本轮换工作。

4. 顺利完成CPI、PPI调查基期轮换的各项工作。做好CPI新增分类的基期价格采集工作；加强与梧州市内各有关部门的沟通，充分利用权数收集资源进行现场调查，收集相关数据资料，结合专项调查数据，经细致推算和评估，顺利完成了梧州市CPI新基期权数的测算工作；加强人员培训，确保数据质量，圆满完成PPI基本分类权数调查工作。

## 三、强化优质服务能力，打造优良调查产品

1. 采取多项措施强化优质服务能力。建立完善优质服务工作领导小组，明确主要职责和工作机制；建立信息联络员名录，有效提高数据采集效率；建立调查网络平台，拓宽非常规调查的数据采集渠道；综合考虑约稿内容和调查业务的关联性，

2016年1月31日，梧州调查队副调研员肖凤玲带领党员义工开展为民服务活动

合理分配约稿任务，落实具体责任人，注重“真、深、实”。

2. 多渠道将统计产品服务地方政府和公众。及时将CPI、居民收入、采购经理指数等统计产品的分析信息、数据反馈市委、市政府；每月撰写《梧州市居民消费价格变动情况》，对《梧州日报》《西江都市报》等主流媒体做好新闻通气会工作；每季度出版《梧州调查资料》，发至地方党委、政府及市直有关部门；队领导定期参加本市召开的经济运行分析会议，为梧州市经济发展进言献策。

3. 优质服务工作取得较好成绩。2015年，梧州队共撰写调查信息52篇，获市委和市政府分别采用22篇次、34篇次，分别完成全年任务129%、122%。2015年，梧州调查队《消费信贷对梧州市居民消费影响的实证研究》课题获总队经济研究类立项课题二等奖。

4. 创新开展第六届“中国统计开放日”活动。一是邀请本地主流媒体记者跟随队领导、调查员一起走进CPI采价现场，以大众媒体的视角揭开CPI的神秘面纱。二是到梧州学院，向高校师生解读价格、居民收支等民生统计的主要内容、调查方法，以“统计公开课”的方式尝试队校统计互动。三是联合市统计局，万秀区党委、政府在鸳江丽港中心广场联合主办“统计服务民生——第六届中国统计开放日文艺晚会”，生动、直观地宣传了统计调查工作。本次活动还刊载登上了《中国信息报》。

## 四、落实“两个责任”，推进党风廉政建设

1. 勤部署明分工。一是加强学习教育，提高思想认识，确保了党风廉政建设责任制和“两个责任”的全面落实。二是坚持党风廉政建设与统计调查业务工作紧密结合，做到了同部署，同落实，同检查，同考核。三是签订《党风廉政建设责任书》《廉政承诺书和服务承诺书》，明确责任内容，确保“两个责任”真正落到实处。

2. 提高源头防腐能力。一是完善修订规章制度，提供防范风险制度保障。二是狠抓落实，严格执行“三重一大”决策制度和党组议事规则、开展查处发生在群众身边的“四风”和腐败问题专项工作、将重大节假日列为党风廉政建设工作的关键节点重申“八项规定”，确保廉政风险防控落到实处。

2016年4月28日，梧州调查队副队长范少红带领市统计局、住户科到长洲区住户调查点开组住户基础工作检查

2016年9月15日，梧州调查队队长黄光强陪同《梧州日报》记者进菜市场调研

# 国家统计局北海调查队

2015年9月23日，北海调查队深入社区开展第六届“中国统计开放日”宣传活动

2015年，国家统计局北海调查队（以下简称“北海调查队”）在国家统计局广西调查总队的正确领导下，在北海市委、市政府的关心支持下，深入学习贯彻党的十八大和十八届四中、五中全会精神，紧紧围绕“三个提高”总体目标要求，以统计“四大工程”建设为契机，以“服务基层年”活动为主线，经过全队共同努力，锐意进取，积极作为，圆满完成了全年各项工作任务。

## 一、认真开展“三严三实”专题教育

组织开好专题教育动员会，对“三严三实”专题教育进行动员和部署。在学习中，班子成员通过对习近平总书记系列重要讲话精神、党章和党的纪律规定等材料的深入学习，理清思路，精心准备专题发言材料，坚持问题导向，真正把自己的职责、身份摆进去，不回避自身“不严不实”问题，深入查找个人存在的差距和不足，就如何自我完善、修身正己进行发言，达到了预期效果。

## 二、积极开展“服务基层年”主题活动

认真贯彻落实“服务基层年”活动要求，以多种形式深入基层一线为统计调查服务对象做好事、办实事，主要开展送技术下乡、送农资下乡、培训指导辅助调查员和为辅助调查员和采价员购买保险等活动，并取得了一定的成效。

## 三、从严从实抓好各项统计调查

1. 以“稳户提质”为目的，着力夯实城乡一体化住户调查。为继续稳定记账户提高记账质量，通过三步走实现“稳户提质”的目标，一是建立档案，专人跟踪，整理出各点各户家庭收入来源构成，在月度收账时进行比对是否漏记。二是直接联系，加强调研，增加下点入户的次数。三是及时反馈，双方互动。按照总队规定，通过程序输出住户记账数据，以书面形式进行反馈。

2. 以“大数据库”为依托，认真做好“三个价格”调查。房地产价格调查建立与建设局、房地产交易中心的固定联络机制，实时掌握准确数据；工业生产者价格调查建立访厂联络抽查制度，建立企业名录、企业生产经营情况追踪表、企业联系记录表，企业生产经营情况一目了然；消费价格调查通过调研和座谈讨论的形式，与全市各主要农贸市场、大商场和购物中心保持密切联系，并争取到教育局、物价局、学校、商场和超市等有关单位、调查网点以及住户记账户的密切配合，顺利开展权数调查工作。

3. 以“苦练内功”为基础，顺利推进采购经理和“三小微”企业调查。企业科每月开设“业务培训会”，提高报表审核技巧和效率，并结合北海实际制定《北海市企业数据质量检查实施方案》，印发到各调查企业，把每项调查报表的检查方式和工作要求一一列明，受到了企业欢迎。

4. 以“网点监控”为手段，扎实做好退耕还林、主要畜禽、农产品价格和县级粮食产量调查。在规范调查的基础上，加强调查网络的建设，与合

2015年9月25日，北海调查队到银海区咸田村慰问记账户

2015年10月26日，北海调查队到合浦西场镇西坡村进行水稻估产

浦调查队、水产畜牧兽医局、一县三区统计局共同对调查网络进行摸底排查，加强了调查网点的维护和管理，形成调查监控网络，保证了调查网络的完整性和调查样本的代表性。

5. 克服困难顺利完成了劳动力调查等新增调查业务。努力克服人手少与任务重的突出矛盾。通过团结协作、共同分担的方式，顺利完成了劳动力调查、农民工市民化监测调查和万头猪场名录库核实工作。

## 四、积极转变角色，抓好服务型统计建设

1. 全面提升优质服务水平。2015年，北海调查队积极加强调查数据开发，密切跟踪经济运行态势，紧紧围绕现阶段经济社会发展大局和百姓最关注、最关心的问题，积极撰写信息。充分发挥调查队“轻骑兵”的特点和优势，组织和开展“短、平、快”信息的报送。据初步统计，截止11月中旬，北海调查队向总队上报调查报告10篇，调查信息60篇；获总队采用调查报告26篇次（含约稿），调查信息50篇，采用率较上年有大幅提高；其中：中办、国办采用8篇次，批示5篇次；国家统计局采用19篇次，批示8篇次；自治区党委、政府采用35篇次、批示1篇次；向市政府报送调查信息（报告）30篇，采用17篇次。

2. 规范严格开展统计执法。认真贯彻落实2015年国家统计局广西调查队系统统计法制工作会议精神，加强和改进统计法制工作，通过“三个加强”全力为实现“三个提高”保驾护航。即，加强组织领导、加强制度落实、加强普法教育。并通过灵活的执法方式，对企业开展专项执法检查。

3. 顺利通过二级档案室验收。自2014年下半年以来，北海调查队认真贯彻《广西调查队系统档案室建设五年规划》的通知精神，投入了大量的人力、物力、财力对1981—2014年的文书档案、会计档案、实物档案、相片档案等进行规范化整理，对硬件设施进行购置更新，严格规范档案室日常管理。10月下旬，经过北海市档案局的综合评审，达到了市直机关档案工作目标管理二级档案室的标准，评审验收一致通过。

## 五、落实党风廉政建设“两个责任”

北海调查队按照总队2015年党风廉政建设工作具体要求，紧密围绕调查队中心工作和部门特点，落实“两个责任”，强化监督执纪问责，持之以恒落实中央八项规定，为统计改革发展提供坚强政治保障。实行党组重大事项议事制度、报告制度、通报制度、表决制度，凡属重大事项，实行民主决策。领导班子切实承担起职责范围内党风廉政建设主体责任。

2015年12月24日，广西调查总队纪检组长吴多明（左一）到北海调查队督导“三严三实”专题民主生活会

# 国家统计局防城港调查队

2015年10月28日，广西调查总队总队长邹伟忠（左三）率队赴防城港市调研企业生产经营情况

2015年，在国家统计局广西调查总队和防城港市委、市政府的正确领导下，国家统计局防城港调查队（以下简称“防城港调查队”）认真贯彻落实2015年全区调查工作会议精神，紧紧围绕总队“服务基层年”工作部署，结合本队“夯实基础、提升服务、前移进位”工作思路，团结进取、攻坚克难，开拓创新，固本强基重服务，稳中有进谋发展。

## 一、夯实基层基础工作，全面推进“服务基层年”活动

### （一）多措并举，做好温情服务

一是年初制定维护调查网点方案，加强对调查网点维护工作。二是着力改善基层统计环境。三是开展住户调查业务一对一帮扶，全年对县区业务工作人员开展5次市级业务培训，开展基层培训18场次480人次。四是定期向样本企业、记账户、养殖户反馈相关政策经济信息，进行各项优惠扶持政策的宣传，为调查对象搭建与政府各职能部门的信息桥梁。

### （二）提高保障，做到贴心服务

一是提高辅助调查员保障水平。为聘用人员、住户调查辅助调查员、采价员购买人身意外险，给聘用人员发放通信补助。二是提高住户调查记账户和辅助调查员补助标准。三是提高承担专项调查的聘用人员、临时聘用人员的调查补助标准。

### （三）活力宣传，做实法律服务

一是以“统计开放日”为契机，通过短信平台向广西调查队系统、防城港市调查对象及社会公众发送慰问宣传短信。二是邀请防城港市主流媒体《防城港日报》记者参加住户调查和劳动力调查现场体验活动，并头版刊登了名为《港城居民收入是如何统计出来的？》采访报道。三是深入基层开展座谈慰问活动，宣讲统计法规，增进了调查对象对统计调查工作的理解和支持。

## 二、服务地方有新的发展，调查环境有新的改善

### （一）服务地方政府能力进一步增强

市委、市政府领导专门听取防城港调查队专

题汇报达8次，防城港调查队也首次列席市委常委会议。2015年全队全年累计向防城港市委、市政府、市领导及有关部门编印报送《调查信息》30期、《调查报告》5期、《防城港CPI专报》12期。其中，何朝建市长对2015年投资环境调查报告《总体满意度位次有所上升 但存在问题仍不容忽视》作重要批示，市纪委常委会对报告进行了专题研究。

### （二）服务领域进一步拓宽

建立了配备计算机、智能电话机设备的社情民意电话调查室。在确保完满完成国家和总队调查任务前提下，承接了多项地方委托调查，拓宽了服务领域。如：受防城港市绩效考评领导小组委托，开展了2015年度防城港市绩效考评社会评价民意调查，受防城港市卫生和计划生育委员会委托，开展防城港市二级及以上医院医疗服务满意度调查等等。

### （三）服务民生有新进展

定期向新闻媒体发布主要调查数据。全年被《防城港日报》采用的稿件有12篇，分别被新华网、中国新闻网、中新网、广西新闻频道、防城港市人民政府门户网站、防城港市新闻网、北部湾在线、广西北部湾网等网站转载15次。通过真实、准确、客观地反映关系防城港市经济、社会、民生的调查数据，满足了社会公众需求，引起社会广泛关注，扩大了影响力。

### （四）地方政府帮助支持力度加大

一是市领导、市直有关部门积极帮助解决调查队工作难题。时任防城港市市委常委、常务副市长农融率队到国家统计局广西调查总队汇报工作，市财政等部门主动联系调查队，积极帮助解决在工作难题。二是时任防城港市市委常委、常务副市长亲自主持召开全市住户调查工作会议，要求各级各部门积极配合调查队开展工作。三是地方财政追加调查工作经费，为防城港调查队工作开展提供了有力支持。四是列入市直绩效考评单位，成为唯一列入绩效考评的中区直单位。

### （五）优质服务工作有新提升

全年完成国家统计局广西调查总队组稿、约稿17篇次，被总队采用组稿14篇次，采用率为82.4%，较上年有所提高。其中，获得国家领导批示的有5篇次，国家统计局领导批示3篇次，自治区党委领导批示1篇次，中办、国办采用5篇次，国家统计局综合采用10篇次，自治区党委、政府采用6

2015年7月1日，防城港调查队全体党员干部到港口区光坡镇芒箕涡阻击战纪念馆缅怀革命先烈，重温入党誓词，听看学革命先烈事迹

2016年5月24日，广西调查总队纪检组长吴多明（左一）、机关党委专职副书记梁涛（左二）一行到防城港调查队督查“两学一做”学习教育开展情况、全面从严治党和“两个责任”落实情况

篇次，采用率及影响力皆比上年同期有显著提高。

## 三、全面贯彻落实“两个责任”，加强党风廉政建设

### （一）深化思想认识，增强行动自觉

队党组和班子成员认真履行“两个责任”，把党风廉政建设“两个责任”时刻放在心上、扛在肩上、抓在手上，提高思想和行动的主动性和自觉性。队党组负责人和纪检组长分别给全队上廉政党课。

### （二）强化责任意识，明晰责任清单

研究制定本队2015年党风廉政建设工作要点，对党组主体责任和纪检组监督责任进行明确并列出责任清单。切实做到党风廉政建设与调查业务工作同研究、同部署、同落实、同检查、同考核，形成责任传导机制。

### （三）强纪律严规矩，推进作风建设

结合“三严三实”专题教育，扎实推进从严治队，全年组织全体党员干部集中学习4次，三位队领导都给党员干部上党课。加大对纪律规矩执行情况的监督检查力度，通过抓早抓小、严格执纪，促使党员干部遵规守纪、廉洁从政。

### （四）认真贯彻执行“三重一大”集体决策制度

2015年全队共有涉及重要人事、大额度资金使用、项目安排、委托调查、制度修订完善等议题57项经21次党组会议、常务会议充分讨论和集体研究决定，有力地保证了统计调查事业健康、有序发展。

### （五）加大廉政教育和廉政风险防控力度

一是把廉政教育纳入年度教育培训计划。全年组织观看了《代价》等“拒腐防变每月一课”共计11部警示教育影片。二是强化廉洁从政警示教育。春节、中秋节等特殊节点前，采用制作廉政电子贺卡、通报案例等方式教育引导队员树立廉洁从政法纪意识。三是切实抓好中心组学习。2015年党组中心组专题学习传达了《中国共产党廉洁自律准则》和《中国共产党纪律处分条例》等党内法规，有力提升了党组成员的党性修养和带头执行领导干部廉洁自律的各项规定的责任意识。

2015年6月26日，防城港调查队首次组队参加市直机关气排球赛

# 国家统计局钦州调查队

2015年，国家统计局钦州调查队（以下简称“钦州调查队”）在国家统计局广西调查总队的正确领导和钦州市党委、政府的关心支持下，紧紧围绕“服务基层年”工作主题，狠抓统计调查基层基础建设，深入开展调查研究，圆满完成全年任务。

2015年10月8日，广西调查总队副总队长梁开光（右二）到钦州市大寺镇开展住户收支、农民工务工情况等调研

## 一、细化服务举措，“服务基层年”活动成效明显

钦州调查队结合调查工作实际，制定实施统计信息服务、统计法制服务、统计基层服务等“三大行动”计划，并抓好落实，地方干部群众、辅助调查员以及调查对象对这些服务举措给予了充分的肯定和热烈欢迎。

统计信息服务方面，每季定期发布CPI和城乡居民收入，打造国家调查队权威品牌；利用QQ群、短信服务平台向调查对象反馈行业经济信息和慰问短信2000多条；向党委、政府提供各类信息报告13篇，为党委、政府决策提供依据，提高调查队的知名度和服务水平。

统计法制服务方面，统计法制入企入村32次，到社区和调查户中走访宣传51次；“法制宣传日”“统计开放日”期间悬挂宣传横幅13条，发放宣传资料780多份，发送慰问短信1000多条，出版宣传板报三期，开展法制咨询120多人次，到住户调查点召开统计法制座谈会2场次；各专业的工作布置会、业务培训会长期坚持实行“一会双训”，既讲调查业务，亦讲统计法制，有效提高调查员、辅助调查员、统计调查对象依法统计的法律意识。

统计基层服务方面，为住户、农业、CPI的57名辅助调查员购买意外伤害保险，为5名农业调查员购置劳保防晒服；赠送2台电脑给住户调查点钦南区北村，捐献2000元给扶贫联系点浦北县罗南村购买办公桌椅，改善基层办公条件；每个队领导都深入到其所挂钩服务的县级调查队或统计局开展服务，重点对住户调查基础工作薄弱、人员轮换较多的钦北区、钦南区统计局业务人员进行一对一业务指导，提高基层业务水平；慰问出现灾病变故的调查户7户，记账户中的老党员2名、村级干部5名，扶贫点生活困难老党员3名，关怀基层生活温暖。

## 二、拓展服务领域，服务地方经济发展有新成效

充分发挥职能优势，服务地方经济发展，2015年以来先后承担钦州市绩效考评、党风廉政建、消防满意度调查等调查项目。队领导受邀给400多名机关及社区干部讲授全国文明城市创建的基本知识，为钦州市创建全国文明城市出谋献策。撰写的《2015年钦州市投资环境监测调查报告》引起钦州市委高度重视，获市委书记肖莺子亲自批示。队长参与提出的《关于将钦州石化产业园打造为国家重点石化产业园的建议》被钦州市政协列为1号提案。连续四年获评为钦州市年度绩效考评优秀单位。

2015年12月4日，钦州调查队在全国法制宣传日期间宣传统计法

2015年12月24日，钦州调查队到灵山县住户调查点开展调研

## 三、精心组织实施，调查业务工作顺利完成

1. 劳动力调查快速步入正轨。落实保障措施，实行挂点包干，紧盯进度，数据质量力争做到精益求精，辅助调查员100%采用PDA开展现场调查及数据上报，劳动力调查工作顺利步入正轨。

2. 农民工市民化调查顺利完成。调动所有力量，攻关克难，准确把握时间进度，制定《农民工市民化进程动态监测调查工作安排表》，争取地方支持，队领导亲自带队开展调查，全程使用PDA进行数据采集，在规定时间内完成数据审核验收工作。

3. 小微建筑业调查按时完成。前期认真对样本库进行逐一核实，与钦州市统计局协调，及时补充样本。人员安排设置“AB岗”，严格按照规范化开展工作，布置工作的文件、资料，上报资料的“三审”均符合规范要求。

4. 全力推进CPI、PPI调查新基期轮换工作。采取有力措施，充分准备，周密部署，推动调查顺利开展。钦州调查队价格科负责人被国家统计局广西调查总队选派为CPI工作指导小组副组长，指导开展CPI调查、新基期工作，推广先进调查方法。

## 四、结合调查实际，“三严三实”专题教育显成效

认真部署开展“三严三实”专题教育，做到规定动作扎实完成，自选动作有特色，开展了党组书记带头讲“三严三实”专题党课和3个专题学习研讨等规定动作。通过学习， 强化了对“严以修身、严以律己、严以用权”的认识，推进了从严治队，巩固和拓展党的群众路线教育实践活动成果，推进调查队各项事业的发展。

## 五、狠抓优质服务，服务水平有所提升

1. 紧密关注经济形势，及时报送热点信息。及时准确地报送进度信息，明确各专业数据进度信息的报送内容和时间，认真地做好进度信息的编撰和报送工作。结合各级党政领导和社会各界的关注热点，深入挖掘题材，报送专业数据与热点问题相结合的专题信息。

2. 深入基层调查，提高约稿信息质量。根据国家统计局广西调查总队信息写作布置要求，做到深入基层一线开展调查工作，每篇约稿都按要求下乡或到企业开展专题约稿调研，为材料搜集整理提供最有力的支撑。同时严格把好选稿用稿关，宁精勿滥，认真核实调查信息的相关数据和情况，确保信息的真实可靠。

2015年9月22日，钦州调查队到住户调查点龙门港镇北村开展调研

# 国家统计局贵港调查队

2015年，在国家统计局广西调查总队和贵港市委、市政府的正确领导下，国家统计局贵港调查队（以下简称“贵港调查队”）紧紧围绕“三个提高”，深入贯彻落实全区调查工作会议、贵港市经济工作会议精神，不断强化“两个意识”，围绕总队“服务基层年”工作主题，大胆创新，精心组织实施“强基深改提质量，优服重管创佳绩”工作思路，切实加强各项建设，全面完成工作任务，取得了新的工作成效，工作成绩继续保持全区领先地位，在国家统计局广西调查队系统市县级调查队目标管理考核中荣获市级队第一名，评为优秀等级，调查信息报告工作荣获市级队一等奖，共有23项单项工作获得奖励，获奖面为74%。

## 一、各项调查工作任务圆满完成

完成消费和零售价格调查、农业生产资料价格调查、城镇低收入居民基本生活费用价格调查、工业生产者价格统计调查、住户收支与生活状况调查、农村住户固定资产投资抽样调查、农民工监测调查、农民工市民化监测调查、劳动力调查、退耕还林调查、县级粮食产量抽样调查、主要农产品中间消耗调查、农作物单位面积产量抽样调查、农作物播种面积抽样调查、农产品生产者价格调查、主要畜牧业监测调查、规模以下服务业抽样调查、规模以下工业抽样调查、批发零售住宿餐饮限额以下行业抽样调查、采购经理调查、新设立小微企业和个体经营跟踪调查、建筑业小微企业抽样调查、非金融资产投资调查等24项常规调查任务和党风廉政建设调查、投资环境监测调查、农村党员培训等3项专项调查以及协助市委、市政府开展的政府工作情况满意度电话访问、领导评价和民意调查、绩效考评年终考核等工作任务高质量完成。

## 二、调查基础工作水平不断提升

一是加强信息化建设。购置了高性能服务器、网络防火墙和存储阵列等设备，对设备进行了升级改造，建设完善标准网络机房，规范了信息安全管理，进一步提高了单位内部网络信息系统的安全保障能力。二是进一步完善机关大院基础设施建设。完成拆除杂物危房改建为停车场、办公楼阳台安装铝合金玻璃窗、维修大门门楼等基础设施建设，改善干部职工的工作生活环境。三是维护干部职工的合法权益。成立队工会组织，并积极组织开展工会活动，参加港南区总工会组织的港南区2015年区直职工庆五一气排球比赛，荣获亚军。四是加强制度管理。完善辅助调查员管理办法，以日常的工作表现为依据，按照20%的比例在年底评选各专业优秀辅助调查员。五是加强辅导培训。组织辅助调查员开展岗位知识培训，通过集中、电话辅导、会议座谈、“一对一”等形式对辅助调查员进行业务技能培训，不断提高辅助调查员综合业务素质和调查能力。六是强化调查网点维护。深入调查点开展“体育

2015年7月9日，广西调查总队副巡视员邱洪刚（中）到贵港调查队检查指导工作

2015年7月1日，贵港调查队党支部全体党员、入党积极分子到贵港市覃塘区黄练镇六瓮桥爱国教育基地开展了“缅怀革命先烈、重温入党誓词”活动

比赛搭台 调查业务唱戏”活动，继续做好走访调查网点（户）和节日慰问工作，进一步提高基层配合度，推动调查工作开展。七是细化管理，进一步规范财务工作。“细化”预算管理、财务核算、资产管理，加强了预算的规范化管理，力求财务核算统一规范，年底对固定资产进行一次清查盘点，保证账、物、卡相符。

## 三、队伍建设成效明显

一是扎实开展“三严三实”专题教育。加强领导，精心制定方案，及早动员部署，专题研讨学习，认真查摆整改等方面工作，解决了“不严不实”突出问题，有效的促进学习成果转化成为工作成效。二是切实加强领导班子自身建设。深入推进学习型党组建设，抓好理论学习，是严格执行民主集中制，发挥集体效能，确保决定事项落到实处。三是加大优秀干部提拔使用力度。始终坚持德才兼备、以德为先的用人标准，坚持原则，执行标准，履行程序，遵守纪律，选拔任用干部1名。四是认真抓好支部工作，积极做好党员发展，壮大党员队伍，充分发挥党支部战斗堡垒、党员先锋模范作用，年内2名预备党员按期转正。五是切实关心干部职工、调查对象的思想、生活和健康状况。春节、中秋等节假日期间开展走访慰问退休干部活动。六是创新开展干部教育培训方式。开展“科长大讲堂”主题干部培训活动，年内组织干部到区外参加国家局培训班、培训会达14人次，成功举办第五届“岗位技术能手”比武活动，继续组织队员到地方挂职锻炼。七是严格落实管理考核制度。科学修订完善干部目标考核机制，定期总结重点工作落实情况，继续开展年度优质服务先进个人、季度写作标兵、金牌专业等评选活动，积极开展清理干部经商办企业有关工作。八是认真履行“一岗双责”，严格落实党组“两个责任”，严格落实整改“四风”问题，拓展工作思路，强化对“人、财、物、数”重要领域的纪检监督，坚持开展新提拔干部任职前谈话和廉政谈话，及时传达学习中共中央新公布的《中共共产党廉洁自律准则》和《中国共产党纪律处分条例》，年内贵港调查队没有发现违规违纪行为。

## 四、统计法制工作取得实效

一是加强领导，明确责任。各科室负责人与队主要领导签订了2015年《国家统计局贵港调查队统计执法目标管理责任书》，明确各科室法制工作任务，形成工作合力。二是夯实基础，加大统计执法工作力度。打造合格执法队伍，增强依法行政意识，组织干部深入学习《统计法》《统计违法违纪行为处分规定》和《统计上严重失信企业信息公示暂行办法》，打造素质过硬的统计执法队伍，做守法护法表率。三是努力夯实统计执法基础，坚持依法行政，依法调查。认真开展统计执法检查工作，对发现问题的4家调查企业进行通报并要求企业进行整改，依法对2家迟报企业进行了催报，并立案查处，做出责令整改，给予警告的处罚。四是加强法制宣传，增加公众法制意识。通过网络进行宣传，将《统计法》等法律法规挂在内网和外网公告栏上，提高宣传的广泛性。通过发送短信的方式进行宣传，向辅助调查员、调查对象及相关领导发送宣传短信2000多条。制作专题板报及横幅，精心制作《统计法》专题宣传板报和横幅，并放置和悬挂在单位显眼位置，向群众进行广泛宣传。开展

2015年7月7日，贵港调查队副队长黄国娟（左一）带领价格调查科人员到贵港市万千饲料有限公司开展工业生产者价格企业权数调查工作指导

“12·4”法制宣传。“12·4”法制日当天，在市政府统一组织的法制宣传现场，开展了“12·4”宪法日和“12·8”《统计法》颁布周年纪念日的法制宣传活动，五是利用专业调查培训会进行宣传。在2015年召开的规模以下服务业抽样调查培训会议、采购经理调查培训会议与投资环境调查培训会议等各个专业培训会上，采用宣讲和问答的形式向参会的单位统计人员讲解和宣传《统计法》，增强宣传的针对性和有效性。

## 五、统计服务科学发展

一是加强统计调查数据发布。精心编发《贵港调查简讯》《贵港调查专报》，努力为党政领导、统计用户、调查对象提供服务，得到良好的社会反响；高质量完成《贵港调查年鉴2015》的编印发行工作，年鉴内容在对2014年各调查专业数据综合管理资料和统计调查年报资料的规范整理的基础上，新增了平南调查队和桂平调查队的相关资料及数据。二是积极主动向调查对象提供服务。精心印发《贵港调查为您服务》等宣传资料，通过发送手机短信、邀请新闻媒体见证调查过程等形式，加大宣传统计调查工作力度，其中贵港电视新闻报道了《县级粮食产量调查现场培训工作》《我市扎实开展居民消费价格调查工作》等，大力宣传贵港市统计调查工作，让社会各界和基层群众了解、配合、支持统计调查工作。紧紧围绕第六届“中国统计开放日”活动的主题“统计服务民生”，开展了进乡村举办“统计公开课”、组织媒体体验宣传调查工作等多种形式宣传活动。三是切实提升服务质量。积极做好统计调查报告、信息的撰写报送工作，2015年得到国家统计局广西调查总队采用调查报告13篇、采用调查信息（含约稿）65条，其中：中办国办采用9条、中央领导批示2条；国家统计局采用23条、国家统计局领导批示8条，区两办采用39条。得到贵港市人民政府办采用政务信息36条、市委办采用政务信息28条，全年总得分均位列前茅。

2015年11月9日，贵港调查队队长谢朝佳（左二）率队到桂平市金田镇新燕村开展粮食大县监测督查工作

# 国家统计局玉林调查队

2015年，国家统计局玉林调查队（以下简称“玉林调查队”）在国家统计局广西调查总队正确领导下，认真学习党的十八大，十八大四中、五中全会精神，积极适应经济发展新常态、大数据时代和统计改革不断深化对统计调查工作提出的新要求，按照2015年全区调查工作会议和年中工作会议的部署，认真开展“服务基层年”活动，重点加强对调查对象的统计调查服务，夯实基层基础工作，较好完成了2015年全年各项调查任务，进一步推进了调查业务的新发展，提升了数据质量和公信力。

## 一、围绕主题，着力开展“服务基层年”活动

一是制定服务计划，明确工作职责。召开专门会议，制定了详细具体的基层服务计划，并明确了责任领导、责任科室和完成时限、经费落实等，为各项服务工作的顺利开展提供了保障。二是着重提升调查工作过程中的服务质量。为一线调查员配备了雨衣、雨伞、安全头盔等劳保产品，提高了其工作积极性；通过实地走访、与各专业基层辅助调查员，记账户、样本企业等进行面对面座谈，增进与调查对象的感情。三是加强业务培训。加强对基层调查员的业务培训和指导，进一步推广联网直报，细化报表填报说明，方便调查对象完成数据填报工作；大力开展基层辅助调查员培训，全年共培训辅调员300多人次、发放培训教材300多册，通过培训，辅调员队伍整体专业素质有了进一步提高，为调查工作的顺利开展奠定了良好基础。

## 二、夯实基础工作，依法依规、高效优质完成各项常规调查

一是加强调研，突出重点，夯实基础数据质量。加强辅助调查员培训，多次深入基层，加强对辅调员的业务培训、责任心培养和访户的检查，确保辅调员能严格地按照要求开展工作，夯实基层数据基础；提高数据汇审、评估水平。二是合理分工，明确责任。对每个专业进行了详细的具体分工，采取分工合理、责任明确、相互协作的工作机制，保证各项工作有序进行。三是做好部门联动。根据不同专业，联合不同的职能部门，加强沟通联系，分析生产形势、了解生产动态，做好工作协调和布置，理顺工作关系，排除工作障碍，促进了相关专业工作的顺利开展。四是加强样本核查及业务培训，做牢做实企业网上直报调查工作。五是加强走访调研力度。每期或定期对部分调查对象进行走访调研，通过与调查对象直接进行面谈，加强感情联系，及时了解生产生活状况，确保源头数据的真实可靠。

2015年5月，广西调查总队办公室主任陈代新（右二）、财务处处长卢建岁（左一）一行到玉林调查队进行基建调研和信息化工作检查

## 三、做牢做实基础工作，推进统计调查法制化建设

一是做牢抓实基础工作。严格执

2015年7月，玉林调查队副队长梁程（左二）带领农业调查员到玉东新区茂林镇金谷村开展早稻实割实测调查工作

行统计事务告知、统计报表资料签领、催领及送达回证等法规制度及报表报送双签制度，明确报表报送人和接收人双方的责任，为统计执法工作打下了良好的基础。二是大力开展法制宣传。在各专业年报会上，综合和法规科负责人从统计法的概念及特征、统计法经历的历程、新统计法的基本框架、统计违法行为和统计法律责任等方面深入讲解《统计法》，在会上还通报了近年来统计执法的开展情况，进一步提高统计调查对象依法提供调查统计资料的意识，法制宣传工作成效显著。三是强化执法检查效果。提前宣传提高配合程度；明确重点提高检查效率；以检代培提高源头数据质量；主动协调提高服务水平。

## 四、狠抓落实，稳步推进服务型统计工作

一是完善考核机制，搞好优质服务工作。明确“队长统一领导，分管领导齐抓共管、科长各负其责”的工作思路，将信息撰写、采用情况纳入工作目标管理责任制考核方案，实行季度通报进度，年度评选标兵，年终奖罚分明的机制。2015年，全队共上报调查信息49篇，获国家统计局广西调查总队及以上采用的32篇次，采用率达65.3%。二是服务地方发展，充分发挥参谋助手作用。全年制作并向市政府领导及各有关部门报送《玉林调查信息》共15期。在《玉林日报》《玉林晚报》等地方主流媒体发定期发布相关数据信息新闻稿，全年刊登采编的调查信息共7篇次。

## 五、严谨规范，提升行政管理水平

一是加强制度执行力度，改变工作作风。通过加强制度执行力度，保证了全局工作运行始终处于科学、有序的状态之中，进一步促进了工作作风的转变。二是加强内部管理，努力提升服务质

2015年10月，玉林调查队副队长宁雄燕（左二）陪同广西调查总队居民收支调查处副处长林家豪（右三）到玉州区南江街道竹美社区开展农民工市民化调查工作

量。争取到地方组织部门派遣的挂职干部1名，从地方调入干部2名，进一步加强玉林调查队的队伍建设。三是做好信息安全管理工作。落实专人分管信息化工作，按时完成信息化年报工作，继续在队内定期开展网络知识培训，提高队员的网络安全意识。四是严格执行有关财务制度，认真做好队资金收付结报工作，加强对全队的固定资产管理，规范操作政府采购。五是严格安全工作责任制，加强节假日及夜间安全值班，加强车辆调度管理工作。

## 六、加强党风廉政建设，落实“两个责任”，全面从严治队

以“三严三实”专题教育、玉林市委开展的“讲纪律、守规矩”主题教育活动等为契机，用好正反两方面典型，通过例会、党组会等多种载体，不定时对上级通报的违纪违法案件进行学习宣传，剖析警示教育案例，同时组织全体干部职工学习“一岗双责”、新修订的《中国共产党廉洁自律准则》和《中国共产党纪律处分条例》等相关文件精神，并在党组成员办公室上墙“两个责任”制度。落实“两个责任”，严格执行党风廉政建设有关规定。加强统计数据质量检查，防止在统计上弄虚作假和以数谋私现象的发生。

## 七、扎实开展“三严三实”专题教育活动

根据国家统计局广西调查总队对“三严三实”专题教育工作的有关部署要求，及时研究制定“三严三实”专题教育实施方案并成立“三严三实”专题教育领导机构和工作机构，扎实开展了“三严三实”专题教育工作，完成阶段性专题教育任务。按要求组织开展专题教育工作。领导带头讲党课；坚持问题导向，认真查找“不严不实”问题。坚持从严要求，强化问题导向，认真查摆本单位“不严不实”的问题，并对查摆出的问题进行认真整改。认真组织专题研讨，结合工作实际，围绕“严以修身”“严以律己”进行研讨，剖析反面案例，深刻反思和清醒认识违反党的政治纪律和政治规矩的现实危害，深入剖析违反政治纪律和政治规矩的思想根源，认真查摆问题。通过研讨，深刻认识严明政治纪律和政治规矩的极端重要性。

## 八、做好其他工作

一是队党支部按照市直机关工委的工作要求做好支部班子换选，培养和发展新党员，党建ISO等党务工作，组织党员开展七一爱国主义教育活动，积极开展党员进社区服务工作，组织党员干部到单位所在社区开展清洁卫生、捐款捐物、爱心超市建设等活动，进一步拉近了党员干部与社区干部群众的距离，增进彼此感情，为今后开展统计调查工作打下了一定的群众基础。二是积极组建玉林调查队首届工会委员会，积极开展职工文化娱乐体育活动，丰富和活跃了职工的文化生活。

2016年5月，玉林调查队队长梁善文（前排左一）带领全队普查员到玉东新区茂林镇陂耀社区开展第三次全国农业普查工作

# 国家统计局百色调查队

2015年，在国家统计局广西调查总队的正确领导及全队干部职工的共同努力下，国家统计局百色调查队（以下简称“百色调查队”）深入贯彻落实全区调查工作会议精神，围绕“服务基层年”主题，把握“三严三实”专题教育契机，以规范化建设为抓手，按照标准求高、措施求严、工作求实、服务求优的工作思路，切实转变观念，改进作风，全力投身现代化服务型统计建设，内强素质，外塑形象，统筹安排，扎实工作，圆满完成了各项工作任务，在广西调查队系统全年规范化考评中获评优秀等次。

## 一、抓执行，“三严三实”专题教育取得明显实效

根据国家统计局广西调查总队统一部署，百色调查队于6月上旬全面启动“三严三实”专题教育，并按照规定动作做到位、自选动作有特色、在见实效上下功夫的总体思路有序开展，得到了来队督查年度工作完成情况的副总队长梁开光和督查组的充分肯定。

1. 领导带头，学习入脑入心。一是领导以上率下。百色调查队党组先后召开4次专题学习会，以队领导上党课、带头领学、率先发言等形式，以上率下，深入学习了习近平总书记系列重要讲话精神以及“严以修身、严以律己、严以用权”3个专题，认真学习了广西调查队总队长邹伟忠在“三严三实”专题教育党课讲话精神。二是警示教育与传统教育结合。先后组织党员干部观看了《永恒的信念》《贪图欲海无归路》等优秀廉政影片；组织学习关于发生在群众身边的“四风”和腐败问题典型案例通报；组织党员干部到百色起义纪念公园、田东县红军码头、靖西县革命烈士陵园开展革命传统教育活动。理论学习和实践感悟相结合，确保学习印入脑，记在心。

2. 创新形式，助力区域共进。以党组中心组学习扩大会议的形式，创新性地牵头组织辖区五支

2015年8月，百色调查队组织召开住户调查现场会

2015年9月，百色调查队开展第六届“中国统计开放日”宣传活动

调查队集中开展“三严三实”专题教育3个专题的学习研讨，助力百色辖区调查队共同推进专题教育。并做到会议主题明确统一，研讨切实深入，确保学习效果，进一步拓展党的群众路线教育实践成果，再次强化领导干部作风建设，有效地夯实“守纪律讲规矩”的基础，推动机关效能提质增效。

## 二、讲方法，服务型统计优化升级

1. 坚持优良做法，信息工作更进一步。一是继续保持上年政务信息工作良好势头，通过深入挖掘和积极撰写，宣传统计调查，展示工作成效。2015年，百色调查队政务信息工作在年度考核中获评第一。二是加强调查信息写作力度，充分发挥调查队轻骑兵的作用，深入一线开展专题调研，拓展调查资料的广度、深度，提高信息分析的及时性、针对性。

2. 坚持多管齐下，积极打造优质服务新格局。一是结合调查专业做好经济运行统计监测，继续推进《百色调查资料》《三项业务改革工作简讯》的编辑工作，为党委、政府领导决策提供了丰富的参考。在百色市第三季度经济工作会议上，市长周异决在发言中两次点名引用百色调查队2015年投资环境调查的情况和结果，强调发改、工信以及招商等部门要加以重视。二是继续深化与新闻管理部门和新闻媒体的合作，更好地向媒体和社会公众传递统计信息、宣传调查工作，更多更快服务社会公众。分别于1月份和7月份2次召开统计调查数据新闻发布会，通过百色电视台、右江日报等本地主流媒体进行了报道，相关内容被新华网、广西新闻网、百色新闻网等网络媒体转载，取得良好的宣传效果。三是依托调查业务工作，加强与调查对象的沟通联系，增强服务效果。如在入点调查和召开布置培训会议时，与调查对象面对面的交流，宣传统计调查工作，解答统计工作中遇到的难题，强化信息反馈服务。四是利用重要活动的契机，有针对性地开展集中宣传，如在“统计开放日”、“普法宣传日”等重要节日开展宣传活动。

## 三、强落实，服务调查对象实效明显

结合工作安排，分阶段、分批次、因地制宜地推进服务项目落实。一是帮扶退耕还林调查点百练村百标屯购置西葫芦种子，折合资金6000余元，发展秋冬菜种植，促农增收；二是为平果县海城乡石赵村团下屯9户结对帮扶贫困户落实鸡苗、鸭仔、猪苗、鸦胆子种子、砂糖橘苗等逾万元的扶贫物资，为创收增收夯实产业基础；三是为进行巷道硬化的住户调查点六律村购买水泥30吨，有效地支持了该村容村貌的修整以及美丽乡村建设工作；四是走访百色人民银行、微企办、国税、地税、工信委、社保、农业等部门，收集中央与地方新出台有

2015年11月，百色调查队队长谢家鸿带队深入隆林县考察养殖产业

关企业扶持政策的信息，整理汇编、审核筛选后有针对性地向企业反馈；五是提高住户调查记账户补贴，从之前的50元/月提至80元/月，提高基层调查对象配合度；六是协调地方政府为农村住户调查点六律村争取芒果苗60000余株、鸡鸭苗3000多羽，折合资金60多万元。

## 四、推改革，调查数据质量稳步提高

从严从实做好各项统计调查工作，切实提升对城乡居民收入、CPI等数据发展形势的研判能力，主动、及时地向地方党政部门预警，有的放矢地提出建议，增强统计调查工作服务地方发展的能力和效果。一年来，百色调查队主要领导坚持主动向地方党政领导汇报工作情况，获高度评价。百色市委常委、常务副市长杨春庭充分肯定百色调查队工作，表示："百色调查队的事情就是市政府的事情，百色调查队的困难就是市政府的困难，市委、市政府将继续对百色调查队加大人、财、物方面的支持。"同时，还特邀百色调查队队长谢家鸿为参加全市工业会议的各县（市、区）主要领导和分管领导做了题为"如何搞实搞准统计调查数据"的专题发言，引起强烈反响，有效提升统计调查工作的社会影响力，聚集更多有益改革的助力。

2015年11月，田阳县县长冉光富一行到百色调查队检查指导工作

# 国家统计局贺州调查队

2015年，国家统计局贺州调查队（以下简称“贺州调查队”）在国家统计局总队的正确领导和贺州市委、市政府的关心支持下，认真贯彻落实党的十八届四中、五中全会精神，按照全区调查工作会议的统一部署，紧紧围绕 “服务基层年”活动主题，以“重服务基层、提数据质量”为基本工作思路，牢固树立国家使命意识、责任意识、担当意识，以提高数据质量为核心，进一步完善业务工作机制，攻坚克难，积极进取，各项调查工作迈上新台阶：

## 一、扎实开展“三严三实”专题教育

1. 加强组织领导。队党组书记带头讲党课，从统计调查实际出发，细致讲解“三严三实”的丰富内涵和重大意义，并对“三严三实”专题教育进行动员和部署，要求全体干部加强学习，坚持实事求是，勇于担当实干，切实将思想和行动统一到从严治队的要求上，自觉践行“三严三实”。

2. 班子成员齐出力，紧扣主题抓专题研讨。围绕“严以修身、严以律己、严以用权”三个主题，轮流主持一个专题的研讨，理清思路，自行准备专题发言材料，坚持问题导向，真正把职责、身份摆进去，不回避自身“不严不实”问题，深入查找个人存在的差距和不足。

3. 全体队员齐动员，多方式抓常态化教育。采取个人自主学习、党组中心组集体学习、专题研讨、专家辅导等方式牢牢抓住常态化教育。还邀请了市委讲师团成员到队进行题为“大力践行‘三严三实’，努力争当‘忠诚干净担当’的好干部”的专题讲座，丰富了学习内容和方式，增强了学习的趣味性和效果。

## 二、服务基层措施取得实效

1. 提高住户调查对象补贴水平。加强与地方政府沟通汇报，市长李宏庆亲自批示，全市住户调查调查补贴在现有基础上每月提高20元。

2. 主动服务好县区统计局。一是开展培训服务工作，进一步提高县区统计局相关业务的统计调查水平。二是“走出去”主动为基层统计局排忧解难。三是主动为地方辅助调查员开展业务培训。派出业务骨干到八步区乡镇统计人员和辅助调查员岗位知识培训班授课。

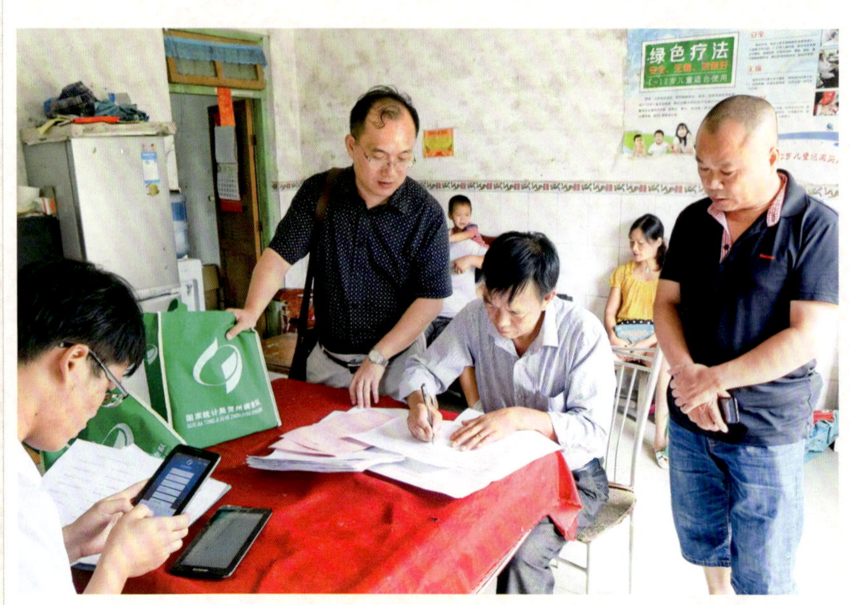


2015年8月10日，贺州调查队副队长麦克伦到八步区南乡镇调研指导劳动力调查工作

3. 印制《政策简摘》小册子为调查对象提供各种政策信息。通过收集整理工信委、扶贫办、农业局等有关政府部门的惠民政策，整理出企业、农业、农民等方面与调查对象生产、生活息息相关的政策，摘编重要部分印制成方便随身携带的小册子，提供给调查对象、调查企业，以便他们更好地了解各种惠民政策，为他们

了解最新的政策信息提供了便利，进而促进了调查对象对调查工作的支持和配合力度。

4. 帮助调查网点加强基础设施建设。一是多次主动与八步区林业局、交警支队、扶贫办等相关单位沟通协调，充分发挥桥梁纽带作用，为八步区南乡镇沙洞村村通乡道路争取政策、资金及建筑材料支持。二是为八步区南乡镇南中村向八步区委组织部争取了1万元资金，用于村部办公楼的装修及办公桌椅的购置。

## 三、全面完成国家调查任务

1. 狠抓CPI、住户调查、主要畜禽监测等样本轮换工作。CPI调查按国家统计局广西调查总队工作要求，做到早谋划、早部署，较好地完成了CPI基期轮换工作；住户调查样本轮换通过认真谋划，开展现场试记账等“面对面”方式开展新调查户试记账培训。主要畜禽监测调查样本调整工作联合地方统计、畜牧部门，积极开展摸底工作，派出业务骨干做具体业务培训，收到较好效果。

2. 全力做好新增调查业务。克服队员变动大，力量不足，调查任务重的困难，加强组织领导，科学安排调查力量，全国月度劳动力调查、农民工市民化调查、农产品生产者价格和中间消耗调查等新增调查业务顺利开展。

3. 强化调查基础工作。住户调查强化由市、县区、乡镇、村级辅助调查员形成的四级调查员网络队伍；县级粮食产量调查通过经常定期或不定期开展调研指导，及时督促解决发现的问题；规模以下工业、服务业、小微建筑业等调查工作加强对名录库的建设，确保单位基本信息准确无误；此外，各调查专业还根据调查业务特点，搭建纵横交流平台。建立工作QQ群，随时与企业沟通联系、问题解答、数据查询。

4. 狠抓数据质量。CPI调查建立了即采即审制度。工业生产者出厂价格调查建立健全了价格、指数等台账；住户调查以调查户对收入与从业情况不符的住户进行重点审核，防止记账户漏记错记。

5. 强化协调沟通，形成部门合力。畜禽监测调查继续加强与市统计局、水产畜牧兽医局的沟通联系，共同研究做好畜禽调查任务。

## 四、增强服务意识，努力提升优质服务水平

强化责任意识和精品意识，努力增强服务实效。要求全体队员努力提高撰稿质量和责任意识，紧密关注经济形势，加强统计分析工作，及时准确地报送居民消费价格、农产品价格、城乡居民生活情况等统计调查分析，为各级党委政府科学决策提供真实、可靠信息。全队调查信息得到国家领导批示1篇次、中办采用1篇次、国家局采用1篇次、自治区党委采用2篇次、自治区政府1篇次。

2016年1月，贺州调查队副队长汤小青到富川瑶族自治县调研新设立小微企业

2016年5月9日，贺州调查队队长刘克斌走访投资环境调查企业

## 五、进一步提高保障能力

1. 做好财务保障工作。一是加大与地方政府的沟通汇报工作，积极争取地方政府加大对住户、农业等调查业务的支持力度，在一定程度上缓解了调查经费紧张的困境。

2. 转变执法工作理念，夯实统计执法基础。一是根据统计调查工作中存在的问题及薄弱环节，制定下发《2015年贺州调查队统计执法检查工作计划》，针对对上报数据质量较差、配合度较低、迟报以及近年来未进行执法检查单位和新增单位重点开展执法大检查。

## 六、强化培训，提高人事教育工作水平

1. 做好教育培训规划。全年共派遣5人次参加国家局举办的强化监督责任、部分调查队领导能力提升、地（市）级调查队业务骨干等培训班。

2. 加大队伍建设力度。一是成功跨市调入两名年轻队员，及时弥补了队员调出带来的人员紧张的问题。二是多渠道锻炼培养年轻干部。继续派遣一名队员到富川县葛坡镇马坪村担任“美丽广西”乡村建设（扶贫）工作队员。

## 七、加强党风廉政建设，为调查工作保驾护航

落实好“两个责任”。队党组始终将落实党风廉政建设9项主体责任作为重大政治任务和第一责任，放在心上、扛在肩上、抓在手上，制定实施办法，细化责任清单，明确责任内容，建立健全落实和报告制度，形成责任明晰，权责对等的责任体系。党组纪检组认真履行5项监督责任，集中力量抓好监督执纪问责。一是及时制定《国家统计局贺州调查队党组关于全面落实党风廉政建设主体责任和监督责任的暂行规定》。二是将“两个责任”的具体内容通过板报上墙。三是党组切实履行全面领导责任。四是加强对重点岗位、重点领域和关键环节的监督检查。

# 国家统计局河池调查队

2015年5月25日，河池调查队队长陆润开、副队长黄洪泽带价格科业务骨干到农贸市场检查采价工作

2015年，国家统计局河池调查队（以下简称“河池调查队”）认真贯彻落实党的十八大和十八届三中、四中、五中全会精神，根据全区调查工作会议的统一部署，紧紧围绕“服务基层年”活动主题，按照年初制定的“以创新进取，提质发展为主线，以提高数据质量为中心，主动适应统计调查工作新常态，重点抓落实重实干，抓责任敢担当，抓纪律树新风，全面推进河池队各项工作再上新台阶”的总体思路，科学谋划、乘势而上，有力、有序、有效全面推进各项工作顺利开展，现将一年来的工作情况总结如下：

## 一、加强组织协调，扎实开展“服务基层年”活动

### （一）探索建立市县队联系点制度

帮助理顺县队与县政府及相关部门的关系，通过加强检查和“一对一”帮扶指导，县队在队伍建设、两个规范化、数据质量等方面得到一定提升。

### （二）整体推进河池区域调查队党风廉政建设“两个责任”落实

制定《国家统计局河池区域调查队落实党风廉政建设责任制考核制度（试行）》等制度，将辖区4个县队纳入考核范围，在5月召开河池区域调查队党风廉政建设“两个责任”落实推进会议，并分别于6月和10月组织检查组到辖区4个县队开展党风廉政建设责任制落实情况专项监督检查，全面推进整个河池区域调查队“两个责任”的落实与党风廉政建设工作的开展。

### （三）增强河池区域市县队之间的内聚力

通过组织河池市县调查队全体干部参加河池

2015年12月3日，广西调查总队副总队长梁开光（左一）到河池调查队征求总队民主生活会意见

2016年1月21日，河池调查队领导班子带队到住户调查点德合村慰问记账户

区域调查队业务规范化培训会、河池区域调查队第二届调查业务知识竞赛等活动，有效地加强市县调查队之间的沟通交流，河池区域调查队之间的内聚力进一步增强。

## 二、“服务基层年”成效初显

### （一）调查对象稳定性、配合度不断提高

深入住户调查点朝觉村召开“统计服务民生”座谈会，会议得到地方政府的高度重视；为住户调查点的国家贫困村—德合村村委赠送一批办公桌椅和档案柜，组织全队捐赠旧衣服贫困记账户送爱心暖寒冬。通过以上举措，各项统计调查工作得到了地方政府的支持与帮助，大大提高广大调查对象的稳定性和配合度，住户换户率明显下降。

### （二）基层基础工作进一步夯实

一方面是充分发挥市住户联席办公室的职能作用，积极与部分县政府部门进行沟通协调，帮助解决基层统计局和调查队在开展住户调查过程中遇到的困难。另一方面在样本相对集中的县聘用调查员协助开展调查工作，同时利用QQ群搭建企业沟通平台，进一步增强企业对调查队工作的理解和支持。

## 三、狠抓“硬件、软件”建设，队伍整体素质不断提升

### （一）办公条件进一步改善

将原先可容纳20人的旧会议室升级改造扩容到可以容纳50人的高清视频会议室，基本满足全队召开视频会议和专业培训会议的需求；经多方协调，为河池调查队解决和调整3间办公室，一定程度上缓解了办公场所紧张的问题。

### （二）干部教育培训工作成效初显

采取多种方式推进干部向专业型、综合型人才发展。据统计，2015年河池调查队外出参加国家级的学习培训有14人次；8名“80后”干部获得中级统计师资格证，6名获得会计从业资格证； 3名干部参加在职研究生学习并获得毕业证书。

### （三）档案规范化管理和保密工作扎实推进

督促各科室及时按规定做好文件资料的收集、整理、归档、立卷、移交工作，确保2014年度所有文书资料分卷整理、立卷归档完毕。组织全队人员学习《统计调查工作保密规定》等保密管理制度，组织涉密人员签订保密承诺书。

## 四、常规调查和专项调查工作圆满完成

组织协调市县队、工商局所、乡镇统计站等部门力量配合对全市调查样本企业基本情况进行核查；评选全市优秀辅助调查员和优秀记账户进行通报表彰，进一步提高全市辅助调查员和记账户的业务水平；严格执行“三定一直”规定，实地走访网点开展专项调查，获取居民消费价格权数第一手数据；劳动力调查、全市农民工市民化调查、农产品生产者价格调查等新增调查工作顺利开展；投资环境监测调查、党风廉政建设满意度调查等专项调查工作圆满完成。

## 五、统计服务能力进一步提升

充分发挥轻骑兵作用，深度挖掘社会经济生活中的新情况、新问题，全力打造河池调查品牌。2015年，全队共撰写政务信息167篇，获总队采用115篇，获国家局采用2篇，上报工作要事12篇，获国家统计局广西调查总队采用12篇；撰写调查信息（含约稿）51篇，获总队采用36篇；撰写调查报告9篇，获总队采用7篇；共报送党委正面信息共计4篇，采用8篇。向地方政府及有关部门提供CPI专报12期，向《河池日报》社投稿并采用6篇。

## 六、多措并举，强化统计宣传和统计法制工作

一是利用“中国统计开放日”和“12·4”“12·8”重要节点开展统计法知识宣传，向调查对象发放宣传资料。二是统计法规知识逢会必讲，在各专业年报会上向企业宣传统计法规相关知识。三是对10家调查企业进行统计执法检查，发现其中6家提供不真实统计数据，并对其立案。四是邀请总队法规处对执法案卷进行规范化检查和指导，确保执法工作的严肃性和规范性。

## 七、践行三严三实，全面推进党风廉政建设“两个责任”落实

### （一）完善制度，加强组织领导

成立了以党组书记、队长陆润开为组长的党风廉政建设和统计行风建设领导小组；制定《国家统计局河池区域调查队落实党风廉政建设责任制考核制度（试行）》《国家统计局河池区域县级调查队纪检监察综合检查评分办法》等制度，明确了2015年党风廉政建设和统计行风建设主要工作任务；组织全队党员干部签订2015年党风廉政建设“一岗双责”承诺书。

### （二）开展多种形式廉政文化建设活动

积极开展党组书记、纪检组长带头给干部职工上党课、观看廉政警示教育影视片、组织河池区域调查队党员干部40人到警示教育基地宜州监狱开展警示教育活动、开展“三严三实”专题教育读书学习心得比赛等活动，将“三严三实”专题教育与反腐倡廉教育相结合，开展多种形式廉政文化建设活动，积极营造统计调查廉政氛围。

2016年5月16日，河池调查队队长陆润开带领农业科到环江县开展三农普遥感测量调查督导检查

# 国家统计局来宾调查队

2015年7月27日，来宾调查队组织队员深入社区开展棚户区满意度调查

2015年，国家统计局来宾调查队（以下简称“来宾调查队”）在国家统计局广西调查总队及来宾市委、市人民政府的正确领导和大力支持下，深入学习贯彻落实党的十八届四中、五中全会精神与广西调查工作会议精神，扎实推进“三严三实”专题教育，全面贯彻“服务基层年”各项工作部署，以提高数据质量为中心，以业务改革为主线，全面推进依法治统、从严治队，加快现代化服务型统计建设。

## 一、“三严三实”专题教育取得实效

“三严三实”专题教育开展以来，来宾调查队突出自身特色，始终坚持问题导向，把带头学习、整改落实和立规执纪贯穿始终，将“三严三实”专题教育作为教育实践活动的巩固与延伸予以抓实抓好，以实实在在的行动将邹伟忠总队长在调查队系统“三严三实”专题党课会议上提出“四个专”的要求扎实推进、引向深入，有利推动各项调查事业科学发展。

## 二、重心下压，“服务基层年”效果明显

主动作为、真抓实干，下大力气服务基层，“服务基层年”取得显著成效，获赞连连。争取地方支持，为调查点困难群众争取到6户危房改造指标，帮助扶贫联系点金秀县林秀村争取到扶贫资金300多万元，引导群众在调查点迁江镇高龙村创建200亩旱稻高产创建示范点。共同帮扶滨江园社区，赞助社区成立文艺队。抽调精干力量，积极配合开展精准扶贫工作。进一步规范各调查点基础工作，健全各项统计调查工作制度。

## 三、改善办公条件，提升保障水平

来宾调查队2010年成功购置来宾某商务写字楼第16层共1100多平方米，经过近一年的装修，于2015年8月3日正式入驻新业务用房办公。这在来宾

2015年9月16日，来宾调查队组织执法工作小组深入企业开展执法检查

调查发展史上具有里程碑意义，充分体现了总队和来宾市委、市政府对来宾调查事业的重视和关心，是夯实来宾调查工作的基础，是改善办公条件的重要举措。在推进业务用房装修建设的同时，全年增加投入30多万元，着力打造运行环境高起点的标准化机房和标准化视频会议室建设。

## 四、克难攻坚，新增业务实现良好开局

2015年起，来宾调查队新增劳动力、农民工市民化进程动态监测等4个专业调查工作任务。克服人员、经费、技术等困难，尽职尽责、扎实推进，确保新增调查项目工作顺利开展。劳动力调查工作方面，加强与地方政府的协调，全面夯实调查工作基础，召开调查工作会议，邀请总队住户专项处到场指导。农民工市民化进程动态监测调查，凝聚地方力量，构建以本队调查力量为主、基层力量为辅的工作体系。

## 五、注重质量，各调查业务工作全面提升

来宾调查队加强业务建设，通过精心组织、明确责任、加强审核、沟通协调等有效措施，认真做好住户调查一体化工作、居民消费价格调查、采购经理调查、工业生产者价格调查、规模以下服务业调查、规模以下工业调查、粮食产量调查、畜禽监测调查、中间消耗调查、农贸市场价格调查、农民工监测调查、退耕还林（草）监测调查、投资环境监测调查、党风廉政建设民意调查、农村党员培训调查等多项调查业务。

## 六、统计法制建设实现新提升

持之以恒抓好普法、集中精力抓好执法检查、下大力气抓好执法队伍建设，统计法制工作水平实现新提升，得到市依法治市办高度肯定。将统计违法案件在调查会议进行通报，从源头上杜绝迟报、瞒报、拒报等违法案件发生。敢于碰硬、敢于较真，年内先后向45家企业发出催报通知书，对1家企业发出责令整改通知书，对2家企业立案查处，进一步维护了统计法的权威。

## 七、发挥优势，服务型统计有新作为

充分利用统计抽样调查的优势，开展分析研究，积极为党政领导决策提供优质服务。撰写政务信息获得国家统计局广西调查总队采用140篇，国家局采用3篇。获国家统计局广西调查总队采用

2016年2月14日，来宾市长雷应敏到来宾调查队看望慰问干部职工

调查信息13篇、调查报告7篇、约稿31篇。《来宾市：发展农产品电子商务面临五个难题》获区政府采用。约稿经总队采编后获区党政采用批示38篇次，国家统计局采用批示30篇次，中办国办采用9篇次，直报领导3篇次，中央领导批示5篇次。编撰《实事调查》《调查信息》等刊物报送地方党政和有关部门获好评。新闻宣传工作有声有色，在来宾日报发表《收入倍增计划拉动农民增收》等6篇新闻稿件，两次以新闻发布会形式向新闻媒体发布来宾市居民消费价格指数、城乡居民收入等主要数据。

## 八、成功创建一级档案室

成立创建一级档案室工作领导小组，由队长直接挂帅争创，并印发《国家统计局来宾调查队创建市直机关一级档案室实施方案》。投入18万元购置安装设备。在配备完善的设备同时，着手开展档案资料整理编研工作，全面完成档案资料科学化类、标准化存储、规范化装订、“八防”检查记录、档案利用效果汇编等基础工作，于12月通过市档案局验收，成功创建市直机关一级档案室。

## 九、强化监督，全面落实“两个责任”

严格按照党风廉政建设“两个责任”的部署要求，坚持“一把手”负总责，班子成员带头执行，以身作则、做好表率。年内带头上廉政党课4次，召开专题学习4次。注重机制建设，强化主体责任，坚持“一岗双责”，逐层逐级签订责任书。规范权力运行，积极推进政务公开。严格程序步骤，认真落实干部选拔任用工作各项制度。开展廉政文化宣传教育，到市廉政教育基地开展警示教育，并邀请市纪委领导授课。

2016年5月12日，来宾调查队组织辖区调查队业务人员到田间地头开展“三农普”农作物面积遥感测量现场培训

# 国家统计局崇左调查队

2015年，国家统计局崇左调查队（以下简称“崇左调查队”）在国家统计局广西调查总队的正确领导下，在崇左市委、市政府的关心支持下，紧紧围绕总队“服务基层年”主题活动和市委、市政府中心工作，扎实开展各项工作，较好地完成了各项任务。

## 一、扎实开展“三严三实”专题教育

1. 迅速启动“三严三实”专题教育。一是高度重视，积极部署落实。及时制定印发专题教育实施方案，成立相应的领导小组及工作机构，积极开展落实。二是迅速启动专题教育。6月5日，组织崇左辖区市县调查队举办“三严三实”专题教育党课，正式启动“三严三实”专题教育。

2. 扎实开展专题学习研讨。分别以“严以修身，做自律自省的人”、“严以律己，做合格的好党员干部”和“严以用权，做忠诚干净担当的调查人”为题，由班子领导干部轮流上专题党课，丰富专题教育内容，提高专题教育的实效。

3. 完善学习教育长效机制。把党的群众路线教育实践活动和“三严三实”专题教育作为党员干部的长期任务，制定了党组中心组和全队理论学习计划，全年共组织中心组理论学习4次，全队理论学习8次。

4. 继续狠抓整改落实工作。结合工作实际深入剖析存在不严不实的主要问题和原因，认真对照分析提出了具体的、可操作性强的整改措施，建立健全各项工作制度，强化制度的执行，进一步强化落实整改，逐一落实，确保“三严三实”专题教育落到实处。

## 二、紧扣“服务基层年”主题，现代化服务型统计建设成效明显

### （一）加大优质服务工作力度，为党委政府做好服务

1. 狠抓调查信息工作。全年撰写调查信息44篇、调查报告11篇，其中得到中办采用2篇次、国家局采用9篇次、自治区“两办”采用19篇次，得到中央领导批示3篇次、国家局领导批示5篇次。

2. 强化数据分析解读。一是编印《崇左调查季度资料》，为各级党委政府提供参考服务。二是编发《崇左CPI月报》报送给市委、市政府及价格联席会议成员单位，为其制定控价决策提供参考。

2015年7月12日，广西调查总队副总队长梁开光（左三）到崇左开展住户调查和劳动力调查专题调研工作

### （二）做好新闻宣传工作，为社会公众提供服务

加强与新闻媒体沟通，做好新闻宣传工作。将住户调查、CPI调查等相关调查数据通过新闻媒体向社会发布，获得崇左电视台、《左江日报》、北部湾新

2015年11月3日，崇左调查队队长黄庆豪（左三）带队到宁明县板棍乡叫隘村贫困户家开展精准扶贫建档立卡工作

闻网等媒体累计采用稿件9篇次，取得良好的社会效果。

### （三）积极主动，服务基层效果好

1. 在服务调查网点和辅助调查员工作上取得好成效。一是帮助一个调查点完成村屯道路硬化830多米和一个调查点所在地党支部解决了4张办公桌、10张椅子。二是通过市总工会为全体辅助调查员购买团体意外险。

2. 加大对基层统计调查机构、辅助调查员和调查对象的业务培训和指导工作力度。通过组织集中召开业务培训会、进行实地走访现场培训等多种方式，进一步提高基层统计调查人员、辅助调查员和调查对象的业务知识及调查能力。

## 三、以“两个规范化”建设为依托，全面完成国家及地方调查任务

1. 扎实做好城乡住户调查工作。一是加强学习提高住户调查专业知识。二是深入基层走访，维护样本管理。三是规范数据评估，确保调查数据质量。四是调查业务工作得到地方党委政府高度重视。9月16—22日，黄庆豪队长陪同崇左市委常委、常务副市长梁旭辉及副市长陆辉，分别深入到崇左市龙州、凭祥、宁明等县（市）调研经济运行情况，并深入部分住户调查网点调研居民收入情况。10月30日，崇左市政府召开全市农民人均现金收入分析会，吴世生副队长在会上专题汇报了农村居民收入调查工作，得到吴爱红副市长的充分肯定。

2. 做好居民消费价格（CPI）调查工作。严格按照“三定一直”采价制度进行价格采集，对数据进行实时报送、审核，如实反映当前市场物价变动情况，提高价格数据的代表性、准确性、真实性。同时做好价格监测及预警预报工作，为政府稳物价保民生工作提供重要决策参考作用。

3. 顺利开展规模以下服务业调查工作。一是向市政府专题汇报，保障调查工作顺利全面铺开。二是加强与崇左市统计局沟通协调，通过“联合发文、联合培训、联合督查”的方式，将调查任务分解落实到各县级统计调查机构，确保调查任务在县级统计局得到落实。

4. 推进并巩固“三小微”企业调查改革。根据国家统计局和国家统计局广西调查总队关于做好“三小微”企业统计调查工作的要求，召开培训会议。对企业统计员进行集中面对面、手把手地培训，现场解决企业统计员提出的各种问题，增强企业统计员对报表制度的理解和操作技术水平。

5. 完成好其他工作任务。按照国家调查方法制度的要求，完成了工业生产者价格调查等常规调查任务及党风廉政建设民意调查工作。同时，按照市委、市政府安排，定点帮扶宁明县板棍乡叫隘村开展“美丽广西”乡村建设（扶贫）工作。

2016年2月14日，崇左市委书记刘有明（右一）到崇左调查队慰问干部职工

## 四、加强保障能力建设，为业务工作提供坚实保障

### （一）大力推进依法统计，切实提高法制保障能力

1. 加强统计法制宣传教育，营造良好的法制工作氛围。一是结合业务培训会，对企业统计员进行统计法制知识专题培训。二是结合“服务基层年”主题活动，利用到调查网点开展走访调研工作之机，宣传统计法律知识。三是利用特殊时间节点进行统计法制宣传工作。

2. 扎实开展统计执法检查工作。一是制定《国家统计局崇左调查队2015年统计执法检查方案》，结合业务调查进行统计执法检查；二是严肃查处统计违法违纪案件，维护调查工作秩序。

### （二）加大干部队伍建设力度，切实提供人才保障

1. 开拓干部培养新途径。制定《国家统计局崇左辖区调查队干部双向交流挂职锻炼实施方案》并报请广西调查总队批准，10月份开始，在崇左、扶绥、大新三个调查队之间开展了市县队干部双向挂职交流活动。

2. 干部教育培训有新举措。首次联合崇左市委党校借助地方培训平台举办崇左辖区市县调查队学习贯彻十八届四中全会精神及党风廉政建设工作培训班，进行封闭式脱产培训，这是崇左调查队加强干部教育培训工作的创新举措。

### （三）规范财务管理，切实提供经费保障

严格按照中央“八项规定”和财经制度加强对各项经费的规范管理，做到科学安排资金，确保全队各项统计调查业务顺利开展。

2016年5月25—27日，崇左调查队在崇左市委党校举办崇左辖区市县调查队“两学一做”学习教育培训班

### （四）加强后勤管理，做好后勤保障

为进一步厉行勤俭节约，有效杜绝铺张浪费，崇左队大力推进“廉政食堂”建设，并采取多重举措，确保“廉政食堂”有效运行。一是制定《国家统计局崇左调查队廉政食堂管理规定》并上墙，给全体干部职工了解并遵守。二是在“廉政食堂”内明显位置张贴6块警示标语，提倡厉行节约反对铺张浪费；三是设立食堂协管员负责协助食堂日常运行工作，并由财务室负责人和纪检监察员每月复核食堂收支金额，审核报账单据。

## 五、强化党风廉政建设，为统计调查事业保驾护航

一是印发崇左市县调查队党风廉政建设工作要点，对党风廉政建设和纪检监察工作进行全面部署。

二是建立健全党风廉政建设责任制、民主集中制、民主生活会、述职述廉、试勉谈话和函询制度等党风廉政建设各项制度，做到以制度管人、管事。

三是加大党风廉政建设教育培训和警示教育力度，举办专题培训班，并组织崇左、扶绥、大新调查队全体党员干部到梧州、贺州廉政教育基地开展警示教育活动。

四是强化“两个责任”的贯彻落实，加强人、财、物、数、权等工作监督、防止“四风”问题反弹和违反八项规定的现象发生。

五是加强廉政风险防控和统计行风建设。纪检组长和纪检监察员参加队党组会议、队常务会议对“三重一大”决策和人、财、物、数、权等工作进行监督；坚持廉政谈话制度，队党组书记、纪检组长对新招录公务员和提拔任用科级干部进行任职廉政谈话；制定《国家统计局崇左调查队统计行风建设工作实施方案》加强对统计调查方案制度执行情况、调查工作规程和统计执法工作进行实时监督，防控统计违纪违法行为的发生。

# 国家统计局上林调查队

2015年以来，国家统计局上林调查队（以下简称“上林调查队”）在国家统计局广西调查总队和县委、县政府正确领导下，深入学习贯彻党的十八大精神及十八届四中、五中全会精神，全面落实全区调查工作会议和年中工作会议重要指示精神，紧密围绕“服务基层年”的工作主题，攻坚克难，锐意进取，扎实工作，实现了统计能力、统计数据质量、政府统计公信力的进一步提高，圆满完成了各项调查工作任务。

2015年10月15日，广西调查总队副巡视邱洪刚（左二）到上林开展反腐倡廉民意调查数据质量督查及面对面指导

## 一、实施“服务基层年”主题活动成效显著

“服务基层年”主题活动的开展，得到了社会地方党委政府、社会各界的广泛关心支持。紧扣年初制定每一名干部至少为调查点、调查对象办1件以上的实事好事，完成了服务项目10件次。

1. 服务调查网点、调查对象获群众点赞。为粮产监测点高顶村争取人畜饮水工程项目资金18万元，修建自来水管道1360米，受益群众达500多人，解决了该点人畜饮水难问题。帮助中可社区样本点3名富余劳动力联系用人单位，解决样本点群众就业难问题。帮扶1户农产品价格调查对象联系县直部门，申请土地流转项目扶持。一对一帮扶4户困难记账户，捐赠资金2000元，物资一批等，提供产业扶持。新增聘请5名畜禽监测辅调员、8名粮产监测辅调员，解决工作量增多、辅调员少的问题。

2016年3月8日，广西调查总队总队长邹伟忠（前排中）在上林县常委、常务副县长黄国录的陪同下，到上林县城南社区开展城乡居民收入电子记账推广情况调研

2. 服务地方党委政府获表扬。针对优质服务工作，尤其是调查信息和调查报

2015年10月23日，上林调查队副队长蒋兆国深入田间地头面向队员和辅调员开展秋粮实割实测现场培训

告，上林调查队领导给予极大重视，亲自抓落实，并带头写调查信息，要求全体队员严格按照优质服务目标考核管理评分奖惩办法执行，办公室负责定期督查督办。2015年共完成上报调查信息与调查报告15篇次，共被采用15篇次，其中单篇采用2篇次，采用率达100%。积极适应新常态，服务新常态，充分发挥职能优势，加强对上林县旅游开发、扶贫攻坚等社会发展中热点难点和重点问题的调查，及时形成分析报告报送上林县委、县政府，有效发挥统计信息参谋决策作用。年内针对性向地方报送调查信息8条，采用8条，排在79个县直单位第9名，多次得到县委、县政府主要领导的表扬。

3. 创新方式，扩大新闻宣传工作效果。借助上林电视台、上林新闻网、上林时讯等媒介进行广泛宣传，进一步提升了统计调查社会知名度。利用9月23日统计开放日重要事件点，在县人民广场开展统计法制宣传，悬挂横额4条，发放统计宣传单5000多份，制作统计调查宣传板报5板，开展边慰问、边宣传，同时，邀请地方政府领导、统计局与新闻媒体共同在县人民会堂广场开展现场宣传活动，借助传媒力量扩大宣传效果，让社会公众充分了解统计知识、统计数据的来源。积极配合国家统计局广西调查总队综合处到调查点开展慰问活动，为调查对象带去温暖。11月份，结合粮食产量监测调查试点核查工作，利用上林电视台播放宣传了南宁调查队、上林调查队秋粮实割实测工作全过程，让社会各界认识、了解、配合、支持统计调查工作。

## 二、各项调查业务取得新突破

2015年以来，以“两本笔记本”搞调查模式开展各项工作成效显著，运用一本笔记本记录调查样本点、记账户原始信息数据，确保原始数据出处有依据，保障调查数据真实、准确、可靠。另一本笔记本收集全县面上的各类经济社会信息、热点难点亮点材料，撰写出调查信息报告，为国家局、国家统计局广西调查总队、地方党委政府提供参谋助手作用。实施“两本笔记本”搞调查以来，进一步提高了统计调查公信力、提升了统计调查服务水平、搞准了统计调查数据质量，统计调查知晓率得到进一步提升，各项调查业务取得了新突破。

## 三、保障力度得到进一步夯实

1. 成功创建三级档案室。在人员紧缺情况下，整合力量，抽选精兵强将，以“时不待我”精神全力创建三级档案室，整理完善了1984—2014年文书档案、业务档案、会计档案、声像档案、实物档案，共计374盒3557件，实现管理、查询、利用一体化，通过了县直机关三级档案室标准评定，并颁发了证书，实现了年初制定的目标。

2. 综合法制工作扎实开展。深入开展统计法制培训和宣传。在布置任务、业务培训、访户访点、基层调研时，主动宣传统计法律知识，进一步增强调查对象统计法律意识。利用9月23日统计开放日重要事件点，在县人民广场开展统计法制宣传，悬挂横额4条，发放统计宣传单5000多份，制作统计调查宣传板报5板，借助上林电视台、上林新闻网、上林时讯等媒介进行广泛宣传，进一步提升了统计调查社会知晓率。设置举报箱，主动接受社会监督，年内无信访案件、举报案件等发生。深入18家规下企业、畜禽规模户等开展统计检查，无统计违法行为发生。

## 四、干部队伍建设进一步加强

1. 实施“每月一小训，每季一大训”干部队伍培训方案。提高干部队伍战斗力。年内选派1名干部参加成都领导干部培训班及选人参加总队举办的各类调查业务培训班，委派1名干部到南宁队跟班学习，选派1名干部参加上林县秋季主体班培训，进一步提高干部队伍综合素质。

2. 通过采取夜访夜谈进行培训。围绕“服务基层年”主题，尽量避免调查对象进入农忙时节，选择夜间（19—21时）时间段，集中对记账户、辅调员进行业务培训，针对记账工作中薄弱环节和易忽视的地方重点突出来讲。

3. 树立典型，选定模范户进行培训。在每个调查项目中选出一个模范辅调员或记账户作为典型示范，把自己如何做好统计调查业务的过程进行逐项解说，有效提高了业务水平。

4. 校队共建，提升业务水平。充分利用广西财经学院张力老师挂任上林县贫困村第一书记机遇，3次邀请张力老师到队为干部职工开展财经知识业务培训，充实了干部职工知识。

5. 理论与实际操作相结合进行培训。在开展理论知识培训结束后，深入田间地头进行实地操作培训，进一步规范调查操作流程。年内开展辅助调查员岗位基础知识培训2期近100人次，到田间地头举办实割实测取样现场培训2期56人次，组织全体干部职工和优秀辅调员赴忻城队、鹿寨队、兴安县队等先进队学习，开阔了视野，进一步提高了干部队伍业务水平。

2015年12月29日，上林县常委、常务副县长黄国录（前排中）到上林调查队现场指导工作

# 国家统计局扶绥调查队

2015年，国家统计局扶绥调查队（以下简称“扶绥调查队”）积极适应统计调查工作发展改革的新常态要求，紧扣国家统计局广西调查总队“服务基层年”工作主题要求，以从严治党，从严治队为统领，坚持以提高统计数据质量为中心，突出为党政领导、社会公众服务的工作思路，全队干部职工同心协力，开拓进取，出色高质量地完成广西调查总队和扶绥县委县政府布置的各项调查任务。

## 一、开展“三严三实”专题教育，推进从严治队

1. 上“三严三实”党课。2015年6月5日，扶绥调查队队长程军方到崇左调查队给崇左市辖区的市县调查队全体干部职工上一堂题为《践行“三严三实”，从严治队，不断开创扶绥调查工作新局面》的专题教育党课，拉开“三严三实”专题教育的序幕。

2. 开展廉政教育。7月下旬，组织该队党支部3名党员和崇左、大新调查队全部党员一起到梧州市广西旧地委，贺州市钟山县英家起义地等廉政教育基地开展红色之旅教育，重温入党誓词，不断升华爱国主义精神，进一步理解党的纲领、性质、宗旨、纪律，激发党员干部“爱祖国、爱统计、讲奉献”的工作热情。

3. 强化班子建设，树立率先垂范一面“镜子”。队领导班子高度重视“三严三实”教育，以下率上，树立标杆，提出“五个一”（一个声音、一个大局、一个目标、一个榜样、一面旗帜）的工作要求。

4. 突出问题导向，及时整改。深刻聚焦“不严不实”突出问题，贯彻从严要求，全队初步查摆出了队领导班子、党员干部和统计调查工作中存在的八个“不严不实”突出问题，并积极应对，深刻反思，在剖析根源，列出问题清单的同时，积极采取应对措施，及时进行了整改落实。

## 二、注重培训工作，推进能力建设

一是开展周末统计讲堂活动。扶绥调查队创新开展以提高统计调查人的政治理论素质和调查业务水平为目的的“周末统计讲堂”活动，并形成制度，规定每周五下午为统计讲堂的开讲时间，而且要求人人参与，推行“人人都来讲一课”。讲课内容以业务为主，着重于提升业务技能，兼顾安排理论政策、宏观形势等。二是从上到下进行全员统计教育培训。队长、副队长分别参加领导干部综合能力提升研讨班和调查队负责人领导能力提升培训班，干部职工参加国家统计局举办的专业基础知识培训班和专业知识提高培训班。参训人员占全队在职在编干部的71.4%。三是对全县辅调员开展岗位基础知识培训。10月22—23日，该队

2016年2月2日，扶绥调查队队长程军方与崇左调查队队长黄庆豪（左二）、中东镇党委书记玉植康（左三）到中东镇思同村对记账户进行慰问活动

2015年7月21日，扶绥调查队副队长滕寿华带领队员到龙头乡肖汉村抢收受灾水稻，确保早稻实割实测工作顺利开展

按照基层辅助调查员年度培训工作计划安排，对全县59名辅调员进行辅助调查员岗位基础知识培训，并进行理论基础知识考试和现场调查操作技能实战演练，大大提升了辅调员的业务能力和水平。

## 三、以规范化为抓手，提高综合工作水平

### （一）综合优质服务工作效果明显

扶绥调查队始终把统计优质服务作为提高政府统计公信力，提高领导决策参与力，扩大统计调查工作影响力的突破口，提出了信息服务工作“求创新，求突破，求质量，求效果”的服务理念，并积极采取措施，狠抓落实。一是建立基层信息员网络。从11个乡镇的统计员和基层各调查点辅助调查员中筛选出30位熟悉农村政策、有一定写作基础的人员兼任县队信息员，形成了一个“横向到边，纵向到底”的农村信息采集网络，提供了最广泛最基础的信息源。二是目标激励机制。根据工作岗位的性质，将调查信息写作任务分解到人，定量定质，任务上肩。三是考核奖惩制度。将重大信息工作纳入目标考核，实行全员办信息，在量化的基础上确定信息达标分值，年终根据完成数量，采用级次等，确定考核积分，进行定量考核奖励。由于措施得力和机制激励，全队上下形成了人人写信息、写分析的良好氛围，撰写调查报告、调查信息的数量和质量有一定的提高。2015年，全队向国家统计局广西调查总队报送调查信息22篇，被总队采用22篇，其中，中央领导批示1篇次，中办、国办采用2篇次，自治区党委办公厅采用6篇次，自治区政府办公厅采用15篇次；上报县委办、政府办12篇被采用8篇，充分发挥了统计调查部门应有的参谋助手作用。

### （二）提高综合数据管理业务规范化

扶绥调查队严格按照广西调查总队《国家统计局广西调查队系统调查数据综合管理工作规范》的文件要求，将加强调查数据综合管理的精神落到实处，各股对其所负责专业形成的数据、分析、报告都要按照《国家统计局广西调查队系统调查数据综合管理工作规范》，对电子数据做好分门别类存放；纸质材料按照《调查数据综合管理工作规范》的要求，在规定时间内做好上报及数据移交和管理工作。各股都对照《国家统计局广西调查队系统调查数据综合管理考核办法》的要求，查漏补缺，使扶绥调查队综合数据管理达到规范化管理的要求。

2015年9月23日，扶绥调查队与扶绥县统计局联合在汽车客运站门口开展第六届“中国统计开放日”宣传活动

### （三）丰富形式，加强宣传，不断提升部门整体形象

1. 把握新闻宣传工作的主动性，加强新闻宣传力度。一是通过广西壮族自治区政府信息公开统一平台及时向外公布国家局反馈的法定数据，借力政府服务公开中心的窗口宣传，提高公众对调查队的认识度。二是积极参与《扶绥年鉴》编辑组稿工作，认真撰写年鉴稿件，借助《扶绥年鉴》资料文献大力宣传调查队职能，提高调查队系统的知名度和影响力。

2. 邀请媒体记者现场观摩劳动力调查工作。2015年9月份，扶绥调查队邀请扶绥县电视台和《今日扶绥》报等主流媒体记者到该县山圩镇山圩社区和东罗镇岜羊村两个劳动力监测调查网点实地观摩劳动力调查全过程，积极推进统计调查工作服务民生的公开透明化。

3. 结合“中国统计开放日”开展形式多样的法制宣传教育活动。一是联合县统计局在县城举办“中国统计开放日”宣传日活动。二是邀请扶绥县领导参加当天的宣传活动。三是邀请扶绥县有线电视台和新闻中心两家主流媒体对整个活动开展情况进行跟踪报道，本队主要负责人程军方队长接受现场采访，充分发挥媒体宣传作用，增进外界对统计调查工作的了解。

## 四、加强党风廉政建设，落实“两个责任”

一是明确领导主体责任，强化党风廉政建设的组织领导，确保“一把手”五项主要责任、队班子成员四项分管领导责任落到实处。二是突出抓示范，队长切实履行第一责任人职责。队主要负责人切实担负起党风廉政建设第一责任人职责。三是突出抓基础。深化开展党风廉政和反腐败宣传教育，组织全体干部职工开展警示教育大讨论活动。四是强化制度建设。进一步健全完善人、财、物、数管理的制度建设，深入查找在人、财、物、数管理方面存在的主要问题和潜在风险，把做实调查、做实数据作为落实主体责任的具体体现，坚决守住独立调查、独立上报的底线，坚决反对和制止统计数据弄虚作假行为。五是突出监督重点。一查工作纪律，重点检查全队干部上下班作息时间和上班工作纪律等；二查公车使用，确保公车姓“公”用“工”；三查公款消费，兼职纪检监察员全程监督全队大额经费使用情况，紧盯公款吃喝、公务出差和公款接待等问题。

2016年5月12日，扶绥调查队队长程军方带领队员到渠黎镇巴桑村深入田间地头进行三农普数据采集工作

# 国家统计局大新调查队

2015年10月27日，广西调查总队居民收支调查处赴大新调查队检查指导样本点扩点、样本轮换工作

2015年，国家统计局大新调查队（以下简称“大新调查队”）在国家统计局广西调查总队领导的关心和支持下，认真贯彻落实全区调查工作会议精神，深入开展“服务基层年”活动，全队齐心协力、共同努力，落实服务工作，圆满地完成了各项调查工作。

## 一、加强政治理论学习，扎实开展“三严三实”专题教育活动

为推动“三严三实”专题教育深入开展，大新调查队按照中央统一部署，深入开展“三严三实”专题教育。组织进行三个专题的学习，切实增强干部践行“三严三实”要求的思想自觉和行动自觉，把“三严三实”作为修身、用权、干事、创业的行为准则，争做“三严三实”的好干部。另外，大新调查队还组织开展各项活动。一是7月份，开展了“三严三实”专题教育《党章》等党内法规知识测试，检验党员干部践行“三严三实”和学习《党章》的成效；二是7月27日，大新调查队党支部成员在崇左市队党组的组织下，赴贺州、梧州、平南等地进行廉政教育交流活动，提高思想觉悟，做到班子清廉、队伍清正、统计行风清新。

## 二、加强统计调查能力与保障水平，提升统计数据质量

### （一）加强城乡住户一体化调查工作

1. 加强培训，维护样本稳定。2015年大新调查队两次召开辅助调查员集中培训会议，调动辅助调查员的积极性。每个月都到调查网点收集账本，在收集账本的过程中严格把关，抽取2—3户记账户账本，现场初步审核是否有漏记，有问题现场询问核实，不断提高数据质量。

2. 规范流程，提高数据质量。在原始数据采集、录入、审核、评估和上报等各环节都严格按照国家方案执行，规范统计调查行为和数据处理操作流程。在数据审核环节，实行“二次重审”，即各点包干人员进行一次审核校对，住户股股长进行第二次汇总审核，避免编码错误以及漏记错记的发生。

3. 精心组织，实施样本轮换工作。进一步加强学习样本轮换工作方案的要求和文件精神，加强调查业务人员的培训。10月份，大新调查队到调查点开展住户调查分省样本轮换现场培训会，期间严格按照调查方案进行替换户操作，对落实的记账户进行一对一地开户调查和试记账培训，

禽生产情势的分析，确保数据真实性。

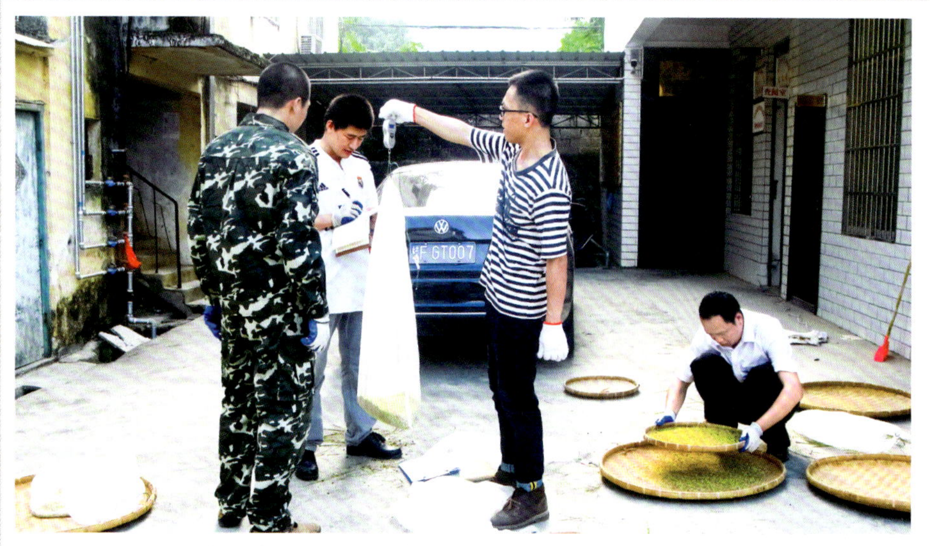

2015年，大新调查队工作人员对稻谷样本脱粒、称重、记录

保证样本稳定性。

4. 及早布置，高质量完成年报工作。为有效统筹安排住户年报工作，大新调查队及早布置年报工作，安排下点下乡展开调查，为后期数据审核提供充足的时间保障。大新调查队采取“全体动员，一对一，多点同时调查”的方式完成住户年报数据采集，有效解决了年报调查任务重的问题。

5. 主动作为，争取地方支持。大新调查队领导积极主动向县委、县政府汇报住户调查工作情况，并协调联系住户调查联席会议成员单位，做好每一季度城乡居民收入分析研判。在人员统筹安排上，大新调查队安排一名正式编制人员作为住户调查工作负责人，从地方争取到四名公益性岗位人员专职协作住户调查工作，“1+4模式”确保人力资源充足，提高调查质量。

### （二）夯实农业调查的基础工作

大新调查队围绕“实”字开展与践行农业调查工作。组织粮食单位面积产量调查、农作物播种面积调查、农产品价格调查、中间消耗统计调查和主要畜禽监测调查工作。实实在在的到村、到点对粮食作物长势实地观察，和辅调员、老农民一起走地块进行粮食估产，为实割实测样本排队抽样科学有效做好基础工作。队员们亲自割取样本，进行晾晒、烘干、脱粒、称重量等。加强对大中小型企业和养殖户的走访调查，要求如实准确填写生猪调查台账，加强对数据的审核和畜禽生产情势的分析，确保数据真实性。

### （三）提升规下工业、服务业以及批零住宿餐饮业工作水平

一是注重数据质量。加强对上报人员的指导和培训，推进联网直报，对企业上报数据的准确性进行审核，结合程序对企业报表中存在的缺项、漏项、逻辑错误等的审核，提高数据质量。二是开展普法宣传工作。要求企业严格遵守《统计法》，按时如实上报统计数据，杜绝虚报、瞒报行为；要求设置统计原始记录和凭证、统计台账，统计报表及其他相关证明和材料，要求严格执行统计方法制度，每季报表完成后，及时打印统计台账。三是加强企业走访。通过现场走访、专题调研等形式把握企业生产经营状况、行业的生产状况、突出问题及运行趋势，为数据评估和研判经济形势打好基础。

### （四）加强管理，积极做好劳动力调查工作

一是加强督促检查，做好月度劳动力调查的数据和分析材料上报。实现百分百辅助调员入户调查、百分百PDA现场录入上报。每月调查期间深入调查点，检查指导现场调查工作，确保调查人员能按工作流程和工作规范开展调查。二是按时完成劳动力调查样本补充抽取工作。制定措施，早部署早安排，抓好对辅助调查员的培训，明确任务要求和工作流程，分工协作，实地调查，按时上报。

### （五）高质高效完成专项调查工作

合力完成农村党员培训调查和党风廉政建设民意调查工作。一是开展专项调查前，组织调查员学习方案和总队会议精神，掌握调查要求、注意事项、调查方法、调查流程、PDA操作方法以及入户访户技巧等相关内容，保证调查工作顺利开展。二是提前将调查员和督导员进行分组，根

2015年11月4日，大新调查队粮食产量调查人员实地收取稻谷样本

据距离远近和路线确定工作任务，提前谋划，按时按质完成调查工作。

## 三、落实党风廉政建设和“两个责任”工作

明确党风廉政建设责任，多形式开展廉政教育，提高党员干部廉政意识。一是明确领导主体责任。切实履行党风廉政建设第一责任人的责任，明确“一把手”不抓党风廉政建设就是失职的意识，把落实“两个责任”作为一项重要任务，贯穿在平时的业务工作以及人事、财务、采购管理工作中，以实际行动履行责任。二是充分发挥纪检监察员监督责任。对“两个责任”落实情况的进行监督，严格督促检查全队落实党风廉政建设工作任务，对领导班子成员做到常提醒，对人、财、物、数方面做到常监督，做到早发现、早提醒、早预防。三是坚持民主集中制原则重大经费支出集体讨论，对“三重一大”事项，坚持公开公平，摆在桌面上谈，集体讨论通过调查补贴发放标准、公房出售、办公楼监控系统项目、公益性岗位人员提薪以及加盖四楼办公室经费支出等方面的支出，做到了公开、透明。

## 四、强化队伍建设，培养和锻炼干部

一是制定2015年干部教育培训计划，从思想教育、业务技能两大方面对干部职工进行培训，结合国家局、总队组织的培训班以及队内的学习培训，提高全队综合素质和业务水平。二是积极配合崇左市队组织的崇左辖区市县队干部挂职交流工作，选派大新调查队原副队长潘美婵到崇左市调查队挂职交流挂职，新的领导班子分工明确，相互配合，团结协作。三是培养后备力量，2015年下半年，向国家统计局广西调查总队申请到一个到总队居民收支处跟班学习的名额，进一步提高大新调查队住户调查业务工作水平。

## 五、加强依法统计意识，强化法制建设

一是宣传弘扬法治精神。12月3日，大新调查队在县电影院广场开展法治宣传活动，安排业务骨干为前来咨询的群众宣传“12.4”法制宣传日的主题，解答在统计法中、统计调查数据上的疑惑问题，增强了群众的统计法治意识，达到良好的宣传效果。二是严格按照程序，报批新建地方调查项目。2015年初，大新县政法委书记约谈大新调查队领导，认为调查队工作作风务实，公信力高，拟委托由大新调查队开展大新县社会公众安全感满意度调查这项工作，队领导班子经过认真讨论，考虑常规调查工作和人员工作量等问题后，以红头文件通过OA渠道向国家统计局广西调查总队申请新增该调查项目，得到总队批准，确保该调查工作的合法性。

2015年12月3日，大新调查队开展统计法制宣传活动

# 国家统计局象州调查队

2015年，国家统计局象州调查队（以下简称“象州调查队”）在国家统计局广西调查总队和地方党委、政府的正确领导下，认真贯彻落实党的十八届四中全会精神及全区统计调查工作会议精神，紧紧围绕“服务基层年”主题活动，按照“注重服务、注重质量、注重创新”的工作思路，增强主动服务意识，进一步夯实基础工作机制，着力提高源头调查数据质量，较好地完成了各项工作任务。

## 一、强化干部学习意识，扎实推进“三严三实”专题教育

象州调查队深入学习贯彻党的十八大和十八届三中、四中全会以及习近平总书记系列重要讲话精神，紧紧围绕协调推进“四个全面”战略布局，扎实开展“三严三实”专题教育。象州调查队为确保专题教育取得实效，一是健全组织机构。成立由党支部书记、队长任组长的“三严三实”专题教育领导小组，集合全队力量，确保统一领导、分工明确、责任到人，为专题教育的顺利开展提供了组织保障。二是精心制订实施方案。结合统计调查工作的特点制定下发专题教育实施方案，对深入开展专题教育做出全面安排，明确将“三严三实”专题教育作为履行党建主体责任的重要任务。三是全面动员参与。6月3日，经过精心准备，象州调查队联合象州县统计局共同召开动员大会，由队主要领导和象州县统计局书记带头上党课。四是集中学习，深化思想教育。象州调查队把学习教育作为基础环节，从加强学习、提高思想认识入手，坚持把学习教育贯穿活动始终，采取集中学习与自主学习的方式，通过书本学习与网络学习、交流研讨相结合，先后组织了6次集体学习。五是大力开展宣传。制作国家统计局象州调查队三严三实专题教育展板，并在队网站上及时公布活动进展，对教育实践活动进行集中展示。

2015年7月，象州调查队农业股到龙门村开展旱玉米实测调查

## 二、不断强化服务意识，积极推进现代化服务型统计建设

2015年以来，象州调查队制定了服务基层具体事项，利用调查队贴近基层的有利条件，进一步丰富服务基层的内容和方式，开展了一系列服务调查对象的活动，获得了调查对象及地方党委政府的一致好评，为统计调查工作开创了良好的工作环境，进一步提高了调查队在地方的影响力。

1. 积极协调春耕抗旱工作获调查对象点赞。2015年2月以来，象州县遭遇1957年有气象记录

2015年11月，象州调查队住户股成员到大乐镇同庚村委开展住户数据核实工作

以来最严重干旱天气，严重影响春耕工作开展，农户为此忧心如焚。象州调查队通过大量调查走访，摸清了调查网点内农户春耕进展及受灾情况，主动与统计联席部门沟通协商解决办法，达成多部门协议后形成专门材料向象州县委县政府做专题汇报，促使象州县人民政府在4月27日召开全县抗旱工作电视电话会议，成立全县抗旱工作领导小组，并出台相关抗旱措施在人力、物力、财力上给予扶持，使抗旱工作成了稳定全县粮食生产高度上的大事，全县上下形成了全力抗旱促春耕生产的良好氛围。象州调查队通过积极协调春耕抗旱工作，不仅深获调查户点赞，还深获当地政府好评。

2. 力所能及扶持帮助调查点开展好春耕农业生产工作。象州调查队为城乡住户调查点记账户、粮食产量调查点、中心工作联系点部分住户提供部分种子、化肥等农用物资，帮助他们开展好春耕备耕工作。支持中心工作联系点大乐镇那芙村委开展好“双高”糖料蔗基地建设工作，抽调人员帮助和指导乡镇、村委会按照基地建设要求完成糖料蔗种植任务，全面推进土地整治、水利建设、良种良法推广、全程机械化工作等，并给予象州县大乐镇那芙村委2000元的经费支持。

3. 水果改种调研得到县府高度肯定，为县领导决策提供有力依据。针对2014年末以来，周边县镇个体老板涌入象州县利用土地流转机会种植水果的现象，多次到调查点及面上村屯进行实地调查，形成了专门的调查材料并向象州县政府专门汇报，得到象州县领导首肯。象州县政府对此事高度重视，多次在全县科级领导干部会上，要求合理引导群众种植水果向山上转移，利用速生

2016年4月，象州调查队队长刘颢带队前往金秀县开展新设立跟踪调查

桉轮伐的机会改种水果，尽量减少占用基本农田的现象，对于占用农田种果的行为，进行绩效考评，追责。

4. 力促秋冬种粮食种植开发工作列入象州县各乡镇绩效考评范围，以保障粮食生产面积。象州调查队根据象州县上半年粮食生产工作形势，对调查点及面上村屯做了深入细致的走访。结合象州县历年实际，向象州县政府提出了将秋冬种粮食种植开发工作列入象州县各乡镇绩效考评范围的建议并得到采纳。象州调查队经多次实地调查，慎重向象州县政府建议，利用薯类主粮化政策，在秋冬种中大面积种植以弥补粮食种植面积减少的方法在象州县并不可取。因为象州县处于马铃薯秋冬种种植的边缘地区，一旦遇到持续2—3天的霜冻天气，对于农户将造成不可估量的损失。象州调查队建议，应将因季节性或习惯性丢荒的地块种植小麦、雪豆等粮食作物；同时在种植一到两年水果的地块里套种薯类作物，从而弥补粮食种植面积减少的劣势。象州县政府经多次论证，吸纳了象州调查队所提出的建议，并对2015年秋冬种工作早计划早安排，拨出专款，奖励秋冬种粮食开发工作，同时将秋冬种粮食种植开发工作列入对各乡镇的绩效考评范围。11月上旬，象州调查队与象州县统计局、农业局组成督察小组代表县政府对全县各乡镇秋冬种开发成果进行督查考核，最终督查结果作为乡镇绩效考评依据，这一政策的实施，对象州县粮食生产面积提供了有力保障。

2016年5月，象州调查队在石龙镇迷赖村委开展第三次农业普查农作物面积遥感测量工作

# 国家统计局忻城调查队

2015年7月16日，忻城调查队副队长韦家恒率队在调查点进行粮食产量估产

2015年，国家统计局忻城调查队（以下简称“忻城调查队”）深入贯彻落实全区调查工作会议，紧紧围绕“服务基层年”主题，按照本队提出的2015年工作思路：“抓细节、重质量、破瓶颈，着力提升数据质量、优质服务、两个规范化建设和调查工作能力，全面完成忻城统计调查事业的二次创业”，全队干部职工团结一致，群策群力，全面推进各项工作的高效开展。

## 一、立足数据质量，调查业务稳中有进

### （一）全力推进业务改革工作

一是整体统筹推进，圆满完成年度调查任务。每月按时按质账本收集、账页、数据审核、质量评估、数据上报，以及访户稳户等相关工作；另一方面，认真做好季度亮点材料的收集和整理工作，及时开展季度调查数据审核及初步评估材料，按时上报调查数据和评估报告。

二是精心组织实施50%样本轮换工作。积极协调县住调办、5个涉及乡镇，发动社区村委做好宣传工作，为入户摸底、开户奠定良好基础。8月21日召开工作布置会和业务培训会后，忻城调查队住户股立即启动样本轮换工作，9月抓好宣传动员，10月上中旬组织入户摸底开户，10月下旬开展记账培训和做好稳户工作，11月份进行试记账，12月份正式启动新样本。

### （二）高质高效完成其他各项调查工作

一是严格执行报表制度和业务规范化操作规程，加强辅助调查员和调查户的业务培训，加大下点入户检查工作力度，按时、按质、按量完成农民工监测、退耕还林监测、农业面积调查、产量调查、规模以下工业调查、农产品价格调查、农产品中间消耗调查、贫困监测调查、农村固定资产调查、小微企业跟踪调查、批零住餐调查及主要畜禽调查等常规调查业务。二是抓好主要畜禽监测调查工作。5月底完成对18家规模养殖户的台账登记情况的检查指导；8月份至11月份，完成核实畜禽中小型规模户生产情况和畜禽监测调查样本调整工作，同步开展新网点二次摸底核实，切实打好畜禽调查工作基础。三是做好面积产量调查工作。通过入户与实地观测的方式，分别对7个面积产量调查点展开调查，完成了春夏种植意向调查、春收作物预计产量调查的调查数据采集以及夏、秋收粮食作物的实割实测工作。四是顺利推进劳动力调查工作。通过充分发挥住户辅助调查员和记账户的带头作用，发放小礼品提高调查户配合度。五是“抢先抓早”落实中间消耗调查样本更换工作。六是严守方案制度，找准方法

2015年9月23日，忻城调查队在“统计开放日”给群众做依法统计宣传

2016年1月10日，忻城调查队领导班子到调查点慰问困难群众

措施，圆满完成农村党员培训情况调查、党风廉政建设民意调查。

## 二、着力提高数据管理能力

通过召开会议对全体业务人员进行了调查数据综合管理工作培训，对数据提交的要求进行详细说明。对于纸质调查数据，要求队员按档案管理的要求进行管理，电子数据、程序及补丁要汇总备份。同时加强数据发布管理，调查数据发布严格执行审批程序，统一由综合工作负责人按要求对外发布。

## 三、巧借多媒体平台促统计宣传工作迈上新台阶

正式开通微信公众号，与已经开通的官方微博一起，共同搭建统计宣传“微平台”，精心编辑了漫画版“统计开放日活动纪实”、漫画版“住户调查进村访户纪实”进行发布，还在“微平台”上向公众介绍忻城调查队工作职责、分享统计宣传短片以及与统计调查有关的知识和趣事等，切实增强忻城统计调查工作的透明度和公众参与度。同时，充分利用主流新闻媒体力量，组织开展形象宣传推广活动，联合县广播电视台跟随调查员一起下乡入户，与调查员共同体验调查工作，录制调查视频，并对调查员、记账户、辅助调查员进行深度采访，调查短片在忻城电视台晚间新闻播出，进一步提升调查队影响力。在开展“法制宣传日”“政务公开日”“统计开放日”活动中，别出心裁进行统计知识有奖问答活动，充分调动群众参与积极性，还利用街头灯箱广告、中心广场LED屏幕等打造统计宣传一条街，进一步渲染活动气氛。

## 四、统计执法查处实现零突破

分别于8月份、10月份抽取了2家畜禽调查户、1家批发企业和1家餐饮个体户开展了统计执法检查工作，并对1家批发企业进行责令改正，打出统计执法“黄红牌”。一是打出“警示”黄色牌。在检查过程中，向调查对象讲解真实统计违法案例，以案说法，以强化对统计法的有效宣传和警示，增强调查对象对统计调查工作和依法统计的认识，做到自觉遵守《统计法》、敬畏《统计法》。二是打出“惩戒”红色牌。对存在统计违法行为、情节较为轻微的1家批发企业，进行口头警告，并发放《责令改正通知书》责令其在限期内进行改正，改正后及时报告整改情况，以达到“惩前毖后”的效果。通过本次执法检查，实现了统计执法查处零的突破。

## 五、加强信息撰写力度，提高优质服务能力

截至11月25日，政务信息上报64篇，总队采用46篇，国家局数管中心采用1篇，国家局纪检监察局采用1篇，调查信息上报21篇，已采用18篇。同时，拓宽信息报送渠道，积极向县两办报送调查信息和调查分析报告25篇，联合县统计局编制《忻城县统计调查分析》2期印发给县四家班子领导，进一步提升服务能力，发挥参谋助手作用。

2016年5月，忻城调查队开展第三次农业普查农作物面积遥感测量工作

# 国家统计局阳朔调查队

2015年，国家统计局阳朔调查队（以下简称“阳朔调查队”）在国家统计局广西调查总队的正确领导下，在全体队员的共同努力下，以党的十八大和十八届四中全会精神为指引，以服务基层年为主题，认真贯彻落实全区调查工作会议精神，积极工作，周密部署，较好地完成了各项工作。

## 一、以服务基层为抓手，深化业务改革成果

阳朔调查队认真组织学习住户调查培训会议精神，认真研究住户调查的三个实施细则对指导住户调查工作的重要意义。深刻理解《广西地级市城乡居民收入数据评估实施细则》《桂林市县（区）城乡居民收入数据评估实施细则》内容，向各实施细则数据源头单位宣传好实施细则的作用与具体实施办法，确保城乡居民收入评估数据及时、科学、准确。严格执行数据发布规定，耐心向地方政府，各部门单位做好解释，在国家统计局发布全国数据，区住调办反馈各市数据之前，不提供预测数据，不发布未核定数据。

制定了《阳朔县农业调查工作考评细则（试行）》和《国家统计局阳朔调查队辅助调查员管理办法》等一系列规章制度，通过建章立制，明确规定了调查网点辅助调查员报送专业报表的时间、完成调查任务的要求及质量标准，同时，规定了奖励和扣分标准。通过这些措施的实行，极大地提高了辅助调查员工作积极性和主动性。

## 二、服务调查对象，做好角色转变

阳朔调查队为了落实国家统计局广西调查总队开展的主要畜禽监测调查台账记账工作。于2015年4月中旬对畜禽调查员和调查户进行了培训，为了方便基层统计工作人员和调查户，培训以乡镇为单位，分片区进行，队员深入到全县9个调查小区和38户规模养殖户调查户生产单位开展培训，指导记账。

2015年7月22日，广西调查总队纪检组长吴多明（右三）在阳朔调查队检查党风廉政建设工作

2015年8月5日，广西调查总队副总队长杨锡虹（中）到阳朔检查阳朔调查队规模以下工业、新设立小微企业跟踪调查工作

## 三、提升优质服务水平

围绕重点工作和社会关心的热点难点，做好信息工作，丰富统计调查服务内容。针对2015年农民工外出务工人数减少、企业库存压力增大、电子商务迅猛发展等社会现象和政府及人民群众关心的热点问，通过问卷调查、典型调查、走访座谈等形式，开展调查，形成调查信息，为各级政府提供真实有效的信息，体现统计调查服务职能。

## 四、围绕中心工作，服务基层

阳朔调查队与阳朔县农业局、水利局协调，县财政投入农业专项资金20余万元对白沙镇白沙村委失修多年淤塞不通导致灌溉不便的水利渠道进行维修、加固，组织白沙镇白沙居委、白沙村委气排球爱参加“彰泰杯”，进一步密切了调查队与调查村之间的干群关系。

## 五、推进上等级档案室建设，提高档案管理能力

阳朔调查队将建设上等级档案室作为提高档案管理能力，培养档案管理人才的良好契机，克服人员经费紧张、调查业务繁忙、档案管理人才匮乏等困难在总队办公室的指导和支持下，阳朔队同地方档案局达成意向，共同推进阳朔队档案室上等级建设工作，顺利完成三级档案室建设工作。

## 六、全面贯彻党风廉政建设责任制

2015年1月26日，召开全队会议，认真总结上年度党风廉政建设工作情况和主体责任落实情况，研究部署本年度党风廉政建设和反腐败工作，制定了《国家统计局阳朔调查队2015年党风廉政建设工作要点》。6月26日，召开专题会议听取纪检监察半年工作汇报，详细了解本队上半年党风廉政建设形势和工作进展情况，并做出安排部署。在2015年1月20日全区调查工作会议上，翟中元队长作为单位主要负责人与总队签订了2015年度党风廉政建设承诺书，明确了县级调查队负责人的党风廉政建设职责。1月23日，本队组织各股室负责人签订了2015年度阳朔调查队股室负责人党风廉政建设承诺书，强化了干部廉政意识。

2015年12月4日，阳朔调查队在阳朔公园开展统计法制宣传活动

# 国家统计局兴安县调查队

2015年，国家统计局兴安县调查队（以下简称“兴安县调查队”）在国家统计局广西调查总队的正确领导和大力支持下，全面落实2015年国家统计调查工作会议和全区调查工作会议精神，紧紧围绕总队“服务基层年”主题，加大服务基层力度，始终坚持实事求是、求真务实、创新调查、科学服务的理念，圆满完成了国家统计局广西调查总队和地方党委、政府交办的各项统计调查工作，促进本队工作全面发展。

## 一、“服务基层年”活动成效明显

兴安县调查队认真实践工作“服务基层年”活动主题，为退耕还林调查点白石乡三友村向扶贫办争取到4000元资金，为退耕还林调查点白石乡门家村向县财政局争取到60吨水泥，解决了两个调查点道路硬化工程的部分资金缺口和物资缺口。有效改善调查点群众出行条件，为农产品运输提供便利。一是按照制定的服务调查对象工作计划表，为切实服务调查对象踏出成功的第一步。二是加大对住户点的反馈力度，按季度定期进行住户反馈和讲解，帮助调查户了解家庭消费结构和记账情况。三是加大对调查点的帮扶力度，对调查户的生活状况了然于胸，对有困难的群众能及时给予力所能及的帮助，拉近与调查户的感情。四是做好服务县委和县政府的工作，及时向县里汇报两个收入、粮食生产和生猪养殖调研情况，为县里深入了解城乡居民生活水平提供准确依据。

## 二、调查数据质量不断得到提高

兴安县调查队用经济学和管理学理论来联系和指导统计调查实际工作，收到良好效果，调查数据质量得到进一步夯实。一是用木桶原理提高调查户记账水平。调查户记账水平参差不齐，记账质量稍差的调查户会影响全县样本数据的整体质量。兴安县调查队一直致力于提高调查户整体的记账水平，坚持定期给调查户反馈记账质量，纠正记账错漏，规范记账格式，给记账水平差的调查户进行个别培训。二是用二八定律重点关注部分调查户。每次下点访户时，不是每户必访走过场，而是重点关注对调查户身份有抵触情绪、家中近期有红白喜事、有空巢老人或留守儿童等特殊情况的调查户家庭，收到良好效果。三是用鲶鱼效应提高县队人员竞争意识。采取年终考核和包点轮换等方式，让县队包点人员形成力争上

2015年8月14日，广西调查总队总队长邹伟忠（右二）到兴安县开展调研工作

2015年10月23日，兴安县调查队住户调查股下点开展城乡住户调查样本轮换工作

游的竞争意识和调动工作的积极性。四是用蝴蝶效应警惕编码录入错误。原始账目是由每一笔数据组成的，看似不起眼的小错误会影响最后汇总的指标数据。坚持从细节入手，录入一页，检查一页，不在此环节出现人为错误。

## 三、“县账市管”试点工作有条不紊地进行

自2015年3月份实施“县账市管”工作以来，兴安县调查队高度重视，积极配合，不断转变思想观念，调整工作方式，以最大主动性适应“县账试管”工作。在“县账市管”工作开展期间，第一时间修订和完善了财务制度，以适应“县账市管”工作需要；规范了报账制度，严格按照总队要求，反复强调规范报账注意事项，将规章制度落实到具体工作上，完善和规范了本队报账工作；克服困难，主动适应新的工作方式。不断磨合，发挥主观能动性解决新工作方式带来的新困难。

## 四、党风廉政建设和纪检监察工作力度不断加强

一是加强监督检查，确保重大决策部署的贯彻落实。加强政治纪律教育，引导和督促全队党员干部讲政治、顾大局、守纪律，坚定政治立场和政治方向，自觉同党中央在思想上、政治上、行动上保持高度一致，坚决维护党的团结统一。二是加强源头治腐，扎实推进惩治和预防腐败体系建设。认真总结推广在落实党风廉政建设责任制、加强反腐倡廉制度建设、整体推进反腐倡廉工作、解决重点领域和关键环节的突出问题，把握惩防体系建设的基本规律和主要特点，不断丰富惩防体系建设的深刻内涵。三是加强教育监督，着力规范领导干部从政行为。大力开展理想信念教育、党性党风党纪教育和从政道德教育。加强廉政文化建设，开展丰富多彩的廉政文化创建活动，把廉政文化建设融入全队文化建设的整体格局当中，推动廉政文化内容形

2016年5月31日，兴安县调查队全体党员进行“两学一做”学习教育

式和传播手段的不断创新。认真执行党内监督条例，加强对领导干部特别是党政主要领导干部的监督，促进权力运行的科学化和规范化。坚持和完善民主集中制，严格执行“三重一大”决策制度，提高组织生活会质量。严格执行领导干部述勤述职述廉、诫勉谈话、函询等制度。

## 五、深入调研，与地方联系不断加强

兴安县调查队队领导多次陪同县领导到各乡镇进行城乡居民收入、畜禽养殖情况和农业种植情况等与本队调查业务有关的调研活动。5月队长胡黎明陪同副县长农军到高尚镇和白石乡调研粮食大县生产情况，10月队长胡黎明与县财政局领导到高尚镇住户调查点调研农民增收情况，10月底队长胡黎明陪同县领导到华江乡调研小微企业生产情况。本队的许多建议得到县领导的肯定和县里有关部门的采纳。同时，经常与发改局、畜牧局、农业局等先知单位开展联合调研工作，5月本队和兴安县发改局、畜牧局组成调研组调研严关镇和溴川乡养牛专业大户养殖情况，7月本队和兴安县农业局到界首镇调研农业生产情况，10月本队与县农业局和统计局联合调研兴安镇农民增收情况。通过联合调研，深入了解农村基层农业生产生活状况，为做好调查工作收集翔实数据。

## 六、互学互鉴，与其他市县队交流不断紧密

2015年6月，国家统计局南宁调查队、国家统计局桂林调查队和国家统计局兴安县调查队联合在兴安县开展党建活动庆七一。活动期间，三队组织参观了全国100个爱国主义教育基地之一的红军长征突破湘江烈士纪念碑园，向革命先烈敬献花篮、重温党入党宣誓、参观湘江战役纪念馆等纪念和学习活动。7月国家统计局上林调查队业务骨干和优秀辅调员到本队交流各项业务调查工作经验。10月国家统计局桂林调查队组织桂林辖区四个县级队进行党风廉政纪检监察基础工作现场互相检查，不仅能学习到其他队纪检监察工作上的长处，还能清楚地认识到自身的不足，通过难得的现场学习观摩机会，还能学习和交流到对方其他优秀调查业务经验。

2015年6月17日，南宁调查队、桂林调查队和兴安县调查队到兴安县红军长征突破湘江烈士纪念碑园，缅怀先烈，共庆七一

# 国家统计局全州调查队

2015年6月3日，广西调查总队总队长邹伟忠（右二）到全州调查队调研指导工作

2015年，在国家统计局广西调查总队的正确领导下，国家统计局全州调查队（以下简称“全州调查队”）按照全区调查工作会议和年中工作会议的统一部署，牢固树立“国家队意识和调查队意识”、认真贯彻执行“独立调查、独立上报”的要求，以改善调查工作环境、提高数据质量为目标，积极开展“服务基层年”主题活动，进一步提高统计调查能力和水平。

## 一、“服务基层年”主题活动扎实有效

一是通过增聘采价员1名、提高采价员补助标准20%、为采价员配备交通工具和加强采价网点慰问力度等方式，强化辅助调查员执行力、提高调查对象配合度，改善CPI调查环境。

二是以辅助调查员岗位知识培训、常规业务培训和样本轮换业务培训等契机对所有的辅助调查员开展轮训，其中对住户、农产量、畜禽等重点专业的辅助调查员至少开展两轮次培训；同时对农产量、住户、农产品价格等专业的辅助调查员或调查对象提高补助标准20%以上，提高辅助调查员工作能力和积极性，夯实基层基础。

## 二、保障水平进一步提升

1. 加强协调，争取支持。一年来，全州调查队积极向分管统计的常务副县长和分管农业的副县长汇报统计调查工作，争取支持。2015年，全州县政府分别发文调整了全州县城乡住户调查一体化改革工作领导小组、建立了全州县县级粮食产量抽样调查联席会议制度。

2015年以来，全州调查队还积极与县“两办”、农业局、财政局、畜牧局、物价局、发改局、人社局、绩效办等部门及有关乡镇多次协调与沟通，并分别与县农业局、畜牧局联合召开业务培训会议或工作会议，进一步为统计调查工作营造良好的环境。

2. 完成新办公室改造，顺利实施搬迁。2015年元月，对县政府在“创业大厦”分配给全州调查队的新办公室进行了的改造，并在春节前顺利实施了搬迁，办公用房面积从30平方米扩大到140平方米。

3. “县账市管”试点工作稳步推进。在国家统计局广西调查总队“县账市管”工作领导小组和桂林辖区调查队“县账市管”工作领导小组的领导和指导下，全州调查队于2015年3月份正式启动了财务管理“县账市管”试点，通过加强调研研讨、强化宣传引导和完善规章制度等措施，逐

2015年7月6日，在桂林调查队的指导下召开全州县全国劳动力调查动员暨业务培训会议，全面启动劳动力调查工作

步实现“县账市管”工作规范化、常态化，账目明显规范，财务管理水平明显提升。

4. 完成临时工招聘计划，增强统计调查力量。根据工作需要，通过发布招聘公告、举行招聘集中面试、投票选优等环节，公开公正选聘高素质临时工3人，临时工人员总数达到4人，统计调查力量明显得到增强。

5. 进一步加强信息化建设和信息安全工作。信息化硬件设备进一步更新，新购便携式计算机1台、打印机1部和台式计算机4台。软件版视频会议系统运行稳定，没有出现影响会议召开的情况。认真做好网络信息安全防范，所有在用的联网计算机上实现密码修改、安装客户端和安装金山杀毒软件等“三个100%”的目标。

## 三、部分调查专业样本调整工作和新调查业务工作顺利实施

加强与有关部门、乡镇、村（居）委的协调，通过整合工作力量、加强宣传和引导等，顺利完成2015年住户收支调查50%样本轮换工作；深入各调查点对农产品生产者价格和农产品中间消耗调查新样本一一进行GPS定位和台账登记培训，新旧样本调查实现顺利过渡；认真组织开展规下工业调查新样本实地复核，并通过到企业访问、向企业发放报表填报指南和开展统计法宣传等措施，夯实规模以下工业调查工作基础。扎实开展了CPI权数专项调查和新增采价网点、新增采价规格品的选定落实，认真做好CPI调查五年一次基期轮换工作。联合县畜牧局召开全县主要畜禽调查台账登记工作推进会议全面落实规模户登记台账工作。万头养猪场联网直报顺利完成了摸底、培训和试报工作。精心布置、落实责任、强化督查顺利实施五年一次的主要畜禽调查样本调整工作。精心选聘了农村社会经济调查观察员，及时为国家统计局提供真实的农业和畜牧业生产情况。

全州调查队积极调配业务骨干、优选辅助调查员、加强业务培训与指导，扎实推进劳动力调查月度现场PDA直报。作为广西仅有的3个承担农民工市民化调查的县级队之一，全州调查队积极与有关部门、乡镇沟通协调，选配精干力量、集中下乡入户开展现场PDA调查，2015年10月底前顺利实施了首次调查。

## 四、牢固树立两个意识，优质高效完成各项常规调查任务

全州调查队印发《国家统计局全州调查队

人员业务分工调整方案（试行）》，进一步理顺管理体系，明确了分管领导、业务管理指导人、业务负责人和调查员的管理责任和工作分工，促进工作效率和质量提高，优质高效地完成了城乡住户调查、农民工监测调查、CPI调查、商品零售价格指数调查、农业生产资料价格指数调查、农作物播种面积、农作物单产量调查、农产品生产者价格指数调查、主要农产品中间消耗调查、农产品集贸市场价格调查、主要畜禽监测调查、生猪调出大县调查、规模以下工业调查、限额以下批零住餐调查和新增小微企业调查等国家常规调查任务以及广西农村党员培训调查等专项调查任务。

## 五、加强党的建设，全面落实“两个责任”，深入开展“三严三实”专题教育活动

2015年7月，经批准成立了独立党支部，选举了支部书记和支部委员，并逐步建立了党的民主集中制、党员民主评议等制度，规范党内生活。严格落实领导班子的9项主体责任、一把手的5项责任、其他班子成员的4项责任和纪检监察员的5项监督责任。严格执行“三重一大”决策制度，2015年召开常务会议或队务会议14次，讨论通过了37项决议。结合实际制定并印发了《2015年全州调查队党风廉政建设工作要点》。领导班子与股室负责人签订了廉政承诺书，把党风廉政建设纳入干部目标管理，与年度调查工作同部署、同检查和同考核。坚决落实中央八项规定精神，文风会风进一步转变，“三公”经费进一步压缩。狠抓行风建设，廉政专栏出版2期，廉政文化深入人心，廉政教育工作进一步强化。进一步增强执纪监督能力，积极探索开展执纪监督，对存在的问题的同志早提醒、早帮助，确保党的纪律严格贯彻执行。积极参加桂林辖区调查队系统党风廉政建设自（检）查，学习先进经验，并对照自查整改，不断提高党风廉政建设工作水平。

从2015年6月开始，全州调查队按照中央和国家统计局的统一部署，在广西调查总队的精心指导下，认真开展“严以修身、严以用权、严以律己，做人要实、做事要实、创业要实”专题教育活动，并分为“严以修身，加强党性修养，坚定理想信念，把牢思想和行动的总开关”“严以律己，严守党的政治纪律和政治规矩，自觉做政治上的明白人”“严以用权，真抓实干，实实在在谋事创业做人，始终把数据真实放在第一位，树立忠诚、干净、担当的新形象”等三个专题开展讨论。专题教育活动重点突出、成效明显，领导班子和党员干部的思想认识和宗旨意识进一步增强，干事创业的积极性进一步提升。

2015年12月31日，全州调查队召开“三严三实”专题民主生活会

# 国家统计局平乐调查队

2015年5月22日，平乐调查队队长陈小华陪同桂林市住调办领导到龙窝村检查记账工作

2015年，在国家统计局广西调查总队和平乐县委、县政府的正确领导下，国家统计局平乐调查队（以下简称“平乐调查队”）以党的十八大和十八届四中、五中全会精神为指引，以提高数据质量为核心，以“服务基层年”为主题，深入开展“三严三实”专题教育和党风廉政两个“主体”责任工作。通过完善规章制度、执行国家统计调查制度、深入基层调研等措施夯实数据基础，进一步增强了“两个意识”、坚持了“两个独立”，精心组织实施，圆满完成了各项调查任务。

国家统计局平乐调查队高度重视辅助调查员岗位知识培训工作，狠抓基层调查队伍建设，“以人为本”从源头控制数据质量。成立以队长为组长，副队长为副组长，各股室股长为成员的辅助调查员培训领导小组。各调查专业采取股长授课、个人自学、集中培训、分专业培训，下点培训，以会代训，结合业务开展时机面对面培训等

2015年7月16日，平乐调查队农业股到豆地村进行早稻估产

2015年7月7日，平乐调查队开展劳动力调查辅调员培训后住户辅导员在办公院内法制宣传栏前合影

方式开展辅助调查员培训工作，全年召开各专业辅调员培训会25场，下点培训50多次。大力维护基层调查队伍稳定，夯实数据基层。

平乐调查队以“服务基层年”为主题，不断改进、创新工作方式方法，充分利用“调查轻骑兵”的优势，尽心为地方政府经济发展出谋划策，配合县委县政府的中心工作为促进全县经济社会平稳较快发展等方面发挥了积极作用，得到县委、县政府的肯定，2015年荣获2014年度县直单位及中央、自治区、桂林市驻平乐有关单位绩效考评一等奖。2015年力争在服务党委政府，服务社会大众方面再上一台阶。

2015年8月7日，广西调查总队副总队长杨锡虹（前排中）、工业处处长杜雪勇在平乐调查队同志陪同下到平乐县部分小微企业和规下工业企业调研

# 国家统计局藤县调查队

2015年12月11日，藤县调查队召开2016年规下工业联网直报工作培训

一年来，在国家统计局广西调查总队的正确领导和县委县政府的大力支持和关心下，国家统计局藤县调查队（以下简称“藤县调查队”）认真贯彻落实全区调查工作会议和县委县政府的各项部署，以科学发展观为指导，围绕总队“服务基层年”的主体活动，重点抓好城乡住户调查一体化调查、贫困监测及农民工调查、县级粮食产量抽样调查等四项统计调查工作和开展党的群众路线教育实践活动、第三次全国经济普查个体经营户抽样调查、新设立小微企业和个体经营户跟踪调查，较好地完成了的各项工作。现将一年来的工作情况报告如下：

## 一、严抓城乡住户一体化基础工作

住户股严格按照“调查方案”的要求，维护、管理好调查户，确保样本的代表性，做好样本轮换和新调查户的培训工作以保证工作的正常开展与数据质量的衔接。抓好记账户的回访工作。一是要加强入户回访；二是要加强电话回访。在住户记账主要数据差错反馈的基础上，进行定期电话回访，确保全年电话回访率100%。进一步完善各项调查台账，要在现有记账户基本情况表的基础上，设计更为科学的基本情况表，并做好更新。

## 二、转变工作作风，抓准农业数据

2015年开始以来，藤县调查队优化工作方式，转变了以往集中开会、简单培训的工作方式，将培训工作放入到基层一线，培训效果显著。坚持每个调查项目进行入村对点服务。在畜牧业调查中，坚持每个季度都入户访问，了解企业生产情况，督促指导企业记账。在中间消耗调查和价格调查中，藤县调查队深入到每一个调查单位中，现场传授记账技巧和调查技巧，提高工作质量，并不定期电话回访，督促指导。藤县调查队农业辅调员大多数都是村干部，他们身上需要做很多地方政府工作，为了确保工作不冲突，调查工作顺利，往往提早部署，给辅调员充分的准备时间，安排工作。积极与地方政府部门协调，释放辅调员工作空间，协助调查工作开展。

## 三、常规调查和专项调查顺利完成

为保证规下工业调查样本轮换及季报工作的

2016年1月22日，藤县调查队慰问新庆镇均平村的调查户

2016年1月28日，藤县绩效考评组到藤县调查队开展2015年度藤县机关绩效年终考评工作

顺利开展，藤县调查队争取地方统计力量支持，选聘辅调员，带领辅调员走访摸底。同时加强对辅助调查员的业务培训，积极深入各个调查样本村开展非目录企业核查工作，确保调查数据的真实可靠。继续做好限下批零住餐工作和新设立企业个体跟踪调查工作。坚定树立和牢固树立两个“意识”，坚持做到现场调查，亲自上门与业主面对面反复询问笔录完成调查，亲身了解企业和个体户发展中遇到的困难，了解新设立企业个体经营户发展的真实环境。

## 四、加强作风建设，严明党的纪律

党的规矩和纪律是全党意志的集中体现，是党全部工作的准绳和遵循。讲规矩是对党员干部党性的重要考验，是党员干部对党忠诚度的重要检验。国家调查队严明党的纪律主要体现在“人、财、物、数”上不出问题，用严明党的纪律解决“六不”问题。巩固学习教育实践活动取得的重要成果，坚持“四风”零容忍，认真执行中央八项规定，不断改进工作作风。严格管理“三公经费”，实行办公设备政府采购，车辆定点维修；精简会议文件，控制经费支出，将经费向辅助调查员和记账户倾斜。创新形式，深入开展反腐倡廉教育。结合本单位思想工作实际，通过组织开展反腐倡廉形势教育、组织观看廉政教育录像片等形式，筑牢拒腐防变的思想道德防线。

## 五、深入开展“三严三实”专题教育

落实责任，认真制定实施方案，集中学习，深化思想教育目的在于解决干部自身存在的一些“不严不实”突出问题。因此，藤县调查队把发现问题、解决问题作为开展专题教育出发点和落脚点。联系教育实践活动中个人整改落实情况，全体党员干部采取自己找、群众提、上级点、互相帮的方式，对自身存在的“不严不实”突出问题及具体表现进行了深刻的、触及灵魂的自我剖析和认真梳理。

## 六、2015年工作亮点

一是拓宽干部知识面，加大培训力度。选派干部参加国家统计局和总队举办的统计基础班、业务骨干培训班、领导能力提升培训班等共计6人次，这是近几年都没有的。

二是关怀干部职工。之前一名干部职工存在夫妻两地分居的情况，带来生活和工作上的不便，藤县调查队积极配合，使她于10月顺利调动，解决分居问题。

三是切实做好服务调查对象工作，拉近与群众的距离。深入理解“服务基层年”工作主题，充分发扬调查队的优良传统，与老百姓交朋友，为群众发放各类物品。

2016年4月，藤县调查队开展三农普调查工作

# 国家统计局博白调查队

2015年，国家统计局博白调查队（以下简称“博白调查队”）全面贯彻落实2015年全区统计调查工作会议精神，扎实开展统计调查工作，以“服务基层年”工作主题为主线，践行“三严三实”专题教育精神，紧紧围绕提高统计能力、提高统计数据质量、提高政府统计公信力的“三个提高”精神，坚持“两个意识”迎难而上，奋力拼搏，扎实工作，较好地完成了2015年全年各项统计调查工作任务。

## 一、开拓思维，扎实开展服务基层新举措

博白调查队认真贯彻落实总队提出的“服务基层年”工作主题，共制定并落实了三大类共六项的服务基层事项。主要有：一是提高部分辅助调查员和调查点户的调查补贴；二是为农产点辅调员发放调查工具，为每个农产量调查点发放了晒谷用簸箕及草帽，为每个辅调员发放一套雨衣和水鞋，方便了辅调员的调查工作，得到了辅调员的一致欢迎；三是为基层提供农业生产资料，经过向农业局的争取，向住户调查点的村委提供一批优质水稻和玉米良种，有力地支援了农业生产，切实为当地的困难群众减轻负担，切切实实把服务基层工作落到实处，进一步提高服务质量，加强与辅调员之间的感情联系，为调查工作的顺利开展打下坚实的基础。

## 二、夯实基础，强抓数据质量

博白调查队2015年以来，紧紧围绕“抓改革、抓基础、抓服务、抓规范、抓培训”等重点，抓好各方面的工作，一是抓好调查点网络管理和维护，确保工作正常开展；二是抓好各项专业报表工作，严格执行调查制度和业务工作规范化标准，确保调查数据真实可靠；三是抓培训，不断提高统计调查人员的业务素质；四是抓好自身建设，办公条件、人员队伍建设、办公设备购置等方面都上了一个台阶。同时在确保国家布置的各项调查任务完成的前提下，更加注重与县有关部门的协调与配合，做好为地方党委、政府决策服务工作。

## 三、多措并举，深入推进作风建设

2015年，博白调查队要求继续狠抓中央八项规定的要求，继续严守党的群众路线教育实践活动的有关精神，贯彻“三严三实”主题教育的有关精神，进一步改进博白调查队的作风建设：一是严格厉行勤俭节约的精神，做到压缩各类文件、会议及其他日常办公经费开支，减少纸质公文数量，控制会议活动规模，可开可不开的会议坚决不开，同时做到倡导全队干部践行文明高尚

2015年4月2日，博白调查队队长林伟东到英桥镇新圩村农产点送调查工具

2015年10月27日，广西调查总队农业处到亚山镇四和村开展晚稻生产情况调研

的生活作风，厉行节约，不搞铺张浪费；二是严格规范公务接待，压缩公务接待开支，控制公务接待标准，不搞超标准接待，不搞公款相互宴请，公务接待禁止饮酒；三是实行出差、学习、培训、检查审批制度；四是规范公车使用，严格车辆管理，实行公务派车审批制度，严禁公车私用，严禁无审批用车，压缩车辆费用开支；五是根除机关懒散作风，执行上下班软件考勤制度，规范工作纪律，上班时间禁止玩游戏、看视频、听音乐等，接待来访群众要“三有”，有礼貌，有笑容，有茶水。通过以上措施，博白调查队的作风得到进一步的改善。

## 四、奖惩并举，强抓聘用人员队伍建设

博白调查队人员少，业务重，聘用人员素质高低对调查业务开展和调查数据质量有着较大的影响。2015年博白调查队严格执行《聘用人员管理办法》有关规定，进一步明确落实了聘用人员的职、责、权，对两名在2014年工作中表现优异的聘用人员进行了奖励，重新招聘了三名大专以上学历的聘用人员充实调查队伍。通过奖惩并举的管理方法，充分调动了聘用人员的积极性，博白调查队的聘用人员队伍建设不断加强，保证了博白调查队各项调查业务工作的顺利开展。

## 五、完善制度，加强制度执行能力

始终坚持严格执行财务管理制度，坚持重大项目开支由班子集体讨论决定，主要领导负总责的管理规定。严格按照政府采购的有关规定，对购买纳入政府采购目录的办公用品严格按照政府采购执行购买。加强车辆的管理和使用，严格执行车辆使用审批制度，合理安排派车，保证各项业务下乡工作顺利开展，最大限度地达到节能增效的目的。

## 六、加大力度，加强督查督办不放松

博白调查队把督查督办工作作为一项重要工作来抓，明确了办公室的督查督办职能，由办公室负责各项工作的督办工作。凡是上级布置和队领导交办的重要工作，办公室从始至终进行跟踪督促，做到重要事项的督办全程都有记录，保证重点工作的顺利完成和重要事项的落实，提高了执行力，确保调查工作的顺利开展。2015年，重点对全区会议精神的落实，服务基层措施的落

2015年12月8日，广西调查总队工业处到博白调查队指导规模以下工业调查培训工作

实，政务信息的写作等重要的工作进行了督察督办，取得了较好的效果。

## 七、主动联系，加强与地方沟通交流

2015年，博白调查队与县领导和各有关单位的沟通联系有了进一步加强，队领导积极利用多次机会向县领导汇报工作，罗培球县长多次约见博白调查队的领导班子，了解有关统计调查工作情况，大力支持博白调查队的各项工作。此外，与县统计局、物价局、农业局、水产畜牧局等有关部门的工作联系已转入了常态化。

## 八、全面完成了全年各项常规定期统计调查工作任务

### （一）完成了各项常规定期统计调查工作任务

2015年，按照全区统计调查工作会议的安排部署狠抓各项调查业务工作的开展落实，较好地完成了全年各项常规定期统计调查工作任务：（1）组织完成了主要畜禽监测调查月报和季报。（2）组织完成了粮食产量调查工作和农作物播种面积调查工作。（3）组织完成了规下工业、农产品价格调查以及中间消耗调查的季报。（4）组织完成了城乡住户一体化调查季报。（5）组织完成了批零住餐调查季报。（6）组织完成了消费价格调查以及手机采价月报。（7）组织完成了农民工监测季报。

### （二）圆满完成了各项专项调查任务以及样本轮换工作

1. 2015年组织完成了农村党员培训调查以及消费价格权数专项调查、党风廉政建设民意调查等专项调查工作。在调查中，博白调查队参加人员都能坚持严格按照调查方案的要求，依照相关工作规则，积极主动承担联系和协调的责任，在实施过程中，有关人员都能做到严格按照调查方案要求认真组织实施，确保了问卷调查的真实性、准确性。

2. 博白调查队根据总队文件精神，组织人力物力，开展了CPI基期轮换、规模以下工业样本轮换、主要农产品中间消耗调查样本调整、一体化住户调查样本轮换、万头猪场网上直报摸底和直报、2016年主要畜禽监测调查样本调整摸底等方面工作，并按要求组织开展了新增的劳动力调查工作，确保了调查工作的顺利开展。

2015年12月31日，博白调查队召开“三严三实”专题组织生活会

# 国家统计局桂平调查队

2015年3月6日，自治区农业厅、广西调查总队相关领导到桂平市开展马铃薯测产验收，桂平调查队受邀派员参加

2015年，国家统计局桂平调查队（以下简称“桂平调查队”）在国家统计局广西调查总队和桂平市委、市政府的正确领导下，在总队领导和各处室的关心、帮助和指导下，全体队员团结协作，认真贯彻落实全区调查工作会议精神，围绕“服务基层年”主题，扎实推进“三注重、三提高”工作思路。在广西调查队系统县级调查队2015年度目标管理考核中获得二等奖，单项工作考评获奖12项。

## 一、紧紧围绕“服务基层年”主题办三件实事

紧紧围绕总队“服务基层年”主题活动，进行了三项服务基层的事项：一是为住户记账户争取实物补助，桂平调查队通过与农业局等部门联系沟通，并取得农业局的大力支持，为农村住户调查记账户每户发放了6斤超级稻种子及200斤复合肥，既服务了调查户，也增强了调查户的光荣感和荣誉感，提高了住户对记账的配合支持度。二是积极为群众解决生产上的困难。桂平市蒙圩镇罗容村因干旱无水，且电灌设备无法正常使用，造成全村2000多亩水田无法插秧，经过与农业、水利、供电等部门共同努力，对电灌设备进行检测维修，该村及时使用电灌抽水，插上了秧苗，获得了群众一致点赞。三是收集涉及小微企业和工业企业的最新国家政策及其地方政策，从相关部门获得税收、融资等文件或公告，到各银行和农村信用社等收集小微企业、工业企业融资条件和流程，以《国家调查为您服务》为主题，整理排版成页并装订成册，在上门调查走访时候交给调查对象并进行宣传讲解，带给中小企业更多税收优惠，融资方面的最新消息，提高调查企业个体户支持配合度。

## 二、准确把握经济发展新常态，注重完成国家调查任务

2015年，桂平调查队认真学习习近平总书记讲话精神，准确把握面临的经济新常态，认清经

2015年11月8日，广西调查总队农业处、桂平市农业局联合开展晚造测产验收

济下行压力，努力提高工作效益，牢固树立“两个意识”、坚持“两个独立”，严格执行国家统计调查制度，精心组织劳动力调查工作，顺利推进50%分省样本轮换工作，完成早、晚稻估产和实割实测工作，推进生猪规模户新台账记账工作，进一步推进联网直报工作，完成主要畜禽监测，农产品生产者价格调查。完成小微企业跟踪调查，批零住餐调查，顺利完成了2015年农村党员培训调查，2015年党风廉政建设调查工作。

## 三、按照现代化服务型统计建设的要求，注重提高优质服务能力

桂平调查队利用轻骑兵优势，强化服务能力，对桂平市降雨减少、江河水库水位下降，出现旱情，对农民生产生活造成影响等情况，桂平调查队快速反应，形成信息报送总队、市委、市政府。经联合农业、水利、供电等部门，解决实际问题。充分利用季度住户联席会议，发挥好桂平调查队提供决策依据的能力。积极收集市直各部门两个收入增收亮点难点，围绕居民收入情况具体分析，形成资料详细、数据有依、来源可靠、反映真实的每季度《桂平市城乡居民收入情况汇报》，及时报送市委市政府，为地方党政提供决策依据；积极撰写政务信息和调查信息，完成每月约稿工作。全年完成27篇约稿信息及30余篇各类调查任务分析报告，其中撰写约稿信息的内容国家统计局广西调查总队采用23篇，中央领导、国务院办公厅批示3篇，中央办公厅采用3篇、国家统计局领导批示3篇，国家统计局采用11篇，自治区党委、政府采用15篇。

## 四、注重深化党风廉政建设，全面落实“两个责任”

认真贯彻学习总队《关于印发中共国家统计局广西调查总队党组关于落实党风廉政建设主体责任和监督责任的实施意见（试行）的通知》（桂调党组字〔2015〕11号）精神，推进桂平调查队党风廉政建设和反腐败工作。成立中国共产党国家统计局桂平调查队支部委员会。依据国家统计局广西调查总队严格落实党组主体责任的要求，桂平调查队领导班子和纪检监察员严格落实9项主体责任和4项监督责任。组织在职干部签订了国家统计局桂平调查队2015年党风廉政建设承诺书，观看了廉政教育片《四风之害》和《卡住公款送礼》。成立国家统计局桂平调查队“三严三实”专题教育领导小组及办公室，并印发《国家统计局桂平调查队开展“三严三实”专题教育实施方案》，在全队深入开展“三严三实”专题教育。严格执行财务制度，强化财务纪律，防微杜渐，提高资金使用效益，促进廉政建设。严格执行中央和国家统计局发布的一系列廉政要求。确保中央、国务院和国家统计局的各项统计调查决策部署的贯彻落实。

## 五、提升业务规范化水平，提高数据质量

样本轮换工作，在巩固旧记账户记账质量的同时，着重注意新记账户的记账，在培训过程中指出记账户的共通性问题，重点关注新户记账，要求以老带新，做到共同提高记账质量；县级粮食产量抽样调查针对2014年度规范化检查存在的问题进行逐项整改，一是严格按照总队要求使用要素完备的基层调查表，二是按要求做好基层数据初审记录，做到有据可依。加强培训。认真对

2015年11月13日，广西调查总队副巡视员邱洪刚到桂平队开展主题年调研工作

报表进行培训，并对各调查网点报表质量进行不定期的反馈通报，督促辅助调查员提高责任心和业务水平。

## 六、着力夯实基层基础工作，进一步提高保障能力

加强与地方政府的沟通协调，积极争取支持，多渠道筹措资金，为完成国家新增调查项目提供经费保障。及时调整差旅补助，进一步改善办公环境，提升调查队形象。制定聘用人员工资正常增长机制，稳定调查队伍。建立完善易操作的辅调员管理办法，围绕总队“服务基层年”活动为辅调员和调查对象办一两件实事，加强感情交流。全面推进依法治国，依法统计，做好法制培训，加大执法宣传力度，推动统计法制工作常态化。加强工作统筹，认真梳理各项调查业务和中心工作，抓好保密工作，进一步做好公文处理工作，执行节能降耗制度，加强宣传教育。及时跟踪总队信息化建设步伐，加强了硬件水平和办公能力。推进“三个百分百”。

## 七、抓好队伍建设，提高队员素质

学习习近平总书记近期对统计调查工作的一系列重要讲话以及国家局、总队领导的讲话精神，进一步增强加快统计调查改革、提高数据质量和服务能力的紧迫性的认识。抓实业务技能培训，进一步强化公文写作，计算机应用，信息撰写，调查技巧等培训。加强对在编干部的管理，实行一岗多责，各人负责的工作列出明细表。加强干部培养，安排多岗位锻炼，积极推荐参加各种业务培训，为党组织培养入党积极分子2名，不断提高年轻干部的政治和业务素质。深化人事教育。维护好干部花名册，根据总队要求，自查干部的三龄两历一身份，并积极推荐干部参与总队各类干部培训。

2016年5月17日，贵港调查队队长谢朝佳一行2人到桂平市社坡镇检查指导全国第三次农业普查农作物遥感测量工作

# 国家统计局宜州调查队

2015年，国家统计局宜州调查队（以下简称“宜州调查队”）在国家统计局广西调查总队的领导下，围绕“服务基层年”的主题，以科学发展观以及党的群众路线教育实践活动为指导，贯彻落实党的十八大精神及中央八项规定，不断改进工作方法，转变工作作风。

## 一、抓建设，促廉政

1. 扎实开展“三严三实”专题活动，促进党风廉政建设。一是以提高统计调查队伍创造力、凝聚力、战斗力为目标，对照“三严三实”的要求，扎实开展专题活动，通过组织专题党课、召开专题学习研讨会等多种方式，推进从严治统、从严治队工作。二是坚决落实中央八项规定，纠正“四风”问题，加强对调查经费和三公经费的审批管理，反对铺张浪费。三是不定期召开队务会由纪检监察员组织学习党风廉政学习材料，并把《党章》《党员纪律处分条例》《公务员法》及《统计法》等纳入规定学习内容，提高廉政自律意识，增强遵守法律和各项党纪法规的自觉性。

2015年9月23日，宜州调查队联合市统计局在宜州市中山公园开展第六届“中国统计开放日”宣传活动

2. 巩固基础建设，促进“循规蹈矩”。及时制定、修订《国家统计局宜州调查队调查数据综合管理工作规范》等工作制度，根据工作需要及时调整新闻宣传及舆情应对工作领导小组及其办公室人员，切实做到“制度管人、制度管事”。

## 二、抓细节，促质量

1. 注重规范操作，巩固基础工作。一是在调查业务开展前制定各项业务工作方案，遵守工作制度，完善工作记录，做到工作开展“有据可依”。二是强调“独立调查，独立上报”的原则，要求调查员坚决按照统计法的要求，遵守各项调查方案制度，依法、独立开展调查，严禁各种干扰统计数据质量的行为发生。三是按照调查数据综合管理制度，综合法规股人员定期提醒各专业负责人将数据资料进行整理，按时将电子数据按照加密要求上报综合法规股进行保存。

2. 注重日常指导，提高数据质量。一是多种方式开展业务培训和指导，提高工作能力。首先是本队调查员积极参加上级部门组织的业务学习，并与其他市县队同事进行探讨，增强对方案、指标、程序操作等方面的理解和掌握。其次是结合《辅助调查员岗位基础知识》和《统计法》有关内容，有针对性地开展对辅调员培训和指导。二是时常向调查员强调现场调查原则，要求调查员严守“三条红线”，遵守保密原则，巩固“两个意识”，深入调查点，掌握一线材料，努力减少中间层级，依法、独立开展调查。三是完善原始资料，通过建立各专业基础台账和调查工作注意事项等，加强数据监控。四是在调查过程中随机抽选

2016年1月，宜州调查队领导班子带队到梅洞村检查新记账户试记账情况，并指导记账工作

调查人员进行全程跟踪，观察调查员日常工作情况，定期召开工作会议进行通报，并分析问题存在的根源，提高基础数据质量。

2016年1月13日，宜州调查队领导班子向优秀辅调员发放荣誉证书和纪念品

## 三、抓监督，促服务

1. 加强监督力度，巩固执行效果。一是围绕本年度督查计划开展督查督办。截至11月25日，围绕本年度重点工作、政务信息及其他需要督办的重要事项共开展13次。二是根据“服务基层年”的工作主题制定具体服务事项，并启用重点工作督办单对落实情况开展督办，促进各股室在规定时限内完成既定的服务事项。

2. 重视服务质量，提高配合度。一是队领导及专业负责人员不定期开展慰问、走访活动，加强沟通与交流，认真倾听辅调员、调查对象、普通居民的意见和建议，及时做出整改，树立国家调查队形象，提高群众配合度。二是尽力协助辅调员和调查对象解决困难，尽心服务调查对象，为调查对象提供、解释各项政策信息。三是及时反馈住户收支调查结果，详细解释图表意义，以彩图的形式让调查户更直观地了解自己的收支情况。四是严格落实村级“零接待”，从实减轻基层负担。

## 四、抓指导，促提质

2015年度，宜州调查队向国家统计局广西调查总队上报调查信息23篇，其中约稿22篇，上报量较上年持平。据反馈，宜州调查队信息获得总队采用22篇，信息采用率为95.65%，在信息上报量相同的情况下采用率较2014年同期提高了35.65%，提质效果明显。

2015年度，宜州调查队调整工作方法，加强对信息撰写方面的指导，提高信息质量：一是要求各股室人员加强学习，结合群内消息和个别指导，提升撰写水平。二是调整督办方式，采用“定期追踪”的方法督促承办人撰写信息。三是采取选择性撰写的方法，根据每月约稿要点，结合本队实际情况，选择性安排任务，减少“生搬硬凑”导致采用率降低的现象。四是沿用针对性指导，综合股人员在布置任务时，根据约稿“要点”要求，详细讲解需调研的主要内容，细化撰写提纲和信息要点，大幅度减少了承办人对信息要点理解不透、缺乏针对性等情况。五是严格执行“综合股—撰写人—综合股—队领导”的四级审核模式，确保数据、信息的真实性，以及表述的准确性。

2016年5月11日，宜州调查队带领全体干部职工到宜畔村开展三农普实地操作培训，并邀请河池调查队队长进行实地调查试点工作

# 国家统计局田阳调查队

2015年6月19日，田阳调查队为宝美村住户调查点解决了垃圾桶、垃圾铲、扫把等一批清洁工具

2015年，国家统计局田阳调查队（以下简称“田阳调查队”）在国家统计局广西调查总队的正确领导下，在县委、县政府的关心和支持下，深入开展“三严三实”专题教育活动，认真贯彻全区调查工作会议精神，围绕总队“服务基层年”的活动部署，以提高统计数据质量为核心，狠抓队伍建设和基础工作建设，各项工作取得较好成效。

## 一、扎实开展“三严三实”专题教育活动

2015年6月份开始，田阳调查队正式启动“三严三实”专题教育活动，全体党员干部认真对照“严以修身、严以用权、严以律己，谋事要实、创业要实、做人要实”的要求，聚焦对党忠诚、个人干净、敢于担当，着力解决“不严不实”问题，切实增强践行“三严三实”要求的思想自觉和行动自觉，确保了专题教育有力有序推进。

## 二、落实“服务基层年”服务事项

一是为百育镇新民村农户调查点协助解决道路基础设施建设困难，帮助解决部分水泥等原材料，解决村民行路难问题。

二是帮助那坡镇宝美村住户调查点开展清洁乡村行动。田阳调查队于6月19日为该调查点解决了垃圾桶、垃圾铲、扫把等一批清洁工具，并经常下点协助开展清洁活动，帮助调查点推进生态乡村建设。

## 三、健全工作制度，推进各项工作上台阶

为建立健全田阳调查队工作制度，推进各项工作有序开展，及时修订、新建工作制度。制定下发了田阳调查队岗位职责、居民消费价格数据审核管理办法、干部培训计划、信息安全管理规定等，成立相关工作领导小组，进一步明确了各岗位的工作目标和任务，使全队从领导到干部职工人人身上有责任，变压力为动力，保障全年工作顺利开展。同时，抓好督查督办工作，对重点工作开展督查督办，确保事事有落实。

## 四、狠抓业务基础工作，推进统计调查工作规范化

1. 基础工作常抓不懈。田阳调查队各调查业务严格按照调查方案开展摸底、评估，强化工作规范，确保调查源头数据质量，使工作扎实有效开展。

2. 加强业务培训，努力提高基层调查员素质。一是及时召集辅调员进行业务技能培训，培训内容结合实际，力求取得实效，不走过场；二是根据总队业务培训通知，按要求派干部职工参加培训；三是以提高干部综合素质为目标，制定干部培训计划、普法计划，并严格执行。

3. 抓好数据质量评估。田阳调查队制定有《统计数据质量评估制度》《统计数据质量管理和责任追究制度》《居民消费价格数据审核管理办法》等，各专业对辅调员上报的数据的真实性严格核实，保存好原始台账，经总队反馈的数据定期提交综合法规股存档，极大提高了数据管理的真实性、准确性和有效性。

## 五、按质量完成各项调查任务

1. 城乡一体化住户调查工作。住户股调查工作任务繁重，股室人员克服重重困难，经常加班加点、统筹兼顾，顺利完成2015年一体化住户调查月报、季报样本轮换、农民工监测调查季报等任务。面对时间紧、人手缺的困境，在全队人员的统筹协助下，顺利完成了一体化住户调查第四轮转组样本的摸底和开户调查工作。根据业务工作规范化的要求，及时对各项调查数据的评估、分析和上报资料进行备份保存，有效避免调查数据丢失。

2. 农业调查工作。切实做好调查数据的收集、整理和上报，并及时向总队农业处反馈工作情况。2015年顺利开展20个调查点的秋冬播、春播和夏播的种植面积调查以及春收、夏收、秋收的粮食产量调查任务。在粮食产量抽样调查过程中，以认真负责的态度，每个调查网点都下到了解收成情况，在实割实测工作中，对辅助调查员加强指导工作，在取样时要按照规范操作，确定取样标杆，侧规操作要规范，实割要细致，做到按质按量完成调查工作任务。

3. 畜禽调查工作。2015年田阳县组织实施畜禽监测调查任务，调查规模户11户，散养户7个网点264户。为更好地把握畜禽调查工作做好、做细，队领导每季度到调查前都召开辅助调查员培训会议，以下乡工作指导和邀请到单位培训相结合，要求辅助调查员下到农户家登记要注意礼貌，交谈记账要有技巧和耐心询问，存栏、自繁、出售等情况要认真记录，了解畜禽价格变动。2015年按照总队开展广西主要畜禽监测调查样本调整工作要求，及时组织人员认真做好样本搜集核实工作并做好新网点二次摸底核实工作。畜禽监测调查严格按照调查方案执行，每季度定期下点记账收表，切实做到不迟报、不重报、不漏报。

4. 农产品生产者价格调查。农产品生产者价格调查4个品种（芒果、香蕉、鸭、鱼），每季度调查都是下到调查点收集台账，查看出售价格情况，掌握农产品价格，为各级政府制定农业保护与农产品流通政策提供决策依据，客观反映农产品生产者价格水平和变动情况，提供农产品价格信息服务。每次上报都按调查户台账记账价格上报，严格把关不搞弄虚作假，遵守调查规章制度。

5. 居民消费价格调查工作。2015年是消费价格专业新一轮定基轮换的初始之年，需要对相关

2015年6月29日，田阳调查队到田东县红军码头接受革命传统教育

2015年7月26日，百色市调查队副队长何朝伟到田阳县凤马粮食产量调查点指导早稻实割实测工作

权数进行重新测算，CPI的权数测算，以“基础数据来自住户、专项调查进行完善”的原则开展，并结合其他相关资料进行科学评估。为确保居民消费价格指数编制工作顺利开展，田阳调查队按照总队年报会议安排布置，及时做好新增流通消费价格调查目录和五年一次的代表规格品基期更换工作，严格执行国家统计局流通和消费价格统计调查方案，认真做好调查点及代表规格品的新增及更换工作。为保证原调查样本的连续性和代表性，对价格采集过程中遇到的规格品缺失等进行调整。在完成日常价格调查同时，有计划、有步骤地做好代表规格品的更换及对现有少部分调查网点、代表规格品不符合新版本要求的作了更新调整。

6. 专项调查工作。2015年主要开展了本县规模以下工业抽样调查、新设立小微企业和个体经营户跟踪调查、限额以下批发零售住宿餐饮行业抽样与问卷调查、农户固定资产投资调查和上级交办的其他调查任务。田阳调查队认真落实统计报表制度，圆满完成工业企业样本调查、新增企业核查、各期季报、年报的分析上报工作。顺利启用规模以下工业新样本的和开展联网直报工作，并积极做好调查样本个数维护工作，针对企业生产经营中产生的破产和消亡现象，寻找新增企业。严格实施统计事务告知书制度和回访制度，采用统计事务告知书与工业企业报表一同送达的形式，加强与企业的沟通联系，对企业报送的报表认真审核，发现问题及时回访，努力提高数据质量。

7. 劳动力调查工作。2015年新增劳动力调查工作，由于是新的调查项目，需要做好前期大量准备工作，劳动力调查技术要求高，调查难度大，稍有不慎数据就会失真。田阳调查队克服人手紧缺、时间紧迫、工作任务多的困难，严格按照调查方案开展工作，通过统筹协调队内人员，做好宣传和培训工作，并有针对性的加强PDA操作使用培训和业务指导，田阳县劳动力调查顺利进行，每月保质保量完成调查任务。

## 六、强化党风廉政建设

一是严格按照统计法和各项党风廉政制度要求开展工作，进一步完善财务管理和审批工作，积极践行党风廉政建设责任制，弘扬核心价值观，加强教育增强党性修养，从而促进廉政建设。二是强化“两个主体责任”，把党风廉政建设要求落到实处。三是认真开展“三严三实”专题教育，积极参加辖区调查队三次专题研讨会，使全体党员干部进一步提高“严以修身、严以用权、严以律已，谋事要实、创业要实、做人要实”的思想意识，打造忠诚、干净、担当的干部队伍，有效推进从严治队。

2015年8月12日，广西调查总队副总队长梁开光（左三）到田阳开展农民收入调研

# 国家统计局田东调查队

2015年7月1日，田东调查队到祥周镇百渡村开展党员七一慰问

2015年，国家统计局田东调查队（以下简称“田东调查队”）在国家统计局广西调查总队和田东县委、县政府的正确领导下，认真学习十八大和十八届三中、四中、五中全会精神，积极开展“服务基层年”主题活动，认真抓好队伍建设和业务建设，圆满完成了全年各项工作目标任务。

## 一、狠抓“服务基层年”工作，成效显著

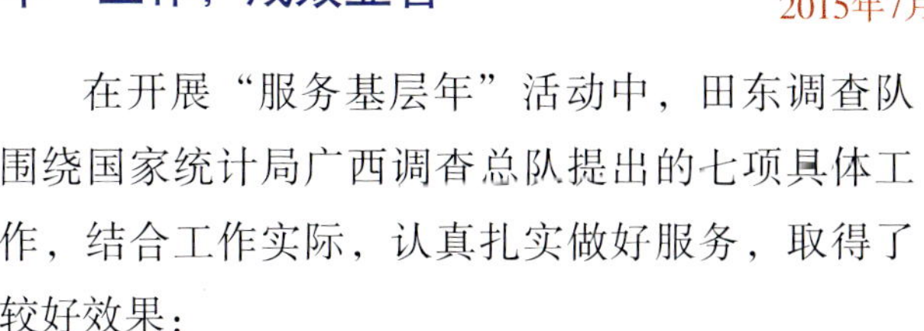

在开展“服务基层年”活动中，田东调查队围绕国家统计局广西调查总队提出的七项具体工作，结合工作实际，认真扎实做好服务，取得了较好效果：

1. 送温暖增强调查对象的工作热情。2015年春节前夕，田东调查队购置了201床的棉被和毛巾发放到所有调查员和调查户手中，使调查员和调查户在寒冷的冬季感觉到了一丝丝的温暖，大大提高了对调查工作的热情和配合度，进一步提高了调查工作质量。

2. 解难题拉近调查对象的感情距离。田东调查队积极联系地方政府及相关部门，力所能及地为调查点、调查员、调查户争取扶贫项目，为调查点户优先安排甘蔗砍运证、兑现甘蔗款，实实在在解决了调查对象的一些困难。2015年，田东调查队与县糖办共同协作，积极与糖厂沟通，为43户有甘蔗种植的调查户及时安排了甘蔗砍运证，并优先兑现甘蔗款78.86万元，解决了一些困难户急需生产资金和学费的难题，得到了调查户的点赞。

3. 拉项目助力调查对象生产生活。田东调查队通过与县农业局、畜牧水产局、扶贫办等部门联系，为调查户争取到了扶贫物资。其中化肥7400公斤，折价22200元、种子22公斤，折价1540元、鸡苗660只，折价9900元、仔猪45头，折价16200元，解决了困难调查对象的生产难题。

4. 提待遇调动调查员工作积极性。田东调查队在2014年提高农村调查对象补贴的基础上，从2015年一季度起提高城镇住户调查补贴。调查员从每季度300元提高到350元、调查户从每季200元提高到250元。聘用人员工资每月增加200元。待遇的提高大大提高了调查员的工作积极性。

5. 献良计服务地方经济建设。在做好本职工作的基础上，充分发挥调查队的优势，积极为地方经济建设献言献计献策。在田东县2015年稳增长工作会议上。田东调查队作为大会发言单位之一，汇报了一季度两个收入情况及增减原因，并从调查工作的角度就如何实现两个收入稳增长提出了十项建议和措施。县长韦晓新对田东调查队的专题汇报进行了点评讲话，对提出的建议和措施给予了充分的肯定，并要求相关部门尽快落实，促进田东县两大收入稳增长

6. 搞扶贫加快实现小康建设目标。一是捐款

2015年7月27日，广西调查总队农业处到田东开展农产品生者价格调研

2000元给挂点村改善其办公条件。二是到扶贫挂点村作登乡坡教村，看望慰问留守儿童、困难群众及村干部，给他们送去新春的问候和祝福，并送上慰问品。三是积极做好挂点村精准扶贫识别入户调查。完成了祥周镇百渡村106户贫困户精准识别入户调查工和“两评议一公示”工作，在祥周镇精准扶贫工作中，田东调查队驻百渡村工作队最先还完成入户识别和“两评议一公示”工作，得到地方党委、政府的高度评价。

## 二、强化业务流程规范，圆满完成各项调查工作

1. 扎实做好农产品价格调查新网点台账工作。一是领导责任和督导到位。由队长负责对调查工作进行监督和指导，并带领业务人员深入到19个调查网点，宣传农产品生产者价格调查工作的重要意义，取得调查对象的支持和配合。二是人员到位。2015年是农产品价格调查新网点启用的第一年，针对新网点量多、分布分散的新情况，在本队人员减少的情况下，仍然安排2名业务骨干负责此项工作，确保工作顺利开展、有效推进。三是台账填报培训到位。田东调查队业务人员在认真学习新台账记账方法的基础上，深入19个新网点的果园、菜地、鱼塘、林地等，现场对记账员进行一对一台账记账培训。重点讲明要对2014年12月16日以后的产品销售情况进行查账补记，做到产品出售不重不漏，确保台账的完整性。

2. 首次实现规下工业调查企业和万头猪场网上直报。按照国家统计局广西调查总队的要求和部署，采取积极措施，首次成功开展了规模以下工业企业调查和万头猪场网上直报。一是学习到位。业务人员认真学习网上直报业务知识和操作规程，明确目标任务，做到心中有底。二是宣传到位。对符合网上直报的调查企业、养殖场户做好宣传工作，使企业领导和调查员明确网上直报的重要意义和要求，提高企业调查员的配合程度。三是组织指导培训到位。队主要领导和业务员亲临符合网上直报的调查企业、养殖场户，对企业调查员进行手把手地业务指导，解答技术疑问，使调查员熟悉和掌握网上直报操作方法。

3. 切实提高住户收支调查数据质量。两大收入调查是县队的拳头产品。2015年，田东调查队不断总结工作经验，积极创新工作方式方法，及时完善各项工作制度，以“八项注意”为工作核心，切实提高居民收支调查数据质量。一是注意强化业务培训，努力提高业务人员的综合水平。二是注意记账户的情况变化，及时更新最新基本情况。田东调查队自行设计编制了记账户家庭基本情况表，对所有记账户的基本情况做到一目了然，在每个月的检查记账工作中发现有任何情况变化的都及时在情况表上注明，努力做到全面掌握不推测。三是注意定时编发短信或打电话提醒记账户登记常规收支账，确保记账不遗漏。四是注意亲自下点收集检查账册，入户检查辅导记账工作。五是注意加强与记账户之间的交流，提高记账质量。六是注意抓好辅助调查员与记账户的业务培训工作。不定期组织召开工作总结及业务培训会议，总结工作开展情况，传达上级各类工作要求，讲解分析反馈的归并账页及收支构成表格，培训记账工作中需要注意的各种问题，不断提高记账户的记账水平。七是注意规范联席会议制度，全面收集亮点难点材料。加强向县政府分管领导汇报工作，保持与县直各联席单位的

沟通联系，定期召开全县亮点难点材料收集联席会议，确保全面收集全县的亮点难点材料，高效率地完成工作任务。八是注意坚持独立调查，独立上报原则，确保调查数据真实可信。坚持县队干部亲自入点调查，直接获得调查资料；坚持独自编码，独自录入，严实资料秘密；坚持独立汇总，直接上报，不受地方干扰。

## 三、积极开展“三严三实”专题教育，努力打造廉洁型调查干部队伍

2015年，田东调查队严格按照国家统计局、国家统计局广西调查总队关于从严治党治队要求，紧扣“三严三实”主题，紧密联系本队实际，积极组织开展“三严三实”专题教育学习。周密部署，精心组织，积极行动，完成查摆问题、开展讨论、撰写心得体会、读书笔记。活动分三个专题进行，教育活动重点突出、特色鲜明、成效明显。

## 四、认真抓好调查基础工作，巩固和提高调查数据质量

一是切实把提高数据质量放在统计工作的中心位置。田东调查队强调要牢固树立统计数据质量第一的观念，以对党、对国家、对人民、对历史高度负责的精神，将“不出假数”、“真实可信”、“准确完整”内化为自身的坚强信念、核心价值和自觉行动；以搞准统计数据为核心，全面提高统计能力，全面提高统计资料的真实性、准确性、完整性和及时性，切实维护统计公信力。二是强化统计法律意识，严格执行国家统计调查制度，依法独立行使统计调查、统计报告，确保国家粮食产量、主要农产品价格、两大收入等关系国计民生的重要统计数据的真实准确。三是深入到田间地头，深入到城乡住户，深入到农贸市场，深入到农业产区，及时了解各项调查开展情况，积极指导辅助调查员和调查对象完成国家调查任务。四是进一步加大统计执法检查力度。确保住户记账员能严格按照调查制度规定，记全、记实、记清、记好每一笔账。确保农业规模养殖户能严格按照报表制度规定，全面准确填报报表，及时上报数据。

2015年11月8日，田东调查队在粮食调查点进晚稻脱粒工作

# 国家统计局田林调查队

2015年，国家统计局田林调查队（以下简称“田林调查队”）在国家统计局广西调查总队的正确领导、县委县政府的关心支持下，深入开展“三严三实”专题教育，切实实施总队提出的“服务基层年”有关活动，深入贯彻落实全国统计工作会议和全区统计调查工作会议精神，紧紧围绕提高统计能力、提高统计数据质量、提高政府统计公信力的“三个提高”精神，坚持“两个意识”迎难而上，奋力拼搏，扎实工作，圆满完成了各项工作任务。

## 2015年工作回顾

### （一）深入开展“三严三实”专题教育活动

1. 精心组织“三严三实”专题教育活动。按照国家统计局广西调查总队的统一部署，6月1日田林调查队及时召开会议传达总队关于“三严三实”专题教育活动的部署和要求，会上队长提出了田林调查队关于“三严三实”专题教育的总体思路和学习要求。6月2日田林调查队印发了《国家统计局田林调查队关于成立“三严三实”专题教育领导小组的通知》《田林调查队开展“三严三实”专题教育实施方案》。按照学习方案的时间进度，田林调查队于6月15日和7月22日由队长组织集中学习了“严以修身”“严以律己”专题教育，两个专题分别由队长、副队长授课，大家针对相关专题教育进行了讨论，将个人的工作生活习性对照所学习的内容，深入剖析个人不足并自亮“家丑”，每学习一个教育专题，田林调查队领导干部都将自己的所学、所思、所悟形成思想心得，做到学以律己，学以正己。

2. 参与百色辖区调查队共同学习研讨。国家统计局百色调查队分别在7月、8月和11月组织百色辖区调查队共同学习研讨“三严三实”专题教育，且第一专题学习地点在田林举行，田林调查队积极配合市队做好会务和相关接待工作，并在

2015年6月19日，田林县畜牧局、统计局和田林调查队联合召开水产畜牧业统计工作座谈会

研讨会上积极发言。通过与其他兄弟队的交流学习，田林调查队的“三严三实”专题教育水平得到了较好的提升。

3. 落实整改项目，大力开展整改工作。一是将“三严三实”开展情况与财务处对田林调查队的财务审计工作充分结合起来，将财务整改工作作为田林调查队“三严三实”专题教育活动整改的重要项目工作，下大力气、花大功夫进行整改。二是进一步要求全体队员，牢固树立两个意识，上报真真实实的经受住考验数据。

### （二）加强学习，狠抓队伍建设

1. 加强政治理论学习，努力提高干部队伍的政治素质。结合“三严三实”专题教育，认真组织干部进行理论学习，始终把干部的政治理论学习当作头等大事来抓，结合实际制定的学习计划，重点学习了中央、国家统计局、自治区等印发的重要文件，深刻领会文件精神实质，认真把握政策方向和工作要点，有效提高干部的政治理论水平，增强党性观念、强化宗旨意识。

2. 加强业务学习，不断提高干部的业务水平。一年来，田林调查队通过培训交流、集中时间学习业务、鼓励干部参加职称培训等方式进行业务学习，大大提高了全体干部的业务水平。各股针对业务中的薄弱环节组织本股人员学习业务文件、培训会议精神、报表软件等，通过学习培训，进一步理清工作思路，不断提高业务素质。通过各种形式的学习，提高全体干部争创意识、业务水平、工作技能和理论分析能力，增强队伍的凝聚力和战斗力，为开展各项业务工作奠定坚实基础。

### （三）完善工作机制，各项工作取得新成果

2015年是城乡住户调查一体化改革和贫困监测调查工作正式实施的第二年，田林调查队认真总结上年的工作经验，认真分析存在的问题和困难，全队上下齐心协力、迎难而上，破解一个个难题，顺利完成全年调查工作。

1. 加强沟通协调，争取地方支持。2015年田林调查队领导定期向县党委、政府汇报住户调查和贫困监测工作开展情况，引起县委、县政府主要领导的高度重视，多次在县季度经济形势分析会、农业工作会议和经济部门联席会议等重要会议上强调，要求有关部门、单位和乡镇要积极配合调查队做好住户收支调查和贫困监测调查工作，有力地推动了工作的开展；同时加强与县直相关部门、各（乡）镇、村的联系，建立感情，形成融洽的合作关系，取得有关乡（镇）党委、政府和村“两委”的支持配合，为调查业务的顺利开展打下良好的基础。

2. 加强培训和入户检查指导，提高记账质量。一是加强辅助调查员培训。2015年以来田林调查队利用月报送账本机会对辅调员进行现场记账、审核、指导培训；二是入户检查指导。不定期下到各住户调查点的调查户家中，实地检查他们记账情况，及时纠正他们记账工作存在的错误，一对一地对记账户进行培训，提高他们的记账水平。通过不断的培训、检查，促进记账质量的提高。

3. 亮点工作突出。一是积极向田林县委、县人民政府汇报得到重视，给田林调查队无偿划拨六间办公室，基本缓解了田林调查队办公条件十分简陋的窘状。二是劳动力调查宣传汇报工作得到田林县委、县政府的批示，使得劳动力调查公告得以长期在田林电视台免费播出，进一步扩大了调查队的知名度和群众对劳动力调查的知晓率，为工作的顺利开展取到良好的促进作用。

### （四）“服务基层年”工作取得重要突破

年初按照国家统计局广西调查总队服务基层年的部署要求，田林调查队制定了服务调查点和调查户的服务帮扶任务即协调县直有关部门、有关乡镇，为农村住户调查对象甘蔗砍运开通绿色通道，使其种植的甘蔗优先得到砍运和付款；向县委、县政府申请和与县直相关部门、乡镇协调，解决农村住户调查户生产生活中的困难；拨付2000元给联系村和调查点作为基础设施建设用款。2015年以来，田林调查队已经向浪平乡江洞村和潞城乡平和村分别拨付了1000元作为森林防

火经费和屯内道路硬化经费，同时田林调查队制定的服务调查户目标已经完成；经和田林县县直单位沟通协调，田林县农业局、畜牧局、扶贫办等单位向兴六、八中、平和、八修、东朋等调查点免费赠送鸡苗、猪仔、芒果苗等价值约5万元的生产资料。通过开展这些工作，进一步取得了调查点农户对田林调查队的信任，更密切了调查户与田林调查队的关系。

### （五）认真开展常规调查工作，基础工作继续加强

1. 各项调查任务圆满完成。按国家统计局广西调查总队统一部署，继续完善各项调查工作流程，不断加强基层工作建设，精心组织实施了规下工业、禽畜监测、贫困监测、固定资产投资价格、批零住餐、退耕还林、农民工监测、粮食产量和播种面积等各项常规调查。高质量完成党风廉政建设调查、农村党员培训调查和个体经营户抽样调查工作。

2. 基础性工作继续加强。为确保源头数据质量，各专业进一步改变作风、积极深入基层、坚持直接调查、直接上报的原则，加强对原始数据采集的监督检查力度。

### （六）强化依法调查理念，创优统计法制环境

2015年以来，田林调查队始终在注重调查队员专业知识学习的同时，加强统计法制专业的学习，努力建设既懂法律法规又熟悉统计调查业务的复合型统计调查队伍，始终把“公正、勤政、廉洁、务实、高效”作为统计法制工作的目标。同时，田林调查队认真贯彻落实总队统计调查普法规划要求，有重点、有侧重、有针对性地开展统计法制宣传，结合统计调查工作的特点，积极推进统计普法进乡村、进社区、进单位，重点对记账户和辅助调查员开展普法宣传教育，积极采取有效形式加强对基层统计人员的统计普法宣传，全面提高他们的统计法制观念和法律素质。在全社会努力营造崇尚统计法制、维护统计法制尊严的良好氛围。

2015年8月24日，田林调查队到平塘乡平吉村农产调查点开展中稻实测工作

# 国家统计局靖西调查队

2015年9月23日，靖西调查队到中山广场开展第六届"中国统计开放日"宣传活动，图为许正宗队长在发放宣传单

2015年，国家统计局靖西调查队（以下简称"靖西调查队"）在国家统计局广西调查总队的正确领导和地方党委政府的大力支持下，紧扣"服务基层年"这个主题，把"三严三实"专题教育落到实处，与时俱进地促进各项调查工作的开展，结合地方实际夯实调查基础，在做稳做实调查工作的基础上，根据新情况积极探索创新工作方法。

## 一、坚持一岗双责，认真落实党风廉政建设责任制

靖西调查队根据国家统计局广西调查总队反腐倡廉建设工作部署，坚持"治标兼治本、综合治理、惩防并举、注重预防"的方针，紧紧围绕调查队中心工作，结合调查工作实际，从"人、财、物、数"等方面构建防范机制，全队党风廉政建设与调查事业发展相辅相成，为完成各项调查工作任务提供了有力的政治和纪律保障。

一是加强领导，确保责任到位。成立以队长任组长的党风廉政建设领导小组，主要领导对党风廉政建设全面负责，班子成员按分工抓好分管业务股室的党风廉政建设工作。

二是落实"一岗双责"，抓好廉政责任分解。层层签订党风廉政责任书，形成主要领导负总责，分管领导亲自抓，全体干部职工主动参与，一级对一级负责的党风廉政建设工作格局。

三是完善考核激励机制。加强日常监督，每半年对本单位落实党风廉政建设责任情况进行一次检查，年末统一队各股室党风廉政建设工作进行量化考核，并将考核结果与评先评优、职务晋升挂钩。

## 二、服务基层落到实处，调查工作精益求精

随着调查工作的深入开展，一方面要求提高数据的精准度和应对数据需求做到及时迅速，另一方面要减少对调查对象的工作量和提高调查对象的调查配合度。面对双重高要求，靖西队按照总队"服务基层年"的要求，结合靖西队的实际，及时制定计划，创新工作方式方法，确保服务基层落到实处，调查工作精益求精。

### （一）服务基层计划落到实处

靖西调查队年初制定的服务基层四项服务基层计划基本得到落实，一是根据物价水平和本队的财务情况，适度提高调查对象的记账补贴，住户记账户记账补贴由150元每季度提高到200元每季度；辅助调查员由150元每季度提高到240元每季度，住户记账的配合度和积极性达到提高，账页记录更加清楚。二是对调查对象中的困难户进行慰问，了解他们的实际困难，进行力所能及的帮助，对调查对象中的困难户进行慰问，帮忙追

讨甘蔗款和向村委反映将其列入五保或贫困户。三是根据调查对象的要求，联合县农业局，农业技术推广站，畜牧局等进行技术培训，在靖西县推行“6+1”产业中，及时为调查对象争取水果、中草药种苗和培训，以不耽误种植时间。四是根据实际情况尽量减少对调查对象的干扰，少占用他们的时间，少开会，开小会，把宣传会、培训会结合起来开，会议由集中开化为分散开，会议内容尽量短小精干，做到开会一次都解决一些实际问题。

2015年12月3日，广西调查总队总队长邹伟忠（前排左二）在靖西市副市长丁丽华（前排右一）陪同下到靖西市新甲乡弄那村检查精准识别工作

### （二）人事工作落实到位

一是靖西调查队积极按照总队的要求，积极准备稳步推进了职级与职务的套改和农凤情同志的基本晋升，顺利地实现了队内人事改革，推动了靖西调查队调查工作的开展。

二是辅助调查员培训取得成效。靖西调查队积极按照总队的文件要求，成立了以队长为组长的辅助调查员培训小组，针对各专业辅助调查员业务熟悉的情况，有各股室制定相应的培训计划，把个别培训和集中培训统一起来，确保辅助调查员会调查、懂调查、支持调查。本次培训效果显著，调查业务水平和数据质量都有较大的提高。

## 三、城乡住户调查一体化工作地方政府大力支持，业务培训更加深入

靖西调查队的住户调查工作获得了靖西市领导的认可和支持，多次在各种场合对靖西调查队的工作表示称赞，并加大了对调查队的经费支持，有力地促进了住户一体化调查工作的开展。如在提供亮点难点数据的统筹安排；在市领导的统一部署下，各联席会议成员单位及时结合部门职责，及时收集汇总数据，分析撰写亮点材料，提供给调查队，为两项收入提供有力佐证支撑，为靖西调查队点面结合做实做细调查工作提供了可靠保证。

一是狠抓业务培训，提高业务水平。定期开展了多种形式的统计调查业务培训，有效提高了调查员的统计能力。利用每月收集报表、基础工作检查等时机，开展了点对点、面对面的业务辅导，提高辅助调查员的整体水平。

二是量体裁衣设置个性化培训。针对调查样本的出现错误的不同特点，仔细分析产生的原因结合调查方案和调查制度，对多次出现错误的调查对象开展“小灶”式培训。

三是住户样本轮换更加科学精准。靖西调查队首先队员深入住户样本轮换的要领和操作的流程，深入理解调查方案的精髓，防止因样本轮换造成数据的大起大落；其次做好样本摸底工作，对预记账户的人财物有较准确的把握，对记账人员的稳定性和替代性有预见；再次加强对住户的培训，确保住户家庭记账人员有AB岗，做到有账就记，不因人漏账。

四是劳动力调查手把手，点对点。在劳动力调查和住户调查中，针对两个调查的地理位置的统一和队内包点的情况，手把手指导辅助调查员操作PDA的录入、审核、上报，根据上报的情况，及时进行修正指导。

## 四、粮食产量抽样调查精益求精

一是工作开展上更加深入细致。在农产工作多、烦、杂的面前，靖西调查队一方面根据实际

情况从各股室抽调人员，应对玉米、水稻的测产工作，用车方面优先安排；另一方面充分发挥辅助调查员的作用。通过与辅助员打“感情牌”等方式调动其积极性。通过全体队员的认真工作，农业调查数据质量更加客观真实可信。

二是培训上形成学理论，观实践，操真刀三部曲。在粮食粮食产量抽样调查中，靖西队抓住与辅助调查员坐车、踏田、聊天等一切有利时机，及时传授估产、实测等工作要求，在开展实测中，则有队员先示范操作要领，讲解注意事项，直到辅助调查员完全明白；再由辅助调查员亲自操刀上阵，经过实地练习，辅助调查员配合度和业务水平大幅提高。

## 五、信息安全工作常抓不懈

靖西调查队高度重视信息安全工作，严格按照总队的要求积极采取从人防到技防的措施，确保不出现信息安全事故。

一是建立三个“100%”的长效机制。对全队所有计算机接入统计内网的计算机：100%安装桌面安全客户端、100%安装金山安全终端和100%实行入网实名制准入，并设置长度不少于8位的开机口令。在此基础上，各股室内部以15天为周期开展互相检查，确保定期杀毒和更新；办公室对重装系统和安装新软件和程序进行监督。

二是内外共建维护网站安全。针对靖西调查队建立在靖西县政府的子网安全维护，靖西队以安全为己任，从后台登录密码设置的复杂程度、登录管理的人员仅限于队长和办公室负责人、发布的内容必经办公室、队长双审核确保信息发布安全确保来源安全。同时和靖西县政府网站管理人员沟通，学习维护网站安全的知识和日常注意事项，商讨维护网站安全的管理机制。

三是信息安全意识不能松懈。队信息安全领导小组认真组织学习网络信息安全知识，强化网络信息安全教育，进一步增强全队干部网络信息安全防范意识。做到不打开不明邮件和链接、不浏览不安全网站、不使用外来不明U盘等存储介质，不随意安装各种插件和软件等可能影响到信息安全的行为。

## 六、优质服务工作基本完成

靖西调查队充分调动队员撰写约稿、政务信息的积极性，针对约稿的要求发挥各股室调查优势，及时开展调查和撰写，目前已上报调查信息20篇。政务信息是总结调查工作经验和队内活动的重要平台，靖西调查队采取股室任务分散的方式，针对新调查专业及时上报，老专业及时总结，开展活动综合股及时上报的分工体系，较好地完成了政务信息的任务，但和其他先进队相比还有较大的差距。

2016年1月19日，广西调查总队总队长邹伟忠、副巡视员邱洪刚在靖西市副市长闭鸿飞陪同下到靖西市武平镇多纳村慰问

# 国家统计局环江调查队

2015年，国家统计局环江调查队（以下简称“环江调查队”）在国家统计局广西调查总队的正确领导下，深入开展“三严三实”专题教育实践活动，认真贯彻落实党的十八大和全区调查工作会议精神，紧紧围绕“服务基层年”工作主题，着力提高数据质量，努力开创统计调查工作的新局面，较好地完成了全年各项工作目标任务。

## 一、主要工作回顾

### （一）“服务基层年”主题活动取得新成效

2015年上半年，根据“服务基层年”主题活动要求，环江调查队一是将辅助调查员送审资料误工补助从60元/日提高到100元/日，二是制作300个印有“统计调查，利国利民”字样的资料袋发放给调查对象和辅助调查员，利于资料保管和调查宣传。下半年，还为基层做了三件实事：一是向调查点的3户大病困难记账户和辅调员送去了慰问品和慰问金共计1000元，增强调查人的人情味和与调查户的情感。二是协调县直相关部门为水源镇三美村调查点争取到屯级道路硬化资金12万元，增进群众对调查工作的理解、支持和配合，扩大了调查队的影响力。三是在农产量调查期间，发现不少种植户为购买不到晚秋玉米种子而发愁，得知情况后环江调查队主动帮助他们联系有关单位，为调查点种植户争取到免费晚秋玉米种子95公斤，受惠农户达31户，得到群众感激和好评。

2015年6月1日，环江调查队副队长韦宝东带队到川山镇指导畜禽样本调整工作

### （二）“三严三实”专题教育活动扎实有效开展

自启动“三严三实”专题教育活动以来，环江调查队按照活动方案要求，成立组织机构，制定实施方案，传达学习专题教育活动会议及相关文件精神，上好党课，开展专题学习研讨和学习笔记。全年组织讲党课1次，专题学习研讨3次，观看《焦裕禄》等专题教育片3场次，查找问题5条，整改落实5条。

### （三）基层基础工作进一步规范和巩固

2015年，环江调查队以督查督办为抓手，把工作抓细抓紧抓实，切实抓出成效。一是加强调查工作领导和力量。由副队长亲自兼任住户股负责人，整合力量，实行集中办公，由原来6人分散在不同办公室编码录入改由3人专人负责，集中在一间办公室办公，促进工作间交流，发现问题能够及时共同分析研究解决；二是完善硬件条件，规范档案管理。针对本队档案柜偏少、资料室各种资料堆放比较混乱的情况，筹集经费，购置档案柜一批，满足了资料的整理、保存和管理。三是在行政规范化上，强化综合法规股的桥梁和中枢作用，派员到总队办公室跟班学习，提高办文办公水平，及时、规范处理和传送公文，强化督查督办，提高行政制度执行力。

### （四）常规和专项调查顺利完成

全队各专业通过有效整改，规范化建设得到进一步提高，为常规和专项调查顺利完成提供了保证。2015年以来，全体队员牢固“两个意识”，坚持独立调查，独立上报，坚持以数据质量为中心，狠抓调查制度方案的执行，统筹安排，较好地完成城乡居民收支调查、劳动力调查、农民工监测等各个国家常规调查专业，特别是2015年是城乡一体化住户、主要畜禽、农产品价格、中间消耗、退耕还林等专业进行样本轮换调整时期，环江调查队在样本轮换工作中，狠抓每一个工作环节、每一个操作规程，确保了轮换样本过程规范有序，评估分析科学有据，源头数据真实可靠，有效保障了样本轮换后数据的真实性、准确性。此外，2015年，环江调查队还完成了农村党员大培训调查、党风廉政建设民意调查等一次性调查工作。

### （五）党风廉政建设及“两个责任”落实情况

2015年年初，队长卢增军与各专业股室负责人签订党风廉政承诺书，明确队主要负责人作为党风廉政建设第一责任人，纪检监察员落实好监督责任，履行好认真组织协调、深化监督检查、加强责任追究、树立队伍良好形象等监督责任。认真组织学习《国家统计局关于2014年统计系统统计违规违纪案件通报》、组织干部到河池市反腐倡廉警示教育基地广西宜州监狱接受警示教育，以案为鉴，警钟长鸣，筑牢拒腐防变的思想道德防线。全队及时开展清理干部经商办企业专项行动，全队干部全部签署《个人参与经商办企业清理情况承诺书》，经队纪检监察员把关审核结果显示，全队没有发生干部参与经商办企业的违纪行为。修订和完善《“三重一大”决策制度》等，在办公场所张贴廉政名言警句，制作“三严三实”专题板报等廉政宣传，全面提高全体队员的廉政修养，营造风清气正的廉政环境。

## 二、工作中取得的主要成绩

### （一）创新机制，政务信息和调查信息撰写呈现多点开花

2015年环江调查队创新信息撰写激励机制，一是把任务分解到人并与年终评优挂钩。二是成立撰写小组。截止到11月，全队上报约稿信息和政务信息量及获总队采用量均超过去年。约稿信息采用11篇，政务信息采用量40篇，政务信息1篇得到国家统计局网站采用，实现了零的突破。

### （二）筹措资金，改善工作环境

2015年，环江调查队根据工作需要，经班子研究决定，共筹措经费6万元，建造标准信息化会议室一个，整改和装修办公室两间，购置了复印机1台，电脑2台，文件柜3组等，使办公室、会议室宽敞明亮、整齐漂亮，办公条件得到进一步优化，同时，调查资料的整理、保管也得到进一步规范。

### （三）争取到地方政府和相关部门的支持配合

2015年环江调查队继续把向当地政府汇报工作争取支持作为重要工作来抓，班子成员积极向县委、县府汇报工作，县委、县府主要领导多次批示相关单位要配合好调查队的工作，今年县府已拨16万元经费支持调查队工作。在开展相关调查工作中，县直各部门、相关乡镇也能上下联动，密切配合，从而使本队各项调查工作得以顺利开展。

### （四）加强队伍建设，多种形式开展基层培训

2015年，环江调查队一如既往加强对年轻队员的培养，主要股室负责人均由年轻人担任。同时还派出2人参加国家统计局举办的业务培训班，安排一名年轻队员到联系点挂任村委指导员，丰富干部阅历。2015年一人获准为中国共产党预备党员；其次，加强对调查员、辅助调查员和调查对象的培训，2015年全年开展各种培训10期、培训500人次。通过培训，提高了调查员和辅助调查员调查技能，促进调查技能和基层工作规范化水平的提高。

2015年12月，环江调查队队长卢增军带队到明伦调查点指导劳动力调查工作

# 国家统计局南丹调查队

2015年10月26日，广西调查总队副总队长杨锡虹到南丹调查队检查工作

2015年，国家统计局南丹调查队（以下简称"南丹调查队"）在国家统计局广西调查总队的统一部署和指导下，按照全区调查队系统工作会议的统一部署，认真贯彻落实"服务基层年"活动主题，积极开展"三严三实"专题教育，推进从严治队；落实党风廉政建设"两个责任"；进一步提升本队的服务能力和从严治队的能力，各项工作有序开展。

## （一）立足实际，超额完成"服务基层年"服务项目

一是通过对全县调查户情况进行全面了解，决定对潘凯智等3名大学生各发放800元助学金资助。二是与县农业局联系并由县农业局农户发放玉米种子、水稻种子、复合肥以及农药补助。为农户减少种植成本。三是向调查点发放鱼苗。与渔牧局联系，向有条件养鱼的调查点投放3000尾鱼苗。四是提供物质帮调查点修路。在农产调查点龙井屯，由于路久失修，进村的一段路出现垮塌，对村民的正常生活生产造成影响，南丹调查队主动提供五吨水泥以帮助修路。通过服务调查对象活动，一定程度上减轻了调查对象生活、生产方面的负担，得到调查对象的肯定，调查对象配合程度进一步提高。

## （二）精心组织，扎实开展"三严三实"专题教育

1. 学习传达国家统计局广西调查总队"三严三实"专题教育有关文件和领导讲话精神，进一步统一思想，提高认识，要求全队将学习教育的重点集中到"三严三实"专题上，始终保持与总队的要求同步。

2. 按照方案要求，采取自学和集中两个形式开展学习。就第四批全国干部学习培训教材为学习资料，增强干部的道路自信、理论自信、制度自信，增强党性，保持高尚道德情操和健康的生活情趣。

## （三）多措并举推进住户调查工作规范化

1. 积极开展基础工作自查，推动业务规范化。组织人员开展基础工作自查工作，针对账机对

2016年4月12日，南丹调查队队长黄艳、副队长宋首庭到仁广村实地开展全国劳动力月度调查

应情况、抽取调查小区检查记账、日常资料的整理情况、样本管理、访户等方面进行全面核查，进一步促进了住户基础工作向规范化、程序化发展。

2. 通过“种苗养护法”，抓实基础工作。一是勤下点“松土”，访户的力度和深度同步加大，确保记账的及时性，不漏记。二是科学“浇水施肥”，以实际行动关心慰问调查户，根据调查户的实际情况，对3户升学家庭给予资助，大大加深了调查户对调查队的好感以及提高了业务的配合度。三是给住户“晒太阳”，集中表扬，晒晒积极认真的调查户，指引调查户的学习方向，调动记账户积极主动性，减少差错率，提高记账质量。

### （四）齐抓共管，综合法规工作进一步规范化

1. 抓好队伍管理，提升队员政治业务素质。一是抓培训。队长参加了国家统计局广西调查总队组织开展的学习贯彻党的十八届四中全会精神暨党风廉政建设主体责任工作培训班；副队长参加了在成都举办的国家统计局部分调查队领导能力提升培训班；两名业务骨干参加了国家统计局统计基础培训班（第31期）的学习。二是抓作风。根据“三严三实”专题教育精神以及“八项规定”要求，树立节俭意识，杜绝铺张浪费；加强用车管理，严格执行派车制度。三是抓素质。积极参加河池队举办的区域统计知识竞赛和县里组织各种气排球比赛，提高队员团队合作意识的同时提高了队员的身体素质，提升了调查队的知名度。

2. 狠抓管理，增强统计服务能力。一是不断规范公文办理，将日常办公文件细化、严格化、规范化，提高对公文处理的敏感性和重要性认识，增强“效率”意识。二是由队长亲自对各股室、各队员进行工作督查督办，做事有方案有措施、有结果、有反馈，第一时间落实到位。三是加大信息编写的激励政策与下达编写任务相结合，全体队员都必须参与政务信息和调查信息的写作。共上报政务信息53篇（含工作要事11篇），被总队采用42篇（含10篇工作要事）。四是围绕国家及广西热点、难点和重点问题，以约稿信息为突破口，集全队之力开展调查调研，全年南丹调查队完成调查信息24篇获总队采用。

3. 严格做好保密工作及信息化管理。坚持“保密工作无小事”和“以防为主”的理念，一年来南丹调查队严守保密制度，无涉密事件。不定时对所有股室的工作计算机开展“大清扫”，确保网络运行安全。

4. 加强法制工作，统计调查意识进一步强化。一是强化学习，打牢依法行政基础。将依法行政的内容量化到具体业务开展的过程中，纳入全年目标管理考核中。二是根据日常业务人员的工作反馈，对不积极配合调查工作的企业和个体进行抽查，采取听取汇报、翻阅资料、询问情

2016年5月16日，在八圩乡立坳村进行全国第三次农业普查遥感面积调查

况、实地查看等方式进行。三是拓宽宣传渠道，加强统计法制宣传。采取深入到户到点介绍和宣传调查工作；利用手机短信、微信平台向调查对象、辅助调查员、县直机关单位人员以及社会公众进行宣传；精心制作宣传单，开展进社区宣传活动，铜江社区住户多为个体经营户。

### （五）积极落实“两个责任”，全面推进党风廉政建设

1. 加强领导，全面落实党风廉政建设责任制始终把党风廉政建设工作放在突出位置切实抓好抓实，把责任制的全面落实贯穿到党风廉政建设和反腐败各项工作之中。按照“谁主管，谁负责”“管行业必须管行风”的原则，全面安排部署2015年的党风廉政建设和反腐败工作。

2. 完善监督制度与方法，扎实构建拒腐防变的保障机制。一是制定《国家统计局南丹调查队关于全面落实党风廉政建设主体责任和监督责任实施细则》。并在南丹在线网站上发布国家统计局南丹调查队党风廉政建设信访举报邮箱和举报电话号码，畅通信访举报渠道。

3. 建立“三重一大”议事规则，充分发挥纪检监督职能。纪检监察员协助领导班子加强党风廉政建设和组织协调反腐败工作，及时向领导班子报告中央和国家统计局党组、国家统计局广西调查总队党组有关党风廉政建设和反腐败工作的部署和要求，并提出贯彻落实的建议；纪检监察员参加本队“三重一大”事项决策会议，并监督“三重一大”事项执行。

2016年6月6日，广西调查总队总队长邹伟忠（右三）到南丹调查队开展调研

# 国家统计局都安调查队

2015年6月3日，都安调查队住户股深入东庙乡东庙村开展记账户账本实地检查、记账规范培训工作

2015年，在国家统计局广西调查总队的关怀和指导下，国家统计局都安调查队（以下简称“都安调查队”）紧紧围绕“服务基层年”主题，深入开展党“三严三实”专题教育活动，强化基层调研，加强服务型统计建设，严保数据质量，顺利完成全年各项工作目标。

## 一、加强班子建设，着力提高领导决策能力

2015年，都安调查队结束了近几年来领导班子职数不齐、不健全的状况，领导班子得到配齐，新的主要领导及新的领导班子紧密团结，相互扶持，结合“三严三实”专题教育活动，不断加强政治学习，提高政治水平；坚持民主集中制原则，发挥班子成员集体领导作用，大事开会碰头，小事相互通报，相互协调，班子“一把手”能够充分发挥表率作用，带头遵守制度，带头执行决议，带头维护纪律，形成了领导班子内部合力；落实党风廉政建设责任制，认真履行“一岗双责”，签订2015年《国家统计局都安调查队党风廉政建设承诺书》，强化领导责任、明确工作任务、形成工作合力，真正做到党风廉政建设和业务工作一起抓、双促进，使反腐倡廉各项任务、廉洁从业各项要求真正落到实处。

## 二、深入开展“三严三实”主题教育

根据国家统计局广西调查总队的统一安排部署，都安调查队将“三严三实”专题教育与从严治队的要求、领导班子及领导干部的思想政治建设、作风建设各项要求紧密结合，制定出台《国家统计局都安调查队开展“三严三实”专题教育实施方案》，明确指导思想、基本原则和目标任务，吃透精神实质，把握基本内涵，不折不扣地把各项要求落到实处。由队长承担第一责任人责任，纪检监察员具体负责活动开展，由综合法规股牵头，各股协助，采取集中专题学习、分股室成立学习小组等方式进行。同

2015年7月7日，都安调查队队长陆宇平率农业股深入地苏镇上江村开展旱中玉米实割实测现场操作培训

时，结合住户、农产、小微企业调查等业务开展一系列“入基层、走一线、提质量”基层实地研讨学习，入农户走企业；与调查对象、基层群众面对面、心交心，将各阶段专题研讨活动落到基层，切实践行“三严三实”精神内涵。

## 三、抓服务树形象，努力构建服务型统计

### （一）落实“服务基层年”服务项目

2015年以来，都安调查队围绕“服务基层年”主题活动，以踏石留印、抓铁有痕的劲头，把服务基层、服务调查对象的措施具体化，取得了初步成效，切实提高了服务能力。一是加大资金投入，印制800个便于保存的“都安调查队专用资料袋”发给调查对象，帮助调查对象规范台账管理，减轻负担。二是帮助调查户反映困难，寻求对策。利用调研信息上报平台，及时反映调查户面临的困难及问题，帮助其寻求解决对策。如都安调查队根据调查户反映的被拖欠工资问题，及时上报关于拖欠农民工工资情况的调查信息，经总队综合组稿后，反馈的两起案件得到了县委县政府的高度重视，要求县总工会帮扶办协同都安调查队落实调解，帮助调查户维护合法权益，被拖欠的工资很快得到追回，获得了调查户的感激和好评。三是帮助联系村出谋划策，促进发展。进一步加强对扶贫联系点百旺镇崇文村的帮扶力度，派新农村指导员定期驻村，积极参与该村清洁乡村及生态乡村建设，协调有关部门及村民通过“一事一议”项目逐步完善村级道路硬化，在联系村积极宣传春风行动招聘信息帮助农民工就业等，以实际行动为联系村出谋划策，促进建设发展。四是支持地方精准扶贫工作。2015年8月，都安调查队应邀参加全区精准扶贫方案及相关指标第三次试点验证工作，并从统计学、居民收支调查经验等角度验算贫困户评估表中贫困识别分值，提出相关修改意见，为进一步识别确认贫困户、贫困村提供技术力量。同时，挤出经费支持隆福乡大崇村的村部服务建设，为贫困村发展提供力所能及的帮助。

2015年9月23日，都安调查队深入高岭镇德康住户调查点开展“统计开放日”座谈活动

2015年8月10日，广西调查总队副总队杨锡虹（左三）在都安调查队陪同下一行深入都安县信达工艺品厂开展实地调研

### （二）深抓信息调研服务决策

2015年以来，都安调查队调整优质服务工作机制，解放思想，创新方式。根据约稿任务，召开全队队员专题会议，对约稿内容逐条进行分析，确定撰写的重点条目和内容，结合约稿“要点”要求及提纲框架，从成因分析、趋势研判等方面大致确定材料“要素”，然后再将任务分配落实到人，再围绕“要点”“要素”开展调研，避免了以往工作存在的对约稿要求理解不透、调研缺乏针对性等问题，同时提高了工作效率和稿件质量。据国家统计局广西调查总队反馈，截至10月31日，都安调查队调查信息获总队采用33篇，有4篇约稿信息获中央领导批示（直报领导），5篇获中办、国办采用，2篇获国家统计局采用，多篇获区党委办公厅、政府办公厅采用。截至10月31日，全队上报每月要事11篇，总队采用11篇，采用率达100%；上报政务信息48篇，总队内网采用39篇，采用率达86.66%，其中2篇获国家局首页网站采用，1篇获国家局司级网站采用。

# 国家统计局灵山调查队

2015年，在国家统计局广西调查总队的正确领导下，国家统计局灵山调查队（以下简称"灵山调查队"）紧紧围绕"服务基层年"主题年活动的部署要求，切实开展服务基层工作，提高基层调查对象对统计调查工作的支持。突出重点，多措并举，扎实提高基础工作水平，促进各项统计调查工作的顺利开展，较好地完成了全年各项工作任务，取得了较好的工作成绩。在2015年考核中，获得目标管理考核优秀等次，政务信息工作先进单位，共有17项单项工作在广西调查队系统评比中获得三等奖以上等次，其中人事教育工作、农产品生产者价格调查、财务工作等三项工作获得一等奖，保密档案工作、新闻宣传工作、政务信息工作、主要农产品中间消耗调查、劳动力调查等五项工作获得二等奖，行政文秘工作、信息化建设工作、纪检监察工作、农作物单位面积产量调查、主要畜牧业监测调查、农户固定资产投资调查、批零住餐行业抽样调查、规模以下工业抽样调查、专项调查等九项工作获得三等奖。

## 一、服务基层，提高认同感

紧扣国家统计局广西调查总队"服务基层年"活动主题，积极抓服务基层工作组织落实，从解决辅调员、调查户的实际困难入手，提高辅他们的认同感和工作积极性，维护队伍稳定，推进统计工作提质上水平。共做了10件服务基层实事，如为所有辅助调查员购买人身意外保险；为辅助调查员及记账户配备劳保用品；帮助困难户记账户申请到低保；积极组织慰问伤病辅助调查员；力所能及地为调查小区、村委解决建设缺口资金；帮助调查户牵线搭桥，解决原材料采购问题等。

## 二、强化管理，提升队伍建设水平

一是强化目标管理。制定了操作性强的岗位目标管理责任制，细化考核目标，明确工作任务和奖惩管理，实行每月计分考核，作为年底评优依据，并将考核结果进行公示，激发队员责任心和工作积极性。二是抓班子作风建设。按"三严三实"的要求，巩固党的群众路线教育实践活动成果，从严要求，努力抓好班子自身建设，凡要求队员做到的，班子成员必须带头做到，通过班子的带头示范作用，队员们都自觉遵守，全队作风有了显著的改变。三是谋实队内教育培训。严抓灵山调查队队内教育培训，着力提高队员业务工作技能，提高工作效率。按计划完成本年度教育培训计划，并邀请总队法规处、农业处等业务处到灵山进行现场业务工作指导和培训，不断提高队员业务工作能力和水平和规范化工作水平。

2015年7月18日，灵山调查队杨明（右一）到平南镇古僚村实割实测

## 三、完善激励机制，信息写作实现量和质的提升

高度重视信息写作，坚持将两个信息写作放在重要位置。一是将

2015年9月23日，灵山调查队在步行街开展统计开放日宣传

两个信息写作纳入目标管理，进行月度计分考核和公示。二是加强日常工作安排和总结，加强下乡调研获取第一手资料。三是积极点赞，凡是得到国家统计局广西调查总队采用的信息，都在队QQ群点赞，提高写作者的荣誉感，激励其他队员积极撰写信息。一年来，政务信息和调查信息（报告）写作实现了量的提升和质的飞跃，政务信息、调查信息、调查报告撰写量和采用量均创历史新高。上报政务信息67篇，国家统计局广西调查总队采用53篇，比2014年同比增长1倍，其中有2篇获得国家局司级网站采用，撰写量和采用量均创历史新高。上报调查信息（约稿）22篇，总队采用21篇，比2014年同比增长一倍。调查报告上报和采用1篇，实现了零的突破。

## 四、抓基础，提高调查数据质量

1. 加强源头数据的采集，把好数据质量关。直面调查对象，坚持现场调查，确保调查数据准确、完整。一是强化监测，加强访户调研。专业负责人要做到“四访”，新开户要访户、问题户要访户、困难户要访户、新情况要访户。二是“三有一出”提高下乡质量。要求下乡访户调研，要做到有计划、有目的、有记录、出效果。访户前要做详细的下乡工作计划，下乡访户调研要做到有记录，记录全，方便检查，更好的查漏补缺，为年底规范化检查铺垫良好的基础。三是不定时反馈，不断完善报表质量。要求专业负责人做到“一查一记一反馈”，即认真检查报表，把问题找出来，记录好，及时向调查对象反馈报表问题并进行核实。

2. 强化数据审核，提高数据质量。一是纳入目标管理，提高队员责任心。将报表质量纳入目标考核，每被总队发现数据存在错漏的，进行扣分处理。二是严把“两关”，保障数据质量。严把负责人关，对填报数据进行逐项审核，进行调查数据质量检查，确保源头数据的完整、真实、可靠。严把领导关，每次上报报表和数据，都必须经过分管领导和队长严格的数据评估和审核批准，才能上报，双重审核进一步保障数据质量。

3. 综合分析，提高数据分析质量。重视数据分析，加强提高分析材料质量，为上级提供有力参考信息。调查工作完成后，要求专业负责人充分把握调查情况，撰写高质量分析报告，点面结合上进行趋势分析，全面反映调查情况。

4. 加强辅助调查员管理，稳定辅助调查员队伍。制定辅助调查员考核制度，采用日常考核、定

2015年11月11日，广西调查总队农业处到平南镇妙庄村开展晚稻实割实测工作

2015年11月12日，广西调查总队住户收支调查处到灵山检查住户50%轮换和基础工作

期考核相结合的方式，组织人员严格按实绩考核办法的有关规定对辅助调查员完成工作的情况进行考核，采按工作量的多少与工作质量的高低，确定辅助调查员的绩效奖励，有效提高工作积极性。

## 五、重新改版设计灵山调查队内网

重新设计制作灵山调查信息内网，提高窗口宣传效果。由灵山调查队人员亲自设计制作，通过征求各股室的意见，对内网版面设计、内容安排进行了优化设计，新网站大大压缩文件空间，内容更符合调查队的实际，发挥宣传窗口作用，2015年10月底完成内网的改版工作并投入使用。

## 六、成功创建二级档案室

2015年，向县政府积极争取，调配一间近25平方的办公室给调查队，解决了灵山调查队长期以来无档案室的问题。灵山调查队趁热打铁，组织人员到档案局跟班学习，邀请档案局专业人员现场指导等，整理好队内档案资料，成功创建了二级档案室。

## 七、严守纪律，推进党风廉政建设

一是强化落实“两个责任”。严格履行管理教育责任，立足抓早、抓小、抓苗头，提高全队党风廉政意识。开展廉政警示教育，教育党员干部廉洁勤政，警钟长鸣。开展班子成员与队员廉政谈心，对队内出现的新问题新情况苗头，加强谈心谈话，将问题扼杀在苗头期。二是认真贯彻落实“三重一大”决策制度，严格按照规定和程序，对重大问题的决策、大额资金的使用均经过会议讨论决定。队内有关人、财、物相关均经过队务会讨论通过，形成会议纪要，将会议内容以文件的形式落实。三是扎实开展“三严三实”专题教育，强化全队干部职工的爱岗、敬业、担当意识，共组织“三严三实”专题党课和专题教育4次，提高全队对“三严三实”的认识，形成践行“三严三实”强大动力。四是严格财务管理，按照制度规范用钱，完善用钱手续。特别是八项规定实施以来，切实加强了对接待、采购等工作进行了严格规范，严格检查发票、报销依据齐全，要按流程报账。

# 国家统计局合浦调查队

2015年，国家统计局合浦调查队（以下简称“合浦调查队”）深入贯彻落实全区调查工作会议精神和“三严三实”专题教育，紧紧围绕总队提出的“服务基层年”这一工作主题，严格贯彻执行国家统计局广西调查总队的各项部署，牢固树立“两个意识”，狠抓数据质量，扎实工作，圆满完成了各项任务，为迎接国家统计局广西调查总队建队十周年，推进统计调查事业发展做贡献。

## （一）扎实开展服务基层年活动

按照年初制定的服务基层年计划，切实做好服务基层的2项具体事项。因地制宜，主动作为，开拓思路，创造条件，切实帮助调查对象解决好他们的实际困难和需求，分别帮助2个住户调查点争取每点80斤水稻良种以及超额帮助2户住户调查户争取到危房改造指标。

## （二）牢固树立两个意识，优质高效完成各项调查任务

严格执行国家调查制度，抓好重点工作的开展。按照国家统计局广西调查总队2015年工作部署，组织力量攻克扩小区和新记账户摸底调查，顺利完成城乡一体化住户调查50%样本轮换工作，做好数据汇审，推进新老口径的数据衔接；做好农产品价格调查样本轮换后新网点的开户和记账工作；建立了主要畜禽监测调查所有规模户和生产单位中的出售台账；完成了主要畜禽监测调查样本调整摸底调查工作；做好规模以下工业调查样本轮换和联网直报工作以及新设小微企业和个体经营户跟踪调查。

## （三）强化队伍管理，建立健全规章制度

1. 完善工作机制。按照群众路线教育实践活动“回头看”工作部署，以及《两方案一计划》要求，修订和完善了各项制度，确保了《两方案一计划》中每项制度按照时间进度完成，进一步建立和健全了规章制度，使得制定的制度符合新形势的要求，完善了工作机制，有效加强了队伍管理。

2015年6月30日，北海调查队赴合浦县党江镇流星村开展早稻实割实测工作

2015年9月23日，合浦调查队开展第六届“中国统计开放日”活动

室负责人签订了党风廉政建设承诺书，进一步加大监督检查力度，确保重大决策部署落实，周密部署岗位廉政风险防控工作，推动工作有序开展。

## （五）大力推进依法统计

1. 定期开展普法教育。定期和不定期开展法制知识培训宣讲。对内，召开培训会议，对统计执法流程、执法文书和相关法律法规知识进行详细的讲解，提高队伍执法水平，维护和树立统计调查工作的权威性。特别是加强对新公务员的培训，系统的组织学习《统计法》等相关法律法规知识，确保新进队员能够熟练掌握法制工作流程，全面提高法制工作意识；对外，在定期召开的各类调查业务会议时，对辅助调查员进行统计法律法规讲座及发放宣传资料，通报执法典型案件，敲响警钟，提高调查对象依法统计意识。

2. 积极开展统计普法宣传。充分利用普法重要时点积极开展普法宣传教育，在统计开放日、12.4法制宣传日，制作出版各式宣传展板展出，面向社会公众开展法制宣传活动，提高新统计法的社会知晓率和普及率，提高调查队公信力。在贯彻普法宣传工作的同时，充分运用媒体的作用，营造舆论氛围。

2. 以制度为抓手，强化后勤管理工作。及时修订了接待、会议管理、易耗品采购及使用规定、固定资产管理、财务工作规范等制度，进一步规范了公务接待、会议管理等工作，严格按照规定做好固定资产管理等工作，进一步强化了后勤管理，加强日常车辆使用、维修、印章使用、办公用品使用、固定资产管理等登记工作，规范全队人员日常行为。

3. 队伍建设不断加强。坚持“德才兼备”用人标准，严格执行《干部选拔任用工作条例》等制度规定，通过民主推荐的方式，推选一名干部担任副队长，有效解决了领导班子薄弱的问题，真正把会干事、能干事的干部提拔到领导岗位上，有效激发干部干统计爱统计的热情，进一步增强了干部队伍建设，增强了凝聚力。

## （四）深化党风廉政建设，全面落实“两个责任”

主要领导人切实履行好安排部署各项工作、协调解决重大问题、管好班子带好队伍，积极抓好党风廉政建设，对2015年党风廉政建设和统计行风工作做出了部署安排，研究制定了《2015年党风廉政建设工作要点》，年初，组织各股

2015年11月11日，广西调查总队农业处赴合浦开展晚稻实割实测工作

3．认真总结六五普法工作。2015年是“六五”普法检查验收之年，根据国家统计局广西调查总队《关于认真做好统计“六五”普法总结工作的通知》（桂调办字〔2015〕85号）以及地方普法办的要求，认真开展六五普法验收工作，整理好六五普法台账，对五年来普法工作开展情况进行了自查和总结，增强了依法统计的能力，优化了统计执法的环境，有力地保障和促进了各项调查工作顺利进行，为“七五”普法工作打下了坚实的基础。

### （六）抓好两个信息报送

1．抓好调查信息报送。根据总队的约稿，及时收集、反映经济社会发展中的热点、难点问题，提升了调查信息服务决策水平。2015年获国家统计局广西调查总队采用信息报告共33篇，其中约稿信息采用32篇，单篇信息1篇。

2．政务信息“提质增采”。通过密切关注国家局信息采用重点和动向，不断加强学习，提高政务工作信息文字能力，撰写的积极性，同时加强对政务信息的审核，努力提高质量，确保政务信息工作“提质增采”。截至11月25日，合浦调查队共上报政务信息78篇，国家统计局广西调查总队采用58篇，比上年同期采用的50篇提高了16%。上报工作要事12篇，采用12篇。

2016年5月18日，合浦调查队赴田间开展第三次农业普查遥感测量调查工作

# 国家统计局浦北调查队

2015年6月30日，浦北调查队在平睦镇平安村委进行住户轮换调查

2015年，国家统计局浦北调查队（以下简称“浦北调查队”）在国家统计局广西调查总队的正确领导和县委县政府的大力支持下，按照全区调查工作会议的统一部署，紧紧围绕“服务基层年”主题活动，牢固树立“两个意识”，圆满地完成了国家统计局和国家统计局广西调查总队布置的各项调查任务。被评为2015年广西住户调查工作先进集体并荣获一等奖，荣获浦北县2015年度绩效目标管理工作优秀奖，荣获2015年度政务信息工作先进集体。单项奖：信息化建设获二等奖，财务工作、法规制度工作、政务信息工作、农作物播种面积调查、农作物单位面积产量调查、主要农产品中间消耗调查、农户固定资产投资调查、农民工监测调查获三等奖。

## 一、服务基层，为辅助调查员办实事

紧密围绕“服务基层年”主题活动，为基层辅助调查员办了4件实事：一是为辅助调查员购买保险。为住户、农产及畜禽监测调查等专业的59位基层一线辅助调查员，每人购买了一份人身意外伤害保险。二是为辅助调查员增加经济收入提供帮助。组织莫俊等辅助调查员和调查户到合作社参观学习技术，帮助他们获得优惠的香蕉苗，并帮助他们解决香蕉的销售问题。三是为农产量调查点争取水利项目。与分管副县长、水利局、农业局对接，争取到寨圩镇分村农产点“三面光”水利1.5公里项目，农业局也已计划对安石镇三亚村农产点的水田投入一定的资金修建排水设施。四是为辅助调查员增加调查工具、劳保用品。为每位辅助调查员购买了钢卷尺、胶手套等工具和劳保用品。

## 二、完善制度建设，促管理规范

根据国家统计局广西调查总队的要求和浦北调查队的实际情况，组织实施修订了《国家统计局浦北调查队调查数据综合管理工作规范》《国家统计局浦北调查队信息网络管理规定》和《2015年浦北调查队目标管理责任制》，新建了《国家统计局浦北调查队辅助调查员接待相关规定》《国家统计局浦北调查队关于贯彻落实“三重一大”决策制度的规定》《国家统计局浦北调查队网络信息安全责任追究制度》和《国家统计局浦北调查队网络与信息安全应急预案》等规章制度，推进队内各项工作的制度化、规范化和科学化进行。

## 三、多措并举推进业务建设

1. 明确分工，落实责任。根据具体情况适当调整工作分工，并通过《2015年国家统计局浦北调查队目标管理责任制》加以落实和考核，有序推进

2015年11月10日，浦北调查队到北通镇中屯村委调研水稻割测

培训工作。

5. 努力推进统计调查法制建设和数据质量核查。一是抓好统计法制宣传培训工作。通过全体辅助调查员会议开展《统计法》案例分析培训，提高辅调员法制意识，通过实地走访调查向调查对象发放并讲解《统计法》，提高统计调查对象的法制意识和配合度。二是重执行推进法治工作规范化运行。严格执行统计报表双签制度，依法依规开展调查工作。三是继续强化统计执法检查力度。开展对县内部分批零住餐业企业和个体户进行了专项统计执法检查。四是加强数据质量核查工作。

各项工作开展。

2. 新型督办提实效。按照国家统计局广西调查总队最新下发的督办单，开展了对服务基层年实事落实、联网直报规范化、主要畜禽监测调查出售台账落实、统计普法、“两个信息”等工作落实情况的督查督办，严保各项工作的及时、高效、规范化开展。

3. 进一步发挥住户联席会议制度影响力。利用浦北县住户联席会议办公室收集面上资料的方式，与地方政府、统计局、农业局、水产处牧兽医局、林业局、民政局、人社局等相关部门保持定期沟通，了解经济运行状况，撰写经济运行分析材料，为当地经济服务。

4. 加强队伍建设和业务规范建设。一是抓好调查网点维护。通过及时完善辅调员名录库，按时发放辅调员待遇，慰问困难辅助调查员，为辅助调查员购买意外伤害险等，稳定辅助调查员队伍。二是抓好专业报表规范化。严格执行统计调查制度和各项业务工作规范化标准，确保调查数据真实、准确可靠；三是抓好调查业务

## 四、加强党风廉政建设和行风建设

一是认真贯彻落实《广西调查队系统2015年党风廉政建设工作要点》，制定了《国家统计局浦北调查队2015年党风廉政建设工作要点》，全部职工都签订了《党风廉政建设承诺书》。二是积极开展党风廉政建设学习教育，组织领导干部参与党风廉政建设警示教育展。三是认真执行《国家统计局浦北调查队贯彻落实党风廉政建设

2016年4月6日，浦北调查队召开住户类调查业务培训会

责任制规定》《国家统计局浦北调查队公务接待工作规定》《国家统计局浦北调查队车辆管理规定》等，坚持用制度管人、管事。坚持勤俭节约，反对铺张浪费。四是在办公楼显眼处开设党风廉政建设宣传栏，时刻促进廉政建设，弘扬正气清风。五是内网增设党风廉政建设专栏，强化与各市县队的交流沟通。六是加强行风建设，深入基层开展调查工作。

2016年5月17日，浦北调查队到大成镇联成村委进行三农普遥感测量工作

## 五、认真开展服务型统计建设

1. 狠抓优质服务建设。采取多人合作的方式，让队员各发所长，投入到调查信息写作中。2015年度，全队共撰写调查（约稿）信息14条，所有在编在职队员全部参与到写作中。向地方政府报送2015年浦北县城乡居民收入分析及增收亮点难点分析等4篇（次），有效地发挥了为地方政府决策提供依据的功能。

2. 认真做好专项调查。2015年度，共组织开展了《2014年浦北县绩效考评社会评价调查项目》《浦北县民营医院（含私人诊所）经营情况及投资意愿调查项目》《浦北县外向型工业企业经营情况调查项目》等3个新增专项调查项目，项目管理进一步规范，项目的策划、组织、操作能力进一步提高，调查队的影响力进一步扩大。

# 第四篇　农村农业

## Chapter 4　Agriculture and Rural Areas

# 4-1　主要粮食作物生产情况（1985—2015年）

## Basic Statistics on Main Grain Crops（1985—2015）

| 年　份<br>Year | 粮食作物　Grain Crops | | | 早　稻　Early Rice | | |
|---|---|---|---|---|---|---|
| | 播种面积<br>（千公顷）<br>Sown Area<br>（1000 hectares） | 每公顷产量<br>（公斤/公顷）<br>Per Hectare Output<br>（kg/hectare） | 总 产 量<br>（万吨）<br>Total Output<br>（10 000 tons） | 播种面积<br>（千公顷）<br>Sown Area<br>（1000 hectares） | 每公顷产量<br>（公斤/公顷）<br>Per Hectare Output<br>（kg/hectare） | 总 产 量<br>（万吨）<br>Total Output<br>（10 000 tons） |
| 1985 | 3447.3 | 3240.5 | 1117.1 | 1153.2 | 4701.7 | 542.2 |
| 1986 | 3530.6 | 3166.9 | 1118.1 | 1157.9 | 4556.4 | 527.6 |
| 1987 | 3539.5 | 3418.6 | 1210.0 | 1145.5 | 4863.2 | 557.1 |
| 1988 | 3510.7 | 2976.6 | 1045.0 | 1128.5 | 4691.9 | 529.5 |
| 1989 | 3596.9 | 3533.0 | 1270.8 | 1178.4 | 5070.4 | 597.5 |
| 1990 | 3639.9 | 3744.8 | 1363.1 | 1190.3 | 5287.9 | 629.4 |
| 1991 | 3567.7 | 3758.7 | 1341.0 | 1124.1 | 5473.9 | 615.3 |
| 1992 | 3521.8 | 4028.9 | 1418.9 | 1153.6 | 5710.8 | 658.8 |
| 1993 | 3538.8 | 4115.8 | 1456.5 | 1137.1 | 5678.5 | 645.7 |
| 1994 | 3633.6 | 3502.0 | 1272.5 | 1134.1 | 4554.3 | 516.5 |
| 1995 | 3662.7 | 4117.7 | 1508.2 | 1148.4 | 5846.4 | 671.4 |
| 1996 | 3708.0 | 4070.4 | 1509.3 | 1152.4 | 5795.7 | 667.9 |
| 1997 | 3738.5 | 4132.1 | 1544.8 | 1155.3 | 5983.7 | 691.3 |
| 1998 | 3757.7 | 4143.8 | 1557.1 | 1147.9 | 5551.9 | 637.3 |
| 1999 | 3725.5 | 4227.6 | 1575.0 | 1116.4 | 5966.6 | 666.1 |
| 2000 | 3655.9 | 4180.9 | 1528.5 | 1078.1 | 5865.9 | 632.4 |
| 2001 | 3641.9 | 4150.0 | 1511.4 | 1141.5 | 5148.5 | 587.7 |
| 2002 | 3556.9 | 4180.0 | 1486.8 | 1130.3 | 5383.5 | 608.5 |
| 2003 | 3470.0 | 4222.2 | 1465.1 | 1118.5 | 5353.6 | 598.8 |
| 2004 | 3511.2 | 3983.0 | 1398.5 | 1098.9 | 5217.0 | 573.3 |
| 2005 | 3496.2 | 4254.0 | 1487.3 | 1131.3 | 5056.1 | 572.0 |
| 2006 | 3133.2 | 4556.4 | 1427.6 | 1053.3 | 5261.6 | 554.2 |
| 2007 | 2984.0 | 4680.0 | 1396.6 | 991.5 | 5414.0 | 536.8 |
| 2008 | 2973.1 | 4691.1 | 1394.7 | 984.4 | 5306.8 | 522.4 |
| 2009 | 3067.5 | 4770.0 | 1463.2 | 988.8 | 5595.7 | 553.3 |
| 2010 | 3061.1 | 4613.8 | 1412.3 | 964.8 | 5508.9 | 531.5 |
| 2011 | 3072.8 | 4653.4 | 1429.9 | 941.3 | 5634.9 | 530.4 |
| 2012 | 3069.1 | 4838.2 | 1484.9 | 928.8 | 5860.4 | 544.9 |
| 2013 | 3076.0 | 4947.3 | 1521.8 | 927.9 | 5983.5 | 555.2 |
| 2014 | 3067.7 | 5001.9 | 1534.4 | 917.6 | 5920.9 | 543.3 |
| 2015 | 3059.3 | 4984.1 | 1524.8 | 888.2 | 5953.6 | 528.8 |

4-1 续表 continued

| 年 份 Year | 晚 稻 Late Rice | | | 玉 米 Corn | | |
|---|---|---|---|---|---|---|
| | 播种面积（千公顷） Sown Area (1000 hectares) | 每公顷产量（公斤/公顷） Per Hectare Output (kg/hectare) | 总 产 量（万吨） Total Output (10 000 tons) | 播种面积（千公顷） Sown Area (1000 hectares) | 每公顷产量（公斤/公顷） Per Hectare Output (kg/hectare) | 总 产 量（万吨） Total Output (10 000 tons) |
| 1985 | 1124.5 | 3616.7 | 406.7 | | | |
| 1986 | 1180.9 | 3407.6 | 402.4 | | | |
| 1987 | 1172.7 | 3855.2 | 452.1 | | | |
| 1988 | 1151.2 | 3015.1 | 347.1 | | | |
| 1989 | 1134.5 | 3963.0 | 449.6 | | | |
| 1990 | 1174.5 | 4330.4 | 508.6 | | | |
| 1991 | 1182.4 | 4217.7 | 498.7 | | | |
| 1992 | 1160.2 | 4453.5 | 516.7 | | | |
| 1993 | 1131.8 | 4547.6 | 514.7 | | | |
| 1994 | 1132.2 | 3413.7 | 386.5 | | | |
| 1995 | 1136.9 | 4546.6 | 516.9 | | | |
| 1996 | 1143.3 | 4537.7 | 518.8 | | | |
| 1997 | 1143.8 | 4416.0 | 505.1 | | | |
| 1998 | 1140.0 | 5064.0 | 577.3 | | | |
| 1999 | 1123.8 | 4825.6 | 542.3 | | | |
| 2000 | 1068.7 | 4775.9 | 510.4 | 610.7 | 3016.2 | 184.2 |
| 2001 | 1147.3 | 4915.9 | 564.0 | 556.9 | 3025.7 | 168.5 |
| 2002 | 1142.0 | 4659.4 | 532.1 | 520.3 | 3094.4 | 161.0 |
| 2003 | 1110.2 | 4800.0 | 532.9 | 531.1 | 3007.0 | 159.7 |
| 2004 | 1125.0 | 4245.3 | 477.6 | 586.6 | 3002.0 | 176.1 |
| 2005 | 1108.4 | 4767.2 | 528.4 | 575.7 | 3682.5 | 212.0 |
| 2006 | 1038.8 | 4944.2 | 513.6 | 516.3 | 3844.7 | 198.5 |
| 2007 | 986.7 | 4969.1 | 490.3 | 490.4 | 4161.9 | 204.1 |
| 2008 | 983.9 | 5056.5 | 497.5 | 489.7 | 4231.2 | 207.2 |
| 2009 | 991.0 | 5125.5 | 507.9 | 534.6 | 4212.5 | 225.2 |
| 2010 | 979.7 | 5199.6 | 509.4 | 538.6 | 3874.8 | 208.7 |
| 2011 | 986.3 | 4785.0 | 471.9 | 565.9 | 4324.6 | 244.7 |
| 2012 | 979.2 | 5205.3 | 509.7 | 580.5 | 4317.0 | 250.6 |
| 2013 | 967.4 | 5251.0 | 508.0 | 587.6 | 4526.9 | 266.0 |
| 2014 | 959.7 | 5473.6 | 525.3 | 584.0 | 4561.6 | 266.4 |
| 2015 | 947.9 | 5413.0 | 513.1 | 622.6 | 4508.5 | 280.7 |

# 4-2　主要县（区）粮食生产情况

## Basic Statistics of Grain by Major County（District）

| 地　区 | Region | 粮食播种面积（千公顷）Sown Area of Grain（1 000 hectares） | | 粮食单位面积产量（公斤/公顷）Output of Grain Per Hectare（kg/hectare） | | 粮食总产量（万吨）Total Output of Grain（10 000 tons） | |
|---|---|---|---|---|---|---|---|
| | | 2014 | 2015 | 2014 | 2015 | 2014 | 2015 |
| **南宁市** | **Nanning** | | | | | | |
| 邕宁区 | Yongning | 26.5 | 27.0 | 5198.9 | 5327.3 | 13.8 | 14.4 |
| 武鸣区 | Wuming | 73.3 | 70.8 | 5181.7 | 5190.7 | 38.0 | 36.7 |
| 隆安县 | Long'an | 37.3 | 39.5 | 4521.2 | 4487.3 | 16.9 | 17.7 |
| 马山县 | Mashan | 40.3 | 40.7 | 4550.7 | 4573.3 | 18.3 | 18.6 |
| 上林县 | Shanglin | 38.9 | 38.5 | 4815.3 | 4798.8 | 18.7 | 18.5 |
| 宾阳县 | Binyang | 70.3 | 71.2 | 5242.6 | 5231.1 | 36.9 | 37.2 |
| 横　县 | Hengxian | 78.6 | 79.6 | 5374.6 | 5345.3 | 42.2 | 42.5 |
| **柳州市** | **Liuzhou** | | | | | | |
| 柳江县 | Liujiang | 34.0 | 33.8 | 5149.8 | 5186.5 | 17.5 | 17.5 |
| 柳城县 | Liucheng | 32.9 | 32.6 | 5266.0 | 5240.3 | 17.3 | 17.1 |
| 鹿寨县 | Luzhai | 32.5 | 32.6 | 5230.6 | 5244.5 | 17.0 | 17.1 |
| **桂林市** | **Guilin** | | | | | | |
| 阳朔县 | Yangshuo | 23.9 | 24.2 | 4982.2 | 4955.0 | 11.9 | 12.0 |
| 临桂县 | Lingui | 48.3 | 48.7 | 5457.5 | 5366.6 | 26.3 | 26.1 |
| 灵川县 | Lingchuan | 32.6 | 33.3 | 5296.9 | 5256.8 | 17.3 | 17.5 |
| 全州县 | Quanzhou | 78.8 | 79.7 | 5505.3 | 5468.5 | 43.4 | 43.6 |
| 兴安县 | Xing'an | 38.9 | 39.2 | 5555.4 | 5517.0 | 21.6 | 21.6 |
| 永福县 | Yongfu | 27.5 | 27.6 | 5358.1 | 5257.0 | 14.7 | 14.5 |
| 平乐县 | Pingle | 31.3 | 31.5 | 5389.5 | 5379.5 | 16.9 | 17.0 |
| **梧州市** | **Wuzhou** | | | | | | |
| 藤　县 | Tengxian | 48.0 | 48.3 | 5515.3 | 5432.8 | 26.5 | 26.3 |
| 岑溪市 | Cenxi | 47.5 | 48.3 | 4968.3 | 4939.8 | 23.6 | 23.9 |
| **北海市** | **Beihai** | | | | | | |
| 合浦县 | Hepu | 65.8 | 67.2 | 4976.9 | 4927.7 | 32.8 | 33.1 |
| **钦州市** | **Qinzhou** | | | | | | |
| 钦北区 | Qinbei | 55.7 | 55.2 | 5191.8 | 5148.5 | 28.9 | 28.4 |
| 灵山县 | Lingshan | 78.6 | 77.8 | 5241.0 | 5256.4 | 41.2 | 40.9 |
| 浦北县 | Pubei | 47.7 | 48.4 | 5498.9 | 5496.0 | 26.2 | 26.6 |
| **贵港市** | **Guigang** | | | | | | |
| 平南县 | Pingnan | 65.1 | 64.3 | 5526.5 | 5531.2 | 36.0 | 35.6 |
| 桂平市 | Guiping | 101.9 | 103.4 | 5525.6 | 5513.6 | 56.3 | 57.0 |
| **玉林市** | **Yulin** | | | | | | |
| 容　县 | Rongxian | 38.5 | 38.3 | 6037.0 | 5979.0 | 23.2 | 22.9 |
| 陆川县 | Luchuan | 44.7 | 44.3 | 6299.6 | 6137.0 | 27.5 | 27.2 |
| 博白县 | Bobai | 88.0 | 86.8 | 5560.9 | 5582.5 | 48.9 | 48.4 |
| 兴业县 | Xingye | 42.5 | 41.6 | 6021.1 | 6017.8 | 25.6 | 25.0 |
| 北流市 | Beiliu | 61.6 | 59.9 | 5840.9 | 5772.7 | 36.0 | 34.6 |
| **百色市** | **Baise** | | | | | | |
| 田阳县 | Tianyang | 23.7 | 22.6 | 5162.2 | 5236.2 | 12.2 | 11.8 |
| 靖西县 | Jingxi | 52.9 | 51.9 | 4463.1 | 4476.3 | 23.6 | 23.2 |
| **贺州市** | **Hezhou** | | | | | | |
| 八步区 | Babu | 58.8 | 57.1 | 5348.2 | 5308.4 | 31.4 | 30.3 |
| **河池市** | **Hechi** | | | | | | |
| 环江毛南族自治县 | Huanjiang | 24.3 | 23.5 | 5299.3 | 5257.7 | 12.9 | 12.3 |
| 宜州市 | Yizhou | 47.4 | 47.5 | 4677.7 | 4670.9 | 22.2 | 22.2 |
| **来宾市** | **Laibin** | | | | | | |
| 兴宾区 | Xingbin | 66.2 | 66.0 | 4678.7 | 4704.4 | 31.0 | 31.1 |
| 象州县 | Xiangzhou | 34.9 | 34.1 | 5461.8 | 5445.9 | 19.0 | 18.6 |

# 4-3 主要畜禽生产情况（1978—2015年）

| 年 份 Year | 生 猪 Live Hog | | | 牛 Cattle | | |
|---|---|---|---|---|---|---|
| | 存 栏（万头）Number of Hogs（10 000 heads） | 出 栏（万头）Slaughtered Hogs（10 000 heads） | 肉产量（万吨）Output of Pork（10 000 tons） | 存 栏（万头）Number of Cattle（10 000 heads） | 出 栏（万头）Slaughtered Cattle（10 000 heads） | 肉产量（万吨）Output of Beef（10 000 tons） |
| 1978 | 1246.3 | 650.6 | | 413.9 | 7.4 | |
| 1979 | 1103.0 | 683.2 | 36.6 | 415.5 | 8.5 | 0.5 |
| 1980 | 1034.1 | 564.7 | 39.7 | 411.0 | 5.0 | 0.3 |
| 1981 | 1125.3 | 514.7 | 42.6 | 428.3 | 6.5 | 0.5 |
| 1982 | 1284.2 | 610.2 | 50.4 | 460.4 | 7.1 | 0.6 |
| 1983 | 1355.3 | 691.6 | 56.4 | 484.0 | 7.6 | 0.6 |
| 1984 | 1350.0 | 743.5 | 61.8 | 522.7 | 9.1 | 0.8 |
| 1985 | 1435.7 | 693.4 | 60.8 | 560.2 | 12.5 | 1.1 |
| 1986 | 1563.8 | 733.2 | 62.1 | 595.5 | 14.8 | 1.3 |
| 1987 | 1564.6 | 841.0 | 69.1 | 627.2 | 21.3 | 1.8 |
| 1988 | 1527.2 | 876.1 | 71.3 | 648.0 | 27.2 | 2.4 |
| 1989 | 1634.0 | 939.4 | 76.9 | 672.8 | 28.1 | 2.4 |
| 1990 | 1742.5 | 1063.9 | 87.2 | 703.9 | 35.0 | 3.0 |
| 1991 | 1808.6 | 1195.0 | 97.4 | 708.7 | 44.2 | 3.8 |
| 1992 | 1903.9 | 1349.9 | 109.8 | 712.3 | 55.3 | 4.8 |
| 1993 | 1923.6 | 1464.4 | 118.1 | 714.8 | 60.3 | 5.3 |
| 1994 | 1990.1 | 1654.3 | 134.4 | 724.8 | 67.1 | 5.9 |
| 1995 | 2075.7 | 1905.8 | 153.6 | 738.8 | 73.5 | 6.5 |
| 1996 | 2137.0 | 2187.0 | 175.9 | 747.4 | 83.2 | 7.5 |
| 1997 | 2244.0 | 2378.4 | 190.0 | 759.6 | 96.9 | 8.7 |
| 1998 | 2085.2 | 2424.5 | 194.0 | 776.3 | 105.8 | 9.5 |
| 1999 | 2309.6 | 2547.0 | 202.5 | 770.7 | 99.9 | 8.9 |
| 2000 | 2415.6 | 2756.9 | 217.9 | 775.3 | 108.9 | 9.8 |
| 2001 | 3154.6 | 2768.4 | 208.1 | 766.6 | 115.5 | 10.4 |
| 2002 | 3029.3 | 2656.5 | 190.8 | 766.5 | 129.1 | 11.6 |
| 2003 | 2637.7 | 2555.1 | 179.8 | 760.6 | 144.4 | 12.9 |
| 2004 | 2671.0 | 2462.5 | 161.7 | 739.7 | 163.5 | 14.6 |
| 2005 | 3015.0 | 2831.9 | 186.0 | 735.6 | 188.3 | 16.9 |
| 2006 | 2259.9 | 2957.2 | 210.3 | 403.8 | 117.1 | 10.9 |
| 2007 | 2169.3 | 2767.3 | 206.2 | 396.8 | 125.4 | 11.7 |
| 2008 | 2307.0 | 2935.0 | 218.4 | 421.8 | 133.7 | 12.5 |
| 2009 | 2332.4 | 3119.9 | 232.3 | 448.0 | 143.0 | 13.4 |
| 2010 | 2344.0 | 3230.0 | 241.5 | 450.0 | 146.3 | 13.7 |
| 2011 | 2412.0 | 3195.1 | 239.8 | 441.7 | 150.4 | 14.3 |
| 2012 | 2466.6 | 3342.1 | 252.5 | 453.6 | 147.7 | 13.9 |
| 2013 | 2471.5 | 3456.7 | 261.3 | 457.0 | 148.2 | 14.3 |
| 2014 | 2360.3 | 3518.0 | 266.3 | 448.6 | 149.6 | 14.4 |
| 2015 | 2303.7 | 3416.8 | 258.8 | 445.9 | 149.3 | 14.4 |

# Basic Statistics on Main Livestock and Poultry（1978—2015）

| 羊 Sheep | | | 家 禽 Poultry | | |
| --- | --- | --- | --- | --- | --- |
| 存 栏（万只） Number of Sheep（10 000 heads） | 出 栏（万只） Slaughtered Sheep（10 000 heads） | 肉产量（万吨） Output of Mutton（10 000 tons） | 存 栏（万只） Number of Poultry（10 000 heads） | 出 栏（万只） Slaughtere Poultry（10 000 heads） | 肉产量（万吨） Output of Poultry（10 000 tons） |
| 94.8 | 17.8 | | | | |
| 87.5 | 16.0 | 0.3 | | | |
| 80.3 | 15.1 | 0.2 | | | |
| 78.0 | 14.2 | 0.2 | | | |
| 79.8 | 12.6 | 0.2 | | | |
| 76.6 | 10.3 | 0.2 | | | |
| 71.8 | 11.9 | 0.2 | | | |
| 66.6 | 14.4 | 0.2 | | | |
| 63.6 | 15.7 | 0.2 | | | |
| 66.7 | 15.3 | 0.2 | | | |
| 68.8 | 17.4 | 0.2 | | | |
| 74.6 | 18.2 | 0.3 | | | |
| 80.6 | 21.5 | 0.3 | | | |
| 84.0 | 25.5 | 0.4 | | | |
| 89.1 | 30.3 | 0.4 | | | |
| 95.4 | 34.7 | 0.5 | | | |
| 104.2 | 38.9 | 0.6 | | | |
| 131.5 | 51.5 | 0.8 | | | |
| 161.6 | 66.3 | 1.1 | | | |
| 228.7 | 102.8 | 1.6 | | | |
| 239.2 | 133.1 | 2.1 | | | |
| 241.1 | 150.9 | 2.3 | | | |
| 241.8 | 165.0 | 2.5 | | | |
| 237.6 | 173.8 | 2.6 | | 24617.3 | 43.4 |
| 232.4 | 181.5 | 2.6 | | 22918.3 | 41.6 |
| 246.6 | 194.4 | 2.8 | | 21206.9 | 29.3 |
| 278.1 | 217.7 | 3.2 | | 20166.1 | 28.4 |
| 260.0 | 255.0 | 3.8 | | 27111.6 | 33.5 |
| 151.4 | 166.5 | 2.5 | 23957.5 | 60123.0 | 94.5 |
| 155.1 | 176.0 | 2.7 | 25938.8 | 64538.1 | 105.3 |
| 176.4 | 190.9 | 2.9 | 27495.1 | 69701.1 | 113.7 |
| 190.0 | 205.0 | 3.2 | 28180.0 | 72834.0 | 118.4 |
| 193.4 | 212.3 | 3.3 | 28501.3 | 77058.4 | 124.9 |
| 198.2 | 205.0 | 3.2 | 30282.6 | 79169.8 | 128.8 |
| 203.6 | 206.0 | 3.2 | 31202.6 | 82631.7 | 136.0 |
| 202.2 | 205.6 | 3.2 | 30625.4 | 82218.5 | 135.3 |
| 201.6 | 205.0 | 3.2 | 30656.0 | 78288.1 | 128.2 |
| 202.6 | 205.3 | 3.2 | 31330.4 | 80825.0 | 132.5 |

# 4-4 广西贫困地区农村居民家庭基本情况

## Basic Conditions of Rural Households in Poor Areas of Guangxi

| 项 目 | Item | 2014 | 2015 |
|---|---|---|---|
| **调查户类别（户）** | **Household Survey Categories (household)** | | |
| 调查户数 | Number of Household Surveyed | 2567 | 2587 |
| 低保户 | Low Income Households | 458 | 415 |
| 五保户 | Households Enjoying Five Guarantees | 9 | 16 |
| 建档立卡户 | Cardholders Archiving Legislation | 712 | 442 |
| 退耕还林户 | Grain for Green by Households | 556 | 541 |
| 种养业大户 | Large Breeding Industry | 105 | 72 |
| 当年参加专业性合作经济组织的户 | Specialized Cooperative Economic Organizations of Households | 78 | 54 |
| 当年家中是否发生大事 | The Occurrence of Events at Home | | |
| 没有大事 | No Big Thing | 2054 | 2088 |
| 盖房买房 | Build a House Buy a House | 151 | 128 |
| 婚丧嫁娶 | Wedding and Funeral | 117 | 111 |
| 子女上大学（含大中专） | Their Children to University（Including College） | 102 | 124 |
| 大病治疗 | Serious Illness Treatment | 144 | 136 |
| **家庭成员基本情况（人）** | **Basic Statistics of Family Members (person)** | | |
| 家庭全部人口 | Family Entire Population | 11460 | 11597 |
| 常住人口 | Resident Population | 9642 | 9623 |
| 男 | Male | 4935 | 4923 |
| 女 | Female | 4706 | 4700 |
| 少数民族人口 | Minority Population | 9167 | 9395 |
| 有病是否能及时就医 | Whether Prompt Medical Illness | | |
| 是 | Yes | 11021 | 11167 |
| 否 | No | 388 | 450 |
| 不能及时就医的主要原因 | Main Reasons for Not Timely Medical Treatment | | |
| 经济困难 | Economic Difficulties | 51 | 145 |
| 医院太远 | Hospitals Too Far | 247 | 304 |
| 没有时间 | No Time | 10 | |
| 本人不重视 | I Do Not Pay Attention | 16 | |
| 小病不用医 | Minor Ailments Without Doctors | 4 | |
| 其他 | Other | 60 | 1 |
| 享受农村最低生活保障人数 | Number of Enjoy Rural with Minimum Living Security | 1525 | 1468 |
| 5周岁及以下人口是否接受计划免疫人数 | Whether to Accept the Number of Planned Immunization | 798 | 814 |

4-4　续表 1　continued

| 项　目 | Item | 2014 | 2015 |
|---|---|---|---|
| **劳动力素质及就业状况（人）** | **Quality of Labor Force and Employment Status (person)** | | |
| 劳动力人数 | Number of Labor Force | 6218 | 6141 |
| 劳动力文化程度 | Labour Force Education Background | 6218 | 6141 |
| 不识字或识字不多 | Illiterate or Semi-literate | 278 | 260 |
| 小学 | Primary Schools | 2109 | 2075 |
| 初中 | Junior Secondary Schools | 3030 | 3018 |
| 高中 | Senior Secondary Schools | 634 | 616 |
| 大专及以上 | College Degree or Above | 167 | 172 |
| # 第一产业就业劳动力 | # Primary Industry Employment Labor | 4724 | 4648 |
| 第二产业就业劳动力 | Secondary Industry Employment Labor | 558 | 561 |
| 第三产业就业劳动力 | Tertiary Industry Employment Labor | 756 | 732 |
| 曾受过技能培训人数 | Number of Received Skills Training | 3079 | 2629 |
| # 接受农业技术培训 | # Accept Agricultural Technical Training | 2757 | 2384 |
| 接受非农技能培训 | Accept Non-agricultural Skills Training | 1364 | 1159 |
| 就业劳动力人数 | Number of Employed Labor Force | 6038 | 5941 |
| 当年从事的主要行业 | Engage of Major Sectors | 6038 | 5941 |
| 第一产业 | Primary Industry | 4724 | 4648 |
| 第二产业 | Secondary Industry | 558 | 561 |
| 第三产业 | Tertiary Industry | 756 | 732 |
| **学生就学情况（人）** | **Situations on Schooling (person)** | | |
| 他/她在本年度的主要居住地点 | His/Her Principal Place of Residence During the Year | | |
| 本村 | Village | 1552 | 2048 |
| 村外乡内 | Village Outside and Township Inside | 219 | 166 |
| 乡外县内 | Township Outside and Country Inside | 150 | 180 |
| 县外省内 | Country Outside and Province Inside | 38 | 74 |
| 省外 | Province Outside | 28 | 53 |
| 其他 | Other | 8 | |
| 他/她本年度主要和谁居住在一起 | His/Her is This Year the Main and Who Live Together | | |
| 父母双方 | Both Parents | 1363 | 1623 |
| 父亲一方 | Father's Side | 59 | 101 |
| 母亲一方 | Mother's Side | 167 | 254 |
| （外）祖父母 | （Outside）Grandparents | 296 | 418 |
| 兄弟姐妹 | Brothers and Sisters | | 5 |
| 亲属 | Relatives | 26 | 18 |
| 独自居住 | Living Alone | 2 | 54 |
| 其他 | Other | 82 | 48 |

4-4 续表 2 continued

| 项 目 | Item | 2014 | 2015 |
|---|---|---|---|
| **住房及生活设施情况（户）** | **Household and Living Facilities (household)** | | |
| 居住住房主要建筑材料 | Residential Housing Construction Materials | 2567 | 2587 |
| 钢筋混凝土 | Reinforced Concrete | 301 | 314 |
| 砖混材料 | Masonry Materials | 1697 | 1749 |
| 砖瓦砖木 | Brick and Tile Brick | 403 | 365 |
| 竹草土坯 | Bamboo Grass Adobe | 36 | 32 |
| 其他 | Other | 131 | 127 |
| 住宅外道路路面情况 | Road Surface State of the Road Outside the House | 2567 | 2587 |
| 水泥或柏油路面 | Cement or Road Surface of Pitch | 1166 | 1323 |
| 沙石或石板等硬质路面 | Stone, Sand gravel or Other Hard-surface | 619 | 614 |
| 其他 | Other | 783 | 650 |
| 是否有管道供水 | Whether Ther is Water Supply Pipeline | 2567 | 2587 |
| 管道供水入户 | Pipe Water into People's Homes | 1927 | 2110 |
| 管道供水至公共取水点 | Pipeline Water Supply to the Public Water Points | 95 | 73 |
| 没有管道设施 | No Pipeline Facilities | 546 | 404 |
| 主要饮用水来源 | Major Sources of Drinking Water | 2567 | 2587 |
| 经过净化处理的自来水 | After Purification of Water | 877 | 942 |
| 受保护的井水和泉水 | Protected Wells and Springs | 1222 | 1112 |
| 不受保护的井水和泉水 | Unprotected Wells and Springs | 228 | 257 |
| 江河湖泊水 | Rivers, Lakes and Water | 15 | 16 |
| 收集雨水 | Collect Rainwater | 60 | 60 |
| 桶装水 | Bottled Water | | |
| 其他水源 | Other Sources | 165 | 200 |
| 获取饮用水存在的主要困难 | The Main Difficulty in Obtaining Drinking Water Exists | 2567 | 2587 |
| 单次取水往返时间超过半小时 | The Single Water Round-trip Time More Than Half an Hour | 41 | 29 |
| 间断或定时供水 | Intermittent or Regular Water Supply | 199 | 176 |
| 当年连续缺水时间超过15天 | Continuous Dry Year Period More Than 15 Days | 156 | 132 |
| 无上述困难 | None of the Above Difficulties | 2172 | 2250 |
| 饮用前在家里所采取的主要处理措施 | Water in the Home Mainly Deal with Measures Taken | 2567 | 2587 |
| 煮沸 | Boiled | 2469 | 2447 |
| 加漂白剂/氯等 | Add Bleach/Chlorine | 20 | 22 |
| 使用水过滤器 | Use Water Filter | 43 | 42 |
| 其他处理措施 | Other Treatment Measures | 35 | 32 |
| 没有任何水处理措施 | No Water Treatment Measures | | 44 |

4-4　续表 3　continued

| 项　目 | Item | 2014 | 2015 |
|---|---|---|---|
| 厕所类型 | Toilet Type | 2567 | 2587 |
| 水冲式卫生厕所 | Water Flush Sanitary Toilet | 1493 | 1564 |
| 水冲式非卫生厕所 | Water Flush Non-sanitary Toilet | 129 | 163 |
| 卫生旱厕 | Sanitary Toilet | 270 | 260 |
| 普通旱厕 | Ordinary Toilet | 661 | 545 |
| 无厕所 | No Toilet | 15 | 55 |
| 厕所使用情况 | Situation of Toilet Use | 2567 | 2587 |
| 本住户独用 | Household Use Alone | 2464 | 2490 |
| 几户合用 | Several Families Sharing | 60 | 45 |
| 公用厕所 | Communal Lavatories | 43 | 52 |
| 洗澡设施 | Facilities for Bathing | 2567 | 2587 |
| 统一供热水 | Unity of Hot Water Supply | | |
| 家庭自装热水器 | Families Install Their Own Water Heater | 946 | 1103 |
| 其他 | Other | 848 | 891 |
| 无洗澡设施 | No Bathing Facilities | 774 | 593 |
| 主要取暖用能源状况 | Mainly for Heating Energy Situation | 2567 | 2587 |
| 柴草 | Firewood | 1472 | 1381 |
| 煤炭 | Coal | 28 | 9 |
| 罐装液化石油气 | Bottled Liquefied Petroleum Gas | 23 | 24 |
| 管道液化石油气 | Pipeline Liquefied Petroleum Gas | | |
| 管道煤气 | Pipeline Gas | | |
| 管道天然气 | Pipeline Natural Gas | | |
| 电 | Electricity | 266 | 318 |
| 燃料用油 | Fuel Oil | | |
| 沼气 | Biogas | 5 | 3 |
| 其他 | Other | 162 | 208 |
| 无取暖行为 | No Heating Behavior | 612 | 644 |
| 主要炊用能源状况 | Mainly to Cooking Energy Situation | 2567 | 2587 |
| 柴草 | Firewood | 1780 | 1712 |
| 煤炭 | Coal | 1 | |
| 罐装液化石油气 | Bottled Liquefied Petroleum Gas | 346 | 395 |
| 管道液化石油气 | Pipeline Liquefied Petroleum Gas | | 2 |
| 管道煤气 | Pipeline Gas | | |
| 管道天然气 | Pipeline Natural Gas | | |
| 电 | Electricity | 345 | 366 |
| 燃料用油 | Fuel Oil | | |
| 沼气 | Biogas | 90 | 100 |
| 其他 | Other | 4 | 12 |
| 无炊用行为 | No Cooking With Behavior | 2 | |
| 使用照明电的 | Use of Lighting Electricity | 2567 | 2582 |

4-4 续表 4 continued

| 项 目<br>Item | 2014 | 2015 |
|---|---|---|
| **社会事务参与情况（户）**<br>**Statistics of Participation in Social Affairs（household）** | | |
| 当年有人参加过村务会议的户<br>Households of Participated in Village meetings This Year | 1119 | 1045 |
| 当年有人为村级公共事务提过建议的户<br>Households of Village-level Public Affairs When Someone Mentioned Recommendations This Year | 932 | 845 |
| 本村的低保户是如何确定的<br>The Village is How to determine the minimal Assurance Households | | |
| 村民公开评议<br>Public Comment by Villagers | 2130 | 2162 |
| 村干部指定<br>Specified by Village Cadres | 235 | 195 |
| 大家轮流<br>Everyone Take Turns | 8 | 8 |
| 关系户优先<br>Priority of Family Relations | 29 | 50 |
| 其他<br>Other | 166 | 172 |
| 本村的扶贫项目户如何确定的<br>The Village is How Poverty Alleviation Project Households to Determine | | |
| 村民公开评议<br>Public Comment by Villagers | 2110 | 2132 |
| 村干部指定<br>Specified by Village Cadres | 207 | 174 |
| 大家轮流<br>Everyone Take Turns | 9 | 9 |
| 关系户优先<br>Priority of Family Relations | 25 | 48 |
| 其他<br>Other | 217 | 224 |
| 所在的行政村有村级扶贫规划的户<br>Where Administrative Village of Village Poverty Alleviation Planning Households | 1097 | 1150 |
| 了解规划内容的户<br>Understanding of the Planning Content of Households | 604 | 660 |
| 参与村级扶贫规划的制定的户<br>To Participate in the Village Poverty Alleviation Planning Households | 341 | 364 |
| 您家当年面临的主要问题<br>The Main Problem That Faces in Your Home | | |
| 缺乏致富技术<br>Lack of Enrichment Technology | 680 | 679 |
| 缺乏资金<br>Lack of Funds | 1402 | 1413 |
| 缺乏劳动力<br>Lack of Labour Force | 161 | 135 |
| 家中有人患大病<br>Someone Suffering From a Serious Illness by Households | 71 | 71 |
| 家中有人残疾<br>Someone Disability by Households | 31 | 44 |
| 容易遭受自然灾害<br>Vulnerable to Natural Disasters | 53 | 41 |
| 其他<br>Other | 170 | 204 |

4-4　续表 5 continued

| 项　目<br>Item | 2014 | 2015 |
|---|---|---|
| 您认为您家在本村属于<br>Do You Think That Your Home in the Village Belong To | 2567 | 2587 |
| 贫困户<br>Low Income households | 470 | 474 |
| 中等偏下户<br>Lower Middle Income households | 833 | 894 |
| 中等收入户<br>Middle Income households | 1047 | 1034 |
| 中等偏上户<br>Upper middle Income Households | 209 | 177 |
| 富裕户<br>High Income Households | 9 | 8 |
| **扶贫活动参与情况（户）**<br>**Statistics of Participation in Poverty Reduction Activities（households）** | | |
| 所在村已落实新的扶贫项目或新到位扶贫资金的户<br>The Village has Implemented New Project or Position Poverty Alleviation Fund Families | 857 | 871 |
| 您如何知道本村参加了扶贫项目<br>How Do You Know the Village Took Part in the Poverty Alleviation Project | | |
| 通过村务公开公告栏或通知<br>Through Making Village Affairs Public Bulletin Boards or Notice | 1953 | 2011 |
| 通过村干部个别通知<br>Informed Individually Through the village Cadres | 183 | 164 |
| 通过亲朋好友<br>Through Friends and Family | 134 | 168 |
| 其他<br>Other | 292 | 242 |
| 参与村级扶贫项目选定的户<br>Poverty Alleviation Project in selected Households | 448 | 420 |
| 本村的扶贫项目是如何分配的<br>The Village Poverty Alleviation Project is How to Allocate | | |
| 贫困户优先得到项目<br>Poor Households Receive Priority Projects | 1887 | 1852 |
| 先给有偿还能力或脱贫能力强的户<br>The First to Have Repayment Ability, or Ability of Households Out of Poverty | 241 | 288 |
| 优先考虑关系户<br>Priority of Family Relations | 49 | 65 |
| 其他<br>Other | 387 | 378 |
| 参与扶贫项目户的确定的户<br>Participation in Poverty Alleviation Project Households Identified Households | 457 | 446 |
| 当年参加扶贫项目的户数<br>Number of households That Took Part in Poverty Alleviation Projects | 198 | 164 |
| 您家参加的扶贫项目类型<br>Your Home in Poverty Alleviation Project Type | | |
| 种植业<br>Crop Farming | 97 | 70 |
| 林业<br>Forestry | 24 | 15 |
| 养殖业<br>Aquaculture | 11 | 11 |
| 农产品加工业<br>Agricultural Product Processing Industry | | |
| 人畜饮水工程<br>Drinking Water Project | 18 | 14 |

4-4 续表 6 continued

| 项 目<br>Item | 2014 | 2015 |
| --- | --- | --- |
| 危房改造<br>Repair of Dangerous Buildings | 29 | 33 |
| 沼气等新能源建设<br>Construction of New Energy Sources Such as Biogas | 11 | |
| 教育免费<br>Education is Free | 3 | 9 |
| 卫生<br>Health | | |
| 专业技能培训<br>Professional Skills Training | | 1 |
| 其他<br>Other | 5 | 11 |
| 当年得到的扶贫资金总额（元）<br>Total of get Alleviation Funds in This Year（yuan） | 767437.0 | 1830422.0 |
| 当年得到扶贫资金来源<br>Then get Help Alleviation Funds Source in This Year | | |
| 扶贫贴息贷款<br>Poverty Alleviation Loans | | 14 |
| 财政扶贫专项资金<br>Special Funds to Finance Poverty Alleviation | 112 | 105 |
| 国内无偿政策性补贴<br>The Domestic Gratuitous Policy-related Subsidies | 26 | 24 |
| 外资项目贷款<br>Foreign Project Loans | | |
| 外资无偿赠款<br>Gratuitous Donated of Foreign Funds | 9 | 4 |
| 其他<br>Other | 51 | 17 |
| 当年扶贫项目净收益（元）<br>Net Income From Poverty Alleviation Project in This Year（yuan） | 510107.0 | 627974.0 |
| 您最希望得到的扶贫项目<br>You Want Most of the Poverty Alleviation Project | | |
| 种植业<br>Crop Farming | 843 | 802 |
| 林业<br>Forestry | 116 | 116 |
| 养殖业<br>Aquaculture | 638 | 618 |
| 农产品加工业<br>Agricultural Product Processing Industry | 26 | 42 |
| 人畜饮水工程<br>Drinking Water Project | 89 | 79 |
| 危房改造<br>Repair of Dangerous Buildings | 208 | 179 |
| 沼气等新能源建设<br>Construction of New Energy Sources Such as Biogas | 20 | 15 |
| 免费教育<br>Education is Free | 67 | 87 |
| 卫生<br>Health | 36 | 25 |
| 专业技能培训<br>Professional Skills Training | 306 | 328 |
| 其他<br>Other | 220 | 296 |

# 4-5　广西贫困地区农村居民家庭人均总收入及构成

## Per Capita Income and Composition of Rural Households of Poor Areas by Guangxi

| 项　目 | Item | 2014 | 2015 |
|---|---|---|---|
| **总收入（元）** | Total Income (yuan) | **9853.35** | **10709.79** |
| 工资性收入 | Wages Income | 1808.44 | 2166.44 |
| 家庭经营收入 | Household Business Income | 6128.20 | 6434.71 |
| 第一产业 | Primary Industry | 5012.55 | 5070.85 |
| 农业 | Farming | 2936.54 | 3005.36 |
| 林业 | Forestry | 465.57 | 421.99 |
| 牧业 | Animal Husbandry | 1553.54 | 1605.92 |
| 渔业 | Fishery | 56.90 | 37.58 |
| 第二产业 | Secondary Industry Income | 179.07 | 297.26 |
| 工业 | Industry | 132.03 | 259.72 |
| 建筑业 | Construction | 47.03 | 37.54 |
| 第三产业 | Tertary Industry | 936.59 | 1066.60 |
| 批发和零售业 | Wholesale & Retail Trade | 447.91 | 529.45 |
| 交通、运输、邮电业 | Transport and Telecommunications Industries | 253.03 | 242.15 |
| 住宿和餐饮业 | Hotel & Catering Trade | 15.73 | 38.90 |
| 居民服务修理和其他服务业 | Residents Service Repair & Other Services | 96.26 | 97.77 |
| 其他行业 | Other Industry | 123.67 | 158.34 |
| 财产性收入 | Property Income | 67.45 | 78.60 |
| 转移性收入 | Transferred Income | 1849.25 | 2030.04 |
| **总收入构成（%）** | Composition of Total Income (%) | | |
| 工资性收入 | Wages Income | 18.35 | 20.23 |
| 家庭经营收入 | Household Business Income | 62.19 | 60.08 |
| 第一产业 | Primary Industry | 50.87 | 47.35 |
| 农业 | Farming | 29.80 | 28.06 |
| 林业 | Forestry | 4.72 | 3.94 |
| 牧业 | Animal Husbandry | 15.77 | 14.99 |
| 渔业 | Fishery | 0.58 | 0.35 |
| 第二产业 | Secondary Industry Income | 1.82 | 2.78 |
| 工业 | Industry | 1.34 | 2.43 |
| 建筑业 | Construction | 0.48 | 0.35 |
| 第三产业 | Tertary Industry | 9.51 | 9.96 |
| 批发和零售业 | Wholesale & Retail Trade | 4.55 | 4.94 |
| 交通、运输、邮电业 | Transport and Telecommunications Industries | 2.57 | 2.26 |
| 住宿和餐饮业 | Hotel & Catering Trade | 0.16 | 0.36 |
| 居民服务修理和其他服务业 | Residents Service Repair & Other Services | 0.98 | 0.91 |
| 其他行业 | Other Industry | 1.26 | 1.48 |
| 财产性收入 | Property Income | 0.68 | 0.73 |
| 转移性收入 | Transferred Income | 18.77 | 18.95 |

# 4-6 广西贫困地区农村居民家庭人均可支配收入及构成

## Per Capita Disposable Income and Composition of Rural Households of Poor Areas by Guangxi

| 项 目 | Item | 2014 | 2015 |
|---|---|---|---|
| **可支配收入（元）** | **Disposable Income（yuan）** | **7044.22** | **7926.50** |
| 工资性收入 | Wages Income | 1808.44 | 2166.44 |
| 经营净收入 | Net Business Income | 3426.95 | 3776.14 |
| 第一产业 | Primary Industry | 2799.09 | 3021.88 |
| 农业 | Farming | 1788.76 | 1917.69 |
| 林业 | Forestry | 369.83 | 360.06 |
| 牧业 | Animal Husbandry | 615.35 | 726.71 |
| 渔业 | Fishery | 25.15 | 17.42 |
| 第二产业 | Secondary Industry | 86.12 | 140.06 |
| 工业 | Industry | 53.98 | 114.19 |
| 建筑业 | Construction | 32.14 | 25.87 |
| 第三产业 | Tertiary Industry | 541.74 | 614.20 |
| 批发和零售业 | Wholesale & Retail Trade | 259.83 | 339.59 |
| 交通、运输、邮电业 | Transport and Telecommunications Industries | 120.33 | 117.27 |
| 住宿和餐饮业 | Hotel & Catering Trade | 13.19 | -2.17 |
| 居民服务修理和其他服务业 | Residents Service Repair & Other Services | 55.88 | 38.43 |
| 其他行业 | Other Industry | 92.51 | 121.07 |
| 财产性收入 | Property Income | 60.81 | 64.98 |
| 转移性收入 | Transferred Income | 1748.03 | 1918.93 |
| **可支配收入构成（%）** | **Composition of Disposable Income（%）** | | |
| 工资性收入 | Wages Income | 25.67 | 27.33 |
| 经营净收入 | Net Business Income | 48.65 | 47.64 |
| 第一产业 | Primary Industry | 39.74 | 38.12 |
| 农业 | Farming | 25.39 | 24.19 |
| 林业 | Forestry | 5.25 | 4.54 |
| 牧业 | Animal Husbandry | 8.74 | 9.17 |
| 渔业 | Fishery | 0.36 | 0.22 |
| 第二产业 | Secondary Industry | 1.22 | 1.77 |
| 工业 | Industry | 0.77 | 1.44 |
| 建筑业 | Construction | 0.46 | 0.33 |
| 第三产业 | Tertiary Industry | 7.69 | 7.75 |
| 批发和零售业 | Wholesale & Retail Trade | 3.69 | 4.28 |
| 交通、运输、邮电业 | Transport and Telecommunications Industries | 1.71 | 1.48 |
| 住宿和餐饮业 | Hotel & Catering Trade | 0.19 | -0.03 |
| 居民服务修理和其他服务业 | Residents Service Repair & Other Services | 0.79 | 0.48 |
| 其他行业 | Other Industry | 1.31 | 1.53 |
| 财产性收入 | Property Income | 0.86 | 0.82 |
| 转移性收入 | Transferred Income | 24.82 | 24.21 |

# 4-7 广西贫困地区农村居民家庭人均现金可支配收入及构成

## Per Capita Cash Disposable Income and Composition of Rural Households of Poor Areas by Guangxi

| 项 目 | Item | 2014 | 2015 |
|---|---|---|---|
| **现金可支配收入（元）** | **Cash Disposable Income（yuan）** | **7897.47** | **9067.96** |
| 工资性收入 | Wages Income | 1806.14 | 2163.87 |
| 经营净收入 | Net Business Income | 4445.66 | 4963.07 |
| 第一产业 | Primary Industry | 3330.01 | 3599.20 |
| 农业 | Farming | 1782.91 | 1949.46 |
| 林业 | Forestry | 305.53 | 316.53 |
| 牧业 | Animal Husbandry | 1191.74 | 1301.82 |
| 渔业 | Fishery | 49.82 | 31.38 |
| 第二产业 | Secondary Industry | 179.07 | 297.26 |
| 工业 | Industry | 132.03 | 259.72 |
| 建筑业 | Construction | 47.03 | 37.54 |
| 第三产业 | Tertiary Industry | 936.59 | 1066.60 |
| 批发和零售业 | Wholesale & Retail Trade | 447.91 | 529.45 |
| 交通、运输、邮电业 | Transport and Telecommunications Industries | 253.03 | 242.15 |
| 住宿和餐饮业 | Hotel & Catering Trade | 15.73 | 38.90 |
| 居民服务修理和其他服务业 | Residents Service Repair & Other Services | 96.26 | 97.77 |
| 其他行业 | Other Industry | 123.67 | 158.34 |
| 财产性收入 | Property Income | 67.45 | 78.60 |
| 转移性收入 | Transferred Income | 1578.22 | 1862.43 |
| **现金可支配收入构成（%）** | **Composition of Cash Disposable Income（%）** | | |
| 工资性收入 | Wages Income | 22.87 | 23.86 |
| 经营净收入 | Net Business Income | 56.29 | 54.73 |
| 第一产业 | Primary Industry | 42.17 | 39.69 |
| 农业 | Farming | 22.58 | 21.50 |
| 林业 | Forestry | 3.87 | 3.49 |
| 牧业 | Animal Husbandry | 15.09 | 14.36 |
| 渔业 | Fishery | 0.63 | 0.35 |
| 第二产业 | Secondary Industry | 2.27 | 3.28 |
| 工业 | Industry | 1.67 | 2.86 |
| 建筑业 | Construction | 0.60 | 0.41 |
| 第三产业 | Tertiary Industry | 11.86 | 11.76 |
| 批发和零售业 | Wholesale & Retail Trade | 5.67 | 5.84 |
| 交通、运输、邮电业 | Transport and Telecommunications Industries | 3.20 | 2.67 |
| 住宿和餐饮业 | Hotel & Catering Trade | 0.20 | 0.43 |
| 居民服务修理和其他服务业 | Residents Service Repair & Other Services | 1.22 | 1.08 |
| 其他行业 | Other Industry | 1.57 | 1.75 |
| 财产性收入 | Property Income | 0.85 | 0.87 |
| 转移性收入 | Transferred Income | 19.98 | 20.54 |

# 4–8 广西贫困地区农村居民家庭人均总支出及构成

## Per Capita Total Expenditure and Composition of Rural Households of Poor Areas by Guangxi

| 项　目 | Item | 2014 | 2015 |
|---|---|---|---|
| **总支出（元）** | **Total Expenditure（yuan）** | **11889.81** | **11929.25** |
| 生活消费支出 | Consumption Expenditure | 6516.81 | 6991.03 |
| 食品 | Food | 2360.34 | 2595.47 |
| 衣着 | Clothing | 228.07 | 250.95 |
| 居住 | Residence | 1336.90 | 1525.45 |
| 家庭设备、用品及服务 | Household Facilities, Articles and Services | 437.58 | 427.53 |
| 医疗保健 | Medicines and Medical Services | 687.38 | 670.12 |
| 交通通讯 | Transport, Post and Telecommunications | 636.20 | 851.00 |
| 文化娱乐用品及服务 | Stationery & Recreation Goods and Services | 721.87 | 569.32 |
| 其他商品和服务 | Other Commodities and Services | 108.46 | 101.20 |
| 家庭经营费用支出 | Expenditure for Household Business | 2420.96 | 2453.57 |
| 第一产业 | Primary Industry | 2014.45 | 1909.59 |
| 农业 | Farming | 1040.75 | 989.05 |
| 林业 | Forestry | 94.83 | 61.42 |
| 牧业 | Animal Husbandry | 847.14 | 842.94 |
| 渔业 | Fishery | 31.73 | 16.17 |
| 第二产业 | Secondary Industry | 79.40 | 149.14 |
| 工业 | Industry | 69.65 | 138.42 |
| 建筑业 | Construction | 9.75 | 10.73 |
| 第三产业 | Tertiary Industry | 327.11 | 394.84 |
| 批发和零售业 | Wholesale & Retail Trade | 173.91 | 175.40 |
| 交通、运输、邮电业 | Transport and Telecommunications Industries | 87.84 | 95.44 |
| 住宿和餐饮业 | Hotel & Catering Trade | 1.81 | 37.60 |
| 居民服务修理和其他服务业 | Residents Service Repair & Other Services | 36.13 | 55.31 |
| 其他行业 | Other Industry | 27.42 | 31.09 |
| 购置生产性固定资产支出 | Expenditure for Productive Fixed Assets | 5.47 | 11.38 |
| 财产性支出 | Expenditure for Property | 101.21 | 111.11 |
| 转移性支出 | Transferred Expenditure | 314.89 | 142.53 |

4-8 续表 continued

| 项 目 | Item | 2014 | 2015 |
|---|---|---|---|
| **总支出构成（%）** | **Composition of Total Expenditure (%)** | | |
| 生活消费支出 | Consumption Expenditure | 54.81 | 58.60 |
| 食品 | Food | 19.85 | 21.76 |
| 衣着 | Clothing | 1.92 | 2.10 |
| 居住 | Residence | 11.24 | 12.79 |
| 家庭设备、用品及服务 | Household Facilities, Articles and Services | 3.68 | 3.58 |
| 医疗保健 | Medicines and Medical Services | 5.78 | 5.62 |
| 交通通讯 | Transport, Post and Telecommunications | 5.35 | 7.13 |
| 文化娱乐用品及服务 | Stationery & Recreation Goods and Services | 6.07 | 4.77 |
| 其他商品和服务 | Other Commodities and Services | 0.91 | 0.85 |
| 家庭经营费用支出 | Expenditure for Household Business | 20.36 | 20.57 |
| 第一产业 | Primary Industry | 16.94 | 16.01 |
| 农业 | Farming | 8.75 | 8.29 |
| 林业 | Forestry | 0.80 | 0.51 |
| 牧业 | Animal Husbandry | 7.12 | 7.07 |
| 渔业 | Fishery | 0.27 | 0.14 |
| 第二产业 | Secondary Industry | 0.67 | 1.25 |
| 工业 | Industry | 0.59 | 1.16 |
| 建筑业 | Construction | 0.08 | 0.09 |
| 第三产业 | Tertiary Industry | 2.75 | 3.31 |
| 批发和零售业 | Wholesale & Retail Trade | 1.46 | 1.47 |
| 交通、运输、邮电业 | Transport and Telecommunications Industries | 0.74 | 0.80 |
| 住宿和餐饮业 | Hotel & Catering Trade | 0.02 | 0.32 |
| 居民服务修理和其他服务业 | Residents Service Repair & Other Services | 0.30 | 0.46 |
| 其他行业 | Other Industry | 0.23 | 0.26 |
| 购置生产性固定资产支出 | Expenditure for Productive Fixed Assets | 0.05 | 0.10 |
| 财产性支出 | Expenditure for Property | 0.85 | 0.93 |
| 转移性支出 | Transferred Expenditure | 2.65 | 1.19 |

# 4-9 广西贫困地区农村居民家庭人均现金支出及构成

## Per Capita Cash Expenditure and Composition of Rural Households of Poor Areas by Guangxi

| 项　目 | Item | 2014 | 2015 |
|---|---|---|---|
| **现金支出（元）** | **Cash Expenditure（yuan）** | **9655.81** | **9795.60** |
| 生产费用现金支出 | Cash Expenditure of Productive Costs | 4870.08 | 5096.22 |
| 第一产业 | Primary Industry | 2176.68 | 2214.74 |
| 农业 | Farming | 1770.17 | 1670.76 |
| 林业 | Forestry | 968.18 | 920.25 |
| 牧业 | Animal Husbandry | 94.83 | 61.42 |
| 渔业 | Fishery | 675.46 | 672.91 |
| 第二产业 | Secondary Industry | 31.70 | 16.17 |
| 工业 | Industry | 79.40 | 149.14 |
| 建筑业 | Construction | 69.65 | 138.42 |
| 第三产业 | Tertiary Industry | 9.75 | 10.73 |
| 批发和零售业 | Wholesale & Retail Trade | 327.11 | 394.84 |
| 交通、运输、邮电业 | Transport and Telecommunications Industries | 173.91 | 175.40 |
| 住宿和餐饮业 | Hotel & Catering Trade | 87.84 | 95.44 |
| 居民服务修理和其他服务业 | Residents Service Repair & Other Services | 1.81 | 37.60 |
| 其他行业 | Other Industry | 36.13 | 55.31 |
| 购置生产性固定资产支出 | Expenditure for Productive Fixed Assets | 27.42 | 31.09 |
| 生活消费支出 | Consumption Expenditure | 5.47 | 11.38 |
| 财产性支出 | Expenditure for Property | 101.21 | 111.11 |
| 转移性支出 | Transferred Expenditure | 314.89 | 142.53 |
| **现金支出构成（%）** | **Composition of Cash Expenditure（%）** | | |
| 生产费用现金支出 | Cash Expenditure of Productive Costs | 50.44 | 52.03 |
| 第一产业 | Primary Industry | 22.54 | 22.61 |
| 农业 | Farming | 18.33 | 17.06 |
| 林业 | Forestry | 10.03 | 9.39 |
| 牧业 | Animal Husbandry | 0.98 | 0.63 |
| 渔业 | Fishery | 7.00 | 6.87 |
| 第二产业 | Secondary Industry | 0.33 | 0.17 |
| 工业 | Industry | 0.82 | 1.52 |
| 建筑业 | Construction | 0.72 | 1.41 |
| 第三产业 | Tertiary Industry | 0.10 | 0.11 |
| 批发和零售业 | Wholesale & Retail Trade | 3.39 | 4.03 |
| 交通、运输、邮电业 | Transport and Telecommunications Industries | 1.80 | 1.79 |
| 住宿和餐饮业 | Hotel & Catering Trade | 0.91 | 0.97 |
| 居民服务修理和其他服务业 | Residents Service Repair & Other Services | 0.02 | 0.38 |
| 其他行业 | Other Industry | 0.37 | 0.56 |
| 购置生产性固定资产支出 | Expenditure for Productive Fixed Assets | 0.28 | 0.32 |
| 生活消费支出 | Consumption Expenditure | 0.06 | 0.12 |
| 财产性支出 | Expenditure for Property | 1.05 | 1.13 |
| 转移性支出 | Transferred Expenditure | 3.26 | 1.45 |

# 4-10　广西贫困地区农村居民家庭平均每百户耐用消费品拥有量

## Ownership of Major Durable Consumer Goods Per 100 Rural Households of Poor Areas by Guangxi

| 项　目 | Item | 2014 | 2015 |
|---|---|---|---|
| 家用汽车（辆） | Household Automobile（unit） | 6.9 | 8.1 |
| 摩托车（辆） | Motorcycle（unit） | 91.4 | 94.1 |
| 助力车（台） | Man-drawn Veicle（set） | 19.4 | 21.2 |
| 洗衣机（台） | Washing Machine（set） | 58.9 | 64.8 |
| 电冰箱（柜）（台） | Refrigerator（set） | 83.3 | 89.5 |
| 微波炉（台） | Microwave Oven（set） | 18.4 | 20.0 |
| 彩色电视机（台） | Color Tv（set） | 110.6 | 110.4 |
| # 接入有线电视网（台） | # Access Cable Television Network（set） | 30.5 | 27.7 |
| 空调（台） | Air Conditioning（set） | 11.3 | 14.2 |
| 热水器（台） | Water Heater（set） | 44.1 | 51.8 |
| # 太阳能热水器（台） | # Solar Water Heater（set） | 6.6 | 8.5 |
| 消毒碗柜（台） | Disinfection Cupboard（set） | 23.8 | 25.0 |
| 洗碗机（台） | Dishwasher（set） | 0.2 | 0.2 |
| 排油烟机（台） | Smoke Absorber（set） | 5.1 | 6.2 |
| 固定电话（线） | Fixed Telephone（line） | 23.5 | 17.8 |
| 移动电话（部） | Hand Telephone（unit） | 238.8 | 245.6 |
| 计算机（台） | Computer（set） | 14.5 | 16.6 |
| 摄像机（台） | Video Camera（set） | 0.6 | 0.6 |
| 照相机（台） | Camera（set） | 3.0 | 2.6 |
| 中高档乐器（架） | Medium Upscale Musical Instrument（unit） | 0.3 | 0.3 |
| 健身器材（台） | Fitness Equipment（set） | 0.3 | 0.3 |
| 组合音响（套） | Audio System（set） | 10.9 | 10.5 |

# 4-11 广西贫困地区农村居民家庭人均主要食品消费量

## Per Capita Main Food Consumption of Rural Households of Poor Areas by Guangxi

单位：公斤 (kg)

| 项　目 | Item | 2014 | 2015 |
|---|---|---|---|
| 谷物消费量 | Cereal Consumption | 147.92 | 160.01 |
| # 稻谷 | # Rice | 125.78 | 136.43 |
| 玉米 | Corn | 14.30 | 15.30 |
| 薯类消费量 | Potato Consumption | 0.56 | 0.56 |
| 豆类消费量 | Soy Consumption | 5.33 | 5.18 |
| 油脂类消费量 | Oil and Fats Consumption | 7.80 | 9.09 |
| 蔬菜及菜制品消费量 | Vegetables and Food Products Consumption | 75.03 | 79.78 |
| # 鲜菜 | # Fresh Vegetables | 74.39 | 79.04 |
| 肉禽及其制品 | Meat, Poultry and Related Products | 45.26 | 45.90 |
| # 猪肉 | # Pork | 27.28 | 27.06 |
| 牛肉 | Beef | 0.45 | 0.57 |
| 羊肉 | Mutton | 0.17 | 0.19 |
| 家禽 | Poultry | 16.70 | 17.52 |
| 蛋类及蛋制品 | Eggs and Eggs Products | 4.12 | 5.12 |
| 奶和奶制品 | Milk and Dairy Products | 1.38 | 1.38 |
| 水产品 | Aquatic Products | 4.26 | 4.36 |
| # 鱼类 | # Fish | 4.10 | 4.18 |
| 虾、贝、蟹类 | Shrimp, Shells, Crabs | 0.16 | 0.18 |
| 干鲜瓜果类 | Dried and Fresh Melons and Fruits | 20.53 | 23.36 |
| 鲜瓜果 | Fresh Fruits | 19.92 | 22.72 |
| 坚果类 | Nuts | 0.47 | 0.58 |
| 消费茶叶 | Tea Consumption | 0.16 | 0.12 |
| 食糖 | Sugar | 0.99 | 1.03 |
| 烟叶消费量 | Tobacco Consumption | 23.59 | 21.19 |
| 酒 | Wine | 22.15 | 19.66 |
| # 白酒 | # Liquor | 14.87 | 13.10 |
| 啤酒 | Beer | 7.26 | 6.55 |

# 4-12 广西贫困地区社区基本情况

## Basic Situation of Community of Poor Areas by Guangxi

| 项 目<br>Item | 2014 | 2015 |
|---|---|---|
| **社区情况（个）**<br>**Situation of community（unit）** | | |
| 调查村个数<br>Number of Surveyed Villages | 258 | 258 |
| 少数民族村<br>National Minority Village | 189 | 179 |
| 政府确定的贫困村<br>Poor Villages Identified by the Government | 121 | 113 |
| 有卫生站（室）的行政村个数<br>Number of Administrative Villages in There Are Health Stations（Room） | 166 | 193 |
| 拥有合法行医证医生/卫生员的行政村个数<br>Number of Administrative Villages in Have Legitimate License to Practice Medicine Doctors/Hygienist | 228 | 231 |
| 自然村个数<br>Number of Natural Village | 3172 | 3169 |
| 通公路的自然村<br>Natural Village to Build Up Roads | 2991 | 3041 |
| 主干道路面经过硬化处理的自然村<br>Natural Village by Trunk Road Through Hardened | 1668 | 2045 |
| 通客运班车的自然村<br>Natural Village Through Passenger Bus | 1087 | 1274 |
| 通电的自然村<br>Electricity Came to Natural village | 3169 | 3165 |
| 通电话的自然村<br>Telephone Came to Natural Village | 2854 | 2892 |
| 通有线电视信号的自然村<br>Cable Tv Signal Came to Natural Village | 1346 | 1661 |
| 通宽带的自然村<br>Broadband Came to Natural Village | 1048 | 1229 |
| 被通信信号覆盖的自然村<br>Natural Village Covered by the Communication Signal | 2946 | 3048 |
| 有健身器材的自然村<br>There Are Fitness Equipment of Natural Village | 97 | 306 |
| 饮用水经过集中净化处理的自然村<br>Purified Drinking Water Treatment of Natural Village | 766 | 800 |
| 进村道路的路面状况<br>Condition of Go Into Village by Road Pavement | 258 | 258 |
| 水泥或柏油路面<br>Cement or Asphalt Pavement | 210 | 222 |
| 沙石或石板等硬质路面<br>Sand or Slate etc Hard Road Surface | 30 | 23 |
| 其他<br>Other | 18 | 13 |
| 有文化活动室的行政村个数<br>Number of Administrative Village Cultural Activity Room | 166 | 193 |
| 有畜禽集中饲养区的行政村个数<br>Number of Administrative Villages in Have concentrated Livestock Feeding Area | 40 | 37 |

4-12 续表 1 continued

| 项 目<br>Item | 2014 | 2015 |
|---|---|---|
| 上幼儿园或学前班的便利程度如何<br>How to Facilitate the Extent Kindergarten or Preschool | 257 | 258 |
| 村内有，且便利<br>Village Have, and Convenient | 121 | 134 |
| 村内无，但入园较便利<br>Village Not Have, But More Convenient to Go to Kindergarten | 69 | 70 |
| 不便利<br>Not Convenient | 67 | 54 |
| 上小学的便利程度<br>Convenience Degree of go Elementary School | 257 | 258 |
| 村内有，且便利<br>Village Have, and Convenient | 165 | 175 |
| 村内无，但入学较便利<br>Village Not Have, But More Convenient to Go to School | 58 | 55 |
| 不便利<br>Not Convenient | 34 | 28 |
| 年内召开村民大会或村民代表大会次数（次）<br>Number of Village Assembly Held During or Villager Congress Views in the Year（times） | 1035 | 1141 |
| 有专业合作经济组织或行业协会的行政村个数<br>Number of Administrative Villages of Cooperative Economic Organizations or Industry Associations | 76 | 80 |
| **人口和资源情况**<br>**Condition of Population and Resource** | | |
| 年末户籍人口（人）<br>Household Population at Year-end（person） | 728485 | 733002 |
| 年末常住户数（户）<br>Number of Resident Households at Year-end（household） | 175220 | 177144 |
| 年末常住人口数（人）<br>Number of Usual Residents（person） | 656015 | 659459 |
| 耕地面积（亩）<br>Area of Cultivated Land（mu） | 799995 | 859300 |
| # 有效灌溉面积（亩）<br># Irrigated Area（mu） | 294236 | 301814 |
| 园地面积（亩）<br>Area of Garden Plot（mu） | 165380 | 154674 |
| 林地面积（亩）<br>Area of Forests Land（mu） | 1993333 | 1918266 |
| 牧草地面积（亩）<br>Area of Grassland（mu） | 154215 | 89419 |
| 养殖水面面积（亩）<br>Water Area of Breeding Aquatics（mu） | 37597 | 37796 |
| 全村当年粮食总产量（吨）<br>Total Output of Grain on Village This Year（ton） | 221480.9 | 228392.2 |
| **救济及社会保障情况**<br>**Situation of Relief and Social Security** | | |
| 年内收到救济、救灾款物（包括实物折价）（元）<br>Receive Relief, Relief Funds and Materials（Including In-kind Discounts）（yuan） | 4633199 | 3249896 |
| 年内收到过救济、救灾款物的户数（户）<br>Number of Households by Received Relief, Relief Funds and Materials（household） | 14840 | 19952 |

4-12 续表 2 continued

| 项 目<br>Item | 2014 | 2015 |
|---|---|---|
| 年内缺粮需要救济的户数（户）<br>Number of Households by Due to Lack of Food in Need of Relief（household） | 12985 | 10386 |
| 享受农村最低生活保障人数（人）<br>Number of Rural Residents with Minimum Living Allowance（person） | 65015 | 62619 |
| 参加新型农村合作医疗人数（人）<br>Number of New Cooperative Medical System（person） | 634128 | 666770 |
| 参加农村社会养老保险人数（人）<br>Number of Rural Social Endowment Insurance（person） | 294432 | 296651 |
| **村级扶贫活动情况**<br>**Situation of Poverty Alleviation Activities by Village-level** | | |
| 有小额信贷组织或村民互助资金组织的村（个）<br>There Microfinance Organizations or Mutual aid Funds Organizations of Villager in the Village（unit） | 44 | 41 |
| 有村级扶贫规划的村（个）<br>There Poverty Alleviation Plan of Village-level by Villages（unit） | 144 | 150 |
| 扶贫规划为村民讨论共同决定的村（个）<br>Poverty Reduction Program for the Villagers to Discuss the Decision of the Village（unit） | 140 | 143 |
| 参加过扶贫开发项目的村（个）<br>Participated in Poverty Alleviation and Development Projects the Villages（unit） | 163 | 180 |
| 政府或机构拨付到位扶贫资金总额（万元）<br>Total Amount of Government or Agencies of Poverty Funds be Appropriated in Place（10 000 yuan） | 15119.7 | 16920.8 |
| #扶贫贷款<br># Loans of Poverty Alleviation | 2683.6 | 4737.7 |
| 扶贫资金的投向（万元）<br>Poverty Alleviation Funds to Investment Direction（10 000 yuan） | 15119.7 | 16920.8 |
| 农业<br>Agriculture | 324.6 | 889.1 |
| 林业<br>Forestry | 572.6 | 281.7 |
| 畜牧业<br>Stockbreeding | 141.8 | 139.8 |
| 农产品加工业<br>Agricultural Product Processing Industry | 15.0 | 15.0 |
| 农村饮水安全工程<br>Drinking Water Safety Project of Rural | 1140.5 | 1309.4 |
| 小型农田水利及农村水电<br>Irrigation and Water Conservancy of Small-scale and hydropower of Rural | 863.9 | 637.0 |
| 病险水库除险加固<br>Dangerous Reservoir Reinforcement | 655.0 | 412.0 |
| 村通公路（通畅、通达工程等）<br>Open Up Roads of Village（Smooth, Tongda Engineering Etc） | 3997.5 | 3506.9 |
| 农网完善及无电地区电力设施建设<br>Perfect Power Network of Rural and Building of Power Facilities of Areas Without Electricity | 695.5 | 165.0 |
| 村村通电话、互联网覆盖等信息化建设<br>Village Phone, Internet coverage Information Construction | 79.7 | 224.1 |
| 农村沼气等清洁能源建设<br>Rural Biogas and so on Clean Energy Construction | 102.7 | 128.7 |

4-12 续表 3 continued

| 项　目<br>Item | 2014 | 2015 |
|---|---|---|
| 农村危房改造<br>Repair of Dangerous Buildings by Rural | 5252.9 | 6135.2 |
| 中低产田改造、土地开发整理<br>Low-yielding Farmland, Land Development and consolidation | 140.0 | 89.0 |
| 村卫生站（室）建设及设施<br>Construction and Facilities of Village Health Station（Room） | 99.4 | 73.5 |
| 农村中小学建设<br>Construction of Rural Primary and Secondary | 632.0 | 1129.6 |
| 劳动力职业技能培训<br>Workforce Occupational Skill Training | 69.8 | 40.7 |
| 易地扶贫搬迁<br>Places as a Poverty Removal | 7.0 | 753.5 |
| 其他<br>Other | 329.8 | 990.6 |
| 扶持农户数或公共项目成果（户）<br>Support is Number of Rural Households or Public Project Results（households） | | |
| 农业<br>Agriculture | 4732 | 6399 |
| 林业<br>Forestry | 1814 | 1425 |
| 畜牧业<br>Stockbreeding | 1747 | 923 |
| 农产品加工业<br>Agricultural Product Processing Industry | 12 | 595 |
| 农村饮水安全工程<br>Drinking Water Safety Project of Rural | 4666 | 5381 |
| 小型农田水利及农村水电（亩）<br>Irrigation and Water Conservancy of Small-scale and hydropower of Rural（mu） | 7460 | 4803 |
| 病险水库除险加固（平方米）<br>Dangerous Reservoir Reinforcement（sq.m） | 77600 | 7220 |
| 村通公路（通畅、通达工程等）（公里）<br>Open Up Roads of Village（Smooth, Tongda Engineering Etc）（km） | 638 | 880 |
| 农网完善及无电地区电力设施建设<br>Perfect Power Network of Rural and Building of Power Facilities of Areas Without Electricity | 1796 | 1328 |
| 村村通电话、互联网覆盖等信息化建设<br>Village Phone, Internet coverage Information Construction | 1068 | 2503 |
| 农村沼气等清洁能源建设（个）<br>Rural Biogas and so on Clean Energy Construction（unit） | 336 | 314 |
| 农村危房改造（平方米）<br>Repair of Dangerous Buildings by Rural（sq.m） | 215212 | 241421 |
| 中低产田改造、土地开发整理（亩）<br>Low-yielding Farmland, Land Development and consolidation（mu） | 2300 | 637 |
| 村卫生站（室）建设及设施（平方米）<br>Construction and Facilities of Village Health Station（Room）（sq.m） | 691 | 729 |
| 农村中小学建设（平方米）<br>Construction of Rural Primary and Secondary | 4295 | 6382 |
| 劳动力职业技能培训（人次）<br>Workforce Occupational Skill Training（person-times） | 9938 | 8476 |
| 易地扶贫搬迁<br>Places as a Poverty Removal | 11 | 446 |

# 主要统计指标解释

**粮食产量**　指全社会的产量。包括国有经济经营的、集体统一经营的和农民家庭经营的粮食产量，还包括工矿企业办的农场和其他生产单位的产量。粮食除包括稻谷、小麦、玉米、高粱、谷子及其他杂粮外，还包括薯类和豆类。其产量计算方法，豆类按去豆荚后的干豆计算；薯类（包括甘薯和马铃薯，不包括芋头和木薯）1963年以前按每4公斤鲜薯折1公斤粮食计算，从1964年开始改为按5公斤鲜薯折1公斤粮食计算。城市郊区作为蔬菜的薯类（如马铃薯等）按鲜品计算，并且不作粮食统计。其他粮食一律按脱粒后的原粮计算。1989年以前全国粮食产量数据主要靠全面报表取得，1989年开始使用抽样调查数据。

**猪、牛、羊肉产量**　指当年出栏并已屠宰、除去头蹄下水后带骨肉（即胴体重）的重量。包括全社会范围内的产量。1996年前为各级逐级上报数据。1996年第一次农业普查以后，由于畜牧业产品年报数据与普查数据之间存在一定的差距，国家统计局农调总队对畜牧业年报数据与普查数据进行衔接。1999年以后，国家统计局开展了猪、牛、羊、禽等主要畜禽品种的抽样调查，并用抽样数据作为国家定案数据使用。未开展抽样调查的品种，仍使用各级统计部门逐级上报数据。

**期初（末）畜禽存栏头（只）数**　指报告期初（末）农村各种合作经济组织和国有农场、农民个人、机关、团体、学校、工矿企业、部队等单位以及城镇居民饲养的大牲畜、猪、羊、家禽等畜禽的存栏数。数据上报方式及数据调整情况同猪、牛、羊肉产量。

**当年出栏头数**　指农林牧渔企业生产单位饲养的，供屠宰并已出栏的全部牲畜头数。包括交售给国家，集市上出售的部分。

**常用耕地**　是指耕地总资源中专门种植农作物并经常进行耕种、能够正常收获的土地。包括当年实际耕种的熟地；弃耕、休闲不满三年，随时可以复耕的地；开荒利用三年以上的土地。在统计口径上包括南方小于1米、北方小于2米宽的沟、渠、路和田埂。不包括临时种植农作物的坡度在25度以上的陡坡地；在河套、湖畔、库区临时开发的成片或零星土地；也不包括已列为国家和省（区、市）退耕计划但临时耕种的土地。常用耕地是国家需要重点保护的耕地，是反映我国农业综合生产能力的一个重要指标。

**农作物播种面积**　指实际播种或移植有农作物的面积。凡是实际种植有农作物的面积，不论种植在耕地上还是种植在非耕地上，均包括在农作物播种面积中。在播种季节基本结束后，因遭灾而重新改种和补种的农作物面积，也包括在内。它是反映我国耕地面积利用情况的一个重要指标。目前，农作物播种面积主要包括粮食、棉花、油料、糖料、麻类、烟叶、蔬菜和瓜类、药材和其他农作物九大类。

# Explanatory Notes on Main Statistical Indicators

**Grain Output** refers to the total output in the whole country including grains produced by state farms, collective units, rural households, as well as by farms affiliated to industrial and mining enterprises and other production units. Grain includes rice, wheat, corn, sorghum, millet and other miscellaneous grains as well as tubers and bean. Output of beans refers to dry beans without pods. The output of tubers （sweet potatoes and potatoes, not including taros and cassava） was converted into that of grain at the ratio 4:1, i.e. 4 kilograms of fresh tubers was equivalent to 1 kilogram of grain up to 1963. Since 1964 the ratio for conversion has been 5:1. Tubers supplied as vegetables （such as potatoes） in cities and suburbs are calculated as fresh vegetables and their output is not included in the output of grain. Output of all other grains refers to husked grain. Data on grain production before 1989 were obtained through Comprehensive Statistical Reporting System. Since 1989, data from sample surveys are used.

**Output of Pork, Beef, and Mutton** refers to the meat of slaughtered hogs, cattle, sheep and goats with head, feet, and offal taken away. Data refers to the production of the whole country. The first agriculture census of China in 1996 revealed some discrepancy between the production of animal products from the annual reports and that from the census. Efforts were made by the Rural Socio-economic Survey Organization of NBS to adjust the output value of animal husbandry to make the figures from the annual reports consistent with the census data. Since 1999, NBS conducted sample survey for the major animal husbandry products, such as hogs, cattle, sheep and goats and fowls, and the data from sample surveys are used as national finalized data. Those products, which are not covered by the sample survey, are still reported by statistical agencies level by level.

**Number of Livestock or Poultry in Stock at Beginning （or End）** refers to the total number of large animals, pigs, sheep, fowls, etc. raised by rural cooperative organizations, state farms, rural individuals, government agencies, schools, industrial and mining enterprises, army, and urban residents at the beginning （or end） of the reference period. Data reporting system and data adjustment are the same as that in the output of pork, beef and mutton.

**Number of Livestock Slaughtered** refers to the total number of animals for butchering by farming, forestry, animal husbandry and fishery, including parts of selling to country and markets.

**Regularly Cultivated Land** refers to farmland among the total land resources, which is exclusively used for farming and is under regular cultivation with harvest in normal years. Included are currently cultivated land, land that has been abandoned or put in idle for less than 3 years and could be re-used for cultivation at any time, and new-claimed land that has been put into cultivation for more than 3 years. According to statistical coverage, it includes the gouges, dykes, roads and ridges of field with 1 meter wide in Southern areas and 2 meters wide in Northern areas. Excluded under this category are steep slope land over 25 degrees under temporary cultivation, land (large or small plots) that is claimed along river bends, lake sides or banks of reservoirs, as well as land that has been designated under the “Green for Grain” programme of the state and provincial governments but is still temporarily under cultivation. The regularly cultivated land is the key protection land of the nation, an important indicator reflecting the comprehensive productivity of agriculture of China.

**Sown Area of Crops** refers to area of land sown or transplanted with crops regardless of being in cultivated area or non-cultivated area. Area of land re-sown due to natural disasters is also included. This is an important indicator that can reflect the utilization condition of the cultivated land in China. At present, the sown area of crops mainly include the following 9 categories of crops: grain, cotton, oil-bearing crops, sugar crops, fiber crops, Tobacco, Vegetables and melons, medicinal materials and other farm crops.

# 附录一 全国及各省市区主要统计调查指标

# APPENDIX Ⅰ Main Statistical Survey Indicators by Province, Municipality and Autonomous Region

# 附录1-1　全国及各省市区城镇居民人均收入与支出

## Per Capita Income and Expenditure of Urban Households by Provinces and Regions

单位：元　　　　(yuan)

| 地　区 | Region | 城镇居民人均可支配收入 Per Capita Disposable Income of Urban Households | | 城镇居民人均消费支出 Per Capita Consumption Expenditure of Urban Households | |
|---|---|---|---|---|---|
| | | 2014 | 2015 | 2014 | 2015 |
| 全　国 | National | 28844 | 31195 | 19968 | 21392 |
| 北　京 | Beijing | 48532 | 52859 | 33717 | 36642 |
| 天　津 | Tianjin | 31506 | 34101 | 24290 | 26230 |
| 河　北 | Hebei | 24141 | 26152 | 16204 | 17587 |
| 山　西 | Shanxi | 24069 | 25828 | 14637 | 15819 |
| 内蒙古 | Inner Mongolia | 28350 | 30594 | 20885 | 21876 |
| 辽　宁 | Liaoning | 29082 | 31126 | 20520 | 21557 |
| 吉　林 | Jilin | 23218 | 24901 | 17156 | 17973 |
| 黑龙江 | Heilongjiang | 22609 | 24203 | 16467 | 17152 |
| 上　海 | Shanghai | 48841 | 52962 | 35182 | 36946 |
| 江　苏 | Jiangsu | 34346 | 37173 | 23476 | 24966 |
| 浙　江 | Zhejiang | 40393 | 43714 | 27242 | 28661 |
| 安　徽 | Anhui | 24039 | 26936 | 16107 | 17234 |
| 福　建 | Fujian | 30722 | 33275 | 22204 | 23520 |
| 江　西 | Jiangxi | 24309 | 26500 | 15142 | 16732 |
| 山　东 | Shandong | 29222 | 31545 | 18323 | 19854 |
| 河　南 | Henan | 23672 | 25576 | 16184 | 17154 |
| 湖　北 | Hubei | 24852 | 27051 | 16681 | 18192 |
| 湖　南 | Hunan | 26570 | 28838 | 18335 | 19501 |
| 广　东 | Guangdong | 32148 | 34757 | 23612 | 25673 |
| 广　西 | Guangxi | 24669 | 26416 | 15045 | 16321 |
| 海　南 | Hainan | 24487 | 26356 | 17514 | 18448 |
| 重　庆 | Chongqing | 25147 | 27239 | 18279 | 19742 |
| 四　川 | Sichuan | 24234 | 26205 | 17760 | 19277 |
| 贵　州 | Guizhou | 22548 | 24580 | 15255 | 16914 |
| 云　南 | Yunnan | 24299 | 26373 | 16268 | 17675 |
| 西　藏 | Tibet | 22016 | 25457 | 15669 | 17022 |
| 陕　西 | Shaanxi | 24366 | 26420 | 17546 | 18464 |
| 甘　肃 | Gansu | 21804 | 23767 | 15942 | 17451 |
| 青　海 | Qinghai | 22307 | 24542 | 17493 | 19201 |
| 宁　夏 | Ningxia | 23285 | 25186 | 17216 | 18984 |
| 新　疆 | Xinjiang | 23214 | 26275 | 17685 | 19415 |

# 附录1-2 全国及各省市区农村居民人均收入与支出

## Per Capita Income and Expenditure of Rural Households by Provinces and Regions

单位：元 (yuan)

| 地 区 | Region | 农村居民人均可支配收入 Per Capita Disposable Income of Rural Households | | 农村居民人均消费支出 Per Capita Consumption Expenditure of Rural Households | |
|---|---|---|---|---|---|
| | | 2014 | 2015 | 2014 | 2015 |
| 全 国 | National | 10489 | 11422 | 8383 | 9223 |
| 北 京 | Beijing | 18867 | 20569 | 14535 | 15811 |
| 天 津 | Tianjin | 17014 | 18482 | 13739 | 14739 |
| 河 北 | Hebei | 10186 | 11051 | 8248 | 9023 |
| 山 西 | Shanxi | 8809 | 9454 | 6992 | 7421 |
| 内蒙古 | Inner Mongolia | 9976 | 10776 | 9972 | 10637 |
| 辽 宁 | Liaoning | 11191 | 12057 | 7801 | 8873 |
| 吉 林 | Jilin | 10780 | 11326 | 8140 | 8783 |
| 黑龙江 | Heilongjiang | 10453 | 11095 | 7830 | 8391 |
| 上 海 | Shanghai | 21192 | 23205 | 14820 | 16152 |
| 江 苏 | Jiangsu | 14958 | 16257 | 11820 | 12883 |
| 浙 江 | Zhejiang | 19373 | 21125 | 14498 | 16108 |
| 安 徽 | Anhui | 9916 | 10821 | 7981 | 8975 |
| 福 建 | Fujian | 12650 | 13793 | 11056 | 11961 |
| 江 西 | Jiangxi | 10117 | 11139 | 7548 | 8486 |
| 山 东 | Shandong | 11882 | 12930 | 7962 | 8748 |
| 河 南 | Henan | 9966 | 10853 | 7277 | 7887 |
| 湖 北 | Hubei | 10849 | 11844 | 8681 | 9803 |
| 湖 南 | Hunan | 10060 | 10993 | 9025 | 9691 |
| 广 东 | Guangdong | 12246 | 13360 | 10043 | 11103 |
| 广 西 | Guangxi | 8683 | 9467 | 6675 | 7582 |
| 海 南 | Hainan | 9913 | 10858 | 7029 | 8210 |
| 重 庆 | Chongqing | 9490 | 10505 | 7983 | 8938 |
| 四 川 | Sichuan | 9348 | 10247 | 8301 | 9251 |
| 贵 州 | Guizhou | 6671 | 7387 | 5970 | 6645 |
| 云 南 | Yunnan | 7456 | 8242 | 6030 | 6830 |
| 西 藏 | Tibet | 7359 | 8244 | 4822 | 5580 |
| 陕 西 | Shaanxi | 7932 | 8689 | 7252 | 7901 |
| 甘 肃 | Gansu | 6277 | 6936 | 6148 | 6830 |
| 青 海 | Qinghai | 7283 | 7933 | 8235 | 8566 |
| 宁 夏 | Ningxia | 8410 | 9119 | 7676 | 8415 |
| 新 疆 | Xinjiang | 8724 | 9425 | 7365 | 7698 |

# 附录1-3 广西与全国居民消费价格主要分类指数（2015年）

## Consumer Price Indices by Category in Country and Guangxi（2015）

（上年=100） （preceding year=100）

| 指 标 | Item | 2014 | | 2015 | |
|---|---|---|---|---|---|
| | | 全国平均 National Average | 广西 Guangxi | 全国平均 National Average | 广西 Guangxi |
| **居民消费价格指数** | **Consumer Price Index** | **102.0** | **102.1** | **101.4** | **101.5** |
| 食品 | Food | 103.1 | 104.3 | 102.3 | 102.6 |
| 粮食 | Grain | 103.1 | 102.2 | 102.0 | 101.4 |
| 肉禽及其制品 | Meal, Poultry and Their Products | 100.4 | 103.6 | 105.0 | 106.2 |
| 蛋 | Eggs | 110.4 | 106.1 | 93.0 | 99.7 |
| 水产品 | Aquatic Products | 104.4 | 107.4 | 101.8 | 100.2 |
| 鲜菜 | Fresh Vegetables | 98.5 | 103.5 | 107.4 | 104.5 |
| 鲜果 | Fresh Fruits | 118.0 | 118.8 | 96.2 | 96.0 |
| 烟酒及用品 | Tobacco, Liquor and Articles | 99.4 | 99.2 | 102.1 | 101.3 |
| 衣着 | Clothing | 102.4 | 100.4 | 102.7 | 105.0 |
| 家庭设备用品及服务 | Household Facilities, Articles and Services | 101.2 | 100.3 | 101.0 | 100.8 |
| 医疗保健及个人用品 | Health Care and Personal Articles | 101.3 | 101.0 | 102.0 | 101.8 |
| 交通和通信 | Transportation and Communication | 99.9 | 99.9 | 98.3 | 98.5 |
| 娱乐教育文化用品及服务 | Recreation, Education and Culture Articles | 101.9 | 101.5 | 101.4 | 101.3 |
| 居住 | Residence | 102.0 | 101.5 | 100.7 | 99.6 |
| **商品零售价格指数** | **Retail Price Index** | **101.0** | **101.4** | **100.1** | **100.1** |
| 食品 | Food | 103.0 | 104.3 | 102.2 | 102.4 |
| 饮料、烟酒 | Beverages, Tobacco and Liquor | 99.9 | 100.1 | 101.9 | 101.4 |
| 服装、鞋帽 | Garments, Shoes and Hats | 102.4 | 100.4 | 102.8 | 104.6 |
| 纺织品 | Textiles | 100.9 | 100.0 | 100.6 | 101.6 |
| 家用电器及音像器材 | Household Appliances, Music and Video Equipment | 98.5 | 98.7 | 98.9 | 98.6 |
| 文化办公用品 | Cultural and Office Appliances | 99.0 | 99.8 | 99.6 | 99.6 |
| 日用品 | Articles for Daily Use | 100.5 | 100.4 | 100.6 | 100.0 |
| 体育娱乐用品 | Sports and Recreation Articles | 100.5 | 100.9 | 100.6 | 100.7 |
| 交通、通信用品 | Transportation and Communication Appliances | 98.6 | 98.7 | 98.3 | 98.4 |
| 家具 | Furniture | 101.5 | 100.1 | 101.1 | 100.7 |
| 化妆品 | Cosmetics | 100.8 | 100.3 | 100.6 | 100.6 |
| 金银珠宝 | Gold, Silver and Jewelry | 91.6 | 91.5 | 93.3 | 92.8 |
| 中西药品及医疗保健用品 | Traditional Chinese and Western Medicines and Health Care Articles | 101.7 | 101.8 | 102.4 | 102.9 |
| 书报杂志及电子出版物 | Books, Newspapers, Magazines and Electronic Publications | 101.1 | 101.0 | 102.6 | 100.1 |
| 燃料 | Fuels | 99.2 | 99.4 | 87.7 | 85.3 |
| 建筑材料及五金电料 | Building Materials and Hardware | 100.4 | 100.1 | 99.1 | 97.8 |
| **农业生产资料价格指数** | **Price Index of Means of Agricultural Production** | **99.1** | **98.9** | **100.4** | **100.9** |

# 附录1-4　全国及各省市区居民消费价格指数

## Consumer Price Indices by Provinces and Regions

（上年=100）　　　　(preceding year=100)

| 地　区 | Region | 2011 指数 Index | 2011 排位 Rank | 2012 指数 Index | 2012 排位 Rank | 2013 指数 Index | 2013 排位 Rank | 2014 指数 Index | 2014 排位 Rank | 2015 指数 Index | 2015 排位 Rank |
|---|---|---|---|---|---|---|---|---|---|---|---|
| 全国平均 | National Average | 105.4 | | 102.6 | | 102.6 | | 102.0 | | 101.4 | |
| 北　京 | Beijing | 105.6 | 11 | 103.3 | 3 | 103.3 | 5 | 101.6 | 28 | 101.8 | 5 |
| 天　津 | Tianjin | 104.9 | 31 | 102.7 | 16 | 103.1 | 9 | 101.9 | 21 | 101.7 | 9 |
| 河　北 | Hebei | 105.7 | 9 | 102.6 | 19 | 103.0 | 12 | 101.7 | 23 | 100.9 | 29 |
| 山　西 | Shanxi | 105.2 | 20 | 102.5 | 24 | 103.1 | 10 | 101.7 | 25 | 100.6 | 30 |
| 内蒙古 | Inner Mongolia | 105.6 | 11 | 103.1 | 7 | 103.2 | 6 | 101.6 | 30 | 101.1 | 25 |
| 辽　宁 | Liaoning | 105.2 | 20 | 102.8 | 10 | 102.4 | 24 | 101.7 | 24 | 101.4 | 19 |
| 吉　林 | Jilin | 105.2 | 20 | 102.5 | 25 | 102.9 | 13 | 102.0 | 15 | 101.7 | 10 |
| 黑龙江 | Heilongjiang | 105.8 | 7 | 103.2 | 6 | 102.2 | 29 | 101.5 | 31 | 101.1 | 26 |
| 上　海 | Shanghai | 105.2 | 20 | 102.8 | 11 | 102.3 | 27 | 102.7 | 3 | 102.4 | 2 |
| 江　苏 | Jiangsu | 105.3 | 17 | 102.6 | 21 | 102.3 | 26 | 102.2 | 9 | 101.7 | 8 |
| 浙　江 | Zhejiang | 105.4 | 16 | 102.2 | 28 | 102.3 | 28 | 102.1 | 13 | 101.4 | 17 |
| 安　徽 | Anhui | 105.6 | 11 | 102.3 | 27 | 102.4 | 25 | 101.6 | 27 | 101.3 | 21 |
| 福　建 | Fujian | 105.3 | 17 | 102.4 | 26 | 102.5 | 22 | 102.0 | 14 | 101.7 | 7 |
| 江　西 | Jiangxi | 105.2 | 20 | 102.7 | 14 | 102.5 | 21 | 102.3 | 7 | 101.5 | 15 |
| 山　东 | Shandong | 105.0 | 28 | 102.1 | 29 | 102.2 | 30 | 101.9 | 17 | 101.2 | 23 |
| 河　南 | Henan | 105.6 | 11 | 102.5 | 22 | 102.9 | 14 | 101.9 | 18 | 101.3 | 20 |
| 湖　北 | Hubei | 105.8 | 7 | 102.9 | 9 | 102.8 | 15 | 102.0 | 16 | 101.5 | 13 |
| 湖　南 | Hunan | 105.5 | 15 | 102.0 | 31 | 102.5 | 19 | 101.9 | 19 | 101.4 | 18 |
| 广　东 | Guangdong | 105.3 | 17 | 102.8 | 12 | 102.5 | 23 | 102.3 | 8 | 101.5 | 12 |
| 广　西 | Guangxi | 105.9 | 4 | 103.2 | 4 | 102.2 | 31 | 102.1 | 12 | 101.5 | 14 |
| 海　南 | Hainan | 106.1 | 2 | 103.2 | 5 | 102.8 | 17 | 102.4 | 6 | 101.0 | 27 |
| 重　庆 | Chongqing | 105.3 | 17 | 102.6 | 20 | 102.7 | 18 | 101.8 | 22 | 101.3 | 22 |
| 四　川 | Sichuan | 105.3 | 17 | 102.5 | 23 | 102.8 | 16 | 101.6 | 29 | 101.5 | 16 |
| 贵　州 | Guizhou | 105.1 | 27 | 102.7 | 17 | 102.5 | 20 | 102.4 | 4 | 101.8 | 6 |
| 云　南 | Yunnan | 104.9 | 30 | 102.7 | 15 | 103.1 | 8 | 102.4 | 5 | 101.9 | 4 |
| 西　藏 | Tibet | 105.0 | 28 | 103.5 | 2 | 103.6 | 3 | 102.9 | 1 | 102.0 | 3 |
| 陕　西 | Shaanxi | 105.7 | 9 | 102.8 | 13 | 103.0 | 11 | 101.6 | 26 | 101.0 | 28 |
| 甘　肃 | Gansu | 105.9 | 6 | 102.7 | 18 | 103.2 | 7 | 102.1 | 10 | 101.6 | 11 |
| 青　海 | Qinghai | 106.1 | 2 | 103.1 | 8 | 103.9 | 1 | 102.8 | 2 | 102.6 | 1 |
| 宁　夏 | Ningxia | 106.3 | 1 | 102.0 | 30 | 103.4 | 4 | 101.9 | 20 | 101.1 | 24 |
| 新　疆 | Xinjiang | 105.9 | 4 | 103.8 | 1 | 103.9 | 2 | 102.1 | 11 | 100.6 | 31 |

# 附录1-5 全国及各省市区商品零售价格指数

## Retail Price Indices by Provinces and Regions

（上年=100） (preceding year=100)

| 地区 | Region | 2011 指数 Index | 2011 排位 Rank | 2012 指数 Index | 2012 排位 Rank | 2013 指数 Index | 2013 排位 Rank | 2014 指数 Index | 2014 排位 Rank | 2015 指数 Index | 2015 排位 Rank |
|---|---|---|---|---|---|---|---|---|---|---|---|
| 全国平均 | National Average | 104.9 | | 102.0 | | 101.4 | | 101.0 | | 100.1 | |
| 北京 | Beijing | 103.2 | 31 | 100.6 | 31 | 99.8 | 31 | 99.1 | 31 | 98.5 | 31 |
| 天津 | Tianjin | 104.7 | 23 | 103.0 | 2 | 101.7 | 15 | 100.9 | 22 | 100.3 | 11 |
| 河北 | Hebei | 105.0 | 16 | 102.2 | 15 | 102.2 | 8 | 101.0 | 16 | 100.2 | 14 |
| 山西 | Shanxi | 104.9 | 17 | 101.8 | 22 | 101.8 | 10 | 100.6 | 28 | 99.3 | 30 |
| 内蒙古 | Inner Mongolia | 104.9 | 18 | 102.5 | 7 | 102.6 | 4 | 100.7 | 26 | 100.5 | 9 |
| 辽宁 | Liaoning | 105.0 | 15 | 102.2 | 13 | 101.6 | 18 | 101.0 | 18 | 100.5 | 10 |
| 吉林 | Jilin | 104.9 | 19 | 101.7 | 25 | 101.6 | 17 | 101.2 | 12 | 99.8 | 23 |
| 黑龙江 | Heilongjiang | 104.9 | 28 | 102.2 | 12 | 101.1 | 27 | 100.8 | 25 | 100.1 | 16 |
| 上海 | Shanghai | 104.1 | 29 | 101.2 | 29 | 100.2 | 30 | 100.9 | 24 | 101.1 | 2 |
| 江苏 | Jiangsu | 104.6 | 27 | 102.1 | 18 | 101.4 | 23 | 101.6 | 5 | 100.6 | 6 |
| 浙江 | Zhejiang | 105.5 | 4 | 101.9 | 21 | 101.0 | 28 | 100.9 | 19 | 99.9 | 21 |
| 安徽 | Anhui | 105.3 | 10 | 102.1 | 19 | 101.3 | 24 | 100.4 | 30 | 99.7 | 27 |
| 福建 | Fujian | 104.8 | 20 | 101.8 | 23 | 101.1 | 26 | 101.1 | 14 | 99.9 | 20 |
| 江西 | Jiangxi | 104.8 | 21 | 102.1 | 16 | 101.5 | 21 | 101.2 | 10 | 100.5 | 8 |
| 山东 | Shandong | 104.7 | 25 | 101.6 | 26 | 101.4 | 22 | 101.0 | 15 | 100.2 | 13 |
| 河南 | Henan | 105.7 | 2 | 102.3 | 10 | 101.9 | 9 | 101.0 | 17 | 99.8 | 26 |
| 湖北 | Hubei | 105.6 | 3 | 102.6 | 6 | 101.8 | 11 | 100.9 | 21 | 100.5 | 7 |
| 湖南 | Hunan | 105.5 | 5 | 101.7 | 24 | 101.7 | 14 | 101.2 | 11 | 99.9 | 22 |
| 广东 | Guangdong | 105.1 | 13 | 102.2 | 14 | 101.0 | 29 | 101.4 | 7 | 99.6 | 28 |
| 广西 | Guangxi | 106.0 | 1 | 102.3 | 9 | 101.2 | 25 | 101.4 | 8 | 100.1 | 18 |
| 海南 | Hainan | 105.4 | 8 | 102.7 | 4 | 101.5 | 19 | 101.2 | 9 | 99.8 | 25 |
| 重庆 | Chongqing | 104.7 | 24 | 101.6 | 28 | 101.8 | 13 | 100.9 | 23 | 100.2 | 15 |
| 四川 | Sichuan | 104.6 | 26 | 101.6 | 27 | 101.7 | 16 | 100.6 | 29 | 100.2 | 12 |
| 贵州 | Guizhou | 105.5 | 6 | 102.0 | 20 | 101.5 | 20 | 101.2 | 13 | 100.1 | 17 |
| 云南 | Yunnan | 105.1 | 14 | 102.4 | 8 | 102.6 | 5 | 101.6 | 4 | 100.8 | 5 |
| 西藏 | Tibet | 103.7 | 30 | 102.9 | 3 | 103.0 | 2 | 102.2 | 1 | 101.4 | 1 |
| 陕西 | Shaanxi | 104.8 | 22 | 102.3 | 11 | 101.8 | 12 | 100.7 | 27 | 99.8 | 24 |
| 甘肃 | Gansu | 105.4 | 7 | 102.6 | 5 | 102.6 | 6 | 101.7 | 2 | 101.0 | 3 |
| 青海 | Qinghai | 105.4 | 9 | 102.1 | 17 | 102.7 | 3 | 101.5 | 6 | 101.0 | 4 |
| 宁夏 | Ningxia | 105.3 | 11 | 101.0 | 30 | 102.4 | 7 | 100.9 | 20 | 100.1 | 19 |
| 新疆 | Xinjiang | 105.1 | 12 | 103.3 | 1 | 103.3 | 1 | 101.7 | 3 | 99.6 | 29 |

# 附录1-6　全国和36个大中城市居民消费价格指数

## Price Indices of Consumer in China and 36 Large and Medium-sized Cities

（上年=100）　　(preceding year=100)

| 地　区 | Region | 2011 | | 2012 | | 2013 | | 2014 | | 2015 | |
|---|---|---|---|---|---|---|---|---|---|---|---|
| | | 指　数 Index | 排　位 Rank | 指　数 Index | 排　位 Rank | 指　数 Index | 排　位 Rank | 指　数 Index | 排　位 Rank | 指　数 Index | 排　位 Rank |
| 全国平均 | National Average | 105.3 | | 102.6 | | 102.7 | | 102.1 | | 101.7 | |
| 北　京 | Beijing | 105.6 | 5 | 103.3 | 4 | 103.3 | 8 | 101.6 | 33 | 101.8 | 10 |
| 天　津 | Tianjin | 104.9 | 34 | 102.7 | 19 | 103.1 | 12 | 101.9 | 29 | 101.7 | 16 |
| 石家庄 | Shijiazhuang | 105.7 | 2 | 102.8 | 15 | 102.9 | 14 | 102.0 | 25 | 101.0 | 33 |
| 太　原 | Taiyuan | 105.4 | 15 | 102.1 | 34 | 103.1 | 10 | 102.2 | 15 | 100.4 | 36 |
| 呼和浩特 | Hohhot | 105.5 | 9 | 103.1 | 7 | 103.8 | 3 | 101.2 | 36 | 101.8 | 11 |
| 沈　阳 | Shenyang | 105.4 | 14 | 103.0 | 11 | 102.5 | 28 | 102.2 | 14 | 101.2 | 29 |
| 大　连 | Dalian | 105.4 | 18 | 103.4 | 2 | 102.5 | 27 | 102.0 | 26 | 101.6 | 17 |
| 长　春 | Changchun | 105.5 | 13 | 102.3 | 31 | 103.0 | 13 | 102.2 | 17 | 101.3 | 25 |
| 哈尔滨 | Harbin | 105.6 | 6 | 103.2 | 5 | 102.1 | 35 | 102.0 | 22 | 101.4 | 22 |
| 上　海 | Shanghai | 105.2 | 26 | 102.8 | 14 | 102.3 | 31 | 102.7 | 7 | 102.4 | 3 |
| 南　京 | Nanjing | 105.4 | 16 | 102.7 | 23 | 102.7 | 20 | 102.6 | 9 | 102.0 | 7 |
| 杭　州 | Hangzhou | 104.8 | 35 | 102.5 | 27 | 102.5 | 26 | 102.0 | 24 | 101.8 | 12 |
| 宁　波 | Ningbo | 105.3 | 24 | 101.7 | 36 | 102.2 | 34 | 101.9 | 28 | 101.8 | 13 |
| 合　肥 | Hefei | 105.7 | 1 | 102.2 | 32 | 102.7 | 22 | 102.0 | 20 | 101.6 | 20 |
| 福　州 | Fuzhou | 104.9 | 31 | 102.0 | 35 | 102.6 | 24 | 101.7 | 31 | 101.4 | 21 |
| 厦　门 | Xiamen | 105.2 | 27 | 102.1 | 33 | 102.3 | 33 | 102.2 | 12 | 101.7 | 14 |
| 南　昌 | Nanchang | 105.0 | 29 | 102.9 | 13 | 102.3 | 32 | 102.5 | 10 | 101.6 | 19 |
| 济　南 | Jinan | 105.4 | 17 | 102.4 | 28 | 102.8 | 18 | 102.2 | 13 | 101.9 | 9 |
| 青　岛 | Qingdao | 105.0 | 28 | 102.7 | 21 | 102.5 | 29 | 102.6 | 8 | 101.2 | 27 |
| 郑　州 | Zhengzhou | 104.9 | 32 | 102.7 | 22 | 102.8 | 17 | 102.0 | 21 | 101.1 | 31 |
| 武　汉 | Wuhan | 105.2 | 25 | 102.8 | 16 | 102.4 | 30 | 101.9 | 27 | 101.4 | 23 |
| 长　沙 | Changsha | 105.5 | 12 | 102.3 | 30 | 102.8 | 16 | 102.7 | 6 | 101.1 | 32 |
| 广　州 | Guangzhou | 105.5 | 10 | 103.0 | 9 | 102.6 | 25 | 102.3 | 11 | 101.7 | 15 |
| 深　圳 | Shenzhen | 105.4 | 21 | 102.8 | 17 | 102.7 | 19 | 102.0 | 23 | 102.2 | 5 |
| 南　宁 | Nanning | 105.7 | 4 | 102.9 | 12 | 102.1 | 36 | 101.6 | 32 | 101.9 | 8 |
| 海　口 | Haikou | 105.4 | 22 | 103.3 | 3 | 102.9 | 15 | 102.2 | 16 | 101.2 | 28 |
| 重　庆 | Chongqing | 105.3 | 23 | 102.6 | 25 | 102.7 | 23 | 101.8 | 30 | 101.3 | 26 |
| 成　都 | Chengdu | 105.4 | 19 | 103.0 | 10 | 103.1 | 11 | 101.3 | 35 | 101.1 | 30 |
| 贵　阳 | Guiyang | 105.5 | 11 | 102.6 | 24 | 103.2 | 9 | 102.7 | 5 | 102.3 | 4 |
| 昆　明 | Kunming | 104.9 | 33 | 103.1 | 8 | 103.9 | 1 | 103.1 | 1 | 102.4 | 2 |
| 拉　萨 | Lasa | 105.0 | 30 | 103.2 | 6 | 103.4 | 7 | 103.0 | 2 | 102.2 | 6 |
| 西　安 | Xi'an | 105.6 | 7 | 102.8 | 18 | 102.7 | 21 | 101.4 | 34 | 100.7 | 34 |
| 兰　州 | Lanzhou | 105.4 | 20 | 102.4 | 29 | 103.5 | 5 | 102.2 | 18 | 101.3 | 24 |
| 西　宁 | Xining | 105.7 | 3 | 102.7 | 20 | 103.8 | 2 | 102.8 | 3 | 102.5 | 1 |
| 银　川 | Yinchuan | 105.5 | 8 | 102.6 | 26 | 103.5 | 6 | 102.1 | 19 | 101.6 | 18 |
| 乌鲁木齐 | Urumqi | 104.5 | 36 | 103.4 | 1 | 103.5 | 4 | 102.8 | 4 | 100.7 | 35 |

# 附录1-7　全国和36个大中城市商品零售价格指数

## Price Indices of Retail in China and 36 Large and Medium-sized Cities

（上年=100）　　(preceding year=100)

| 地区 | Region | 2011 | | 2012 | | 2013 | | 2014 | | 2015 | |
|---|---|---|---|---|---|---|---|---|---|---|---|
| | | 指数 Index | 排位 Rank | 指数 Index | 排位 Rank | 指数 Index | 排位 Rank | 指数 Index | 排位 Rank | 指数 Index | 排位 Rank |
| 全国平均 | National Average | 104.5 | | 102.0 | | 101.0 | | 100.8 | | 99.8 | |
| 北　京 | Beijing | 103.2 | 36 | 100.6 | 36 | 101.3 | 20 | 99.1 | 35 | 98.5 | 36 |
| 天　津 | Tianjin | 104.7 | 19 | 103.0 | 1 | 101.5 | 16 | 100.9 | 21 | 100.3 | 10 |
| 石家庄 | Shijiazhuang | 104.9 | 15 | 101.9 | 18 | 101.2 | 23 | 101.2 | 14 | 100.2 | 16 |
| 太　原 | Taiyuan | 104.8 | 17 | 101.2 | 33 | 100.2 | 35 | 100.7 | 26 | 98.6 | 35 |
| 呼和浩特 | Hohhot | 104.7 | 22 | 101.5 | 29 | 102.1 | 7 | 98.6 | 36 | 99.5 | 29 |
| 沈　阳 | Shenyang | 105.2 | 6 | 102.4 | 11 | 101.7 | 12 | 101.3 | 10 | 100.0 | 20 |
| 大　连 | Dalian | 104.4 | 25 | 102.5 | 6 | 101.8 | 10 | 101.0 | 20 | 99.5 | 28 |
| 长　春 | Changchun | 104.8 | 16 | 101.8 | 21 | 101.0 | 27 | 101.2 | 16 | 99.1 | 33 |
| 哈尔滨 | Harbin | 104.4 | 26 | 102.5 | 5 | 102.3 | 6 | 101.5 | 8 | 100.2 | 14 |
| 上　海 | Shanghai | 104.1 | 33 | 101.2 | 32 | 103.5 | 2 | 100.9 | 23 | 101.1 | 2 |
| 南　京 | Nanjing | 104.2 | 30 | 101.4 | 30 | 101.4 | 18 | 102.0 | 4 | 100.6 | 5 |
| 杭　州 | Hangzhou | 104.4 | 27 | 101.9 | 19 | 101.6 | 15 | 100.8 | 24 | 100.2 | 15 |
| 宁　波 | Ningbo | 105.7 | 2 | 101.8 | 23 | 102.5 | 4 | 100.3 | 33 | 100.4 | 8 |
| 合　肥 | Hefei | 105.1 | 9 | 101.9 | 17 | 101.2 | 25 | 100.3 | 34 | 99.5 | 27 |
| 福　州 | Fuzhou | 104.0 | 34 | 101.1 | 34 | 100.7 | 32 | 100.6 | 30 | 99.4 | 30 |
| 厦　门 | Xiamen | 104.7 | 20 | 101.6 | 27 | 102.7 | 3 | 100.7 | 29 | 100.0 | 18 |
| 南　昌 | Nanchang | 105.2 | 7 | 102.4 | 9 | 101.7 | 13 | 101.1 | 17 | 100.5 | 6 |
| 济　南 | Jinan | 104.6 | 23 | 101.8 | 22 | 101.3 | 21 | 101.2 | 15 | 100.3 | 9 |
| 青　岛 | Qingdao | 104.5 | 24 | 101.7 | 25 | 101.9 | 9 | 102.3 | 2 | 100.0 | 21 |
| 郑　州 | Zhengzhou | 104.9 | 14 | 102.4 | 10 | 101.3 | 22 | 101.1 | 18 | 99.0 | 34 |
| 武　汉 | Wuhan | 104.7 | 18 | 102.3 | 12 | 102.5 | 5 | 100.5 | 31 | 100.0 | 19 |
| 长　沙 | Changsha | 105.4 | 3 | 101.5 | 28 | 100.4 | 34 | 101.7 | 7 | 99.6 | 25 |
| 广　州 | Guangzhou | 105.1 | 8 | 101.9 | 20 | 100.8 | 31 | 101.5 | 9 | 99.1 | 32 |
| 深　圳 | Shenzhen | 105.3 | 5 | 102.4 | 7 | 101.4 | 17 | 101.0 | 19 | 99.7 | 23 |
| 南　宁 | Nanning | 104.9 | 13 | 101.7 | 24 | 103.5 | 1 | 100.7 | 28 | 100.4 | 7 |
| 海　口 | Haikou | 105.0 | 11 | 102.8 | 4 | 101.0 | 28 | 101.2 | 12 | 100.2 | 17 |
| 重　庆 | Chongqing | 104.7 | 21 | 101.6 | 26 | 100.5 | 33 | 100.9 | 22 | 100.2 | 13 |
| 成　都 | Chengdu | 104.3 | 29 | 101.4 | 31 | 101.2 | 24 | 100.4 | 32 | 99.5 | 26 |
| 贵　阳 | Guiyang | 105.0 | 10 | 102.0 | 16 | 101.2 | 26 | 101.2 | 11 | 99.7 | 22 |
| 昆　明 | Kunming | 104.9 | 12 | 102.0 | 15 | 99.8 | 36 | 101.8 | 6 | 100.7 | 3 |
| 拉　萨 | Lasa | 103.9 | 35 | 102.9 | 3 | 101.0 | 29 | 102.3 | 3 | 101.5 | 1 |
| 西　安 | Xi'an | 104.4 | 28 | 102.3 | 14 | 100.9 | 30 | 100.7 | 27 | 99.7 | 24 |
| 兰　州 | Lanzhou | 105.4 | 4 | 102.4 | 8 | 101.9 | 8 | 101.8 | 5 | 100.6 | 4 |
| 西　宁 | Xining | 106.0 | 1 | 102.3 | 13 | 101.7 | 11 | 101.2 | 13 | 100.2 | 12 |
| 银　川 | Yinchuan | 104.2 | 31 | 100.6 | 35 | 101.6 | 14 | 100.8 | 25 | 100.2 | 11 |
| 乌鲁木齐 | Urumqi | 104.1 | 32 | 102.9 | 2 | 101.3 | 19 | 102.4 | 1 | 99.4 | 31 |

# 附录1-8　全国及各省市区工业生产者出厂价格指数（2015年）

（上年同期=100）

| 地区 | Region | 全年 Annual Year | 1月 January | 2月 February | 3月 March | 4月 April |
|---|---|---|---|---|---|---|
| 全　国 | National | 94.8 | 95.7 | 95.2 | 95.4 | 95.4 |
| 北　京 | Beijing | 96.9 | 98.3 | 97.2 | 96.9 | 97.0 |
| 天　津 | Tianjin | 90.3 | 90.7 | 90.3 | 90.1 | 90.5 |
| 河　北 | Hebei | 89.1 | 90.6 | 89.9 | 90.4 | 90.1 |
| 山　西 | Shanxi | 87.7 | 90.3 | 89.3 | 89.4 | 89.5 |
| 内蒙古 | Inner Mongolia | 94.0 | 95.7 | 95.3 | 95.0 | 94.8 |
| 辽　宁 | Liaoning | 93.9 | 95.3 | 94.6 | 94.7 | 94.4 |
| 吉　林 | Jilin | 95.3 | 96.5 | 95.9 | 96.2 | 96.3 |
| 黑龙江 | Heilongjiang | 86.0 | 86.0 | 83.6 | 85.3 | 85.9 |
| 上　海 | Shanghai | 96.1 | 96.7 | 96.4 | 96.5 | 96.5 |
| 江　苏 | Jiangsu | 95.3 | 96.3 | 95.8 | 96.1 | 96.3 |
| 浙　江 | Zhejiang | 96.4 | 97.2 | 97.0 | 97.2 | 97.1 |
| 安　徽 | Anhui | 93.9 | 94.6 | 94.3 | 94.9 | 94.8 |
| 福　建 | Fujian | 97.0 | 97.6 | 97.5 | 97.5 | 97.3 |
| 江　西 | Jiangxi | 93.7 | 95.1 | 94.0 | 94.9 | 94.9 |
| 山　东 | Shandong | 95.2 | 96.1 | 95.5 | 95.7 | 95.9 |
| 河　南 | Henan | 95.4 | 96.4 | 96.2 | 96.2 | 96.5 |
| 湖　北 | Hubei | 96.7 | 96.5 | 96.4 | 96.7 | 96.9 |
| 湖　南 | Hunan | 96.3 | 97.2 | 96.7 | 97.1 | 97.2 |
| 广　东 | Guangdong | 96.8 | 97.1 | 96.9 | 97.1 | 96.9 |
| 广　西 | Guangxi | 97.0 | 97.8 | 97.6 | 97.9 | 98.1 |
| 海　南 | Hainan | 89.8 | 88.0 | 86.9 | 88.7 | 87.9 |
| 重　庆 | Chongqing | 97.2 | 98.0 | 97.8 | 97.6 | 97.4 |
| 四　川 | Sichuan | 96.4 | 97.0 | 96.8 | 96.8 | 96.6 |
| 贵　州 | Guizhou | 96.1 | 98.6 | 97.9 | 98.0 | 98.0 |
| 云　南 | Yunnan | 94.9 | 96.6 | 96.0 | 96.0 | 96.3 |
| 西　藏 | Tibet | 93.2 | 94.2 | 93.5 | 92.2 | 92.7 |
| 陕　西 | Shaanxi | 90.8 | 92.5 | 91.5 | 91.8 | 90.8 |
| 甘　肃 | Gansu | 87.0 | 90.2 | 89.1 | 89.9 | 88.0 |
| 青　海 | Qinghai | 93.1 | 94.8 | 93.7 | 94.9 | 95.9 |
| 宁　夏 | Ningxia | 93.7 | 93.4 | 93.8 | 94.3 | 94.3 |
| 新　疆 | Xinjiang | 82.4 | 85.2 | 80.9 | 82.2 | 82.7 |

## Producer Price Indices for Industrial Products by Provinces and Regions（2015）

（preceding year=100）

| 5 月 May | 6 月 June | 7 月 July | 8 月 August | 9 月 September | 10 月 October | 11 月 November | 12 月 December |
|---|---|---|---|---|---|---|---|
| 95.4 | 95.2 | 94.6 | 94.1 | 94.1 | 94.1 | 94.1 | 94.1 |
| 97.5 | 97.2 | 97.0 | 96.6 | 96.4 | 96.3 | 96.2 | 95.8 |
| 90.8 | 90.6 | 89.8 | 89.3 | 90.0 | 90.3 | 90.6 | 90.7 |
| 89.8 | 89.4 | 88.4 | 88.0 | 88.3 | 88.3 | 87.9 | 87.8 |
| 88.5 | 87.9 | 87.5 | 86.5 | 86.4 | 86.2 | 85.4 | 84.5 |
| 94.4 | 94.1 | 93.8 | 93.5 | 93.5 | 93.1 | 92.4 | 92.2 |
| 94.8 | 94.5 | 93.9 | 92.9 | 92.8 | 93.0 | 93.2 | 93.3 |
| 95.8 | 95.6 | 95.4 | 94.8 | 94.4 | 94.1 | 94.3 | 94.3 |
| 86.6 | 87.7 | 86.7 | 85.5 | 84.6 | 85.3 | 87.0 | 88.4 |
| 96.6 | 96.6 | 95.9 | 95.1 | 95.3 | 95.4 | 95.8 | 96.1 |
| 96.2 | 95.9 | 95.3 | 94.5 | 94.4 | 94.3 | 94.4 | 94.4 |
| 97.0 | 96.6 | 96.1 | 95.6 | 95.7 | 95.8 | 95.8 | 95.6 |
| 94.6 | 94.3 | 93.8 | 93.4 | 93.6 | 93.3 | 92.9 | 92.8 |
| 97.2 | 97.1 | 96.6 | 96.4 | 96.8 | 96.7 | 96.7 | 96.8 |
| 94.8 | 94.1 | 93.2 | 92.9 | 92.7 | 93.0 | 92.6 | 92.4 |
| 95.9 | 95.7 | 95.1 | 94.6 | 94.4 | 94.4 | 94.2 | 94.5 |
| 96.0 | 95.7 | 95.1 | 94.5 | 94.4 | 94.5 | 94.3 | 94.3 |
| 96.7 | 96.9 | 96.6 | 96.6 | 96.5 | 96.7 | 96.9 | 96.6 |
| 97.1 | 96.8 | 96.1 | 95.8 | 95.7 | 95.5 | 95.2 | 95.2 |
| 97.0 | 97.0 | 96.6 | 96.3 | 96.5 | 96.6 | 96.7 | 96.9 |
| 97.8 | 97.3 | 96.8 | 96.6 | 96.3 | 96.4 | 95.7 | 95.5 |
| 90.4 | 91.5 | 90.9 | 89.6 | 90.0 | 90.3 | 91.5 | 92.1 |
| 97.2 | 97.4 | 97.3 | 97.0 | 96.8 | 96.6 | 96.4 | 96.3 |
| 96.6 | 96.3 | 96.4 | 96.2 | 96.1 | 96.2 | 96.1 | 96.0 |
| 96.9 | 96.2 | 95.5 | 95.1 | 94.4 | 94.5 | 94.4 | 93.8 |
| 95.7 | 96.2 | 94.9 | 94.0 | 93.8 | 93.4 | 92.6 | 93.0 |
| 93.8 | 94.1 | 93.0 | 92.6 | 92.6 | 93.1 | 92.7 | 93.7 |
| 91.5 | 90.6 | 90.8 | 90.1 | 90.1 | 90.6 | 90.4 | 88.9 |
| 89.1 | 88.3 | 86.7 | 84.2 | 83.4 | 84.7 | 85.2 | 84.8 |
| 94.5 | 94.4 | 93.2 | 92.2 | 91.3 | 90.8 | 90.7 | 91.1 |
| 94.4 | 94.2 | 94.0 | 93.3 | 93.1 | 93.2 | 93.0 | 93.9 |
| 83.9 | 84.7 | 82.7 | 80.7 | 79.8 | 80.7 | 82.3 | 83.0 |

# 附录1-9 全国及各省市区工业生产者购进价格指数（2015年）

（上年同期=100）

| 地区 | Region | 全年 Annual Year | 1月 January | 2月 February | 3月 March | 4月 April |
|---|---|---|---|---|---|---|
| 全国 | National | 93.9 | 94.8 | 94.1 | 94.3 | 94.5 |
| 北京 | Beijing | 93.7 | 94.3 | 92.7 | 93.3 | 93.6 |
| 天津 | Tianjin | 92.4 | 93.4 | 92.6 | 93.0 | 93.0 |
| 河北 | Hebei | 90.3 | 90.6 | 90.2 | 90.6 | 90.7 |
| 山西 | Shanxi | 93.1 | 94.4 | 94.1 | 94.2 | 94.0 |
| 内蒙古 | Inner Mongolia | 95.9 | 96.5 | 96.5 | 96.2 | 96.2 |
| 辽宁 | Liaoning | 93.5 | 95.0 | 94.2 | 94.1 | 94.2 |
| 吉林 | Jilin | 96.6 | 96.5 | 95.7 | 96.4 | 96.8 |
| 黑龙江 | Heilongjiang | 88.2 | 88.7 | 86.4 | 87.5 | 87.7 |
| 上海 | Shanghai | 90.6 | 91.4 | 90.4 | 90.8 | 90.1 |
| 江苏 | Jiangsu | 92.1 | 93.1 | 92.1 | 92.6 | 92.8 |
| 浙江 | Zhejiang | 94.5 | 95.8 | 95.2 | 95.4 | 95.5 |
| 安徽 | Anhui | 93.5 | 94.5 | 93.8 | 94.0 | 94.3 |
| 福建 | Fujian | 96.1 | 96.7 | 96.3 | 96.2 | 96.8 |
| 江西 | Jiangxi | 93.6 | 94.6 | 93.7 | 94.1 | 94.3 |
| 山东 | Shandong | 95.0 | 96.0 | 95.4 | 95.7 | 95.8 |
| 河南 | Henan | 95.4 | 96.4 | 95.8 | 96.0 | 96.2 |
| 湖北 | Hubei | 92.8 | 93.7 | 93.3 | 93.4 | 93.5 |
| 湖南 | Hunan | 94.5 | 95.4 | 94.8 | 94.6 | 95.0 |
| 广东 | Guangdong | 95.3 | 96.5 | 95.9 | 95.6 | 95.8 |
| 广西 | Guangxi | 95.7 | 96.9 | 96.7 | 96.3 | 96.3 |
| 海南 | Hainan | 88.5 | 90.0 | 87.6 | 87.6 | 88.3 |
| 重庆 | Chongqing | 97.1 | 97.7 | 97.6 | 97.3 | 97.4 |
| 四川 | Sichuan | 96.7 | 96.9 | 96.7 | 97.0 | 97.3 |
| 贵州 | Guizhou | 97.5 | 99.3 | 99.1 | 98.8 | 98.3 |
| 云南 | Yunnan | 96.9 | 99.3 | 98.5 | 98.3 | 98.0 |
| 西藏 | Tibet | | | | | |
| 陕西 | Shaanxi | 95.2 | 95.3 | 94.8 | 94.9 | 95.4 |
| 甘肃 | Gansu | 87.0 | 90.4 | 87.1 | 87.3 | 88.5 |
| 青海 | Qinghai | 97.7 | 98.2 | 98.4 | 99.0 | 99.1 |
| 宁夏 | Ningxia | 92.1 | 93.0 | 92.7 | 92.6 | 92.8 |
| 新疆 | Xinjiang | 84.3 | 88.3 | 84.2 | 83.0 | 84.1 |

# Pruchasing Price Indices for Industrial Producers by Provinces and Regions（2015）

（preceding year=100）

| 5 月 May | 6 月 June | 7 月 July | 8 月 August | 9 月 September | 10 月 October | 11 月 November | 12 月 December |
|---|---|---|---|---|---|---|---|
| 94.5 | 94.4 | 93.9 | 93.4 | 93.2 | 93.1 | 93.1 | 93.2 |
| 93.7 | 94.1 | 94.1 | 93.6 | 93.1 | 93.6 | 94.1 | 94.4 |
| 93.1 | 92.9 | 92.2 | 91.8 | 91.6 | 91.5 | 91.8 | 91.7 |
| 90.5 | 90.8 | 90.4 | 90.0 | 90.0 | 89.8 | 89.7 | 89.8 |
| 93.9 | 93.6 | 93.0 | 92.9 | 92.6 | 92.1 | 91.7 | 90.9 |
| 96.1 | 96.0 | 96.1 | 95.8 | 95.8 | 95.7 | 95.4 | 94.8 |
| 93.9 | 93.8 | 93.3 | 92.8 | 92.6 | 92.5 | 92.8 | 93.2 |
| 97.0 | 97.0 | 96.6 | 96.2 | 96.5 | 96.2 | 96.9 | 97.2 |
| 87.6 | 88.6 | 88.0 | 87.5 | 88.1 | 88.3 | 89.8 | 90.6 |
| 91.3 | 91.5 | 90.3 | 89.6 | 90.2 | 90.7 | 90.3 | 90.2 |
| 92.9 | 92.6 | 92.1 | 91.5 | 91.1 | 91.4 | 91.4 | 91.5 |
| 95.6 | 95.2 | 94.5 | 93.7 | 93.2 | 93.3 | 93.2 | 93.1 |
| 94.3 | 93.7 | 93.4 | 92.9 | 93.0 | 92.8 | 92.2 | 92.4 |
| 96.7 | 96.4 | 96.0 | 95.6 | 95.6 | 95.7 | 95.6 | 95.7 |
| 94.3 | 94.2 | 93.5 | 92.9 | 92.9 | 92.9 | 93.0 | 93.1 |
| 95.8 | 95.7 | 95.3 | 94.7 | 94.2 | 94.0 | 94.0 | 93.9 |
| 96.2 | 95.8 | 95.6 | 94.9 | 94.5 | 94.5 | 94.4 | 94.3 |
| 93.9 | 94.1 | 93.3 | 92.4 | 91.3 | 91.3 | 91.3 | 91.4 |
| 95.2 | 95.3 | 94.8 | 94.1 | 93.5 | 93.5 | 93.7 | 93.5 |
| 95.8 | 95.7 | 95.2 | 95.0 | 94.8 | 94.5 | 94.4 | 94.7 |
| 96.0 | 95.8 | 95.7 | 95.4 | 94.9 | 94.9 | 94.5 | 94.5 |
| 88.7 | 88.2 | 87.6 | 87.7 | 87.7 | 87.8 | 88.9 | 92.3 |
| 97.4 | 97.5 | 97.3 | 96.8 | 96.7 | 96.5 | 96.3 | 96.2 |
| 97.2 | 97.1 | 96.7 | 96.9 | 96.4 | 96.3 | 95.8 | 95.8 |
| 98.2 | 97.1 | 97.1 | 96.8 | 96.5 | 96.4 | 96.1 | 95.9 |
| 97.6 | 97.5 | 97.2 | 95.6 | 95.7 | 95.4 | 95.0 | 94.5 |
| | | | | | | | |
| 95.7 | 95.9 | 95.4 | 95.0 | 94.9 | 94.7 | 94.5 | 95.1 |
| 88.3 | 87.4 | 87.5 | 84.9 | 84.8 | 85.3 | 85.6 | 86.4 |
| 99.8 | 98.9 | 98.3 | 98.0 | 97.0 | 96.4 | 95.6 | 94.2 |
| 92.9 | 92.9 | 92.5 | 91.8 | 91.8 | 90.8 | 90.5 | 90.4 |
| 84.8 | 84.7 | 84.9 | 83.2 | 82.3 | 82.6 | 84.1 | 85.5 |

# 附录1–10　全国70个大中城市住宅销售价格指数（2015年）

（上年同期=100）

| 地区 | Region | 新建住宅价格指数 1月 January | 2月 February | 3月 March | 4月 April | 5月 May |
|---|---|---|---|---|---|---|
| 北　京 | Beijing | 96.8 | 96.4 | 96.3 | 96.8 | 97.7 |
| 天　津 | Tianjin | 96.4 | 96.0 | 95.9 | 95.9 | 96.1 |
| 石家庄 | Shijiazhuang | 96.1 | 95.3 | 95.3 | 95.5 | 96.3 |
| 太　原 | Taiyuan | 95.3 | 94.7 | 94.7 | 94.7 | 94.8 |
| 呼和浩特 | Hohhot | 94.1 | 92.8 | 92.7 | 92.2 | 91.9 |
| 沈　阳 | Shenyang | 91.6 | 90.8 | 90.3 | 90.2 | 90.4 |
| 大　连 | Dalian | 92.8 | 92.1 | 91.5 | 91.5 | 91.5 |
| 长　春 | Changchun | 95.6 | 95.0 | 94.5 | 93.8 | 93.4 |
| 哈尔滨 | Harbin | 95.3 | 94.9 | 94.4 | 94.5 | 94.5 |
| 上　海 | Shanghai | 95.8 | 95.3 | 95.0 | 95.3 | 97.7 |
| 南　京 | Nanjing | 97.6 | 97.2 | 97.0 | 96.8 | 97.0 |
| 杭　州 | Hangzhou | 89.9 | 89.6 | 89.2 | 90.1 | 91.8 |
| 宁　波 | Ningbo | 94.1 | 93.6 | 93.5 | 93.7 | 94.9 |
| 合　肥 | Hefei | 97.6 | 96.9 | 96.5 | 96.3 | 96.5 |
| 福　州 | Fuzhou | 93.5 | 92.5 | 92.1 | 92.0 | 92.0 |
| 厦　门 | Xiamen | 100.8 | 100.0 | 99.6 | 99.4 | 99.4 |
| 南　昌 | Nanchang | 94.6 | 93.8 | 93.5 | 93.5 | 93.9 |
| 济　南 | Jinan | 95.3 | 94.7 | 94.1 | 94.0 | 94.7 |
| 青　岛 | Qingdao | 92.7 | 91.7 | 91.1 | 90.7 | 90.6 |
| 郑　州 | Zhengzhou | 99.3 | 98.7 | 98.5 | 98.2 | 97.9 |
| 武　汉 | Wuhan | 95.5 | 95.2 | 95.0 | 95.1 | 95.3 |
| 长　沙 | Changsha | 92.4 | 91.6 | 91.4 | 91.2 | 91.4 |
| 广　州 | Guangzhou | 94.6 | 94.0 | 93.6 | 93.9 | 95.2 |
| 深　圳 | Shenzhen | 98.7 | 98.6 | 99.1 | 100.7 | 107.5 |
| 南　宁 | Nanning | 94.9 | 94.1 | 94.1 | 94.3 | 94.2 |
| 海　口 | Haikou | 94.4 | 93.8 | 94.0 | 93.6 | 93.7 |
| 重　庆 | Chongqing | 94.0 | 93.2 | 92.6 | 92.3 | 92.3 |
| 成　都 | Chengdu | 94.5 | 93.7 | 92.9 | 92.7 | 93.1 |
| 贵　阳 | Guiyang | 96.8 | 96.2 | 96.3 | 95.8 | 95.5 |
| 昆　明 | Kunming | 95.4 | 94.9 | 94.7 | 94.3 | 94.1 |
| 西　安 | Xi'an | 95.7 | 95.0 | 94.6 | 94.0 | 94.2 |
| 兰　州 | Lanzhou | 96.5 | 95.9 | 95.7 | 95.0 | 95.0 |
| 西　宁 | Xining | 96.2 | 95.5 | 95.1 | 94.7 | 94.3 |
| 银　川 | Yinchuan | 96.3 | 95.5 | 94.7 | 94.0 | 93.7 |
| 乌鲁木齐 | Urumqi | 95.5 | 94.8 | 94.0 | 93.7 | 93.6 |

# Residential Sales Price Index in 70 Large-scale and Medium-scale Cities（2015）

（preceding year=100）

| New Housing Price Index | | | | | | |
|---|---|---|---|---|---|---|
| 6 月<br>June | 7 月<br>July | 8 月<br>August | 9 月<br>September | 10 月<br>October | 11 月<br>November | 12 月<br>December |
| 98.9 | 101.0 | 103.0 | 104.7 | 106.5 | 107.7 | 108.3 |
| 96.9 | 97.8 | 99.0 | 100.3 | 101.3 | 102.1 | 103.1 |
| 96.4 | 97.6 | 99.2 | 100.5 | 101.0 | 101.5 | 101.7 |
| 95.2 | 96.9 | 98.1 | 99.5 | 100.2 | 100.9 | 101.4 |
| 91.8 | 92.6 | 94.1 | 95.3 | 95.5 | 96.5 | 97.5 |
| 91.6 | 93.5 | 95.3 | 96.2 | 97.1 | 98.2 | 99.1 |
| 91.9 | 93.3 | 94.8 | 95.5 | 96.1 | 97.3 | 98.2 |
| 93.9 | 94.8 | 95.8 | 96.9 | 97.4 | 97.8 | 98.3 |
| 94.5 | 95.5 | 96.0 | 97.1 | 98.6 | 98.9 | 99.5 |
| 100.3 | 103.1 | 105.6 | 108.3 | 110.9 | 113.1 | 115.5 |
| 97.8 | 99.3 | 101.3 | 102.6 | 104.0 | 105.2 | 106.3 |
| 94.6 | 97.7 | 100.3 | 102.0 | 103.0 | 104.1 | 105.6 |
| 96.9 | 98.9 | 100.1 | 100.9 | 101.7 | 102.7 | 103.4 |
| 97.0 | 98.0 | 98.6 | 99.7 | 100.2 | 100.7 | 101.3 |
| 93.0 | 94.7 | 95.9 | 97.9 | 99.2 | 100.6 | 101.8 |
| 99.5 | 99.8 | 100.1 | 101.1 | 102.9 | 104.5 | 106.4 |
| 94.5 | 95.4 | 96.9 | 98.3 | 99.9 | 100.7 | 101.6 |
| 95.4 | 96.4 | 97.9 | 98.8 | 99.6 | 100.2 | 100.8 |
| 91.2 | 92.5 | 93.4 | 94.7 | 95.9 | 96.7 | 97.8 |
| 98.4 | 98.9 | 99.9 | 101.2 | 101.9 | 102.2 | 102.7 |
| 96.0 | 98.0 | 100.3 | 101.8 | 102.5 | 103.5 | 104.3 |
| 92.2 | 93.6 | 95.0 | 96.2 | 97.5 | 98.4 | 99.5 |
| 97.3 | 99.7 | 102.0 | 104.9 | 107.0 | 108.1 | 109.1 |
| 115.7 | 123.6 | 131.3 | 137.6 | 139.9 | 143.9 | 146.8 |
| 95.2 | 96.3 | 97.8 | 99.2 | 100.1 | 100.8 | 101.7 |
| 94.2 | 95.0 | 95.9 | 97.0 | 97.9 | 98.0 | 98.9 |
| 93.1 | 94.2 | 95.5 | 97.2 | 97.9 | 98.3 | 99.0 |
| 93.8 | 95.3 | 96.7 | 97.9 | 99.1 | 100.2 | 100.6 |
| 95.4 | 96.0 | 97.6 | 98.3 | 98.8 | 99.0 | 99.2 |
| 94.5 | 95.0 | 95.6 | 96.3 | 96.8 | 97.3 | 97.9 |
| 94.2 | 95.0 | 96.4 | 97.5 | 98.4 | 99.3 | 100.0 |
| 95.4 | 95.8 | 96.1 | 97.0 | 97.7 | 98.1 | 98.4 |
| 93.7 | 93.0 | 94.0 | 95.0 | 95.7 | 96.1 | 96.0 |
| 93.3 | 93.6 | 94.9 | 95.4 | 95.6 | 96.7 | 96.6 |
| 93.9 | 94.5 | 95.6 | 96.3 | 96.7 | 97.6 | 98.0 |

附录1-10　续表 1

（上年同期=100）

| 地　区 | Region | 新建住宅价格指数 | | | | |
|---|---|---|---|---|---|---|
| | | 1 月<br>January | 2 月<br>February | 3 月<br>March | 4 月<br>April | 5 月<br>May |
| 唐　山 | Tangshan | 95.9 | 95.7 | 95.3 | 95.0 | 95.0 |
| 秦皇岛 | Qinhuangdao | 94.4 | 93.7 | 93.4 | 92.6 | 92.6 |
| 包　头 | Baotou | 93.5 | 92.7 | 92.6 | 92.3 | 92.4 |
| 丹　东 | Dandong | 92.1 | 91.4 | 91.0 | 90.6 | 90.4 |
| 锦　州 | Jinzhou | 93.0 | 91.6 | 91.4 | 90.9 | 91.1 |
| 吉　林 | Jilin | 95.2 | 94.6 | 94.4 | 94.1 | 94.3 |
| 牡丹江 | Mudanjiang | 96.9 | 96.7 | 96.5 | 96.2 | 96.2 |
| 无　锡 | Wuxi | 95.1 | 94.7 | 94.5 | 94.5 | 95.3 |
| 扬　州 | Yangzhou | 94.1 | 93.5 | 93.0 | 92.9 | 92.8 |
| 徐　州 | Xuzhou | 95.4 | 94.8 | 94.7 | 94.9 | 95.5 |
| 温　州 | Wenzhou | 96.4 | 96.0 | 96.0 | 96.7 | 96.9 |
| 金　华 | Jinhua | 94.4 | 93.5 | 93.1 | 93.9 | 94.7 |
| 蚌　埠 | Bengbu | 93.6 | 92.7 | 91.8 | 91.5 | 91.6 |
| 安　庆 | Anqing | 93.9 | 93.6 | 93.6 | 93.7 | 93.9 |
| 泉　州 | Quanzhou | 92.3 | 91.2 | 91.1 | 90.9 | 90.9 |
| 九　江 | Jiujiang | 94.5 | 94.1 | 93.7 | 93.4 | 93.9 |
| 赣　州 | Ganzhou | 94.1 | 94.0 | 93.6 | 93.8 | 93.6 |
| 烟　台 | Yantai | 94.2 | 93.4 | 93.0 | 92.6 | 92.5 |
| 济　宁 | Jining | 96.4 | 96.1 | 95.7 | 95.4 | 94.8 |
| 洛　阳 | Luoyang | 94.8 | 93.8 | 93.4 | 93.0 | 92.8 |
| 平顶山 | Pingdingshan | 95.1 | 94.6 | 94.2 | 93.8 | 93.6 |
| 宜　昌 | Yichang | 94.7 | 94.4 | 94.2 | 93.7 | 93.6 |
| 襄　阳 | Xiangyang | 94.5 | 93.4 | 92.9 | 92.3 | 92.6 |
| 岳　阳 | Yueyang | 97.3 | 96.8 | 96.5 | 96.3 | 96.0 |
| 常　德 | Changde | 95.5 | 94.4 | 94.2 | 93.4 | 93.5 |
| 惠　州 | Huizhou | 94.0 | 92.8 | 91.7 | 91.5 | 91.2 |
| 湛　江 | Zhanjiang | 94.2 | 92.6 | 91.6 | 91.1 | 90.6 |
| 韶　关 | Shaoguan | 92.0 | 91.4 | 91.1 | 90.6 | 90.8 |
| 桂　林 | Guilin | 92.0 | 91.1 | 90.6 | 90.3 | 90.1 |
| 北　海 | Beihai | 94.6 | 94.1 | 93.6 | 93.1 | 92.9 |
| 三　亚 | Sanya | 95.1 | 94.7 | 94.2 | 93.8 | 93.6 |
| 泸　州 | Luzhou | 92.3 | 92.1 | 91.6 | 90.9 | 90.5 |
| 南　充 | Nanchong | 94.1 | 93.4 | 92.5 | 92.2 | 91.7 |
| 遵　义 | Zunyi | 95.9 | 95.2 | 94.7 | 94.2 | 94.2 |
| 大　理 | Dali | 96.3 | 95.8 | 95.7 | 95.1 | 94.8 |

continued

(preceding year=100)

| New Housing Price Index | | | | | | |
|---|---|---|---|---|---|---|
| 6 月 June | 7 月 July | 8 月 August | 9 月 September | 10 月 October | 11 月 November | 12 月 December |
| 95.0 | 95.2 | 95.9 | 96.5 | 97.6 | 97.6 | 97.4 |
| 92.8 | 93.3 | 94.1 | 94.8 | 96.2 | 96.8 | 97.0 |
| 92.7 | 93.4 | 94.8 | 95.4 | 95.8 | 96.4 | 96.9 |
| 90.7 | 91.2 | 91.4 | 92.9 | 93.8 | 95.1 | 94.7 |
| 91.6 | 91.2 | 92.0 | 93.1 | 94.2 | 94.7 | 95.0 |
| 94.7 | 95.3 | 95.9 | 97.1 | 97.5 | 97.6 | 97.4 |
| 96.3 | 96.1 | 96.6 | 97.0 | 97.4 | 97.5 | 97.9 |
| 96.1 | 96.4 | 97.1 | 97.7 | 98.0 | 98.8 | 98.7 |
| 93.0 | 94.6 | 96.1 | 96.8 | 98.1 | 98.4 | 99.0 |
| 95.7 | 95.8 | 97.3 | 98.3 | 98.8 | 99.5 | 99.6 |
| 97.6 | 97.8 | 98.0 | 98.9 | 99.9 | 100.8 | 101.7 |
| 95.4 | 96.3 | 98.3 | 99.2 | 100.1 | 100.6 | 101.4 |
| 91.8 | 91.8 | 92.3 | 93.8 | 95.3 | 95.8 | 95.9 |
| 94.1 | 95.3 | 96.0 | 97.2 | 97.9 | 98.7 | 99.0 |
| 91.6 | 92.7 | 93.6 | 94.9 | 95.9 | 97.0 | 97.6 |
| 94.3 | 95.0 | 95.7 | 96.5 | 96.7 | 96.9 | 97.5 |
| 94.2 | 95.4 | 97.3 | 98.2 | 98.6 | 99.0 | 99.4 |
| 92.7 | 93.3 | 94.6 | 95.6 | 96.1 | 97.2 | 98.2 |
| 95.1 | 94.9 | 95.3 | 96.2 | 96.4 | 96.6 | 96.7 |
| 93.9 | 94.6 | 95.6 | 96.3 | 96.7 | 97.0 | 97.4 |
| 94.0 | 95.2 | 96.0 | 97.1 | 97.7 | 98.4 | 99.0 |
| 94.0 | 94.7 | 95.6 | 96.6 | 97.0 | 98.2 | 98.4 |
| 93.0 | 93.9 | 94.5 | 95.1 | 95.0 | 95.5 | 96.0 |
| 95.7 | 96.0 | 96.6 | 96.9 | 96.7 | 97.3 | 97.6 |
| 93.7 | 94.4 | 95.3 | 96.1 | 96.5 | 97.0 | 96.7 |
| 91.2 | 91.8 | 93.7 | 95.4 | 96.6 | 97.2 | 97.7 |
| 90.2 | 90.3 | 91.4 | 92.6 | 93.5 | 94.4 | 95.0 |
| 91.2 | 92.4 | 93.3 | 94.0 | 95.1 | 96.3 | 97.0 |
| 90.9 | 92.0 | 93.2 | 94.6 | 95.5 | 96.7 | 97.3 |
| 93.3 | 93.7 | 95.5 | 97.0 | 97.4 | 98.2 | 98.6 |
| 93.6 | 96.0 | 96.8 | 97.2 | 97.8 | 98.1 | 99.2 |
| 90.9 | 92.4 | 93.6 | 96.2 | 97.0 | 97.2 | 98.5 |
| 91.8 | 92.4 | 93.4 | 94.2 | 95.5 | 96.1 | 96.3 |
| 94.2 | 94.8 | 96.0 | 96.4 | 96.8 | 97.1 | 97.1 |
| 94.7 | 94.6 | 95.4 | 96.0 | 96.6 | 97.2 | 97.6 |

附录1-10　续表 2

（上年同期=100）

| 地　区 | Region | 新建商品住宅价格指数 | | | | |
|---|---|---|---|---|---|---|
| | | 1 月 January | 2 月 February | 3 月 March | 4 月 April | 5 月 May |
| 北　京 | Beijing | 96.0 | 95.5 | 95.3 | 96.0 | 97.1 |
| 天　津 | Tianjin | 95.9 | 95.4 | 95.3 | 95.3 | 95.5 |
| 石家庄 | Shijiazhuang | 96.0 | 95.2 | 95.2 | 95.5 | 96.2 |
| 太　原 | Taiyuan | 95.2 | 94.6 | 94.5 | 94.6 | 94.6 |
| 呼和浩特 | Hohhot | 93.9 | 92.6 | 92.5 | 92.0 | 91.7 |
| 沈　阳 | Shenyang | 91.6 | 90.8 | 90.2 | 90.1 | 90.3 |
| 大　连 | Dalian | 92.7 | 92.1 | 91.4 | 91.4 | 91.4 |
| 长　春 | Changchun | 95.5 | 94.9 | 94.3 | 93.6 | 93.3 |
| 哈尔滨 | Harbin | 95.1 | 94.6 | 94.1 | 94.3 | 94.3 |
| 上　海 | Shanghai | 95.1 | 94.5 | 94.1 | 94.5 | 97.2 |
| 南　京 | Nanjing | 96.9 | 96.4 | 96.0 | 95.9 | 96.0 |
| 杭　州 | Hangzhou | 89.5 | 89.2 | 88.8 | 89.7 | 91.5 |
| 宁　波 | Ningbo | 93.8 | 93.2 | 93.1 | 93.4 | 94.6 |
| 合　肥 | Hefei | 97.4 | 96.6 | 96.2 | 96.0 | 96.2 |
| 福　州 | Fuzhou | 93.4 | 92.4 | 92.0 | 91.9 | 91.9 |
| 厦　门 | Xiamen | 100.8 | 100.0 | 99.6 | 99.4 | 99.3 |
| 南　昌 | Nanchang | 94.4 | 93.5 | 93.2 | 93.2 | 93.6 |
| 济　南 | Jinan | 95.3 | 94.7 | 94.1 | 94.0 | 94.7 |
| 青　岛 | Qingdao | 92.3 | 91.3 | 90.7 | 90.3 | 90.2 |
| 郑　州 | Zhengzhou | 99.3 | 98.7 | 98.4 | 98.2 | 97.9 |
| 武　汉 | Wuhan | 95.3 | 95.0 | 94.7 | 94.9 | 95.0 |
| 长　沙 | Changsha | 92.3 | 91.5 | 91.3 | 91.1 | 91.3 |
| 广　州 | Guangzhou | 94.6 | 93.9 | 93.5 | 93.8 | 95.2 |
| 深　圳 | Shenzhen | 98.6 | 98.6 | 99.1 | 100.7 | 107.7 |
| 南　宁 | Nanning | 94.8 | 94.0 | 93.9 | 94.2 | 94.0 |
| 海　口 | Haikou | 94.3 | 93.7 | 93.9 | 93.5 | 93.5 |
| 重　庆 | Chongqing | 93.9 | 93.1 | 92.5 | 92.2 | 92.2 |
| 成　都 | Chengdu | 94.5 | 93.6 | 92.9 | 92.6 | 93.1 |
| 贵　阳 | Guiyang | 96.5 | 95.8 | 95.9 | 95.4 | 95.0 |
| 昆　明 | Kunming | 94.6 | 94.0 | 93.7 | 93.2 | 92.9 |
| 西　安 | Xi'an | 95.2 | 94.4 | 94.0 | 93.4 | 93.6 |
| 兰　州 | Lanzhou | 96.5 | 95.8 | 95.6 | 94.9 | 95.0 |
| 西　宁 | Xining | 96.2 | 95.5 | 95.1 | 94.7 | 94.3 |
| 银　川 | Yinchuan | 96.0 | 95.2 | 94.3 | 93.6 | 93.2 |
| 乌鲁木齐 | Urumqi | 95.5 | 94.8 | 93.9 | 93.6 | 93.6 |

continued

(preceding year=100)

| New Commercial Housing Price Index | | | | | | |
|---|---|---|---|---|---|---|
| 6 月<br>June | 7 月<br>July | 8 月<br>August | 9 月<br>September | 10 月<br>October | 11 月<br>November | 12 月<br>December |
| 98.6 | 101.2 | 103.7 | 105.9 | 108.1 | 109.6 | 110.4 |
| 96.5 | 97.5 | 98.8 | 100.3 | 101.4 | 102.2 | 103.4 |
| 96.3 | 97.5 | 99.2 | 100.6 | 101.0 | 101.5 | 101.7 |
| 95.1 | 96.8 | 98.0 | 99.5 | 100.2 | 100.9 | 101.5 |
| 91.5 | 92.4 | 94.0 | 95.1 | 95.3 | 96.4 | 97.4 |
| 91.6 | 93.4 | 95.2 | 96.2 | 97.1 | 98.2 | 99.1 |
| 91.8 | 93.3 | 94.7 | 95.4 | 96.0 | 97.2 | 98.2 |
| 93.8 | 94.6 | 95.7 | 96.9 | 97.4 | 97.8 | 98.2 |
| 94.3 | 95.3 | 95.8 | 96.9 | 98.5 | 98.8 | 99.4 |
| 100.2 | 103.6 | 106.5 | 109.7 | 112.7 | 115.4 | 118.2 |
| 97.0 | 99.0 | 101.5 | 103.2 | 105.1 | 106.5 | 107.9 |
| 94.4 | 97.6 | 100.3 | 102.1 | 103.2 | 104.3 | 105.8 |
| 96.7 | 98.8 | 100.1 | 101.0 | 101.8 | 102.9 | 103.6 |
| 96.7 | 97.8 | 98.5 | 99.6 | 100.2 | 100.7 | 101.4 |
| 92.9 | 94.6 | 95.8 | 97.9 | 99.2 | 100.6 | 101.8 |
| 99.5 | 99.7 | 100.1 | 101.1 | 102.9 | 104.6 | 106.5 |
| 94.3 | 95.1 | 96.7 | 98.2 | 99.9 | 100.7 | 101.7 |
| 95.4 | 96.4 | 97.9 | 98.8 | 99.6 | 100.2 | 100.8 |
| 90.8 | 92.1 | 93.1 | 94.4 | 95.7 | 96.5 | 97.6 |
| 98.4 | 98.8 | 99.9 | 101.3 | 101.9 | 102.3 | 102.7 |
| 95.8 | 97.9 | 100.3 | 101.8 | 102.6 | 103.7 | 104.5 |
| 92.1 | 93.6 | 94.9 | 96.1 | 97.5 | 98.4 | 99.5 |
| 97.2 | 99.7 | 102.0 | 104.9 | 107.1 | 108.2 | 109.2 |
| 115.9 | 124.0 | 131.8 | 138.3 | 140.5 | 144.6 | 147.5 |
| 95.1 | 96.2 | 97.7 | 99.2 | 100.1 | 100.8 | 101.7 |
| 94.0 | 94.9 | 95.8 | 96.9 | 97.8 | 98.0 | 98.8 |
| 93.0 | 94.1 | 95.4 | 97.2 | 97.9 | 98.3 | 99.0 |
| 93.8 | 95.2 | 96.7 | 97.9 | 99.1 | 100.2 | 100.6 |
| 94.9 | 95.6 | 97.3 | 98.1 | 98.6 | 98.9 | 99.1 |
| 93.4 | 94.0 | 94.7 | 95.5 | 96.1 | 96.6 | 97.4 |
| 93.6 | 94.4 | 96.0 | 97.1 | 98.2 | 99.2 | 99.9 |
| 95.3 | 95.7 | 96.0 | 97.0 | 97.7 | 98.0 | 98.4 |
| 93.7 | 93.0 | 94.0 | 95.0 | 95.7 | 96.1 | 96.0 |
| 92.8 | 93.2 | 94.5 | 95.1 | 95.3 | 96.4 | 96.3 |
| 93.9 | 94.5 | 95.6 | 96.3 | 96.7 | 97.6 | 98.0 |

附录1-10　续表 2

（上年同期=100）

| 地　区 | Region | 新建商品住宅价格指数 | | | | |
|---|---|---|---|---|---|---|
| | | 1 月<br>January | 2 月<br>February | 3 月<br>March | 4 月<br>April | 5 月<br>May |
| 唐　　山 | Tangshan | 95.6 | 95.3 | 94.9 | 94.6 | 94.5 |
| 秦 皇 岛 | Qinhuangdao | 93.8 | 93.1 | 92.7 | 91.9 | 91.9 |
| 包　　头 | Baotou | 92.5 | 91.5 | 91.3 | 91.0 | 91.1 |
| 丹　　东 | Dandong | 92.0 | 91.3 | 90.9 | 90.5 | 90.3 |
| 锦　　州 | Jinzhou | 93.0 | 91.6 | 91.4 | 90.9 | 91.1 |
| 吉　　林 | Jilin | 95.0 | 94.4 | 94.1 | 93.8 | 94.0 |
| 牡 丹 江 | Mudanjiang | 96.8 | 96.7 | 96.5 | 96.2 | 96.2 |
| 无　　锡 | Wuxi | 94.3 | 93.7 | 93.5 | 93.6 | 94.5 |
| 扬　　州 | Yangzhou | 93.9 | 93.2 | 92.8 | 92.6 | 92.5 |
| 徐　　州 | Xuzhou | 95.2 | 94.5 | 94.5 | 94.6 | 95.3 |
| 温　　州 | Wenzhou | 96.1 | 95.7 | 95.7 | 96.4 | 96.6 |
| 金　　华 | Jinhua | 94.4 | 93.4 | 93.1 | 93.8 | 94.6 |
| 蚌　　埠 | Bengbu | 93.4 | 92.5 | 91.6 | 91.3 | 91.4 |
| 安　　庆 | Anqing | 93.5 | 93.3 | 93.3 | 93.3 | 93.6 |
| 泉　　州 | Quanzhou | 92.0 | 90.8 | 90.6 | 90.4 | 90.4 |
| 九　　江 | Jiujiang | 94.2 | 93.8 | 93.4 | 93.1 | 93.6 |
| 赣　　州 | Ganzhou | 94.1 | 93.9 | 93.6 | 93.8 | 93.6 |
| 烟　　台 | Yantai | 94.1 | 93.3 | 92.9 | 92.5 | 92.3 |
| 济　　宁 | Jining | 96.3 | 96.0 | 95.6 | 95.2 | 94.7 |
| 洛　　阳 | Luoyang | 94.8 | 93.7 | 93.3 | 92.9 | 92.7 |
| 平 顶 山 | Pingdingshan | 95.0 | 94.5 | 94.1 | 93.7 | 93.5 |
| 宜　　昌 | Yichang | 94.6 | 94.3 | 94.1 | 93.6 | 93.5 |
| 襄　　阳 | Xiangyang | 94.4 | 93.3 | 92.9 | 92.2 | 92.5 |
| 岳　　阳 | Yueyang | 95.6 | 94.6 | 94.2 | 93.8 | 93.4 |
| 常　　德 | Changde | 95.4 | 94.3 | 94.1 | 93.3 | 93.4 |
| 惠　　州 | Huizhou | 94.0 | 92.8 | 91.6 | 91.4 | 91.2 |
| 湛　　江 | Zhanjiang | 94.2 | 92.6 | 91.6 | 91.1 | 90.6 |
| 韶　　关 | Shaoguan | 91.8 | 91.2 | 90.9 | 90.4 | 90.5 |
| 桂　　林 | Guilin | 91.9 | 90.9 | 90.4 | 90.2 | 89.9 |
| 北　　海 | Beihai | 94.5 | 94.0 | 93.6 | 93.1 | 92.9 |
| 三　　亚 | Sanya | 95.1 | 94.6 | 94.1 | 93.8 | 93.5 |
| 泸　　州 | Luzhou | 92.1 | 91.8 | 91.3 | 90.6 | 90.2 |
| 南　　充 | Nanchong | 94.1 | 93.3 | 92.5 | 92.1 | 91.6 |
| 遵　　义 | Zunyi | 95.4 | 94.7 | 94.1 | 93.6 | 93.5 |
| 大　　理 | Dali | 95.9 | 95.4 | 95.2 | 94.5 | 94.3 |

continued

(preceding year=100)

| New Commercial Housing Price Index | | | | | | |
|---|---|---|---|---|---|---|
| 6 月 June | 7 月 July | 8 月 August | 9 月 September | 10 月 October | 11 月 November | 12 月 December |
| 94.6 | 94.8 | 95.6 | 96.2 | 97.4 | 97.4 | 97.2 |
| 92.1 | 92.6 | 93.5 | 94.3 | 95.8 | 96.5 | 96.7 |
| 91.4 | 92.3 | 93.9 | 94.5 | 95.0 | 95.8 | 96.3 |
| 90.6 | 91.1 | 91.3 | 92.8 | 93.8 | 95.0 | 94.7 |
| 91.6 | 91.2 | 92.0 | 93.1 | 94.2 | 94.7 | 95.0 |
| 94.5 | 95.1 | 95.7 | 96.9 | 97.4 | 97.5 | 97.3 |
| 96.2 | 96.0 | 96.6 | 97.0 | 97.4 | 97.5 | 97.8 |
| 95.4 | 95.8 | 96.6 | 97.3 | 97.7 | 98.6 | 98.5 |
| 92.7 | 94.4 | 96.0 | 96.7 | 98.0 | 98.3 | 99.0 |
| 95.5 | 95.6 | 97.2 | 98.2 | 98.7 | 99.4 | 99.5 |
| 97.4 | 97.7 | 97.9 | 98.8 | 99.9 | 100.8 | 101.8 |
| 95.4 | 96.3 | 98.3 | 99.2 | 100.1 | 100.6 | 101.4 |
| 91.6 | 91.6 | 92.2 | 93.6 | 95.2 | 95.7 | 95.8 |
| 93.8 | 95.0 | 95.8 | 97.1 | 97.7 | 98.6 | 99.0 |
| 91.2 | 92.3 | 93.3 | 94.7 | 95.7 | 96.9 | 97.5 |
| 94.0 | 94.8 | 95.5 | 96.3 | 96.6 | 96.7 | 97.4 |
| 94.2 | 95.4 | 97.3 | 98.2 | 98.6 | 99.0 | 99.4 |
| 92.6 | 93.2 | 94.5 | 95.5 | 96.0 | 97.2 | 98.1 |
| 94.9 | 94.8 | 95.2 | 96.1 | 96.3 | 96.5 | 96.6 |
| 93.8 | 94.5 | 95.5 | 96.2 | 96.7 | 96.9 | 97.4 |
| 94.0 | 95.1 | 96.0 | 97.0 | 97.7 | 98.3 | 99.0 |
| 93.9 | 94.6 | 95.5 | 96.5 | 97.0 | 98.2 | 98.4 |
| 92.9 | 93.8 | 94.4 | 95.0 | 94.9 | 95.5 | 95.9 |
| 92.9 | 93.3 | 94.2 | 94.7 | 94.4 | 95.3 | 95.8 |
| 93.6 | 94.4 | 95.2 | 96.0 | 96.5 | 97.0 | 96.6 |
| 91.2 | 91.8 | 93.7 | 95.4 | 96.6 | 97.2 | 97.7 |
| 90.2 | 90.3 | 91.4 | 92.6 | 93.5 | 94.4 | 95.0 |
| 91.0 | 92.2 | 93.2 | 93.8 | 95.0 | 96.2 | 96.9 |
| 90.7 | 91.8 | 93.1 | 94.5 | 95.4 | 96.7 | 97.2 |
| 93.2 | 93.7 | 95.5 | 97.0 | 97.4 | 98.2 | 98.5 |
| 93.6 | 96.0 | 96.8 | 97.2 | 97.8 | 98.1 | 99.2 |
| 90.6 | 92.2 | 93.3 | 96.0 | 96.9 | 97.1 | 98.5 |
| 91.7 | 92.3 | 93.3 | 94.1 | 95.4 | 96.1 | 96.3 |
| 93.5 | 94.1 | 95.5 | 95.9 | 96.4 | 96.7 | 96.7 |
| 94.2 | 94.1 | 94.9 | 95.6 | 96.2 | 96.9 | 97.4 |

附录1-10　续表 3

（上年同期=100）

| 地　区 | Region | 二手住宅价格指数 | | | | |
|---|---|---|---|---|---|---|
| | | 1 月 January | 2 月 February | 3 月 March | 4 月 April | 5 月 May |
| 北　京 | Beijing | 96.0 | 95.9 | 96.2 | 98.4 | 103.5 |
| 天　津 | Tianjin | 97.2 | 96.7 | 96.4 | 96.2 | 96.5 |
| 石家庄 | Shijiazhuang | 98.1 | 97.8 | 97.8 | 97.7 | 97.9 |
| 太　原 | Taiyuan | 96.2 | 95.5 | 95.4 | 95.1 | 95.2 |
| 呼和浩特 | Hohhot | 95.2 | 95.0 | 95.2 | 95.2 | 95.3 |
| 沈　阳 | Shenyang | 97.1 | 96.5 | 96.2 | 96.2 | 96.5 |
| 大　连 | Dalian | 95.1 | 94.6 | 94.4 | 94.7 | 95.2 |
| 长　春 | Changchun | 95.5 | 94.9 | 94.2 | 94.0 | 94.4 |
| 哈尔滨 | Harbin | 95.9 | 95.0 | 94.4 | 93.9 | 94.0 |
| 上　海 | Shanghai | 98.4 | 97.9 | 97.6 | 98.2 | 100.6 |
| 南　京 | Nanjing | 98.1 | 98.0 | 98.0 | 98.1 | 98.0 |
| 杭　州 | Hangzhou | 94.6 | 94.8 | 94.8 | 95.7 | 96.4 |
| 宁　波 | Ningbo | 93.5 | 93.1 | 93.1 | 93.3 | 93.8 |
| 合　肥 | Hefei | 97.4 | 96.6 | 96.0 | 96.5 | 96.6 |
| 福　州 | Fuzhou | 94.8 | 93.8 | 93.8 | 94.2 | 95.2 |
| 厦　门 | Xiamen | 100.2 | 98.4 | 97.5 | 97.3 | 97.1 |
| 南　昌 | Nanchang | 96.1 | 95.2 | 95.3 | 95.5 | 95.9 |
| 济　南 | Jinan | 94.9 | 94.3 | 94.1 | 94.2 | 94.4 |
| 青　岛 | Qingdao | 94.2 | 93.5 | 93.2 | 93.4 | 93.7 |
| 郑　州 | Zhengzhou | 100.2 | 99.5 | 98.7 | 98.5 | 98.3 |
| 武　汉 | Wuhan | 95.8 | 95.5 | 95.1 | 95.2 | 95.6 |
| 长　沙 | Changsha | 96.8 | 96.2 | 95.8 | 95.4 | 95.4 |
| 广　州 | Guangzhou | 97.2 | 96.6 | 96.5 | 96.9 | 99.1 |
| 深　圳 | Shenzhen | 101.5 | 101.0 | 100.4 | 102.8 | 109.1 |
| 南　宁 | Nanning | 95.3 | 95.1 | 95.6 | 95.4 | 97.3 |
| 海　口 | Haikou | 94.2 | 93.5 | 93.4 | 92.9 | 92.4 |
| 重　庆 | Chongqing | 95.1 | 94.6 | 94.6 | 94.6 | 95.1 |
| 成　都 | Chengdu | 95.1 | 94.7 | 94.3 | 94.3 | 93.8 |
| 贵　阳 | Guiyang | 97.6 | 97.2 | 97.1 | 97.1 | 96.8 |
| 昆　明 | Kunming | 94.2 | 93.8 | 93.2 | 92.2 | 92.4 |
| 西　安 | Xi’an | 93.5 | 93.0 | 92.4 | 92.0 | 91.9 |
| 兰　州 | Lanzhou | 96.2 | 96.2 | 96.1 | 95.7 | 95.8 |
| 西　宁 | Xining | 97.5 | 97.2 | 97.3 | 97.2 | 97.2 |
| 银　川 | Yinchuan | 96.2 | 95.5 | 94.9 | 94.4 | 94.1 |
| 乌鲁木齐 | Urumqi | 98.4 | 97.7 | 97.2 | 97.2 | 97.6 |

continued

(preceding year=100)

| Second-hand Housing Price Index | | | | | | |
|---|---|---|---|---|---|---|
| 6 月<br>June | 7 月<br>July | 8 月<br>August | 9 月<br>September | 10 月<br>October | 11 月<br>November | 12 月<br>December |
| 107.2 | 110.9 | 114.1 | 117.3 | 118.4 | 119.1 | 120.8 |
| 97.0 | 98.4 | 100.0 | 101.5 | 101.9 | 103.1 | 103.8 |
| 98.1 | 98.6 | 99.0 | 99.9 | 100.7 | 101.1 | 101.4 |
| 95.6 | 97.0 | 97.9 | 99.0 | 100.1 | 100.7 | 101.2 |
| 95.7 | 96.4 | 97.3 | 98.0 | 98.9 | 99.5 | 99.8 |
| 97.1 | 98.8 | 99.4 | 100.3 | 100.2 | 100.6 | 101.1 |
| 96.1 | 97.2 | 97.9 | 98.6 | 99.4 | 99.7 | 99.5 |
| 95.2 | 96.1 | 97.2 | 98.5 | 99.4 | 99.8 | 100.2 |
| 94.9 | 95.8 | 96.8 | 97.5 | 98.6 | 100.6 | 101.0 |
| 102.5 | 105.0 | 106.9 | 108.8 | 109.7 | 110.8 | 111.7 |
| 98.9 | 100.5 | 101.6 | 103.7 | 104.6 | 105.3 | 106.3 |
| 97.9 | 99.5 | 100.6 | 101.7 | 101.6 | 102.4 | 103.7 |
| 94.8 | 96.3 | 97.6 | 98.9 | 100.2 | 101.5 | 102.8 |
| 97.7 | 98.7 | 99.0 | 100.5 | 102.0 | 102.7 | 103.6 |
| 96.2 | 97.6 | 98.3 | 99.5 | 100.6 | 101.5 | 102.3 |
| 97.5 | 98.0 | 98.7 | 99.9 | 101.4 | 102.3 | 103.8 |
| 96.8 | 98.1 | 99.4 | 100.9 | 101.7 | 102.5 | 102.5 |
| 95.0 | 96.4 | 97.2 | 98.2 | 99.2 | 100.2 | 101.3 |
| 94.3 | 95.5 | 96.4 | 97.5 | 98.6 | 99.3 | 99.7 |
| 98.5 | 98.9 | 99.5 | 100.6 | 101.8 | 102.3 | 102.7 |
| 96.4 | 98.1 | 99.4 | 100.8 | 101.9 | 102.9 | 103.8 |
| 95.4 | 96.9 | 97.7 | 98.8 | 99.6 | 100.2 | 100.7 |
| 101.2 | 103.6 | 106.1 | 108.7 | 109.9 | 110.7 | 111.7 |
| 117.3 | 124.3 | 130.3 | 135.5 | 136.8 | 138.9 | 142.6 |
| 98.0 | 99.5 | 100.8 | 103.0 | 104.0 | 103.2 | 104.2 |
| 92.6 | 92.8 | 93.5 | 94.3 | 95.0 | 95.4 | 96.2 |
| 95.9 | 97.0 | 98.1 | 99.4 | 100.1 | 100.5 | 100.6 |
| 94.6 | 96.1 | 97.1 | 98.4 | 99.0 | 99.4 | 99.3 |
| 96.8 | 97.4 | 97.8 | 98.7 | 99.6 | 100.2 | 100.3 |
| 93.4 | 94.1 | 94.8 | 95.9 | 96.9 | 98.0 | 98.9 |
| 92.0 | 92.5 | 93.5 | 94.1 | 94.6 | 94.8 | 94.8 |
| 95.7 | 96.0 | 96.7 | 98.0 | 98.5 | 99.1 | 99.2 |
| 97.3 | 97.4 | 98.1 | 99.1 | 99.9 | 99.8 | 100.5 |
| 93.9 | 94.2 | 95.1 | 96.3 | 97.1 | 97.2 | 97.9 |
| 98.4 | 99.4 | 99.6 | 100.8 | 102.3 | 102.8 | 102.9 |

附录1-10　续表 3

（上年同期=100）

| 地　区 | Region | 二手住宅价格指数 | | | | |
|---|---|---|---|---|---|---|
| | | 1 月 January | 2 月 February | 3 月 March | 4 月 April | 5 月 May |
| 唐　山 | Tangshan | 96.8 | 96.5 | 96.1 | 95.9 | 95.9 |
| 秦皇岛 | Qinhuangdao | 93.8 | 93.3 | 93.2 | 93.0 | 93.4 |
| 包　头 | Baotou | 94.3 | 93.5 | 93.0 | 92.9 | 93.3 |
| 丹　东 | Dandong | 93.1 | 92.6 | 92.4 | 92.2 | 92.3 |
| 锦　州 | Jinzhou | 93.3 | 92.1 | 91.5 | 91.1 | 90.6 |
| 吉　林 | Jilin | 94.4 | 93.9 | 94.0 | 94.0 | 94.4 |
| 牡丹江 | Mudanjiang | 86.1 | 85.8 | 86.5 | 87.6 | 87.2 |
| 无　锡 | Wuxi | 95.8 | 95.6 | 95.1 | 95.1 | 95.6 |
| 扬　州 | Yangzhou | 97.3 | 96.9 | 96.8 | 97.0 | 97.0 |
| 徐　州 | Xuzhou | 95.9 | 95.4 | 95.3 | 95.1 | 95.0 |
| 温　州 | Wenzhou | 91.6 | 91.7 | 91.8 | 92.8 | 93.9 |
| 金　华 | Jinhua | 93.2 | 92.9 | 93.6 | 93.7 | 94.0 |
| 蚌　埠 | Bengbu | 94.7 | 93.5 | 92.5 | 91.8 | 91.5 |
| 安　庆 | Anqing | 95.3 | 95.2 | 95.1 | 95.0 | 94.4 |
| 泉　州 | Quanzhou | 94.5 | 94.2 | 94.1 | 94.0 | 93.7 |
| 九　江 | Jiujiang | 95.5 | 95.7 | 95.9 | 96.1 | 96.7 |
| 赣　州 | Ganzhou | 93.9 | 94.2 | 94.5 | 94.6 | 94.7 |
| 烟　台 | Yantai | 93.9 | 93.5 | 93.0 | 92.6 | 92.5 |
| 济　宁 | Jining | 95.2 | 94.6 | 94.2 | 94.1 | 93.9 |
| 洛　阳 | Luoyang | 96.8 | 96.0 | 95.0 | 94.3 | 93.8 |
| 平顶山 | Pingdingshan | 95.9 | 95.1 | 94.5 | 94.2 | 94.0 |
| 宜　昌 | Yichang | 95.3 | 94.8 | 94.4 | 94.5 | 94.6 |
| 襄　阳 | Xiangyang | 94.9 | 94.1 | 94.1 | 94.1 | 94.7 |
| 岳　阳 | Yueyang | 96.2 | 95.5 | 95.2 | 95.0 | 94.8 |
| 常　德 | Changde | 96.7 | 96.1 | 96.1 | 95.9 | 96.0 |
| 惠　州 | Huizhou | 95.2 | 94.4 | 93.7 | 93.1 | 92.5 |
| 湛　江 | Zhanjiang | 95.5 | 94.6 | 94.0 | 93.5 | 93.2 |
| 韶　关 | Shaoguan | 93.2 | 92.8 | 92.7 | 93.5 | 93.2 |
| 桂　林 | Guilin | 94.2 | 93.5 | 92.7 | 92.6 | 92.4 |
| 北　海 | Beihai | 93.2 | 92.7 | 92.7 | 93.0 | 93.6 |
| 三　亚 | Sanya | 97.2 | 97.0 | 96.8 | 96.6 | 96.6 |
| 泸　州 | Luzhou | 96.4 | 96.1 | 95.9 | 95.9 | 96.1 |
| 南　充 | Nanchong | 95.1 | 95.0 | 94.8 | 94.8 | 95.0 |
| 遵　义 | Zunyi | 98.1 | 97.5 | 97.1 | 97.1 | 97.0 |
| 大　理 | Dali | 94.1 | 94.1 | 93.6 | 92.9 | 93.3 |

continued

(preceding year=100)

| Second-hand Housing Price Index | | | | | | |
|---|---|---|---|---|---|---|
| 6 月<br>June | 7 月<br>July | 8 月<br>August | 9 月<br>September | 10 月<br>October | 11 月<br>November | 12 月<br>December |
| 96.3 | 96.3 | 96.5 | 97.1 | 97.9 | 98.4 | 98.4 |
| 93.8 | 94.8 | 95.8 | 96.5 | 97.3 | 97.5 | 97.3 |
| 94.0 | 95.2 | 95.7 | 96.6 | 97.6 | 97.4 | 97.4 |
| 92.6 | 93.2 | 94.0 | 94.7 | 95.9 | 96.7 | 97.7 |
| 90.2 | 90.0 | 89.8 | 89.8 | 90.5 | 90.6 | 91.4 |
| 95.0 | 95.7 | 96.6 | 97.2 | 98.5 | 99.2 | 99.2 |
| 88.6 | 89.0 | 90.6 | 92.8 | 94.6 | 96.7 | 98.5 |
| 95.9 | 96.7 | 97.5 | 98.2 | 99.0 | 99.2 | 99.2 |
| 97.0 | 97.1 | 98.1 | 98.7 | 99.5 | 99.8 | 99.9 |
| 95.3 | 95.5 | 96.2 | 97.0 | 98.1 | 98.6 | 98.7 |
| 95.6 | 97.1 | 98.2 | 99.0 | 99.8 | 100.9 | 101.6 |
| 94.8 | 95.9 | 97.0 | 98.4 | 99.6 | 100.3 | 100.5 |
| 91.7 | 92.3 | 93.4 | 94.2 | 95.5 | 96.3 | 96.5 |
| 94.4 | 94.9 | 96.0 | 96.8 | 97.6 | 98.2 | 98.1 |
| 94.2 | 95.3 | 96.4 | 97.4 | 98.5 | 99.0 | 99.1 |
| 97.3 | 97.9 | 99.0 | 100.0 | 101.1 | 101.7 | 101.7 |
| 95.1 | 96.4 | 98.2 | 99.3 | 100.3 | 100.1 | 100.3 |
| 92.7 | 93.6 | 94.7 | 95.7 | 96.8 | 97.6 | 98.1 |
| 94.1 | 94.8 | 96.0 | 96.7 | 97.4 | 97.7 | 98.1 |
| 93.5 | 94.4 | 95.4 | 96.4 | 97.3 | 97.9 | 98.1 |
| 93.8 | 94.9 | 96.0 | 96.7 | 97.4 | 97.7 | 98.2 |
| 94.9 | 96.0 | 97.0 | 98.0 | 99.3 | 100.0 | 100.4 |
| 95.2 | 95.7 | 96.6 | 98.0 | 98.5 | 98.7 | 99.2 |
| 94.8 | 95.4 | 96.4 | 97.3 | 98.0 | 98.5 | 98.6 |
| 96.1 | 96.5 | 97.3 | 98.1 | 98.8 | 99.1 | 99.5 |
| 92.8 | 94.2 | 95.1 | 96.3 | 97.5 | 98.1 | 99.1 |
| 92.9 | 93.1 | 93.4 | 94.0 | 94.8 | 95.4 | 95.7 |
| 94.3 | 95.7 | 96.6 | 98.2 | 99.6 | 100.1 | 100.3 |
| 92.3 | 93.0 | 93.6 | 94.5 | 95.6 | 95.9 | 96.4 |
| 94.2 | 95.4 | 96.9 | 98.5 | 100.0 | 101.0 | 102.2 |
| 96.5 | 97.2 | 98.1 | 98.9 | 100.4 | 100.4 | 100.7 |
| 96.7 | 98.1 | 99.1 | 100.3 | 102.1 | 102.6 | 102.8 |
| 95.1 | 95.7 | 96.6 | 97.8 | 99.3 | 99.8 | 100.0 |
| 97.0 | 98.0 | 97.7 | 97.9 | 97.7 | 97.2 | 97.2 |
| 93.3 | 93.6 | 93.7 | 93.9 | 94.4 | 94.6 | 96.1 |

# 附录1-11 全国及各省市区固定资产投资价格指数（2015年）

## Price Indices of Investment in Fixed Assets by Provinces and Regions（2015）

（上年=100）　　(preceding year=100)

| 地 区 | Region | 固定资产投资 Investment in Fixed Assets | 建筑安装工程 Construction and Installation | 设备、工器具 Purchase of Equipment, Tools and Instruments | 其他费用 Others |
|---|---|---|---|---|---|
| 全 国 | National | 98.2 | 97.3 | 99.3 | 100.7 |
| 北 京 | Beijing | 97.6 | 94.4 | 99.5 | 100.5 |
| 天 津 | Tianjin | 99.9 | 99.6 | 99.3 | 101.2 |
| 河 北 | Hebei | 98.0 | 97.1 | 99.3 | 100.4 |
| 山 西 | Shanxi | 98.2 | 97.7 | 99.3 | 99.3 |
| 内蒙古 | Inner Mongolia | 98.0 | 97.3 | 99.3 | 100.6 |
| 辽 宁 | Liaoning | 97.9 | 97.0 | 99.3 | 101.1 |
| 吉 林 | Jilin | 97.6 | 96.3 | 99.3 | 100.1 |
| 黑龙江 | Heilongjiang | 99.0 | 98.7 | 99.2 | 101.9 |
| 上 海 | Shanghai | 97.0 | 94.9 | 99.8 | 100.6 |
| 江 苏 | Jiangsu | 96.2 | 93.4 | 99.5 | 101.8 |
| 浙 江 | Zhejiang | 97.4 | 95.4 | 99.2 | 100.9 |
| 安 徽 | Anhui | 96.9 | 95.5 | 99.3 | 100.8 |
| 福 建 | Fujian | 98.3 | 97.6 | 99.5 | 100.1 |
| 江 西 | Jiangxi | 96.8 | 95.4 | 99.2 | 101.1 |
| 山 东 | Shandong | 97.7 | 96.6 | 99.2 | 100.9 |
| 河 南 | Henan | 97.6 | 96.5 | 99.0 | 100.5 |
| 湖 北 | Hubei | 99.4 | 99.1 | 99.5 | 101.2 |
| 湖 南 | Hunan | 100.4 | 100.3 | 99.9 | 101.7 |
| 广 东 | Guangdong | 99.0 | 98.4 | 99.4 | 101.1 |
| 广 西 | Guangxi | 98.8 | 98.0 | 99.8 | 100.4 |
| 海 南 | Hainan | 99.4 | 99.2 | 99.3 | 100.3 |
| 重 庆 | Chongqing | 98.2 | 97.5 | 99.4 | 100.8 |
| 四 川 | Sichuan | 97.9 | 96.4 | 99.7 | 100.2 |
| 贵 州 | Guizhou | 98.4 | 98.1 | 99.5 | 99.4 |
| 云 南 | Yunnan | 99.1 | 98.7 | 98.8 | 101.0 |
| 西 藏 | Tibet | | | | |
| 陕 西 | Shaanxi | 98.8 | 98.4 | 99.1 | 100.7 |
| 甘 肃 | Gansu | 97.7 | 97.5 | 97.9 | 99.6 |
| 青 海 | Qinghai | 98.2 | 97.7 | 99.5 | 100.9 |
| 宁 夏 | Ningxia | 97.5 | 96.9 | 99.1 | 100.1 |
| 新 疆 | Xinjiang | 98.3 | 97.6 | 99.1 | 102.6 |

# 附录1–12　全国及各省市区工业生产者出厂价格指数

## Producer Price Indices for Industrial Products by Provinces and Regions

（上年＝100）　　(preceding year=100)

| 地　区 | Region | 2010 | 2011 | 2012 | 2013 | 2014 |
|---|---|---|---|---|---|---|
| 全　国 | National | 105.5 | 106.0 | 98.3 | 98.1 | 98.1 |
| 北　京 | Beijing | 102.2 | 102.3 | 98.4 | 97.4 | 99.1 |
| 天　津 | Tianjin | 105.1 | 103.8 | 97.0 | 97.0 | 96.3 |
| 河　北 | Hebei | 109.0 | 107.7 | 94.7 | 96.6 | 95.2 |
| 山　西 | Shanxi | 109.5 | 107.5 | 94.5 | 90.7 | 91.4 |
| 内蒙古 | Inner Mongolia | 106.7 | 107.8 | 100.2 | 97.0 | 97.3 |
| 辽　宁 | Liaoning | 107.4 | 106.5 | 99.9 | 99.0 | 98.2 |
| 吉　林 | Jilin | 105.2 | 105.4 | 99.1 | 98.7 | 99.1 |
| 黑龙江 | Heilongjiang | 115.0 | 112.0 | 100.0 | 98.0 | 97.1 |
| 上　海 | Shanghai | 102.3 | 102.9 | 98.4 | 98.2 | 98.9 |
| 江　苏 | Jiangsu | 107.3 | 106.2 | 97.1 | 98.0 | 98.3 |
| 浙　江 | Zhejiang | 106.2 | 105.0 | 97.3 | 98.2 | 98.8 |
| 安　徽 | Anhui | 109.0 | 108.3 | 98.3 | 98.2 | 97.4 |
| 福　建 | Fujian | 103.2 | 103.9 | 98.7 | 98.4 | 98.6 |
| 江　西 | Jiangxi | 115.2 | 111.3 | 96.5 | 98.5 | 97.8 |
| 山　东 | Shandong | 107.1 | 106.0 | 98.4 | 98.4 | 98.4 |
| 河　南 | Henan | 107.8 | 107.2 | 99.4 | 98.5 | 98.1 |
| 湖　北 | Hubei | 104.9 | 106.6 | 100.3 | 99.2 | 98.4 |
| 湖　南 | Hunan | 106.9 | 108.5 | 99.1 | 98.5 | 98.4 |
| 广　东 | Guangdong | 103.2 | 103.7 | 99.5 | 98.8 | 98.9 |
| 广　西 | Guangxi | 112.0 | 108.5 | 97.8 | 98.2 | 98.4 |
| 海　南 | Hainan | 107.7 | 108.8 | 100.8 | 99.5 | 97.6 |
| 重　庆 | Chongqing | 105.0 | 103.8 | 99.9 | 98.0 | 98.3 |
| 四　川 | Sichuan | 104.7 | 107.3 | 98.6 | 98.7 | 98.7 |
| 贵　州 | Guizhou | 108.8 | 105.4 | 101.0 | 97.4 | 98.3 |
| 云　南 | Yunnan | 105.8 | 104.7 | 97.9 | 97.5 | 97.8 |
| 西　藏 | Tibet | 103.1 | 104.3 | 99.7 | 99.8 | 99.0 |
| 陕　西 | Shaanxi | 108.7 | 107.2 | 100.7 | 97.3 | 97.1 |
| 甘　肃 | Gansu | 115.0 | 111.0 | 96.8 | 96.9 | 96.7 |
| 青　海 | Qinghai | 109.3 | 107.4 | 96.9 | 97.0 | 96.1 |
| 宁　夏 | Ningxia | 109.1 | 109.5 | 97.4 | 96.0 | 96.3 |
| 新　疆 | Xinjiang | 125.2 | 114.8 | 96.9 | 96.5 | 96.2 |

# 附录1-13 全国及各省市区固定资产投资价格指数

## Price Indices of Investment in Fixed Assets by Provinces and Regions

（上年=100） (preceding year=100)

| 地区 | Region | 2010 | 2011 | 2012 | 2013 | 2014 |
|---|---|---|---|---|---|---|
| 全国 | National | 103.6 | 106.6 | 101.1 | 98.0 | 100.5 |
| 北京 | Beijing | 102.5 | 105.7 | 101.3 | 97.8 | 100.0 |
| 天津 | Tianjin | 102.6 | 105.7 | 100.0 | 97.4 | 100.5 |
| 河北 | Hebei | 103.7 | 105.5 | 100.3 | 97.6 | 100.2 |
| 山西 | Shanxi | 103.7 | 105.5 | 101.2 | 95.5 | 99.6 |
| 内蒙古 | Inner Mongolia | 105.4 | 106.3 | 101.6 | 99.3 | 99.8 |
| 辽宁 | Liaoning | 103.3 | 106.6 | 101.0 | 98.5 | 99.7 |
| 吉林 | Jilin | 102.4 | 105.6 | 100.4 | 99.4 | 100.2 |
| 黑龙江 | Heilongjiang | 105.2 | 107.5 | 100.8 | 98.7 | 100.0 |
| 上海 | Shanghai | 103.8 | 106.5 | 99.4 | 96.5 | 100.5 |
| 江苏 | Jiangsu | 105.1 | 106.8 | 98.6 | 97.1 | 101.1 |
| 浙江 | Zhejiang | 104.7 | 107.5 | 99.2 | 97.7 | 100.6 |
| 安徽 | Anhui | 105.4 | 108.1 | 101.0 | 96.9 | 100.3 |
| 福建 | Fujian | 103.3 | 106.2 | 100.3 | 98.4 | 100.4 |
| 江西 | Jiangxi | 104.8 | 108.4 | 101.0 | 98.4 | 100.1 |
| 山东 | Shandong | 103.6 | 106.8 | 100.8 | 98.4 | 100.3 |
| 河南 | Henan | 103.5 | 107.4 | 101.0 | 99.3 | 100.0 |
| 湖北 | Hubei | 104.7 | 107.3 | 101.8 | 98.2 | 101.0 |
| 湖南 | Hunan | 104.0 | 107.2 | 101.7 | 98.4 | 101.5 |
| 广东 | Guangdong | 103.0 | 105.5 | 101.5 | 98.2 | 101.5 |
| 广西 | Guangxi | 103.0 | 106.2 | 100.6 | 98.9 | 101.6 |
| 海南 | Hainan | 105.2 | 106.4 | 102.0 | 97.0 | 100.6 |
| 重庆 | Chongqing | 102.1 | 105.9 | 101.8 | 97.6 | 100.3 |
| 四川 | Sichuan | 102.5 | 105.2 | 101.0 | 99.2 | 100.5 |
| 贵州 | Guizhou | 102.7 | 105.4 | 101.5 | 96.4 | 101.1 |
| 云南 | Yunnan | 102.7 | 104.6 | 101.4 | 98.8 | 101.0 |
| 西藏 | Tibet | - | - | - | - | - |
| 陕西 | Shaanxi | 103.6 | 105.9 | 102.6 | 99.3 | 101.1 |
| 甘肃 | Gansu | 103.5 | 104.7 | 102.1 | 97.8 | 100.1 |
| 青海 | Qinghai | 103.8 | 106.5 | 102.2 | 98.8 | 100.9 |
| 宁夏 | Ningxia | 104.2 | 107.5 | 101.5 | 97.0 | 100.8 |
| 新疆 | Xinjiang | 104.6 | 107.1 | 100.6 | 97.8 | 100.3 |

# 附录1-14　全国粮食作物播种面积（1980—2015年）

## Sown Area of Grain Crops by Nationwide（1980—2015）

单位：千公顷　　　　(1 000 hectares)

| 年　份<br>Year | 粮食作物播种面积<br>Sown Area of Grain Crops | 稻　谷<br>Rice | 小　麦<br>Wheat | 玉　米<br>Corn | 大　豆<br>Soybean | 薯　类<br>Tubers |
|---|---|---|---|---|---|---|
| 1980 | 117234 | 33878 | 28844 | 20087 | 7226 | 10153 |
| 1981 | 114958 | 33295 | 28307 | 19425 | 8024 | 9620 |
| 1982 | 113462 | 33071 | 27955 | 18543 | 8419 | 9370 |
| 1983 | 114047 | 33136 | 29050 | 18824 | 7567 | 9402 |
| 1984 | 112884 | 33178 | 29576 | 18537 | 7286 | 8988 |
| 1985 | 108845 | 32070 | 29218 | 17694 | 7718 | 8572 |
| 1986 | 110933 | 32266 | 29616 | 19124 | 8295 | 8685 |
| 1987 | 111268 | 32193 | 28798 | 20212 | 8445 | 8868 |
| 1988 | 110123 | 31987 | 28785 | 19692 | 8120 | 9054 |
| 1989 | 112205 | 32700 | 29841 | 20353 | 8057 | 9097 |
| 1990 | 113466 | 33064 | 30753 | 21401 | 7560 | 9121 |
| 1991 | 112314 | 32590 | 30948 | 21574 | 7041 | 9078 |
| 1992 | 110560 | 32090 | 30496 | 21044 | 7221 | 9057 |
| 1993 | 110509 | 30355 | 30235 | 20694 | 9454 | 9220 |
| 1994 | 109544 | 30171 | 28981 | 21152 | 9222 | 9270 |
| 1995 | 110060 | 30744 | 28860 | 22776 | 8127 | 9519 |
| 1996 | 112548 | 31406 | 29611 | 24498 | 7471 | 9797 |
| 1997 | 112912 | 31765 | 30057 | 23775 | 8346 | 9785 |
| 1998 | 113787 | 31214 | 29774 | 25239 | 8500 | 10000 |
| 1999 | 113161 | 31283 | 28855 | 25904 | 7962 | 10355 |
| 2000 | 108463 | 29962 | 26653 | 23056 | 9307 | 10538 |
| 2001 | 106080 | 28812 | 24664 | 24282 | 9482 | 10217 |
| 2002 | 103891 | 28202 | 23908 | 24634 | 8720 | 9881 |
| 2003 | 99410 | 26508 | 21997 | 24068 | 9313 | 9702 |
| 2004 | 101606 | 28379 | 21626 | 25446 | 9589 | 9457 |
| 2005 | 104278 | 28847 | 22793 | 26358 | 9591 | 9503 |
| 2006 | 105068 | 28938 | 23723 | 28463 | 9304 | 7877 |
| 2007 | 105748 | 28919 | 23831 | 29478 | 8754 | 8082 |
| 2008 | 106793 | 29241 | 23617 | 29864 | 9127 | 8427 |
| 2009 | 108986 | 29627 | 24291 | 31183 | 9190 | 8636 |
| 2010 | 109876 | 29873 | 24257 | 32500 | 8516 | 8750 |
| 2011 | 110573 | 30057 | 24270 | 33542 | 7889 | 8906 |
| 2012 | 111205 | 30137 | 24268 | 35030 | 7172 | 8881 |
| 2013 | 111956 | 30312 | 24117 | 36318 | 6791 | 8963 |
| 2014 | 112723 | 30310 | 24069 | 37123 | 6800 | 8940 |
| 2015 | 113343 | 30216 | 24141 | 38119 | 6506 | 8839 |

# 附录1-15　全国粮食作物总产量（1980—2015年）

## Total Output of Grain Crops by Nationwide（1980—2015）

单位：万吨　　(10 000 tons)

| 年份 Year | 粮食作物总产量 Total Output of Grain Crops | 稻谷 Rice | 小麦 Wheat | 玉米 Corn | 大豆 Soybean | 薯类 Tubers |
|---|---|---|---|---|---|---|
| 1980 | 32056 | 13991 | 5521 | 6260 | 794 | 2873 |
| 1981 | 32502 | 14396 | 5964 | 5921 | 933 | 2597 |
| 1982 | 35450 | 16160 | 6847 | 6056 | 903 | 2705 |
| 1983 | 38728 | 16887 | 8139 | 6821 | 976 | 2925 |
| 1984 | 40731 | 17826 | 8782 | 7341 | 970 | 2848 |
| 1985 | 37911 | 16857 | 8581 | 6383 | 1050 | 2604 |
| 1986 | 39151 | 17222 | 9004 | 7086 | 1161 | 2534 |
| 1987 | 40298 | 17426 | 8590 | 7924 | 1247 | 2821 |
| 1988 | 39408 | 16911 | 8543 | 7735 | 1165 | 2697 |
| 1989 | 40755 | 18013 | 9081 | 7893 | 1023 | 2730 |
| 1990 | 44624 | 18933 | 9823 | 9682 | 1100 | 2743 |
| 1991 | 43529 | 18381 | 9595 | 9877 | 971 | 2716 |
| 1992 | 44266 | 18622 | 10159 | 9538 | 1030 | 2844 |
| 1993 | 45649 | 17751 | 10639 | 10270 | 1531 | 3181 |
| 1994 | 44510 | 17593 | 9930 | 9928 | 1600 | 3025 |
| 1995 | 46662 | 18523 | 10221 | 11199 | 1350 | 3263 |
| 1996 | 50454 | 19510 | 11057 | 12747 | 1322 | 3536 |
| 1997 | 49417 | 20073 | 12329 | 10431 | 1473 | 3192 |
| 1998 | 51230 | 19871 | 10973 | 13295 | 1515 | 3604 |
| 1999 | 50839 | 19849 | 11388 | 12809 | 1425 | 3641 |
| 2000 | 46218 | 18791 | 9964 | 10600 | 1541 | 3685 |
| 2001 | 45264 | 17758 | 9387 | 11409 | 1541 | 3563 |
| 2002 | 45706 | 17454 | 9029 | 12131 | 1651 | 3666 |
| 2003 | 43070 | 16066 | 8649 | 11583 | 1539 | 3513 |
| 2004 | 46947 | 17909 | 9195 | 13029 | 1740 | 3558 |
| 2005 | 48402 | 18059 | 9745 | 13937 | 1635 | 3469 |
| 2006 | 49804 | 18172 | 10847 | 15160 | 1508 | 2701 |
| 2007 | 50160 | 18603 | 10930 | 15230 | 1273 | 2808 |
| 2008 | 52871 | 19190 | 11246 | 16591 | 1554 | 2980 |
| 2009 | 53082 | 19510 | 11512 | 16397 | 1498 | 2995 |
| 2010 | 54648 | 19576 | 11518 | 17725 | 1508 | 3114 |
| 2011 | 57121 | 20100 | 11740 | 19278 | 1449 | 3273 |
| 2012 | 58958 | 20424 | 12102 | 20561 | 1302 | 3279 |
| 2013 | 60194 | 20361 | 12193 | 21849 | 1195 | 3329 |
| 2014 | 60703 | 20651 | 12621 | 21565 | 1215 | 3336 |
| 2015 | 62144 | 20823 | 13019 | 22463 | 1179 | 3326 |

# 附录1-16 全国及各省市区粮食作物播种面积

## Sown Area of Grain Crops by Provinces and Regions

单位：千公顷 （1 000 hectares）

| 地 区 | Region | 2011 | 2012 | 2013 | 2014 | 2015 | 2015年比2014年增长 Increase Rate in 2015 over 2014 | |
|---|---|---|---|---|---|---|---|---|
| | | | | | | | 绝对数 Value | % |
| 全 国 | National | 110573.0 | 111204.6 | 111955.6 | 112722.6 | 113342.9 | 620.3 | 0.60 |
| 北 京 | Beijing | 209.4 | 193.9 | 158.9 | 120.2 | 104.5 | -15.7 | -13.08 |
| 天 津 | Tianjin | 310.8 | 322.9 | 332.8 | 345.8 | 350.0 | 4.2 | 1.22 |
| 河 北 | Hebei | 6286.1 | 6302.4 | 6315.9 | 6332.0 | 6392.5 | 60.5 | 0.96 |
| 山 西 | Shanxi | 3287.9 | 3291.5 | 3274.3 | 3286.4 | 3287.2 | 0.8 | 0.02 |
| 内蒙古 | Inner Mongolia | 5561.5 | 5589.4 | 5617.3 | 5651.0 | 5726.7 | 75.7 | 1.34 |
| 辽 宁 | Liaoning | 3169.8 | 3217.3 | 3226.4 | 3235.1 | 3297.4 | 62.3 | 1.93 |
| 吉 林 | Jilin | 4545.1 | 4610.3 | 4789.9 | 5000.7 | 5078.0 | 77.2 | 1.54 |
| 黑龙江 | Heilongjiang | 11502.9 | 11519.5 | 11564.4 | 11696.4 | 11765.2 | 68.8 | 0.59 |
| 上 海 | Shanghai | 186.3 | 187.6 | 168.5 | 164.9 | 161.9 | -2.9 | -1.77 |
| 江 苏 | Jiangsu | 5319.2 | 5336.6 | 5360.8 | 5376.1 | 5424.6 | 48.6 | 0.90 |
| 浙 江 | Zhejiang | 1254.1 | 1251.6 | 1253.7 | 1266.8 | 1277.8 | 11.0 | 0.87 |
| 安 徽 | Anhui | 6621.5 | 6622.0 | 6625.3 | 6628.9 | 6632.9 | 4.0 | 0.06 |
| 福 建 | Fujian | 1226.8 | 1201.1 | 1202.1 | 1197.7 | 1193.2 | -4.5 | -0.38 |
| 江 西 | Jiangxi | 3650.1 | 3675.9 | 3690.9 | 3697.3 | 3705.6 | 8.3 | 0.22 |
| 山 东 | Shandong | 7145.8 | 7202.3 | 7294.6 | 7440.0 | 7492.1 | 52.1 | 0.70 |
| 河 南 | Henan | 9859.9 | 9985.2 | 10081.8 | 10209.8 | 10267.2 | 57.3 | 0.56 |
| 湖 北 | Hubei | 4122.1 | 4180.1 | 4258.4 | 4370.4 | 4466.0 | 95.7 | 2.19 |
| 湖 南 | Hunan | 4879.6 | 4908.0 | 4936.6 | 4975.1 | 4944.7 | -30.5 | -0.61 |
| 广 东 | Guangdong | 2530.4 | 2540.2 | 2507.6 | 2507.0 | 2505.8 | -1.2 | -0.05 |
| 广 西 | Guangxi | 3072.8 | 3069.1 | 3076.0 | 3067.7 | 3059.3 | -8.3 | -0.27 |
| 海 南 | Hainan | 430.6 | 438.6 | 421.8 | 394.0 | 375.6 | -18.4 | -4.66 |
| 重 庆 | Chongqing | 2259.4 | 2259.6 | 2253.9 | 2242.5 | 2234.0 | -8.6 | -0.38 |
| 四 川 | Sichuan | 6440.5 | 6468.2 | 6469.9 | 6467.4 | 6453.9 | -13.5 | -0.21 |
| 贵 州 | Guizhou | 3055.6 | 3054.3 | 3118.4 | 3138.4 | 3114.9 | -23.4 | -0.75 |
| 云 南 | Yunnan | 4326.9 | 4399.6 | 4499.4 | 4508.2 | 4487.3 | -20.9 | -0.46 |
| 西 藏 | Tibet | 170.2 | 170.9 | 175.9 | 176.4 | 178.9 | 2.5 | 1.41 |
| 陕 西 | Shaanxi | 3134.9 | 3127.5 | 3105.1 | 3076.5 | 3073.5 | -3.0 | -0.10 |
| 甘 肃 | Gansu | 2833.7 | 2839.4 | 2858.7 | 2842.5 | 2849.6 | 7.2 | 0.25 |
| 青 海 | Qinghai | 279.4 | 280.2 | 280.0 | 280.1 | 277.1 | -3.0 | -1.09 |
| 宁 夏 | Ningxia | 852.4 | 828.3 | 801.6 | 771.3 | 770.4 | -0.9 | -0.12 |
| 新 疆 | Xinjiang | 2047.5 | 2131.2 | 2234.8 | 2255.9 | 2395.0 | 139.2 | 6.17 |
| **广西居全国位次** | **Order of Precedence of Guangxi in the Country** | **17** | **17** | **18** | **18** | **18** | | |

# 附录1-17　全国及各省市区粮食作物总产量

## Total Output of Grain Crops by Provinces and Regions

单位：万吨 （10 000 tons）

| 地　区 | Region | 2011 | 2012 | 2013 | 2014 | 2015 | 2015年比2014年增长 Increase Rate in 2015 over 2014 | |
|---|---|---|---|---|---|---|---|---|
| | | | | | | | 绝对数 Value | % |
| 全　国 | National | 57120.8 | 58958.0 | 60193.8 | 60702.6 | 62143.9 | 1441.3 | 2.37 |
| 北　京 | Beijing | 121.8 | 113.8 | 96.1 | 63.9 | 62.6 | -1.3 | -2.03 |
| 天　津 | Tianjin | 161.8 | 161.8 | 174.7 | 176.0 | 181.7 | 5.8 | 3.29 |
| 河　北 | Hebei | 3172.6 | 3246.6 | 3365.0 | 3360.2 | 3363.8 | 3.6 | 0.11 |
| 山　西 | Shanxi | 1193.0 | 1274.1 | 1312.8 | 1330.8 | 1259.6 | -71.2 | -5.35 |
| 内蒙古 | Inner Mongolia | 2387.5 | 2528.5 | 2773.0 | 2753.0 | 2827.0 | 74.0 | 2.69 |
| 辽　宁 | Liaoning | 2035.5 | 2070.5 | 2195.6 | 1753.9 | 2002.5 | 248.6 | 14.17 |
| 吉　林 | Jilin | 3171.0 | 3343.0 | 3551.0 | 3532.8 | 3647.0 | 114.2 | 3.23 |
| 黑龙江 | Heilongjiang | 5570.6 | 5761.5 | 6004.1 | 6242.2 | 6324.0 | 81.8 | 1.31 |
| 上　海 | Shanghai | 122.0 | 122.4 | 114.2 | 112.5 | 112.1 | -0.5 | -0.41 |
| 江　苏 | Jiangsu | 3307.8 | 3372.5 | 3423.0 | 3490.6 | 3561.3 | 70.7 | 2.03 |
| 浙　江 | Zhejiang | 781.6 | 769.8 | 734.0 | 757.4 | 752.2 | -5.2 | -0.68 |
| 安　徽 | Anhui | 3135.5 | 3289.1 | 3279.6 | 3415.8 | 3538.1 | 122.3 | 3.58 |
| 福　建 | Fujian | 672.8 | 659.3 | 664.4 | 667.0 | 661.1 | -5.9 | -0.89 |
| 江　西 | Jiangxi | 2052.8 | 2084.8 | 2116.1 | 2143.5 | 2148.7 | 5.2 | 0.24 |
| 山　东 | Shandong | 4426.3 | 4511.4 | 4528.2 | 4596.6 | 4712.7 | 116.1 | 2.53 |
| 河　南 | Henan | 5542.5 | 5638.6 | 5713.7 | 5772.3 | 6067.1 | 294.8 | 5.11 |
| 湖　北 | Hubei | 2388.5 | 2441.8 | 2501.3 | 2584.2 | 2703.3 | 119.1 | 4.61 |
| 湖　南 | Hunan | 2939.4 | 3006.5 | 2925.7 | 3001.3 | 3002.9 | 1.7 | 0.06 |
| 广　东 | Guangdong | 1361.0 | 1396.3 | 1315.9 | 1357.3 | 1358.1 | 0.8 | 0.06 |
| 广　西 | Guangxi | 1429.9 | 1484.9 | 1521.8 | 1534.4 | 1524.8 | -9.7 | -0.63 |
| 海　南 | Hainan | 188.0 | 199.5 | 190.9 | 186.6 | 184.0 | -2.6 | -1.40 |
| 重　庆 | Chongqing | 1126.9 | 1138.5 | 1148.1 | 1144.5 | 1154.9 | 10.3 | 0.90 |
| 四　川 | Sichuan | 3291.6 | 3315.0 | 3387.1 | 3374.9 | 3442.8 | 67.9 | 2.01 |
| 贵　州 | Guizhou | 876.9 | 1079.5 | 1030.0 | 1138.5 | 1180.0 | 41.5 | 3.65 |
| 云　南 | Yunnan | 1673.6 | 1749.1 | 1824.0 | 1860.7 | 1876.4 | 15.7 | 0.84 |
| 西　藏 | Tibet | 93.7 | 94.9 | 96.2 | 98.0 | 100.6 | 2.7 | 2.72 |
| 陕　西 | Shaanxi | 1194.7 | 1245.1 | 1215.8 | 1197.8 | 1226.8 | 29.0 | 2.42 |
| 甘　肃 | Gansu | 1014.6 | 1109.7 | 1138.9 | 1158.7 | 1171.1 | 12.5 | 1.08 |
| 青　海 | Qinghai | 103.4 | 101.5 | 102.4 | 104.8 | 102.7 | -2.1 | -1.99 |
| 宁　夏 | Ningxia | 359.0 | 375.0 | 373.4 | 377.9 | 372.6 | -5.3 | -1.40 |
| 新　疆 | Xinjiang | 1224.7 | 1273.0 | 1377.0 | 1414.5 | 1521.3 | 106.8 | 7.55 |
| **广西居全国位次** | **Order of Precedence of Guangxi in the Country** | **15** | **15** | **15** | **15** | **15** | | |

# 附录1–18　全国及各省市区稻谷播种面积

## Sown Area of Rice by Provinces and Regions

单位：千公顷　　(1 000 hectares)

| 地　区 | Region | 2011 | 2012 | 2013 | 2014 | 2015 | 2015年比2014年增长 Increase Rate in 2015 over 2014 | |
|---|---|---|---|---|---|---|---|---|
| | | | | | | | 绝对数 Value | % |
| 全　国 | National | 30057.0 | 30137.1 | 30311.7 | 30309.9 | 30215.7 | -94.2 | -0.31 |
| 北　京 | Beijing | 0.2 | 0.2 | 0.2 | 0.2 | 0.2 | … | … |
| 天　津 | Tianjin | 14.2 | 14.6 | 16.8 | 16.4 | 15.4 | -1.0 | -6.22 |
| 河　北 | Hebei | 83.0 | 85.9 | 86.8 | 84.8 | 84.8 | … | … |
| 山　西 | Shanxi | 1.0 | 1.0 | 1.0 | 0.9 | 0.7 | -0.2 | -22.22 |
| 内蒙古 | Inner Mongolia | 90.0 | 89.3 | 75.9 | 78.1 | 78.9 | 0.8 | 1.03 |
| 辽　宁 | Liaoning | 659.6 | 661.8 | 649.2 | 562.1 | 544.9 | -17.2 | -3.05 |
| 吉　林 | Jilin | 691.2 | 701.2 | 726.7 | 747.1 | 761.7 | 14.6 | 1.96 |
| 黑龙江 | Heilongjiang | 2945.6 | 3069.8 | 3175.6 | 3205.5 | 3147.8 | -57.7 | -1.80 |
| 上　海 | Shanghai | 106.1 | 105.1 | 101.9 | 98.4 | 97.8 | -0.6 | -0.60 |
| 江　苏 | Jiangsu | 2248.6 | 2254.2 | 2265.7 | 2271.7 | 2291.6 | 19.9 | 0.88 |
| 浙　江 | Zhejiang | 894.8 | 832.6 | 828.7 | 824.2 | 822.5 | -1.7 | -0.21 |
| 安　徽 | Anhui | 2230.8 | 2215.1 | 2214.1 | 2217.3 | 2234.9 | 17.6 | 0.79 |
| 福　建 | Fujian | 845.3 | 827.6 | 817.5 | 804.5 | 789.0 | -15.5 | -1.93 |
| 江　西 | Jiangxi | 3317.7 | 3328.3 | 3338.0 | 3339.5 | 3342.4 | 2.9 | 0.09 |
| 山　东 | Shandong | 124.5 | 123.9 | 123.1 | 122.4 | 116.3 | -6.1 | -5.00 |
| 河　南 | Henan | 638.0 | 648.2 | 641.3 | 649.7 | 656.0 | 6.3 | 0.97 |
| 湖　北 | Hubei | 2036.2 | 2017.9 | 2101.2 | 2144.0 | 2188.5 | 44.5 | 2.07 |
| 湖　南 | Hunan | 4066.3 | 4095.1 | 4085.0 | 4120.7 | 4114.1 | -6.6 | -0.16 |
| 广　东 | Guangdong | 1940.9 | 1949.4 | 1908.8 | 1893.3 | 1887.3 | -6.0 | -0.32 |
| 广　西 | Guangxi | 2078.5 | 2057.6 | 2046.6 | 2026.2 | 1983.9 | -42.3 | -2.09 |
| 海　南 | Hainan | 318.6 | 324.4 | 311.9 | 312.2 | 299.3 | -12.9 | -4.13 |
| 重　庆 | Chongqing | 686.5 | 687.0 | 688.7 | 689.7 | 688.3 | -1.4 | -0.20 |
| 四　川 | Sichuan | 2007.9 | 1997.8 | 1990.7 | 1991.8 | 1990.8 | -1.0 | -0.05 |
| 贵　州 | Guizhou | 681.5 | 683.0 | 684.5 | 682.0 | 675.1 | -6.9 | -1.01 |
| 云　南 | Yunnan | 1073.5 | 1082.9 | 1152.7 | 1144.7 | 1134.8 | -9.9 | -0.86 |
| 西　藏 | Tibet | 1.0 | 1.0 | 1.0 | 1.0 | 0.9 | -0.1 | -6.00 |
| 陕　西 | Shaanxi | 120.9 | 123.3 | 123.7 | 123.4 | 122.8 | -0.6 | -0.49 |
| 甘　肃 | Gansu | | 5.6 | 5.3 | 5.1 | 4.5 | -0.6 | -12.35 |
| 青　海 | Qinghai | | | | | | | |
| 宁　夏 | Ningxia | 83.9 | 84.3 | 82.1 | 78.1 | 74.3 | -3.8 | -4.81 |
| 新　疆 | Xinjiang | 70.6 | 69.2 | 67.3 | 75.1 | 66.2 | -8.9 | -11.89 |
| **广西居全国位次** | **Order of Precedence of Guangxi in the Country** | **6** | **6** | **7** | **7** | **8** | | |

# 附录1-19 全国及各省市区稻谷产量

## Output of Rice by Provinces and Regions

单位：万吨 （10 000 tons）

| 地 区 | Region | 2011 | 2012 | 2013 | 2014 | 2015 | 2015年比2014年增长 Increase Rate in 2015 over 2014 | |
|---|---|---|---|---|---|---|---|---|
| | | | | | | | 绝对数 Value | % |
| 全 国 | National | 20100.1 | 20423.6 | 20361.2 | 20650.7 | 20822.5 | 171.8 | 0.83 |
| 北 京 | Beijing | 0.2 | 0.1 | 0.1 | 0.1 | 0.1 | … | … |
| 天 津 | Tianjin | 10.7 | 11.2 | 12.9 | 12.1 | 11.3 | -0.8 | -6.21 |
| 河 北 | Hebei | 60.2 | 49.8 | 58.8 | 54.2 | 54.5 | 0.3 | 0.60 |
| 山 西 | Shanxi | 0.5 | 0.6 | 0.7 | 0.6 | 0.5 | -0.1 | -21.67 |
| 内蒙古 | Inner Mongolia | 77.9 | 73.3 | 56.0 | 52.4 | 53.2 | 0.8 | 1.44 |
| 辽 宁 | Liaoning | 505.1 | 507.8 | 506.9 | 451.5 | 467.7 | 16.2 | 3.59 |
| 吉 林 | Jilin | 623.5 | 532.0 | 563.3 | 587.6 | 630.1 | 42.5 | 7.23 |
| 黑龙江 | Heilongjiang | 2062.1 | 2171.2 | 2220.6 | 2251.0 | 2199.7 | -51.3 | -2.28 |
| 上 海 | Shanghai | 88.9 | 89.1 | 86.8 | 84.1 | 84.1 | | |
| 江 苏 | Jiangsu | 1864.2 | 1900.1 | 1922.3 | 1912.0 | 1952.5 | 40.5 | 2.12 |
| 浙 江 | Zhejiang | 649.0 | 608.3 | 580.2 | 590.1 | 578.1 | -12.0 | -2.03 |
| 安 徽 | Anhui | 1387.1 | 1393.5 | 1362.3 | 1394.6 | 1459.3 | 64.7 | 4.64 |
| 福 建 | Fujian | 514.1 | 503.8 | 502.0 | 497.1 | 485.0 | -12.1 | -2.43 |
| 江 西 | Jiangxi | 1950.1 | 1976.0 | 2004.0 | 2025.2 | 2027.2 | 2.0 | 0.10 |
| 山 东 | Shandong | 104.0 | 103.4 | 103.6 | 101.0 | 95.1 | -5.9 | -5.84 |
| 河 南 | Henan | 474.5 | 492.6 | 485.8 | 528.6 | 531.5 | 2.9 | 0.55 |
| 湖 北 | Hubei | 1616.9 | 1651.4 | 1676.6 | 1729.5 | 1810.7 | 81.2 | 4.70 |
| 湖 南 | Hunan | 2575.4 | 2631.6 | 2561.5 | 2634.0 | 2644.8 | 10.8 | 0.41 |
| 广 东 | Guangdong | 1096.9 | 1126.6 | 1045.0 | 1091.6 | 1088.4 | -3.2 | -0.29 |
| 广 西 | Guangxi | 1084.1 | 1142.0 | 1156.2 | 1166.1 | 1137.8 | -28.3 | -2.42 |
| 海 南 | Hainan | 145.1 | 155.8 | 149.8 | 155.4 | 153.3 | -2.1 | -1.36 |
| 重 庆 | Chongqing | 493.5 | 498.0 | 503.1 | 503.2 | 506.4 | 3.2 | 0.63 |
| 四 川 | Sichuan | 1527.1 | 1536.1 | 1549.5 | 1526.5 | 1552.6 | 26.1 | 1.71 |
| 贵 州 | Guizhou | 303.9 | 402.4 | 361.3 | 403.2 | 417.5 | 14.3 | 3.56 |
| 云 南 | Yunnan | 668.7 | 644.6 | 667.9 | 666.1 | 659.7 | -6.4 | -0.96 |
| 西 藏 | Tibet | 0.6 | 0.5 | 0.6 | 0.5 | 0.5 | -0.1 | -10.00 |
| 陕 西 | Shaanxi | 84.5 | 87.4 | 91.0 | 90.9 | 91.9 | 0.9 | 1.05 |
| 甘 肃 | Gansu | | 3.9 | 3.8 | 3.5 | 3.1 | -0.4 | -10.86 |
| 青 海 | Qinghai | | | | | | | |
| 宁 夏 | Ningxia | 70.8 | 71.3 | 68.9 | 61.8 | 60.8 | -1.1 | -1.70 |
| 新 疆 | Xinjiang | 60.6 | 59.4 | 59.8 | 76.2 | 65.1 | -11.1 | -14.59 |
| **广西居全国位次** | **Order of Precedence of Guangxi in the Country** | **9** | **8** | **8** | **8** | **8** | | |

# 附录1-20　全国及各省市区小麦播种面积

## Sown Area of Wheat by Provinces and Regions

单位：千公顷　　　　　　　　　　　　　　　　　　　　　　　　（1 000 hectares）

| 地　区 | Region | 2011 | 2012 | 2013 | 2014 | 2015 | 2015年比2014年增长 Increase Rate in 2015 over 2014 | |
|---|---|---|---|---|---|---|---|---|
| | | | | | | | 绝对数 Value | % |
| 全　国 | National | 24270.4 | 24268.3 | 24117.3 | 24069.4 | 24141.4 | 72.0 | 0.30 |
| 北　京 | Beijing | 58.1 | 52.2 | 36.2 | 23.6 | 20.8 | -2.8 | -11.95 |
| 天　津 | Tianjin | 112.3 | 113.1 | 110.4 | 110.7 | 109.2 | -1.5 | -1.37 |
| 河　北 | Hebei | 2396.1 | 2410.0 | 2377.7 | 2342.7 | 2318.9 | -23.8 | -1.02 |
| 山　西 | Shanxi | 710.1 | 689.0 | 677.5 | 673.9 | 675.1 | 1.2 | 0.18 |
| 内蒙古 | Inner Mongolia | 567.9 | 609.6 | 571.2 | 563.5 | 564.1 | 0.6 | 0.10 |
| 辽　宁 | Liaoning | 6.9 | 6.8 | 5.6 | 5.8 | 5.6 | -0.3 | -4.31 |
| 吉　林 | Jilin | 3.2 | | | 0.4 | 0.3 | -0.1 | -35.00 |
| 黑龙江 | Heilongjiang | 297.8 | 210.1 | 133.0 | 145.7 | 71.1 | -74.6 | -51.23 |
| 上　海 | Shanghai | 59.8 | 56.6 | 44.4 | 43.9 | 45.5 | 1.6 | 3.58 |
| 江　苏 | Jiangsu | 2112.4 | 2132.6 | 2146.9 | 2159.9 | 2178.8 | 18.9 | 0.88 |
| 浙　江 | Zhejiang | 72.6 | 74.5 | 75.5 | 82.1 | 89.8 | 7.7 | 9.38 |
| 安　徽 | Anhui | 2383.0 | 2415.5 | 2432.9 | 2434.5 | 2457.0 | 22.5 | 0.92 |
| 福　建 | Fujian | 2.8 | 2.5 | 2.3 | 2.3 | 2.1 | -0.2 | -9.13 |
| 江　西 | Jiangxi | 10.9 | 11.9 | 11.8 | 12.0 | 12.2 | 0.2 | 1.67 |
| 山　东 | Shandong | 3593.5 | 3625.9 | 3673.3 | 3740.2 | 3799.8 | 59.6 | 1.59 |
| 河　南 | Henan | 5323.3 | 5340.0 | 5366.7 | 5406.7 | 5425.7 | 19.0 | 0.35 |
| 湖　北 | Hubei | 1013.6 | 1065.5 | 1094.8 | 1074.3 | 1093.4 | 19.1 | 1.78 |
| 湖　南 | Hunan | 40.4 | 35.3 | 32.3 | 30.6 | 29.4 | -1.2 | -3.95 |
| 广　东 | Guangdong | 1.0 | 0.9 | 0.9 | 0.9 | 0.9 | … | … |
| 广　西 | Guangxi | 1.5 | 1.5 | 1.8 | 1.4 | 5.1 | 3.7 | 263.57 |
| 海　南 | Hainan | | | | | | | |
| 重　庆 | Chongqing | 138.4 | 125.4 | 107.6 | 87.0 | 69.7 | -17.3 | -19.89 |
| 四　川 | Sichuan | 1259.3 | 1234.1 | 1216.0 | 1170.7 | 1119.0 | -51.7 | -4.42 |
| 贵　州 | Guizhou | 257.6 | 259.8 | 251.8 | 251.5 | 248.7 | -2.8 | -1.12 |
| 云　南 | Yunnan | 437.9 | 442.2 | 437.3 | 434.4 | 432.7 | -1.7 | -0.39 |
| 西　藏 | Tibet | 37.6 | 37.7 | 37.8 | 36.9 | 36.3 | -0.6 | -1.54 |
| 陕　西 | Shaanxi | 1136.7 | 1127.6 | 1094.8 | 1082.9 | 1085.6 | 2.7 | 0.25 |
| 甘　肃 | Gansu | 861.6 | 833.9 | 811.7 | 792.5 | 794.8 | 2.3 | 0.29 |
| 青　海 | Qinghai | 94.0 | 94.2 | 95.4 | 88.6 | 88.2 | -0.4 | -0.44 |
| 宁　夏 | Ningxia | 202.1 | 179.0 | 148.8 | 127.5 | 122.5 | -5.1 | -3.96 |
| 新　疆 | Xinjiang | 1078.0 | 1081.0 | 1121.0 | 1142.4 | 1239.3 | 96.9 | 8.48 |
| **广西居全国位次** | **Order of Precedence of Guangxi in the Country** | **29** | **28** | **28** | **28** | **27** | | |

# 附录1-21 全国及各省市区小麦产量

## Output of Wheat by Provinces and Regions

单位：万吨 （10 000 tons）

| 地区 | Region | 2011 | 2012 | 2013 | 2014 | 2015 | 2015年比2014年增长 Increase Rate in 2015 over 2014 | |
|---|---|---|---|---|---|---|---|---|
| | | | | | | | 绝对数 Value | % |
| 全国 | National | 11740.1 | 12102.3 | 12192.6 | 12620.8 | 13018.5 | 397.7 | 3.15 |
| 北京 | Beijing | 28.4 | 27.4 | 18.7 | 12.2 | 11.1 | -1.1 | -8.82 |
| 天津 | Tianjin | 54.2 | 55.8 | 57.3 | 58.6 | 59.8 | 1.2 | 2.10 |
| 河北 | Hebei | 1276.1 | 1337.7 | 1387.2 | 1429.9 | 1435.0 | 5.1 | 0.36 |
| 山西 | Shanxi | 240.3 | 259.2 | 230.7 | 259.1 | 271.4 | 12.3 | 4.76 |
| 内蒙古 | Inner Mongolia | 170.9 | 188.4 | 180.4 | 153.9 | 158.3 | 4.4 | 2.83 |
| 辽宁 | Liaoning | 3.7 | 3.2 | 2.7 | 2.8 | 2.7 | -0.1 | -4.29 |
| 吉林 | Jilin | 1.3 | | | 0.1 | 0.1 | … | … |
| 黑龙江 | Heilongjiang | 103.8 | 70.0 | 38.9 | 46.6 | 21.8 | -24.8 | -53.26 |
| 上海 | Shanghai | 24.1 | 22.6 | 17.6 | 18.6 | 19.9 | 1.3 | 7.10 |
| 江苏 | Jiangsu | 1023.2 | 1048.8 | 1101.3 | 1160.4 | 1174.0 | 13.6 | 1.18 |
| 浙江 | Zhejiang | 27.0 | 27.1 | 27.8 | 31.0 | 35.1 | 4.1 | 13.32 |
| 安徽 | Anhui | 1215.7 | 1294.0 | 1332.0 | 1393.6 | 1411.0 | 17.4 | 1.25 |
| 福建 | Fujian | 0.8 | 0.7 | 0.7 | 0.7 | 0.6 | -0.1 | -12.84 |
| 江西 | Jiangxi | 2.2 | 2.3 | 2.5 | 2.6 | 2.6 | … | … |
| 山东 | Shandong | 2103.9 | 2179.5 | 2218.8 | 2263.8 | 2346.6 | 82.8 | 3.66 |
| 河南 | Henan | 3123.0 | 3177.4 | 3226.4 | 3329.0 | 3501.0 | 172.0 | 5.17 |
| 湖北 | Hubei | 344.8 | 370.8 | 416.8 | 421.6 | 420.9 | -0.7 | -0.16 |
| 湖南 | Hunan | 10.2 | 8.6 | 11.0 | 10.3 | 9.4 | -0.9 | -9.13 |
| 广东 | Guangdong | 0.3 | 0.3 | 0.3 | 0.3 | 0.3 | | |
| 广西 | Guangxi | 0.2 | 0.2 | 0.3 | 0.2 | 0.9 | 0.7 | 340.00 |
| 海南 | Hainan | | | | | | | |
| 重庆 | Chongqing | 42.4 | 38.5 | 33.7 | 27.0 | 22.9 | -4.1 | -15.35 |
| 四川 | Sichuan | 436.0 | 437.0 | 421.3 | 423.2 | 426.3 | 3.1 | 0.73 |
| 贵州 | Guizhou | 50.4 | 52.4 | 51.5 | 61.5 | 61.7 | 0.2 | 0.28 |
| 云南 | Yunnan | 98.9 | 88.3 | 80.5 | 83.6 | 90.6 | 7.0 | 8.37 |
| 西藏 | Tibet | 24.9 | 24.6 | 24.1 | 23.7 | 23.4 | -0.3 | -1.31 |
| 陕西 | Shaanxi | 410.9 | 435.5 | 389.8 | 417.2 | 458.1 | 40.9 | 9.80 |
| 甘肃 | Gansu | 247.5 | 278.5 | 235.9 | 271.6 | 281.0 | 9.4 | 3.46 |
| 青海 | Qinghai | 35.4 | 35.2 | 36.0 | 34.9 | 34.1 | -0.8 | -2.23 |
| 宁夏 | Ningxia | 63.0 | 62.0 | 46.3 | 40.6 | 39.6 | -1.0 | -2.36 |
| 新疆 | Xinjiang | 576.6 | 576.5 | 602.1 | 642.3 | 698.3 | 56.0 | 8.71 |
| **广西居全国位次** | **Order of Precedence of Guangxi in the Country** | **30** | **29** | **29** | **29** | **27** | | |

# 附录1-22　全国及各省市区玉米播种面积

## Sown Area of Corn by Provinces and Regions

单位：千公顷　　　　(1 000 hectares)

| 地　区 | Region | 2011 | 2012 | 2013 | 2014 | 2015 | 2015年比2014年增长 Increase Rate in 2015 over 2014 | |
|---|---|---|---|---|---|---|---|---|
| | | | | | | | 绝对数 Value | % |
| 全　国 | National | 33541.7 | 35029.8 | 36318.4 | 37123.4 | 38119.3 | 995.9 | 2.68 |
| 北　京 | Beijing | 140.5 | 132.0 | 114.5 | 88.6 | 76.3 | -12.3 | -13.89 |
| 天　津 | Tianjin | 169.0 | 179.3 | 191.7 | 202.8 | 214.7 | 11.9 | 5.89 |
| 河　北 | Hebei | 3035.8 | 3049.1 | 3108.8 | 3170.9 | 3248.1 | 77.2 | 2.43 |
| 山　西 | Shanxi | 1646.7 | 1669.0 | 1670.0 | 1676.5 | 1676.9 | 0.4 | 0.02 |
| 内蒙古 | Inner Mongolia | 2669.6 | 2833.7 | 3170.6 | 3372.2 | 3407.2 | 35.0 | 1.04 |
| 辽　宁 | Liaoning | 2134.6 | 2206.7 | 2245.6 | 2330.1 | 2416.8 | 86.7 | 3.72 |
| 吉　林 | Jilin | 3134.2 | 3284.3 | 3499.1 | 3696.6 | 3800.0 | 103.4 | 2.80 |
| 黑龙江 | Heilongjiang | 4587.4 | 5190.6 | 5447.5 | 5440.2 | 5821.1 | 380.9 | 7.00 |
| 上　海 | Shanghai | 4.2 | 3.8 | 3.6 | 4.0 | 3.4 | -0.6 | -14.19 |
| 江　苏 | Jiangsu | 414.3 | 418.9 | 426.4 | 436.1 | 451.7 | 15.6 | 3.57 |
| 浙　江 | Zhejiang | 30.9 | 62.0 | 63.4 | 66.5 | 69.5 | 3.0 | 4.53 |
| 安　徽 | Anhui | 818.8 | 822.5 | 845.1 | 852.4 | 881.6 | 29.2 | 3.42 |
| 福　建 | Fujian | 42.6 | 45.4 | 47.9 | 49.5 | 51.5 | 2.0 | 3.98 |
| 江　西 | Jiangxi | 25.7 | 28.1 | 29.5 | 29.9 | 30.3 | 0.4 | 1.27 |
| 山　东 | Shandong | 2995.9 | 3018.1 | 3060.7 | 3126.5 | 3173.8 | 47.3 | 1.51 |
| 河　南 | Henan | 3025.0 | 3100.0 | 3203.3 | 3283.9 | 3343.9 | 60.0 | 1.83 |
| 湖　北 | Hubei | 549.7 | 593.3 | 573.5 | 642.4 | 687.8 | 45.4 | 7.07 |
| 湖　南 | Hunan | 327.1 | 342.0 | 344.2 | 345.7 | 348.4 | 2.7 | 0.77 |
| 广　东 | Guangdong | 173.1 | 172.5 | 176.7 | 177.2 | 179.0 | 1.8 | 0.99 |
| 广　西 | Guangxi | 565.9 | 580.5 | 587.6 | 584.0 | 622.6 | 38.6 | 6.61 |
| 海　南 | Hainan | 23.5 | 27.5 | 27.7 | | | | |
| 重　庆 | Chongqing | 466.9 | 468.4 | 466.7 | 467.9 | 470.8 | 2.9 | 0.63 |
| 四　川 | Sichuan | 1363.1 | 1371.1 | 1378.0 | 1381.2 | 1402.0 | 20.8 | 1.51 |
| 贵　州 | Guizhou | 787.8 | 775.2 | 778.4 | 787.5 | 763.2 | -24.3 | -3.08 |
| 云　南 | Yunnan | 1409.0 | 1456.9 | 1505.1 | 1525.7 | 1517.3 | -8.4 | -0.55 |
| 西　藏 | Tibet | 4.2 | 4.4 | 4.3 | 4.2 | 4.5 | 0.3 | 7.86 |
| 陕　西 | Shaanxi | 1177.8 | 1167.4 | 1166.2 | 1153.7 | 1151.7 | -2.0 | -0.18 |
| 甘　肃 | Gansu | 838.7 | 902.7 | 976.1 | 1000.9 | 1014.2 | 13.3 | 1.32 |
| 青　海 | Qinghai | 20.5 | 22.9 | 23.3 | 27.0 | 27.5 | 0.5 | 1.85 |
| 宁　夏 | Ningxia | 231.1 | 245.9 | 262.0 | 288.8 | 301.8 | 13.0 | 4.49 |
| 新　疆 | Xinjiang | 728.0 | 855.7 | 920.8 | 910.8 | 961.9 | 51.1 | 5.61 |
| **广西居全国位次** | **Order of Precedence of Guangxi in the Country** | **16** | **17** | **16** | **17** | **17** | | |

# 附录1-23　全国及各省市区玉米产量

## Output of Corn by Provinces and Regions

单位：万吨　　(10 000 tons)

| 地　区 | Region | 2011 | 2012 | 2013 | 2014 | 2015 | 2015年比2014年增长 Increase Rate in 2015 over 2014 | |
|---|---|---|---|---|---|---|---|---|
| | | | | | | | 绝对数 Value | % |
| 全　国 | National | 19278.1 | 20561.4 | 21848.9 | 21564.6 | 22463.2 | 898.6 | 4.17 |
| 北　京 | Beijing | 90.3 | 83.6 | 75.2 | 50.0 | 49.4 | -0.6 | -1.10 |
| 天　津 | Tianjin | 94.4 | 92.5 | 102.1 | 101.4 | 107.3 | 5.9 | 5.86 |
| 河　北 | Hebei | 1639.6 | 1649.5 | 1703.9 | 1670.7 | 1670.4 | -0.3 | -0.02 |
| 山　西 | Shanxi | 854.6 | 903.9 | 955.5 | 938.1 | 862.7 | -75.4 | -8.03 |
| 内蒙古 | Inner Mongolia | 1632.1 | 1784.4 | 2069.7 | 2186.1 | 2250.8 | 64.7 | 2.96 |
| 辽　宁 | Liaoning | 1360.3 | 1423.5 | 1563.2 | 1170.5 | 1403.5 | 233.0 | 19.91 |
| 吉　林 | Jilin | 2339.0 | 2578.8 | 2775.7 | 2733.5 | 2805.7 | 72.2 | 2.64 |
| 黑龙江 | Heilongjiang | 2675.8 | 2887.9 | 3216.4 | 3343.4 | 3544.1 | 200.7 | 6.00 |
| 上　海 | Shanghai | 2.8 | 2.5 | 2.5 | 2.6 | 2.1 | -0.5 | -19.23 |
| 江　苏 | Jiangsu | 226.2 | 230.2 | 216.4 | 239.0 | 252.2 | 13.2 | 5.51 |
| 浙　江 | Zhejiang | 14.6 | 29.1 | 26.8 | 30.1 | 31.1 | 1.0 | 3.23 |
| 安　徽 | Anhui | 362.6 | 427.5 | 426.0 | 465.5 | 496.3 | 30.8 | 6.61 |
| 福　建 | Fujian | 16.6 | 18.0 | 19.3 | 20.3 | 21.5 | 1.2 | 5.72 |
| 江　西 | Jiangxi | 10.5 | 12.6 | 12.0 | 12.3 | 12.8 | 0.5 | 4.07 |
| 山　东 | Shandong | 1978.7 | 1994.5 | 1967.1 | 1988.3 | 2050.9 | 62.6 | 3.15 |
| 河　南 | Henan | 1696.5 | 1747.8 | 1796.5 | 1732.1 | 1853.7 | 121.6 | 7.02 |
| 湖　北 | Hubei | 276.2 | 282.6 | 270.8 | 293.7 | 332.9 | 39.2 | 13.34 |
| 湖　南 | Hunan | 188.5 | 197.3 | 185.0 | 188.6 | 188.8 | 0.2 | 0.12 |
| 广　东 | Guangdong | 78.9 | 79.7 | 81.6 | 76.9 | 77.9 | 0.9 | 1.24 |
| 广　西 | Guangxi | 244.7 | 250.6 | 266.0 | 266.4 | 280.7 | 14.3 | 5.36 |
| 海　南 | Hainan | 10.3 | 11.3 | 12.1 | | | | |
| 重　庆 | Chongqing | 257.0 | 256.3 | 258.1 | 256.0 | 259.7 | 3.7 | 1.46 |
| 四　川 | Sichuan | 701.6 | 701.3 | 762.4 | 751.9 | 765.7 | 13.8 | 1.84 |
| 贵　州 | Guizhou | 243.7 | 342.3 | 298.0 | 313.8 | 324.1 | 10.3 | 3.28 |
| 云　南 | Yunnan | 598.2 | 700.0 | 734.2 | 743.3 | 747.3 | 4.0 | 0.54 |
| 西　藏 | Tibet | 2.8 | 2.6 | 2.5 | 2.4 | 0.8 | -1.6 | -65.00 |
| 陕　西 | Shaanxi | 550.7 | 566.9 | 586.7 | 539.6 | 543.1 | 3.5 | 0.64 |
| 甘　肃 | Gansu | 425.6 | 504.1 | 571.5 | 564.5 | 577.2 | 12.7 | 2.24 |
| 青　海 | Qinghai | 15.2 | 17.0 | 16.4 | 18.7 | 18.6 | -0.1 | -0.37 |
| 宁　夏 | Ningxia | 172.4 | 191.2 | 206.2 | 224.1 | 226.9 | 2.8 | 1.24 |
| 新　疆 | Xinjiang | 517.7 | 592.1 | 669.0 | 641.1 | 705.1 | 63.9 | 9.98 |
| **广西居全国位次** | **Order of Precedence of Guangxi in the Country** | **17** | **18** | **17** | **17** | **17** | | |

# 附录1-24 全国及各省市区粮食作物单位面积产量

## Output of Grain Crops Per Hectare by Provinces and Regions

单位：公斤/公顷 (kg/hectare)

| 地 区 | Region | 2011 | 2012 | 2013 | 2014 | 2015 | 2015年为2014年百分比（%）Per Centum in 2015 over 2014（%） |
|---|---|---|---|---|---|---|---|
| 全 国 | National | 5166 | 5302 | 5377 | 5385 | 5483 | 101.82 |
| 北 京 | Beijing | 5816 | 5868 | 6049 | 5320 | 5997 | 112.71 |
| 天 津 | Tianjin | 5207 | 5009 | 5250 | 5088 | 5192 | 102.05 |
| 河 北 | Hebei | 5047 | 5151 | 5328 | 5307 | 5262 | 99.16 |
| 山 西 | Shanxi | 3629 | 3871 | 4009 | 4049 | 3832 | 94.63 |
| 内蒙古 | Inner Mongolia | 4293 | 4524 | 4937 | 4872 | 4937 | 101.33 |
| 辽 宁 | Liaoning | 6422 | 6435 | 6805 | 5421 | 6073 | 112.02 |
| 吉 林 | Jilin | 6977 | 7251 | 7414 | 7065 | 7182 | 101.66 |
| 黑龙江 | Heilongjiang | 4843 | 5001 | 5192 | 5337 | 5375 | 100.72 |
| 上 海 | Shanghai | 6544 | 6524 | 6774 | 6826 | 6921 | 101.38 |
| 江 苏 | Jiangsu | 6219 | 6320 | 6385 | 6493 | 6565 | 101.11 |
| 浙 江 | Zhejiang | 6232 | 6151 | 5854 | 5979 | 5887 | 98.46 |
| 安 徽 | Anhui | 4735 | 4967 | 4950 | 5153 | 5334 | 103.52 |
| 福 建 | Fujian | 5484 | 5489 | 5527 | 5569 | 5540 | 99.49 |
| 江 西 | Jiangxi | 5624 | 5671 | 5733 | 5797 | 5799 | 100.02 |
| 山 东 | Shandong | 6194 | 6264 | 6208 | 6178 | 6290 | 101.81 |
| 河 南 | Henan | 5621 | 5647 | 5667 | 5654 | 5909 | 104.52 |
| 湖 北 | Hubei | 5794 | 5842 | 5874 | 5913 | 6053 | 102.37 |
| 湖 南 | Hunan | 6024 | 6126 | 5927 | 6033 | 6073 | 100.67 |
| 广 东 | Guangdong | 5378 | 5497 | 5248 | 5414 | 5420 | 100.10 |
| 广 西 | Guangxi | 4654 | 4838 | 4947 | 5002 | 4984 | 99.64 |
| 海 南 | Hainan | 4367 | 4548 | 4526 | 4736 | 4898 | 103.43 |
| 重 庆 | Chongqing | 4988 | 5039 | 5094 | 5104 | 5170 | 101.29 |
| 四 川 | Sichuan | 5111 | 5125 | 5235 | 5218 | 5334 | 102.23 |
| 贵 州 | Guizhou | 2870 | 3534 | 3303 | 3628 | 3788 | 104.43 |
| 云 南 | Yunnan | 3868 | 3976 | 4054 | 4127 | 4181 | 101.31 |
| 西 藏 | Tibet | 5509 | 5554 | 5467 | 5554 | 5625 | 101.29 |
| 陕 西 | Shaanxi | 3811 | 3981 | 3915 | 3893 | 3991 | 102.52 |
| 甘 肃 | Gansu | 3581 | 3908 | 3984 | 4076 | 4110 | 100.82 |
| 青 海 | Qinghai | 3699 | 3623 | 3656 | 3742 | 3708 | 99.08 |
| 宁 夏 | Ningxia | 4211 | 4527 | 4658 | 4899 | 4836 | 98.71 |
| 新 疆 | Xinjiang | 5981 | 5973 | 6162 | 6270 | 6352 | 101.30 |
| **广西居全国位次** | **Order of Precedence of Guangxi in the Country** | **22** | **22** | **22** | **22** | **22** | |

# 附录1-25　全国及各省市区稻谷单位面积产量

## Output of Rice Per Hectare by Provinces and Regions

单位：公斤/公顷　　(kg/hectare)

| 地　区 | Region | 2011 | 2012 | 2013 | 2014 | 2015 | 2015年为2014年百分比（%）Per Centum in 2015 over 2014（%） |
|---|---|---|---|---|---|---|---|
| 全　国 | National | 6687 | 6777 | 6717 | 6813 | 6891 | 101.14 |
| 北　京 | Beijing | 6522 | 6444 | 6912 | 6943 | 6971 | 100.41 |
| 天　津 | Tianjin | 7528 | 7658 | 7686 | 7414 | 7378 | 99.51 |
| 河　北 | Hebei | 7249 | 5798 | 6768 | 6383 | 6431 | 100.75 |
| 山　西 | Shanxi | 4902 | 5941 | 6837 | 6889 | 6714 | 97.47 |
| 内蒙古 | Inner Mongolia | 8657 | 8201 | 7381 | 6704 | 6737 | 100.48 |
| 辽　宁 | Liaoning | 7658 | 7673 | 7808 | 8032 | 8583 | 106.85 |
| 吉　林 | Jilin | 9020 | 7587 | 7751 | 7866 | 8272 | 105.17 |
| 黑龙江 | Heilongjiang | 7001 | 7073 | 6993 | 7023 | 6988 | 99.51 |
| 上　海 | Shanghai | 8379 | 8481 | 8521 | 8544 | 8598 | 100.63 |
| 江　苏 | Jiangsu | 8290 | 8429 | 8484 | 8417 | 8520 | 101.23 |
| 浙　江 | Zhejiang | 7254 | 7306 | 7001 | 7160 | 7029 | 98.17 |
| 安　徽 | Anhui | 6218 | 6291 | 6153 | 6289 | 6530 | 103.82 |
| 福　建 | Fujian | 6082 | 6087 | 6141 | 6179 | 6148 | 99.50 |
| 江　西 | Jiangxi | 5878 | 5937 | 6004 | 6064 | 6065 | 100.01 |
| 山　东 | Shandong | 8348 | 8346 | 8416 | 8252 | 8179 | 99.10 |
| 河　南 | Henan | 7437 | 7599 | 7575 | 8136 | 8102 | 99.58 |
| 湖　北 | Hubei | 7941 | 8184 | 7980 | 8067 | 8274 | 102.57 |
| 湖　南 | Hunan | 6334 | 6426 | 6271 | 6392 | 6429 | 100.57 |
| 广　东 | Guangdong | 5651 | 5779 | 5475 | 5766 | 5767 | 100.02 |
| 广　西 | Guangxi | 5216 | 5550 | 5649 | 5755 | 5735 | 99.66 |
| 海　南 | Hainan | 4555 | 4802 | 4804 | 4979 | 5121 | 102.85 |
| 重　庆 | Chongqing | 7189 | 7249 | 7305 | 7296 | 7356 | 100.83 |
| 四　川 | Sichuan | 7605 | 7689 | 7784 | 7664 | 7799 | 101.76 |
| 贵　州 | Guizhou | 4460 | 5893 | 5279 | 5913 | 6184 | 104.59 |
| 云　南 | Yunnan | 6229 | 5953 | 5794 | 5819 | 5813 | 99.90 |
| 西　藏 | Tibet | 6000 | 5567 | 5789 | 4747 | 4787 | 100.84 |
| 陕　西 | Shaanxi | 6987 | 7082 | 7351 | 7363 | 7480 | 101.59 |
| 甘　肃 | Gansu |  | 7020 | 7243 | 6887 | 6980 | 101.35 |
| 青　海 | Qinghai |  |  |  |  |  |  |
| 宁　夏 | Ningxia | 8430 | 8458 | 8387 | 7923 | 8172 | 103.14 |
| 新　疆 | Xinjiang | 8590 | 8574 | 8890 | 10148 | 9835 | 96.92 |
| **广西居全国位次** | **Order of Precedence of Guangxi in the Country** | **26** | **29** | **27** | **28** | **27** |  |

# 附录1-26　全国及各省市区小麦单位面积产量

## Output of Wheat Per Hectare by Provinces and Regions

单位：公斤/公顷　　(kg/hectare)

| 地　区 | Region | 2011 | 2012 | 2013 | 2014 | 2015 | 2015年为2014年百分比（%）Per Centum in 2015 over 2014（%） |
|---|---|---|---|---|---|---|---|
| 全　国 | National | 4837 | 4987 | 5056 | 5244 | 5393 | 102.84 |
| 北　京 | Beijing | 4883 | 5258 | 5172 | 5177 | 5353 | 103.40 |
| 天　津 | Tianjin | 4828 | 4929 | 5189 | 5297 | 5480 | 103.44 |
| 河　北 | Hebei | 5326 | 5551 | 5834 | 6104 | 6188 | 101.39 |
| 山　西 | Shanxi | 3384 | 3762 | 3406 | 3845 | 4021 | 104.57 |
| 内蒙古 | Inner Mongolia | 3010 | 3091 | 3158 | 2731 | 2806 | 102.72 |
| 辽　宁 | Liaoning | 5362 | 4706 | 4857 | 4828 | 4829 | 100.03 |
| 吉　林 | Jilin | 4214 | | | 4005 | 4030 | 100.63 |
| 黑龙江 | Heilongjiang | 3485 | 3333 | 2923 | 3199 | 3065 | 95.83 |
| 上　海 | Shanghai | 4031 | 3984 | 3976 | 4244 | 4381 | 103.21 |
| 江　苏 | Jiangsu | 4844 | 4918 | 5130 | 5372 | 5388 | 100.30 |
| 浙　江 | Zhejiang | 3720 | 3638 | 3685 | 3769 | 3912 | 103.80 |
| 安　徽 | Anhui | 5102 | 5357 | 5475 | 5724 | 5743 | 100.32 |
| 福　建 | Fujian | 2883 | 2874 | 2940 | 2931 | 2919 | 99.61 |
| 江　西 | Jiangxi | 2011 | 1924 | 2114 | 2133 | 2148 | 100.67 |
| 山　东 | Shandong | 5855 | 6011 | 6040 | 6053 | 6176 | 102.03 |
| 河　南 | Henan | 5867 | 5950 | 6012 | 6157 | 6453 | 104.80 |
| 湖　北 | Hubei | 3402 | 3480 | 3807 | 3924 | 3850 | 98.10 |
| 湖　南 | Hunan | 2525 | 2428 | 3396 | 3376 | 3185 | 94.34 |
| 广　东 | Guangdong | 3000 | 3226 | 3441 | 3226 | 3297 | 102.20 |
| 广　西 | Guangxi | 1419 | 1333 | 1453 | 1399 | 1729 | 123.61 |
| 海　南 | Hainan | | | | | | |
| 重　庆 | Chongqing | 3063 | 3066 | 3132 | 3099 | 3279 | 105.81 |
| 四　川 | Sichuan | 3462 | 3541 | 3465 | 3615 | 3810 | 105.39 |
| 贵　州 | Guizhou | 1956 | 2017 | 2046 | 2445 | 2480 | 101.41 |
| 云　南 | Yunnan | 2258 | 1997 | 1842 | 1924 | 2094 | 108.80 |
| 西　藏 | Tibet | 6625 | 6512 | 6366 | 6427 | 6438 | 100.17 |
| 陕　西 | Shaanxi | 3615 | 3862 | 3560 | 3853 | 4220 | 109.52 |
| 甘　肃 | Gansu | 2873 | 3340 | 2906 | 3427 | 3535 | 103.16 |
| 青　海 | Qinghai | 3761 | 3736 | 3769 | 3935 | 3868 | 98.29 |
| 宁　夏 | Ningxia | 3116 | 3464 | 3112 | 3181 | 3237 | 101.76 |
| 新　疆 | Xinjiang | 5349 | 5333 | 5371 | 5622 | 5634 | 100.21 |
| **广西居全国位次** | **Order of Precedence of Guangxi in the Country** | **30** | **29** | **29** | **30** | **30** | |

# 附录1-27 全国及各省市区玉米单位面积产量

## Output of Corn Per Hectare by Provinces and Regions

单位：公斤/公顷 (kg/hectare)

| 地 区 | Region | 2011 | 2012 | 2013 | 2014 | 2015 | 2015年为2014年百分比（%）Per Centum in 2015 over 2014（%） |
|---|---|---|---|---|---|---|---|
| 全 国 | National | 5748 | 5870 | 6016 | 5809 | 5893 | 101.45 |
| 北 京 | Beijing | 6429 | 6331 | 6567 | 5646 | 6482 | 114.79 |
| 天 津 | Tianjin | 5584 | 5155 | 5329 | 5000 | 4998 | 99.97 |
| 河 北 | Hebei | 5401 | 5410 | 5481 | 5269 | 5143 | 97.60 |
| 山 西 | Shanxi | 5190 | 5416 | 5721 | 5596 | 5145 | 91.95 |
| 内 蒙 古 | Inner Mongolia | 6114 | 6297 | 6528 | 6483 | 6606 | 101.90 |
| 辽 宁 | Liaoning | 6373 | 6451 | 6961 | 5023 | 5807 | 115.60 |
| 吉 林 | Jilin | 7463 | 7852 | 7933 | 7395 | 7384 | 99.85 |
| 黑 龙 江 | Heilongjiang | 5833 | 5564 | 5904 | 6146 | 6088 | 99.07 |
| 上 海 | Shanghai | 6603 | 6597 | 6997 | 6633 | 6118 | 92.23 |
| 江 苏 | Jiangsu | 5459 | 5495 | 5076 | 5480 | 5583 | 101.89 |
| 浙 江 | Zhejiang | 4716 | 4701 | 4221 | 4523 | 4470 | 98.82 |
| 安 徽 | Anhui | 4428 | 5197 | 5041 | 5461 | 5630 | 103.08 |
| 福 建 | Fujian | 3904 | 3971 | 4017 | 4103 | 4170 | 101.62 |
| 江 西 | Jiangxi | 4090 | 4485 | 4054 | 4101 | 4227 | 103.07 |
| 山 东 | Shandong | 6605 | 6609 | 6427 | 6360 | 6462 | 101.61 |
| 河 南 | Henan | 5608 | 5638 | 5608 | 5274 | 5543 | 105.10 |
| 湖 北 | Hubei | 5025 | 4762 | 4721 | 4571 | 4840 | 105.87 |
| 湖 南 | Hunan | 5763 | 5768 | 5374 | 5456 | 5421 | 99.34 |
| 广 东 | Guangdong | 4560 | 4620 | 4620 | 4338 | 4350 | 100.28 |
| 广 西 | Guangxi | 4325 | 4317 | 4526 | 4562 | 4508 | 98.83 |
| 海 南 | Hainan | 4376 | 4121 | 4362 | | | |
| 重 庆 | Chongqing | 5504 | 5471 | 5530 | 5471 | 5516 | 100.83 |
| 四 川 | Sichuan | 5147 | 5115 | 5533 | 5444 | 5461 | 100.32 |
| 贵 州 | Guizhou | 3094 | 4415 | 3829 | 3985 | 4246 | 106.55 |
| 云 南 | Yunnan | 4246 | 4805 | 4878 | 4872 | 4925 | 101.09 |
| 西 藏 | Tibet | 6627 | 6023 | 5764 | 5745 | 1854 | 32.28 |
| 陕 西 | Shaanxi | 4676 | 4856 | 5031 | 4677 | 4716 | 100.83 |
| 甘 肃 | Gansu | 5074 | 5585 | 5855 | 5640 | 5691 | 100.91 |
| 青 海 | Qinghai | 7421 | 7411 | 7055 | 6907 | 6775 | 98.08 |
| 宁 夏 | Ningxia | 7461 | 7776 | 7871 | 7760 | 7518 | 96.88 |
| 新 疆 | Xinjiang | 7111 | 6919 | 7266 | 7039 | 7330 | 104.14 |
| **广西居全国位次** | **Order of Precedence of Guangxi in the Country** | **27** | **29** | **26** | **25** | **24** | |

# 附录二 中国与东盟国家及世界主要国家和地区经济、社会统计指标

## APPENDIX II Main Social and Economic Indicattor of China-ASEAN Countries and World Major Countries and Regions

# 附录2-1 国土面积与人口密度（2013—2015年）

# Country Area and Population Density（2013—2015）

资料来源：世界银行WDI数据库。
Source:World Bank WDI Database.

| 国家或地区 | Country or Area | 国土面积（万平方公里）Country Area（10 000 sq.km） | 人口密度（人/平方公里）Population Density（persons/sq.km） | | |
|---|---|---|---|---|---|
| | | | 2013 | 2014 | 2015 |
| **世　界** | **World** | **13432.5** | **55.3** | **56.0** | **56.6** |
| 中　国 | China | 960.0 | 144.6 | 145.3 | 146.1 |
| 文　莱 | Brunei Darussalam | 0.6 | 78.1 | 79.2 | 80.3 |
| 柬埔寨 | Cambodia | 18.1 | 85.4 | 86.8 | 88.3 |
| 印度尼西亚 | Indonesia | 191.1 | 138.7 | 140.5 | 142.2 |
| 老　挝 | Laos | 23.7 | 28.5 | 29.0 | 29.5 |
| 马来西亚 | Malaysia | 33.1 | 89.7 | 91.0 | 92.3 |
| 缅　甸 | Myanmar | 67.7 | 81.1 | 81.8 | 82.5 |
| 菲律宾 | Philippines | 30.0 | 327.2 | 332.5 | 337.7 |
| 新加坡 | Singapore | 0.1 | 7636.7 | 7736.5 | 7828.9 |
| 泰　国 | Thailand | 51.3 | 132.0 | 132.6 | 133.0 |
| 越　南 | Viet Nam | 33.1 | 289.5 | 292.6 | 295.8 |
| 中国香港 | Hong Kong,China | 0.1 | 6845.2 | 6896.9 | 6957.8 |
| 日　本 | Japan | 37.8 | 349.3 | 348.7 | 348.3 |
| 韩　国 | Korea,Rep. | 10.0 | 515.3 | 517.4 | 519.3 |
| 印　度 | India | 328.7 | 430.4 | 435.7 | 441.0 |
| 巴　西 | Brazil | 851.6 | 24.4 | 24.7 | 24.9 |
| 俄罗斯 | Russia | 1709.8 | 8.8 | 8.8 | 8.8 |
| 加拿大 | Canada | 998.5 | 3.9 | 3.9 | 3.9 |
| 墨西哥 | Mexico | 196.4 | 63.7 | 64.5 | 65.3 |
| 美　国 | United States | 983.2 | 34.6 | 34.9 | 35.1 |
| 法　国 | France | 54.9 | 120.5 | 121.4 | 122.0 |
| 德　国 | Germany | 35.7 | 235.7 | 232.4 | 233.6 |
| 意大利 | Italy | 30.1 | 204.8 | 206.7 | 206.7 |
| 英　国 | United Kingdom | 24.4 | 265.1 | 267.1 | 269.2 |
| 澳大利亚 | Australia | 774.1 | 3.0 | 3.1 | 3.1 |
| 新西兰 | New Zealand | 26.8 | 16.9 | 17.1 | 17.5 |

# 附录2-2　土地利用（2015年）

## Land Utilization（2015）

资料来源：世界银行WDI数据库。
Source:World Bank WDI Database.

单位：万公顷　　(10 000 hectares)

| 国家或地区 | Country or Area | 陆地面积 Land Area | 耕地面积① Arable Area ① | 多年生作物面积① Permanent Crop Area ① | 森林面积 Forest Area |
|---|---|---|---|---|---|
| **世　界** | **World** | **1297364** | **140784** | **16528** | **399913** |
| 中　国 | China | 93882 | 10572 | 1600 | 20832 |
| 文　莱 | Brunei Darussalam | 53 | 1 | 1 | 38 |
| 柬埔寨 | Cambodia | 1765 | 415 | 16 | 946 |
| 印度尼西亚 | Indonesia | 18116 | 2350 | 2250 | 9101 |
| 老　挝 | Laos | 2308 | 149 | 17 | 1876 |
| 马来西亚 | Malaysia | 3286 | 95 | 660 | 2220 |
| 缅　甸 | Myanmar | 6531 | 1077 | 151 | 2904 |
| 菲律宾 | Philippines | 2982 | 559 | 535 | 804 |
| 新加坡 | Singapore | 7 | … | … | 2 |
| 泰　国 | Thailand | 5109 | 1681 | 450 | 1640 |
| 越　南 | Viet Nam | 3101 | 641 | 382 | 1477 |
| 中国香港 | Hong Kong,China | 11 | … | … | |
| 日　本 | Japan | 3646 | 424 | 30 | 2496 |
| 韩　国 | Korea,Rep. | 975 | 150 | 22 | 618 |
| 印　度 | India | 29732 | 15700 | 1300 | 7068 |
| 巴　西 | Brazil | 83581 | 7601 | 680 | 49354 |
| 俄罗斯 | Russia | 163769 | 12224 | 160 | 81493 |
| 加拿大 | Canada | 90935 | 4592 | 474 | 34707 |
| 墨西哥 | Mexico | 19440 | 2298 | 269 | 6604 |
| 美　国 | United States | 91474 | 15184 | 260 | 31010 |
| 法　国 | France | 5476 | 1831 | 100 | 1699 |
| 德　国 | Germany | 3485 | 1188 | 20 | 1142 |
| 意大利 | Italy | 2941 | 683 | 226 | 930 |
| 英　国 | United Kingdom | 2419 | 627 | 5 | 314 |
| 澳大利亚 | Australia | 76823 | 4622 | 39 | 12475 |
| 新西兰 | New Zealand | 2633 | 55 | 7 | 1015 |

注：①2013年数据。
Note: ①Data refer to 2013.

# 附录2-3　国内生产总值

## Gross Domestic Product

资料来源：世界银行WDI数据库。
Source:World Bank WDI Database.

单位：亿美元　　(100 million USD)

| 国家或地区 | Country or Area | 2011 | 2012 | 2013 | 2014 | 2015 |
|---|---|---|---|---|---|---|
| **世　界** | **World** | **728431** | **744284** | **764313** | **781063** | **734336** |
| 中　国 | China | 74924 | 84616 | 94906 | 103511 | 108664 |
| 文　莱 | Brunei Darussalam | 167 | 170 | 161 | 171 | 155 |
| 柬埔寨 | Cambodia | 128 | 140 | 155 | 168 | 181 |
| 印度尼西亚 | Indonesia | 8930 | 9179 | 9125 | 8905 | 8619 |
| 老　挝 | Laos | 83 | 94 | 112 | 117 | 123 |
| 马来西亚 | Malaysia | 2980 | 3144 | 3233 | 3381 | 2962 |
| 缅　甸 | Myanmar |  | 747 | 587 | 643 | 649 |
| 菲律宾 | Philippines | 2241 | 2501 | 2719 | 2848 | 2920 |
| 新加坡 | Singapore | 2752 | 2893 | 3003 | 3063 | 2927 |
| 泰　国 | Thailand | 3706 | 3973 | 4199 | 4043 | 3953 |
| 越　南 | Viet Nam | 1355 | 1558 | 1712 | 1862 | 1936 |
| 中国香港 | Hong Kong,China | 2485 | 2626 | 2757 | 2912 | 3099 |
| 日　本 | Japan | 59090 | 59573 | 49089 | 45962 | 41233 |
| 韩　国 | Korea,Rep. | 12025 | 12228 | 13056 | 14113 | 13779 |
| 印　度 | India | 18159 | 18250 | 18632 | 20424 | 20735 |
| 巴　西 | Brazil | 26146 | 24607 | 24658 | 24170 | 17747 |
| 俄罗斯 | Russia | 20318 | 21701 | 22306 | 20310 | 13260 |
| 加拿大 | Canada | 17887 | 18243 | 18374 | 17838 | 15505 |
| 墨西哥 | Mexico | 11712 | 11866 | 12618 | 12978 | 11443 |
| 美　国 | United States | 155179 | 161553 | 166632 | 173481 | 179470 |
| 法　国 | France | 28625 | 26814 | 28085 | 28292 | 24217 |
| 德　国 | Germany | 37575 | 35396 | 37453 | 38683 | 33558 |
| 意大利 | Italy | 22762 | 20728 | 21303 | 21385 | 18148 |
| 英　国 | United Kingdom | 25949 | 26305 | 27123 | 29902 | 28488 |
| 澳大利亚 | Australia | 13899 | 15375 | 15640 | 14547 | 13395 |
| 新西兰 | New Zealand | 1685 | 1766 | 1907 | 2001 | 1738 |

# 附录2-4 人均国内生产总值

## GDP Per Capita

资料来源：世界银行WDI数据库。
Source:World Bank WDI Database.

单位：美元 (USD)

| 国家或地区 | Country or Area | 2011 | 2012 | 2013 | 2014 | 2015 |
|---|---|---|---|---|---|---|
| **世　界** | **World** | **10396** | **10498** | **10651** | **10757** | **9996** |
| 中　国 | China | 5574 | 6265 | 6992 | 7587 | 7925 |
| 文　莱 | Brunei Darussalam | 41787 | 41808 | 39151 | 40980 | 36608 |
| 柬埔寨 | Cambodia | 879 | 946 | 1025 | 1095 | 1159 |
| 印度尼西亚 | Indonesia | 3648 | 3701 | 3632 | 3500 | 3346 |
| 老　挝 | Laos | 1301 | 1446 | 1701 | 1751 | 1812 |
| 马来西亚 | Malaysia | 10428 | 10835 | 10974 | 11307 | 9766 |
| 缅　甸 | Myanmar |  | 1421 | 1107 | 1204 | 1204 |
| 菲律宾 | Philippines | 2372 | 2605 | 2787 | 2873 | 2899 |
| 新加坡 | Singapore | 53094 | 54451 | 55618 | 56007 | 52889 |
| 泰　国 | Thailand | 5539 | 5915 | 6225 | 5970 | 5816 |
| 越　南 | Viet Nam | 1543 | 1755 | 1908 | 2052 | 2111 |
| 中国香港 | Hong Kong,China | 35142 | 36708 | 38364 | 40216 | 42423 |
| 日　本 | Japan | 46230 | 46701 | 38550 | 36153 | 32477 |
| 韩　国 | Korea,Rep. | 24156 | 24454 | 25998 | 27989 | 27222 |
| 印　度 | India | 1456 | 1444 | 1456 | 1577 | 1582 |
| 巴　西 | Brazil | 13039 | 12157 | 12072 | 11729 | 8539 |
| 俄罗斯 | Russia | 14212 | 15154 | 15544 | 13902 | 9057 |
| 加拿大 | Canada | 52084 | 52495 | 52266 | 50185 | 43249 |
| 墨西哥 | Mexico | 9730 | 9721 | 10197 | 10351 | 9009 |
| 美　国 | United States | 49782 | 51433 | 52660 | 54398 | 55837 |
| 法　国 | France | 43807 | 40838 | 42571 | 42547 | 36248 |
| 德　国 | Germany | 45936 | 44011 | 45601 | 47767 | 41219 |
| 意大利 | Italy | 38332 | 34814 | 35368 | 35180 | 29847 |
| 英　国 | United Kingdom | 41020 | 41295 | 42295 | 46279 | 43734 |
| 澳大利亚 | Australia | 62217 | 67646 | 67653 | 61996 | 56328 |
| 新西兰 | New Zealand | 38427 | 40067 | 42928 | 44380 | 37808 |

# 附录2-5 国内生产总值增长率

## Growth Rate of GDP

资料来源：世界银行WDI数据库。
Source:World Bank WDI Database.

单位：% (%)

| 国家或地区 | Country or Area | 2011 | 2012 | 2013 | 2014 | 2015 |
|---|---|---|---|---|---|---|
| **世　界** | **World** | **3.1** | **2.5** | **2.4** | **2.6** | **2.5** |
| 中　国 | China | 9.5 | 7.7 | 7.7 | 7.3 | 6.9 |
| 文　莱 | Brunei Darussalam | 3.4 | 1.0 | -1.8 | -2.3 | -0.5 |
| 柬埔寨 | Cambodia | 7.1 | 7.3 | 7.5 | 7.1 | 7.0 |
| 印度尼西亚 | Indonesia | 6.2 | 6.0 | 5.6 | 5.0 | 4.8 |
| 老　挝 | Laos | 8.0 | 8.0 | 8.5 | 7.5 | 7.0 |
| 马来西亚 | Malaysia | 5.3 | 5.5 | 4.7 | 6.0 | 5.0 |
| 缅　甸 | Myanmar | | | 8.5 | 8.5 | 7.0 |
| 菲律宾 | Philippines | 3.7 | 6.7 | 7.1 | 6.1 | 5.8 |
| 新加坡 | Singapore | 6.2 | 3.7 | 4.7 | 3.3 | 2.0 |
| 泰　国 | Thailand | 0.8 | 7.2 | 2.7 | 0.8 | 2.8 |
| 越　南 | Viet Nam | 6.2 | 5.3 | 5.4 | 6.0 | 6.7 |
| 中国香港 | Hong Kong,China | 4.8 | 1.7 | 3.1 | 2.6 | 2.4 |
| 日　本 | Japan | -0.5 | 1.7 | 1.4 | 0.0 | 0.5 |
| 韩　国 | Korea,Rep. | 3.7 | 2.3 | 2.9 | 3.3 | 2.6 |
| 印　度 | India | 6.6 | 5.6 | 6.6 | 7.2 | 7.6 |
| 巴　西 | Brazil | 3.9 | 1.9 | 3.0 | 0.1 | -3.9 |
| 俄罗斯 | Russia | 4.3 | 3.5 | 1.3 | 0.7 | -3.7 |
| 加拿大 | Canada | 3.1 | 1.8 | 2.2 | 2.5 | 1.1 |
| 墨西哥 | Mexico | 4.1 | 4.0 | 1.4 | 2.3 | 2.6 |
| 美　国 | United States | 1.6 | 2.2 | 1.5 | 2.4 | 2.4 |
| 法　国 | France | 2.1 | 0.2 | 0.6 | 0.3 | 1.2 |
| 德　国 | Germany | 3.7 | 0.4 | 0.3 | 1.6 | 1.7 |
| 意大利 | Italy | 0.6 | -2.8 | -1.8 | -0.3 | 0.8 |
| 英　国 | United Kingdom | 2.0 | 1.2 | 2.2 | 2.9 | 2.3 |
| 澳大利亚 | Australia | 2.4 | 3.6 | 2.4 | 2.5 | 2.3 |
| 新西兰 | New Zealand | 2.7 | 2.7 | 1.6 | 3.2 | 3.4 |

# 附录2-6 人均国内生产总值增长率

## Growth Rate of GDP per Capita

资料来源：世界银行WDI数据库。
Source:World Bank WDI Database.

单位：% (%)

| 国家或地区 | Country or Area | 2011 | 2012 | 2013 | 2014 | 2015 |
|---|---|---|---|---|---|---|
| **世　界** | **World** | **1.9** | **1.3** | **1.2** | **1.4** | **1.3** |
| 中　国 | China | 9.0 | 7.2 | 7.2 | 6.7 | 6.3 |
| 文　莱 | Brunei Darussalam | 1.8 | -0.6 | -3.2 | -3.7 | -1.9 |
| 柬埔寨 | Cambodia | 5.4 | 5.5 | 5.7 | 5.3 | 5.3 |
| 印度尼西亚 | Indonesia | 4.8 | 4.7 | 4.2 | 3.7 | 3.5 |
| 老　挝 | Laos | 6.2 | 6.3 | 6.7 | 5.8 | 5.2 |
| 马来西亚 | Malaysia | 3.6 | 3.8 | 3.1 | 4.5 | 3.5 |
| 缅　甸 | Myanmar | | | 7.6 | 7.6 | 6.1 |
| 菲律宾 | Philippines | 2.1 | 5.0 | 5.4 | 4.5 | 4.2 |
| 新加坡 | Singapore | 4.0 | 1.2 | 3.0 | 1.9 | 0.8 |
| 泰　国 | Thailand | 0.5 | 6.8 | 2.3 | 0.4 | 2.5 |
| 越　南 | Viet Nam | 5.1 | 4.1 | 4.3 | 4.9 | 5.6 |
| 中国香港 | Hong Kong,China | 4.1 | 0.5 | 2.6 | 1.9 | 1.5 |
| 日　本 | Japan | -0.3 | 2.0 | 1.5 | 0.1 | 0.6 |
| 韩　国 | Korea,Rep. | 2.9 | 1.8 | 2.5 | 2.9 | 2.2 |
| 印　度 | India | 5.2 | 4.3 | 5.3 | 5.9 | 6.3 |
| 巴　西 | Brazil | 2.9 | 1.0 | 2.1 | -0.8 | -4.7 |
| 俄罗斯 | Russia | 4.2 | 3.3 | 1.1 | -1.1 | -3.9 |
| 加拿大 | Canada | 2.1 | 0.6 | 1.0 | 1.4 | 0.2 |
| 墨西哥 | Mexico | 2.5 | 2.6 | 0.0 | 0.9 | 1.2 |
| 美　国 | United States | 0.8 | 1.5 | 0.7 | 1.6 | 1.6 |
| 法　国 | France | 1.6 | -0.3 | 0.1 | -0.5 | 0.7 |
| 德　国 | Germany | 3.6 | 2.1 | -1.8 | 3.0 | 1.2 |
| 意大利 | Italy | 0.4 | -3.1 | -2.9 | -1.3 | 0.7 |
| 英　国 | United Kingdom | 1.2 | 0.5 | 1.5 | 2.1 | 1.5 |
| 澳大利亚 | Australia | 1.0 | 1.9 | 0.7 | 1.0 | 0.9 |
| 新西兰 | New Zealand | 1.9 | 2.2 | 0.8 | 1.6 | 1.5 |

# 附录2-7　资本形成率

## Capital Formation Rate

资料来源：世界银行WDI数据库。
Source:World Bank WDI Database.

单位：%　　　　(%)

| 国家或地区 | Country or Area | 2011 | 2012 | 2013 | 2014 | 2015 |
|---|---|---|---|---|---|---|
| **世　　界** | **World** | **24.2** | **24.1** | **23.8** | **23.9** | **21.1** |
| | | | | | | |
| 中　　国 | China | 47.2 | 47.3 | 46.5 | 45.9 | 44.1 |
| 文　　莱 | Brunei Darussalam | 13.1 | 13.6 | 15.3 | 27.3 | |
| 柬 埔 寨 | Cambodia | 17.1 | 18.5 | 19.7 | 22.0 | 22.2 |
| 印度尼西亚 | Indonesia | 33.0 | 35.1 | 33.8 | 34.6 | 34.6 |
| 老　　挝 | Laos | 26.5 | 31.6 | 29.2 | 30.1 | 32.9 |
| 马来西亚 | Malaysia | 23.2 | 25.7 | 25.9 | 25.0 | 25.1 |
| 缅　　甸 | Myanmar | | | | | |
| 菲 律 宾 | Philippines | 20.5 | 18.2 | 20.0 | 20.9 | 20.9 |
| 新 加 坡 | Singapore | 27.0 | 29.8 | 30.3 | 28.9 | 26.3 |
| 泰　　国 | Thailand | 26.8 | 28.2 | 27.5 | 24.1 | |
| 越　　南 | Viet Nam | 29.8 | 27.2 | 26.7 | 26.8 | 27.7 |
| | | | | | | |
| 中国香港 | Hong Kong,China | 24.1 | 25.2 | 24.0 | 24.0 | 21.8 |
| 日　　本 | Japan | 20.2 | 20.9 | 21.2 | 21.8 | 22.0 |
| 韩　　国 | Korea,Rep. | 33.0 | 31.0 | 29.1 | 29.3 | 28.5 |
| 印　　度 | India | 39.6 | 38.3 | 34.7 | 34.1 | |
| 巴　　西 | Brazil | 21.8 | 21.4 | 21.7 | 20.9 | 17.7 |
| 俄 罗 斯 | Russia | 23.1 | 22.9 | 21.1 | 21.1 | 20.7 |
| 加 拿 大 | Canada | 24.2 | 24.9 | 24.6 | 24.2 | 23.6 |
| 墨 西 哥 | Mexico | 22.3 | 23.1 | 21.7 | 21.5 | 22.7 |
| 美　　国 | United States | 18.5 | 19.4 | 19.5 | 19.9 | 20.2 |
| 法　　国 | France | 23.2 | 22.6 | 22.3 | 22.6 | 22.3 |
| 德　　国 | Germany | 21.1 | 19.3 | 19.4 | 19.3 | 18.8 |
| 意 大 利 | Italy | 20.5 | 17.9 | 17.0 | 16.3 | 16.8 |
| 英　　国 | United Kingdom | 16.2 | 16.2 | 16.9 | 17.5 | 17.5 |
| 澳大利亚 | Australia | 27.1 | 28.4 | 28.4 | 27.2 | 26.6 |
| 新 西 兰 | New Zealand | 20.4 | 21.0 | 21.6 | 22.6 | |

# 附录2-8 居民消费率

## Household Final Consumption Rate

资料来源：世界银行WDI数据库。
Source:World Bank WDI Database.

单位：% (%)

| 国家或地区 | Country or Area | 2011 | 2012 | 2013 | 2014 | 2015 |
|---|---|---|---|---|---|---|
| **世 界** | **World** | **58.2** | **58.2** | **58.4** | **58.3** | **60.8** |
| 中 国 | China | 37.4 | 36.6 | 36.3 | 37.5 | 38.5 |
| 文 莱 | Brunei Darussalam | 18.8 | 18.9 | 22.7 | 15.8 | |
| 柬埔寨 | Cambodia | 82.3 | 80.5 | 79.9 | 76.9 | 79.0 |
| 印度尼西亚 | Indonesia | 55.5 | 56.1 | 57.4 | 56.8 | 55.4 |
| 老 挝 | Laos | 69.7 | 66.5 | 65.1 | 65.3 | 62.3 |
| 马来西亚 | Malaysia | 48.0 | 49.7 | 51.8 | 52.4 | 54.1 |
| 缅 甸 | Myanmar | | | | | |
| 菲律宾 | Philippines | 73.5 | 74.2 | 73.3 | 72.4 | 73.1 |
| 新加坡 | Singapore | 38.9 | 37.5 | 36.6 | 36.8 | 36.4 |
| 泰 国 | Thailand | 55.3 | 54.7 | 53.1 | 52.1 | |
| 越 南 | Viet Nam | 68.5 | 63.3 | 65.0 | 63.6 | 65.2 |
| 中国香港 | Hong Kong,China | 63.3 | 64.6 | 66.1 | 66.4 | 66.2 |
| 日 本 | Japan | 60.3 | 60.6 | 61.0 | 60.7 | 58.6 |
| 韩 国 | Korea,Rep. | 51.0 | 51.4 | 50.9 | 50.4 | 49.3 |
| 印 度 | India | 55.9 | 57.8 | 58.1 | 58.0 | |
| 巴 西 | Brazil | 60.3 | 61.4 | 61.6 | 62.4 | 63.4 |
| 俄罗斯 | Russia | 50.6 | 51.6 | 53.5 | 53.6 | 51.9 |
| 加拿大 | Canada | 55.8 | 55.9 | 55.9 | 56.1 | 57.5 |
| 墨西哥 | Mexico | 67.4 | 66.2 | 67.0 | 67.4 | 67.2 |
| 美 国 | United States | 68.9 | 68.4 | 68.4 | 68.4 | 68.4 |
| 法 国 | France | 55.7 | 55.7 | 55.6 | 55.2 | 55.1 |
| 德 国 | Germany | 55.3 | 55.7 | 55.4 | 54.6 | 54.0 |
| 意大利 | Italy | 61.5 | 61.6 | 61.1 | 61.4 | 61.1 |
| 英 国 | United Kingdom | 64.5 | 65.0 | 65.0 | 64.7 | 65.1 |
| 澳大利亚 | Australia | 54.0 | 53.7 | 54.8 | 55.4 | 56.9 |
| 新西兰 | New Zealand | 58.6 | 59.1 | 58.1 | 58.0 | |

# 附录2-9 国内生产总值产业构成

## Composition of Gross Domestic Product by Industries

资料来源：世界银行WDI数据库。
Source:World Bank WDI Database.

单位：% (%)

| 国家或地区 | Country or Area | 农业增加值占国内生产总值比重 Primary Industry as Percentage of GDP | | 工业增加值占国内生产总值比重 Secondary Industry as Percentage of GDP | | 服务业增加值占国内生产总值比重 Tertiary Industry as Percentage of GDP | |
|---|---|---|---|---|---|---|---|
| | | 2014 | 2015 | 2014 | 2015 | 2014 | 2015 |
| **世　界** | **World** | **3.9** | | **27.6** | | **68.5** | |
| 中　国 | China | 9.2 | 9.0 | 42.7 | 40.5 | 48.1 | 50.5 |
| 文　莱① | Brunei Darussalam① | 0.7 | | 68.2 | | 31.0 | |
| 柬埔寨 | Cambodia | 30.4 | 28.3 | 27.0 | 29.4 | 42.6 | 42.3 |
| 印度尼西亚 | Indonesia | 13.3 | 13.5 | 41.9 | 40.0 | 42.3 | 43.3 |
| 老　挝 | Laos | 27.7 | 27.2 | 31.4 | 30.9 | 40.9 | 41.9 |
| 马来西亚 | Malaysia | 8.9 | 8.4 | 40.0 | 39.1 | 51.2 | 44.3 |
| 缅　甸 | Myanmar | | | | | | |
| 菲律宾 | Philippines | 11.3 | 10.3 | 31.4 | 30.9 | 57.3 | 58.8 |
| 新加坡 | Singapore | 0.0 | | 25.0 | | 75.0 | |
| 泰　国 | Thailand | 10.5 | | 36.9 | | 52.7 | |
| 越　南 | Viet Nam | 17.7 | 17.0 | 33.2 | 33.3 | 39.0 | 39.7 |
| 中国香港 | Hong Kong,China | 0.1 | | 7.3 | | 92.7 | |
| 日　本 | Japan | 1.2 | | 26.9 | | 72.0 | |
| 韩　国 | Korea,Rep. | 2.3 | 2.3 | 38.1 | 38.0 | 59.6 | 59.7 |
| 印　度 | India | 17.4 | | 30.0 | | 52.6 | |
| 巴　西 | Brazil | 5.2 | 5.2 | 24.0 | 22.7 | 70.8 | 72.1 |
| 俄罗斯 | Russia | 4.2 | 4.6 | 32.1 | 32.6 | 63.7 | 62.8 |
| 加拿大 | Canada | | | | | | |
| 墨西哥 | Mexico | 3.6 | 3.7 | 34.3 | 32.7 | 62.2 | 63.6 |
| 美　国 | United States | 1.3 | | 20.7 | | 78.0 | |
| 法　国 | France | 1.7 | 1.7 | 19.6 | 19.5 | 78.7 | 78.8 |
| 德　国 | Germany | 0.7 | 0.6 | 30.3 | 30.4 | 69.0 | 69.0 |
| 意大利 | Italy | 2.2 | 2.3 | 23.6 | 23.8 | 74.3 | 74.0 |
| 英　国 | United Kingdom | 0.7 | 0.7 | 21.0 | 20.2 | 78.4 | 79.2 |
| 澳大利亚 | Australia | 2.4 | 2.4 | 27.1 | 27.1 | 70.5 | 70.5 |
| 新西兰① | New Zealand① | 17.5 | | 26.2 | | 56.3 | |

注：①2013年数据。
Note: ①Data refer to 2013.

# 附录2-10 年中人口

## Mid-year Population

资料来源：世界银行WDI数据库。
Source:World Bank WDI Database.

| 国家或地区 | Country or Area | 人口（万人） Mid-year Population（10 000 persons） | | | | 2015年增长率（%） Growth Rate in 2015（%） |
|---|---|---|---|---|---|---|
| | | 2012 | 2013 | 2014 | 2015 | |
| **世　界** | **World** | **708945.2** | **717609.2** | **726078.0** | **734663.3** | **1.2** |
| 中　国 | China | 135069.5 | 135738.0 | 136427.0 | 137122.0 | 0.5 |
| 文　莱 | Brunei Darussalam | 40.6 | 41.2 | 41.7 | 42.3 | 1.4 |
| 柬埔寨 | Cambodia | 1483.2 | 1507.9 | 1532.8 | 1557.8 | 1.6 |
| 印度尼西亚 | Indonesia | 24803.8 | 25126.8 | 25445.5 | 25756.4 | 1.2 |
| 老　挝 | Laos | 647.3 | 658.0 | 668.9 | 680.2 | 1.7 |
| 马来西亚 | Malaysia | 2902.2 | 2946.5 | 2990.2 | 3033.1 | 1.4 |
| 缅　甸 | Myanmar | 5254.4 | 5298.4 | 5343.7 | 5389.7 | 0.9 |
| 菲律宾 | Philippines | 9601.7 | 9757.2 | 9913.9 | 10069.9 | 1.6 |
| 新加坡 | Singapore | 531.2 | 539.9 | 547.0 | 553.5 | 1.2 |
| 泰　国 | Thailand | 6716.4 | 6745.1 | 6772.6 | 6795.9 | 0.3 |
| 越　南 | Viet Nam | 8880.9 | 8976.0 | 9072.9 | 9170.4 | 1.1 |
| 中国香港 | Hong Kong,China | 715.5 | 718.8 | 724.2 | 730.6 | 0.9 |
| 日　本 | Japan | 12756.2 | 12733.9 | 12713.2 | 12695.9 | -0.1 |
| 韩　国 | Korea,Rep. | 5000.4 | 5022.0 | 5042.4 | 5061.7 | 0.4 |
| 印　度 | India | 126359.0 | 127949.9 | 129529.2 | 131105.1 | 1.2 |
| 巴　西 | Brazil | 20240.2 | 20425.9 | 20607.8 | 20784.8 | 0.9 |
| 俄罗斯 | Russia | 14320.2 | 14350.7 | 14382.0 | 14409.7 | 0.2 |
| 加拿大 | Canada | 3475.2 | 3515.6 | 3554.4 | 3585.2 | 0.9 |
| 墨西哥 | Mexico | 12207.1 | 12374.0 | 12538.6 | 12701.7 | 1.3 |
| 美　国 | United States | 31410.3 | 31642.7 | 31890.7 | 32141.9 | 0.8 |
| 法　国 | France | 6566.0 | 6597.2 | 6649.6 | 6680.8 | 0.5 |
| 德　国 | Germany | 8042.6 | 8213.3 | 8098.3 | 8141.3 | 0.5 |
| 意大利 | Italy | 5954.0 | 6023.4 | 6078.9 | 6080.2 | 0.0 |
| 英　国 | United Kingdom | 6370.0 | 6412.8 | 6461.3 | 6513.8 | 0.8 |
| 澳大利亚 | Australia | 2272.8 | 2311.7 | 2346.4 | 2378.1 | 1.3 |
| 新西兰 | New Zealand | 440.8 | 444.2 | 451.0 | 459.6 | 1.9 |

# 附录2-11　城市人口比重

## Urban Population Percentage of Total

资料来源：世界银行WDI数据库。
Source:World Bank WDI Database.

单位：%　　(%)

| 国家或地区 | Country or Area | 2011 | 2012 | 2013 | 2014 | 2015 |
|---|---|---|---|---|---|---|
| **世　界** | **World** | **52.0** | **52.5** | **52.9** | **53.4** | **53.9** |
| 中　国 | China | 50.6 | 51.9 | 53.2 | 54.4 | 55.6 |
| 文　莱 | Brunei Darussalam | 75.9 | 76.2 | 76.6 | 76.9 | 77.2 |
| 柬埔寨 | Cambodia | 20.0 | 20.1 | 20.3 | 20.5 | 20.7 |
| 印度尼西亚 | Indonesia | 50.7 | 51.5 | 52.3 | 53.0 | 53.7 |
| 老　挝 | Laos | 34.3 | 35.4 | 36.5 | 37.6 | 38.6 |
| 马来西亚 | Malaysia | 71.7 | 72.5 | 73.3 | 74.0 | 74.7 |
| 缅　甸 | Myanmar | 31.9 | 32.5 | 33.0 | 33.6 | 34.1 |
| 菲律宾 | Philippines | 45.0 | 44.8 | 44.6 | 44.5 | 44.4 |
| 新加坡 | Singapore | 100.0 | 100.0 | 100.0 | 100.0 | 100.0 |
| 泰　国 | Thailand | 45.4 | 46.7 | 47.9 | 49.2 | 50.4 |
| 越　南 | Viet Nam | 31.0 | 31.7 | 32.3 | 33.0 | 33.6 |
| 中国香港 | Hong Kong,China | 100.0 | 100.0 | 100.0 | 100.0 | 100.0 |
| 日　本 | Japan | 91.3 | 91.9 | 92.5 | 93.0 | 93.5 |
| 韩　国 | Korea,Rep. | 82.0 | 82.1 | 82.3 | 82.4 | 82.5 |
| 印　度 | India | 31.3 | 31.6 | 32.0 | 32.4 | 32.8 |
| 巴　西 | Brazil | 84.6 | 84.9 | 85.2 | 85.4 | 85.7 |
| 俄罗斯 | Russia | 73.7 | 73.8 | 73.9 | 73.9 | 74.0 |
| 加拿大 | Canada | 81.1 | 81.3 | 81.5 | 81.7 | 81.8 |
| 墨西哥 | Mexico | 78.1 | 78.4 | 78.7 | 79.0 | 79.3 |
| 美　国 | United States | 80.9 | 81.1 | 81.3 | 81.5 | 81.6 |
| 法　国 | France | 78.6 | 78.8 | 79.1 | 79.3 | 79.5 |
| 德　国 | Germany | 74.5 | 74.7 | 74.9 | 75.1 | 75.3 |
| 意大利 | Italy | 68.4 | 68.6 | 68.7 | 68.8 | 69.0 |
| 英　国 | United Kingdom | 81.6 | 81.8 | 82.1 | 82.4 | 82.6 |
| 澳大利亚 | Australia | 88.9 | 89.0 | 89.2 | 89.3 | 89.4 |
| 新西兰 | New Zealand | 86.2 | 86.2 | 86.2 | 86.3 | 86.3 |

# 附录2-12 劳动参与率

## Labor Force Participation Rate

资料来源：世界银行WDI数据库。
Source:World Bank WDI Database.

| 国家或地区 | Country or Area | 劳动力人口（万人） Total Labor Force（10 000 persons） | | 劳动参与率（%） Labor Force Participation Rate（%） | | 女性劳动参与率（%） Female Labor Force Participation Rate（%） | |
|---|---|---|---|---|---|---|---|
| | | 2013 | 2014 | 2013 | 2014 | 2013 | 2014 |
| **世　界** | **World** | **333808** | **338419** | **63.5** | **63.5** | **50.3** | **50.3** |
| 中　国 | China | 80179 | 80650 | 71.3 | 71.4 | 63.9 | 64.0 |
| 文　莱 | Brunei Darussalam | 20 | 20 | 64.0 | 63.7 | 52.6 | 52.2 |
| 柬埔寨 | Cambodia | 845 | 862 | 82.5 | 82.5 | 78.8 | 78.7 |
| 印度尼西亚 | Indonesia | 12213 | 12406 | 67.7 | 67.7 | 51.4 | 51.4 |
| 老　挝 | Laos | 330 | 338 | 77.7 | 77.8 | 76.3 | 76.3 |
| 马来西亚 | Malaysia | 1299 | 1330 | 59.4 | 59.6 | 44.4 | 44.5 |
| 缅　甸 | Myanmar | 2977 | 3022 | 78.6 | 78.6 | 75.2 | 75.1 |
| 菲律宾 | Philippines | 4292 | 4381 | 65.2 | 65.2 | 51.1 | 51.1 |
| 新加坡 | Singapore | 307 | 311 | 67.8 | 67.6 | 58.8 | 58.6 |
| 泰　国 | Thailand | 3987 | 4006 | 72.3 | 72.1 | 64.3 | 64.2 |
| 越　南 | Viet Nam | 5347 | 5421 | 77.5 | 77.7 | 73.0 | 73.2 |
| 中国香港 | Hong Kong,China | 373 | 375 | 58.9 | 58.7 | 51.3 | 51.1 |
| 日　本 | Japan | 6556 | 6530 | 59.2 | 59.0 | 48.8 | 48.7 |
| 韩　国 | Korea,Rep. | 2612 | 2636 | 61.0 | 61.0 | 50.1 | 50.1 |
| 印　度 | India | 48788 | 49696 | 54.2 | 54.2 | 27.0 | 27.0 |
| 巴　西 | Brazil | 10838 | 10984 | 69.8 | 69.7 | 59.4 | 59.4 |
| 俄罗斯 | Russia | 7689 | 7675 | 63.7 | 63.8 | 57.1 | 57.1 |
| 加拿大 | Canada | 1952 | 1973 | 66.2 | 66.1 | 61.6 | 61.4 |
| 墨西哥 | Mexico | 5448 | 5556 | 61.6 | 61.6 | 45.1 | 45.1 |
| 美　国 | United States | 15982 | 16107 | 62.5 | 62.4 | 56.3 | 56.3 |
| 法　国 | France | 3005 | 3018 | 55.9 | 55.7 | 50.7 | 50.6 |
| 德　国 | Germany | 4276 | 4221 | 59.9 | 59.9 | 53.6 | 53.7 |
| 意大利 | Italy | 2547 | 2579 | 49.1 | 49.2 | 39.6 | 39.7 |
| 英　国 | United Kingdom | 3277 | 3302 | 62.1 | 62.1 | 55.7 | 55.8 |
| 澳大利亚 | Australia | 1224 | 1242 | 65.2 | 65.1 | 58.8 | 58.7 |
| 新西兰 | New Zealand | 240 | 243 | 67.8 | 67.7 | 62.0 | 61.9 |

# 附录2-13 就业人数

## Employment

资料来源：国际货币基金组织IFS数据库。
Source: IMF IFS Database.

单位：万人 (10 000 persons)

| 国家或地区 | Country or Area | 2011 | 2012 | 2013 | 2014 | 2015 |
|---|---|---|---|---|---|---|
| **世　界** | **World** | | | | | |
| 中　国 | China | 76420 | 76704 | 76977 | 77253 | 77451 |
| 文　莱 | Brunei Darussalam | | | | 19 | |
| 柬埔寨 | Cambodia | 789 | 771 | | | |
| 印度尼西亚 | Indonesia | 11048 | 11181 | 11241 | 11640 | 11783 |
| 老　挝 | Laos | | | | | |
| 马来西亚 | Malaysia | 1222 | 1254 | 1335 | 1360 | |
| 缅　甸 | Myanmar | | | | | |
| 菲律宾 | Philippines | 3719 | 3760 | 3812 | 3865 | 3874 |
| 新加坡 | Singapore | 318 | 330 | 344 | 357 | 303 |
| 泰　国 | Thailand | 3846 | 3894 | 3822 | 3808 | 3802 |
| 越　南 | Viet Nam | 5088 | 5142 | 5221 | | |
| 中国香港 | Hong Kong,China | 358 | 367 | 374 | 376 | 380 |
| 日　本 | Japan | 6111 | 6270 | 6311 | 6351 | 6376 |
| 韩　国 | Korea,Rep. | 2424 | 2468 | 2507 | 2560 | 2594 |
| 印　度 | India | | | | | |
| 巴　西 | Brazil | 2243 | 2296 | 2312 | 2309 | 2271 |
| 俄罗斯 | Russia | 7073 | 7154 | 7139 | 7154 | 7232 |
| 加拿大 | Canada | 1722 | 1744 | 1769 | 1780 | 1795 |
| 墨西哥 | Mexico | 4714 | 4871 | 4923 | 4942 | 5061 |
| 美　国 | United States | 13987 | 14247 | 14393 | 14631 | 14883 |
| 法　国 | France | 2576 | 2580 | 2576 | 2638 | 2638 |
| 德　国 | Germany | 3879 | 3913 | 3953 | 3987 | |
| 意大利 | Italy | 2260 | 2257 | 2219 | 2228 | 2246 |
| 英　国 | United Kingdom | 2928 | 2960 | 3005 | 3076 | 3129 |
| 澳大利亚 | Australia | 1121 | 1135 | 1145 | 1153 | 1175 |
| 新西兰 | New Zealand | 222 | 219 | 225 | 232 | 237 |

# 附录2-14　按产业类型划分的就业构成

## Composition of Employment by Type of Industry

资料来源：世界银行WDI数据库。
Source:World Bank WDI Database.

单位：%　　　　(%)

| 国家或地区 | Country or Area | 第一产业 Primary Industry | | 第二产业 Secondary Industry | | 第三产业 Tertiary Industry | |
|---|---|---|---|---|---|---|---|
| | | 2013 | 2014 | 2013 | 2014 | 2013 | 2014 |
| **世　界①** | **World①** | **19.8** | | **28.8** | | **50.9** | |
| | | | | | | | |
| 中　国 | China | 31.4 | 29.5 | 30.1 | 29.9 | 38.5 | 40.6 |
| 文　莱 | Brunei Darussalam | | 0.6 | | 18.7 | | 80.8 |
| 柬埔寨② | Cambodia② | 51.0 | | 18.6 | | 30.4 | |
| 印度尼西亚 | Indonesia | 34.8 | 34.3 | 20.4 | 21.0 | 44.8 | 44.8 |
| 老　挝① | Laos① | 71.3 | | 8.3 | | 20.2 | |
| 马来西亚 | Malaysia | 12.7 | 12.2 | 27.9 | 27.4 | 59.3 | 60.3 |
| 缅　甸 | Myanmar | | | | | | |
| 菲律宾 | Philippines | 31.0 | 30.4 | 15.6 | 15.9 | 53.4 | 53.6 |
| 新加坡 | Singapore | | | 18.6 | 28.3 | 80.1 | 70.6 |
| 泰　国 | Thailand | 41.9 | | 20.3 | | 37.5 | |
| 越　南 | Viet Nam | 46.8 | | 21.2 | | 32.0 | |
| | | | | | | | |
| 中国香港② | Hong Kong,China② | 0.7 | | 11.6 | | 87.7 | |
| 日　本 | Japan | 3.7 | | 25.8 | | 69.1 | |
| 韩　国 | Korea,Rep. | 6.1 | | 24.4 | | 69.5 | |
| 印　度 | India | 49.7 | | 21.5 | | 28.7 | |
| 巴　西 | Brazil | 14.5 | | 22.6 | 22.9 | 62.9 | 76.6 |
| 俄罗斯 | Russia | 7.0 | 6.7 | 27.7 | 27.5 | 65.3 | 65.8 |
| 加拿大 | Canada | 2.2 | 2.1 | 19.9 | 19.8 | 78.0 | 78.2 |
| 墨西哥 | Mexico | 13.4 | | 23.6 | | 62.4 | |
| 美　国① | United States① | 1.6 | | 17.2 | | 81.2 | |
| 法　国 | France | 3.0 | 2.8 | 21.3 | 20.5 | 74.9 | 75.8 |
| 德　国 | Germany | 1.3 | 1.3 | 28.0 | 28.3 | 70.7 | 70.4 |
| 意大利 | Italy | 3.4 | 3.5 | 27.2 | 27.1 | 69.4 | 69.5 |
| 英　国 | United Kingdom | 0.9 | 1.1 | 18.8 | 18.9 | 79.3 | 79.1 |
| 澳大利亚 | Australia | 2.6 | | 20.8 | | 69.5 | |
| 新西兰 | New Zealand | 6.4 | | 20.2 | | 73.0 | |

注：①2010年数据。②2012年数据。
Note: ①Data refer to 2010. ②Data refer to 2012.

# 附录2-15　失业人数

## Unemployment

资料来源：国际货币基金组织IFS数据库。
Source:IMF IFS Database.

单位：万人　　　　(10 000 persons)

| 国家或地区 | Country or Area | 2011 | 2012 | 2013 | 2014 | 2015 |
|---|---|---|---|---|---|---|
| **世　界** | **World** | | | | | |
| 中　国① | China① | 922.0 | 917.0 | 926.0 | 952.0 | 966.0 |
| 文　莱 | Brunei Darussalam | 0.3 | 0.2 | | | 1.3 |
| 柬埔寨 | Cambodia | 1.6 | 1.2 | 2.4 | | |
| 印度尼西亚 | Indonesia | 790.9 | 743.0 | 728.0 | 719.6 | 750.8 |
| 老　挝 | Laos | | 388.7 | | | |
| 马来西亚 | Malaysia | 38.9 | 39.3 | 43.3 | 39.9 | |
| 缅　甸 | Myanmar | 126.0 | 128.0 | 129.0 | | |
| 菲律宾 | Philippines | 281.4 | 282.6 | 290.5 | 272.8 | 260.2 |
| 新加坡 | Singapore | 6.1 | 6.0 | 6.0 | 6.1 | 6.3 |
| 泰　国 | Thailand | 26.4 | 25.9 | 28.2 | 32.3 | 34.1 |
| 越　南 | Viet Nam | 104.2 | 92.6 | 103.8 | | |
| 中国香港 | Hong Kong,China | 12.7 | 12.5 | 13.1 | 12.5 | 12.9 |
| 日　本 | Japan | 291.4 | 285.0 | 265.0 | 236.0 | 222.0 |
| 韩　国 | Korea,Rep. | 85.5 | 82.0 | 80.7 | 93.7 | 97.6 |
| 印　度 | India | | | | | |
| 巴　西 | Brazil | 142.6 | 133.8 | 131.8 | 117.6 | 167.3 |
| 俄罗斯 | Russia | 502.5 | 413.3 | 414.2 | 389.2 | 426.7 |
| 加拿大 | Canada | 139.9 | 137.2 | 134.7 | 132.2 | 133.1 |
| 墨西哥 | Mexico | 258.3 | 252.2 | 256.0 | 250.9 | 229.4 |
| 美　国 | United States | 1374.7 | 1250.6 | 1146.0 | 961.7 | 829.6 |
| 法　国 | France | 266.5 | 285.2 | 301.4 | 302.6 | 304.7 |
| 德　国 | Germany | 297.6 | 289.7 | 295.0 | 289.9 | 260.6 |
| 意大利 | Italy | 205.6 | 269.1 | 306.9 | 323.0 | 303.3 |
| 英　国 | United Kingdom | 255.9 | 253.4 | 246.6 | 202.9 | 177.6 |
| 澳大利亚 | Australia | 60.0 | 62.5 | 68.7 | 74.6 | 75.8 |
| 新西兰 | New Zealand | 18.8 | 22.2 | 25.3 | 27.1 | 28.1 |

注：①城镇登记失业人数。
Note: ①Urban Registered Unemployment.

# 附录2-16　失业率

## Unemployment Rate

资料来源：国际货币基金组织IFS数据库。
Source:IMF IFS Database.

单位：%　　(%)

| 国家或地区 | Country or Area | 2011 | 2012 | 2013 | 2014 | 2015 |
|---|---|---|---|---|---|---|
| 世　界 | World | | | | | |
| 中　国① | China① | 4.1 | 4.1 | 4.1 | 4.1 | 4.1 |
| 文　莱 | Brunei Darussalam | 1.7 | 1.7 | | | |
| 柬埔寨 | Cambodia | 0.2 | 0.2 | 0.3 | | |
| 印度尼西亚 | Indonesia | 6.7 | 6.3 | 6.0 | 5.8 | 6.0 |
| 老　挝 | Laos | | | | | |
| 马来西亚 | Malaysia | 3.1 | 3.0 | 3.1 | 2.9 | 3.1 |
| 缅　甸 | Myanmar | 4.0 | 4.0 | 4.0 | 4.0 | |
| 菲律宾 | Philippines | 7.0 | 7.0 | 7.1 | 6.6 | 6.3 |
| 新加坡 | Singapore | 1.9 | 1.8 | 1.7 | 2.7 | 1.7 |
| 泰　国 | Thailand | 0.7 | 0.7 | 0.7 | 0.8 | 0.9 |
| 越　南 | Viet Nam | 2.0 | 1.8 | 2.2 | 2.1 | |
| 中国香港 | Hong Kong,China | 3.4 | 3.3 | 3.4 | 3.2 | 3.3 |
| 日　本 | Japan | 4.6 | 4.3 | 4.0 | 3.6 | 3.4 |
| 韩　国 | Korea,Rep. | 3.4 | 3.2 | 3.1 | 3.5 | 3.6 |
| 印　度 | India | | | | | |
| 巴　西 | Brazil | 6.0 | 5.5 | 5.4 | 4.9 | 6.8 |
| 俄罗斯 | Russia | 6.6 | 5.5 | 5.5 | 5.2 | 5.6 |
| 加拿大 | Canada | 7.5 | 7.3 | 7.1 | 6.9 | 6.9 |
| 墨西哥 | Mexico | 5.2 | 4.9 | 4.9 | 4.8 | 4.3 |
| 美　国 | United States | 8.9 | 8.1 | 7.4 | 6.2 | 5.3 |
| 法　国 | France | 9.2 | 9.8 | 10.3 | 10.3 | 10.4 |
| 德　国 | Germany | 7.1 | 6.8 | 6.9 | 6.7 | 6.0 |
| 意大利 | Italy | 8.4 | 10.6 | 12.1 | 12.7 | 11.9 |
| 英　国 | United Kingdom | 8.1 | 7.9 | 7.6 | 6.2 | 5.4 |
| 澳大利亚 | Australia | 5.1 | 5.2 | 5.7 | 6.1 | 6.1 |
| 新西兰 | New Zealand | 6.6 | 6.7 | 6.2 | 5.7 | 5.8 |

注：①城镇登记失业率。
Note: ①Urban Registered Unemployment Rate.

# 附录2-17　企业开业成本

## Cost of Business Start-up

资料来源：世界银行《全球营商环境报告》。
Source:World Bank Doing Business.

| 国家或地区 | Country or Area | 企业开业所要办理的手续数（个）Start-up Procedures to Register a Business（unit） | | 企业办理开业手续所需时间（天）Time Required to Start a Business（days） | | 企业登记注册费占人均GNI比重（%）Cost Business Start-up Procedures as Percentage of GNI Per Capita（%） | |
|---|---|---|---|---|---|---|---|
| | | 2014 | 2015 | 2014 | 2015 | 2014 | 2015 |
| **世　界** | **World** | | | | | | |
| 中　国 | China | 11 | 11 | 31 | 31.0 | 0.9 | 0.7 |
| 文　莱 | Brunei Darussalam | 18 | 7 | 104 | 14.0 | 10.5 | 1.2 |
| 柬埔寨 | Cambodia | 11 | 7 | 101 | 87.0 | 139.5 | 78.7 |
| 印度尼西亚 | Indonesia | 13 | 13 | 53 | 48.0 | 21.1 | 19.9 |
| 老　挝 | Laos | 6 | 6 | 73 | 73.0 | 5.3 | 4.9 |
| 马来西亚 | Malaysia | 3 | 3 | 4 | 4.0 | 7.2 | 6.7 |
| 缅　甸 | Myanmar | 12 | 11 | 74 | 13.0 | 131.1 | 97.1 |
| 菲律宾 | Philippines | 16 | 16 | 34 | 29.0 | 16.6 | 16.1 |
| 新加坡 | Singapore | 3 | 3 | 3 | 3.0 | 0.6 | 0.6 |
| 泰　国 | Thailand | 6 | 6 | 28 | 28.0 | 6.6 | 6.4 |
| 越　南 | Viet Nam | 10 | 10 | 34 | 20.0 | 5.3 | 4.9 |
| 中国香港 | Hong Kong,China | 3 | 2 | 3 | 2.0 | 1.4 | 1.2 |
| 日　本 | Japan | 8 | 8 | 10 | 10.0 | 7.5 | 7.5 |
| 韩　国 | Korea,Rep. | 3 | 3 | 4 | 4.0 | 14.5 | 14.5 |
| 印　度 | India | 14 | 13 | 34 | 29.0 | 15.3 | 13.5 |
| 巴　西 | Brazil | 12 | 11 | 84 | 83.0 | 4.3 | 3.8 |
| 俄罗斯 | Russia | 4 | 4 | 11 | 11.0 | 1.2 | 1.1 |
| 加拿大 | Canada | 2 | 2 | 6 | 2.0 | 0.4 | 0.4 |
| 墨西哥 | Mexico | 6 | 6 | 6 | 6.0 | 18.7 | 17.9 |
| 美　国 | United States | 6 | 6 | 6 | 6.0 | 1.2 | 1.1 |
| 法　国 | France | 5 | 5 | 5 | 4.0 | 0.9 | 0.8 |
| 德　国 | Germany | 9 | 9 | 15 | 11.0 | 8.8 | 1.8 |
| 意大利 | Italy | 5 | 5 | 6 | 6.0 | 14.2 | 13.8 |
| 英　国 | United Kingdom | 6 | 4 | 6 | 5.0 | 0.3 | 0.1 |
| 澳大利亚 | Australia | 3 | 3 | 3 | 3.0 | 0.7 | 0.7 |
| 新西兰 | New Zealand | 1 | 1 | 1 | 1.0 | 0.3 | 0.3 |

# 附录2-18　私人部门贷款占国内生产总值比重

## Domestic Credit to Private Sector as Percentage of GDP

资料来源：世界银行WDI数据库。
Source:World Bank WDI Database.

单位：%　　　　(%)

| 国家或地区 | Country or Area | 2011 | 2012 | 2013 | 2014 | 2015 |
|---|---|---|---|---|---|---|
| **世　界** | **World** | **117.9** | **119.0** | **122.6** | **125.0** | 137.2 |
| | | | | | | |
| 中　国 | China | 124.1 | 130.0 | 135.4 | 141.9 | 155.3 |
| 文　莱 | Brunei Darussalam | 31.2 | 31.5 | 35.0 | 33.2 | 34.6 |
| 柬埔寨 | Cambodia | 28.3 | 38.8 | 44.7 | 54.1 | 63.1 |
| 印度尼西亚 | Indonesia | 30.1 | 33.4 | 36.1 | 36.4 | 39.1 |
| 老　挝 | Laos | | | | | |
| 马来西亚 | Malaysia | 108.4 | 114.1 | 119.9 | 120.6 | 125.2 |
| 缅　甸 | Myanmar | | 10.0 | 13.6 | | |
| 菲律宾 | Philippines | 31.9 | 33.4 | 35.8 | 39.2 | 41.9 |
| 新加坡 | Singapore | 106.3 | 115.2 | 127.1 | 132.1 | 129.8 |
| 泰　国 | Thailand | 130.7 | 136.3 | 142.5 | 147.0 | 151.3 |
| 越　南 | Viet Nam | 101.8 | 94.8 | 96.8 | 100.3 | 111.9 |
| | | | | | | |
| 中国香港 | Hong Kong,China | 202.3 | 198.5 | 218.1 | 233.4 | 207.6 |
| 日　本 | Japan | 175.2 | 178.4 | 188.8 | 187.8 | |
| 韩　国 | Korea,Rep. | 138.1 | 136.7 | 134.9 | 138.4 | 140.6 |
| 印　度 | India | 51.3 | 51.9 | 52.2 | 51.8 | 52.7 |
| 巴　西 | Brazil | 58.1 | 62.6 | 64.4 | 67.1 | 67.9 |
| 俄罗斯 | Russia | 42.0 | 44.7 | 49.4 | 54.3 | 56.4 |
| 加拿大 | Canada | | | | | |
| 墨西哥 | Mexico | 25.7 | 27.5 | 30.6 | 31.0 | 34.0 |
| 美　国 | United States | 179.1 | 180.3 | 194.7 | 197.9 | 194.0 |
| 法　国 | France | 96.8 | 96.6 | 96.1 | 94.9 | |
| 德　国 | Germany | 84.6 | 83.5 | 81.8 | 79.6 | |
| 意大利 | Italy | 94.7 | 94.4 | 91.3 | 89.5 | |
| 英　国 | United Kingdom | 174.9 | 165.4 | 153.6 | 138.9 | 134.5 |
| 澳大利亚 | Australia | 122.9 | 122.0 | 125.8 | 129.6 | 137.7 |
| 新西兰 | New Zealand | | | | | |

# 附录2-19 原油探明储量

## Crude Oil Proved Reserves

资料来源：美国能源信息署。
Source:U.S. Energy Information Administration（EIA）.

单位：亿桶 (100 million barrels)

| 国家或地区 | Country or Area | 2011 | 2012 | 2013 | 2014 | 2015 |
|---|---|---|---|---|---|---|
| **世　界** | **World** | **14756.8** | **15283.6** | **16488.6** | **16555.6** | |
| 中　国 | China | 203.5 | 203.5 | 237.2 | 243.8 | 246.5 |
| 文　莱 | Brunei Darussalam | 11.0 | 11.0 | 11.0 | 11.0 | 11.0 |
| 柬埔寨 | Cambodia | | | | | |
| 印度尼西亚 | Indonesia | 39.9 | 38.9 | 40.3 | 37.4 | 36.9 |
| 老　挝 | Laos | | | | | |
| 马来西亚 | Malaysia | 40.0 | 40.0 | 40.0 | 40.0 | 40.0 |
| 缅　甸 | Myanmar | | | | | |
| 菲律宾 | Philippines | 1.4 | 1.4 | 1.4 | 1.4 | 1.4 |
| 新加坡 | Singapore | | | | | |
| 泰　国 | Thailand | 4.4 | 4.4 | 4.5 | 4.5 | 4.6 |
| 越　南 | Viet Nam | | 44.0 | 44.0 | 44.0 | 44.0 |
| 中国香港 | Hong Kong,China | | | | | |
| 日　本 | Japan | 0.4 | 0.4 | 0.4 | 0.4 | 0.4 |
| 韩　国 | Korea,Rep. | | | | | |
| 印　度 | India | 56.8 | 56.1 | 54.8 | 56.4 | 56.8 |
| 巴　西 | Brazil | 128.6 | 139.9 | 131.5 | 150.5 | 153.1 |
| 俄罗斯 | Russia | 600.0 | 600.0 | 800.0 | 800.0 | 800.0 |
| 加拿大 | Canada | 1752.1 | 1736.3 | 1731.1 | 1732.0 | 1724.8 |
| 墨西哥 | Mexico | 104.2 | 103.6 | 102.6 | 100.7 | 98.1 |
| 美　国 | United States | 251.8 | 289.5 | 334.0 | 365.2 | |
| 法　国 | France | 0.9 | 0.9 | 0.9 | 0.9 | 0.8 |
| 德　国 | Germany | 2.8 | 2.8 | 2.5 | 2.3 | 2.3 |
| 意大利 | Italy | 4.8 | 5.2 | 5.2 | 5.6 | 5.5 |
| 英　国 | United Kingdom | 28.6 | 28.3 | 31.2 | 29.8 | 29.8 |
| 澳大利亚 | Australia | 33.2 | 14.3 | 14.3 | 14.3 | 11.9 |
| 新西兰 | New Zealand | 1.1 | 1.0 | 0.8 | 0.8 | 0.7 |

# 附录2-20 天然气探明储量

## Proved Reserves of Natural Gas

资料来源：美国能源信息署。
Source:U.S. Energy Information Administration（EIA）.

单位：亿立方米 （100 million cu.m）

| 国家或地区 | Country or Area | 2011 | 2012 | 2013 | 2014 | 2015 |
|---|---|---|---|---|---|---|
| **世　界** | **World** | **1898417.8** | **1927020.6** | **1937183.7** | **1973222.6** | |
| 中　国 | China | 30281.0 | 30281.0 | 39975.5 | 43973.1 | 46400.4 |
| 文　莱 | Brunei Darussalam | 3905.4 | 3905.4 | 3905.4 | 3905.4 | 3905.4 |
| 柬埔寨 | Cambodia | | | | | |
| 印度尼西亚 | Indonesia | 29998.0 | 39920.0 | 30677.2 | 29632.9 | 29248.1 |
| 老　挝 | Laos | | | | | |
| 马来西亚 | Malaysia | 23489.0 | 23489.0 | 23489.0 | 23489.0 | 23489.0 |
| 缅　甸 | Myanmar | | | | | |
| 菲律宾 | Philippines | 984.8 | 984.8 | 984.8 | 984.8 | 984.8 |
| 新加坡 | Singapore | | | | | |
| 泰　国 | Thailand | 3120.4 | 2996.7 | 2847.0 | 2558.0 | 2381.4 |
| 越　南 | Viet Nam | 1924.4 | 6990.1 | 6990.1 | 6990.1 | 6990.1 |
| 中国香港 | Hong Kong,China | | | | | |
| 日　本 | Japan | 208.9 | 208.9 | 208.9 | 208.9 | 208.9 |
| 韩　国 | Korea,Rep. | 9.9 | 70.8 | 52.6 | 57.5 | 70.8 |
| 印　度 | India | 10733.6 | 11530.8 | 12402.5 | 13539.3 | 14262.6 |
| 巴　西 | Brazil | 3662.0 | 4167.2 | 3952.7 | 4591.1 | 4589.1 |
| 俄罗斯 | Russia | 475440.0 | 475440.0 | 477704.0 | 477704.0 | 477768.5 |
| 加拿大 | Canada | 17531.9 | 17264.1 | 19291.0 | 18882.0 | 20317.7 |
| 墨西哥 | Mexico | 3386.4 | 4900.4 | 4874.4 | 4832.2 | 4683.4 |
| 美　国 | United States | 86208.9 | 94541.0 | 87174.2 | 95728.7 | |
| 法　国 | France | 67.9 | 55.2 | 107.0 | 96.5 | 88.9 |
| 德　国 | Germany | 1754.6 | 1754.6 | 1249.2 | 1159.2 | 969.3 |
| 意大利 | Italy | 635.3 | 659.7 | 623.2 | 594.0 | 561.8 |
| 英　国 | United Kingdom | 2558.3 | 2528.3 | 2458.4 | 2438.3 | 2406.1 |
| 澳大利亚 | Australia | 31130.0 | 7881.6 | 12179.5 | 12179.5 | 8603.2 |
| 新西兰 | New Zealand | 343.6 | 276.2 | 294.0 | 283.3 | 385.2 |

# 附录2-21　石油消费量

## Total Petroleum Consumption

资料来源：美国能源信息署。
Source:U.S. Energy Information Administration（EIA）.

单位：万桶/天　　(10 000 barrels per day)

| 国家或地区 | Country or Area | 2010 | 2011 | 2012 | 2013 | 2014 |
|---|---|---|---|---|---|---|
| **世　界** | **World** | **8821.6** | **8912.7** | **9039.2** | **9125.3** | |
| 中　国 | China | 893.8 | 950.4 | 1017.5 | 1048.0 | |
| 文　莱 | Brunei Darussalam | 1.7 | 1.8 | 1.8 | 1.8 | |
| 柬埔寨 | Cambodia | 2.6 | 2.9 | 2.9 | 2.8 | |
| 印度尼西亚 | Indonesia | 148.7 | 157.5 | 169.8 | 171.8 | |
| 老　挝 | Laos | 0.3 | 0.3 | 0.3 | 0.3 | |
| 马来西亚 | Malaysia | 63.1 | 67.5 | 67.0 | 68.0 | |
| 缅　甸 | Myanmar | | | | | |
| 菲律宾 | Philippines | 30.9 | 30.1 | 31.0 | 31.4 | |
| 新加坡 | Singapore | 114.9 | 121.6 | 122.5 | 124.0 | |
| 泰　国 | Thailand | 107.4 | 111.0 | 115.2 | 117.1 | |
| 越　南 | Viet Nam | 41.2 | 42.8 | 45.3 | 47.1 | |
| 中国香港 | Hong Kong,China | 43.1 | 38.4 | 35.4 | 36.0 | |
| 日　本 | Japan | 442.9 | 443.9 | 469.7 | 455.7 | 435.1 |
| 韩　国 | Korea,Rep. | 226.9 | 225.9 | 232.2 | 232.8 | 234.0 |
| 印　度 | India | 330.6 | 346.1 | 361.8 | 366.0 | |
| 巴　西 | Brazil | 269.9 | 277.7 | 292.3 | 300.3 | |
| 俄罗斯 | Russia | 313.5 | 342.2 | 344.5 | 349.3 | |
| 加拿大 | Canada | 232.6 | 235.7 | 240.3 | 237.5 | 239.5 |
| 墨西哥 | Mexico | 208.0 | 211.3 | 210.1 | 209.0 | 200.7 |
| 美　国 | United States | 1918.0 | 1888.2 | 1849.0 | 1896.1 | 1910.6 |
| 法　国 | France | 182.2 | 178.0 | 173.9 | 171.3 | 165.3 |
| 德　国 | Germany | 246.7 | 239.2 | 238.9 | 243.5 | 239.6 |
| 意大利 | Italy | 154.4 | 149.4 | 137.0 | 126.0 | 122.5 |
| 英　国 | United Kingdom | 161.8 | 157.7 | 152.7 | 150.3 | 150.5 |
| 澳大利亚 | Australia | 101.3 | 105.6 | 107.4 | 108.0 | 107.9 |
| 新西兰 | New Zealand | 15.3 | 15.3 | 15.2 | 15.5 | 15.7 |

# 附录2-22 能源平衡表（2014年）

## Energy Balance Sheet（2014）

资料来源：国际能源机构。
Source:International Energy Agency.

单位：万吨标准油 （10 000 TOE）

| 国家或地区 | Country or Area | 能源生产量 Energy Production | | | | 进口 Imports | |
|---|---|---|---|---|---|---|---|
| | | 总计 Total | 煤和煤制品 Coal & Coal Products | 原油，凝析油和给料 Crude, NGL and Feedstocks | 天然气 Nature Gas | 总计 Total | 煤和煤制品 Coal & Coal Products |
| **世界** | **World** | | **392716** | **430000** | **291894** | | **84181** |
| 中国 | China | | 184642 | 21186 | 10890 | | 15446 |
| 文莱 | Brunei Darussalam | | | 633 | 991 | | |
| 柬埔寨 | Cambodia | | | | | | 33 |
| 印度尼西亚 | Indonesia | | 27111 | 4034 | 6262 | | 123 |
| 老挝 | Laos | | | | | | |
| 马来西亚 | Malaysia | | 182 | 3107 | 5863 | | 1488 |
| 缅甸 | Myanmar | | 34 | 77 | 1232 | | 7 |
| 菲律宾 | Philippines | | 496 | 80 | 305 | | 886 |
| 新加坡 | Singapore | | | | | | 71 |
| 泰国 | Thailand | | 521 | 1904 | 2861 | | 1317 |
| 越南 | Viet Nam | | 2004 | 1742 | 883 | | 121 |
| 中国香港 | Hong Kong,China | | | | | | 850 |
| 日本 | Japan | 2635 | | 52 | 262 | 43808 | 11803 |
| 韩国 | Korea,Rep. | 4820 | 78 | 61 | 29 | 29082 | 8004 |
| 印度 | India | | 26092 | 4270 | 2821 | | 12490 |
| 巴西 | Brazil | | 405 | 12221 | 1928 | | 1346 |
| 俄罗斯 | Russia | | 18986 | 53109 | 52873 | | 1489 |
| 加拿大 | Canada | 45742 | 3469 | 21227 | 13528 | 7130 | 540 |
| 墨西哥 | Mexico | 21155 | 746 | 14480 | 3959 | 5757 | 407 |
| 美国 | United States | 197891 | 48176 | 53459 | 59786 | 56369 | 629 |
| 法国 | France | 13661 | 19 | 92 | 1 | 14349 | 935 |
| 德国 | Germany | 11876 | 4413 | 314 | 761 | 24487 | 3929 |
| 意大利 | Italy | 3599 | 4 | 598 | 585 | 13710 | 1320 |
| 英国 | United Kingdom | 10739 | 673 | 4133 | 3287 | 15092 | 2597 |
| 澳大利亚 | Australia | 36672 | 28658 | 1858 | 5297 | 5043 | 7 |
| 新西兰 | New Zealand | 1667 | 234 | 207 | 437 | 783 | 19 |

附录2-22　续表 1　continued

单位：万吨标准油　　（10 000 TOE）

| 国家或地区 | Country or Area | 进口 Imports | | | 出口 Exports | | |
|---|---|---|---|---|---|---|---|
| | | 原油，凝析油和给料 Crude, NGL and Feedstocks | 天然气 Nature Gas | 电 Electricity | 总计 Total | 煤和煤制品 Coal & Coal Products | 原油，凝析油和给料 Crude, NGL and Feedstocks |
| **世　界** | **World** | | **84045** | | | **-86472** | |
| 中　国 | China | | 4459 | | | -363 | |
| 文　莱 | Brunei Darussalam | | | | | | |
| 柬埔寨 | Cambodia | | | | | | |
| 印度尼西亚 | Indonesia | | | | | -23964 | |
| 老　挝 | Laos | | | | | | |
| 马来西亚 | Malaysia | | 851 | | | -11 | |
| 缅　甸 | Myanmar | | | | | 0 | |
| 菲律宾 | Philippines | | | | | -278 | |
| 新加坡 | Singapore | | 923 | | | -24 | |
| 泰　国 | Thailand | | 1044 | | | | |
| 越　南 | Viet Nam | | | | | -552 | |
| 中国香港 | Hong Kong,China | | 208 | | | | |
| 日　本 | Japan | 16896 | 10527 | | -1612 | -35 | |
| 韩　国 | Korea,Rep. | 12727 | 4400 | | -5881 | | -14 |
| 印　度 | India | | 1628 | | | -49 | |
| 巴　西 | Brazil | | 1609 | | | | |
| 俄罗斯 | Russia | | 706 | | | -9841 | |
| 加拿大 | Canada | 3336 | 1828 | 111 | -26622 | -2065 | -15186 |
| 墨西哥 | Mexico | 40 | 2254 | 18 | -7477 | 0 | -6458 |
| 美　国 | United States | 42563 | 6233 | 530 | -29134 | -5728 | -5096 |
| 法　国 | France | 5359 | 3664 | 68 | -2946 | -20 | -7 |
| 德　国 | Germany | 9126 | 7276 | 348 | -4503 | -150 | -3 |
| 意大利 | Italy | 5987 | 4565 | 402 | -2186 | -24 | -128 |
| 英　国 | United Kingdom | 5534 | 3588 | 200 | -6457 | -38 | -3345 |
| 澳大利亚 | Australia | 2386 | 596 | | -28441 | -24275 | -1243 |
| 新西兰 | New Zealand | 531 | | | -329 | -124 | -177 |

附录2-22 续表 2 continued

单位：万吨标准油 (10 000 TOE)

| 国家区 | Country or Area | 出口 Exports | | 国际运输燃料 Bunkers | | 库存变化 Changes in Stocks | 一次能源供应量 TPES |
|---|---|---|---|---|---|---|---|
| | | 天然气 Nature Gas | 电 Electricity | 海运 Sea | 空运 Air | | |
| **世　界** | **World** | **-86098** | | | | | |
| 中　国 | China | -246 | | | | | |
| 文　莱 | Brunei Darussalam | -692 | | | | | |
| 柬埔寨 | Cambodia | | | | | | |
| 印度尼西亚 | Indonesia | -2941 | | | | | |
| 老　挝 | Laos | | | | | | |
| 马来西亚 | Malaysia | -2829 | | | | | |
| 缅　甸 | Myanmar | -1216 | | | | | |
| 菲律宾 | Philippines | | | | | | |
| 新加坡 | Singapore | | | | | | |
| 泰　国 | Thailand | | | | | | |
| 越　南 | Viet Nam | | | | | | |
| 中国香港 | Hong Kong,China | | | | | | |
| 日　本 | Japan | | | -355 | -659 | 300 | 44117 |
| 韩　国 | Korea,Rep. | | | -839 | -458 | -191 | 26533 |
| 印　度 | India | | | | | | |
| 巴　西 | Brazil | | | | | | |
| 俄罗斯 | Russia | -15436 | | | | | |
| 加拿大 | Canada | -6509 | -511 | -42 | -90 | -359 | 25759 |
| 墨西哥 | Mexico | -13 | -20 | -82 | -320 | -98 | 18935 |
| 美　国 | United States | -3490 | -116 | -1113 | -2238 | -1173 | 220602 |
| 法　国 | France | -318 | -646 | -181 | -543 | -127 | 24212 |
| 德　国 | Germany | -1611 | -639 | -224 | -866 | -408 | 30361 |
| 意大利 | Italy | -19 | -26 | -225 | -306 | 30 | 14623 |
| 英　国 | United Kingdom | -897 | -23 | -247 | -1111 | -237 | 17779 |
| 澳大利亚 | Australia | -2718 | | -79 | -328 | 3 | 12869 |
| 新西兰 | New Zealand | | | -29 | -92 | 9 | 2009 |

# 附录2-23 万美元国内生产总值能耗

## Energy Consumption Per Ten Thousand USD of GDP

资料来源：世界银行WDI数据库。
Source:World Bank WDI Database.

单位：吨标准油/万美元（购买力平价法，2011年不变价） （TOE per 10 000 USD,Constant 2011 PPP）

| 国家或地区 | Country or Area | 2010 | 2011 | 2012 | 2013 | 2014 |
|---|---|---|---|---|---|---|
| **世　界** | **World** | **1.4** | **1.3** | **1.3** | **1.3** | |
| 中　国 | China | 2.0 | 1.9 | 1.9 | 1.9 | |
| 文　莱 | Brunei Darussalam | 1.2 | 1.3 | 1.3 | 1.1 | |
| 柬埔寨 | Cambodia | 1.5 | 1.4 | 1.4 | 1.3 | |
| 印度尼西亚 | Indonesia | 1.0 | 1.0 | 0.9 | 0.9 | |
| 老　挝 | Laos | | | | | |
| 马来西亚 | Malaysia | 1.3 | 1.2 | 1.2 | 1.3 | |
| 缅　甸 | Myanmar | | | | | |
| 菲律宾 | Philippines | 0.8 | 0.7 | 0.7 | 0.7 | |
| 新加坡 | Singapore | 0.7 | 0.7 | 0.7 | 0.6 | |
| 泰　国 | Thailand | 1.3 | 1.3 | 1.3 | 1.3 | |
| 越　南 | Viet Nam | 1.5 | 1.4 | 1.4 | 1.3 | |
| 中国香港 | Hong Kong,China | 0.4 | 0.4 | 0.4 | 0.4 | |
| 日　本 | Japan | 1.1 | 1.1 | 1.0 | 1.0 | 1.0 |
| 韩　国 | Korea,Rep. | 1.7 | 1.7 | 1.7 | 1.6 | 1.6 |
| 印　度 | India | 1.3 | 1.2 | 1.2 | 1.2 | |
| 巴　西 | Brazil | 0.9 | 0.9 | 0.9 | 0.9 | |
| 俄罗斯 | Russia | 2.2 | 2.2 | 2.2 | 2.2 | |
| 加拿大 | Canada | 1.8 | 1.8 | 1.7 | 1.7 | 1.7 |
| 墨西哥 | Mexico | 1.0 | 1.0 | 1.0 | 1.0 | 0.9 |
| 美　国 | United States | 1.5 | 1.4 | 1.4 | 1.4 | 1.3 |
| 法　国 | France | 1.1 | 1.0 | 1.0 | 1.0 | 1.0 |
| 德　国 | Germany | 1.0 | 0.9 | 0.9 | 0.9 | 0.9 |
| 意大利 | Italy | 0.8 | 0.8 | 0.8 | 0.8 | 0.7 |
| 英　国 | United Kingdom | 0.9 | 0.8 | 0.8 | 0.8 | 0.7 |
| 澳大利亚 | Australia | 1.4 | 1.4 | 1.3 | 1.3 | 1.3 |
| 新西兰 | New Zealand | 1.3 | 1.3 | 1.3 | 1.3 | 1.3 |

# 附录2-24　电力装机容量（2013年）

## Electricity Installed Capacity by Type（2013）

资料来源：美国能源信息署。
Source:U.S. Energy Information Administration（EIA）.

单位：万千瓦　　　　(10 000 kilowatts)

| 国家区 | Country or Area | 总装机容量 Total | 核　电 Nuclear | 石化燃料 Fossil Fuels | 抽水蓄能水电 Hydroelectric Pumped Storage | 可再生能源 Renewables |
|---|---|---|---|---|---|---|
| **世　界** | **World** | **554964.3** | **37181.8** | **360567.9** | **13236.0** | **143878.8** |
| 中　国 | China | 117431.0 | 1603.8 | 81900.0 | 2100.0 | 32145.0 |
| 文　莱 | Brunei Darussalam | 75.9 | | 75.9 | | |
| 柬埔寨 | Cambodia | 58.8 | | 35.7 | | 23.1 |
| 印度尼西亚 | Indonesia | 4775.4 | | 3973.3 | | 802.1 |
| 老　挝 | Laos | 302.3 | | 5.0 | | 297.3 |
| 马来西亚 | Malaysia | 2853.2 | | 2499.4 | | 353.8 |
| 缅　甸 | Myanmar | | | | | |
| 菲律宾 | Philippines | 1690.7 | | 1150.4 | | 540.3 |
| 新加坡 | Singapore | 1075.0 | | 1047.8 | | 27.2 |
| 泰　国 | Thailand | 5385.4 | | 4857.2 | | 528.2 |
| 越　南 | Viet Nam | 2453.7 | | 1199.2 | | 1254.5 |
| 中国香港 | Hong Kong,China | 1262.6 | | 1262.5 | | 0.1 |
| 日　本 | Japan | 29331.4 | 4238.8 | 18890.0 | 2674.4 | 3345.5 |
| 韩　国 | Korea,Rep. | 9435.3 | 2072.1 | 6528.3 | 470.0 | 363.1 |
| 印　度 | India | 25468.4 | 530.8 | 18427.6 | | 6601.7 |
| 巴　西 | Brazil | 12168.4 | 188.4 | 2278.6 | | 9701.4 |
| 俄罗斯 | Russia | 23443.2 | 2364.3 | 16130.0 | 120.0 | 4828.9 |
| 加拿大 | Canada | 13503.7 | 1350.0 | 3472.0 | 17.7 | 8664.0 |
| 墨西哥 | Mexico | 6228.9 | 133.0 | 4621.0 | | 1454.9 |
| 美　国 | United States | 106303.3 | 9910.5 | 78115.7 | 2236.8 | 15762.3 |
| 法　国 | France | 12932.6 | 6313.0 | 2631.5 | 698.5 | 3289.6 |
| 德　国 | Germany | 17707.2 | 1206.8 | 8087.1 | 680.6 | 7732.7 |
| 意大利 | Italy | 12421.2 | | 7322.0 | 755.5 | 4343.7 |
| 英　国 | United Kingdom | 9378.4 | 924.3 | 6632.3 | 274.4 | 1548.6 |
| 澳大利亚 | Australia | 6324.7 | | 4963.2 | 74.0 | 1287.5 |
| 新西兰 | New Zealand | 952.1 | | 276.3 | | 675.8 |

附录2-24　续表　continued

单位：万千瓦　(10 000 kilowatts)

| 国家或地区 | Country or Area | 可再生能源 Renewables | | | | |
|---|---|---|---|---|---|---|
| | | 水　电 Hydroelctric | 地　热 Geothermal | 太阳、潮汐 Solar, Tide & Wave | 风　电 Wind | 生物质和废物 Biomass and Waste |
| **世　界** | **World** | **97910.6** | **1044.6** | **9356.9** | **26839.9** | **8726.8** |
| 中　国 | China | 24900.0 | 2.8 | 338.1 | 6100.0 | 804.0 |
| 文　莱 | Brunei Darussalam | | | | | |
| 柬埔寨 | Cambodia | 22.5 | | | | 0.6 |
| 印度尼西亚 | Indonesia | 525.8 | 132.4 | 1.6 | 0.1 | 142.2 |
| 老　挝 | Laos | 297.3 | | | | |
| 马来西亚 | Malaysia | 331.7 | | 3.8 | | 18.3 |
| 缅　甸 | Myanmar | | | | | |
| 菲律宾 | Philippines | 352.1 | 184.8 | 0.1 | 3.3 | |
| 新加坡 | Singapore | | | | | 27.2 |
| 泰　国 | Thailand | 350.0 | | 36.4 | 11.2 | 130.6 |
| 越　南 | Viet Nam | 1250.0 | | 1.4 | 3.1 | |
| 中国香港 | Hong Kong,China | | | | 0.1 | |
| 日　本 | Japan | 2222.8 | 51.2 | 660.0 | 261.4 | 150.1 |
| 韩　国 | Korea,Rep. | 174.7 | | 114.6 | 48.3 | 25.5 |
| 印　度 | India | 4280.4 | | 117.6 | 1842.1 | 361.6 |
| 巴　西 | Brazil | 8429.4 | | 1.7 | 250.8 | 1019.5 |
| 俄罗斯 | Russia | 4735.0 | 9.2 | | 1.7 | 83.0 |
| 加拿大 | Canada | 7539.6 | | 81.5 | 620.0 | 422.9 |
| 墨西哥 | Mexico | 1165.0 | 81.2 | 5.3 | 153.7 | 49.7 |
| 美　国 | United States | 7873.8 | 259.2 | 317.0 | 5907.5 | 1404.8 |
| 法　国 | France | 1838.2 | 0.2 | 546.3 | 760.0 | 144.9 |
| 德　国 | Germany | 445.1 | 1.2 | 3277.1 | 3131.5 | 877.8 |
| 意大利 | Italy | 1432.5 | 72.8 | 1671.1 | 810.0 | 357.3 |
| 英　国 | United Kingdom | 168.6 | | 170.9 | 888.9 | 320.2 |
| 澳大利亚 | Australia | 805.0 | 0.2 | 141.2 | 258.4 | 82.7 |
| 新西兰 | New Zealand | 525.4 | 74.7 | 2.9 | 62.3 | 10.5 |

# 附录2-25　发电量（2013年）

## Electricity Generation（2013）

资料来源：美国能源信息署。
Source:U.S. Energy Information Administration（EIA）.

单位：亿千瓦时　（100 million kwh）

| 国家或地区 | Country or Area | 发电量 Electricity Generation 总计① Total① | 化石燃料① Fossil Fuels① | 水电 Hydro | 核电 Nuclear | 风电① Wind① | 太阳能①和潮汐① Solar, Tide and Wave① |
|---|---|---|---|---|---|---|---|
| **世　界** | **World** | **215317.1** | **144977.1** | **36460.6①** | **23641.7** | **5200.0** | **963.5** |
| 中　国 | China | 47683.2 | 36750.0 | 8900.0 | 1107.1 | 959.8 | 63.7 |
| 文　莱 | Brunei Darussalam | 36.9 | 36.9 | | | | 0.0 |
| 柬埔寨 | Cambodia | 13.8 | 8.4 | 5.1① | | | 0.0 |
| 印度尼西亚 | Indonesia | 1853.3 | 1630.7 | 155.1 | | 0.1 | 0.0 |
| 老　挝 | Laos | 121.0 | 9.6 | 111.4① | | | |
| 马来西亚 | Malaysia | 1268.2 | 1169.8 | 91.7 | | | 0.5 |
| 缅　甸 | Myanmar | | | | | | |
| 菲律宾 | Philippines | 696.7 | 490.3 | 95.4 | | 0.8 | 0.0 |
| 新加坡 | Singapore | 447.6 | 441.2 | | | | 0.1 |
| 泰　国 | Thailand | 1563.8 | 1426.9 | 55.3 | | 1.4 | 4.9 |
| 越　南 | Viet Nam | 1181.5 | 651.6 | 535.2 | | 0.9 | |
| 中国香港 | Hong Kong,China | 365.1 | 364.3 | | | 0.0 | |
| 日　本 | Japan | 9664.3 | 8288.3 | 767.6 | 139.5 | 48.4 | 69.6 |
| 韩　国 | Korea,Rep. | 4996.7 | 3501.1 | 42.5 | 1324.7 | 9.2 | 11.0 |
| 印　度 | India | 10525.0 | 8628.9 | 1305.4 | 302.9 | 282.8 | 21.0 |
| 巴　西 | Brazil | 5376.1 | 709.7 | 3870.8 | 146.5 | 50.5 | |
| 俄罗斯 | Russia | 10124.8 | 6790.2 | 1779.1 | 1613.8 | 0.1 | |
| 加拿大 | Canada | 6162.1 | 1299.1 | 3874.9 | 969.7 | 113.1 | 3.6 |
| 墨西哥 | Mexico | 2787.3 | 2264.6 | 276.8 | 113.8 | 36.4 | 0.7 |
| 美　国 | United States | 40477.7 | 27750.3 | 2691.4 | 7890.2 | 1408.2 | 43.3 |
| 法　国 | France | 5333.2 | 449.3 | 706.0 | 4037.0 | 149.1 | 44.7 |
| 德　国 | Germany | 5852.2 | 3499.1 | 197.9 | 921.4 | 506.7 | 263.8 |
| 意大利 | Italy | 2810.3 | 1899.4 | 509.6 | | 134.1 | 188.6 |
| 英　国 | United Kingdom | 3356.9 | 2324.9 | 46.7 | 641.3 | 195.8 | 11.9 |
| 澳大利亚 | Australia | 2352.1 | 2114.2 | 179.1 | | 61.1 | 14.9 |
| 新西兰 | New Zealand | 432.8 | 117.1 | 225.9 | | 20.7 | |

注：①2012年数据。
Note: ①Data refer to 2012.

# 附录2-26　能源净进口占能源消费比重

## Net Energy Imports as Percentage of Energy Use

资料来源：世界银行WDI数据库。
Source:World Bank WDI Database.

单位：%　　(%)

| 国家或地区 | Country or Area | 2010 | 2011 | 2012 | 2013 | 2014 |
|---|---|---|---|---|---|---|
| **世　　界** | **World** | **-2.5** | **-3.3** | **-3.2** | **-3.3** | |
| 中　　国 | China | 10.7 | 11.8 | 13.2 | 13.5 | |
| 文　　莱 | Brunei Darussalam | -473.2 | -382.7 | -383.5 | -458.4 | |
| 柬 埔 寨 | Cambodia | 31.7 | 31.6 | 31.9 | 31.6 | |
| 印度尼西亚 | Indonesia | -81.4 | -105.8 | -107.8 | -115.3 | |
| 老　　挝 | Laos | | | | | |
| 马来西亚 | Malaysia | -22.0 | -15.2 | -12.3 | -6.4 | |
| 缅　　甸 | Myanmar | -61.1 | -58.5 | -46.4 | -39.9 | |
| 菲 律 宾 | Philippines | 41.7 | 40.5 | 41.5 | 45.1 | |
| 新 加 坡 | Singapore | 97.7 | 97.7 | 97.6 | 97.5 | |
| 泰　　国 | Thailand | 40.1 | 41.7 | 40.2 | 41.8 | |
| 越　　南 | Viet Nam | -12.7 | -15.6 | -15.2 | -15.6 | |
| 中国香港 | Hong Kong,China | 99.3 | 99.2 | 99.3 | 99.3 | |
| 日　　本 | Japan | 80.1 | 88.9 | 93.7 | 93.9 | 94.0 |
| 韩　　国 | Korea,Rep. | 82.0 | 82.0 | 82.5 | 83.5 | 81.8 |
| 印　　度 | India | 28.4 | 29.6 | 31.8 | 32.5 | |
| 巴　　西 | Brazil | 7.2 | 7.7 | 10.6 | 13.9 | |
| 俄 罗 斯 | Russia | -85.5 | -79.7 | -77.6 | -83.4 | |
| 加 拿 大 | Canada | -57.4 | -58.8 | -65.5 | -71.8 | -77.6 |
| 墨 西 哥 | Mexico | -26.1 | -21.4 | -16.1 | -13.2 | -11.7 |
| 美　　国 | United States | 22.2 | 18.6 | 15.6 | 14.0 | 10.3 |
| 法　　国 | France | 48.1 | 46.0 | 46.7 | 46.2 | 43.6 |
| 德　　国 | Germany | 60.7 | 60.6 | 60.7 | 62.1 | 60.9 |
| 意 大 利 | Italy | 82.7 | 81.4 | 78.3 | 76.3 | 75.4 |
| 英　　国 | United Kingdom | 26.7 | 30.9 | 39.1 | 42.4 | 39.6 |
| 澳大利亚 | Australia | -149.7 | -137.8 | -149.9 | -166.3 | -185.0 |
| 新 西 兰 | New Zealand | 8.1 | 12.0 | 16.8 | 17.0 | 17.0 |

# 附录2-27 中央政府财政收入占国内生产总值比重

## Central Government Revenue as Percentage of GDP

资料来源：世界银行WDI数据库。
Source:World Bank WDI Database.

单位：% (%)

| 国家或地区 | Country or Area | 2010 | 2011 | 2012 | 2013 | 2014 |
|---|---|---|---|---|---|---|
| 世 界 | World | **16.7** | **17.0** | **17.4** | **17.9** | |
| 中 国 | China | 11.3 | 11.3 | | | |
| 文 莱 | Brunei Darussalam | | | | | |
| 柬 埔 寨 | Cambodia | 11.5 | 11.6 | 13.2 | 13.6 | 15.2 |
| 印度尼西亚 | Indonesia | 14.5 | 15.4 | 15.5 | | |
| 老 挝 | Laos | 14.4 | 15.1 | 16.6 | | |
| 马来西亚 | Malaysia | 19.4 | 20.3 | 21.4 | | |
| 缅 甸 | Myanmar | | | | | |
| 菲 律 宾 | Philippines | 13.4 | 14.0 | 14.5 | | |
| 新 加 坡 | Singapore | 17.0 | 17.3 | 17.8 | | |
| 泰 国 | Thailand | 17.3 | 18.7 | 17.8 | 19.5 | 19.7 |
| 越 南 | Viet Nam | | | | | |
| 中国香港 | Hong Kong,China | 22.3 | 23.8 | | | |
| 日 本 | Japan | 11.4 | 11.6 | 11.5 | 12.3 | |
| 韩 国 | Korea,Rep. | 21.0 | 21.6 | | | |
| 印 度 | India | 12.9 | 11.4 | 12.5 | | |
| 巴 西 | Brazil | 25.4 | 23.7 | 23.8 | | |
| 俄 罗 斯 | Russia | 20.0 | 24.3 | 23.2 | 21.5 | 27.5 |
| 加 拿 大 | Canada | 14.0 | 13.8 | 13.9 | 13.9 | 17.2 |
| 墨 西 哥 | Mexico | | | | | |
| 美 国 | United States | 10.0 | 10.9 | 11.0 | 12.4 | 19.1 |
| 法 国 | France | 19.7 | 18.8 | 19.2 | 19.8 | 45.4 |
| 德 国 | Germany | 12.6 | 13.0 | 13.0 | 12.9 | 28.6 |
| 意 大 利 | Italy | 24.4 | 24.3 | 25.7 | 26.0 | 39.0 |
| 英 国 | United Kingdom | 35.5 | 35.8 | 36.0 | 35.9 | 34.6 |
| 澳大利亚 | Australia | 23.4 | 22.8 | 23.7 | 24.6 | 24.6 |
| 新 西 兰 | New Zealand | 34.7 | 36.2 | 35.5 | 33.0 | 32.5 |

# 附录2-28　中央政府财政盈余占GDP比重

## Surplus of Central Government Revenue as Percentage of GDP

资料来源：世界银行WDI数据库。
Source:World Bank WDI Database.

单位：%　　(%)

| 国家或地区 | Country or Area | 2010 | 2011 | 2012 | 2013 | 2014 |
|---|---|---|---|---|---|---|
| **世　界** | **World** | **-5.3** | **-4.2** | **-3.9** | **-2.7** | |
| 中　国 | China | | | | | |
| 文　莱 | Brunei Darussalam | | | | | |
| 柬埔寨 | Cambodia | -3.5 | -4.6 | -4.4 | -3.1 | -1.0 |
| 印度尼西亚 | Indonesia | -0.7 | -1.1 | -1.8 | | |
| 老　挝 | Laos | -0.8 | -1.0 | -0.8 | | |
| 马来西亚 | Malaysia | -5.0 | -4.6 | -4.4 | | |
| 缅　甸 | Myanmar | | | | | |
| 菲律宾 | Philippines | -3.5 | -1.8 | -2.0 | | |
| 新加坡 | Singapore | 7.6 | 9.2 | 8.6 | | |
| 泰　国 | Thailand | -1.9 | -1.3 | -1.9 | -0.8 | 0.3 |
| 越　南 | Viet Nam | | | | | |
| 中国香港 | Hong Kong,China | 4.1 | 3.8 | | | |
| 日　本 | Japan | -6.8 | -8.2 | -7.8 | -7.2 | |
| 韩　国 | Korea,Rep. | 1.5 | 1.7 | | | |
| 印　度 | India | -3.4 | -3.0 | -3.8 | | |
| 巴　西 | Brazil | -1.6 | -2.5 | -1.8 | | |
| 俄罗斯 | Russia | -2.4 | 2.8 | 1.8 | 0.7 | 0.8 |
| 加拿大 | Canada | -2.4 | -1.8 | -0.9 | -0.6 | 0.6 |
| 墨西哥 | Mexico | | | | | |
| 美　国 | United States | -6.8 | -5.3 | -3.8 | -1.4 | -5.1 |
| 法　国 | France | -5.6 | -4.4 | -4.1 | -3.2 | -3.8 |
| 德　国 | Germany | -3.2 | -1.0 | -0.5 | -0.2 | 0.4 |
| 意大利 | Italy | -4.1 | -3.5 | -3.3 | -3.0 | -3.5 |
| 英　国 | United Kingdom | -9.5 | -7.3 | -7.8 | -5.5 | -5.0 |
| 澳大利亚 | Australia | -4.0 | -3.7 | -3.0 | -1.5 | -1.9 |
| 新西兰 | New Zealand | -2.1 | -7.8 | -0.4 | -0.6 | … |

# 附录2-29 货币供应量

## Money Supply

资料来源：世界银行WDI数据库。
Source: World Bank WDI Database.

| 国家或地区 | Country or Area | 广义货币（亿本币） Broad Money （100 million local currency units） | | | 广义货币增长率（%） Growth Rate of Broad Money （%） | | |
|---|---|---|---|---|---|---|---|
| | | 2013 | 2014 | 2015 | 2013 | 2014 | 2015 |
| 世 界 | World | | | | | | |
| 中 国 | China | 1106525 | 1228375 | 1392278 | 13.6 | 11.0 | 13.3 |
| 文 莱 | Brunei Darussalam | 142 | 146 | 144 | 1.5 | 3.2 | -1.8 |
| 柬埔寨 | Cambodia | 329009 | 426526 | 490971 | 16.0 | 29.6 | 15.1 |
| 印度尼西亚 | Indonesia | 37301971 | 41733266 | 45488004 | 12.8 | 11.9 | 9.0 |
| 老 挝 | Laos | | | | | | |
| 马来西亚 | Malaysia | 14270 | 15170 | 15632 | 7.4 | 6.3 | 3.0 |
| 缅 甸 | Myanmar | 215054 | | | 33.6 | | |
| 菲律宾 | Philippines | 80542 | 90560 | 98887 | 29.3 | 12.4 | 9.2 |
| 新加坡 | Singapore | 4959 | 5124 | 5202 | 4.3 | 3.3 | 1.5 |
| 泰 国 | Thailand | 160633 | 168104 | 175528 | 7.3 | 4.7 | 4.4 |
| 越 南 | Viet Nam | 41946205 | 50226393 | 57714365 | 21.4 | 19.7 | 14.9 |
| 中国香港 | Hong Kong,China | 74962 | 81663 | 87029 | 9.5 | 8.9 | 6.6 |
| 日 本 | Japan | 11896926 | 12248683 | | 3.8 | 3.0 | |
| 韩 国 | Korea,Rep. | 19207950 | 20772340 | 22473750 | 4.6 | 8.1 | 8.2 |
| 印 度 | India | 878261 | 971246 | 1074375 | 14.8 | 10.6 | 10.6 |
| 巴 西 | Brazil | 44532 | 50704 | 56182 | 7.6 | 13.9 | 10.8 |
| 俄罗斯 | Russia | 372719 | 430321 | 515230 | 15.7 | 15.5 | 19.7 |
| 加拿大 | Canada | | | | | | |
| 墨西哥 | Mexico | 78957 | 89106 | 96485 | 8.4 | 12.9 | 8.3 |
| 美 国 | United States | 148739 | 156441 | 161993 | 4.4 | 5.2 | 3.5 |
| 法 国 | France | 18552 | 19151 | | -1.7 | 3.2 | |
| 德 国 | Germany | 25055 | 26131 | | 3.5 | 4.3 | |
| 意大利 | Italy | 14104 | 14489 | | 0.4 | 2.7 | |
| 英 国 | United Kingdom | 25856 | 25200 | 25690 | 2.1 | -2.5 | 1.9 |
| 澳大利亚 | Australia | 16211 | 17351 | 18419 | 6.7 | 7.0 | 6.2 |
| 新西兰 | New Zealand | | | | | | |

# 附录2-30 年平均存款利率和贷款利率

## Annual Average Deposit Rates and Lending Rates

资料来源：世界银行WDI数据库。
Source:World Bank WDI Database.

单位：% (%)

| 国家或地区 | Country or Area | 存款利率 Deposit Rates | | | 贷款利率 Lending Rates | | |
|---|---|---|---|---|---|---|---|
| | | 2013 | 2014 | 2015 | 2013 | 2014 | 2015 |
| **世　界** | **World** | | | | | | |
| 中　国 | China | 3.0 | 2.8 | 1.5 | 6.0 | 5.6 | 4.4 |
| 文　莱 | Brunei Darussalam | 0.3 | 0.3 | 0.3 | 5.5 | 5.5 | 5.5 |
| 柬埔寨 | Cambodia | 1.3 | 1.4 | 1.4 | | | |
| 印度尼西亚 | Indonesia | 6.3 | 8.8 | 8.3 | 11.7 | 12.6 | 12.7 |
| 老　挝 | Laos | | | | | | |
| 马来西亚 | Malaysia | 3.0 | 3.1 | 3.1 | 4.6 | 4.6 | 4.6 |
| 缅　甸 | Myanmar | 8.0 | 8.0 | 8.0 | 13.0 | 13.0 | 13.0 |
| 菲律宾 | Philippines | 1.7 | 1.2 | 1.6 | 5.8 | 5.5 | 5.6 |
| 新加坡 | Singapore | 0.1 | 0.1 | 0.2 | 5.4 | 5.4 | 5.4 |
| 泰　国 | Thailand | 2.9 | 2.0 | 1.4 | 7.0 | 6.8 | 6.6 |
| 越　南 | Viet Nam | 7.1 | 5.8 | 4.8 | 10.4 | 8.7 | 7.1 |
| 中国香港 | Hong Kong,China | 0.0 | 0.0 | 0.0 | 5.0 | 5.0 | 5.0 |
| 日　本 | Japan | 0.5 | 0.4 | 0.4 | 1.3 | 1.2 | |
| 韩　国 | Korea,Rep. | 2.9 | 2.5 | 1.8 | 4.6 | 4.3 | 3.5 |
| 印　度 | India | | | | 10.3 | 10.3 | 10.0 |
| 巴　西 | Brazil | 7.8 | 10.0 | 12.6 | 27.4 | 32.0 | 44.0 |
| 俄罗斯 | Russia | 5.6 | 6.0 | 9.2 | 9.5 | 11.1 | 15.7 |
| 加拿大 | Canada | 0.6 | 0.6 | 0.1 | 3.0 | 3.0 | 2.8 |
| 墨西哥 | Mexico | 1.3 | 0.8 | 0.6 | 4.3 | 3.6 | 3.4 |
| 美　国 | United States | | | | 3.3 | 3.3 | 3.3 |
| 法　国 | France | | 1.2 | 0.9 | | | |
| 德　国 | Germany | | | | | | |
| 意大利 | Italy | | | | 5.1 | 4.9 | 4.1 |
| 英　国 | United Kingdom | | | | 0.5 | 0.5 | |
| 澳大利亚 | Australia | 3.3 | 2.9 | 2.3 | 6.2 | 6.0 | 5.6 |
| 新西兰 | New Zealand | 3.8 | 4.0 | 3.7 | 5.5 | 5.8 | 5.8 |

# 附录2-31 国内生产总值缩减指数

## Gross Domestic Product Deflator

资料来源：国际货币基金组织IFS数据库。
Source:IMF IFS Database.

2010年＝100 （2010＝100）

| 国家或地区 | Country or Area | 2011 | 2012 | 2013 | 2014 | 2015 |
|---|---|---|---|---|---|---|
| **世　界** | **World** | | | | | |
| 中　国 | China | 107.4 | 108.1 | 110.3 | 103.3 | 102.8 |
| 文　莱 | Brunei Darussalam | 119.4 | 120.3 | 116.5 | 128.3 | |
| 柬埔寨 | Cambodia | 103.4 | 104.9 | 105.7 | | |
| 印度尼西亚 | Indonesia | 107.5 | 111.5 | 117.0 | 123.3 | 128.6 |
| 老　挝 | Laos | 107.6 | 112.0 | 118.0 | | |
| 马来西亚 | Malaysia | 105.4 | 106.5 | 106.7 | 109.3 | 108.9 |
| 缅　甸 | Myanmar | | | | | |
| 菲律宾 | Philippines | 104.0 | 106.1 | 108.2 | 111.7 | 111.0 |
| 新加坡 | Singapore | 101.2 | 102.3 | 102.3 | 102.5 | |
| 泰　国 | Thailand | 104.3 | 114.7 | 116.7 | 117.8 | 118.1 |
| 越　南 | Viet Nam | 121.3 | 134.5 | 140.9 | 146.1 | |
| 中国香港 | Hong Kong,China | 103.9 | 107.6 | 109.5 | 112.7 | 116.8 |
| 日　本 | Japan | 98.1 | 97.2 | 96.7 | | |
| 韩　国 | Korea,Rep. | 101.6 | 102.6 | 103.5 | 104.1 | 106.4 |
| 印　度 | India | 105.2 | 113.4 | 120.2 | 124.1 | |
| 巴　西 | Brazil | 107.0 | | | | |
| 俄罗斯 | Russia | 115.5 | 124.8 | 131.2 | 139.9 | |
| 加拿大 | Canada | 102.9 | 106.8 | 108.3 | 111.2 | |
| 墨西哥 | Mexico | 105.4 | 108.8 | 110.5 | 115.5 | |
| 美　国 | United States | 102.1 | 103.9 | 104.8 | 106.6 | |
| 法　国 | France | 100.9 | 101.9 | 103.0 | 103.4 | |
| 德　国 | Germany | 101.1 | 102.7 | 104.8 | 106.6 | |
| 意大利 | Italy | 101.3 | 102.2 | 103.9 | 105.0 | |
| 英　国 | United Kingdom | 102.1 | 103.8 | 105.7 | 107.5 | |
| 澳大利亚 | Australia | 104.3 | 104.0 | 105.2 | 105.7 | |
| 新西兰 | New Zealand | 102.0 | 101.5 | 105.8 | 106.4 | |

# 附录2-32　生产者价格指数

## Producer Price Indices

资料来源：联合国统计月报数据库。
Source:UN Monthly Bulletin of Statistics Database.

2010年＝100　　（2010＝100）

| 国家或地区 | Country or Area | 2011 | 2012 | 2013 | 2014 | 2015 |
|---|---|---|---|---|---|---|
| **世　界** | **World** | | | | | |
| 中　国 | China | | | | | |
| 文　莱 | Brunei Darussalam | | | | | |
| 柬埔寨 | Cambodia | | | | | |
| 印度尼西亚 | Indonesia | 106.9 | 111.4 | 115.7 | 123.3 | 134.6 |
| 老　挝 | Laos | | | | | |
| 马来西亚 | Malaysia | | | | | |
| 缅　甸 | Myanmar | | | | | |
| 菲律宾 | Philippines | 100.9 | 100.4 | 92.8 | 91.8 | 85.8 |
| 新加坡 | Singapore | | | | | |
| 泰　国 | Thailand | | | | | |
| 越　南 | Viet Nam | | | | | |
| 中国香港 | Hong Kong,China | 108.3 | 108.4 | 105.0 | 103.3 | 100.4 |
| 日　本 | Japan | 101.3 | 99.7 | 100.3 | 103.2 | 100.9 |
| 韩　国 | Korea,Rep. | 109.0 | 108.6 | 105.3 | 103.1 | 96.2 |
| 印　度 | India | 107.3 | 113.5 | 117.2 | 121.0 | 119.9 |
| 巴　西 | Brazil | | | | | |
| 俄罗斯 | Russia | 117.7 | 125.7 | 129.9 | 137.8 | 154.8 |
| 加拿大 | Canada | 107.0 | 108.1 | 108.6 | 111.3 | 110.3 |
| 墨西哥 | Mexico | 104.5 | 109.5 | 109.4 | 111.9 | 118.6 |
| 美　国 | United States | 108.0 | 108.1 | 108.6 | 109.3 | 101.0 |
| 法　国 | France | 105.3 | 108.2 | 108.6 | 107.1 | 104.8 |
| 德　国 | Germany | 105.3 | 107.0 | 106.9 | 105.9 | 103.9 |
| 意大利 | Italy | 105.1 | 109.5 | 108.1 | 106.2 | 102.6 |
| 英　国 | United Kingdom | 104.8 | 107.0 | 108.4 | 108.4 | 106.6 |
| 澳大利亚 | Australia | 103.3 | 102.9 | 103.9 | 107.2 | 107.4 |
| 新西兰 | New Zealand | 105.8 | 103.5 | 106.7 | 107.4 | 103.1 |

# 附录2-33 消费者价格指数

## Consumer Price Indices

资料来源：联合国ILO数据库。
Source:UN ILO Database.

2010年=100 （2010=100）

| 国家或地区 | Country or Area | 2011 | 2012 | 2013 | 2014 | 2015 |
|---|---|---|---|---|---|---|
| **世　界** | **World** | | | | | |
| 中　国 | China | 105.4 | 108.2 | 111.0 | 113.2 | 114.9 |
| 文　莱 | Brunei Darussalam | 102.0 | 102.5 | 102.9 | 102.7 | |
| 柬埔寨 | Cambodia | 105.5 | 108.6 | 111.8 | 116.1 | 117.5 |
| 印度尼西亚 | Indonesia | 105.4 | 109.9 | 116.9 | 124.4 | 132.3 |
| 老　挝 | Laos | 107.6 | 112.2 | 119.3 | 124.2 | 125.8 |
| 马来西亚 | Malaysia | 103.2 | 104.9 | 107.1 | 110.5 | 112.8 |
| 缅　甸 | Myanmar | 105.0 | 106.6 | 112.5 | 118.6 | 131.4 |
| 菲律宾 | Philippines | 104.7 | 108.0 | 111.2 | 115.8 | 117.4 |
| 新加坡 | Singapore | 105.3 | 110.0 | 112.6 | 113.8 | 113.2 |
| 泰　国 | Thailand | 103.8 | 107.0 | 109.3 | 111.4 | 110.4 |
| 越　南 | Viet Nam | 118.7 | 129.5 | 138.0 | 143.6 | 144.6 |
| 中国香港 | Hong Kong,China | 105.3 | 109.5 | 114.3 | 119.4 | 122.9 |
| 日　本 | Japan | 99.7 | 99.7 | 100.0 | 102.8 | 103.6 |
| 韩　国 | Korea,Rep. | 104.0 | 106.3 | 107.7 | 109.0 | 109.8 |
| 印　度 | India | 108.9 | 119.0 | 132.0 | 140.4 | 148.6 |
| 巴　西 | Brazil | 106.6 | 112.4 | 119.4 | 126.9 | 138.4 |
| 俄罗斯 | Russia | 108.4 | 113.9 | 121.7 | 131.2 | 151.5 |
| 加拿大 | Canada | 102.9 | 104.5 | 105.5 | 107.5 | 108.7 |
| 墨西哥 | Mexico | 103.4 | 107.7 | 111.8 | 116.3 | 119.4 |
| 美　国 | United States | 103.2 | 105.3 | 106.8 | 108.6 | 108.7 |
| 法　国 | France | 102.1 | 104.1 | 105.0 | 105.6 | 105.6 |
| 德　国 | Germany | 102.1 | 104.1 | 105.7 | 106.7 | 106.9 |
| 意大利 | Italy | 102.7 | 105.9 | 107.2 | 107.4 | 107.5 |
| 英　国 | United Kingdom | 104.5 | 107.4 | 110.2 | 111.8 | 111.8 |
| 澳大利亚 | Australia | 103.3 | 105.1 | 107.7 | 110.4 | 112.1 |
| 新西兰 | New Zealand | 104.4 | 105.4 | 106.7 | 107.7 | 107.9 |

# 附录2-34　食品消费价格指数

# Food Consumption Price Indices

资料来源：联合国ILO数据库。
Source:UN ILO Database.

2010年＝100　　（2010＝100）

| 国家或地区 | Country or Area | 2011 | 2012 | 2013 | 2014 | 2015 |
|---|---|---|---|---|---|---|
| 世　界 | **World** | | | | | |
| 中　国① | China① | 184.7 | 193.6 | 202.6 | 208.9 | 213.8 |
| 文　莱 | Brunei Darussalam | | | | | |
| 柬埔寨② | Cambodia② | 110.7 | 114.2 | 118.7 | | |
| 印度尼西亚③ | Indonesia③ | 148.6 | 157.3 | 176.1 | 119.5 | 128.0 |
| 老　挝④ | Laos④ | 159.1 | 168.5 | | | |
| 马来西亚 | Malaysia | 104.8 | 107.6 | 111.5 | 115.2 | 119.4 |
| 缅　甸 | Myanmar | 103.9 | 102.4 | 108.6 | 114.9 | |
| 菲律宾 | Philippines | 105.5 | 107.9 | 111.1 | 118.5 | 121.5 |
| 新加坡 | Singapore | 92.6 | 106.1 | 108.6 | 111.8 | 113.9 |
| 泰　国⑤ | Thailand⑤ | 132.6 | 139.0 | 108.4 | 112.7 | 113.9 |
| 越　南④ | Viet Nam④ | 247.6 | 266.5 | | | |
| 中国香港 | Hong Kong,China | 107.0 | 113.2 | 118.2 | 123.1 | 127.9 |
| 日　本 | Japan | 99.6 | 99.7 | 99.6 | 103.3 | 106.6 |
| 韩　国 | Korea,Rep. | 108.1 | 112.4 | 113.4 | 113.7 | 115.6 |
| 印　度① | India① | 208.1 | 227.9 | 259.6 | 276.8 | |
| 巴　西 | Brazil | 108.8 | 117.7 | 130.8 | 140.7 | 154.4 |
| 俄罗斯 | Russia | 110.9 | 114.5 | 121.5 | 133.6 | 161.7 |
| 加拿大 | Canada | 103.8 | 106.3 | 107.6 | 110.1 | 114.2 |
| 墨西哥 | Mexico | 105.1 | 113.1 | 119.0 | 125.0 | 129.9 |
| 美　国 | United States | 104.8 | 107.4 | 108.4 | 110.9 | 112.2 |
| 法　国 | France | 102.0 | 105.0 | 106.4 | 105.7 | 106.2 |
| 德　国 | Germany | 102.8 | 106.3 | 110.4 | 111.5 | 112.3 |
| 意大利 | Italy | 102.4 | 105.0 | 107.5 | 107.6 | 108.8 |
| 英　国 | United Kingdom | 134.3 | 138.7 | 143.8 | 143.9 | 140.6 |
| 澳大利亚 | Australia | 104.8 | 103.1 | 104.0 | 106.6 | 107.6 |
| 新西兰 | New Zealand | 105.3 | 104.8 | 105.3 | 105.9 | 106.0 |

注：①2000年=100。②2008年=100。③2011年至2013年数据以2007年=100，2014和2015年数据以2012年=100。④2005年=100。⑤2011年至2012年数据以2007年=100，2013年至2015年数据以2011年=100。

Note:①2000=100.②2008=100.③2007=100 for data from 2011 to 2013,2012=100 for data of 2014 and 2015.④2005=100.⑤2007=100 for data from 2011 to 2012,2011=100 for data from 2013 to 2015.

# 附录2-35 居民最终消费支出

## Household Final Consumption Expenditure

资料来源：世界银行WDI数据库。
Source: World Bank WDI Database.

单位：亿美元 (100 million USD)

| 国家或地区 | Country or Area | 2011 | 2012 | 2013 | 2014 | 2015 |
|---|---|---|---|---|---|---|
| **世　界** | **World** | **416158** | **425104** | **437414** | **448365** | **417537** |
| 中　国 | China | 26148 | 30193 | 34247 | 39543 | |
| 文　莱 | Brunei Darussalam | 33 | 35 | 36 | 27 | |
| 柬 埔 寨 | Cambodia | 106 | 113 | 120 | 130 | 142 |
| 印度尼西亚 | Indonesia | 4949 | 5176 | 5186 | 5091 | 4917 |
| 老　挝 | Laos | 58 | 62 | 73 | 77 | 77 |
| 马来西亚 | Malaysia | 1429 | 1561 | 1675 | 1772 | 1603 |
| 缅　甸 | Myanmar | | | | | |
| 菲 律 宾 | Philippines | 1647 | 1856 | 1994 | 2062 | 2153 |
| 新 加 坡 | Singapore | 988 | 1062 | 1106 | 1123 | 1073 |
| 泰　国 | Thailand | 1961 | 2097 | 2187 | 2118 | |
| 越　南 | Viet Nam | 899 | 1005 | 1121 | 1225 | 1316 |
| 中国香港 | Hong Kong,China | 1573 | 1695 | 1823 | 1938 | 2052 |
| 日　本 | Japan | 35616 | 36119 | 29950 | 27882 | 24158 |
| 韩　国 | Korea,Rep. | 6128 | 6282 | 6647 | 7106 | 6818 |
| 印　度 | India | 10207 | 10400 | 10757 | 11764 | |
| 巴　西 | Brazil | 15757 | 15102 | 15194 | 15076 | 11247 |
| 俄 罗 斯 | Russia | 10275 | 11213 | 12038 | 10917 | 7165 |
| 加 拿 大 | Canada | 9991 | 10214 | 10287 | 10005 | 8912 |
| 墨 西 哥 | Mexico | 7762 | 7981 | 8645 | 8825 | 7932 |
| 美　国 | United States | 106893 | 110506 | 113923 | 118659 | 122719 |
| 法　国 | France | 15957 | 14927 | 15609 | 15724 | 13325 |
| 德　国 | Germany | 20789 | 19708 | 20749 | 21124 | 18130 |
| 意 大 利 | Italy | 14001 | 12768 | 13024 | 13128 | 11082 |
| 英　国 | United Kingdom | 16729 | 17101 | 17636 | 19337 | 18476 |
| 澳大利亚 | Australia | 7509 | 8261 | 8575 | 8063 | 7621 |
| 新 西 兰 | New Zealand | 987 | 1043 | 1097 | 1147 | |

# 附录2-36 人均居民最终消费支出

## Household Final Consumption Expenditure Per Capita

资料来源：世界银行WDI数据库。
Source: World Bank WDI Database.

单位：2010年价格，美元 (constant 2010 USD)

| 国家或地区 | Country or Area | 2011 | 2012 | 2013 | 2014 | 2015 |
|---|---|---|---|---|---|---|
| **世　界** | **World** | **5558** | **5615** | **5679** | **5752** | **5782** |
| | | | | | | |
| 中　国 | China | 1717 | 1852 | 1982 | 2152 | |
| 文　莱 | Brunei Darussalam | 7440 | 7712 | 7815 | | |
| 柬埔寨 | Cambodia | 691 | 712 | 741 | 761 | 807 |
| 印度尼西亚 | Indonesia | 1822 | 1897 | 1975 | 2054 | 2127 |
| 老　挝 | Laos | | | | | |
| 马来西亚 | Malaysia | 4589 | 4895 | 5171 | 5451 | 5694 |
| 缅　甸 | Myanmar | | | | | |
| 菲律宾 | Philippines | 1596 | 1675 | 1741 | 1806 | 1888 |
| 新加坡 | Singapore | 16843 | 17001 | 17322 | 17523 | |
| 泰　国 | Thailand | 2703 | 2863 | 2875 | 2881 | |
| 越　南 | Viet Nam | 914 | 949 | 987 | 1036 | 1121 |
| | | | | | | |
| 中国香港 | Hong Kong,China | 21509 | 22132 | 23048 | 23632 | 24539 |
| 日　本 | Japan | 25545 | 26179 | 26662 | 26465 | 26182 |
| 韩　国 | Korea,Rep. | 11385 | 11552 | 11719 | 11875 | 12085 |
| 印　度 | India | 838 | 871 | 919 | 964 | |
| 巴　西 | Brazil | 6948 | 7125 | 7306 | 7337 | 6984 |
| 俄罗斯 | Russia | 5861 | 6282 | 6540 | 6518 | 5884 |
| 加拿大 | Canada | 27361 | 27557 | 27894 | 28288 | 28572 |
| 墨西哥 | Mexico | 6133 | 6346 | 6396 | 6426 | 6543 |
| 美　国 | United States | 33470 | 33700 | 34022 | 34667 | 35463 |
| 法　国 | France | 22851 | 22692 | 22696 | 22674 | 22917 |
| 德　国 | Germany | 23735 | 24371 | 24018 | 24586 | 24953 |
| 意大利 | Italy | 21833 | 20915 | 20165 | 20107 | 20279 |
| 英　国 | United Kingdom | 24589 | 24861 | 25161 | 25592 | 26074 |
| 澳大利亚 | Australia | 29429 | 29669 | 29630 | 29960 | 30354 |
| 新西兰 | New Zealand | 20051 | 20422 | 20891 | 21119 | |

# 附录2-37　居民收入分配

## Personal Income Distribution

资料来源：世界银行WDI数据库。
Source:World Bank WDI Database.

| 国家或地区 | Country or Area | 年　份 Year | 基尼系数 GINI Index | 各组占全部收入或消费的比重（%） As Percentage of Total Income or Consumption（%） | | | | |
|---|---|---|---|---|---|---|---|---|
| | | | | 最低的20% Lowest 20% | 第二个20% Second 20% | 第三个20% Third 20% | 第四个20% Fourth 20% | 最高的20% Highest 20% |
| **世　界** | **World** | | | | | | | |
| 中　国 | China | 2011 | 0.37 | 4.7 | 9.7 | 15.3 | 23.2 | 47.1 |
| 文　莱 | Brunei Darussalam | | | | | | | |
| 柬埔寨 | Cambodia | 2012 | 0.31 | 9.1 | 12.7 | 16.3 | 21.8 | 40.2 |
| 印度尼西亚 | Indonesia | 2011 | 0.38 | 7.3 | 10.7 | 14.9 | 21.2 | 46.0 |
| 老　挝 | Laos | 2012 | 0.38 | 7.3 | 11.1 | 15.0 | 20.8 | 45.9 |
| 马来西亚 | Malaysia | 2009 | 0.46 | 4.6 | 8.6 | 13.7 | 21.8 | 51.4 |
| 缅　甸 | Myanmar | | | | | | | |
| 菲律宾 | Philippines | 2012 | 0.43 | 5.9 | 9.5 | 13.8 | 21.2 | 49.6 |
| 新加坡 | Singapore | 1998 | 0.42 | 5.0 | 9.4 | 14.6 | 22.0 | 49.0 |
| 泰　国 | Thailand | 2012 | 0.39 | 6.7 | 10.4 | 14.8 | 21.8 | 46.3 |
| 越　南 | Viet Nam | 2012 | 0.39 | 6.5 | 10.8 | 15.3 | 21.8 | 45.7 |
| 中国香港 | Hong Kong,China | 1996 | 0.43 | 5.3 | 9.4 | 13.9 | 20.8 | 50.8 |
| 日　本 | Japan | 2008 | 0.32 | 7.4 | 12.9 | 17.3 | 22.7 | 39.7 |
| 韩　国 | Korea,Rep. | 1998 | 0.32 | 7.9 | 13.6 | 18.0 | 23.1 | 37.5 |
| 印　度 | India | 2011 | 0.34 | 8.2 | 11.8 | 15.2 | 20.5 | 44.2 |
| 巴　西 | Brazil | 2013 | 0.53 | 3.3 | 7.6 | 12.4 | 19.3 | 57.4 |
| 俄罗斯 | Russia | 2012 | 0.42 | 5.9 | 10.1 | 14.5 | 21.2 | 48.3 |
| 加拿大 | Canada | 2010 | 0.34 | 7.1 | 12.4 | 16.8 | 22.8 | 41.0 |
| 墨西哥 | Mexico | 2012 | 0.48 | 4.9 | 8.8 | 12.8 | 19.5 | 54.1 |
| 美　国 | United States | 2013 | 0.41 | 5.1 | 10.3 | 15.4 | 22.7 | 46.4 |
| 法　国 | France | 2012 | 0.33 | 7.8 | 12.6 | 16.5 | 21.8 | 41.2 |
| 德　国 | Germany | 2011 | 0.30 | 8.4 | 13.1 | 17.2 | 22.7 | 38.6 |
| 意大利 | Italy | 2012 | 0.35 | 6.2 | 12.3 | 17.0 | 22.8 | 41.7 |
| 英　国 | United Kingdom | 2012 | 0.33 | 7.5 | 12.3 | 17.0 | 23.1 | 40.1 |
| 澳大利亚 | Australia | 2010 | 0.35 | 7.1 | 11.8 | 16.1 | 22.8 | 42.2 |
| 新西兰 | New Zealand | 1997 | 0.36 | 6.5 | 11.4 | 15.8 | 22.6 | 43.8 |

# 附录2-38　农业生产指数

# Agriculture Production Indices

资料来源：联合国FAO数据库。
Source:UN FAO Database.

2004－2006年＝100　　（2004-2006＝100）

| 国家或地区 | Country or Area | 农业 Agriculture | | | 食品 Food | | |
|---|---|---|---|---|---|---|---|
| | | 2011 | 2012 | 2013 | 2011 | 2012 | 2013 |
| **世　界** | **World** | **116.9** | **118.2** | **121.9** | **117.2** | **118.4** | **122.4** |
| 中　国 | China | 124.2 | 128.7 | 130.9 | 124.6 | 129.2 | 131.6 |
| 文　莱 | Brunei Darussalam | 148.1 | 153.3 | 166.6 | 148.6 | 153.8 | 167.2 |
| 柬埔寨 | Cambodia | 170.2 | 174.7 | 177.2 | 170.3 | 174.8 | 177.4 |
| 印度尼西亚 | Indonesia | 127.1 | 135.4 | 136.9 | 127.5 | 136.2 | 137.6 |
| 老　挝 | Laos | 138.0 | 155.0 | 156.4 | 136.2 | 151.5 | 152.9 |
| 马来西亚 | Malaysia | 119.7 | 119.3 | 121.4 | 124.4 | 124.8 | 128.1 |
| 缅　甸 | Myanmar | 133.0 | 129.7 | 132.1 | 131.7 | 128.8 | 131.3 |
| 菲律宾 | Philippines | 114.8 | 118.9 | 119.5 | 115.0 | 119.3 | 120.0 |
| 新加坡 | Singapore | 101.1 | 105.1 | 112.1 | 101.1 | 105.1 | 112.1 |
| 泰　国 | Thailand | 120.7 | 129.0 | 128.8 | 122.3 | 130.7 | 129.2 |
| 越　南 | Viet Nam | 125.4 | 134.4 | 135.9 | 123.6 | 131.5 | 133.3 |
| 中国香港 | Hong Kong,China | 56.9 | 58.7 | 59.7 | 56.9 | 58.7 | 59.7 |
| 日　本 | Japan | 95.8 | 98.2 | 97.9 | 96.0 | 98.5 | 98.2 |
| 韩　国 | Korea,Rep. | 99.2 | 101.0 | 104.0 | 99.3 | 101.1 | 104.1 |
| 印　度 | India | 132.4 | 135.0 | 139.7 | 131.1 | 133.9 | 138.7 |
| 巴　西 | Brazil | 128.0 | 126.5 | 134.6 | 128.4 | 126.9 | 136.1 |
| 俄罗斯 | Russia | 116.0 | 108.3 | 117.3 | 115.8 | 108.1 | 117.1 |
| 加拿大 | Canada | 101.8 | 105.0 | 115.0 | 102.4 | 105.6 | 115.4 |
| 墨西哥 | Mexico | 107.8 | 113.1 | 115.1 | 107.6 | 113.0 | 115.4 |
| 美　国 | United States | 104.1 | 103.3 | 108.2 | 105.4 | 104.2 | 109.9 |
| 法　国 | France | 99.4 | 98.3 | 96.9 | 99.5 | 98.4 | 97.0 |
| 德　国 | Germany | 104.0 | 104.7 | 105.3 | 104.0 | 104.7 | 105.4 |
| 意大利 | Italy | 95.5 | 88.4 | 90.3 | 95.7 | 88.6 | 90.6 |
| 英　国 | United Kingdom | 104.0 | 98.1 | 99.5 | 103.9 | 98.0 | 99.5 |
| 澳大利亚 | Australia | 107.9 | 117.2 | 115.6 | 107.3 | 116.6 | 115.3 |
| 新西兰 | New Zealand | 104.5 | 109.8 | 108.2 | 105.8 | 111.3 | 109.6 |

# 附录2-39　主要农作物收获面积（2014年）

## Harvest Areas of Major Farm Crops（2014）

资料来源：联合国FAO数据库。
Source:UN FAO Database.

单位：千公顷　　　　(1 000 hectares)

| 国家或地区 | Country or Area | 谷物总计 Cereals, Total | 稻谷 Rice, Paddy | 小麦 Wheat | 玉米 Maize | 大豆 Soybeans |
|---|---|---|---|---|---|---|
| **世　界** | **World** | **720669.4** | **163246.7** | **221615.9** | **183319.7** | **117718.6** |
| 中　国 | China | 94694.0 | 30600.0 | 25000.0 | 35954.0 | 6730.0 |
| 文　莱 | Brunei Darussalam | 2.3 | 2.3 | | | |
| 柬埔寨 | Cambodia | 3260.0 | 3100.0 | | 160.0 | 102.0 |
| 印度尼西亚 | Indonesia | 17634.3 | 13797.3 | | 3837.0 | 615.0 |
| 老　挝 | Laos | 1201.2 | 957.8 | | 243.4 | 11.0 |
| 马来西亚 | Malaysia | 699.5 | 689.7 | | 9.7 | |
| 缅　甸 | Myanmar | 7763.3 | 6790.0 | 97.6 | 398.8 | 151.0 |
| 菲律宾 | Philippines | 7351.2 | 4739.7 | | 2611.4 | 0.4 |
| 新加坡 | Singapore | | | | | |
| 泰　国 | Thailand | 12194.0 | 10834.5 | 1.2 | 1131.7 | 29.9 |
| 越　南 | Viet Nam | 8996.7 | 7816.5 | | 1178.6 | 109.4 |
| 中国香港 | Hong Kong,China | | | | | |
| 日　本 | Japan | 1908.3 | 1575.0 | 212.6 | 0.1 | 131.6 |
| 韩　国 | Korea,Rep. | 884.1 | 815.5 | 7.2 | 15.8 | 74.7 |
| 印　度 | India | 98618.0 | 43400.0 | 31188.0 | 8600.0 | 10908.0 |
| 巴　西 | Brazil | 21850.7 | 2340.9 | 2834.9 | 15431.7 | 30273.8 |
| 俄罗斯 | Russia | 42221.3 | 195.6 | 23907.8 | 2599.5 | 1915.9 |
| 加拿大 | Canada | 13980.5 | | 9461.9 | 1226.6 | 2235.1 |
| 墨西哥 | Mexico | 10197.9 | 40.6 | 706.6 | 7060.3 | 205.6 |
| 美　国 | United States | 57995.5 | 1181.3 | 18818.0 | 33644.3 | 33614.0 |
| 法　国 | France | 9633.1 | 16.7 | 5296.7 | 1848.1 | 75.8 |
| 德　国 | Germany | 6460.7 | | 3219.7 | 481.3 | 9.0 |
| 意大利 | Italy | 3392.5 | 219.5 | 1874.2 | 869.9 | 232.9 |
| 英　国 | United Kingdom | 3179.5 | | 1936.0 | | |
| 澳大利亚 | Australia | 17973.1 | 75.0 | 12613.0 | 52.0 | 37.0 |
| 新西兰 | New Zealand | 137.1 | | 47.9 | 21.6 | |

附录2-39　续表 1　continued

单位：千公顷　　　　(1 000 hectares)

| 国家或地区 | Country or Area | 根茎类作物 Roots and Tubers | 花　生 Groundnuts in Shell | 油 菜 籽 Rapeseed | 芝　麻 Sesame Seed | 纤维植物 Fibres, Crops Primary |
|---|---|---|---|---|---|---|
| **世　界** | **World** | **60625.3** | **25670.3** | **35785.2** | **33534.9** | **33715.6** |
| 中　国 | China | 9398.8 | 4500.0 | 6550.0 | 500.0 | 4220.0 |
| 文　莱 | Brunei Darussalam | 0.2 | | | | |
| 柬埔寨 | Cambodia | 370.1 | 18.0 | | 42.0 | 0.2 |
| 印度尼西亚 | Indonesia | 1236.1 | 499.1 | | | 162.5 |
| 老　挝 | Laos | 68.1 | 25.3 | | 12.1 | 3.0 |
| 马来西亚 | Malaysia | 7.1 | 0.1 | | | |
| 缅　甸 | Myanmar | 85.2 | 484.0 | 105.0 | 1073.2 | 234.4 |
| 菲律宾 | Philippines | 331.9 | 25.2 | | | 0.0 |
| 新加坡 | Singapore | | | | | |
| 泰　国 | Thailand | 1364.5 | 23.7 | | 42.5 | 38.2 |
| 越　南 | Viet Nam | 706.1 | 208.1 | | 43.0 | 2.8 |
| 中国香港 | Hong Kong,China | 0.0 | | | | |
| 日　本 | Japan | 138.7 | 6.8 | 1.5 | | |
| 韩　国 | Korea,Rep. | 42.0 | 4.6 | 1.0 | 28.4 | |
| 印　度 | India | 2358.2 | 5200.0 | 7200.0 | 2000.0 | 11800.0 |
| 巴　西 | Brazil | 1765.1 | 143.0 | 47.0 | 10.0 | 1149.3 |
| 俄罗斯 | Russia | 2101.5 | | 1061.6 | | |
| 加拿大 | Canada | 138.9 | | 8074.6 | | |
| 墨西哥 | Mexico | 65.4 | 59.0 | 2.0 | 96.3 | 183.6 |
| 美　国 | United States | 480.2 | 536.2 | 630.4 | | 3782.6 |
| 法　国 | France | 168.0 | | 1503.0 | | |
| 德　国 | Germany | 244.8 | | 1394.2 | | |
| 意大利 | Italy | 52.7 | | 16.6 | 0.2 | |
| 英　国 | United Kingdom | 140.0 | | 675.0 | | |
| 澳大利亚 | Australia | 31.3 | 12.0 | 2721.0 | | 450.0 |
| 新西兰 | New Zealand | 10.5 | | 2.3 | | |

附录2-39 续表 2 continued

单位：千公顷 （1 000 hectares）

| 国家或地区 | Country or Area | 籽棉 Seed Cotton | 黄麻及麻类纤维 Jute & Jute like Fibres | 甘蔗 Sugar Cane | 甜菜 Sugar Beets | 茶叶 Tea | 水果（不包括瓜类） Fruit Excluding Melons |
|---|---|---|---|---|---|---|---|
| **世界** | **World** | **33534.9** | | **27181.6** | **4476.9** | | |
| 中国 | China | 4220.0 | 20.0 | 1738.1 | 171.9 | 1750.0 | 15183.8② |
| 文莱 | Brunei Darussalam | | | | | | 1.5 |
| 柬埔寨 | Cambodia | 0.2 | 0.6 | 28.9 | | | 62.6① |
| 印度尼西亚 | Indonesia | 12.0 | 2.2 | 472.7 | | 122.4 | |
| 老挝 | Laos | 3.0 | | 34.1 | | 2.7 | 42.7① |
| 马来西亚 | Malaysia | | | 0.2 | | 2.7 | 99.2③ |
| 缅甸 | Myanmar | 234.4 | 17.4 | 176.4 | | 79.9 | 435.8② |
| 菲律宾 | Philippines | | | 432.0 | | | 1234.2③ |
| 新加坡 | Singapore | | | | | | |
| 泰国 | Thailand | 8.0 | 3.2 | 1353.0 | | 21.5 | |
| 越南 | Viet Nam | 2.8 | 1.3 | 305.0 | | 121.6 | |
| 中国香港 | Hong Kong,China | | | | | | 0.4 |
| 日本 | Japan | | | 22.9 | 57.4 | 45.4 | 191.9① |
| 韩国 | Korea,Rep. | | | | | 2.5 | 167.1① |
| 印度 | India | 11800.0 | 892.0 | 5012.0 | | 564.0 | |
| 巴西 | Brazil | 1149.3 | 7.4 | 10437.6 | | 0.4 | 2329.9① |
| 俄罗斯 | Russia | | 13.2 | | 905.4 | 0.5 | 461.5③ |
| 加拿大 | Canada | | | | 8.1 | | 81.0① |
| 墨西哥 | Mexico | 183.6 | | 761.8 | 0.1 | | |
| 美国 | United States | 3782.6 | | 352.2 | 464.3 | | |
| 法国 | France | | | | 407.1 | | 881.5① |
| 德国 | Germany | | | | 372.5 | | 178.8① |
| 意大利 | Italy | | | | 52.0 | | 1148.8② |
| 英国 | United Kingdom | | | | 116.0 | | |
| 澳大利亚 | Australia | 450.0 | | 375.0 | | | 276.1① |
| 新西兰 | New Zealand | | | | | | |

注：①2012年数据。②2013年数据。③2011年数据。
Note:①Data refer to 2012.②Data refer to 2013.③Data refer to 2011.

# 附录2-40 主要农产品产量（2014年）

# Production of Major Farm Crops（2014）

资料来源：联合国粮农组织数据库。
Source:UN FAO Database.

单位：万吨 （10 000 tons）

| 国家或地区 | Country or Area | 谷物总计 Cereals, Total | 稻谷 Rice, Paddy | 小麦 Wheat | 玉米 Maize | 大豆 Soybeans |
|---|---|---|---|---|---|---|
| **世界** | **World** | **280066.5** | **74095.6** | **72896.7** | **102161.6** | **30843.6** |
| 中国 | China | 55931.3 | 20824.0 | 12621.3 | 21581.2 | 1220.1 |
| 文莱 | Brunei Darussalam | 0.2 | 0.2 | | | |
| 柬埔寨 | Cambodia | 987.4 | 932.4 | | 55.0 | 16.2 |
| 印度尼西亚 | Indonesia | 8985.5 | 7084.6 | | 1900.8 | 95.4 |
| 老挝 | Laos | 541.5 | 400.2 | | 141.2 | 1.7 |
| 马来西亚 | Malaysia | 273.2 | 264.5 | | 8.7 | |
| 缅甸 | Myanmar | 2877.5 | 2642.3 | 18.5 | 169.3 | 15.7 |
| 菲律宾 | Philippines | 2673.9 | 1896.8 | | 777.1 | 0.1 |
| 新加坡 | Singapore | | | | | |
| 泰国 | Thailand | 3783.7 | 3262.0 | 0.1 | 480.5 | 18.7 |
| 越南 | Viet Nam | 5017.9 | 4497.4 | | 520.3 | 15.7 |
| 中国香港 | Hong Kong,China | | | | | |
| 日本 | Japan | 1160.3 | 1054.9 | 85.2 | 0.0 | 23.2 |
| 韩国 | Korea,Rep. | 585.2 | 563.8 | 2.3 | 8.2 | 13.9 |
| 印度 | India | 29399.3 | 15720.0 | 9448.3 | 2367.0 | 1052.8 |
| 巴西 | Brazil | 10139.8 | 1217.6 | 626.2 | 7987.8 | 8676.1 |
| 俄罗斯 | Russia | 10315.4 | 104.9 | 5971.1 | 1133.2 | 259.7 |
| 加拿大 | Canada | 5130.1 | | 2928.1 | 1148.7 | 604.9 |
| 墨西哥 | Mexico | 3652.7 | 23.2 | 367.0 | 2327.3 | 38.7 |
| 美国 | United States | 44293.3 | 1002.6 | 5539.5 | 36109.1 | 10801.4 |
| 法国 | France | 5615.1 | 8.3 | 3896.7 | 185.4 | 22.7 |
| 德国 | Germany | 5201.0 | | 2778.5 | 514.2 | 1.8 |
| 意大利 | Italy | 1936.8 | 138.6 | 714.2 | 924.0 | 93.3 |
| 英国 | United Kingdom | 2450.5 | | 1662.1 | | |
| 澳大利亚 | Australia | 3841.2 | 81.9 | 2530.3 | 39.0 | 8.0 |
| 新西兰 | New Zealand | 110.4 | | 41.3 | 23.7 | |

附录2-40 续表 1 continued

单位：万吨 (10 000 tons)

| 国家或地区 | Country or Area | 根茎类作物 Roots and Tubers | 花生 Groundnuts in Shell | 油菜籽 Rapeseed | 芝麻 Sesame Seed | 纤维植物① Fibres, Crops Primay① |
|---|---|---|---|---|---|---|
| **世界** | **World** | **83851.1** | **4231.6** | **7095.4** | **546.9** | **2951.1** |
| 中国 | China | 17330.7 | 1578.3 | 1160.0 | 61.2 | 653.7 |
| 文莱 | Brunei Darussalam | 0.3 | | | | |
| 柬埔寨 | Cambodia | 889.1 | 2.6 | | 2.9 | 0.4 |
| 印度尼西亚 | Indonesia | 2713.5 | 110.0 | | | 7.8 |
| 老挝 | Laos | 174.1 | 5.9 | | 1.5 | 0.4 |
| 马来西亚 | Malaysia | 11.4 | 0.1 | | | |
| 缅甸 | Myanmar | 108.0 | 86.6 | 9.1 | 51.9 | 15.3 |
| 菲律宾 | Philippines | 330.8 | 2.9 | | | 7.2 |
| 新加坡 | Singapore | | | | | |
| 泰国 | Thailand | 3021.8 | 3.9 | | 2.9 | 4.2 |
| 越南 | Viet Nam | 1193.3 | 45.3 | | 3.5 | 8.9 |
| 中国香港 | Hong Kong,China | | | | | |
| 日本 | Japan | 366.9 | 1.6 | 0.2 | | 0.0 |
| 韩国 | Korea,Rep. | 91.3 | 1.2 | 0.1 | 1.2 | 0.0 |
| 印度 | India | 5562.2 | 655.7 | 787.7 | 81.1 | 810.4 |
| 巴西 | Brazil | 2770.5 | 40.3 | 7.2 | 0.7 | 137.9 |
| 俄罗斯 | Russia | 3150.1 | | 146.4 | | 9.2 |
| 加拿大 | Canada | 458.9 | | 1555.5 | | 3.0 |
| 墨西哥 | Mexico | 174.8 | 9.6 | 0.4 | 6.5 | 19.0 |
| 美国 | United States | 2140.0 | 236.3 | 114.0 | | 284.2 |
| 法国 | France | 805.5 | | 552.3 | | 8.4 |
| 德国 | Germany | 1160.7 | | 624.7 | | |
| 意大利 | Italy | 137.2 | | 4.2 | 0.4 | 0.5 |
| 英国 | United Kingdom | 421.3 | | 246.0 | | 1.4 |
| 澳大利亚 | Australia | 121.5 | 2.3 | 383.2 | | 89.8 |
| 新西兰 | New Zealand | 45.4 | | 0.2 | | 0.3 |

注：①2013年数据。
Note: ①Data refer to 2013.

附录2-40　续表 2　continued

单位：万吨　　(10 000 tons)

| 国家或地区 | Country or Area | 籽　棉 Seed Cotton | 黄麻及麻类纤维① Jute & Jute like Fibres① | 甘　蔗 Sugar Cane | 甜　菜 Sugar Beets | 茶　叶 Tea | 水果（不包括瓜类）① Fruit Excluding Melons① |
|---|---|---|---|---|---|---|---|
| **世　界** | **World** | **7305.3** | | **191118.0** | **24652.2** | **534.6** | **67667.0** |
| 中　国 | China | 1893.0 | 6.1 | 12873.5 | 926.0 | 194.0 | 15183.8 |
| 文　莱 | Brunei Darussalam | | | | | | 0.7 |
| 柬埔寨 | Cambodia | | | 60.0 | | | 38.1 |
| 印度尼西亚 | Indonesia | 0.4 | 0.3 | 2840.0 | | 14.8 | 1600.3 |
| 老　挝 | Laos | 0.6 | | 86.5 | | 0.1 | 60.2 |
| 马来西亚 | Malaysia | | | 4.9 | | 1.8 | 93.9 |
| 缅　甸 | Myanmar | 46.9 | 1.8 | 1030.7 | | 3.2 | 230.9 |
| 菲律宾 | Philippines | | | 3187.4 | | | 1588.7 |
| 新加坡 | Singapore | | | | | | 0.0 |
| 泰　国 | Thailand | 0.8 | 0.4 | 10009.6 | | 7.5 | 1109.6 |
| 越　南 | Viet Nam | 0.3 | 0.1 | 2013.1 | | 21.4 | 712.7 |
| 中国香港 | Hong Kong,China | | | | | | 0.5 |
| 日　本 | Japan | | | 119.1 | 343.5 | 8.5 | 298.5 |
| 韩　国 | Korea,Rep. | | | | | 0.3 | 275.2 |
| 印　度 | India | 1891.3 | 205.2 | 34120.0 | | 120.9 | 8263.2 |
| 巴　西 | Brazil | 341.7 | 1.0 | 76809.0 | | 0.1 | 3777.4 |
| 俄罗斯 | Russia | | 5.1 | | 3932.1 | | 336.8 |
| 加拿大 | Canada | | | | 59.9 | | 81.6 |
| 墨西哥 | Mexico | 58.7 | | 6118.2 | 0.1 | | 1755.3 |
| 美　国 | United States | 762.6 | | 2790.6 | 2974.6 | | 2698.6 |
| 法　国 | France | | | | 3361.4 | | 818.3 |
| 德　国 | Germany | | | | 2282.9 | | 233.4 |
| 意大利 | Italy | | | | 215.9 | | 1637.1 |
| 英　国 | United Kingdom | | | | 843.0 | | 39.2 |
| 澳大利亚 | Australia | 267.6 | | 2713.6 | | | 338.2 |
| 新西兰 | New Zealand | | | | | | 133.4 |

注：①2013年数据。
Note: ①Data refer to 2013.

# 附录2-41 牲畜饲养量（2014年）

## Number of Livestock（2014）

资料来源：联合国FAO数据库。
Source:UN FAO Database.

单位：万头（只） （10 000 heads）

| 国家或地区 | Country or Area | 牛 Cattle | 马 Horses | 山羊 Goats | 绵羊 Sheep | 猪 Pigs |
|---|---|---|---|---|---|---|
| **世　界** | **World** | **148214.4** | **5891.4** | **100678.6** | **120990.8** | **98664.9** |
| 中　国 | China | 11726.3 | 602.7 | 18786.9 | 20215.6 | 47411.0 |
| 文　莱 | Brunei Darussalam | 0.1 | | 0.7 | 0.4 | 0.1 |
| 柬埔寨 | Cambodia | 287.5 | 3.0 | | | 217.0 |
| 印度尼西亚 | Indonesia | 1518.6 | 45.5 | 1921.6 | 1571.6 | 787.3 |
| 老　挝 | Laos | 176.6 | 3.3 | 48.1 | | 312.2 |
| 马来西亚 | Malaysia | 76.1 | 0.4 | 45.6 | 14.0 | 182.8 |
| 缅　甸 | Myanmar | 1554.3 | 11.7 | 578.2 | 116.3 | 1393.2 |
| 菲律宾 | Philippines | 250.5 | 24.0 | 369.1 | 3.0 | 1179.8 |
| 新加坡 | Singapore | 0.0 | | 0.1 | | 27.0 |
| 泰　国 | Thailand | 489.9 | 0.6 | 44.8 | 4.4 | 759.2 |
| 越　南 | Viet Nam | 523.4 | 6.7 | 160.0 | | 2676.2 |
| 中国香港 | Hong Kong,China | 0.2 | 0.2 | 0.1 | | 17.7 |
| 日　本 | Japan | 396.2 | 1.6 | 1.7 | 1.3 | 953.7 |
| 韩　国 | Korea,Rep. | 319.0 | 2.9 | 26.5 | 0.3 | 1009.0 |
| 印　度 | India | 18700.0 | 63.0 | 13300.0 | 6300.0 | 1000.0 |
| 巴　西 | Brazil | 21234.4 | 545.1 | 885.2 | 1761.5 | 3792.9 |
| 俄罗斯 | Russia | 1956.4 | 137.5 | 209.1 | 2224.7 | 1908.1 |
| 加拿大 | Canada | 1222.0 | 40.8 | 3.0 | 87.5 | 1305.5 |
| 墨西哥 | Mexico | 3294.0 | 635.5 | 868.8 | 857.6 | 1609.9 |
| 美　国 | United States | 8852.6 | 1026.0 | 261.1 | 524.5 | 6772.6 |
| 法　国 | France | 1924.8 | 41.0 | 128.3 | 720.8 | 1332.3 |
| 德　国 | Germany | 1274.2 | 37.2 | 11.7 | 160.1 | 2833.9 |
| 意大利 | Italy | 612.5 | 39.1 | 93.7 | 716.6 | 867.6 |
| 英　国 | United Kingdom | 983.7 | 40.0 | 9.0 | 3374.3 | 481.5 |
| 澳大利亚 | Australia | 2910.3 | 27.0 | 357.0 | 7261.2 | 230.8 |
| 新西兰 | New Zealand | 1036.8 | 5.2 | 9.7 | 2980.3 | 28.7 |

# 附录2-42 畜产品产量（2013年）

## Output of Livestock Products（2013）

资料来源：联合国FAO数据库。
Source:UN FAO Database.

单位：万吨 （10 000 tons）

| 国家或地区 | Country or Area | 肉类总产量 Meat, Total | 牛肉 Beef and Buffalo Meat | 羊肉 Sheep and Goat Meat | 猪肉 Pig Meat | 禽肉 Poultry Meat |
|---|---|---|---|---|---|---|
| **世界** | **World** | **31038.0** | **6770.6** | **1396.2** | **11303.5** | **10866.9** |
| 中国 | China | 8346.2 | 673.0 | 408.1 | 5273.3 | 1826.5 |
| 文莱 | Brunei Darussalam | 2.8 | 0.1 | | | 2.7 |
| 柬埔寨 | Cambodia | 19.8 | 7.3 | | 9.9 | 2.7 |
| 印度尼西亚 | Indonesia | 331.7 | 58.6 | 11.3 | 74.3 | 187.2 |
| 老挝 | Laos | 13.9 | 4.8 | 0.2 | 6.4 | 2.5 |
| 马来西亚 | Malaysia | 162.4 | 3.1 | 0.2 | 23.1 | 136.0 |
| 缅甸 | Myanmar | 212.6 | 26.2 | 4.8 | 62.1 | 119.6 |
| 菲律宾 | Philippines | 312.8 | 29.7 | 5.5 | 168.1 | 107.9 |
| 新加坡 | Singapore | 11.7 | | | 2.0 | 9.7 |
| 泰国 | Thailand | 263.4 | 19.5 | 0.2 | 96.7 | 147.0 |
| 越南 | Viet Nam | 426.5 | 37.9 | 0.8 | 321.8 | 63.3 |
| 中国香港 | Hong Kong,China | 16.7 | 0.8 | | 12.4 | 2.8 |
| 日本 | Japan | 327.6 | 50.8 | | 130.9 | 145.0 |
| 韩国 | Korea,Rep. | 203.6 | 33.6 | 0.1 | 100.7 | 68.6 |
| 印度 | India | 621.5 | 257.7 | 74.7 | 35.4 | 235.8 |
| 巴西 | Brazil | 2601.1 | 967.5 | 11.6 | 328.0 | 1291.5 |
| 俄罗斯 | Russia | 854.4 | 163.3 | 19.0 | 281.6 | 346.3 |
| 加拿大 | Canada | 433.4 | 105.6 | 1.7 | 197.7 | 125.4 |
| 墨西哥 | Mexico | 612.2 | 180.7 | 9.8 | 128.4 | 284.6 |
| 美国 | United States | 4264.2 | 1169.8 | 7.3 | 1051.0 | 2008.5 |
| 法国 | France | 556.0 | 140.0 | 12.3 | 212.1 | 174.3 |
| 德国 | Germany | 820.1 | 110.6 | 3.5 | 549.4 | 145.7 |
| 意大利 | Italy | 405.3 | 85.4 | 3.5 | 162.5 | 123.3 |
| 英国 | United Kingdom | 364.2 | 84.7 | 28.9 | 83.3 | 166.2 |
| 澳大利亚 | Australia | 448.9 | 231.8 | 68.6 | 36.1 | 109.8 |
| 新西兰 | New Zealand | 125.5 | 56.4 | 45.1 | 3.9 | 17.1 |

附录2-42 续表 continued

单位：万吨 (10 000 tons)

| 国家或地区 | Country or Area | 蛋类 Eggs Primary | 鸡蛋 Hen Eggs | 奶类总产量 Milk, Total | 牛奶 Cow Milk | 羊毛 Wool, Greasy | 蜂蜜 Honey |
|---|---|---|---|---|---|---|---|
| **世界** | **World** | **7385.5** | **6826.2** | **76864.1** | **63557.6** | **212.7** | **166.4** |
| 中国 | China | 2876.0 | 2444.6 | 4019.3 | 3531.0 | 47.1 | 45.0 |
| 文莱 | Brunei Darussalam | 0.7 | 0.7 | | | | |
| 柬埔寨 | Cambodia | 2.3 | 1.9 | 2.3 | 2.3 | | |
| 印度尼西亚 | Indonesia | 150.4 | 122.4 | 138.8 | 98.2 | 3.1 | |
| 老挝 | Laos | 1.7 | 1.7 | 0.7 | 0.7 | | |
| 马来西亚 | Malaysia | 67.8 | 66.4 | 8.8 | 7.9 | | |
| 缅甸 | Myanmar | 42.5 | 38.2 | 170.8 | 138.0 | 0.1 | 0.2 |
| 菲律宾 | Philippines | 46.9 | 42.8 | 2.0 | 2.0 | | |
| 新加坡 | Singapore | 2.7 | 2.6 | | | | |
| 泰国 | Thailand | 106.3 | 66.8 | 109.5 | 109.5 | | 0.9 |
| 越南 | Viet Nam | 37.8 | 37.8 | 48.7 | 45.6 | | 1.3 |
| 中国香港 | Hong Kong,China | | | | | | |
| 日本 | Japan | 252.2 | 252.2 | 750.8 | 750.8 | | 0.3 |
| 韩国 | Korea,Rep. | 64.7 | 61.5 | 209.7 | 209.3 | | 2.5 |
| 印度 | India | 383.5 | 383.5 | 13560.0 | 6060.0 | 4.7 | 6.1 |
| 巴西 | Brazil | 237.7 | 217.2 | 3440.8 | 3425.5 | 1.2 | 3.5 |
| 俄罗斯 | Russia | 231.7 | 228.4 | 3052.3 | 3028.6 | 5.5 | 6.8 |
| 加拿大 | Canada | 44.3 | 44.3 | 839.4 | 839.4 | 0.1 | 3.5 |
| 墨西哥 | Mexico | 251.6 | 251.6 | 1111.8 | 1096.6 | 0.5 | 5.7 |
| 美国 | United States | 563.6 | 563.6 | 9127.1 | 9127.1 | 1.4 | 6.8 |
| 法国 | France | 94.4 | 94.4 | 2455.4 | 2371.4 | 1.4 | 1.1 |
| 德国 | Germany | 89.3 | 89.3 | 3114.3 | 3112.2 | 1.4 | 1.6 |
| 意大利 | Italy | 77.5 | 77.5 | 1100.4 | 1039.7 | 0.8 | 1.0 |
| 英国 | United Kingdom | 68.6 | 67.2 | 1394.1 | 1394.1 | 6.8 | 0.6 |
| 澳大利亚 | Australia | 24.1 | 24.1 | 952.2 | 952.2 | 36.1 | 1.1 |
| 新西兰 | New Zealand | 5.7 | 5.4 | 1888.3 | 1888.3 | 16.5 | 1.8 |

# 附录2-43 鱼类产量

# Output of Total Fishes

资料来源：联合国FAO数据库。
Source:UN FAO Database.

单位：万吨 （10 000 tons）

| 国家或地区 | Country or Area | 鱼类总产量 Total | | 海 域 Ocean Area | | 内陆水域 Land Area | |
|---|---|---|---|---|---|---|---|
| | | 2013 | 2014 | 2013 | 2014 | 2013 | 2014 |
| **世 界** | **World** | | | | | | |
| 中 国 | China | 3739.8 | 3912.4 | 1091.9 | 1142.1 | 2647.9 | 2770.3 |
| 文 莱 | Brunei Darussalam | 0.3 | 0.3 | 0.3 | 0.3 | | |
| 柬埔寨 | Cambodia | 70.2 | 71.6 | 8.8 | 9.6 | 61.4 | 62.0 |
| 印度尼西亚 | Indonesia | 874.3 | 921.5 | 578.3 | 596.6 | 296.0 | 324.9 |
| 老 挝 | Laos | 14.8 | 15.1 | 0.0 | 0.0 | 14.8 | 15.1 |
| 马来西亚 | Malaysia | 143.8 | 141.0 | 130.1 | 129.8 | 13.8 | 11.2 |
| 缅 甸 | Myanmar | 460.5 | 492.9 | 243.3 | 264.6 | 217.2 | 228.3 |
| 菲律宾 | Philippines | 282.6 | 282.7 | 237.9 | 238.3 | 44.7 | 44.4 |
| 新加坡 | Singapore | 0.5 | 0.5 | 0.5 | 0.5 | 0.1 | 0.1 |
| 泰 国 | Thailand | 191.9 | 189.9 | 129.7 | 128.9 | 62.2 | 60.9 |
| 越 南 | Viet Nam | 461.3 | 483.2 | 206.4 | 218.3 | 254.9 | 264.9 |
| 中国香港 | Hong Kong,China | 15.8 | 15.0 | 15.6 | 14.8 | 0.2 | 0.2 |
| 日 本 | Japan | 313.8 | 316.2 | 308.5 | 311.1 | 5.3 | 5.1 |
| 韩 国 | Korea,Rep. | 119.0 | 124.2 | 116.9 | 121.8 | 2.1 | 2.4 |
| 印 度 | India | 826.5 | 857.7 | 293.6 | 293.5 | 532.9 | 564.2 |
| 巴 西 | Brazil | 108.4 | 116.7 | 45.8 | 46.2 | 62.6 | 70.4 |
| 俄罗斯 | Russia | 432.4 | 416.7 | 393.5 | 380.8 | 38.9 | 36.0 |
| 加拿大 | Canada | 53.7 | 50.7 | 49.9 | 47.1 | 3.7 | 3.6 |
| 墨西哥 | Mexico | 140.2 | 127.4 | 125.0 | 107.0 | 15.2 | 20.4 |
| 美 国 | United States | 435.4 | 422.4 | 414.7 | 403.0 | 20.7 | 19.5 |
| 法 国 | France | 45.6 | 49.2 | 41.3 | 44.7 | 4.2 | 4.5 |
| 德 国 | Germany | 23.8 | 24.7 | 20.2 | 21.0 | 3.6 | 3.6 |
| 意大利 | Italy | 17.0 | 17.6 | 12.7 | 13.3 | 4.3 | 4.3 |
| 英 国 | United Kingdom | 65.3 | 79.0 | 64.0 | 77.6 | 1.3 | 1.4 |
| 澳大利亚 | Australia | 16.2 | 15.7 | 16.1 | 15.5 | 0.2 | 0.2 |
| 新西兰 | New Zealand | 42.0 | 42.9 | 41.9 | 42.7 | 0.2 | 0.2 |

# 附录2-44 工业生产指数

## Index of Industrial Production

资料来源：联合国统计月报数据库。
Source:UN Monthly Bulletin of Statistics Database.

2010年=100 （2010=100）

| 国家或地区 | Country or Area | 2011 | 2012 | 2013 | 2014 | 2015 |
|---|---|---|---|---|---|---|
| **世　界** | **World** | | | | | |
| 中　国 | China | | | | | |
| 文　莱 | Brunei Darussalam | 103.2 | 100.8 | 94.0 | 90.7 | 90.5 |
| 柬埔寨 | Cambodia | | | | | |
| 印度尼西亚 | Indonesia | | | | | |
| 老　挝 | Laos | | | | | |
| 马来西亚 | Malaysia | 102.4 | 106.7 | 110.3 | 116.0 | 121.2 |
| 缅　甸 | Myanmar | | | | | |
| 菲律宾 | Philippines | | | | | |
| 新加坡 | Singapore | | | | | |
| 泰　国 | Thailand | | | | | |
| 越　南 | Viet Nam | | 111.3 | 119.1 | 127.5 | 147.0 |
| 中国香港 | Hong Kong,China | | | | | |
| 日　本 | Japan | 97.1 | 97.7 | 96.9 | 98.7 | 97.4 |
| 韩　国 | Korea,Rep. | 106.0 | 107.4 | 108.2 | 108.4 | 107.7 |
| 印　度 | India | 102.9 | 104.1 | 104.0 | 106.9 | |
| 巴　西 | Brazil | 100.4 | 98.1 | 100.1 | 97.1 | 89.0 |
| 俄罗斯 | Russia | 105.0 | 108.6 | 109.0 | 110.9 | 107.1 |
| 加拿大 | Canada | 105.0 | 105.0 | 106.7 | 110.8 | 110.1 |
| 墨西哥 | Mexico | 103.3 | 106.4 | 107.2 | 110.3 | 110.8 |
| 美　国 | United States | 103.2 | 106.3 | 108.5 | 111.8 | 112.3 |
| 法　国 | France | 102.6 | 100.3 | 99.6 | 98.8 | 100.8 |
| 德　国 | Germany | 107.0 | 106.2 | 106.1 | 107.5 | 109.1 |
| 意大利 | Italy | 100.4 | 94.4 | 91.5 | 90.5 | 92.1 |
| 英　国 | United Kingdom | 99.4 | 96.7 | 95.9 | 97.2 | 98.2 |
| 澳大利亚 | Australia | 101.3 | 104.8 | 107.3 | 111.0 | 114.0 |
| 新西兰 | New Zealand | 101.0 | 98.9 | 100.3 | 102.4 | 104.6 |

# 附录2-45　主要工业产品产量

## Output of Major Industrial Products

资料来源：联合国统计月报数据库、联合国粮农组织数据库、世界汽车工业协会。
Source:UN MBS Database. UN FAO Database. OICA Database.

| 国家或地区 | Country or Area | 粗钢（万吨）Crude Steel（10 000 tons） | | 煤（万吨）Coal（10 000 tons） | | 原油（万吨）Crude Petroleum（10 000 tons） | |
|---|---|---|---|---|---|---|---|
| | | 2014 | 2015 | 2014 | 2015 | 2014 | 2015 |
| 世　界 | World | | | | | | |
| 中　国 | China | 82231 | 80383 | | | 21143 | 21456 |
| 文　莱 | Brunei Darussalam | | | | | 546 | 551 |
| 柬埔寨 | Cambodia | | | | | | |
| 印度尼西亚 | Indonesia | | | | | 3911 | 3905 |
| 老　挝 | Laos | | | | | | |
| 马来西亚 | Malaysia | | | | | | |
| 缅　甸 | Myanmar | | | | | 76 | |
| 菲律宾 | Philippines | | | | | 74 | |
| 新加坡 | Singapore | | | | | | |
| 泰　国 | Thailand | | | 1799 | | 1162 | 1223 |
| 越　南 | Viet Nam | | | 4234 | | | |
| 中国香港 | Hong Kong,China | | | | | | |
| 日　本 | Japan | 11066 | 10516 | | | 55 | 51 |
| 韩　国 | Korea,Rep. | 7153 | 6965 | | | 3 | 2 |
| 印　度 | India | 8653 | 8936 | 64714 | 67624 | 3754 | 3724 |
| 巴　西 | Brazil | 3391 | 3326 | | | 11491 | 12418 |
| 俄罗斯 | Russia | 7032 | 6937 | 35584 | 37204 | 50048 | 50186 |
| 加拿大 | Canada | 1273 | 1247 | 6775 | | 17521 | 17861 |
| 墨西哥 | Mexico | 1900 | 1823 | 1255 | 1216 | 12627 | 11785 |
| 美　国 | United States | 8818 | 7885 | 90686 | 81278 | 59120 | 64064 |
| 法　国 | France | 1614 | 1499 | 30 | | 76 | 83 |
| 德　国 | Germany | 4295 | 4267 | 18614 | 18430 | 489 | 516 |
| 意大利 | Italy | 2374 | 2202 | | | 568 | 535 |
| 英　国 | United Kingdom | 1213 | 1078 | 1165 | 853 | 3747 | 4283 |
| 澳大利亚 | Australia | 461 | 492 | 57133 | 53885 | 1815 | 1646 |
| 新西兰 | New Zealand | | | | | 175 | 186 |

附录2-45 续表 1 continued

| 国家或地区 | Country or Area | 发电量（亿千瓦小时）Electricity（100 million kwh） | | 水泥（万吨）Cement（10 000 tons） | | 化肥（万吨）Chemical Fertilizer（10 000 tons） | |
|---|---|---|---|---|---|---|---|
| | | 2014 | 2015 | 2014 | 2015 | 2012 | 2013 |
| 世　界 | World | | | | | | |
| 中　国 | China | 57945 | 58106 | 247619 | 234797 | 4369 | 4336 |
| 文　莱 | Brunei Darussalam | | | | | | |
| 柬埔寨 | Cambodia | | | | | | |
| 印度尼西亚 | Indonesia | | | | | 440 | 425 |
| 老　挝 | Laos | | | | | | |
| 马来西亚 | Malaysia | | | | | 53 | 61 |
| 缅　甸 | Myanmar | | | | | 10 | 7 |
| 菲律宾 | Philippines | | | | | 29 | 9 |
| 新加坡 | Singapore | | | | | | |
| 泰　国 | Thailand | | | 4379 | 4368 | 10 | 10 |
| 越　南 | Viet Nam | | | | | 73 | 76 |
| 中国香港 | Hong Kong,China | 398 | 379 | 194 | | | |
| 日　本 | Japan | 10627 | 9757 | 5791 | 5483 | 84 | 83 |
| 韩　国 | Korea,Rep. | | | 5249 | 5621 | 70 | 74 |
| 印　度 | India | | | | | 1592 | 1624 |
| 巴　西 | Brazil | | | | | 359 | 345 |
| 俄罗斯 | Russia | 10559 | 10634 | 6860 | 6210 | 1587 | 1652 |
| 加拿大 | Canada | 5999 | 5928 | 1188 | 1217 | 1350 | 1314 |
| 墨西哥 | Mexico | 2583 | | 4152 | 4482 | 100 | 107 |
| 美　国 | United States | 40936 | 40874 | 8102 | 8183 | 2317 | 2342 |
| 法　国 | France | 5334 | 5135 | | | 95 | 92 |
| 德　国 | Germany | 4331 | | | | 412 | 405 |
| 意大利 | Italy | 2777 | 2820 | | | 83 | 89 |
| 英　国 | United Kingdom | | | | | 65 | 82 |
| 澳大利亚 | Australia | 2289 | 2360 | | | 72 | 61 |
| 新西兰 | New Zealand | 430 | 426 | | | 33 | 30 |

附录2-45 续表 2 continued

| 国家或地区 | Country or Area | 天然气（万亿焦耳）Natural Gas（terajoule） | | 汽车（万辆）Motor Vehicles（10 000 vehicles） | | 新闻纸（万吨）Newsprint（10 000 tons） | |
|---|---|---|---|---|---|---|---|
| | | 2014 | 2015 | 2014 | 2015 | 2014 | 2015 |
| **世 界** | **World** | | | **8978** | **9078** | | |
| 中 国 | China | 4832076 | | 2373 | 2450 | 359 | 350 |
| 文 莱 | Brunei Darussalam | 507696 | 531660 | | | | |
| 柬埔寨 | Cambodia | | | | | | |
| 印度尼西亚 | Indonesia | 3137592 | 3119328 | 130 | 110 | | |
| 老 挝 | Laos | | | | | | |
| 马来西亚 | Malaysia | | | 60 | 61 | | |
| 缅 甸 | Myanmar | | | | | | |
| 菲律宾 | Philippines | 140580 | 133308 | 11 | 11 | | |
| 新加坡 | Singapore | | | | | | |
| 泰 国 | Thailand | 1218984 | 1189920 | 188 | 192 | | |
| 越 南 | Viet Nam | | | 5 | 5 | | |
| 中国香港 | Hong Kong,China | | | | | | |
| 日 本 | Japan | 115788 | 112164 | 977 | 928 | 313 | 298 |
| 韩 国 | Korea,Rep. | 13428 | 7860 | 452 | 456 | 142 | 136 |
| 印 度 | India | 1275108 | 1226532 | 384 | 413 | | |
| 巴 西 | Brazil | | | 315 | 243 | | |
| 俄罗斯 | Russia | 21539124 | 21348360 | 189 | 138 | 164 | 149 |
| 加拿大 | Canada | 5672508 | 5748240 | 239 | 228 | | |
| 墨西哥 | Mexico | 2987808 | 2927964 | 337 | 357 | 17 | 13 |
| 美 国 | United States | 27948864 | 29433312 | 1166 | 1210 | | |
| 法 国 | France | 528 | 1056 | | | | |
| 德 国 | Germany | 353304 | | 592 | 603 | 215 | 220 |
| 意大利 | Italy | 272304 | 258108 | 70 | 101 | | |
| 英 国 | United Kingdom | 1540020 | 1659816 | 160 | 168 | | |
| 澳大利亚 | Australia | 2314128 | 2529228 | 18 | 17 | | |
| 新西兰 | New Zealand | 200784 | 188508 | | | | |

# 附录2-46 铁路运输

## Railway Traffic

资料来源：世界银行WDI数据库。
Source:World Bank WDI Database.

| 国家或地区 | Country or Area | 铁路总长度（公里）Rail Lines Total (km) | | 铁路货运周转量（亿吨公里）Goods Transported Hauled (100 million ton-km) | | 铁路客运周转量（亿人公里）Passengers Carried (100 million passenger-km) | |
|---|---|---|---|---|---|---|---|
| | | 2013 | 2014 | 2013 | 2014 | 2013 | 2014 |
| **世　界** | **World** | **1051799** | **1055264** | **44.2** | | | |
| 中　国 | China | 66298 | 66989 | 25183.1 | 23086.7 | 7956.4 | 8070.7 |
| 文　莱 | Brunei Darussalam | | | | | | |
| 柬埔寨 | Cambodia | | | | | | |
| 印度尼西亚 | Indonesia | 4684 | 4684 | 71.7 | 71.7 | 202.8 | 202.8 |
| 老　挝 | Laos | | | | | | |
| 马来西亚 | Malaysia | 2250 | 2250 | 30.7 | 30.7 | 32.9 | 32.9 |
| 缅　甸 | Myanmar | | | | | | |
| 菲律宾 | Philippines | | | | | | |
| 新加坡 | Singapore | | | | | | |
| 泰　国 | Thailand | 5327 | 5327 | 24.6 | 24.6 | 75.0 | 75.0 |
| 越　南 | Viet Nam | 2347 | 2347 | 39.6 | 39.6 | 45.6 | 45.6 |
| 中国香港 | Hong Kong,China | | | | | | |
| 日　本 | Japan | 20140 | | 202.6 | 202.6 | 2445.9 | 2600.1 |
| 韩　国 | Korea,Rep. | 3650 | 3648 | 104.6 | 104.6 | 226.3 | 226.3 |
| 印　度 | India | 64460 | 65808 | 6257.2 | 6658.1 | 9785.1 | 11587.4 |
| 巴　西 | Brazil | 29817 | 29817 | 2677.0 | 2677.0 | | |
| 俄罗斯 | Russia | 84249 | 85266 | 22223.9 | 22985.6 | 1446.1 | 1288.2 |
| 加拿大 | Canada | 52002 | 52131 | 3525.4 | 3525.4 | 14.1 | 14.1 |
| 墨西哥 | Mexico | 26704 | 26704 | 691.9 | 787.7 | 4.5 | 4.8 |
| 美　国 | United States | 228218 | 228218 | 25245.9 | 25245.9 | 95.2 | 103.3 |
| 法　国 | France | 30013 | 30013 | 316.2 | 320.1 | 856.3 | 839.1 |
| 德　国 | Germany | 33446 | 33426 | 1042.6 | 748.2 | 799.1 | 793.4 |
| 意大利 | Italy | 17070 | 17037 | 105.2 | 103.2 | 389.4 | 398.0 |
| 英　国 | United Kingdom | 16423 | 14787 | | | 659.3 | 654.7 |
| 澳大利亚 | Australia | | | 596.5 | 596.5 | | |
| 新西兰 | New Zealand | | | | | | |

# 附录2-47 国际海运装货量和卸货量

## International Maritime Freight Loaded and Unloaded

资料来源：联合国统计月报数据库。
Source:UN Monthly Bulletin of Statistics Database.

单位：万吨 (10 000 tons)

| 国家或地区 | Country or Area | 国际海运装货量 International Maritime Freight Loaded | | | 国际海运卸货量 International Maritime Freight Unloaded | | |
|---|---|---|---|---|---|---|---|
| | | 2005 | 2010 | 2014 | 2005 | 2010 | 2014 |
| **世　界** | **World** | | | | | | |
| 中　国 | China | | | | | | |
| 文　莱 | Brunei Darussalam | 8.4 | | | 168.0 | | |
| 柬埔寨 | Cambodia | | | | | | |
| 印度尼西亚 | Indonesia | 27372.0 | 50118.0 | | 8479.2 | 11253.6 | |
| 老　挝 | Laos | | 466.8 | | | | |
| 马来西亚 | Malaysia | 7940.4 | 11240.4 | 13252.8② | 10390.8 | 13682.4 | 15770.4② |
| 缅　甸 | Myanmar | | 361.2① | 472.8③ | | 614.4① | 1039.2③ |
| 菲律宾 | Philippines | | | | | | |
| 新加坡 | Singapore | 42266.4 | 47145.6① | | | | |
| 泰　国 | Thailand | | | | | | |
| 越　南 | Viet Nam | 3309.6 | 4500.0① | | | | |
| 中国香港 | Hong Kong,China | 8918.4 | 11346.0 | 11342.4 | 14095.2 | 15428.4 | 18507.6 |
| 日　本 | Japan | | | | | | |
| 韩　国 | Korea,Rep. | 24249.6 | 28602.0④ | | 51244.8 | 57650.4④ | |
| 印　度 | India | | | | | | |
| 巴　西 | Brazil | | | | | | |
| 俄罗斯 | Russia | 909.6 | 20151.6 | 18924.0⑤ | 74.4 | 2353.2 | 2184.0⑤ |
| 加拿大 | Canada | 20175.6 | 18574.8 | 22728.0⑤ | 12915.6 | 11412.0 | 11426.4⑤ |
| 墨西哥 | Mexico | | | | | | |
| 美　国 | United States | 40533.6 | | | 94160.4 | | |
| 法　国 | France | 10065.6 | 9986.4 | 10353.6 | 22710.0 | 19930.8 | 18888.0 |
| 德　国 | Germany | 10832.4 | 10230.0 | 12106.8 | 16866.0 | 17070.0 | 17479.2 |
| 意大利 | Italy | | | | | | |
| 英　国 | United Kingdom | | | | | | |
| 澳大利亚 | Australia | 62401.2 | 88736.4 | 130394.4 | 6988.8 | 8895.6 | 9892.8 |
| 新西兰 | New Zealand | 2167.2 | 3039.6 | 3778.8 | 1844.4 | 1797.6 | 2187.6 |

注：①2009年数据。②2013年数据。③2012年数据。④2007年数据。⑤2011年数据。
Note: ①Data refer to 2009.②Data refer to 2013.③Data refer to 2012.④Data refer to 2007.⑤Data refer to 2011.

# 附录2-48　空运货物周转量和客运量

## Freight and Passengers Carried by Air

资料来源：世界银行WDI数据库。
Source:World Bank WDI Database.

| 国家或地区 | Country or Area | 空运货物周转量（万吨公里）Air Transport,Freight（100 million ton-km） | | | 航空客运量（万人）Air Transport,Passengers Carried（10 000 persons） | | |
|---|---|---|---|---|---|---|---|
| | | 2012 | 2013 | 2014 | 2012 | 2013 | 2014 |
| **世　界** | **World** | **17505134** | **175829551** | **184315151** | **289405** | **304828** | **321785** |
| 中　国 | China | 1556875 | 1605373 | 1782258 | 31848 | 35280 | 39088 |
| 文　莱 | Brunei Darussalam | 12823 | 12760 | 11539 | 104 | 114 | 106 |
| 柬埔寨 | Cambodia | 7 | 107 | 175 | 51 | 62 | 107 |
| 印度尼西亚 | Indonesia | 88034 | 76824 | 83593 | 7941 | 8172 | 8716 |
| 老　挝 | Laos | 97 | 141 | 137 | 88 | 148 | 131 |
| 马来西亚 | Malaysia | 194396 | 216199 | 219330 | 3917 | 4800 | 4967 |
| 缅　甸 | Myanmar | 383 | 286 | 390 | 166 | 157 | 190 |
| 菲律宾 | Philippines | 53328 | 32568 | 45716 | 2854 | 2554 | 2967 |
| 新加坡 | Singapore | 689937 | 636012 | 605174 | 2914 | 3173 | 3336 |
| 泰　国 | Thailand | 275844 | 264037 | 251490 | 3639 | 4303 | 4517 |
| 越　南 | Viet Nam | 50355 | 49718 | 45022 | 1698 | 2043 | 2383 |
| 中国香港 | Hong Kong,China | 946842 | 939648 | 1082612 | 3225 | 3464 | 3793 |
| 日　本 | Japan | 704578 | 771593 | 866176 | 9891 | 10757 | 11055 |
| 韩　国 | Korea,Rep. | 1229068 | 1111252 | 1112473 | 3997 | 5453 | 5829 |
| 印　度 | India | 157923 | 173376 | 185133 | 7215 | 7559 | 8272 |
| 巴　西 | Brazil | 136345 | 163738 | 159677 | 9475 | 9559 | 10040 |
| 俄罗斯 | Russia | 413214 | 424927 | 441356 | 5873 | 6407 | 7219 |
| 加拿大 | Canada | 196000 | 194631 | 208432 | 7047 | 7153 | 7553 |
| 墨西哥 | Mexico | 76389 | 67714 | 61753 | 3291 | 3599 | 3957 |
| 美　国 | United States | 3911134 | 3711356 | 3822520 | 73670 | 74317 | 76271 |
| 法　国 | France | 462615 | 432713 | 415129 | 6468 | 6393 | 6343 |
| 德　国 | Germany | 723698 | 733570 | 718414 | 10598 | 10906 | 11159 |
| 意大利 | Italy | 79512 | 89293 | 99179 | 3107 | 2785 | 2583 |
| 英　国 | United Kingdom | 624354 | 603158 | 591740 | 11542 | 11861 | 12487 |
| 澳大利亚 | Australia | 273170 | 198469 | 190744 | 6636 | 6820 | 6768 |
| 新西兰 | New Zealand | 97502 | 93454 | 99931 | 1394 | 1443 | 1473 |

# 附录2-49 港口集装箱吞吐量

## Container Port Traffic

资料来源：世界银行WDI数据库。
Source:World Bank WDI Database.

单位：万标准集装箱 （10 000 TEUs）

| 国家或地区 | Country or Area | 2010 | 2011 | 2012 | 2013 | 2014 |
|---|---|---|---|---|---|---|
| **世　界** | **World** | **54224.8** | **58748.4** | **62231.4** | **64945.4** | **67926.5** |
| 中　国 | China | 13029.0 | 14464.2 | 16131.9 | 17085.9 | 18163.5 |
| 文　莱 | Brunei Darussalam | 9.9 | 10.5 | 11.3 | 12.2 | 12.8 |
| 柬埔寨 | Cambodia | 22.4 | 23.7 | 25.5 | 27.5 | 28.9 |
| 印度尼西亚 | Indonesia | 848.3 | 896.6 | 963.9 | 1127.4 | 1190.1 |
| 老　挝 | Laos | | | | | |
| 马来西亚 | Malaysia | 1826.8 | 2013.9 | 2087.4 | 2116.9 | 2271.9 |
| 缅　甸 | Myanmar | 19.0 | 20.1 | 21.6 | 23.3 | 24.5 |
| 菲律宾 | Philippines | 494.7 | 528.9 | 568.6 | 586.0 | 586.9 |
| 新加坡 | Singapore | 2917.9 | 3072.8 | 3249.9 | 3351.6 | 3483.2 |
| 泰　国 | Thailand | 664.9 | 717.1 | 746.9 | 770.3 | 828.4 |
| 越　南 | Viet Nam | 598.4 | 693.0 | 754.8 | 913.7 | 953.1 |
| 中国香港 | Hong Kong,China | 2369.9 | 2438.4 | 2311.7 | 2235.2 | 2230.0 |
| 日　本 | Japan | 1809.8 | 1942.2 | 2011.6 | 2048.6 | 2074.5 |
| 韩　国 | Korea,Rep. | 1854.3 | 2083.4 | 2161.0 | 2258.8 | 2379.7 |
| 印　度 | India | 975.3 | 1028.5 | 1027.9 | 1088.3 | 1165.6 |
| 巴　西 | Brazil | 813.9 | 871.4 | 932.3 | 1017.7 | 1067.9 |
| 俄罗斯 | Russia | 320.0 | 395.5 | 393.1 | 396.8 | 390.3 |
| 加拿大 | Canada | 483.0 | 490.8 | 530.4 | 538.3 | 557.8 |
| 墨西哥 | Mexico | 369.4 | 422.9 | 479.9 | 490.0 | 527.4 |
| 美　国 | United States | 4233.8 | 4291.6 | 4429.6 | 4427.2 | 4648.9 |
| 法　国 | France | 556.0 | 558.8 | 593.9 | 636.8 | 664.6 |
| 德　国 | Germany | 1482.2 | 1721.9 | 1865.9 | 1904.6 | 1968.5 |
| 意大利 | Italy | 978.7 | 1053.1 | 1028.7 | 1101.8 | 1131.3 |
| 英　国 | United Kingdom | 859.0 | 892.1 | 816.3 | 850.5 | 934.8 |
| 澳大利亚 | Australia | 666.8 | 701.2 | 715.5 | 731.3 | 752.4 |
| 新西兰 | New Zealand | 246.3 | 251.7 | 286.7 | 309.3 | 325.1 |

# 附录2-50　货物出口总额

## Merchandise Export

资料来源：世界贸易组织数据库。
Source:WTO Database.

单位：亿美元　(100 million USD)

| 国家或地区 | Country or Area | 2011 | 2012 | 2013 | 2014 | 2015 |
|---|---|---|---|---|---|---|
| **世　界** | **World** | **183330.0** | **184080.0** | **188260.0** | **189950.0** | **164820.0** |
| 中　国 | China | 18983.8 | 20487.1 | 22090.0 | 23422.9 | 22749.5 |
| 文　莱 | Brunei Darussalam | 124.6 | 130.0 | 114.5 | 105.1 | 66.0 |
| 柬埔寨 | Cambodia | 67.0 | 78.4 | 92.5 | 108.6 | 119.6 |
| 印度尼西亚 | Indonesia | 2035.0 | 1900.3 | 1825.5 | 1762.9 | 1502.8 |
| 老　挝 | Laos | 21.9 | 22.7 | 22.6 | 26.6 | 23.4 |
| 马来西亚 | Malaysia | 2280.9 | 2275.4 | 2283.3 | 2339.3 | 1998.7 |
| 缅　甸 | Myanmar | 92.4 | 88.8 | 112.3 | 110.3 | 59.5 |
| 菲律宾 | Philippines | 483.1 | 521.0 | 567.0 | 621.0 | 586.5 |
| 新加坡 | Singapore | 4095.0 | 4083.9 | 4102.5 | 4097.9 | 3505.1 |
| 泰　国 | Thailand | 2225.8 | 2292.4 | 2285.0 | 2275.2 | 2143.8 |
| 越　南 | Viet Nam | 969.1 | 1145.3 | 1320.3 | 1502.2 | 1621.1 |
| 中国香港 | Hong Kong,China | 4555.7 | 4929.1 | 5351.9 | 5240.7 | 5106.0 |
| 日　本 | Japan | 8231.8 | 7985.7 | 7151.0 | 6902.2 | 6249.4 |
| 韩　国 | Korea,Rep. | 5552.1 | 5478.7 | 5596.3 | 5726.6 | 5267.6 |
| 印　度 | India | 3029.1 | 2968.3 | 3148.5 | 3226.9 | 2671.5 |
| 巴　西 | Brazil | 2560.4 | 2425.8 | 2420.3 | 2251.0 | 1911.3 |
| 俄罗斯 | Russia | 5220.1 | 5292.6 | 5232.8 | 4977.6 | 3403.5 |
| 加拿大 | Canada | 4513.3 | 4555.9 | 4583.2 | 4747.3 | 4084.8 |
| 墨西哥 | Mexico | 3495.7 | 3706.4 | 3799.6 | 3971.3 | 3807.7 |
| 美　国 | United States | 14825.1 | 15457.0 | 15795.9 | 16205.3 | 15049.1 |
| 法　国 | France | 5964.7 | 5687.1 | 5809.6 | 5804.7 | 5059.0 |
| 德　国 | Germany | 14739.9 | 14051.0 | 14518.3 | 14946.1 | 13294.7 |
| 意大利 | Italy | 5232.6 | 5013.1 | 5182.7 | 5299.0 | 4590.7 |
| 英　国 | United Kingdom | 5065.7 | 4727.9 | 5410.2 | 5052.1 | 4604.5 |
| 澳大利亚 | Australia | 2703.9 | 2564.2 | 2526.4 | 2412.4 | 1884.5 |
| 新西兰 | New Zealand | 376.7 | 373.0 | 394.4 | 416.2 | 343.6 |

# 附录2-51　货物进口总额

## Merchandise Import

资料来源：世界贸易组织数据库。
Source:WTO Database.

单位：亿美元　(100 million USD)

| 国家或地区 | Country or Area | 2011 | 2012 | 2013 | 2014 | 2015 |
|---|---|---|---|---|---|---|
| **世　界** | **World** | **185080.0** | **186150.0** | **189040.0** | **191040.0** | **167660.0** |
| 中　国 | China | 17434.8 | 18184.1 | 19499.9 | 19592.3 | 16819.5 |
| 文　莱 | Brunei Darussalam | 36.3 | 35.7 | 36.1 | 36.0 | 25.8 |
| 柬埔寨 | Cambodia | 93.0 | 113.5 | 128.0 | 135.0 | 144.0 |
| 印度尼西亚 | Indonesia | 1774.4 | 1916.9 | 1866.3 | 1781.8 | 1427.0 |
| 老　挝 | Laos | 24.0 | 30.6 | 30.2 | 42.7 | 38.6 |
| 马来西亚 | Malaysia | 1874.7 | 1963.9 | 2059.0 | 2088.5 | 1759.6 |
| 缅　甸 | Myanmar | 90.2 | 91.8 | 120.4 | 162.3 | 159.2 |
| 菲律宾 | Philippines | 636.9 | 653.5 | 651.0 | 677.2 | 699.2 |
| 新加坡 | Singapore | 3657.7 | 3797.2 | 3730.2 | 3662.5 | 2967.5 |
| 泰　国 | Thailand | 2287.9 | 2499.9 | 2504.1 | 2277.5 | 2026.5 |
| 越　南 | Viet Nam | 1067.5 | 1137.8 | 1320.3 | 1478.5 | 1661.0 |
| 中国香港 | Hong Kong,China | 5108.5 | 5534.9 | 6214.2 | 6006.1 | 5594.3 |
| 日　本 | Japan | 8553.8 | 8858.4 | 8331.7 | 8121.9 | 6484.9 |
| 韩　国 | Korea,Rep. | 5244.1 | 5195.8 | 5155.9 | 5255.1 | 4365.0 |
| 印　度 | India | 4644.6 | 4896.9 | 4654.0 | 4629.1 | 3919.8 |
| 巴　西 | Brazil | 2369.6 | 2334.0 | 2505.6 | 2391.5 | 1788.0 |
| 俄罗斯 | Russia | 3238.3 | 3354.5 | 3413.4 | 3080.3 | 1940.9 |
| 加拿大 | Canada | 4636.4 | 4749.4 | 4743.0 | 4799.9 | 4363.7 |
| 墨西哥 | Mexico | 3610.7 | 3804.8 | 3909.7 | 4115.8 | 4052.8 |
| 美　国 | United States | 22660.2 | 23365.2 | 23290.6 | 24125.5 | 23079.5 |
| 法　国 | France | 7200.3 | 6744.2 | 6814.7 | 6766.0 | 5726.6 |
| 德　国 | Germany | 12548.7 | 11632.3 | 11915.5 | 12070.4 | 10500.2 |
| 意大利 | Italy | 5587.9 | 4886.0 | 4794.5 | 4741.9 | 4089.3 |
| 英　国 | United Kingdom | 6771.3 | 6905.6 | 6558.3 | 6904.7 | 6258.1 |
| 澳大利亚 | Australia | 2437.0 | 2609.4 | 2421.3 | 2369.3 | 2084.2 |
| 新西兰 | New Zealand | 371.0 | 382.5 | 396.4 | 425.2 | 365.6 |

# 附录2-52　出口货物构成（2015年）

## Exports by Commodity Groups（2015）

资料来源：世界银行WDI数据库。
Source:World Bank WDI Database.

单位：%　　(%)

| 国家或地区 | Country or Area | 农业原材料 Agricultural Raw Materials | 食　品 Food | 燃　料 Fuel | 矿物和金属 Ores and Metals | 制成品 Manufactures | 其　他 Others |
|---|---|---|---|---|---|---|---|
| **世　界** | **World** | **1.6** | **9.4** | **10.1** | **4.2** | **71.2** | **3.5** |
| 中　国 | China | 0.4 | 2.8 | 1.2 | 1.2 | 94.3 | 0.1 |
| 文　莱① | Brunei Darussalam① | | 0.4 | 92.5 | 0.1 | 6.8 | 0.2 |
| 柬埔寨① | Cambodia① | 2.4 | 3.4 | | 0.2 | 94.0 | |
| 印度尼西亚① | Indonesia① | 4.8 | 20.3 | 29.2 | 4.8 | 40.9 | |
| 老　挝 | Laos | | | | | | |
| 马来西亚 | Malaysia | 1.8 | 10.9 | 16.1 | 3.9 | 66.9 | 0.4 |
| 缅　甸 | Myanmar | | | | | | |
| 菲律宾 | Philippines | 1.0 | 7.8 | 1.3 | 5.1 | 84.8 | |
| 新加坡 | Singapore | 0.4 | 2.9 | 12.6 | 1.3 | 77.0 | 5.8 |
| 泰　国 | Thailand | 3.7 | 13.8 | 3.6 | 1.2 | 77.8 | -0.1 |
| 中国香港 | Hong Kong,China | 2.9 | 16.7 | 4.2 | 11.2 | 64.5 | 0.5 |
| 日　本 | Japan | 0.8 | 0.8 | 1.8 | 2.5 | 88.0 | 6.1 |
| 韩　国① | Korea,Rep.① | 0.9 | 1.1 | 9.0 | 2.0 | 86.8 | 0.2 |
| 印　度 | India | 1.5 | 11.6 | 12.1 | 3.3 | 70.6 | 0.9 |
| 巴　西 | Brazil | 4.7 | 37.6 | 7.3 | 10.8 | 38.1 | 1.5 |
| 俄罗斯 | Russia | 2.2 | 4.7 | 63.0 | 6.1 | 20.5 | 3.5 |
| 加拿大 | Canada | 4.6 | 12.7 | 21.4 | 7.4 | 52.4 | 1.5 |
| 墨西哥 | Mexico | 0.3 | 6.9 | 6.1 | 2.6 | 82.8 | 1.3 |
| 美　国 | United States | 2.3 | 10.1 | 8.3 | 2.9 | 64.0 | 12.4 |
| 法　国 | France | 0.9 | 11.2 | 3.5 | 1.9 | 81.2 | 1.3 |
| 德　国 | Germany | 0.7 | 5.4 | 2.2 | 2.5 | 83.4 | 5.8 |
| 意大利 | Italy | 0.7 | 8.7 | 3.3 | 2.0 | 83.3 | 2.0 |
| 英　国 | United Kingdom | 0.6 | 6.7 | 7.6 | 3.8 | 78.0 | 3.3 |
| 澳大利亚 | Australia | 2.7 | 17.2 | 26.9 | 31.4 | 17.7 | 4.1 |
| 新西兰 | New Zealand | 11.9 | 60.6 | 1.9 | 3.2 | 19.3 | 3.1 |

注：①2014年数据。
Note: ①Data refer to 2014.

# 附录2-53 进口货物构成（2015年）

## Imports by Commodity Groups（2015）

资料来源：世界银行WDI数据库。
Source:World Bank WDI Database.

单位：% （%）

| 国家或地区 | Country or Area | 农业原材料 Agricultural Raw Materials | 食品 Food | 燃料 Fuel | 矿物和金属 Ores and Metals | 制成品 Manufactures | 其他 Others |
|---|---|---|---|---|---|---|---|
| **世界** | **World** | **1.5** | **8.2** | **11.5** | **3.9** | **72.1** | **2.8** |
| 中国 | China | 3.6 | 6.7 | 12.7 | 10.2 | 61.7 | 5.1 |
| 文莱① | Brunei Darussalam① | 0.2 | 15.4 | 10.2 | 1.2 | 72.5 | 0.5 |
| 柬埔寨① | Cambodia① | 0.7 | 7.7 | 3.7 | 1.3 | 86.6 | 0.0 |
| 印度尼西亚① | Indonesia① | 2.9 | 9.6 | 24.7 | 3.2 | 58.9 | 0.7 |
| 老挝 | Laos | | | | | | |
| 马来西亚 | Malaysia | 1.8 | 8.9 | 12.3 | 5.7 | 70.9 | 0.4 |
| 缅甸 | Myanmar | | | | | | |
| 菲律宾 | Philippines | 0.6 | 11.7 | 11.9 | 1.8 | 73.9 | 0.1 |
| 新加坡 | Singapore | 0.5 | 4.1 | 22.1 | 1.7 | 70.1 | 1.5 |
| 泰国 | Thailand | 1.7 | 6.6 | 15.6 | 3.9 | 72.2 | 0.0 |
| 越南① | Viet Nam① | 3.5 | 8.6 | 7.0 | 3.8 | 76.6 | 0.5 |
| 中国香港 | Hong Kong,China | 0.4 | 4.9 | 2.4 | 1.2 | 91.0 | 0.1 |
| 日本 | Japan | 1.4 | 10.0 | 20.5 | 6.5 | 59.8 | 1.8 |
| 韩国① | Korea,Rep.① | 1.5 | 5.1 | 33.1 | 7.2 | 52.9 | 0.2 |
| 印度 | India | 2.0 | 5.8 | 29.4 | 7.0 | 52.7 | 3.1 |
| 巴西 | Brazil | 1.0 | 5.1 | 14.5 | 3.4 | 75.9 | 0.1 |
| 俄罗斯 | Russia | 1.2 | 13.9 | 1.8 | 1.7 | 80.9 | 0.5 |
| 加拿大 | Canada | 0.9 | 8.3 | 7.2 | 2.7 | 78.7 | 2.2 |
| 墨西哥 | Mexico | 1.0 | 6.0 | 6.8 | 2.3 | 81.0 | 2.9 |
| 美国 | United States | 0.9 | 5.9 | 8.7 | 2.0 | 78.9 | 3.6 |
| 法国 | France | 1.0 | 8.6 | 10.4 | 2.2 | 77.5 | 0.3 |
| 德国 | Germany | 1.3 | 7.8 | 9.2 | 4.1 | 71.7 | 5.9 |
| 意大利 | Italy | 2.3 | 10.9 | 13.0 | 4.8 | 67.6 | 1.4 |
| 英国 | United Kingdom | 1.3 | 10.1 | 8.4 | 2.8 | 75.8 | 1.6 |
| 澳大利亚 | Australia | 0.7 | 6.7 | 11.1 | 1.6 | 77.0 | 2.9 |
| 新西兰 | New Zealand | 0.8 | 11.3 | 10.1 | 1.4 | 75.5 | 0.9 |

注：①2014年数据。
Note: ①Data refer to 2014.

# 附录2-54 农产品进出口额

## Imports and Exports of Agriculture Products

资料来源：世界贸易组织数据库。
Source:WTO Database.

单位：亿美元 (100 million USD)

| 国家或地区 | Country or Area | 出口额 Emports | | | 进口额 Inports | | |
|---|---|---|---|---|---|---|---|
| | | 2012 | 2013 | 2014 | 2012 | 2013 | 2014 |
| **世界** | **World** | **16512.9** | **17372.1** | **17654.1** | **16662.9** | **18447.6** | **18730.7** |
| 中国 | China | 661.7 | 701.5 | 744.7 | 1568.2 | 1654.6 | 1700.8 |
| 文莱 | Brunei Darussalam | 0.1 | 0.2 | 0.4 | 5.1 | 5.5 | 5.6 |
| 柬埔寨 | Cambodia | 4.1 | 6.5 | 7.6 | 5.9 | 6.4 | 6.7 |
| 印度尼西亚 | Indonesia | 450.2 | 426.3 | 440.9 | 209.1 | 215.1 | 222.2 |
| 老挝 | Laos | | | | | | |
| 马来西亚 | Malaysia | 339.1 | 300.4 | 301.3 | 214.3 | 199.6 | 201.6 |
| 缅甸 | Myanmar | 23.6 | 29.9 | 29.2 | 7.0 | 9.2 | 8.3 |
| 菲律宾 | Philippines | 50.8 | 64.3 | 69.5 | 72.4 | 71.6 | 86.7 |
| 新加坡 | Singapore | 98.6 | 108.8 | 118.9 | 139.5 | 143.1 | 146.2 |
| 泰国 | Thailand | 420.3 | 403.6 | 397.4 | 168.4 | 166.5 | 162.5 |
| 越南 | Viet Nam | 234.0 | 232.9 | 265.5 | 132.4 | 152.5 | 172.4 |
| 中国香港 | Hong Kong,China | 93.5 | 102.0 | 105.5 | 250.0 | 278.2 | 292.0 |
| 日本 | Japan | 108.6 | 107.7 | 105.9 | 937.2 | 859.9 | 818.7 |
| 韩国 | Korea,Rep. | 126.3 | 118.1 | 119.2 | 330.8 | 333.9 | 350.0 |
| 印度 | India | 418.9 | 446.9 | 434.7 | 256.7 | 244.2 | 273.1 |
| 巴西 | Brazil | 864.4 | 906.6 | 878.9 | 131.1 | 141.7 | 135.3 |
| 俄罗斯 | Russia | 301.5 | 284.8 | 308.8 | 420.4 | 447.3 | 412.2 |
| 加拿大 | Canada | 628.7 | 656.8 | 681.1 | 379.1 | 387.8 | 401.3 |
| 墨西哥 | Mexico | 227.5 | 250.9 | 263.9 | 270.8 | 292.0 | 300.3 |
| 美国 | United States | 1721.1 | 1756.8 | 1822.4 | 1418.5 | 1464.8 | 1568.9 |
| 法国 | France | 781.8 | 832.1 | 811.9 | 647.6 | 699.3 | 709.6 |
| 德国 | Germany | 912.1 | 988.2 | 1007.8 | 1102.1 | 1168.3 | 1189.1 |
| 意大利 | Italy | 427.5 | 461.5 | 474.4 | 579.6 | 615.8 | 627.8 |
| 英国 | United Kingdom | 338.2 | 342.6 | 360.0 | 686.4 | 719.2 | 757.9 |
| 澳大利亚 | Australia | 384.1 | 376.0 | 386.3 | 141.1 | 146.1 | 156.3 |
| 新西兰 | New Zealand | 240.9 | 268.9 | 289.9 | 43.1 | 45.1 | 49.2 |

# 附录2-55　服务出口总额

## Commercial Service Exports

资料来源：世界贸易组织数据库。
Source:WTO Database.

单位：亿美元　　(100 million USD)

| 国家或地区 | Country or Area | 2011 | 2012 | 2013 | 2014 | 2015 |
|---|---|---|---|---|---|---|
| **世　界** | **World** | **43495.1** | **44679.6** | **47472.7** | **50638.2** | **47540.1** |
| 中　国 | China | 2002.9 | 2005.9 | 2057.8 | 2794.2 | 2854.8 |
| 文　莱 | Brunei Darussalam | 5.0 | 4.8 | 4.9 | 5.6 | 5.8 |
| 柬埔寨 | Cambodia | 26.0 | 30.5 | 33.5 | 37.1 | 37.8 |
| 印度尼西亚 | Indonesia | 213.2 | 230.7 | 223.3 | 229.2 | 212.6 |
| 老　挝 | Laos | 5.3 | 5.5 | 7.6 | 7.5 | 7.9 |
| 马来西亚 | Malaysia | 387.5 | 405.0 | 420.1 | 418.6 | 347.6 |
| 缅　甸 | Myanmar | 7.3 | 11.8 | 26.8 | 41.3 | |
| 菲律宾 | Philippines | 188.7 | 204.3 | 233.2 | 254.8 | 281.5 |
| 新加坡 | Singapore | 1186.5 | 1274.8 | 1399.6 | 1504.5 | 1393.4 |
| 泰　国 | Thailand | 412.8 | 493.1 | 582.5 | 549.9 | 602.8 |
| 越　南 | Viet Nam | 85.8 | 95.1 | 105.9 | 108.3 | 110.5 |
| 中国香港 | Hong Kong,China | 912.3 | 984.3 | 1046.6 | 1065.7 | 1041.5 |
| 日　本 | Japan | 1378.7 | 1338.4 | 1326.5 | 1586.3 | 1578.6 |
| 韩　国 | Korea,Rep. | 897.1 | 1023.0 | 1025.3 | 1109.6 | 968.4 |
| 印　度 | India | 1379.4 | 1450.3 | 1481.9 | 1556.7 | 1552.9 |
| 巴　西 | Brazil | 353.3 | 373.9 | 364.8 | 390.5 | 329.9 |
| 俄罗斯 | Russia | 573.5 | 614.7 | 691.1 | 648.2 | 509.8 |
| 加拿大 | Canada | 836.7 | 877.7 | 887.2 | 851.8 | 762.9 |
| 墨西哥 | Mexico | 155.8 | 161.5 | 201.9 | 210.9 | 226.1 |
| 美　国 | United States | 6055.9 | 6335.8 | 6649.5 | 6901.3 | 6900.6 |
| 法　国 | France | 2350.1 | 2337.0 | 2553.1 | 2747.0 | 2396.8 |
| 德　国 | Germany | 2452.4 | 2420.2 | 2611.8 | 2724.4 | 2473.1 |
| 意大利 | Italy | 1090.7 | 1070.7 | 1106.3 | 1141.2 | 985.5 |
| 英　国 | United Kingdom | 3040.8 | 3171.5 | 3322.8 | 3613.5 | 3450.5 |
| 澳大利亚 | Australia | 517.3 | 530.5 | 526.0 | 533.7 | 483.7 |
| 新西兰 | New Zealand | 130.9 | 129.8 | 133.2 | 142.0 | 141.4 |

# 附录2-56 服务进口总额

## Commercial Service Imports

资料来源：世界贸易组织数据库。
Source:WTO Database.

单位：亿美元 (100 million USD)

| 国家或地区 | Country or Area | 2011 | 2012 | 2013 | 2014 | 2015 |
|---|---|---|---|---|---|---|
| **世　界** | **World** | **41623.7** | **43189.9** | **45813.3** | **49131.8** | **46117.0** |
| | | | | | | |
| 中　国 | China | 2467.8 | 2802.6 | 3294.2 | 4508.1 | 4663.3 |
| 文　莱 | Brunei Darussalam | 15.4 | 22.4 | 24.2 | 18.5 | 18.9 |
| 柬埔寨 | Cambodia | 12.9 | 15.0 | 17.4 | 18.5 | 18.8 |
| 印度尼西亚 | Indonesia | 311.6 | 336.4 | 344.3 | 330.8 | 302.2 |
| 老　挝 | Laos | 3.3 | 3.3 | 5.2 | 4.8 | 5.5 |
| 马来西亚 | Malaysia | 380.8 | 431.3 | 449.7 | 451.6 | 398.1 |
| 缅　甸 | Myanmar | 10.7 | 14.3 | 21.6 | 25.6 | |
| 菲律宾 | Philippines | 120.1 | 139.6 | 160.6 | 206.1 | 236.0 |
| 新加坡 | Singapore | 1180.1 | 1295.5 | 1462.6 | 1552.5 | 1432.7 |
| 泰　国 | Thailand | 519.7 | 527.7 | 546.0 | 529.2 | 504.7 |
| 越　南 | Viet Nam | 117.1 | 123.5 | 136.4 | 143.1 | 152.9 |
| | | | | | | |
| 中国香港 | Hong Kong,China | 741.2 | 764.7 | 750.5 | 738.0 | 739.1 |
| 日　本 | Japan | 1738.1 | 1828.3 | 1690.4 | 1901.9 | 1736.9 |
| 韩　国 | Korea,Rep. | 1020.4 | 1077.9 | 1091.6 | 1147.4 | 1123.5 |
| 印　度 | India | 1242.0 | 1289.6 | 1251.9 | 1267.1 | 1222.3 |
| 巴　西 | Brazil | 709.8 | 758.3 | 810.5 | 859.2 | 689.2 |
| 俄罗斯 | Russia | 893.9 | 1067.2 | 1257.4 | 1189.1 | 868.7 |
| 加拿大 | Canada | 1059.6 | 1106.2 | 1115.5 | 1067.2 | 954.1 |
| 墨西哥 | Mexico | 261.0 | 262.0 | 283.6 | 303.4 | 295.0 |
| 美　国 | United States | 4044.7 | 4241.5 | 4383.7 | 4532.7 | 4691.1 |
| 法　国 | France | 2020.2 | 2022.3 | 2261.9 | 2517.7 | 2281.6 |
| 德　国 | Germany | 2944.6 | 2921.4 | 3246.9 | 3293.5 | 2894.8 |
| 意大利 | Italy | 1164.8 | 1064.3 | 1084.2 | 1136.6 | 992.6 |
| 英　国 | United Kingdom | 1914.5 | 1956.8 | 2022.3 | 2102.3 | 2077.0 |
| 澳大利亚 | Australia | 616.7 | 657.3 | 670.9 | 624.1 | 536.7 |
| 新西兰 | New Zealand | 120.2 | 122.9 | 125.1 | 130.2 | 115.2 |

# 附录2-57　货物和服务出口占国内生产总值比重

## Exports of Goods and Services as Percentage of GDP

资料来源：世界银行WDI数据库。
Source:World Bank WDI Database.

单位：%　　(%)

| 国家或地区 | Country or Area | 2010 | 2011 | 2012 | 2013 | 2014 |
|---|---|---|---|---|---|---|
| **世　界** | **World** | **28.0** | **29.7** | **29.9** | **29.8** | **29.7** |
| | | | | | | |
| 中　国 | China | 26.2 | 25.5 | 24.2 | 23.3 | 22.6 |
| 文　莱 | Brunei Darussalam | 81.4 | 79.7 | 81.4 | 76.2 | 71.0 |
| 柬埔寨 | Cambodia | 54.1 | 54.1 | 58.0 | 61.5 | 62.3 |
| 印度尼西亚 | Indonesia | 24.3 | 26.3 | 24.6 | 24.0 | 23.7 |
| 老　挝 | Laos | 35.5 | 37.2 | 38.8 | 37.3 | 40.5 |
| 马来西亚 | Malaysia | 86.9 | 85.3 | 79.3 | 75.6 | 73.9 |
| 缅　甸 | Myanmar | 0.1 | | | | |
| 菲律宾 | Philippines | 34.8 | 32.0 | 30.8 | 28.0 | 28.7 |
| 新加坡 | Singapore | 199.3 | 201.3 | 195.4 | 191.6 | 187.6 |
| 泰　国 | Thailand | 66.2 | 70.3 | 69.3 | 67.7 | 69.2 |
| 越　南 | Viet Nam | 72.0 | 79.4 | 80.0 | 83.6 | 86.4 |
| | | | | | | |
| 中国香港 | Hong Kong,China | 219.4 | 225.5 | 225.6 | 227.9 | 219.6 |
| 日　本 | Japan | 15.2 | 15.1 | 14.7 | 16.2 | 17.7 |
| 韩　国 | Korea,Rep. | 49.4 | 55.8 | 56.3 | 53.9 | 50.6 |
| 印　度 | India | 22.0 | 24.3 | 24.4 | 25.2 | 23.2 |
| 巴　西 | Brazil | 10.7 | 11.5 | 11.7 | 11.7 | 11.2 |
| 俄罗斯 | Russia | 29.2 | 30.3 | 29.5 | 28.6 | 30.0 |
| 加拿大 | Canada | 29.1 | 30.6 | 30.2 | 30.2 | 31.6 |
| 墨西哥 | Mexico | 29.9 | 31.3 | 32.7 | 31.9 | 32.4 |
| 美　国 | United States | 12.4 | 13.6 | 13.6 | 13.5 | 13.5 |
| 法　国 | France | 26.0 | 27.8 | 28.5 | 28.5 | 28.7 |
| 德　国 | Germany | 42.3 | 44.8 | 46.0 | 45.5 | 45.7 |
| 意大利 | Italy | 25.2 | 27.0 | 28.6 | 28.9 | 29.6 |
| 英　国 | United Kingdom | 28.6 | 30.7 | 30.1 | 30.0 | 28.4 |
| 澳大利亚 | Australia | 19.4 | 21.1 | 21.3 | 19.8 | 20.9 |
| 新西兰 | New Zealand | 30.5 | 30.8 | 29.2 | 29.3 | 29.2 |

# 附录2-58 货物和服务进口占国内生产总值比重

## Imports of Goods and Services as Percentage of GDP

资料来源：世界银行WDI数据库。
Source:World Bank WDI Database.

单位：%　　　　(%)

| 国家或地区 | Country or Area | 2010 | 2011 | 2012 | 2013 | 2014 |
|---|---|---|---|---|---|---|
| **世　界** | **World** | **27.9** | **29.8** | **29.8** | **29.6** | **29.5** |
| | | | | | | |
| 中　国 | China | 23.2 | 23.4 | 21.5 | 20.6 | 18.9 |
| 文　莱 | Brunei Darussalam | 32.9 | 28.6 | 31.2 | 32.5 | 35.7 |
| 柬埔寨 | Cambodia | 59.5 | 59.5 | 62.8 | 66.7 | 66.7 |
| 印度尼西亚 | Indonesia | 22.4 | 23.9 | 25.0 | 24.8 | 24.5 |
| 老　挝 | Laos | 37.9 | 43.1 | 48.7 | 46.1 | 49.7 |
| 马来西亚 | Malaysia | 71.0 | 69.7 | 68.5 | 67.1 | 64.6 |
| 缅　甸 | Myanmar | 0.1 | | | | |
| 菲律宾 | Philippines | 36.6 | 35.7 | 34.1 | 32.2 | 32.4 |
| 新加坡 | Singapore | 172.8 | 174.9 | 172.8 | 168.3 | 163.2 |
| 泰　国 | Thailand | 60.6 | 68.6 | 68.6 | 65.1 | 62.6 |
| 越　南 | Viet Nam | 80.2 | 83.5 | 76.5 | 81.5 | 83.1 |
| | | | | | | |
| 中国香港 | Hong Kong,China | 213.5 | 221.6 | 224.4 | 227.3 | 219.6 |
| 日　本 | Japan | 14.0 | 16.0 | 16.7 | 19.0 | 20.8 |
| 韩　国 | Korea,Rep. | 46.2 | 54.3 | 53.5 | 48.9 | 45.3 |
| 印　度 | India | 26.3 | 30.7 | 31.1 | 28.1 | 25.5 |
| 巴　西 | Brazil | 11.8 | 12.2 | 13.1 | 14.0 | 13.9 |
| 俄罗斯 | Russia | 21.1 | 21.7 | 22.3 | 22.7 | 22.9 |
| 加拿大 | Canada | 31.0 | 31.8 | 32.1 | 31.8 | 32.5 |
| 墨西哥 | Mexico | 31.1 | 32.6 | 33.8 | 32.7 | 33.5 |
| 美　国 | United States | 15.8 | 17.3 | 17.1 | 16.5 | 16.5 |
| 法　国 | France | 27.9 | 30.4 | 30.7 | 30.4 | 30.5 |
| 德　国 | Germany | 37.1 | 39.9 | 39.9 | 39.5 | 39.0 |
| 意大利 | Italy | 27.1 | 28.6 | 27.6 | 26.5 | 26.5 |
| 英　国 | United Kingdom | 31.3 | 32.3 | 32.2 | 32.0 | 30.3 |
| 澳大利亚 | Australia | 20.4 | 20.1 | 21.4 | 21.1 | 21.4 |
| 新西兰 | New Zealand | 28.2 | 29.2 | 28.5 | 27.6 | 27.4 |

# 附录2-59 外商直接投资

## Foreign Direct Investment

资料来源：联合国贸发会议FDI数据库。
Source:UNCTAD FDI Database.

单位：亿美元 (100 million USD)

| 国家或地区 | Country or Area | 外商直接投资 FDI Inflows | | | 对外直接投资 FDI Outflows | | |
|---|---|---|---|---|---|---|---|
| | | 2012 | 2013 | 2014 | 2012 | 2013 | 2014 |
| **世　界** | **World** | **14031.2** | **14671.5** | **12282.8** | **12836.5** | **13058.6** | **13543.4** |
| 中　国 | China | 1210.8 | 1239.1 | 1285.0 | 878.0 | 1010.0 | 1160.0 |
| 文　莱 | Brunei Darussalam | 8.7 | 7.8 | 5.7 | -4.2 | -1.4 | |
| 柬埔寨 | Cambodia | 18.4 | 18.7 | 17.3 | 0.4 | 0.5 | 0.3 |
| 印度尼西亚 | Indonesia | 191.4 | 188.2 | 225.8 | 54.2 | 66.5 | 70.8 |
| 老　挝 | Laos | 2.9 | 4.3 | 7.2 | … | -0.4 | |
| 马来西亚 | Malaysia | 92.4 | 121.2 | 108.0 | 171.4 | 141.1 | 164.5 |
| 缅　甸 | Myanmar | 5.0 | 5.8 | 9.5 | | | |
| 菲律宾 | Philippines | 20.3 | 37.4 | 62.0 | 16.9 | 36.5 | 69.9 |
| 新加坡 | Singapore | 566.6 | 647.9 | 675.2 | 151.5 | 288.1 | 406.6 |
| 泰　国 | Thailand | 91.7 | 140.2 | 125.7 | 104.9 | 121.2 | 76.9 |
| 越　南 | Viet Nam | 83.7 | 89.0 | 92.0 | 12.0 | 19.6 | 11.5 |
| 中国香港 | Hong Kong,China | 701.8 | 742.9 | 1032.5 | 834.1 | 807.7 | 1427.0 |
| 日　本 | Japan | 17.3 | 23.0 | 20.9 | 1225.5 | 1357.5 | 1136.3 |
| 韩　国 | Korea,Rep. | 95.0 | 127.7 | 99.0 | 306.3 | 283.6 | 305.6 |
| 印　度 | India | 242.0 | 282.0 | 344.2 | 84.9 | 16.8 | 98.5 |
| 巴　西 | Brazil | 652.7 | 640.0 | 625.0 | -28.2 | -35.0 | -35.4 |
| 俄罗斯 | Russia | 505.9 | 692.2 | 209.6 | 488.2 | 865.1 | 564.4 |
| 加拿大 | Canada | 392.7 | 705.7 | 538.6 | 539.4 | 505.4 | 526.2 |
| 墨西哥 | Mexico | 189.5 | 446.3 | 228.0 | 224.7 | 131.4 | 52.0 |
| 美　国 | United States | 1696.8 | 2307.7 | 924.0 | 3113.5 | 3283.4 | 3369.4 |
| 法　国 | France | 169.8 | 428.9 | 151.9 | 316.4 | 250.0 | 428.7 |
| 德　国 | Germany | 203.2 | 181.9 | 18.3 | 660.9 | 301.1 | 1122.3 |
| 意大利 | Italy | 0.9 | 250.0 | 114.5 | 79.8 | 307.6 | 234.5 |
| 英　国 | United Kingdom | 593.8 | 476.8 | 722.4 | 289.4 | -149.7 | -596.3 |
| 澳大利亚 | Australia | 558.0 | 542.4 | 518.5 | 55.8 | -30.6 | -3.5 |
| 新西兰 | New Zealand | 34.2 | 15.9 | 33.9 | -4.6 | 5.3 | |

# 附录2-60 货币汇率（年平均价）

## Exchange Rate（Period Average）

资料来源：世界银行WDI数据库。
Source:World Bank WDI Database.

单位：1美元合本币数 (local currency unit per US dollar)

| 国家或地区 | Country or Area | 2011 | 2012 | 2013 | 2014 | 2015 |
|---|---|---|---|---|---|---|
| **世　界** | **World** | | | | | |
| 中　国 | China | 6.46 | 6.31 | 6.20 | 6.14 | 6.23 |
| 文　莱 | Brunei Darussalam | 1.26 | 1.25 | 1.25 | 1.27 | 1.38 |
| 柬埔寨 | Cambodia | 4058.50 | 4033.00 | 4027.25 | 4037.50 | 4067.75 |
| 印度尼西亚 | Indonesia | 8770.43 | 9386.63 | 10461.24 | 11865.21 | 13389.41 |
| 老　挝 | Laos | 8030.06 | 8007.76 | 7860.14 | 8048.96 | 8147.91 |
| 马来西亚 | Malaysia | 3.06 | 3.09 | 3.15 | 3.27 | 3.91 |
| 缅　甸 | Myanmar | 5.44 | 640.65 | 933.57 | 984.35 | 1162.62 |
| 菲律宾 | Philippines | 43.31 | 42.23 | 42.45 | 44.40 | 45.50 |
| 新加坡 | Singapore | 1.26 | 1.25 | 1.25 | 1.27 | 1.38 |
| 泰　国 | Thailand | 30.49 | 31.08 | 30.73 | 32.48 | 34.25 |
| 越　南 | Viet Nam | 20509.75 | 20828.00 | 20933.42 | 21148.00 | |
| 中国香港 | Hong Kong,China | 7.78 | 7.76 | 7.76 | 7.75 | 7.75 |
| 日　本 | Japan | 79.81 | 79.79 | 97.60 | 105.95 | 121.04 |
| 韩　国 | Korea,Rep. | 1108.29 | 1126.47 | 1094.85 | 1052.96 | 1131.16 |
| 印　度 | India | 46.67 | 53.44 | 58.60 | 61.03 | 64.15 |
| 巴　西 | Brazil | 1.67 | 1.95 | 2.16 | 2.35 | 3.33 |
| 俄罗斯 | Russia | 29.38 | 30.84 | 31.84 | 38.38 | 60.94 |
| 加拿大 | Canada | 0.99 | 1.00 | 1.03 | 1.11 | 1.28 |
| 墨西哥 | Mexico | 12.42 | 13.17 | 12.77 | 13.29 | 15.85 |
| 美　国 | United States | 1.00 | 1.00 | 1.00 | 1.00 | 1.00 |
| 法　国 | France | 0.72 | 0.78 | 0.75 | 0.75 | 0.90 |
| 德　国 | Germany | 0.72 | 0.78 | 0.75 | 0.75 | 0.90 |
| 意大利 | Italy | 0.72 | 0.78 | 0.75 | 0.75 | 0.90 |
| 英　国 | United Kingdom | 0.62 | 0.63 | 0.64 | 0.61 | 0.66 |
| 澳大利亚 | Australia | 0.97 | 0.97 | 1.04 | 1.11 | 1.33 |
| 新西兰 | New Zealand | 1.27 | 1.23 | 1.22 | 1.21 | 1.43 |

# 主要统计指标解释

**人口密度**　指由年中人口除以国土面积得来。国土面积是指一个国家包括内陆水域和沿海水域在内的总面积。

**陆地面积**　是指土地的总面积，不包括内陆水域的面积。“内陆水域”的定义一般包括主要的河流与湖泊。

**耕地面积**　是指种植短期作物的土地面积（种植两季作物的土地面积只计算一次），供割草或放牧的短期性草场，供应市场的菜园和自用菜园，以及暂时休闲的土地（少于5年）。而转换耕作方式而休闲的土地不包括在此类。

**永久性作物面积**　是指有长期生长的作物而在每次收获后不需要再种植的土地面积，如可可、咖啡和橡胶；它包括生长灌木、果树、坚果树和藤本植物的土地，但不包括用材林所占的土地。

**永久性牧场面积**　是指有长期生长的作物而在每次收获后不需要再种植的牧场面积。

**探明储量**　指已探明可开采的原煤、原油、天然气的储量。

**已探明可开采的储量**　是将来在现有和可承受的经济条件下，已探明的可开采的吨数。

**二氧化碳排放量**　是指矿物燃料燃烧以及水泥制造等过程中排放的二氧化碳，包括使用固体、液体、气体燃料以及煤气时产生的二氧化碳。

**国内生产总值**　指生产活动总成果，等于所有常住单位创造的增加值的总和（包括产出价值中未包括的产品税，不包括各项产品补贴）。等于按购买者价格计算的货物和服务最终使用价值（不包括中间消费）减去进口的货物和服务价值，或等于常住生产单位初次收入分配的总和。

**国民总收入**　指国内生产总值减去生产税和进口税净额，减去支付给国外的雇员报酬和财产收入，加来自国外的雇员报酬和财产收入（即国内生产总值减去支付给非常住单位的初次收入，加上收到的非常住单位的初次收入）。按市场价格计算国民总收入的另一种方法是各部门所有初次收入的总和（注意，国民总收入即国民生产总值，后者是以往国民核算中使用的概念）。

**就业人员**　为一定年龄以上，在特定短期（一周或一天）内，属于下列类型的所有人：

（1）有酬从业人员，包括两类：①正在工作的人，指在参考期内做某些工作以得到现金或实物形式工资或薪金的人员。②有工作岗位但目前不工作的人，指现在有工作，却在短期内暂时不上班，但同时与工作单位有正式联系的人。这种正式联系，可以按照如下的一项或多项标准，根据各国的不同情况，予以判断：a.持续领到工资或薪金；b.保证在暂时的不上班状态终止后返回该岗位，或对返回的时间有协议；c.在不工作的这段时间里，该从业者能得到补偿而无须接受其他工作。

（2）自营就业者，包括两类：①正在工作，指在短期时间内以利润或家庭收入为目的，从事某些工作得到现金或实物的人。②拥有企业而不工作的人，指自己拥有企业（如商业企业、农场、服务性企业），在一定时期内因特殊原因暂不工作的人。

**失业人员**　在调查期内，适龄劳动人口中的失业者分为：

（1）没有工作，即没有得到有报酬的工作，又没有自营就业的人。

（2）目前有工作能力，即在调查期内可从事有酬工作和自营就业的人。

（3）正在寻找工作，在最近特定时期已采取具体步骤寻求有酬工作或自营就业的人。这些具体步骤包括：在公共或私人职业介绍所登记；向雇主提出就业申请；在工地、农场、工厂大门外、市场或其他聚集地寻找工作；通过报纸刊登广告或应聘；寻求亲友帮助就业；自己开业寻找土地、厂房、机器或设备；筹集资金；许可证和执照等。

**失业率**　反映了失业的严重程度。失业率是参考期内（一般是特定的一天或一周）特定分组的失业人数和同一时间该组就业、失业人数之和相比得出的。

**货币供应量** 货币（Money）指流通中现金和除中央政府以外的常住机构活期存款构成；准货币（Quasi-Money）指除中央政府以外的外汇现汇与期汇存款和外汇现汇储蓄与期汇存款之和，即由常住居民的现汇、储蓄与外汇存款构成。货币（Money）通称为$M_1$，而货币和准货币之和通称为广义货币，相当于$M_2$。

**一次能源生产量** 固体能源指硬煤、褐煤、泥炭和油岩；液体能源指原油和液化天然气；气体能源指天然气；电能指水电、核电、地热发电、潮汐发电和太阳能发电。

**库存变化、进口和出口** 包括所有的一次能源和商业能源。

**国际运输燃料** 指供给国际运输的飞机或轮船的燃料，空运燃料包括航空汽油和喷气发动机燃料，海运燃料，包括硬煤、柴油等。

**能源消费量** 固体能源消费量指一次形式的固体燃料消费、二次形式的燃料的净进口和库存变化；液体能源消费量指各种形式的液体能源的消费；气体能源消费量指天然气的消费、煤气的净进口和库存变化。电能消费指一次形式的电能的消费和电能的净进口。

消费量＝产量＋进口－出口－国际运输燃料－库存变化

**平衡差额** 在“能源平衡表”中的“平衡差额”一项是为了使能源的生产和消费总量平衡，它一般是由于排除非能源用石油和无法取得的库存数据引起的。

**货物出口额** 是指按美元计价的本国向世界其他国家和地区提供的以离岸价格（F.O.B.）计算的货物价值总和。

**货物进口额** 是指按美元计价的世界其他国家和地区向本国提供的以到岸价格（C.I.F.）计算的货物价值总和。

# Explanatory Notes on Main Statistical Indicators

**Population Density** comes from population in mid-year divided by area of country soil is the total area including inland water area and marginal sea area.

**Land Area（in Hectares）** is a country total area, excluding area under inland water bodies, national claims to continental shelf, and exclusive economic zones. In most cases the definition of inland water bodies includes major rivers and lakes.

**Arable Land** includes land defined by the FAO as land under temporary crops（double-cropped areas are counted once）, temporary meadows for mowing or for pasture, land under market or kitchen gardens, and land temporarily fallow. Land abandoned as a result of shifting cultivation is excluded.

**Permanent Cropland** is land cultivated with crops that occupy the land for long periods and need not be replanted after each harvest, such as cocoa, coffee, and rubber. This category includes land under flowering shrubs, fruit trees, nut trees, and vines, but excludes land under trees grown for wood or timber.

**Permanent Pastures** is land used permanently（five years or more）for herbaceous forage crops, either cultivated or growing wild（wild prairie or grazing land）.

**Proved Amount in Place** is the tonnage of crude coal, crude petroleum, nature gas that has been both carefully measured and assessed.

**Proved Recoverable Reserves** are the tonnage of the proved amount in place that can be recovered under present and expected local economic conditions with existing available technology.

**Carbon Dioxide Emissions** are those stemming from the burning of fossil fuels and the manufacture of cement. They include contributions to the carbon dioxide produced during consumption of solid, liquid, and gas fuels and gas flaring.

**Gross Domestic Product** An aggregate measure of production equal to the sum of the gross values added of all resident institutional units engaged in production（plus any taxes, and minus any subsidies, on products not included in the value of their outputs）. The sum of the final uses of goods and services（all uses except intermediate consumption）measured in purchasers' prices, less the value of imports of goods and services, or the sum of primary incomes distributed by resident producer units.

**Gross National Income** is GDP less net taxes on production and imports, less compensation of employees and property income payable to the rest of the world plus the corresponding items receivable from the rest of the world（in other words, GDP less primary incomes payable to non-resident units plus primary incomes receivable from non-resident units）. An alternative approach to measuring GNI at market prices is as the aggregate value of the balances of gross primary incomes for all sectors［note that gross national income is identical to gross national product（GNP）as previously used in national accounts generally］.

**Employment** comprise all persons above a specific age who during a specified brief period, either one week or one day, were in the following categories:

（1）paid employment: ①at work: persons who during the reference period performed some work for wage or salary, in cash or in kind. ②with a job but not at work: persons who, having already worked in their present job, were temporarily not at work during the reference period and had a formal attachment to their job. This formal job attachment should be determined in the light of national circumstance, according to one or more of the following criteria: a. the continued receipt of wage or salary; b. an assurance of return to work following the end of the contingency, or an agreement as to the data of return; c. the elapsed duration of absence from the job which, wherever relevant, may be that duration for which workers can receive compensation benefits without obligations to accept other jobs.

（2）self-employment: ①at work: person who during the reference period performed some work for profit or family gain, in cash or in kind. ②with an enterprise but not at work: persons with an enterprise, which may be a business enterprise, a farm or a service undertaking, who were temporarily not at work during the reference period for any specific reason.

**Unemployment** comprise all persons above a specified age who during the reference period were: （1）Without works were not in paid employment or self-employment. （2）Currently available for work were available for paid employment or self-employment during the reference period. （3）Seeking work had taken specific steps in a specified reference period to seek paid employment or self-employment. The specific steps may include registration at a public or private employment exchange; application to employers;checking at worksites, farms, factory gates, market or other assembly places; placing or answering newspaper advertisement; seeking assistance of friends or relatives; looking for land, building, machinery or equipment to establish own enterprise; arranging for financial resources; applying for permits and licences, etc.

**Unemployment Rate** illustrate the relative severity of unemployment. These rates are calculated by relating the number of persons in the given group who are unemployed during the reference period（usually a particular day or a given week）to the total of employed and unemployed persons in the group at the same date.

**Money Supply** equals the sum of currency outside deposit money banks and demand deposits other than those of the central government. Quasi-Money equals the sum of time & foreign currency outside banks and time, savings & foreign currency deposit, comprising time, savings, and foreign currency deposits of resident sectors other than central government. The data of Money is commonly called $M_1$, while the sum of Money and Quasi-Money gives a broader measure of money which is commonly called $M_2$.

**Primary Energy Production** Including in the production of commercial primary energy for solids are hard coal, lignite, peat and oil shale; liquids are comprised of crude petroleum and natural gas liquids;gas comprises natural gas and natural gas liquids; electricity is comprised of primary electricity generation from hydro, nuclear, geothermal, wind, tide wave and solar sources.

**Changes in Stocks, Imports and Exports** refer to all primary and secondary forms of commercial energy.

**Bunkers** Airs bunkers refer to bunkers of aviation gasoline and jet fuel. Sea bunkers refer to bunkers of hard coal, gas-diesel oil and residual fuel oil.

**Energy Consumption** Including in the consumption of commercial energy for solids are consumption of primary forms of solid fuels, net imports and changes in stocks of secondary fuels; liquids are comprised of consumption of energy petroleum products including feed stocks, natural gasolene, condensate, refinery gas and input of crude petroleum to thermal power plants; gases including the consumption of natural gas, net imports and changes in stocks of gasworks and coke-oven gas; and Electricity is comprised of production of primary electricity and net imports of electricity.

Consumption=Production+Imports-Exports-Bunkers-Changes in stocks

**Balance** An unallocated has been created in order to balance out the difference between the results of the above formula for consumption and the total consumption. This inequality occurs primarily because of the exclusion of non-energy petroleum products as well as inadequate or unavailable stock data.

**Merchandize Exports Goods** which are generally reported on f.o.b.（free-on-board）basis, represent the value of all goods provided to the rest of the world. Data are usually in US$.

**Merchandize Imports Goods** which are generally reported on c.i.f.（cost, insurance, freight）basis, represent the value of all goods received from the rest of the world. Data are usually in US$.